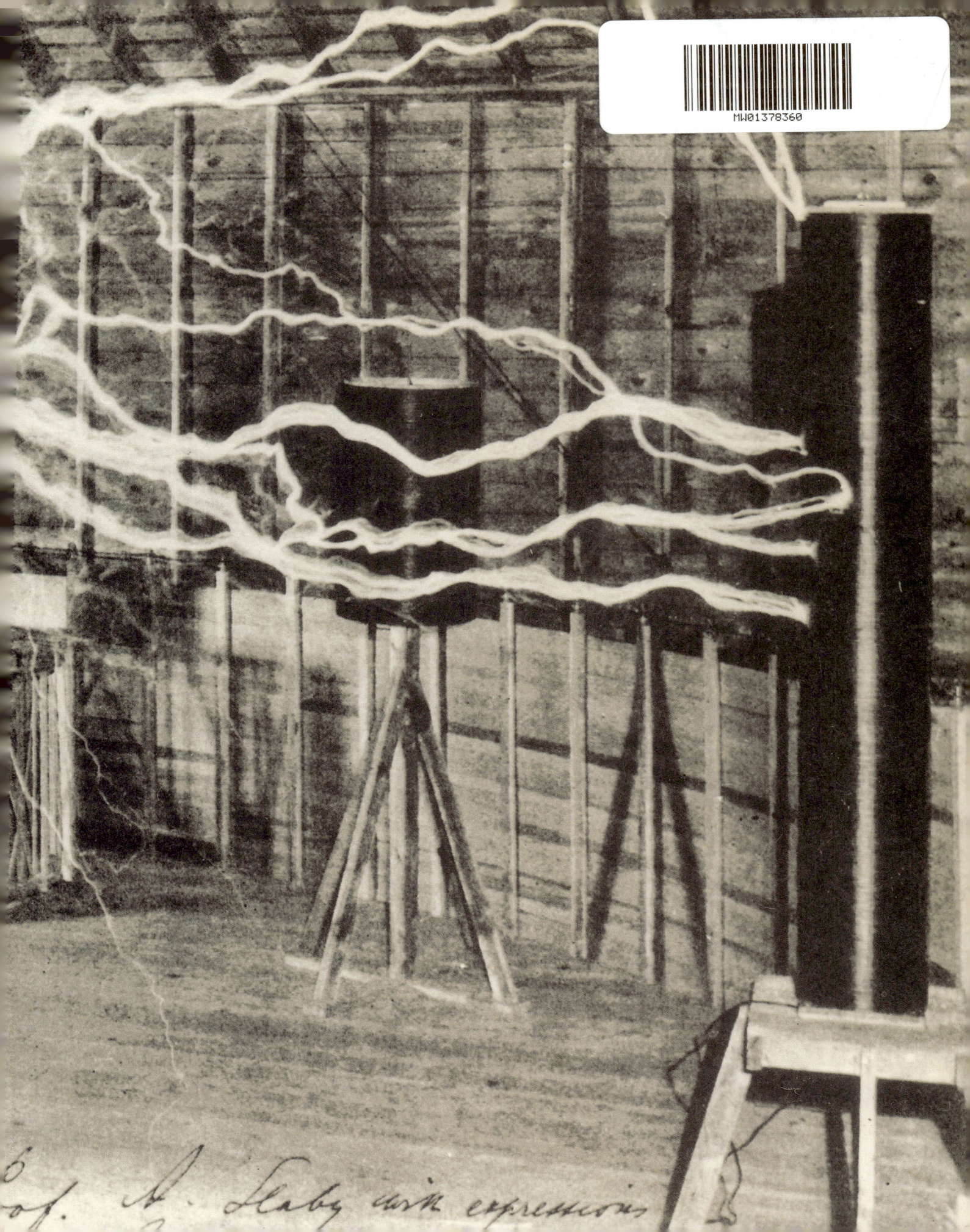

of. A. Slaby with expressions

HÄTTEN SIE'S GEWUSST?

Schlafstätte Der Papageifisch, der in den Korallenriffen tropischer Meere lebt, verbringt die Nacht in einer schützenden Hülle, die er aus abgesondertem Schleim herstellt.

HÄTTEN SIE'S GEWUSST?

Neue Einblicke in eine Welt, die voll ist von verblüffenden Tatsachen und faszinierenden Geschichten.

Verlag Das Beste Stuttgart · Zürich · Wien

Übersetzer und Mitarbeiter

Angelika Feilhauer, Ursula Ferschel, Cornelia Fink, Gisela I. Irrgang, Sebastian Merz, Birgit Scheel, Susanne Straub

Dieses Buch wurde von Reader's Digest konzipiert und von
Dorling Kindersley Ltd. entwickelt

Redaktion: Olaf Rappold (Projektleitung)
Simone Berger, Beate Frey,
Ute Rückert-Daschakowsky, Joachim Wahnschaffe
Korrektur: Siglinde Huber
Produktion: Hans-Peter Ullmann

Bücher und Neue Medien
Redaktionsdirektor: Ludwig R. Harms

Das Beste Sachbücher
Chefredakteur: Peter Holzwarth
Stellv. Chefredakteurin: Mina Langheinrich
Schlußredaktion: Stefan Kuballa, Marianne Schulze
Produktentwicklung: Jens Firsching

Produktgrafik
Art Director: Werner Kustermann
Art Editor: Rudi K. F. Schmidt

Produktion
Produktionsdirektor: Joachim Forster
Leitung Produktion Bücher: Alfred Wohlfart

Inhalt

Kapitel vier

DIE WUNDER DER TIERWELT

Kapitel fünf

GEIST UND KÖRPER

Kapitel neun

ENTDECKUNGEN, REISEN, ABENTEUER

Kapitel zehn

MEISTER IHRER KUNST

Kapitel eins

DIE GRENZEN DES WISSENS

Wie kalt ist kalt? Nach unserem Verständnis hat Temperatur nach unten keine Grenzen: Auch wenn es heute bitter kalt ist, so kann es morgen noch kälter sein. Die Wissenschaftler haben aber herausgefunden, daß es einen Kältegrad gibt, unter den die Temperatur nicht mehr sinkt. Dieser absolute Tiefpunkt liegt bei $-273\,°C$ (siehe Seite 34). Die Temperatur steigt oder fällt je nach der Geschwindigkeit, mit der sich die Moleküle eines Stoffs bewegen, und bei diesem Nullpunkt kommt jede Bewegung zum Stillstand. Dies ist nur eine der grundlegenden Gesetzmäßigkeiten, auf denen letztlich das ganze Universum beruht. Sie zu entdecken und in einen größeren Zusammenhang einzuordnen ist das Ziel jeder wissenschaftlichen Forschung.

Superhirne

Vordenker und Querdenker im Dienst der Wissenschaft

Einer der ersten großen, noch heute bewunderten Denker war der griechische Philosoph Aristoteles, der im 4. Jh. v. Chr. unter anderem in Athen wirkte und als „Urvater der Wissenschaft" gilt. Er interessierte sich für die gesamte Welt der Natur und das menschliche Denken, einschließlich der Kunst, der Metaphysik und der Ethik.

Doch trotz seiner großartigen und umfassenden Erkenntnisse irrte er manchmal gewaltig. So war er beispielsweise davon überzeugt, daß das Gehirn die Aufgabe habe, das Blut zu kühlen, daß ein schwerer Körper schneller als ein leichter falle und daß Erdbeben durch Luft verursacht würden, die der Erde zu entweichen versuche. All diese Ansichten beruhten auf Beobachtungen und logischen Schlußfolgerungen – aber auch auf einem völlig falschen Verständnis der physikalischen Kräfte, die auf unserer Erde wirken.

Aristoteles' Vorstellungen über Erdbeben z. B. gründeten auf der Annahme, daß sich alle Materie aus einer Kombination von Erde, Wasser, Luft und Feuer zusammensetze. Mit eigenen Augen konnte er beobachten, daß Erde in Wasser versank, Luft durch Wasser an die Oberfläche blubberte und Feuer hoch in die Luft aufloderte. Er schloß daraus, daß jedes Element seine ganz bestimmte Schwere oder Leichte habe: Feuer sei am leichtesten, Erde am schwersten. Und am größten sei die Schwere im Mittelpunkt

Lehrer eines Königs Um 343 v. Chr. wurde der griechische Philosoph Aristoteles der Erzieher des jungen Alexander. Dieser gründete später als König von Makedonien ein Großreich und erhielt den Beinamen „der Große".

Aristoteles Der Grieche schrieb Bücher über die unterschiedlichsten Wissensgebiete. Leider blieben uns nur wenige erhalten.

unseres Planeten, dem Zentrum des Kosmos. Den Himmel dagegen bildete nach seiner Überzeugung ein Stoff ohne Schwere, der Äther.

Aristoteles war von diesen Ansichten über den Aufbau der Welt so überzeugt, daß er auch eine These des Demokrit, eines mehrere Jahrzehnte vor ihm wirkenden Philosophen, abtat. Demokrit hatte behauptet, daß sich der gesamte Kosmos aus winzigen Teilchen, Atome genannt, zusammensetze.

Bestand haben konnten die Vorstellungen nur deshalb, weil weder Aristoteles noch andere frühe Denker auf die Idee kamen, sie experimentell zu überprüfen. Erst zu Anfang des 17. Jh. entwickelte der englische Philosoph Francis Bacon diesen bahnbrechenden Gedanken. Aristoteles hat, dessenungeachtet, Großes für die Wissenschaft geleistet, denn auf ihn geht das Erkenntnisprinzip zurück, daß jede ernstzunehmende Theorie logisch aus Beobachtungen in der Realität abgeleitet werden muß – und das ist heute das Fundament der Wissenschaft.

Die zwei Seiten der Alchimie

War es nur die Suche nach Gold – oder mehr?

Jahrhundertelang träumten die Alchimisten des Mittelalters davon, aus Blei oder anderen unedlen Metallen Gold herstellen zu können. So ehrgeizig dieses Vorhaben auch scheinen mag, es verblaßt neben dem eigentlichen Ziel, das sie letztlich anstrebten: Unsterblichkeit zu erlangen.

Die Hoffnung, Gold erzeugen zu können, gründete sich auf die seit Aristoteles vorherrschende Überzeugung, daß sich alle Materie aus unterschiedlich großen Anteilen von nur vier Grundsubstanzen zusammensetze: Erde, Wasser, Luft und Feuer. Die Alchimisten glaubten nun, es müsse möglich sein, diese Anteile in unedlen Metallen durch Chemikalien so zu verändern, daß sie zu Gold würden. Mit ihren Experimenten versuchten sie, die Substanz zu finden, die diese erstaunliche Verwandlung auslösen würde, den sogenannten Stein der Weisen.

Merkwürdigerweise aber sind die Beschreibungen ihrer Versuche so geheimnisvoll, unklar und voller Andeutungen, daß man sie nicht nur wörtlich nehmen, sondern auch im übertragenen Sinn auslegen kann. So heißt es z. B. in einem Text: „Erhebe dich mit größter Weisheit von der Erde zum Himmel empor, steige wieder herab, und vereinige die Macht der höheren und der geringeren Dinge..." Dieser Satz könnte auf das Mischen bestimmter Chemikalien verweisen, doch er wurde darüber hinaus auch als die Beschreibung eines gleichzeitig ablaufenden Prozesses geistiger Selbstläuterung verstanden. Mit Hilfe ihrer Versuche wollten die Alchimisten nach und nach ihre Ausgangsstoffe bis auf die reinste Essenz verfeinern und damit endlich den Stein der Weisen in Händen halten.

Parallel dazu würden sie geistige Vollkommenheit und schließlich sogar

Unsterblichkeit erlangen, denn der Stein der Weisen galt auch als ein lebenverjüngendes und -erhaltendes Allheilmittel.

Die Zeichen deuten Bei ihrer ständigen Suche nach dem Stein der Weisen studieren zwei mittelalterliche Alchimisten die Flüssigkeit in einem Glaskolben.

Hätten Sie's gewußt?

Zum letztenmal nahmen Wissenschaftler 1783 ernsthaft Notiz von der Behauptung eines Alchimisten, er habe Blei in Gold verwandelt. Die Royal Society *in London forderte ihr Mitglied James Price auf, vorzuführen, wie er den Traum der Alchimisten verwirklicht habe. Doch Price gelang es nicht, seinen angeblichen Erfolg zu wiederholen. Vor Scham vergiftete er sich mit Blausäure.*

GENIAL UND EXZENTRISCH

Sowohl Isaac Newton als auch Albert Einstein waren komplizierte und widersprüchliche Charaktere. Trotz seines großen analytischen Verstands und seines mathematischen Genies hielt Newton an manchen verschrobenen Ansichten fest. Beispielsweise bemühte er sich bis an sein Lebensende um die Verwandlung von Blei in Gold und schrieb viele merkwürdige Traktate über das Ende der Welt, die seinen Freunden so peinlich waren, daß sie sie nach seinem Tod jahrelang versteckt hielten.

Albert Einstein hatte als Kind ein sehr schwaches Gedächtnis und verbrachte einen großen Teil seiner Zeit mit dem Bauen von Kartenhäusern und mit Geduldspielen. Er verließ die Schule mit 15 Jahren und fiel im Jahr darauf durch die Aufnahmeprüfung für das Zürcher Polytechnikum. Als er schließlich doch zugelassen wurde, war ihm das schulische Lernen äußerst zuwider. Nach seiner Abschlußprüfung war er längere Zeit arbeitslos, bis er schließlich eine Stelle als Technischer Experte dritter Klasse am Patentamt in Bern erhielt.

Trotz dieses nicht gerade vielversprechenden Starts wurde Albert Einstein im Alter von 26 Jahren durch seine 1905 veröffentlichte Spezielle Relativitätstheorie weltberühmt.

Die Kraft, die das All zusammenhält

Zwei Physiker auf den Spuren der kosmischen Gesetze

Zwei Wissenschaftler waren es vor allen anderen, die zum besseren Verständnis des Universums beitrugen: Isaac Newton und Albert Einstein, beide hervorragende Mathematiker, beide fasziniert vom Geheimnis der Schwerkraft.

Im Jahr 1687 veröffentlichte Isaac Newton sein großes Werk *Philosophiae naturalis principia mathematica*. Er zeigte darin erstmals, daß die Gravitation eine Kraft ist und daß sie nicht nur die Äpfel von den Bäumen fallen läßt, sondern auch die Bahn des Mondes um die Erde und die der Planeten um die Sonne bestimmt.

Gegensätzliche Ansichten

Mehr als zwei Jahrhunderte lang zog niemand die Bewegungsgesetze Newtons in Zweifel. Die Wissenschaftler stellten sich das Universum als eine Art riesige Maschine vor, etwa wie ein Uhrwerk, in dem die Bewegungen sämtlicher Teile voneinander abhängig sind und sich gegenseitig beeinflussen. Die gesamte Maschinerie selbst erschien ihnen wie ein Schiff, das auf dem gleichmäßig fließenden Strom der Zeit dahingleitet.

Doch dann kam Einstein und stellte im Jahr 1905 in seiner Speziellen Relativitätstheorie Thesen vor, die sich von denen Newtons völlig unterschieden. Ja, sie schienen sogar dem gesunden Menschenverstand und der alltäglichen Erfahrung zu widersprechen.

Alles ist relativ

Aufgrund scharfsinniger Überlegungen schloß Albert Einstein, daß die Lichtgeschwindigkeit die einzige konstante physikalische Größe des Universums sei, die unabhängig von der Bewegung des Betrachters immer gleichbleibe. Alle anderen Größen wie Masse, Länge und sogar Zeit seien von den Umständen der jeweiligen Beobachtung abhängig. Beispielsweise erschiene nach seiner Theorie einem Menschen auf der Erde eine mit etwa 85 % iger Lichtgeschwindigkeit vorbeirasende Rakete – wenn er sie messen und wiegen könnte – etwa halb so lang und doppelt so schwer wie dem Astronauten, der sich in ihr befindet. Der Astronaut hingegen hätte den Eindruck, die an ihm vorbei-

rasende Erde hätte die Form eines Eies. Außerdem schiene es ihm, daß die Uhren auf der Erde plötzlich sehr viel schneller gingen.

In alltäglichen Situationen lassen sich die Unterschiede dieser beiden Theorien nicht überprüfen, und Newtons Gesetze sind genau genug; doch in der Riesenwelt astronomischer Maßstäbe und im Verhalten von winzigen subatomaren Teilchen bewahrheitet sich Einsteins Lehre.

Aus seiner Erkenntnis, daß Zeit und

Raum keine absoluten Größen und eng miteinander verbunden sind, leitete Einstein seine 1916 veröffentlichte Allgemeine Relativitätstheorie ab. Sie besagt, daß die Schwerkraft das Ergebnis einer Krümmung von Raum und Zeit sei, die in der Umgebung großer Körper wie Sterne und Planeten als Folge von deren Masse auftritt.

Mit seinen revolutionären Theorien hat Einstein den Weg bereitet, um den Geheimnissen des Weltalls und der Atome auf die Spur zu kommen.

Bescheidenes Genie *Albert Einstein – hier in seinem Arbeitszimmer kurz vor seinem Tod im Jahr 1955 – führte am liebsten ein zurückgezogenes Leben.*

Erleuchtung durch Unlogik

Buddhisten denken anders

Eines Tages schlenderte ein Meister des Zen-Buddhismus an einem Fluß entlang und sah, wie einer seiner Schüler über das Wasser lief. „Was machst du denn da?" rief er, nur leicht verwundert, hinüber. „Ich überquere den Fluß", antwortete der Schüler. „Komm mit mir", befahl ihm der Meister, und gemeinsam gingen sie in der Hitze des Tages am Ufer entlang, bis sie eine Fähre fanden. Nachdem sie in das Boot eingestiegen waren, sagte der Lehrer spitz: „So überquert man einen Fluß."

Diese kurze Geschichte ist ein typisches Beispiel für die scheinbare Unsinnigkeit, von der die Lehren des Zen-Buddhismus durchdrungen sind. Von allen Mitteln und Wegen, die die Menschheit ersann, um herauszufinden, was wirklich unter der Oberfläche unserer alltäglichen Welt verborgen liegt, scheint diese Schule des Buddhismus, die um 520 von Bodhidharma in China eingeführt wurde, die unlogischste zu sein.

Am Beispiel lernen

Ein Meister des Zen unterrichtet seine Schüler nicht, sondern sie lernen, indem sie seinem Beispiel folgen, in der Hoffnung, so das Geheimnis seiner Gelassenheit und die Triebfeder seiner Handlungen zu ergründen. Das Ziel ihrer Suche ist *satori*, der Augenblick der Erleuchtung, in dem man den wahren Sinn der Welt erkennt. Es gibt keinen vorgeschriebenen Weg dorthin, doch wenn ein Schüler *satori* erlebt, weiß und versteht er es intuitiv.

Überraschende Antworten

Die wohl rätselhafteste Seite des Zen ist *koan*: eine Frage, auf die es keine vernünftige Antwort gibt oder auf die eine Antwort erwartet wird, welche in keinem logischen Zusammenhang zur Frage steht. „Was ist ein Buddha?" fragt beispielsweise ein *koan*, und die von den Zen-Meistern höchstgeschätzte Antwort lautet: „Drei Pfund Flachs." Auf die Frage, wo alle Buddhas herkommen, erwiderte ein Meister geheimnisvoll: „Der Berg im Osten geht über das Wasser."

Manche *koans* gehen von logischen Widersprüchen aus, beispielsweise: „Wenn die vielen auf ein einziges herabgemindert werden, worauf wird dann dieses eine herabgemindert?" oder gar: „Laufe, während du auf einem Esel reitest."

Der tiefere Sinn

Doch hinter der Maske der Unlogik verbirgt sich eine tiefe Weisheit. Zum einen bezweckt sie, den Angesprochenen zu ganz spontanen, unmittelbaren Antworten und Reaktionen – ohne abstraktes Nachdenken, nur aus der Situation heraus – zu ermutigen. Dieser Aspekt führte zur Ausbreitung des Zen-Buddhismus in Japan, und zwar durch die angesehene Kriegerklasse der Samurai, die sein Gedankengut, verbunden mit strengen Meditationsübungen, übernahm.

Der weitaus tiefere Sinn solcher verblüffender Rätselfragen und Aufforderungen besteht jedoch darin, zu offenbaren, wie unzulänglich, ja geradezu hoffnungslos es ist, sich der Logik oder der Sprache zu bedienen, wenn man etwas so Unerklärliches wie die geistige Erleuchtung anstrebt.

Der eigenwillige Prophet

Ein antiker Philosoph mit modern anmutenden Ideen

Wie alle alten Griechen glaubte auch der Arzt und Philosoph Empedokles, der im 5. vorchristlichen Jahrhundert lebte, daß alles im Kosmos aus vier Elementen, nämlich Erde, Wasser, Luft und Feuer, bestehe. Diese vier Grundelemente, so nun seine These, würden von zwei Urkräften gelenkt: von der Liebe, die die Elemente miteinander vermische, und vom Haß, der sie trenne. Solche Verbindungen waren vergänglich, doch die Elemente selbst und die beiden Urkräfte waren unzerstörbar. Diese prinzipielle Unzerstörbarkeit der Materie ist ein Grundsatz, dem moderne Naturwissenschaftler zustimmen können.

Nach der Lehre des Empedokles war die Geschichte des Universums eine Abfolge von Zyklen, in denen abwechselnd einmal die Liebe und einmal der Haß dominierte. Ganz zu Anfang herrschte die Liebe vor, und Erde, Wasser, Luft und Feuer vermischten sich miteinander. Dann jedoch trat der Haß auf den Plan, der die Elemente wieder trennte, bis sie sich schließlich an anderen Stellen teilweise neu verbanden. Vulkane beispielsweise zeigen das Vorhandensein von Feuer und Quellen das von Wasser in der Erde. Diese Vorstellung eines antiken Philosophen hat eine Parallele in der modernen Theorie, daß das All in einer gewaltigen Explosion, dem Urknall, entstand und sich so weit wie möglich ausdehnen und dann wieder zusammenziehen wird, bis seine konzentrierte Energie schließlich in einer Art Wiedergeburt explodiert.

Auch von der Entwicklung des Lebens auf Erden hatte Empedokles eine Vorstellung: Zuerst – in einer Zeit der Liebe – entstanden die Bäume. Darauf folgten früheste Tierformen, die aus einem Durcheinander von Körperteilen erwuchsen: kopflose Rümpfe, Geschöpfe mit zahllosen Händen oder Körper von Rindern mit Menschenköpfen. Diese bizarren Formen verbanden sich, so gut sie konnten, und nur die lebensfähigsten überdauerten. Damit nahm Empedokles die Theorie Charles Darwins vorweg, der „vom Überleben der Bestangepaßten" sprach.

Kein gewöhnlicher Sterblicher

Empedokles, der eine wichtige politische Rolle in seiner Heimatstadt Agrigent spielte, wurde vom Volk fast wie ein Gott verehrt. Um den Anschein seiner übernatürlichen Beschaffenheit noch zu verstärken, beschloß er, der Legende nach, nicht wie ein normaler Mensch eines gewöhnlichen Todes zu sterben, sondern spurlos zu verschwinden. Also schlich er eines Nachts davon und stürzte sich in den Krater des Ätna. Der Vulkan verschluckte ihn zwar, gab dann aber das Geheimnis seines Selbstmords preis, indem er eine der Sandalen des Empedokles wieder ausspie. Am nächsten Morgen fanden Freunde sie am Rand des Kraters.

Hätten Sie's gewußt?

Im Jahr 1958 wurde Boris Pasternak von den sowjetischen Behörden gezwungen, den Literaturnobelpreis abzulehnen. Und 1970 wagte es zwar Alexander Solschenizyn zwar, den Preis anzunehmen, doch wurde er vier Jahre später ausgebürgert.

Ehrenvolle Auszeichnung

Warum der Nobelpreis gestiftet wurde

Es ist schon eine Ironie des Schicksals, wenn ein Mann der Menschheit erst eine ungeheure Zerstörungskraft verfügbar macht und dann das damit erworbene Vermögen zur Förderung des Friedens stiftet. Doch genau das tat Alfred Nobel, der Erfinder des Dynamits und der Begründer des Nobelpreises.

Nobel, 1833 in Stockholm geboren, bemühte sich ab 1863 um die fabrikmäßige Herstellung von Nitroglycerin, einer hochexplosiven Flüssigkeit. Nachdem bei einem seiner Versuche sein Labor in die Luft geflogen war und sein jüngerer Bruder und vier Arbeiter ums Leben gekommen waren, fand er schließlich heraus, daß das gefährliche Sprengöl relativ sicher zu handhaben war, wenn man es von Kieselgur aufsaugen ließ und dann in Stäbchen formte.

Weltweiter Erfolg

Diese Erfindung, Dynamit genannt, entpuppte sich als großer wirtschaftlicher Erfolg. Nobel baute 93 Fabriken in aller Welt, die bis zu seinem Tod im Jahr 1896 jährlich 66 500 t Dynamit produzierten.

Höchste Anerkennung Zusammen mit einem ansehnlichen Geldbetrag erhalten die Gewinner des Nobelpreises eine Medaille, die auf der einen Seite ein Porträt Nobels und auf der anderen Allegorien von Natur und Wissenschaft zeigt.

Doch der brillante Geschäftsmann hatte noch andere Interessen und befaßte sich z. B. intensiv mit Fragen, die das mehr oder weniger friedliche Zusammenleben der Völker betrafen. In seinem Testament verfügte er, daß der Hauptteil seines Vermögens in eine Stiftung fließen solle, aus deren Zinsertrag jährlich jene einen Preis erhalten sollten, „die während des vorangegangenen Jahres der Menschheit den größten Nutzen gebracht hatten".

Nach vier Jahren erbitterter Streitigkeiten über die Auslegung des Testaments wurde endlich die Nobelstiftung ins Leben gerufen und festgelegt, daß

jährlich fünf Preise vergeben werden sollten – der sechste (für Wirtschaft) kam erst 1969 dazu –: für Physik, Chemie und Wirtschaft (auf Vorschlag der Schwedischen Akademie der Wissenschaften), für Medizin (auf Vorschlag des Medikochirurgischen Instituts in Stockholm), für Literatur (auf Vorschlag der Schwedischen Akademie) und für Frieden (auf Vorschlag eines norwegischen Parlamentsausschusses). Die erste feierliche Überreichung des Nobelpreises, der auch mehreren verdienstvollen Wissenschaftlern verliehen werden kann, fand im Jahr 1901 statt.

Unbeabsichtigte Folgen

Trotz Nobels Absicht, den Frieden zu fördern, rief der Nobelpreis seit seiner ersten Verleihung viel Bitterkeit, Neid und Konkurrenzdenken hervor. Zwar wurden die Auszeichnungen für Literatur und Naturwissenschaften tatsächlich für wichtige Errungenschaften zum Wohl der Menschheit vergeben, doch ob sie letztlich zum Frieden unter den Nationen beitrugen, bleibt fraglich. Auch Alfred Nobel hat mit seiner Verfügung den Lauf der Welt nicht zu ändern vermocht.

Hätten Sie's gewußt?

Der Familie Curie gelang es, drei Nobelpreise zu erhalten: Marie und Pierre teilten sich den Preis für Physik 1903, und den Preis für Chemie erhielten 1911 Marie und 1935 ihre Tochter Irène mit ihrem Ehemann Frédéric Joliot.

EIN OPFER DER WISSENSCHAFT

Der englische Philosoph und Staatsmann Francis Bacon verlangte als erster, daß wissenschaftliche Theorien durch praktische Versuche nachgewiesen werden sollten.

An einem kalten Wintertag zu Anfang des Jahres 1626 fuhr der damals 65 Jahre alte Bacon mit einem Freund in einer Kutsche einen Hügel am Stadtrand von London hinauf. Beide diskutierten darüber, wie man Lebensmittel mit Hilfe von Eis konservieren könne, und Bacon schlug angesichts der schneebedeckten

Kuppe einen Versuch vor. Er ließ anhalten, kaufte einer in der Nähe wohnenden Frau ein Hühnchen ab und bat sie, es zu töten und auszunehmen. Dann legte er sogar selbst mit Hand an und half ihr, es mit Schnee zu füllen.

All dies dauerte seine Zeit, und durch den Schnee erkältete Bacon sich so stark, daß er an einer schweren Bronchitis erkrankte und am 9. April starb. „Was das Experiment betrifft", so schrieb er in seinem letzten Brief, „war es ein voller Erfolg."

Kleine Anfänge

Winzige Wunder an der Schwelle des Lebens

Wodurch wird ein Lebewesen lebendig? Was ist das nur für eine Kraft, die einer Tulpe oder einem Frosch innewohnt, einem Stein aber fehlt?

Typisch für ein Lebewesen ist, daß es atmet, Nahrung in Energie umwandelt, Abfallprodukte ausscheidet, wächst, sich fortpflanzt und auf verschiedene Reize reagiert. Diese Definition könnte jedoch einen Außerirdischen dazu verleiten, beim ersten Blick auf die Erde Autos für die wichtigste irdische Lebensform zu halten, denn in gewisser Weise atmen sie, wandeln Treibstoff in Energie um, geben Abgase ab, bewegen sich und reagieren auf die Reize des Fahrers.

Trotzdem weiß jeder, daß Autos nicht lebendig sind, denn sie können nicht wachsen und sich nicht fortpflanzen, wie Tiere und Pflanzen es tun. Ohne den Menschen, der sie herstellt, würden sie sofort „aussterben".

Wo genau liegt nun aber der Übergang von Nicht-Leben zu Leben? Ein Organismus, der an dieser Grenze zu existieren scheint, ist das Virus. Viren haben keinen Zellkern, der bei anderen, komplexeren Lebensformen die Vermehrung und das Wachstum einlei-

Lebenszeichen? *Dahinrasende Autos mit leuchtenden Scheinwerfern sind wohl die auffälligsten beweglichen Objekte auf der Erde.*

tet und steuert. Um von sich selbst Kopien zu machen, sich also fortzupflanzen, benötigen Viren andere Lebensformen. Sie vermehren sich, indem sie lebende Zellen befallen, besetzen und dann deren Nukleinsäure für ihre eigene Vermehrung benutzen.

Viele parasitäre Organismen sind von einem Wirt abhängig, ohne den sie weder überleben noch sich fortpflanzen könnten. Im Fall der Viren jedoch ist diese Abhängigkeit absolut, denn außerhalb von lebendem Gewebe zeigen sie nicht die geringsten Anzeichen von Leben. Sie sind dann leblose Moleküle, die oft in kristalliner Form angeordnet sind. Amerikanische Wissenschaftler schufen sogar künstliches Virenmaterial, indem sie Moleküle von Proteinen und Nukleinsäure im Labor zusammenfügten. Als sie dieses Material zu lebenden Zellen gaben, übernahm es deren Leben, indem es die Zellen zum Wachsen und zur Vermehrung benutzte. Die Bausteine des Lebens sind also bekannt – doch die Natur und die Quelle der „Lebenskraft" bleiben ein Geheimnis.

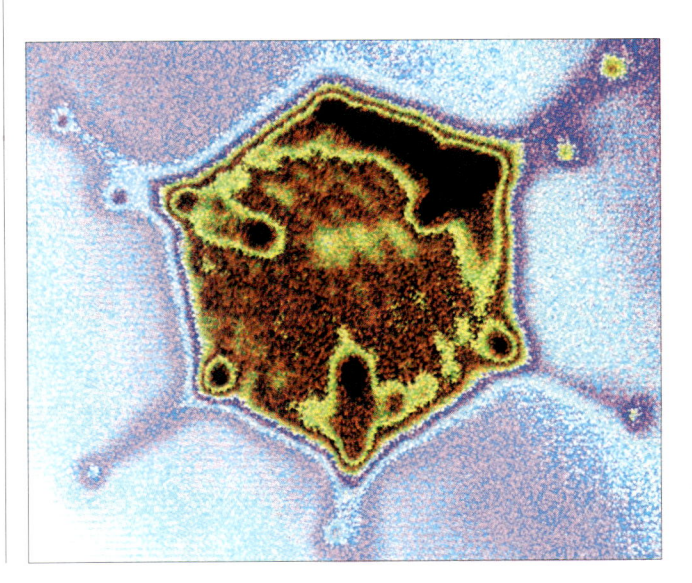

Einfachste Lebensform *Diese Computergrafik zeigt ein Grippevirus, das aus einem Nukleinsäurekern mit einer Proteinummantelung innerhalb einer beweglichen Membran besteht. Noch einfachere Virenarten haben nicht einmal eine äußere, schützende Hülle.*

Groß und Klein

Tiere einmal nachgemessen

Das kleinste heute lebende Säugetier ist die Etruskerspitzmaus, der kleinste Vogel der Kubanische Zwergkolibri. Beide wiegen etwa 2 g, also weniger als eine Hummel. Diese Winzlinge haben die unterste Grenze der Größe erreicht, in der warmblütige Tiere gerade noch existieren können. Der Grund dafür: Warmblütige Tiere

geben Wärme über ihre Körperoberfläche ab, und bei dieser winzigen Größe ist die Fläche im Verhältnis zum Körpervolumen so groß, daß praktisch alle Wärme, die diese Tiere produzieren, verlorengeht.

Kaltblütige Tiere können viel kleiner sein, weil ihre Körpertemperatur in Abhängigkeit von der Temperatur der Umgebung schwankt und sie keine Wärme zu speichern brauchen. Das kleinste Wirbeltier ist die Zwerggründel, ein Fischchen von nur 1 cm Länge und 4 mg Gewicht. Insekten können sogar noch winziger sein; die kleinsten sind die Haarflügler, mit bloßem Auge kaum erkennbare Käferchen, die gerade 0,25 mm lang werden.

All diese Geschöpfe bestehen aus einer Vielzahl einzelner Zellen, im Gegensatz zu den Protozoen, den Einzellern. Da der menschliche Körper im Durchschnitt aus 50 Mrd. Zellen aufgebaut ist, könnte man schlußfolgern, daß alle Proto-

Hätten Sie's gewußt?

Manche Bakterienarten pflanzen sich alle 20 Minuten fort. Da dies durch einfache Teilung geschieht, kann eine einzige Zelle innerhalb von nur acht Stunden eine Nachkommenschaft von 16 Millionen produzieren.

◆◆◆

Viele Bakterien auf dem menschlichen Körper vermehren sich besonders gut in warmem, feuchtem Milieu. Nimmt man nun ein heißes Bad, so spült man damit zwar zahllose tote Bakterien weg, regt jedoch gleichzeitig die verbleibenden lebenden an, ihre Fortpflanzungsrate kräftig zu steigern.

Riesenei *Das Ei des vor einigen tausend Jahren auf Madagaskar heimischen Riesenstraußes maß 37,5 cm.*

zoen mikroskopisch klein sein müssen. Doch einige ausgestorbene Arten maßen fast 2,5 cm im Durchmesser, und manche noch lebende Formen erreichen 1,5 cm. Auch Eier, ganz gleich, wie groß sie sind, bestehen aus nur einer Zelle. Das größte bisher entdeckte Ei legte der vor rund 1000 Jahren ausgestorbene Riesenstrauß, der auf Madagaskar heimisch war.

VERBORGENE WELT DER KLEINSTLEBEWESEN

Die Grundlage der Mikrobiologie, der Wissenschaft von den Kleinstlebewesen, wurde in der zweiten Hälfte des 17. Jh. gelegt, als der niederländische Naturforscher Antonie van Leeuwenhoek ein Mikroskop mit 280facher Vergrößerung anfertigte und sich und seinen Kollegen erstmals einen Blick auf Protozoen, Hefe-

pilze, menschliche Blutzellen und Bakterien ermöglichte. Doch obwohl man sie nun sehen konnte, blieben beispielsweise die Bakterien noch lange ein unerklärliches Rätsel. So lange, bis man herausfand, daß sie die kleinsten Lebewesen sind, die unabhängig existieren können. Selbst die größten unter ihnen bringen es nur auf weniger als ein Zehntel der Größe eines menschlichen roten Blutkörperchens, das selbst nur 0,008 mm im Durchmesser mißt; die kleinsten sind rund 14 000mal kleiner als eine Blutzelle.

Winzige Viren

Doch diese Winzlinge sind Riesen im Vergleich zu den Viren, also Organismen, die eine Wirtszelle zum Leben und zur Fortpflanzung benötigen.

Das Grippevirus z. B. hat nur ein Sechstel der Größe der kleinsten Bakterie; das

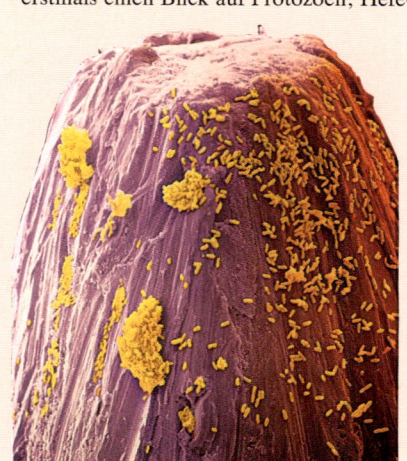

Gipfelstürmer *Stäbchenförmige Bakterien, hier nicht in ihrer wirklichen Farbe abgebildet, erklimmen eine Stecknadelspitze.*

Tabakmosaikvirus, das den Tabakblättern die Farbe entzieht, ist 100mal kleiner; und das kleinste bekannte Virus überhaupt, das eine Kartoffelkrankheit verursacht, ist sogar 2500mal kleiner. Nur mit Hilfe starker Elektronenmikroskope können sie „sichtbar" gemacht werden.

Irgendwo zwischen Bakterien und Viren – sowohl der Größe, als auch der Komplexität nach – ist eine dritte Gruppe von Mikroorganismen angesiedelt, die Rickettsien, die nach ihrem Entdecker Howard Taylor Ricketts (1871–1910) benannt wurden und u. a. das Fleckfieber sowie das Fünftagefieber hervorrufen. Sie besitzen wie die Bakterien eine Zellmembran, bedienen sich aber wie die Viren der Zellen anderer Lebewesen, um sich fortzupflanzen. Die größeren von ihnen kann man unter einem Mikroskop sehen; sie sind um einiges größer als die kleinsten Bakterien. Dennoch sind sie beileibe keine Riesen – sie messen gerade einmal 0,00006 mm im Durchmesser und sind damit so klein, daß 9500 von ihrer Sorte aneinandergereiht die Breite eines Haares erreichen.

Die kosmische Ursuppe

Wie begann das Leben auf der Erde?

Der biblischen Schöpfungsgeschichte zufolge „sah Gott alles, was er geschaffen hatte, und es war sehr gut". Für viele gläubige Menschen erübrigt sich damit die Frage nach dem Ursprung des Lebens auf der Erde. Die meisten Wissenschaftler jedoch widersprechen den biblischen Berichten, obwohl es noch keinem gelungen ist, eine völlig überzeugende alternative Erklärung vorzulegen.

Wenn das Leben, wie manche Theorien besagen, ganz spontan begann, könnte der Schöpfungsprozeß noch immer andauern. Allerdings kommt die einfachste uns bekannte Lebensform, die Viren, kaum als Ausgangspunkt des Lebens in Betracht, da sie vermutlich Einzelteile genetischen Materials sind, die aus Zellen anderer Lebewesen entwichen sind.

Nach einer anderen Theorie existierten Leben und Materie schon immer zusammen, gab es also Leben in irgendeiner Form bereits vor dem Urknall, der gewaltigen Explosion, in der vermutlich das Universum geboren wurde. Diese These ist jedoch wenig wahrscheinlich, weil ursprünglich alle Materie auf engstem Raum zusammengedrängt war und bei den unvorstellbar hohen Temperaturen und dem immensen Druck, der in einer derart dicht komprimierten Masse geherrscht haben muß, keine Lebensform überdauern hätte können.

Zufallsverbindungen

Vielleicht ist das Leben auf der Erde – und möglicherweise auf Planeten anderer Sonnensysteme – auch durch zufällige chemische Reaktionen entstanden. Es gibt Experimente, die diese Theorie unterstützen. Aminosäuren, aus denen die Proteine, die Bausteine allen Lebens, bestehen, kann man im Labor herstellen, indem man elektrische Entladungen, also künstliche Blitze, durch ein Gemisch aus Methan, Wasserstoff, Ammoniak und Wasserdampf leitet. In den 50er Jahren haben amerikanische Wissenschaftler auf diese Weise 13 verschiedene Arten von Aminosäuren gewonnen.

Eigentlich waren die Wissenschaftler immer davon überzeugt, daß Methan und Ammoniak wichtige Bestandteile der primitiven Uratmosphäre gewesen sein müssen, doch gehen heute viele davon aus, daß diese vor allem aus Kohlendioxid, Stickstoff und Wasser sowie kleineren Anteilen von Wasserstoff und Kohlenmonoxid bestand. Japanische Forscher bombardierten kürzlich eine solche künstliche Ursuppe aus Kohlenmonoxid, Wasser und Stickstoff mit energiegeladenen Elementarteilchen (Protonen). So sollte die von periodisch auftretenden Sonneneruptionen ausgehende Strahlung simuliert werden. Tatsächlich entstanden bei dem Versuch große Mengen von Aminosäuren und auch eine Reihe von Nukleinsäuren, jenen chemischen Verbindungen, die es einer lebenden Zelle ermöglichen, sich fortzupflanzen. Also könnten sich die Grundbausteine des Lebens sehr wohl in dem dickflüssigen Nebel gebildet haben, der die vorzeitliche Erde umgab.

Urkräfte *Blitze, kosmische Strahlen und Meteoriten haben wahrscheinlich bei der Entstehung der Bausteine des Lebens mitgewirkt.*

LEBEN AUS DEM ALL

Ist das Leben hier fast so alt wie die Erde selbst? Unser Planet ist etwa 4,6 Mrd. Jahre alt, die ältesten Fossilien dagegen nur 3,1 Mrd. Jahre. Sie wurden als die Überreste von Bakterien und Blaualgen identifiziert, schon recht komplizierten Mikroorganismen also, die Hunderte von Millionen Jahren gebraucht haben müssen, um sich zu entwickeln. Das bedeutet, daß ihre Vorfahren die unbeschreibliche Hitze der jungen Erde hätten aushalten müssen, es sei denn, die Ursprünge des Lebens kämen aus dem All.

In den letzten 20 Jahren haben Wissenschaftler herausgefunden, daß sich in der dünn verteilten Materie im interstellaren Raum viele organische Moleküle befinden. Der britische Astronom Sir Fred Hoyle stellte deshalb die Theorie auf, daß

Aminosäuren, aus denen das Protein in lebenden Zellen besteht, und sogar Viren von Kometen und Meteoriten durch den Weltraum transportiert werden. Gelangten sie auf ihrem weiten Weg durch das Universum zu einem Planeten, auf dem die äußeren Bedingungen günstig sind, könnten sich aus ihnen langsam neue Lebensformen entwickeln.

Bausteine des Lebens *Aminosäuren, wie diese stark vergrößerten Argininkristalle, könnten mit einem Meteoriten auf die Erde gelangt sein.*

Leben – nicht totzukriegen
Von Bärtierchen und anderen Spezialisten

Lebende Organismen sind von unglaublicher Zähigkeit und Widerstandskraft. So findet man z. B. Bakterien in den fast kochendheißen Quellen im Yellowstone-Nationalpark in den USA; andere können sogar bei Temperaturen über dem Siedepunkt von Wasser leben. Und es gibt eine Algenart, die selbst in heißer konzentrierter Schwefelsäure gedeiht.

Auch extreme Kälte kann manchen

Mikroorganismen nichts anhaben, beispielsweise den besonders unempfindlichen Bärtierchen. Diese winzigen wirbellosen Lebewesen wurden zu Forschungszwecken ins All geschossen und dort Temperaturen von −272 °C ausgesetzt – gerade 1 °C über dem absoluten Nullpunkt. Nachdem sie wieder aufgetaut waren, kehrten sie unbeschadet ins Leben zurück. Darüber hinaus tauchten Wissenschaftler sie auch in Kohlen-

säure, reinen Wasserstoff, Stickstoff, Helium und Schwefelwasserstoff. Jedesmal schienen sie tot zu sein, doch einige Wassertropfen genügten, um sie zu neuem Leben zu erwecken.

Bakterien und Pilzsporen schweben in schwindelnder Höhe in der nahezu luftlosen und eiskalten unteren Stratosphäre, und Springspinnen fand man noch in 6700 m Höhe an den Hängen des Mount Everest. In den tiefsten Gräben des Meeresbodens leben, in völliger Dunkelheit, Fische, Schalentiere und andere Spezialisten. Daran gewöhnt, einem 100mal stärkeren Druck als dem in Meereshöhe herrschenden zu widerstehen, platzen sie, wenn sie an die Oberfläche geholt werden.

Außerirdische Lebensformen
Angesichts einer derartig hohen Anpassungsfähigkeit spricht nichts dagegen, daß auch auf anderen Planeten Leben existieren kann. Das irdische Leben hängt von Kohlenstoffverbindungen ab. Doch Silicium, ein wesentlich widerstandsfähigeres Element, kann Kohlenstoff in vielen Molekülen ersetzen. Manche Wissenschaftler nehmen an, daß auf Siliciumbasis aufgebaute Organismen extremer Hitze oder Kälte auf anderen Planeten besser widerstehen könnten als Kohlenstofforganismen.

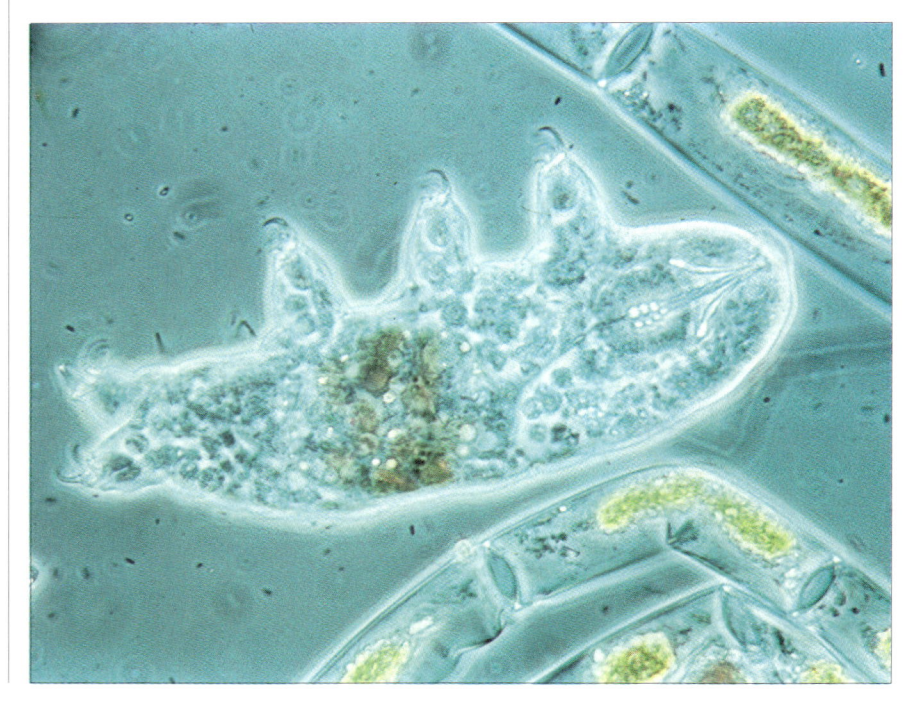

Überlebenskünstler *Wissenschaftler schickten das 1 mm große Bärtierchen ins All, froren es ein, ertränkten es in Chemikalien, doch es überlebte alles.*

Die wahre Eva

Auf der Suche nach der Mutter der Menschheit

Nach Ansicht einiger Genetiker an der *University of California* geht die Menschheit, genau wie es in der Bibel steht, auf ein einzelnes weibliches Wesen zurück, das damals zwar nicht die einzige Frau auf Erden gewesen sei, aber zur Stammutter sämtlicher Vertreter der Spezies *Homo sapiens* wurde. Der Schlüssel zu dieser Behauptung liegt in der DNS (Desoxyribonukleinsäure), einer der komplizierten Säuren im Kern aller Zellen eines jeden Lebewesens. Die DNS bildet, zusammen mit einer Hülle aus Proteinen, die Chromosomen, die Träger der gesamten Erbinformation. Im Gegensatz zu den anderen Zellen enthalten die Fortpflanzungszellen, die sogenannten Keimzellen, nur den halben Chromosomensatz, der sich durch die Befruchtung wieder zu einem neuen vollständigen Satz, nämlich jeweils einer Hälfte von Vater und Mutter, verbindet. Daher rühren die normalen körperlichen Unterschiede zwischen den Generationen. Manchmal jedoch bewirkt ein Fehler bei der Kopie, eine sogenannte Mutation, daß in einer Familie eine völlig neue Eigenschaft auftritt.

Doch die DNS befindet sich nicht nur im Kern jeder tierischen oder menschlichen Zelle. Mitochondrien, mikroskopisch kleine bewegliche Körper, die unseren Stoffwechsel steuern – also den Vorgang, durch den Nahrung in Energie und lebendes Gewebe umgewandelt wird –, vererben sich durch ihre eigene DNS, unabhängig von den Chromosomen in den Zellkernen. Die besagten amerikanischen Genetiker gründen ihre Theorie auf die Tatsache, daß wir Mitochondrien nur von unseren Müttern erben. Die Mitochondrien eines Kindes sind daher grundsätzlich mit denen seiner Mutter identisch, es sei denn, es liegt eine Mutation in der DNS vor.

Die Wissenschaftler listeten nun alle bekannten Unterschiede in der mitochondrischen DNS von den fünf wichtigsten Menschenrassen aus

Afrikanischer Garten Eden *Vielleicht hat die Bibel doch recht, und alle heute lebenden Menschen gehen auf eine einzige – afrikanische – Stammutter zurück.*

Afrika, Asien, Europa, Australien und Neuguinea auf. Dann versuchten sie, jene Mutationen aufzuspüren, die bei zwei oder mehr Gruppen auftraten, und jene, die bei nur einer Gruppe vorkamen. Zugleich hielten sie fest, wann diese Mutationen jeweils stattgefunden haben müssen. Dabei legten sie ihr Wissen über die Häufigkeit von Mutationen zugrunde. Aus den Ergebnissen zeichneten sie einen Stammbaum des modernen Menschen auf, der auf eine Frau zurückführte, die vor 140 000 bis 290 000 Jahren in Afrika lebte – die unbekannte Eva.

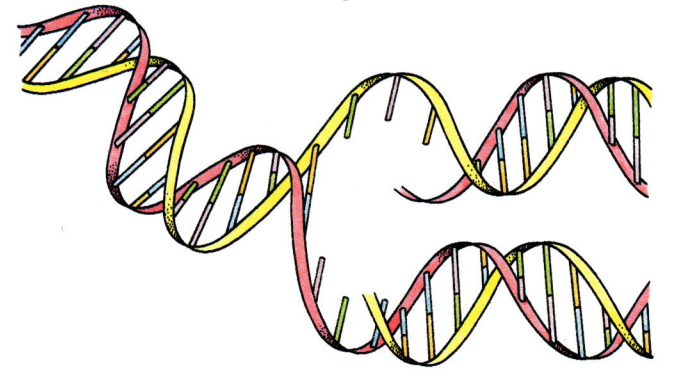

Doppelhelix *Im Jahr 1953 erkannten die Wissenschaftler J. Watson und F. H. Crick den einer spiralförmig gewundenen Strickleiter gleichenden Aufbau der DNS.*

Krötenliebe mit Folgen

Wie ein Biologe zur Verzweiflung getrieben wurde

Kröten haben sehr interessante Paarungsgewohnheiten. Die meisten Arten paaren sich im Wasser, und um den Erfolg sicherzustellen, klammert sich das Männchen notfalls wochenlang ans Weibchen, bis dieses seinen Laich ablegt, den jenes dann befruchtet. Damit sich das Männchen an der schlüpfrigen Haut des Weibchens besser festhalten kann, verfügt es – besonders während der Paarungszeit – über dunkle, stachlige Brunstschwielen an jeder Hand.

Bei der Geburtshelferkröte ist es anders: Sie paart sich an Land, und folglich bekommen die Männchen auch nicht diese rauhen Polster. Doch im Jahr 1909 behauptete der österreichische Biologe Paul Kammerer, Geburtshelferkröten gezüchtet zu haben, bei denen sich solche Kissen gebildet hätten. Und zwar hätte er sie in einer künstlichen Umwelt gehalten, die sie zwang, sich im Wasser zu paaren. Prompt hätten sich die männlichen Nachkommen dieser Kröten an die neuen Bedingungen angepaßt und zuerst mit primitiven, in der nächsten Generation aber bereits mit vollständig entwickelten Brunstschwielen zugepackt.

Kammerers Behauptung stieß auf heftigen Widerspruch, denn sie schien die 100 Jahre zuvor von Jean-Baptiste Lamarck aufgestellte, inzwischen aber längst verworfene Theorie zu bestätigen, nach der sich körperliche Veränderungen, mit denen Tiere – und Menschen – sich an ihre Umwelt anpassen, auf die Nachkommen vererben. Wäre das der Fall, dann müßten beispielsweise die Schwielen, die sich nach jahrelanger Arbeit an den Händen eines Zimmermanns gebildet haben, auch bei seinen Kindern zu finden sein. Die moderne Genetik hat jedoch keinerlei Anhaltspunkte dafür, daß sich im Lauf eines Lebens erworbene Eigenschaften gleich weitervererben.

Schwarze Tinte

Auch die Geburtshelferkröten Kammerers konnten einen solchen Beweis nicht erbringen. Nach jahrelangen Streitigkeiten kam schließlich im Jahr 1926 einer der Hauptkritiker nach Wien und sezierte die letzte noch verbliebene Kröte, die die Wirren des Ersten Weltkriegs überdauert hatte. Es stellte sich heraus, daß die stachligen Auswüchse des konservierten Exemplars wohl wegen der häufigen Berührungen abgebro-

Krötenpärchen Im Gegensatz zu den meisten anderen Kröten paaren sich die in West- und Mitteleuropa heimischen Geburtshelferkröten an Land.

chen waren und – viel schlimmer – daß die dunkle Färbung der Krötenhände von einer Tuscheinjektion stammte. Auf Brunstschwielen gab es keinerlei Hinweise.

Niedergeschlagen bestätigte Kammerer die Spuren der Tusche, doch er bestritt, von dem Betrug gewußt zu haben. Einige Jahre zuvor hatten zwei unabhängige Wissenschaftlerteams bei einer Untersuchung derselben konservierten Kröte die Ballen gesehen und keine Anzeichen von Tusche festgestellt.

Etwa sechs Wochen, nachdem die Nachricht von der Manipulation bekanntgeworden war, brachte sich Kammerer im Alter von 46 Jahren um. Hatte er womöglich die Ergebnisse seiner Versuche gefälscht? Jedenfalls wurden solche Experimente nie wieder mit Erfolg durchgeführt. Auch weiß man bis heute nicht, wer die Tusche in die Haut der Kröte spritzte. Vielleicht war der Übeltäter ein Assistent, der sich bemühte, den vermeintlichen Beweis augenfälliger zu machen, oder gar einer von Kammerers Kritikern, der danach trachtete, einen eventuell vorhandenen Beweis zu sabotieren.

Hätten Sie's gewußt?

Die männliche Geburtshelferkröte, ein 3–5 cm großer Froschlurch, der in West- und Mitteleuropa heimisch ist, trägt ihren Namen zu Recht. Nachdem das Weibchen die Eier in langen Schnüren abgelegt hat, befruchtet das Männchen sie, windet sie sich um seine Hinterbeine und schleppt sie drei bis fünf Wochen überall mit hin. Sind die Larven dann bereit zum Schlüpfen, taucht es seine Beine in einen Teich und entläßt die Nachkommenschaft ins Wasser.

DER PERFEKTE PIRAT

Darwins Theorie von der natürlichen Auslese besagt, daß die Arten über lange Zeitspannen hinweg ganz bestimmte Eigenschaften entwickeln, die ihnen die Anpassung an ihren Lebensraum ermöglichen. Doch in der Natur findet man viele scheinbare Ausnahmen von dieser Regel, beispielsweise den Fregattvogel, der an tropischen Meeresküsten lebt und dessen Federn, Füße und Flügel dennoch völlig ungeeignet sind für ein Leben am Wasser.

Da ihre Federn nicht dicht sind und sich unter Wasser vollsaugen würden, können die Fregattvögel nicht nach Nahrung tauchen. Weil ihre Füße nur teilweise mit Schwimmhäuten bedeckt sind, könnten sie auch nicht weit paddeln, wenn die Vögel einmal auf dem Wasser niedergehen müssen. Und da ihre schlanken Schwingen für den Flug Aufwind benötigen, könnten sie nach einer Landung auf dem Wasser kaum wieder abheben. Auch auf dem Land sind solche Flügel eher ein Hindernis.

Doch all diese vermeintlichen Nachteile sind nicht wichtig, denn der Fregattvogel hat die Luft zu seinem eigentlichen Element erkoren. Er baut sein Nest auf steilen Klippen oder hohen Bäumen, von wo aus er sich zu stundenlangen Segelflügen emporschwingen kann. Nicht einmal für die Nahrungssuche muß er landen oder sich Flügel und Füße naß machen, denn er lebt von der Piraterie. Er überfällt andere Seevögel und zwingt sie, ihre Beute loszulassen oder sogar herauszuwürgen. Mit erstaunlichem Geschick fängt er dann die Nahrung im freien Fall auf, bevor sie ins Wasser fällt. Außerdem ernährt er sich von

fliegenden Fischen, die er dicht über der Wasseroberfläche erjagt. So betrachtet, hat der Fregattvogel aus seiner schlechten Anpassung an die Umwelt das Beste gemacht.

Freibeuter Ein Fregattvogel setzt zu einem oft mehrere Stunden dauernden eleganten Segelflug über dem Meer an.

Probleme mit der Patentmaus
Bringt die Zukunft Tiere und Pflanzen nach Maß?

Im April 1988 erteilte das amerikanische Patent- und Warenzeichenamt auf Antrag der Harvard University erstmals ein Patent für ein genetisch manipuliertes Tier: eine Maus, die ein brustkrebserregendes Gen in sich trug. Kurz darauf wurde bekannt, daß auch die University of Adelaide in Australien ein schnellwachsendes Schwein zum Patent angemeldet hatte. Beide Tiere sind – ebenso wie das Schaf, dessen Milch für Bluterkranke zuträgliche Blutgerinnungsstoffe enthält, und die angestrebten koffeinfreien Kaffeebohnen oder nikotinfreien Tabakblätter – Produkte eines neuen Wissenschaftszweigs, der Gentechnik. Diese birgt zwar große Risiken des Mißbrauchs in sich, bietet aber gleichzeitig der naturwissenschaftlichen und medizinischen Forschung neue, weitreichende Möglichkeiten.

Worin nun besteht diese neue Technik, wie unterscheiden sich ihre Methoden, Tiere und Pflanzen zu verändern, von der herkömmlichen selektiven Züchtung?

Form und Funktionsweise eines jeden Lebewesens wird letztlich von der komplizierten DNS (Desoxyribonukleinsäure) gesteuert, aus der die Gene, einzelne Chromosomenabschnitte in den Zellkernen, bestehen.

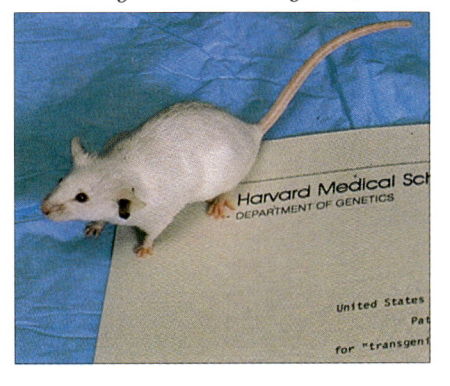

Patent-Nr. 4 736 866 Diese genetisch manipulierte Maus ließen sich Wissenschaftler der Harvard University patentieren.

Sie bestimmen beispielsweise, ob ein Tier große Augen oder eine Pflanze rote Blüten hat, Eigenschaften, die sich normalerweise von Generation zu Generation vererben. Aufgabe der Gentechniker ist es nun herauszufinden, welche Gene gerade das Merkmal hervorbringen, auf das es ihnen ankommt, diese dann zu kopieren und schließlich in lebendes Gewebe einzupflanzen.

Eine solche Arbeit gleicht oft der Suche nach der berühmten Nadel im Heuhaufen, denn die Anzahl der

Gene pro Chromosomenpaar ist riesig, und außerdem hat jede Pflanze und jedes Tier einen eigenen Chromosomensatz. Hinzu kommt noch das Problem der Transplantation, wenn die Gene schließlich identifiziert sind. Eine Möglichkeit besteht darin, ausgewählte Bakterien so zu verändern, daß sie neue Gene hinterlassen, wenn sie die Zellen eines bestimmten Organismus angreifen. Nach einer anderen Methode werden winzige, mit neuen Genen überzogene Wolframkügelchen in die Zellen geschossen oder mit Hilfe von elektrischem Strom Löcher in Zellen gestanzt, durch die die Biologen die Gene einspeisen können. Bei all diesen Methoden gibt es keine Garantie dafür, daß die neuen Gene auch wirklich „greifen", also genau die gewünschte Wirkung erbringen.

Um einem Mißbrauch der Gentechnik vorzubeugen, hat man in Deutschland im Sommer 1990 ein Gesetz erlassen, in dem die Zulassung und Überwachung von gentechnischen Anlagen und Arbeiten in Forschung und Herstellung sowie die Freisetzung von gentechnisch veränderten Organismen in die Umwelt genau geregelt werden. Außerdem verbietet das Embryonenschutzgesetz Eingriffe in die menschliche Keimbahn.

Über kurz oder lang

Wie die Giraffe zu ihrem langen Hals kam

Warum haben Giraffen einen langen Hals? Früher oder später konzentriert sich fast jede Diskussion über die Evolution auf den Giraffenhals; das war schon zu Beginn des 19. Jh. so. Doch auch noch heute stiftet die Geschichte seiner Entwicklung Verwirrung, weil viele Menschen die Darwinsche Erklärung in den modernen Lehrbüchern für unwahrscheinlicher halten als die Version des französischen Naturwissenschaftlers Jean-Baptiste Lamarck.

Glücklicher Zufall

Heutzutage sehen Biologen, die die Theorie Charles Darwins von der natürlichen Auslese mit der modernen Wissenschaft der Genetik in Einklang bringen, in den evolutionären Veränderungen die Folge winziger zufälliger Veränderungen in der DNS (Desoxyribonukleinsäure), der chemischen Verbindung, die die Informationen für Aufbau und Aussehen eines jeden lebenden Organismus enthält. Eine Giraffe könnte danach, als Folge einer zufälligen Mutation in ihrem Erbgut, mit einem außergewöhnlich langen Hals zur Welt gekommen sein. Sie hätte folglich besser als ihre kurzhalsigen Verwandten die hochhängenden Blätter hoher Bäume erreicht. Durch diesen Vorteil bei der Nahrungssuche hätte sie länger als andere Giraffen gelebt und demzufolge mehr Nachkommen hervorgebracht, die meisten mit einem ähnlich langen Hals. Kurzhalsige Giraffen, denen dieser entscheidende Vorteil fehlte, wären schließlich ausgestorben.

Was viele Menschen an dieser Erklärung stört, ist die Abhängigkeit vom reinen Zufall. Auf den ist Lamarck nicht angewiesen: Nach seiner Abstammungslehre, die er 1809 – also 50 Jahre vor dem Erscheinen von Charles Darwins Werk *Über die Entstehung der Arten durch natürliche Zuchtwahl* – vorgelegt hat, wird die Evolution von einer nicht näher definierten Kraft gesteuert, einer Art Trieb zur immer besseren Anpassung an die Umwelt.

Selbstverbesserung

Nach Lamarcks Ansicht reckten und streckten die kurzhalsigen Giraffen ihre Hälse immer höher in die Bäume, um an die oberen Blätter heranzukommen. Der auf diese Weise gedehnte Hals vererbte sich auf die nachfolgende Generation, deren Vertreter es genauso machten wie die Eltern. Über viele Genera-

Spagat *Vielleicht entwickelten die Giraffen ihren langen Hals auch deshalb, damit sie beim Trinken nicht die langen Beine beugen müssen ...*

tionen setzte sich dieser Prozeß fort, bis schließlich Giraffen mit so langen Hälsen geboren wurden, daß sie sich nicht mehr nach der Nahrung strecken mußten. Kurz gesagt: Körperliche Merkmale, die im Lauf eines Lebens erworben wurden, konnten auf die Nachkommen vererbt werden.

Heutzutage findet Lamarcks Theorie, nach der also die Vererbung erworbener Merkmale der Mechanismus des evolutionären Wandels sei, keine Gnade vor den Augen der Darwin-Anhänger. Diese akzeptieren zwar, daß allem Leben eine Bereitschaft zur Veränderung innewohnt, aber keineswegs zielgerichtet, sondern zufällig. Und erst im ständigen Kampf ums Dasein entscheidet sich, welche der neuen Formen der Umwelt besser angepaßt ist und sich damit durchsetzt.

Darwin selbst tat Lamarcks These nicht als unannehmbar ab, denn zu seiner Zeit wußten die Biologen noch nichts vom Aufbau der Gene und den Prozessen, die für die Unterschiede zwischen einzelnen Lebewesen verantwortlich sind. Die chemischen Vorgänge, die bei der Vererbung eine Rolle spielen, waren noch völlig unbekannt.

Hohes Tier *Die Giraffe kann Blätter fressen, die für kleinere Tiere außer Reichweite sind, auch wenn diese sich auf die Hinterfüße stellen.*

Schutzhülle des Lebens

Welche Kraft bindet die Atmosphäre an den Erdball?

O hne Luft wäre unsere Erde ein lebloser Planet. Die Grundvoraussetzung für das Überleben von Pflanzen und Tieren ist, neben dem Sonnenlicht, die dauernde Versorgung mit Sauerstoff und Wasser, beides Bestandteile der Atmosphäre, die uns außerdem noch vor tödlicher kosmischer Strahlung und Trümmern aus dem Weltall schützt.

Daß die Atmosphäre unseren Planeten umhüllt, verdanken wir der Erdanziehungskraft. Sie ist so stark, daß nichts, was sich langsamer als mit rund 40000 km/h bewegt – das ist die 17fache Höchstgeschwindigkeit einer Concorde –, ihr entkommen kann. Glücklicherweise bewegen sich die Gasmoleküle der Luft bei weitem nicht in diesem Tempo, so daß uns die lebenswichtige Lufthülle erhalten bleibt. Einige Astronomen glauben, möglicherweise habe auch der Mond früher einmal eine Atmosphäre besessen, doch weil seine Anziehungskraft nur ein Sechstel von der der Erde erreicht, entwich sie ins All.

Auch die Position der Erde im Sonnensystem war und ist entscheidend für die Entstehung und Erhaltung von Leben, wie wir es kennen. Die ersten komplexen Lebewesen waren Pflanzen, die zum Leben und für ihre Fortpflanzung genügend Sonnenlicht benötigten. Pflanzen geben auch Sauerstoff ab. Landtiere, vor allem Säugetiere, können sich in der heute bekannten Form nur in einer sauerstoffhaltigen Atmosphäre entwickelt haben. Wäre der Abstand zwischen Sonne und Erde geringer, so würden sich die Sauerstoffmoleküle aufgrund der Hitze schneller bewegen und könnten entweichen. Wäre er wesentlich größer, so würde die Kälte jegliches Leben unmöglich machen.

Die Stockwerke des irdischen Schutzmantels *Der Aufbau der Atmosphäre war lange unbekannt. Erst im 19. Jh. erforschten Wissenschaftler mit Hilfe unbemannter, mit Barometern und Thermometern ausgestatteter Ballons den erdnahen Teil. Aufgrund der so gewonnenen Erkenntnisse teilte man die Atmosphäre in Stockwerke ein, und zwar in die Troposphäre und Mesosphäre, wo die Temperatur mit zunehmender Höhe abnimmt, und in die Stratosphäre, wo sie steigt. Dank der modernen Raketen- und Satellitentechnik kann man heute auch genaue Informationen über die obere Atmosphäre sammeln.*

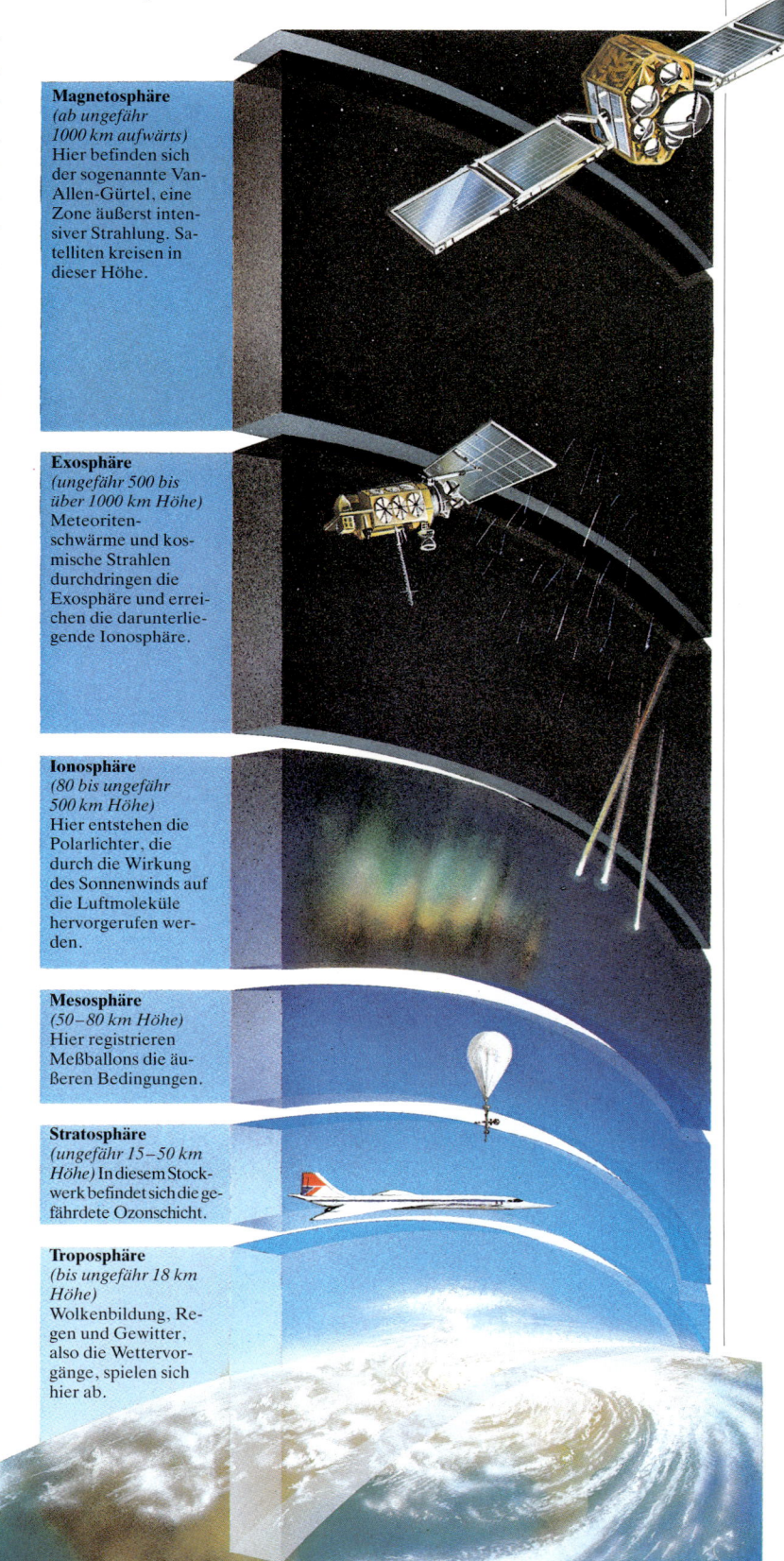

Magnetosphäre *(ab ungefähr 1000 km aufwärts)* Hier befinden sich der sogenannte Van-Allen-Gürtel, eine Zone äußerst intensiver Strahlung. Satelliten kreisen in dieser Höhe.

Exosphäre *(ungefähr 500 bis über 1000 km Höhe)* Meteoritenschwärme und kosmische Strahlen durchdringen die Exosphäre und erreichen die darunterliegende Ionosphäre.

Ionosphäre *(80 bis ungefähr 500 km Höhe)* Hier entstehen die Polarlichter, die durch die Wirkung des Sonnenwinds auf die Luftmoleküle hervorgerufen werden.

Mesosphäre *(50–80 km Höhe)* Hier registrieren Meßballons die äußeren Bedingungen.

Stratosphäre *(ungefähr 15–50 km Höhe)* In diesem Stockwerk befindet sich die gefährdete Ozonschicht.

Troposphäre *(bis ungefähr 18 km Höhe)* Wolkenbildung, Regen und Gewitter, also die Wettervorgänge, spielen sich hier ab.

SCHWINDELNDE HÖHEN

In den 60er Jahren des 19. Jh. startete der Meteorologe James Glaisher im Auftrag der *British Association for the Advancement of Science* mehrere Ballonflüge, um die Troposphäre zu erforschen. Bei einer dieser Unternehmungen – am 5. September 1862 – stieg er mit seinem Piloten Henry Coxwell bis auf 8840 m empor, also fast so hoch wie der Gipfel des Mount Everest. Doch der Ballon stieg noch weiter, bis Glaisher aus Mangel an Sauerstoff in der dünnen Luft das Bewußtsein verlor.

Auch Coxwell war so schwach, daß er den Ballon nur mit letzter Kraft zum Sinken bringen konnte, indem er das Steuerventil mit den Zähnen öffnete. Die beiden schätzten später, daß ihre maximale Höhe etwa 11 300 m betragen haben mußte, die größte Höhe, die damals je ein Mensch erreicht hatte.

Dieser Rekord wurde 1931 gebrochen, als der Schweizer Physiker Auguste Piccard in einem Ballon 16 203 m hoch aufstieg. Er benutzte erstmals bei einem Flug eine luftdicht verschlossene Kabine. Den gegenwärtigen Rekord halten die

Höhenflug *Pilot Henry Coxwell und der bewußtlose Meteorologe James Glaisher in 11 km Höhe.*

Ballonflieger Malcolm D. Ross und der verstorbene Victor E. Prather von der US-Marine, die 1961 über dem Golf von Mexiko 34 668 m Höhe erreichten.

Die Kraft der Blitze
Der Blitz als Startschuß fürs Leben

Ein einziger Blitz kann genügend elektrische Energie freisetzen, um eine Verbindung zwischen dem Sauerstoff und dem Stickstoff in der Luft einzuleiten. Auf diese Weise bildet sie das in Regenwasser lösliche Stickoxid, das als Salpetersäure den Boden erreichen kann.

Alle grünen Pflanzen benötigen Stickstoff, doch nur wenige können es der Luft direkt entnehmen. Zumindest einen kleinen Teil davon verdanken sie der elektrochemischen Wirkung von Blitzen.

Möglicherweise hatten Blitze früher einmal einen noch wesentlich entscheidenderen Einfluß auf die irdische Umwelt. In den 50er Jahren simulierten amerikanische Chemiker die Auswirkungen von Blitzen auf ein Gasgemisch, das in seiner Zusammensetzung ihrer Meinung nach der jungen Erdatmosphäre glich. Bei dem Versuch entstanden u. a. Aminosäuren, jene chemischen Verbindungen, die die Proteinmoleküle aller Lebewesen bilden. Gab vielleicht vor vielen Millionen Jahren ein Blitz den Startschuß zum Leben?

Lebensfunke *Blitze können nicht nur zerstören, sondern waren vielleicht auch an der Entstehung des Lebens beteiligt.*

Wenn die Hitze gefriert

Heiße Kälte in höchsten Höhen

Die Temperatur der Erdatmosphäre nimmt mit wachsender Entfernung von der Erde nicht gleichmäßig ab. Vielmehr fällt sie zunächst um 0,5–0,8 °C pro 100 m, bis sie sich in 10–12 km Höhe fast überall bei −55 °C stabilisiert. In einer Höhe von 15 km, wo die Stratosphäre und die Ozonschicht beginnen, wandelt die ultraviolette Strahlung der Sonne ungehindert Sauerstoff in Ozon um. Durch diese chemische Reaktion entsteht Wärme, und somit beginnt die Temperatur wieder gleichmäßig anzusteigen, bis sie in 50 km Höhe 0 °C erreicht.

Dort enden Stratosphäre und Ozonschicht. Darüber, in der Mesosphäre, ist die Luft so dünn, daß die Wirkung der ultravioletten „Heizung" völlig unbedeutend ist und es wieder gleichmäßig kälter wird bis in eine Höhe von 80 km. Dort herrschen schließlich −90 °C.

Doch in der hier beginnenden Ionosphäre geschieht etwas Seltsames. Kurzwelliges ultraviolettes Licht und Röntgenstrahlen von der Sonne durchdringen die Gasmoleküle und nehmen den Atomen ihre Elektronen. Die übrigbleibenden geladenen Teilchen, die man Ionen nennt, bewegen sich sehr schnell und sind infolgedessen sehr heiß.

Die Temperatur der einzelnen Ionen kann 5000–10 000 °C erreichen. Doch sie sind so rar und so weit voneinander entfernt, daß ein Astronaut sofort erfrieren würde, wenn er sich ohne seinen Anzug dieser „Hitze" aussetzte.

Hätten Sie's gewußt?

Die kälteste Stelle in der unteren Erdatmosphäre liegt normalerweise nicht, wie man vielleicht erwarten würde, über dem Nord- oder Südpol, sondern über dem Äquator. Die Tropopause, die Grenze zwischen den beiden untersten Stockwerken der Atmosphäre, liegt unterschiedlich hoch, und zwar rund 10 km über den Polen und rund 18 km über dem Äquator. Da die Wärme bis zur Tropopause gleichmäßig abnimmt, sinken die Temperaturen hoch über dem Äquator oft bis auf −80 °C, während sie über dem Nordpol und dem Südpol kaum unter −55 °C fallen.

Der Magier von Magdeburg

Die Kraft des atmosphärischen Drucks

Der Magdeburger Bürgermeister Otto von Guericke (1602–1686) interessierte sich nicht nur für die Belange der ihm anvertrauten Stadt, sondern ebenso für die Geheimnisse der Natur, besonders der Atmosphäre. Er erforschte die physikalischen Eigenschaften der Luft und erfand die Luftpumpe, mit der er, einer Wasserpumpe ähnlich, die Luft aus einem Behälter entfernen, also ein Vakuum herstellen konnte.

Da er außerdem publikumswirksame Auftritte liebte, beschloß er, anhand allerlei spektakulärer Kunststücke die erstaunliche Kraft des Luftdrucks in der Öffentlichkeit zu demonstrieren. Die beeindruckendste Vorführung, die ihm den ‚Ruf eines Zauberers einbrachte, fand im Jahr 1663 am Hof des Großen Kurfürsten Friedrich Wilhelm statt. Guericke hatte zwei Kupferhalbkugeln von je 51 cm Durchmesser bauen lassen, die, wenn man ihre Schnittflächen mit Fett beschmierte und genau aneinanderfügte, eine luftdichte Kugel bildeten. Anschließend pumpte er die Luft aus dem Innern heraus und spannte vor jede Halbkugel acht Pferde, die sie auseinanderreißen sollten – was ihnen zur Verblüffung der versammelten Zuschauerschaft nicht gelang. Sobald die Kugel jedoch wieder mit Luft gefüllt war, ließen sich die beiden Hälften mühelos trennen.

Für ein anderes Experiment hatte er ein galgenähnliches Gestell errichten lassen. Daran hing ein großer vertikaler

Kräftiges Vakuum Otto von Guericke, Ingenieur und Bürgermeister von Magdeburg, demonstrierte mit Hilfe seiner neu erfundenen Luftpumpe die Kraft des atmosphärischen Drucks, der 50 Männer hochheben konnte.

Zylinder, dessen obere Deckplatte in einen beweglichen Kolben mündete. Ein paar Schritte abseits standen 50 Männer und spannten Seile, die über einen Flaschenzug mit dem Kolben verbunden waren. Nachdem man nun die Luft aus dem Zylinder gepumpt hatte, drückte der Außendruck den Kolben hinunter, und der sank immer tiefer – bis die 50 Männer in der Luft hingen.

Von diesen Showeffekten abgesehen, leistete der Bürgermeister ernsthafte wissenschaftliche Arbeit. Er entwickelte ein Manometer, also ein Druckmeßgerät, sowie ein Wasserbarometer und bewies u. a., daß sich im luftleeren Raum der Schall nicht fortpflanzen kann.

Hätten Sie's gewußt?

1643 fand der Galilei-Schüler Torricelli heraus, daß eine Quecksilbersäule in einer oben geschlossenen, luftleeren Glasröhre durch den Luftdruck um 760 mm ansteigt. Blaise Pascal überprüfte den Versuch, allerdings – als echter Franzose – mit Rotwein. Das konnte nicht gelingen: Die Weinsäule wäre theoretisch 14 m hoch gestiegen.

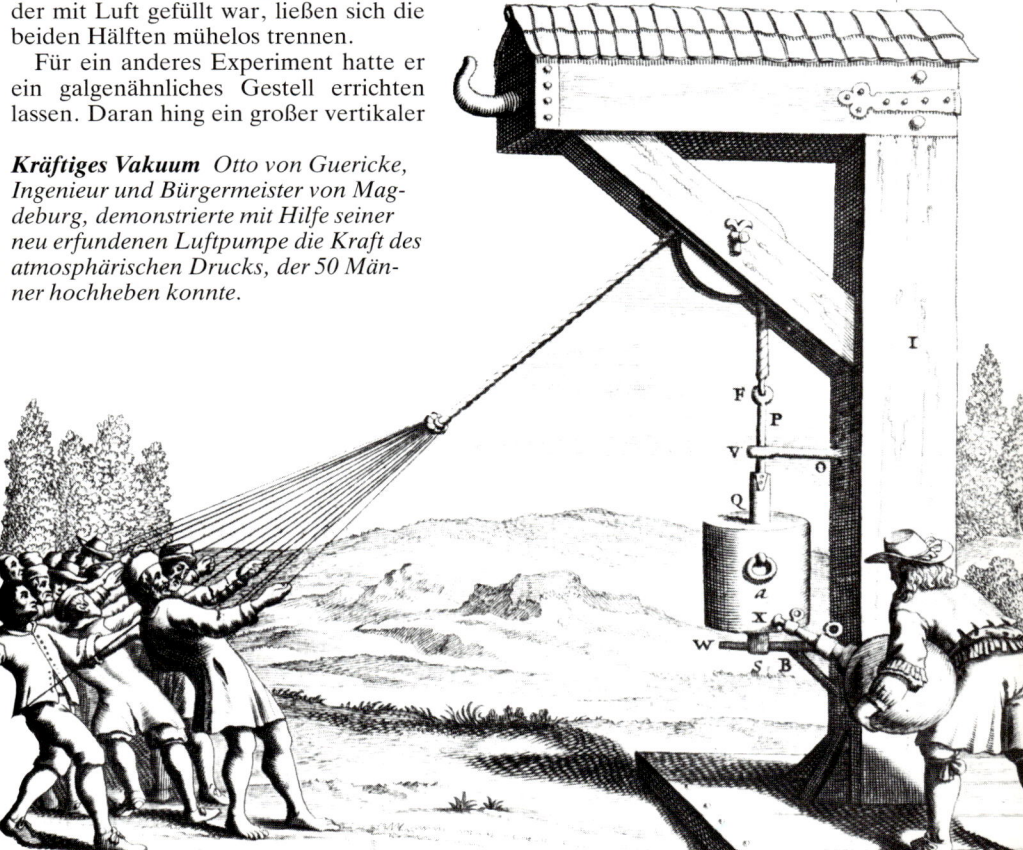

Der ewige Traum

Die erfolglose Suche nach dem Perpetuum mobile

Jede Maschine, egal wie groß oder wozu nützlich, braucht eine Energiequelle, um zu laufen – sei es Kraftstoff, der verbrannt wird, Elektrizität aus der Steckdose, Sonnenlicht oder irgendeine andere Energieform: Sobald man die Zufuhr stoppt, bleibt die Maschine stehen. Dennoch versuchen Erfinder seit Jahrhunderten, Maschinen zu entwickeln, die, sobald sie einmal in Gang gebracht sind, ihre eigene Energie wiederverwerten und sich selbst antreiben können. Doch alle derartigen Bestrebungen müssen scheitern, denn nach den Gesetzen der Thermodynamik geht immer etwas Energie in Form von Hitze oder Reibung verloren, wenn eine Energieform, etwa fließendes Wasser, in eine andere, z. B. ein sich drehendes Rad, umgewandelt wird. Und wenn die Energie verbraucht ist, stehen alle Räder still.

Trotzdem ist es dem Menschen gelungen, eine Art Perpetuum mobile herzustellen, indem er Raumsonden in eine stabile Umlaufbahn um die Sonne schickte. Dort kreisen sie – reibungslos und ohne neuen Antrieb – auf scheinbar unbegrenzte Zeit. Doch auch diese Bewegung währt nicht ewig – irgendwann „stirbt" auch die Sonne, und das gesamte Sonnensystem wird mitsamt den Sonden vernichtet.

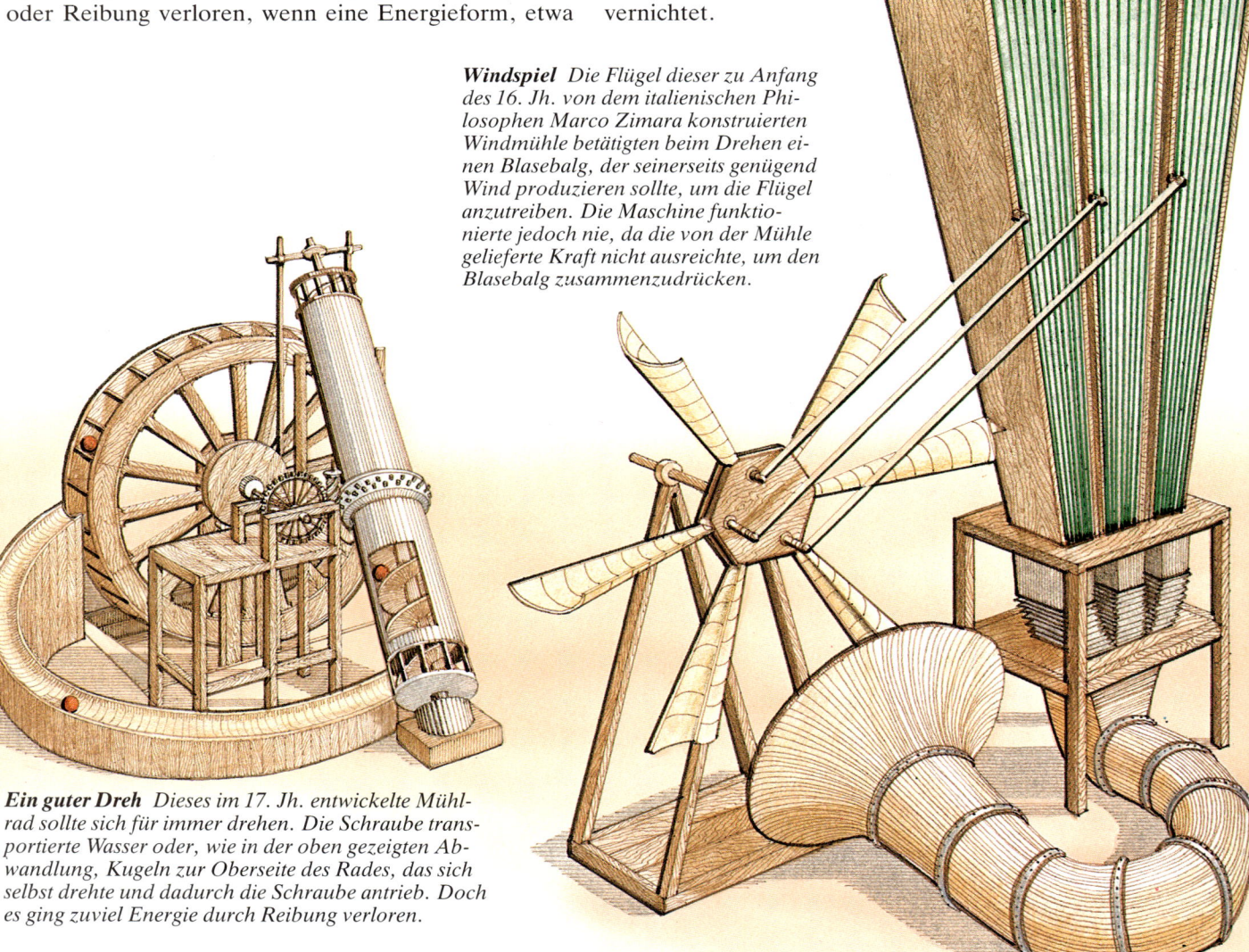

Windspiel *Die Flügel dieser zu Anfang des 16. Jh. von dem italienischen Philosophen Marco Zimara konstruierten Windmühle betätigten beim Drehen einen Blasebalg, der seinerseits genügend Wind produzieren sollte, um die Flügel anzutreiben. Die Maschine funktionierte jedoch nie, da die von der Mühle gelieferte Kraft nicht ausreichte, um den Blasebalg zusammenzudrücken.*

Ein guter Dreh *Dieses im 17. Jh. entwickelte Mühlrad sollte sich für immer drehen. Die Schraube transportierte Wasser oder, wie in der oben gezeigten Abwandlung, Kugeln zur Oberseite des Rades, das sich selbst drehte und dadurch die Schraube antrieb. Doch es ging zuviel Energie durch Reibung verloren.*

Wettermaschine Diese im 19. Jh. hergestellte Uhr, die heute in einem Londoner Museum ausgestellt ist, wirkt fast wie ein Perpetuum mobile. Hinter der Glasscheibe befand sich, wie in einem Barometer, eine Quecksilbersäule, die mit dem Luftdruck stieg und fiel. Diese Bewegungen übertrugen sich auf einen Hebel, der die Pendelgewichte aufzog. Die Konstruktion war aber kein echter „Selbstläufer", weil sie auf Energiezufuhr von außen angewiesen war: den ständig schwankenden Luftdruck.

Quecksilbersäule

Trügerische Bewegung

Die Konstruktion eines amerikanischen Ingenieurs aus dem Jahr 1850: Durch die Drehung des größeren Rads verlagerten sich die Gewichte an seinen Speichen. Das so entstandene Ungleichgewicht hielt angeblich das Rad und damit auch das kleinere Schwungrad in Bewegung. Tatsächlich jedoch wurden beide Räder durch heimlich zugeführte Preßluft angetrieben.

Ständige Anziehung Der auf einem Sockel ruhende mächtige Magnet sollte eine Metallkugel eine schiefe Ebene hinaufziehen. Am oberen Ende fiele die Kugel dann durch ein Loch, und die Reise begänne von neuem – so erhoffte es sich zumindest ein britischer Erfinder im Jahr 1648. Doch die Kraft eines Magneten, der das bewerkstelligen könnte, wäre so stark, daß die Kugel nicht hinunterfiele, sondern sich weiter auf ihn zu bewegte.

Magnet

Metallkugel

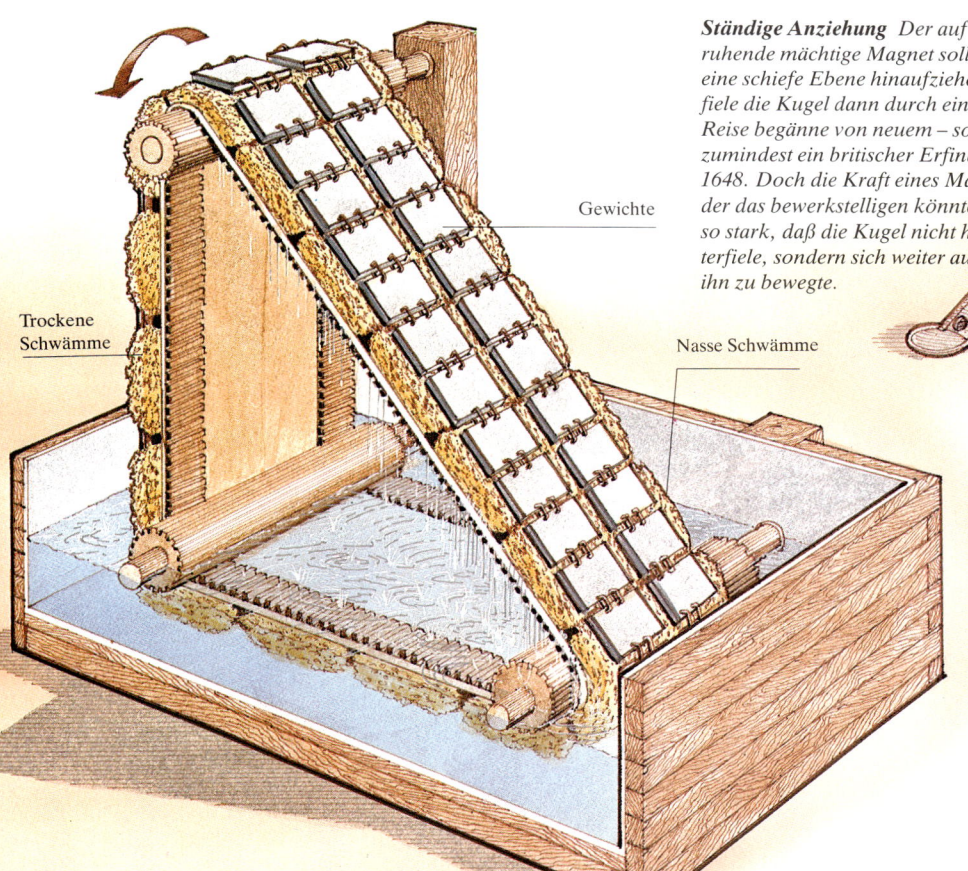

Gewichte

Trockene Schwämme

Nasse Schwämme

Trockenpresse Bei dem eigenwilligen Perpetuum mobile, das ein Brite in der ersten Hälfte des vorigen Jahrhunderts entwickelte, sollten schwere nasse Schwämme aufgrund der Erdanziehungskraft trockene leichte Schwämme eine schiefe Ebene hinaufziehen. Sobald die trockenen Schwämme das Wasser erreichten, sogen sie sich voll und versanken, wodurch sich das Fließband in Bewegung setzen sollte. Verließen dann die nassen Schwämme das Wasser, wurden sie durch Gewichte ausgepreßt, so daß sie wieder leichter waren. Die Maschine funktionierte jedoch nicht – die Reibung von Rollen und Wasser war zu groß.

Geheimnisvolle Kristalle

Was verbindet einen Diamanten, einen Bleistift und eine Schneeflocke?

Alle drei genannten Dinge haben eines gemeinsam: Sie sind Kristalle. Das Wort stammt vom griechischen *krystallos* und bedeutet kalt, denn früher hielt man eine bestimmte Art von Quarzkristall für extrem tiefgefrorenes Eis, welches nie wieder schmelzen könne.

Wir alle kennen Kristalle: einmal natürlich die regelmäßigen, meist sehr schönen Formen mancher fester Stoffe wie beispielsweise das Eis einer Schneeflocke oder die glitzernde Pracht eines geschliffenen Edelsteins, andererseits aber auch weniger spektakuläre Substanzen wie etwa Graphit, das „Blei" im Bleistift.

Für die Wissenschaftler ist jeder feste Körper, dessen molekulare Struktur nach einem bestimmten regelmäßigen Schema angeordnet ist, ein Kristall.

Kristalle, die aus einer Vielzahl von Substanzen bestehen können, gibt es in zahlreichen Formen und Größen. Der Giant's Causeway, ein Felsenkap an der Küste von Antrim in Nordirland, setzt sich aus basaltischen Mineralen zusammen, die zu sechseckigen Säulen kristallisieren,

Giant's Causeway *Tausende von Basaltsäulen bilden das Kap an der Küste von Antrim in Nordirland.*

Reiner Quarz- oder Felskristall

während sich z.B. Kochsalz zu Würfeln anordnet. Auch kann ein einziger Stoff, z. B. Wasser, verblüffend unterschiedliche Kristalle bilden, beispielsweise sowohl einen Eisklumpen als auch die zarte Schneeflocke. Außerdem gibt es Unterschiede in der Härte: Diamanten sind extrem hart, Graphit dagegen ist so weich, daß man ihn als Schreibmaterial verwendet. Und dennoch sind beides Kohlenstoffkristalle.

Zwei verschiedene Sorten von Kristallen sind klar zu unterscheiden: jene, die wie der Diamant eine dreidimensionale Struktur besitzen, und jene, die wie Graphit aus dünnen Schichten aufgebaut sind. Jedes Kohlenstoffatom in einem Diamanten ist mit seinen nächsten Nach-

barn auf jeder Seite sowie nach oben und unten verbunden, und zwar nach einem regelmäßigen Muster in der stabilst möglichen chemischen Verbindung. Beim Graphit sind die seitlichen Bindungen ebenfalls zahlreich und genauso regelmäßig angeordnet, doch es gibt nur wenige Bindungen nach oben und unten.

Die dünnen, schwach verbundenen Schichten sind leicht zu trennen, und dank ebendieser „weichen" Beschaffenheit eignet sich ein Bleistift zum Schreiben oder Zeichnen: Die Graphitschichten lassen sich leicht abreiben und bleiben auf dem Papier haften.

KÖNIGLICHER SCHMUCK

Der massive Cullinan-Diamant, der am 25. Januar 1905 in Transvaal/Südafrika gefunden wurde, wog 3106 Karat. Er war damit dreimal so groß wie der vorherige Rekordhalter, der 995 Karat schwere Excelsior-Diamant. Da Südafrika damals zum Britischen Empire gehörte, überreichte man den Stein König Eduard VII. von England zu dessen 66. Geburtstag.

Der Amsterdamer Juwelier Isaac Asscher erhielt den Auftrag, den Stein zu schleifen. Er zerteilte ihn in neun große und über 100 kleinere Stücke. Das mächtigste, der „Erste Stern von Afrika", der in Größe und Form einem Hühnerei gleicht, wiegt 530 Karat und wurde in das britische Königszepter eingefaßt. Der nächstgrößere Stein, Cullinan 2, dessen Durchmesser so groß ist wie das Zifferblatt einer Herrenarmbanduhr, schmückt mit seinen 317 Karat die Königskrone.

Kohlenstoffkristalle *Elisabeth II. mit dem „Ersten Stern von Afrika" (auf dem Zepter) und Cullinan 2 (unter dem Rubin der Krone).*

Der fliegende Detektiv

Ein Kristall überwacht die Folgen der Reaktorkatastrophe von Tschernobyl

Im Winter 1988 transportierte ein Hubschrauber ein merkwürdiges Gerät in den Himmel über Nordengland: einen Behälter aus rostfreiem Stahl, in dem ein großer Kristall aus Natriumjodid steckte. Seine Aufgabe war es, die noch vorhandene Radioaktivität aufzuspüren, die bei dem Reaktorunglück von Tschernobyl in der Sowjetunion 1986 frei geworden war.

Doch wie sollte ein Kristall eine solche Aufgabe bewältigen? Nach Ansicht der schottischen Forscher, die den Detektor entwickelt hatten, war das kein Problem. Radioaktive Substanzen produzieren Gammastrahlen, die die meisten Stoffe durchdringen, nicht jedoch einen dichten Kristall wie Natriumjodid. Wenn die Strahlen auf ihn treffen, absorbiert er die Energie und vibriert.

Der Kristall war mit Thallium überzogen, einem Element, das auf die Energie eines jeden Gammastrahls mit einem ultravioletten Lichtimpuls reagiert. Die Lichtstärke ist wie ein Fingerabdruck, mit dem eine radioaktive Substanz, die auf den Kristall trifft, identifiziert werden kann. Die Suche galt vor allem Cäsium 134, das – da es künstlich ist – die von der Tschernobyl-Katastrophe herrührende Strahlung sicher anzeigen konnte. Und tatsächlich – anhand mehrerer Analysen war es möglich, Cäsium 134 in unterschiedlichen Stärken nachzuweisen und so detailliert Aufschluß über die Auswirkungen des Reaktorunfalls in Großbritannien zu gewinnen.

Hätten Sie's gewußt?

Wie jeder weiß, schmelzen Eiskristalle, sobald ihre Temperatur 0 °C übersteigt. Doch der Nobelpreisträger Percy Bridgman stellte eine Eisart her, die nicht einmal bei 100 °C, also dem Siedepunkt des Wassers, schmilzt. Dies gelang ihm, als er die Wirkung von extrem hohem Druck auf verschiedene Stoffe, u. a. Eis, untersuchte. Er preßte dabei die Atome und Moleküle so dicht zusammen, daß selbst extrem hohe Temperaturen nicht ausreichten, um sie wieder zu trennen.

FESTE FLÜSSIGKEIT

Im Jahr 1674 entdeckte der Engländer George Ravenscroft, daß er durch Beigabe von rotem Bleioxid zu seiner üblichen Mischung ein Glas herstellen konnte, das stabiler und klarer als jedes andere war – das noch heute überall wegen seiner Brillanz geschätzte Bleikristall. Doch diese Bezeichnung führt in die Irre, denn weder dies noch irgendein anderes Glas ist ein Kristall. Glas war zu Ravenscrofts Zeiten mattrot oder -grün, je nach der Farbe des Sandes, den man bei der Herstellung verwendete, und er hatte ganz einfach nach einer Methode gesucht, mit der man ein durchsichtiges Glas erzeugen konnte, so farblos wie Bergkristall. Daher der Name.

Doch nicht genug damit, daß Glas kein Kristall ist, es ist nicht einmal ein normales festes Material. In den meisten festen Körpern sind die Atome und Moleküle – also die Bausteine, die jedem Stoff seine ganz speziellen Eigenschaften verleihen – nach einem bestimmten Schema miteinander verbunden. Wenn man einen festen Stoff schmilzt, verlieren die Moleküle ihre regelmäßige Anordnung. Kühlt er dann ab und wird wieder fest, erscheint auch die ursprüngliche Anordnung wieder. Schmilzt z. B. eine zartgeformte Schneeflocke zu Wasser, dann geraten ihre Moleküle durcheinander, doch sobald das Wasser bzw. der Wasserdampf wieder zur Schneeflocke gefriert, entsteht erneut die komplizierte Form. Glas jedoch erhärtet sich sehr schnell und ungleichmäßig, und das hat zur Folge, daß seine Moleküle auch im festen Zustand äußerst unregelmäßig angeordnet sind.

Seltsamerweise macht gerade diese Tatsache das Glas auch erstaunlich druckfest. So wäre ein in der Praxis kaum herstellbares fehlerfreies Glas fünfmal fester als der beste Stahl.

Blitzende Liebesgrüße

Kristalle im Dienst der Glühwürmchen

Im tropischen Asien gibt es Bäume, die im Dunkeln leuchten. Bei einigen bewegt sich das Licht in Wellen vom Wipfel bis zu den unteren Ästen und wieder zurück, bei anderen springt es von einem Baum auf den nächsten und weiter auf den übernächsten.

Die Quelle dieser bezaubernden Lichteffekte sind Tausende von Glühwürmchen, die sich in den Zweigen versammelt haben und synchron aufleuchten. Die Bewandtnis einer solchen Festbeleuchtung kennt man noch nicht, doch warum und wie ein einzelnes Tierchen blinkert, das weiß man mittlerweile. Der Grund ist der Paarungstrieb, denn Glühwürmchen glühen, um einen Partner zu finden. Beispielsweise blitzt das Männchen einer verbreiteten nordamerikanischen Art, *Photinus pyralis*, regelmäßig auf, während es fliegt. Das Weibchen schaut vom Boden aus zu und blinkt in einem für ihre Art typischen Rhythmus zurück. Das Männchen erkennt das Signal, und schon hat sich wieder ein Pärchen gefunden.

Vielleicht warnt das Blinklicht auch potentielle Jäger vor dem bitteren Geschmack der Leuchtkäfer – doch das gelingt nicht immer: Manche Frösche fressen so viele von ihnen, daß sie selbst leuchten.

Und wie kommt nun die erstaunliche Leuchtkraft zustande? Die Glühwürmchen besitzen eine Art Laterne, in der Sauerstoff und eine Substanz namens Luziferin enthalten sind. Bei der chemischen Reaktion dieser beiden Stoffe, die durch das Enzym Luziferase beschleunigt wird, entsteht Licht. Hinter dem lichtspeichernden Luziferin befindet sich eine Schicht Ammonium-Urat-Kristalle, die noch zusätzlich für eine bessere Streuung des Lichtes sorgen.

Lichterbaum *Ungezählte gleichzeitig blinkende Glühwürmchen erhellen mit ihrem kalten Licht einen Baum.*

Gut bemessen

Daumenlänge und Gerstenkörner als natürliche Maßeinheiten

Früher, als der Mensch noch in Höhlen lebte und als Sammler und Jäger sein Leben bestritt, waren Maße und Gewichte nicht von Bedeutung. Doch mit der Zeit, als er Wald rodete, Land bebaute, Häuser errichtete und Handel trieb, wurden verbindliche Maße unerläßlich. Was lag da näher, als den menschlichen Körper – oder Naturprodukte – zur Bezugsbasis der Längenmessung zu machen? Eine Handvoll, eine Spanne, nämlich der Abstand zwischen Daumen und Mittelfingerspitze, eine Elle, d. h. die Länge des Unterarms, ein Klafter, also die Entfernung von Hand zu Hand bei ausgestreckten Armen – all das sind frühe Naturmaße, die selbstverständlich höchst ungenau waren, sozusagen über den Daumen gepeilt.

Trotzdem mußten sie lange Zeit ausreichen, auch wenn es immer wieder Versuche gab, allgemeingültige Maßstäbe zu schaffen. Bereits die Herrscher in alten Hochkulturen bemühten sich, einheitliche Maße einzuführen, und im 13. Jh. verfügte beispielsweise König Ottokar von Böhmen: „Vier der Breite nach nebeneinandergelegte Gerstenkörner gelten gleich einem Querfinger, zehn Querfinger gleich einer Spanne." Die Menschen aber gewöhnten sich nur mühsam an solche Verordnungen und beharrten auf ihren altgewohnten

Altgriechisches Kleingeld *Die in Originalgröße abgebildeten Drachmen und Obolos zeigen die Porträts von Göttern und Königen.*

Maßen. Noch im vorigen Jahrhundert war die Elle von Stadt zu Stadt verschieden lang, so daß reisende Tuchhändler gute Rechner sein mußten.

Auch heute noch ist manche alte Maßeinheit – jetzt allerdings geeicht – in Gebrauch. Der Zoll z. B. (rund 25 mm), dem ursprünglich die Breite eines Männerdaumens zugrunde lag und der als *uncia* durch die Eroberungszüge der Römer in weiten Teilen der Welt Einzug hielt, lebt im angelsächsischen Inch fort. Zwölf *unciae* ergaben in der Antike einen Fuß (ungefähr 300 mm), und auch das ist in Großbritannien und den USA noch heute so. Sogar das vage Maß „eine Handvoll" gibt es noch heute. Im alten Griechenland hatten sechs winzige Eisengewichte, Obolos genannt, den Wert einer Drachme, und das bedeutete – und bedeutet – soviel wie eine Handvoll.

Antikes Maß *Nach der Arbeitsleistung, die ein Ochsengespann – wie hier auf einem römischen Mosaik aus Algerien – an einem Tag schaffte, wurde die Größe eines Ackers bestimmt.*

Hätten Sie's gewußt?

In biblischen Zeiten gab es im Nahen Osten zwei Gewichtseinheiten – das „gewöhnliche" Maß und das größere, „königliche" Maß. Wenn ein König Abgaben verlangte, mußten diese mit dem königlichen Maß gemessen werden; zahlte er hingegen etwas aus, dann benutzte er das gewöhnliche Maß.

Der Meter – länger als gedacht

Das gesamte metrische System beruht auf einer Fehlberechnung

Im Jahr 1791, in den stürmischen Zeiten der Französischen Revolution, als mancher alte Zopf abgeschnitten wurde, konnte die Französische Akademie der Wissenschaften endlich eine Reform durchführen, die lange überfällig war: die Standardisierung der Maßeinheiten. Das Komitee von Wissenschaftlern, das von der Nationalversammlung mit dieser Aufgabe betraut wurde, einigte sich darauf, daß das neue System des einfacheren Rechnens wegen auf der Zahl 10 basieren sollte. Auf dieser Grundlage wurde der Meter definiert, ausgehend von einer Linie, die vom Nordpol über Paris bis zum Äquator verlief und 10000 km lang war. Um ein „handliches" Maß zu erhalten, teilte man diese Strecke in 10 Mio. Teile und nannte einen solchen Abschnitt Meter, nach dem griechischen Wort *metron*, das Maß bedeutet.

Dieser Meter wurde nun zum Maß al-

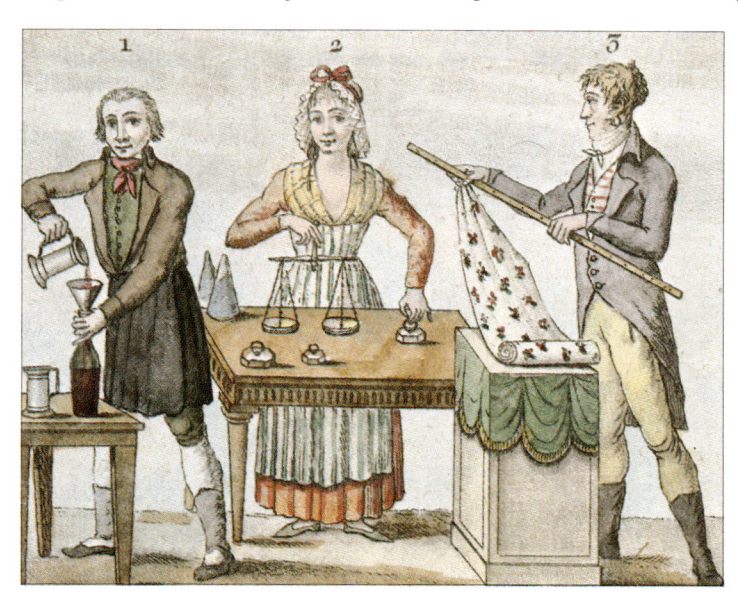

Lernhilfe Die Abbildung aus einer Zeitung von 1800 veranschaulicht die neuen metrischen Einheiten: den Liter (1), das Gramm (2) und den Meter (3).

ler Dinge, denn jede Maßeinheit des neugeschaffenen Systems gründete auf dieser vereinbarten Länge. Als neue Gewichtseinheit wurde das Gramm eingeführt, definiert als das Gewicht von einem Kubikzentimeter destillierten Wassers von 4 °C, und die Grundeinheit der Hohlmaße, der Liter, enthielt 1000 Kubikzentimeter.

Es dauerte acht Jahre, bis alle Berechnungen abgeschlossen waren, und im Jahr 1799 übernahm die junge französische Republik das metrische Längenmaß- und Gewichtssystem offiziell. Napoleon verbreitete es dann mit seinen Eroberungsfeldzügen über fast ganz Europa. Weil es so einfach und logisch war, wurde es bald international von den Naturwissenschaftlern über-

nommen. Und das, obwohl es – wie man heute dank moderner Satellitentechnik weiß – auf einem Irrtum beruht.

Die „Erfinder" des Meters hatten nämlich die Entfernung zwischen dem Nordpol und dem Äquator leicht unterschätzt. Sie beträgt nicht 10000 km, sondern genau 10002 km – nur eine Abweichung von einem Fünftausendstel, aber dennoch ein Fehler. Natürlich hat man die Länge des Meters nicht geändert, aber man definierte ihn neu. Seit 1983 ist er offiziell die Entfernung, die das Licht in einem Vakuum in einer Zeit von 1/299 792 458 Sekunde zurücklegt. Für die Anwendung im Alltag, wenn eine Schneiderin eine Stoffbahn abmessen, ein Geometer ein Grundstück vermessen oder ein Schreiner eine Holzleiste in der richtigen Länge absägen will, ist das kaum von Belang, doch in der Wissenschaft muß es nun einmal exakt zugehen.

Meterstab Auch beim Mauerbau arbeitete man mit dem metrischen System.

Holzmaß Die Bezeichnung Ster für 1 m^3 wurde hauptsächlich auf Holz bezogen, ist aber heute veraltet.

Hätten Sie's gewußt?

Obwohl in fast allen Ländern das metrische System angewandt wird, leben manche alten Maße noch fort. So mißt man beispielsweise Entfernungen auf See noch mit der Seemeile (1852 m), Drucktypen noch in Punkten (ein Punkt = 0,376 mm) und den Wein in Spanien in arrobas (16 l).

Wieviel wiegt die Erde?

Ein geniales Experiment knackt den Code der Gravitation

Vor zwei Jahrhunderten gelang es dem englischen Wissenschaftler Henry Cavendish, zum erstenmal die Masse der Erde zu berechnen – zu Hause am Schreibtisch.

Cavendish kannte die Arbeiten von Sir Isaac Newton. Er wußte folglich, daß die Gravitation auf alle Gegenstände wirkt und daß die Stärke der Anziehungskraft zweier Körper sowohl von ihrer Masse als auch von ihrem Abstand voneinander abhängt. Diesen Abstand mißt man vom Mittelpunkt der betreffenden Objekte aus und nicht von ihrer Oberfläche. Ein Mensch z. B. wiegt also auf dem Gipfel eines hohen Berges weniger als in einem Tal, weil er in großer Höhe weiter vom Mittelpunkt der Erde entfernt ist.

Newton drückte sein Gravitationsgesetz in einer mathematischen Gleichung mit fünf Größen aus: der Masse der beiden Objekte (m_1 und m_2), dem Abstand (r) zwischen ihren beiden Mittelpunkten, der Gravitationskraft (F), die zwischen den beiden wirkt, sowie einer abstrakten Größe G, die für die Gravitationskonstante stand, eine Zahl, die sich nie änderte, egal, um welche Massen und Entfernungen es sich handelte. Die Formel lautet:

$$F = G \cdot \frac{m_1 \cdot m_2}{r^2}$$

Newton hatte jedoch ausschließlich Interesse an der Wirkung der Gravitation, er sah keine Notwendigkeit, den Zahlenwert der Konstante G zu ermitteln.

Anders Henry Cavendish: Er wollte mit Hilfe der Newtonschen Formel das Gewicht der Erde berechnen. Von den fünf Größen der Gleichung hatte er drei: Als m_1 wählte er einen kleinen Gegenstand, dessen Gewicht er festgestellt hatte; r, also der Abstand zwischen den beiden Objekten, in dem Fall die Entfernung zum Erdmittelpunkt, war zu seiner Zeit bekannt, und eine einfache Waage zeigte die Kraft F der Gravitation an. Doch um die große Unbekannte m_2 ermitteln zu können, mußte er zuerst den Wert von G, der Gravitationskonstanten, herausfinden.

Doch das war nicht so einfach, denn wegen ihrer geringen Stärke war die Gravitationskraft extrem schwer zu messen. Selbst zwischen so großen Objekten wie zwei Häusern ist sie kaum nachzuweisen.

Dennoch gelang es Cavendish, eine Versuchsanordnung zu konstruieren, mit der sich die Gravitationswirkung messen ließ. Er befestigte zwei kleine Kugeln von je 5 cm Durchmesser, deren Gewicht er kannte, an den beiden Enden eines langen Stabes, der waagrecht an einem dünnen Draht aufgehängt war. Dann hängte er zwei deutlich größere Kugeln von 30 cm Durchmesser an langen Stangen an einen anderen waagrechten Stab, der genau über dem Mittelpunkt des ersten lagerte und sich drehen ließ.

Cavendish betätigte nun vorsichtig den Drehzapfen und brachte so die großen Kugeln allmählich näher an die kleinen heran. Das Gravitationsfeld der großen Kugeln zog die kleinen zu sich hin, worauf sich der Stab, der an dem Draht hing, ein winziges – doch meßbares – Stück bewegte.

Als nächstes maß Cavendish dann die Kraft, die nötig war, um ohne die Gravitationseinwirkung die kleinen Kugeln und ihren Stab im gleichen Ausmaß zu bewegen. Damit hatte er alle für Newtons Formel notwendigen Größen: die Massen der beiden Kugelpaare (m_1 und m_2), den Abstand zwischen ihren Mittelpunkten (r) und die Kraft (F), die die Gravitation auf sie ausgeübt hatte, und konnte so die Gravitationskonstante G ermitteln.

Die Masse der Erde zu berechnen war danach nur noch ein Kinderspiel. Da man damals jedoch die Entfernung zum Erdmittelpunkt falsch einschätzte, stimmte Cavendishs Berechnung nicht exakt. Erst 1895 konnte man – mit seiner Methode – den richtigen Wert herausfinden. Danach wiegt die Erde 5973 Trillionen t.

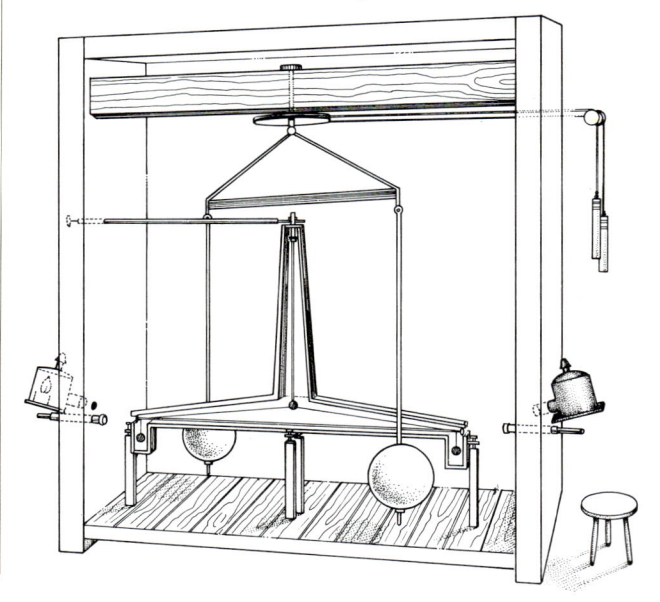

Gravitationsmesser
Um die Gravitation zu messen, die zwei große Kugeln auf zwei kleine ausüben, konstruierte der englische Wissenschaftler Cavendish eine ausgeklügelte Versuchsanordnung. Er plazierte sie zum Schutz vor Luftzug in einem Kasten aus Mahagoniholz. Kerzen spendeten durch seitliche Löcher Licht, während der Forscher durch Fernrohre, die er durch die Seitenwände hindurchführte, den Versuch überwachte.

Heiß oder kalt

Einst kochte Wasser bei null Grad

Nur wenige Menschen sind mit dem Celsius- und dem Fahrenheit-Thermometer gleichermaßen vertraut. Hören sie eine Temperaturangabe in der ihnen weniger geläufigen Einheit, so rechnen sie diese im Kopf nach einer einfachen Formel um – eine Kleinigkeit gegenüber den Rechenkunststücken, die zu Anfang des 18. Jh. notwendig waren, als es mindestens 35 verschiedene Methoden der Temperaturmessung gab.

Erst im Jahr 1714 schuf der Physiker Daniel Gabriel Fahrenheit aus Danzig das erste wirklich brauchbare Thermometer. Er hatte entdeckt, daß Quecksilber, in einer versiegelten Glasröhre erhitzt, sich proportional zum Temperaturanstieg ausdehnt. Diese Erkenntnis setzte er in eine Skala um.

Den Nullpunkt legte Fahrenheit bei der niedrigsten Temperatur fest, die er im Labor mit einer Mischung aus Eis und Kochsalz erreichen konnte. Sein nächster Meßpunkt war die Temperatur des gesunden menschlichen Körpers. Ursprünglich sah er zwölf Skaleneinheiten zwischen dem Nullpunkt und der Körpertemperatur vor. Doch das Quecksilber in seinem Thermometer stieg viel

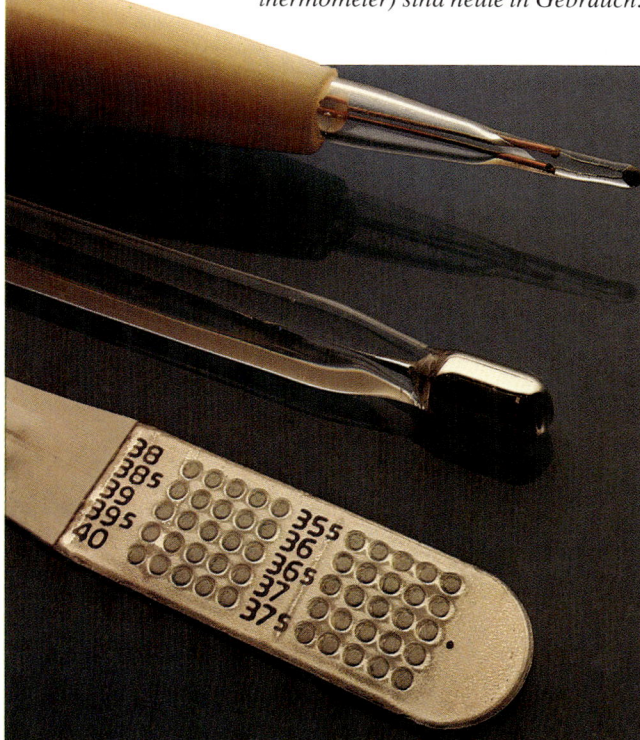

Fieberthermometer *Drei verschiedene Modelle (elektronisches, Quecksilber- und Einwegthermometer) sind heute in Gebrauch.*

höher, als er erwartet hatte. Um sehr große und damit unpraktische Einheiten zu vermeiden, beschloß er, seine Skala noch weiter zu unterteilen, und setzte schließlich für die menschliche Körpertemperatur 96° an. Die Bluttemperatur beträgt allerdings 98,6°, aber weil der Durchmesser seines Quecksilberröhrchens minimal variierte, zeigte sein Thermometer einen niedrigeren Meßwert an.

Als nächstes maß Fahrenheit den Gefrierpunkt und den Siedepunkt von Wasser und ermittelte dafür 32° bzw. 212°. Ebenso wie der griechische Arzt Galen, der schon im 2. Jh. eine auf dem Gefrier- und Siedepunkt von Wasser basierende Skala vorgeschlagen hatte, hielt Fahrenheit diese beiden Temperaturen für ideale Ausgangspunkte, da sie bei gleichem Druck konstant bleiben.

Fahrenheits Temperaturskala setzte sich schnell – vor allem im englischen Sprachraum – durch, doch bald darauf erhielt sie Konkurrenz. Im Jahr 1742 entwickelte der schwedische Astronom Anders Celsius eine Skala, auf der das Wasser bei 0° kochte und bei 100° gefror. Zwei Jahre später, nach seinem Tod, kehrte man die Werte um.

Als Frankreich Ende des 18. Jh. das metrische System einführte, bot es sich an, das Celsiussche Thermometer mit seiner dezimalen Einteilung ·zu übernehmen. Es wurde schon bald zum Standardthermometer für Wissenschaft und Forschung und wird heute in allen Ländern verwendet, wo nach dem metrischen System gerechnet wird. In vielen englischsprachigen Ländern jedoch ist nach wie vor die Fahrenheit-Skala in Gebrauch.

Hitze und Frost *Auf diesem Thermometer aus dem 18. Jh., das nach der Celsius-Skala geeicht ist, sind Hitze- und Kälterekorde vergangener Jahre verzeichnet.*

DER ABSOLUTE NULLPUNKT

Im frühen 19. Jh. stellte der französische Chemiker J. L. Gay-Lussac eine sonderbare Behauptung auf: Ausgehend von der Beobachtung, daß sich Gase mit abnehmender Temperatur zusammenziehen, errechnete er, daß jedes Gas bei etwa −270°C verschwinden müsse, denn dann sei es so weit zusammengeschrumpft, daß es gar keinen Raum mehr einnehme. Das Unmögliche würde eintreten: Materie würde verschwinden.

Kältestarre

Ein halbes Jahrhundert danach konnte der englische Mathematiker und Physiker William Thomson, später Lord Kelvin, der sich auch als Erfinder technischer Geräte hervortat, diese These widerlegen. Er wies als erster nach, daß die Temperatur eines Stoffes ein Maß dafür ist, wie rasch sich seine Moleküle bewegen. Bewegung – zumal schnelle – benötigt Raum, und wenn sich ein Gas abkühlt, dann brauchen seine langsamer werdenden Moleküle eben immer weniger Platz, um sich zu bewegen. Nach Thomsons Berechnungen kommt jedes Gasmolekül bei −273,15°C zum völligen Stillstand. Daraus folgt, daß kein Stoff noch kälter werden kann. Man nennt daher diesen Punkt den absoluten Nullpunkt oder null Grad Kelvin (0°K).

Diese Berechnungen legten es nahe, Gay-Lussacs These noch einmal zu überprüfen. Experimente haben gezeigt, daß die Bewegung der Gasmoleküle bei zunehmender Kälte zwar aufhört, diese jedoch nicht verschwinden. Das Gas wird dann zunächst flüssig und in manchen Fällen sogar fest. Danach verdichtet es sich kaum noch, und es ist praktisch unmöglich, ihm die verbleibende Energie, also Wärme, zu entziehen. Das Problem besteht in Wahrheit darin, den absoluten Nullpunkt überhaupt zu erreichen.

Wissenschaftliche Herausforderung

Eine solche Herausforderung können Wissenschaftler natürlich nicht unbeantwortet lassen. Mit Hilfe höchst komplizierter Technologie gelang es im Oktober 1989, die unvorstellbare Kälte von $2 \times 10^{-9}°K$ zu erreichen. Zum absoluten Nullpunkt fehlen also nur noch 2 milliardstel Grad.

Kalte Ströme

Die Suche nach dem idealen Supraleiter

Im Jahr 1987 stellten der Schweizer Karl Alex Müller und der Westfale Johannes Georg Bednorz einen Rekord auf: Schon zwei Jahre nach einer bahnbrechenden Entdeckung erhielten sie den Nobelpreis für Physik. Diese rasche Reaktion beweist, welche Bedeutung man ihrer Arbeit beimaß, nämlich der Entdeckung von Hochtemperatur-Supraleitern. Das sind Metalle und metallähnliche Verbindungen, die – anders als jedes alltägliche Elektrogerät – keinen elektrischen Widerstand besitzen, der den Energiefluß bremsen würde. Durch sie kann der Strom hindurchfließen, ohne daß etwas von der Energie verlorengeht.

Schon 1911 entdeckte der niederländische Physiker Heike Kamerlingh-Onnes, daß Quecksilber seinen elektrischen Widerstand bei extrem niedrigen Temperaturen verliert, nämlich bei −269,03°C. 75 Jahre später gelang es dann Müller und Bednorz, eine Keramikverbindung zu finden, die „schon" bei −238°C Supraleitereigenschaften besaß. Das ist zwar nach wie vor äußerst kalt, aber doch weit entfernt vom absoluten Nullpunkt. Und daher rührt der irreführende Ausdruck Hochtemperatur.

Weshalb nun sind die Supraleiter von so immenser Bedeutung? Der Hauptgrund ist eindeutig ihre größere Wirtschaftlichkeit. Die Elektrizitätswerke verlieren bis zu 20% des erzeugten Stroms durch den Widerstand in Transformatoren und Leitungen. Bei 100%iger Ausnutzung wären die Leistungen vieler unentbehrlicher Elektrogeräte wesentlich höher. Computer würden schneller arbeiten, der Energieverbrauch der superschnellen Magnetschwebebahnen könnte drastisch gesenkt werden, und hochmoderne medizinische Untersuchungsgeräte, Scanner, die auf magnetischer Basis arbeiten, würden preiswerter sein und stünden damit mehr Menschen im Krankheitsfall zur Verfügung.

1989 entwickelten Forscher eine Keramikverbindung mit Thallium, Barium, Calcium- und Kupferoxid, die bereits bei −143°C zum Supraleiter wurde. Der ideale Supraleiter ließe sich natürlich bei normalen Zimmertemperaturen einsetzen, aber das bleibt wohl vorerst noch ein Wunschtraum, da man bis heute nicht genau weiß, weshalb solche Stoffe plötzlich ihren elektrischen Widerstand verlieren. Einen Ausweg aus dem Dilemma bieten vielleicht später einmal Fabriken im Weltraum, wo äußerst niedrige Temperaturen bekanntlich der Normalfall sind.

Kunst des Schwebens *Das durch Induktion geschaffene starke Magnetfeld des Supraleiters stößt den kleinen Magneten darüber ab.*

Kraftbrühe für Raketen

Supergekühlte Gase als Treibstoff des Space Shuttle

Jeder kann sich vorstellen, daß gewaltige Kräfte notwendig sind, um eine Rakete ins All zu schießen, denn das Gewicht des Flugkörpers muß so schnell in die Luft gejagt werden, daß er der Erdanziehungskraft zu entfliehen vermag. Um solche Schubkräfte zu entfesseln, ist ein außergewöhnlicher Antrieb vonnöten, der nicht wie Verbrennungsmotoren kontrollierte kleine Explosionen, sondern eine einzige, ständig andauernde starke Explosion erzeugt.

Deshalb fließt in allen großen Raketen unaufhörlich Treibstoff, z. B. Wasserstoff, in eine Verbrennungskammer, wo er verbrannt wird, während die Abgase am Heck hinausgepreßt werden. Damit sich der Treibstoff entzünden kann, muß Sauerstoff vorhanden sein, und den gibt es im Weltraum nicht. Also muß eine Rakete zusätzlich genügend Sauerstoff mitführen, und zwar ebenso wie den Wasserstoff in flüssiger Form, da beide Stoffe so weniger Raum beanspruchen und exakter dosiert werden können.

Flüssige Kraft *Der US-Raumtransporter Space Shuttle kurz vor dem Ankoppeln des riesigen Treibstofftanks mit den beiden Feststofftriebwerken.*

Tödliche Unordnung

Gibt man eine Schicht Kaffeepulver und eine Schicht feinen Zucker in ein Gefäß, schraubt den Deckel zu und schüttelt kräftig, so wird man sehen, daß sich

Wärmebild *Die Reibung verursacht beim Sägen einen Energieverlust in Form von Hitze. Das Infrarotbild zeigt warme Flächen an Griff und Klinge einer Säge in Rot und Gelb.*

die beiden Stoffe, je mehr man schüttelt, immer mehr vermischen. Die geordneten Schichten sind nun verschwunden.

Dieser alltägliche Vorgang veranschaulicht den zweiten Hauptsatz der Thermodynamik, nach dem sich „innerhalb eines geschlossenen Systems die Entropie vergrößert". In unserem Fall besteht das geschlossene System aus einem Gefäß mit zugeschraubtem Deckel. Entropie allgemein ist ein Maß für die ungeordnete Bewegung der Moleküle in einem Gas und damit für dessen Wärmeenergie.

Immer, wenn eine Energieform in eine andere umgewandelt wird – etwa Elektrizität in Licht –, geht ein Teil der Energie in Form von Hitze verloren. Hitze bedeutet gegenüber Kälte aufgewühlte Materie – heiße Luft z. B. ist einfach Luft im Zustand extrem schneller und ungeordneter Bewegung. Also ist eine Zunahme von Hitze dasselbe wie eine Zunahme von Unordnung – mit anderen Worten: eine Zunahme der Entropie.

Im Universum, das nach den Regeln der Thermodynamik ursprünglich keineswegs chaotisch, sondern eine heile Welt voller Ordnung gewesen sein muß, wird ständig Energie von einer Form in eine andere überführt. Wenn das All ein geschlossenes System ist – wovon viele Astronomen überzeugt sind –, dann nimmt die Entropie darin unaufhörlich zu, da es ja durch verlorengehende Energie laufend erwärmt wird. Schließlich, nach vielen Millionen von Jahren, könnte ihm seine verwertbare Energie womöglich ganz ausgehen und es sich buchstäblich zu Tode erhitzen.

Wasser, nichts als Wasser

Der alltäglichste und dennoch ungewöhnlichste Stoff auf der Erde

Wasser ist die am häufigsten vorkommende chemische Verbindung auf der Erde und daher für viele Menschen nichts Besonderes, aber es hat dennoch einige höchst bemerkenswerte Eigenschaften.

Es ist der einzige Stoff, der in allen drei möglichen Aggregatzuständen in der Natur vorkommt – fest, flüssig und gasförmig, d. h. als Wasserdampf. Außerdem lösen sich im Wasser mehr Stoffe auf als in jeder anderen Flüssigkeit. Das liegt daran, daß die Wassermoleküle durch ihre ungewöhnliche Atomanordnung so etwas wie „Minimagnete" sind, mit einer positiven elektrischen Ladung auf einer Seite und einer negativen Ladung auf der anderen. Da sich entgegengesetzte elektrische Ladungen anziehen, bedeutet das, daß sich entweder die eine oder die andere Seite des Wassermoleküls mit Molekülen verschiedener anderer Stoffe verbindet, ganz gleich, wie diese geladen sind. Beispielsweise lösen sich so unter-

Eisbrecher Durch ein Loch im antarktischen Schelfeis bahnt sich ein Taucher den Weg in die Tiefe.

schiedliche Substanzen wie Kochsalz, Zucker und Alkohol sehr leicht in Wasser auf.

Wegen ihrer ungewöhnlichen elektrischen Eigenschaften haften auch die Wassermoleküle selbst mit ausgesprochener Zähigkeit aneinander. Es erfordert einen enormen Energieaufwand, um sie zu trennen und den Zustand des Wassers etwa von fest in flüssig umzuwandeln. Dies ist der Grund dafür, weshalb Wasser im Gegensatz zu vielen anderen einfachen Wasserstoffverbindungen erst bei so hohen Temperaturen schmilzt bzw. kocht. Der Siedepunkt von Methan z. B. liegt bei −161 °C.

Auch die Art, wie Wasser gefriert, ist ungewöhnlich. Die meisten Flüssigkeiten gefrieren von unten nach oben, denn mit zunehmender Kälte wächst ihre Dichte gleichmäßig. Das bedeutet, daß die wärmeren und mithin leichteren Schichten immer nach oben steigen und die kühleren Anteile zu Boden sinken.

Schützende Eisschicht

Eis hingegen bildet sich zuerst an der Oberfläche. Wird es im Winter kalt, dann kühlt ein See ab. Seine oberste Wasserschicht wird dichter und sinkt auf den Grund. Doch im Gegensatz zu anderen Flüssigkeiten erreicht Wasser seine höchste Dichte bereits bei 4 °C, und folglich endet die Wasserbewegung im See bei dieser Temperatur. Die obere Schicht kühlt weiter ab, wird eventuell zu Eis, sinkt jedoch nicht mehr, weil das Wasser darunter dichter ist. Wenn nun der Winter nicht extrem hart ausfällt, schützt diese Eisschicht den See vor der kalten Luft und verhindert daher, daß er völlig einfriert.

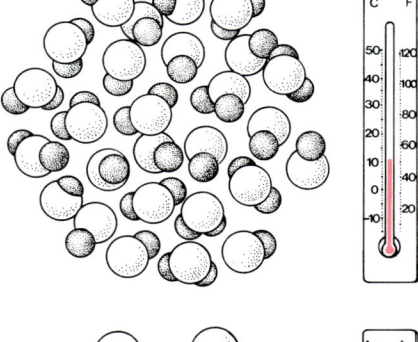

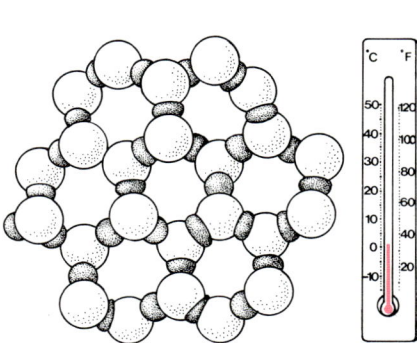

Sonderfall Die meisten festen Stoffe sind dichter als ihre flüssige Form, denn bei ihnen sind die Moleküle eng zusammengepreßt und miteinander verbunden. Doch wenn sich Wassermoleküle (oben) zu Eiskristallen (unten) verbinden, entstehen Lücken zwischen ihnen, so daß sie mehr Raum einnehmen. Deshalb ist Eis weniger dicht als Wasser.

Hätten Sie's gewußt?

Wenn Meerwasser gefriert, sammelt sich das meiste Salz in Taschen voller Flüssigkeit, die nicht gefriert. Daher enthält Meerwassereis deutlich weniger Salz und kann, nachdem es geschmolzen ist, wie Süßwasser verwendet werden.

◆◆◆

Nur 2,8 % des Wassers auf der Erde sind Süßwasser. Von diesem kleinen Anteil sind nur 6 % flüssig, weit über 90 % sind in den Eiskappen der Pole eingeschlossen. Der Rest ist Wasserdampf in der Atmosphäre. Etwa 98 % des flüssigen Trinkwassers sind Grundwasser.

◆◆◆

Die Wassermenge auf der Erde blieb seit der Entstehung unseres Planeten vor ungefähr 4,6 Mrd. Jahren konstant.

Mit Pauken und Trompeten

Beim Schall kommt es auf die Schwingung an

Eine der größten Trommeln der Welt mit einem Durchmesser von rund 2,4 m stand früher im Hof einer Fabrik in der Nähe von London, in der Musikinstrumente hergestellt wurden. Wenn man sie schlug, machte sie zwar nur sehr wenig Lärm, dafür aber viel Wind, so daß die Kleidung der Umstehenden zu flattern begann.

Das Fell, mit dem die Trommel bespannt war, vibrierte und erzeugte Schallwellen in der Luft, deren Länge allerdings so groß und Klanghöhe daher so tief war, daß das menschliche Ohr sie nur schwach wahrnehmen konnte.

Das Ohr hört Geräusche auf genau die gleiche Weise, wie eine Trommel sie erzeugt, indem nämlich die gespannte Membran des Trommelfells durch die Schallwellen zum Schwingen gebracht wird. Erreichen die Wellen das Ohr nur sehr langsam, d. h. in einer Frequenz von weniger als 16 Hz pro Sekunde, dann spricht das menschliche Trommelfell nicht an. Steigt die Tonhöhe, so sind die Wellen schneller, und das Ohr reagiert. Übersteigt der Ton jedoch die Frequenz von 20 000 Schwingungen pro Sekunde, dann sind die Wellen für unser Trommelfell zu schnell, und wir hören wieder nichts.

Für die Ausbreitung der Schallwellen ist ein Medium erforderlich. Anders als Licht kann der Schall kein Va-

Der große Knall Diese Riesentrommel erzeugte in Londoner Theatern Donnergetöse.

kuum durchdringen, denn dort gibt es ja nichts, was die Wellen transportieren könnte. Unsere Luft ist zwar der uns vertrauteste Schallträger, aber beileibe nicht der wirkungsvollste. Durch sie eilt der Schall mit respektablen 331 m in der Sekunde, im Wasser bringt er es jedoch im selben Zeitraum auf eine Geschwindigkeit von 1407 m, in Glas auf 4000 m und in Eisen sogar auf 5100 m.

Langwelliger Schall mit entsprechend niedriger Tonhöhe wandert am weitesten, weil die Grundform der Schallwelle nicht durch kleinere Hindernisse beeinflußt wird – ebenso wie Ozeanwellen unbeschadet über kleine Felsen rollen. Aus diesem Grund haben die Nebelhörner von Schiffen, die ihre Warnung so weit wie möglich tragen sollen, einen so tiefen Klang. Schallortungsgeräte dagegen arbeiten mit hohen „Ping"-Tönen, deren schnelle Schwingungen von festen Oberflächen abprallen und zurückgeworfen werden.

Schlieren Durch ein besonderes optisches Verfahren werden Schallwellen, die hier z. B. von einem elektrischen Funken erzeugt wurden, sichtbar.

37

TAUB WIE EINE BLAUÄUGIGE WEISSE KATZE

Oft bleibt Taubheit bei Tieren unerkannt, weil die Menschen sie gar nicht erkennen. Katzenzüchter jedoch, vor allem jene, die sich auf die Zucht weißer, langhaariger Perserkatzen spezialisiert haben, sind nur zu vertraut mit dieser Behinderung.

Das Gen, das dafür verantwortlich ist, daß eine Katze ein vollständig weißes Fell besitzt, hat noch andere Auswirkungen: Es ist zusammen mit anderen Genen noch für die Augenfarbe der Katze und für die Entwicklung der Ohren verantwortlich. Viele weiße Katzen kommen mit einem durch fehlerhafte Züchtung weitergegebenen Hördefekt zur Welt. Im übrigen ist die Augenfarbe von weißen Katzen nicht vorherbestimmbar: Manche haben orangefarbene Augen, andere blaue und einige sogar ein blaues und ein orangefarbenes Auge.

Leider werden ausgerechnet die beliebtesten weißen Perserkatzen, nämlich die blauäugigen, am häufigsten taub geboren. Es ist zu hoffen, daß diese gesundheitliche Beeinträchtigung durch gezielte Züchtung eines Tages überwunden werden kann.

Ohren für die Nacht
Wie sich Fledermäuse orientieren

Vor 200 Jahren wollte der italienische Wissenschaftler Lazzaro Spallanzani das Rätsel lösen, wie Fledermäuse ihren Weg durch die Dunkelheit finden. Zuerst verband er einigen „Versuchskaninchen" die Augen, doch das beeinträchtigte ihre Orientierungsfähigkeit in keinster Weise. Dann verstopfte er ihre Ohren mit Wachs, und tatsächlich, die Tiere flogen hilflos in die Irre. Aber was war der Grund?

Erst im Jahr 1938 konnten die amerikanischen Wissenschaftler Donald Griffin und G. W. Pierce das Geheimnis lüften und mit Hilfe hochempfindlicher Mikrofone die Hochfrequenzgeräusche – zwischen 20000 und 130000 Schwingungen pro Sekunde –, die Fledermäuse von sich geben, aufzeichnen. Ihre spitzen Schreie setzen die Tiere als eine Art Radar ein, indem sie das Echo auffangen, das Hindernisse in ihrem Weg zurückwerfen.

Neueste Versuche zeigen, daß manche Fledermäuse auch bei der Futtersuche die Schallortung einsetzen. Insektenfressende Arten fangen ihre Beute, indem sie die Frequenz ihrer Impulse erhöhen und durch die rasche Folge von Schreien und Echos das schnellfliegende Opfer ins akustische Visier nehmen. Fischfressende Fledermäuse spüren die Wellen auf, die Fische an der Wasseroberfläche verursachen, und nur die Vegetarier unter ihnen, die Früchte verzehren, verlassen sich gewöhnlich auf ihre großen Augen.

Neben den „Ortungsgeräten" der Fledermäuse, die dem menschlichen Hörorgan vergleichbar sind, gibt es im Tierreich noch völlig andersartige Ohren. Viele Insekten beispielsweise besitzen Ansammlungen von Sinneszellen in ihrer Außenhaut, die erregt werden, sobald Schallwellen auf sie treffen. Grillen „hören" auf diese Weise mit ihren „Knien" und Käfer mit der „Brust".

***Gute Zuhörer** Fledermäuse geben hohe Töne von sich, mit deren Echos sie schnellfliegende Beute orten. Manche Motten allerdings können diese Geräusche hören und sind gewarnt.*

Vorsicht, unhörbarer Lärm!
Lautlose Geräusche können der Gesundheit schaden

Geräusche mit einer Frequenz von weniger als 16 Schwingungen pro Sekunde können vom menschlichen Ohr nicht wahrgenommen werden, da sie zu tief sind. Dennoch hat ein solches „Infrageräusch" Auswirkungen auf den menschlichen Körper, die – je nach der Stärke der unhörbaren Töne – ausgesprochen unangenehm sein können. Aufgrund neuerer Untersuchungen weiß man, daß beispielsweise große Maschinen, die Luftzufuhr von Düsentriebwerken, ja selbst riesige Orgelpfeifen genügend Infralärm erzeugen, um Schwindelgefühle und Übelkeit hervorzurufen.

In den 70er Jahren konstruierte der französische Wissenschaftler Wladimir Gavreau eine Reihe von Polizeipfeifen, deren Niedrigfrequenzgeräusche seiner Meinung nach in der Verbrechensbekämpfung eingesetzt werden könnten. Ihm schwebte beispielsweise vor, Kidnapper oder Terroristen von weitem durch Infrageräusche außer Gefecht zu setzen.

Eine von Gavreaus ersten Pfeifen mit einem Durchmesser von 1,5 m und in Beton eingebettet, konnte bei einer zu erwartenden Lärmentwicklung von ohrenbetäubenden 160 Dezibel niemals mit voller Kraft geblasen werden, und eine andere, etwas schwächere, hätte mit ihrem „Pfiff" vermutlich Mauern eingerissen. Als Mittel zur Terroristenbekämpfung versagten diese Geräte jedoch kläglich, da die Bedienungsmannschaft die Richtung des Geräusches nicht wirksam lenken konnte und selbst darunter litt.

Positiver in der Wirkung dagegen ist das sogenannte weiße Rauschen, ein anhaltendes Geräusch, das sich aus Tönen der gesamten hörbaren Frequenzen zusammensetzt. Als „Hintergrundmusik" soll es u. a. dafür sorgen, daß sich die Patienten beim Zahnarzt leichter entspannen können.

Weil das weiße Rauschen die gesamte Bandbreite der mittleren Tonhöhe der menschlichen Stimme abdeckt, kann man damit sogar Abhörgeräte überlisten. Derselbe Effekt erklärt auch, weshalb eine aufgedrehte Dusche eine Unterhaltung vor einer „Wanze" abschirmt: Das Wasser erzeugt Geräusche über eine große Frequenzbreite und „ertränkt" die menschliche Stimme darin.

Die Fesseln des Universums

Stark und schwach zugleich: die Gravitation

Dank der Gravitation stehen wir mit beiden Beinen auf der Erde, ziehen die Planeten ihre wohlgeordneten Bahnen, hält das Weltall überhaupt zusammen. Und dennoch ist sie von den vier fundamentalen Kräften im Universum die schwächste. Die anderen drei Kräfte – die elektromagnetische Kraft sowie die starken und schwachen Kernkräfte – wirken auf die winzigen Teilchen ein, aus denen Atome bestehen.

Die elektromagnetische Kraft, also die Kraft, die unsere Elektrogeräte antreibt und dank der Radio- und Fernsehsignale übermittelt werden können, hält die Elektronen auf ihrer Umlaufbahn um den Atomkern.

Der Atomkern selbst besteht aus Protonen und Neutronen, die durch die starke Kernkraft fest miteinander

Blick ins Atom Ein Berylliumatom mit vier Elektronen, die um den Kern aus vier Protonen (+) und fünf Neutronen (N) kreisen. Neutronen und Protonen haben je drei verschieden ausgerichtete Quarks.

Neutron

Down-Quark

Kern

Up-Quark

Elektron

Proton

Atombombe Uranisotope werden mit Neutronen bombardiert, bis sie sich spalten. Dadurch werden weitere Neutronen frei, die ihrerseits Atome spalten: Eine Kettenreaktion beginnt.

verbunden sind. Bricht ein Kern auseinander, wie es bei einer Kernexplosion der Fall ist, so feuert er Teilchen ab und erzeugt Radioaktivität. Die schwache Kernkraft bestimmt das Verhalten einiger der Teilchen, die am Zerfall eines Neutrons beteiligt sind.

Hinsichtlich ihrer Stärke unterscheiden sich diese verschiedenen Kräfte gewaltig. Zwei 50 000 t schwere Schiffe, die im Hafen nebeneinanderliegen, ziehen sich durch ihre eigene Gravitation meßbar gegenseitig an; doch ist diese Kraft nur so schwach, daß es genügt, beide Schiffe an der Kaimauer mit einem einfachen Tau festzumachen, um sie voneinander fernzuhalten.

Die elektromagnetische Kraft ist dagegen 100 Mio. Mio. Mio. Mio. Mio. Mio. (10^{38}) Male stärker als die Gravitation. Augenfälliger Beweis: Ein kleiner Hufeisenmagnet wird, wenn er eine Nadel anzieht, immer die Anziehungskraft der Erde besiegen.

Noch mächtiger ist die starke Kernkraft. Sie ist gut 100mal stärker als die elektromagnetische Kraft – und doch wirkt sie nur über so bescheidene Entfernungen wie den Durchmesser eines Atomkerns, also über eine Distanz von 10^{-12} cm. Und selbst die sogenannte schwache Kraft ist, auch wenn ihr Name dies nicht erwarten läßt, noch viele Millionen Male wirksamer als die Gravitation. Aber diese übt ihre Wechselwirkung über kosmische Entfernungen aus und hält ganze Galaxien zusammen, während die schwache Kernkraft nur auf winzigste Teilchen wirkt – über eine Entfernung von maximal 10^{-14} cm.

Hätten Sie's gewußt?

Der in Neuseeland geborene Physiker Ernest Rutherford, der die Protonen im Atomkern entdeckte und damit den Weg für die Nutzung der Kernenergie ebnete, sagte im Jahr 1933: „Die Energie, die durch die Spaltung von Atomen erzeugt wird, ist nur sehr schwach. Jeder, der die Umwandlung des Atoms als eine mögliche Energiequelle ansieht, redet Unsinn."

Im Bannkreis der Materie

Die geheimnisvollste Kraft im All

Schon lange vor Isaac Newton war jedem, der eine Treppe hinabstürzte oder einen Stein in einen See warf, klar, daß es eine Kraft geben mußte, die alle Menschen und Dinge zur Erde fallen ließ. Wir nehmen diese Kraft, die Erdanziehung, als selbstverständlich hin, und doch ist sie von allen Kräften in der Natur zweifellos die geheimnisvollste.

Die anderen drei Grundkräfte im Universum, die elektromagnetische Kraft sowie die starke und die schwache Kernkraft, kann man beschreiben. Alle drei wirken im Innern von Atomen, und jede für sich steuert bestimmte Vorgänge innerhalb des Atoms. Mit einer mathematischen Theorie läßt sich zwar die Wirkungsweise dieser Grundkräfte beschreiben, doch die Gravitation entzieht sich der genauen Beschreibung und Erklärung. Das einzige, was man feststellen konnte, ist eine gewisse Ähnlichkeit im Verhalten von Licht und Gravitation, und vielleicht kann diese Tatsache dazu verhelfen, das wahre Wesen der Schwerkraft zu verstehen.

Welle und Teilchen

Licht besteht aus sogenannten Lichtquanten, masselosen Elementarteilchen, die man Photonen nennt. Manchmal verhalten sie sich wie echte materielle Partikel, manchmal wiederum erscheint das Licht wie eine einzige, anhaltende Energiewelle.

Ein weiteres Merkmal des Lichts läßt sich feststellen, wenn man den Abstand zu einer Lichtquelle verdoppelt: Man erhält dann nicht die Hälfte der Lichtmenge, sondern nur noch ein Viertel. Da das Licht kugelförmig von seiner Quelle ausstrahlt, muß es bei doppeltem Abstand viermal mehr Fläche ausleuchten.

Auch die Gravitation verliert im gleichen Maße an Wirkungskraft. Darüber hinaus sind viele Wissenschaftler der Meinung, daß auch sie sich entweder in Form von Teilchen oder von Wellen fortbewegt, oder in beiden Formen. Doch bis jetzt läßt sich weder das eine noch das andere beweisen. Also müssen wir uns zunächst mit dem paradoxen Zustand zufrieden geben, daß wir zwar genau wissen, was die Gravitation bewirkt, nicht jedoch, was sie wirklich ist.

Abbilder des Unsichtbaren

Den Elementarteilchen auf der Spur

Die Teilchen, aus denen ein Atom besteht, sind unsichtbar und haben praktisch kein Gewicht. Und doch gibt es viele Fotos, auf denen sie im Flug abgebildet sind. Wie ist das möglich?

Im Jahr 1927 erhielt der schottische Physiker Charles Wilson, der erstmals dieses „Wunder" vollbrachte, den Nobelpreis für seine schon 15 Jahre zuvor entwickelte Nebelkammer, einen Behälter mit feuchter Luft. Verringert man den Druck in dieser Kammer, wird der Wasserdampf übersättigt und neigt zur Kondensation. Durchdringt nun ein subatomares Teilchen diesen Dampf,

Kielwasser Dieses künstlich kolorierte Foto zeigt die Bahnen subatomarer Teilchen durch eine Blasenkammer voll mit flüssigem Wasserstoff.

dann erwärmt es ihn, und der Dampf kondensiert längs der Flugbahn, wobei sich hinter dem Teilchen eine zarte Nebelspur bildet, wie ein Kondensstreifen hinter einem Düsenflugzeug. Man sieht also nicht das Partikel selbst, sondern nur ein Bild der Spur, die es hinterläßt.

Es ist außerdem möglich, die Masse des Teilchens zu messen, indem man es mit Hilfe eines Elektro- oder Magnetfelds von seiner Bahn ablenkt. Anhand der Menge der hierzu benötigten Energie können Physiker dann das Gewicht des Partikels berechnen.

Bläschen im Bier

Um die Mitte dieses Jahrhunderts kam dem amerikanischen Wissenschaftler Donald Glaser, als er eine feine Reihe kleiner Bläschen vom Boden eines Bierglases nach oben steigen sah, eine Idee, die er mit der sogenannten Blasenkammer verwirklichte. Dieser Behälter, eine technisch verfeinerte Form der Nebelkammer, enthält flüssigen Wasserstoff, der bis zu dem Punkt aufgeheizt wird, an dem ihn die geringste Menge zusätzlicher Energie in Dampf verwandeln würde. Ein Elementarteilchen, das durch diese Kammer fliegt, verdampft die Flüssigkeit und hinterläßt auf seiner Bahn eine Spur winziger Bläschen. Wissenschaftler können die Teilchen sogar fotografieren, wenn sie kollidieren und auseinanderstieben.

Hätten Sie's gewußt?

Der amerikanische Physiker Murray Gell-Mann erhielt 1969 den Nobelpreis für Physik dafür, daß er die Existenz von Quarks voraussagte, subatomaren Teilchen, die die fundamentalen Bausteine der Materie sind. Er glaubte, daß diese Teilchen in drei Arten vorkämen, und benannte sie nach einer Wortschöpfung des irischen Schriftstellers James Joyce. Heute nehmen die Wissenschaftler an, daß es fünf Arten gibt, daß sie sich jedoch in Gruppen zu je dreien bewegen. Quarks haben so seltsame Eigenschaften, daß die Physiker ebenso eigenartige Bezeichnungen für sie gefunden haben: up, down, strange, charm und bottom (oder beauty).

Kapitel zwei

BLICK INS ALL

Gibt es einen Zusammenhang zwischen dem Aussterben
der Dinosaurier vor 65 Mio. Jahren und einem riesigen
Kometenschwarm, der unsere Sonne auf einer hinter
Pluto verlaufenden Umlaufbahn umkreist? Manche Wissenschaftler glauben es. Sie sind der Meinung, es gibt
einen noch nicht entdeckten lichtschwachen Stern,
der ebenfalls die Sonne umkreist (siehe Seite 58).
Alle 30 Mio. Jahre nähert er sich dem Kometenschwarm
und lenkt dadurch Millionen von Kometen aus ihrer
Bahn in Richtung Sonne ab. Einige davon stürzen auch
auf die Erde. Nach dieser These hat ein solches Ereignis in der Vergangenheit das Klima auf der Erde verändert und ein Massensterben der Arten ausgelöst.
Vielleicht wird dieser Stern eines Tages entdeckt –
denn Astronomen finden immer wieder bislang unbekannte Himmelskörper.

Der unruhige Feuerball

Im Innern der Sonne entsteht die Energie, von der unser Leben abhängt

Für den Laien erscheint die Sonne wie ein Muster an Beständigkeit – eine hellstrahlende Kugel, die seit Anbeginn der Menschheit gleichmäßig leuchtet. Astronomen wissen jedoch, daß die Sonne ein gigantisches, ständig in Aufruhr befindliches Kernkraftwerk ist, unberechenbarer, als wir annehmen.

Die Sonne ist ein heißer Gasball, groß genug, um 1,3 Mio. Erdkugeln aufzunehmen. Will man ihre Masse in Tonnen angeben, braucht man eine 2 mit 27 Nullen – dies entspricht dem 330 000fachen Gewicht der Erde.

Im Sonnenkern herrscht eine Temperatur von 15 Mio. °C. Dort spielt sich jene nukleare Reaktion ab, die das Licht und die Wärme produziert. Es ist dieselbe Reaktion, die auch der Wasserstoffbombe ihre vernichtende Kraft gibt: die Kernfusion, die nukleare Verschmelzung von leichten Wasserstoffteilchen zu schweren Heliumteilchen. Wie in allen nuklearen Vorgängen wird auch hierbei Materie in Energie verwandelt. Das entstehende Helium hat nur noch 99,3 % der Masse des

Schlingen aus Feuer Derart eindrucksvolle Protuberanzen an der Sonnenoberfläche sind Eruptionen glühender Wasserstoffwolken – um ein Vielfaches größer als die Erde.

ursprünglich vorhandenen Wasserstoffs. Die restlichen 0,7 % wurden in Licht, Wärme, Röntgenstrahlen und andere Energieformen umgewandelt. So verschwinden jede Sekunde 4 Mio. t Sonnenmaterie!

Im Vergleich zur Gluthölle des Sonnenkerns ist die Oberfläche kalt: Die Temperatur beträgt dort nur 5800 °C. Durch spezielle Teleskope betrachtet, erscheint die Sonne gesprenkelt: hell, wo heißes Gas aus der Tiefe aufsteigt, dunkel, wo es demnächst absinken wird. Ständig brechen unsichtbare bogenförmige Magnetfelder durch die Sonnenoberfläche. Sie blockieren den Energiefluß, so daß die Stellen, an denen sie aus- und eintreten, abkühlen und als dunkle Sonnenflecken zu erkennen sind. Zwischen den Flecken bilden sich Protuberanzen – riesige rotglühende Gasfontänen, die in den Sonnenhimmel schießen und wieder zurückstürzen.

Ist ein so unruhiger Himmelskörper verläßlich? Wird er immer gleichviel Wärme abgeben, oder werden wir eines Tages verbrennen oder erfrieren? Beobachtungen haben gezeigt, daß sich die Sonne seit 1979 um 0,1 % abgekühlt hat – ein Prozeß, der sich aber wahrscheinlich wieder umkehren wird. Es gilt als sicher, daß die Sonne in den nächsten 5 Mrd. Jahren Leben auf der Erde ermöglichen wird.

EINE VERHÄNGNISVOLLE SONNENERUPTION

Am 7. Juli 1988 flatterten 3000 Brieftauben aus Käfigen in den Himmel über Nordfrankreich. Der alljährliche Wettflug zu ihren heimatlichen Verschlägen in Südengland hatte begonnen. Doch ein Ereignis auf der Sonne machte den Taubenzüchtern einen Strich durch die Rechnung.

Zwei Tage zuvor hatte eine Sonneneruption – ein gewaltiger Ausbruch auf der Sonnenoberfläche – Wolken elektrisch geladener Protonen und anderer Teilchen ins All geschleudert, von denen einige das Erdmagnetfeld störten. Wenn Brieftauben sich aufgrund schlechten Wetters nicht nach der Sonne oder den

Sternen richten können, hilft ihnen eine Art innerer Magnetkompaß bei der Orientierung. Doch die Störungen am Himmel brachten die Tauben vom Kurs ab. Nur wenige fanden nach Hause.

Aber nicht nur für Tauben stellen Sonneneruptionen eine Gefahr dar. Die dabei entstehenden energiegeladenen Teilchen könnten bei ungeschützten Astronauten Strahlenkrankheiten oder sogar Krebs auslösen. Falls eines Tages Raumstationen auf dem Mond oder dem Mars errichtet werden sollten, müßten diese vielleicht mit einem Mantel aus Steinen gegen die schädigende Strahlung geschützt werden.

Hätten Sie's gewußt?

Wenn der nukleare Prozeß im Innern der Sonne heute aufhören würde, vergingen 10 Mio. Jahre, bis die Sonnenoberfläche kühler würde und dies auf der Erde zu spüren wäre.

Schattenspiele am Himmel

Wie Erde und Mond Sonnen- und Mondfinsternisse verursachen

In vielen Abenteuergeschichten kann der Held sich selbst aus einer gefährlichen Situation retten, indem er seine Kenntnisse über Sonnen- und Mondfinsternisse gegenüber Eingeborenen ausspielt. Einer der ersten Schriftsteller, die sich dieses Kunstgriffs bedienten, war Henry Rider Haggard in seinem Roman *König Salomons Diamanten*. Doch als Haggard den Roman zum erstenmal veröffentlichte, war sein Wissen über Finsternisse noch höchst ungenau. Ehe es in einer späteren Auflage berichtigt wurde, erweckte die Geschichte den Eindruck, als sei in den Nächten vor und nach einer Sonnenfinsternis Vollmond.

Eine Sonnenfinsternis ereignet sich jedoch nur dann, wenn der Mond auf seiner Bahn zwischen Sonne und Erde tritt. Bei Vollmond stehen Sonne und Mond aber auf entgegengesetzten Seiten der Erde. Es liegen also immer zwei Wochen zwischen einer Sonnenfinsternis und dem Vollmond. Mondfinsternisse dagegen finden immer bei Vollmond statt – aber nur dann, wenn der Mond dabei in den Schatten der Erde eintritt.

Der Schatten, den der Mond bei einer Sonnenfinsternis auf die Erde wirft, ist kreisrund und durchmißt 264 km. Erde und Mond bewegen sich während der Finsternis, deshalb wandert auch der Schatten – manchmal mehrere tausend Kilometer weit. Für einen stillstehenden Beobachter dauert die Finsternis jedoch nur ein paar Minuten. Während dieser Zeit wird es fast völlig dunkel, die Sterne werden sichtbar. Da Sonne und Mond von der Erde aus gesehen gleich groß erscheinen, deckt der Mond die Sonne während der Finsternis beinahe ganz ab. Dabei wird die Gashülle um die Sonne, die Korona, sichtbar.

Der Schatten der Erde ist groß genug, um den Mond bei einer Mondfinsternis völlig zu verdecken. Zieht der Mond nur durch den Rand des Erdschattens, scheint er lediglich ein wenig dunkler zu werden. Zieht er dagegen durch den inneren Teil des Schattenkegels, den Kernschatten, entsteht eine totale Mondfinsternis. Doch selbst dann ist der Mond nicht völlig unsichtbar. Einige Sonnenstrahlen, die in der Erdatmosphäre gebeugt und gestreut werden, treffen ihn auch dann noch. Da dieser Effekt nur bei langwelligem, also rötlichem Licht auftritt, erscheint der Erdtrabant dann in einer tiefkupfernen Farbe.

Hätten Sie's gewußt?

Französische Astronomen berichteten kürzlich unter Berufung auf alte Aufzeichnungen, daß die Sonne vor ein paar Jahrhunderten geringfügig größer gewesen sein muß. Britische Astronomen sind aber der Meinung, daß man sich hier durch die größer gewordene Luftverschmutzung täuschen ließ. Sie weisen darauf hin, daß in Reinluftgebieten Amerikas die Sonne schon immer größer erschien als in der Nähe von London.

Auf dem Weg zum nächstgelegenen Stern

Raumsonden nehmen unsere Sonne unter die Lupe

Eine Reihe von neuen Raumsonden, die von der Europäischen Weltraumbehörde (ESA) entwickelt und von den USA ins All gebracht werden, wird in den nächsten Jahren unser Wissen über die Sonne beträchtlich erweitern.

Die Raumsonde *Ulysses* wurde bereits Anfang Oktober 1990 von einem amerikanischen Raumtransporter auf ihre lange Reise gebracht. *Ulysses* wird die erste Raumsonde sein, die die Sonnenpole überfliegt. Ihr erstes Ziel war jedoch der Jupiter. Dessen gewaltige Anziehungskraft ergriff die Sonde, schleuderte sie um ihn herum und warf sie schließlich aus der Ekliptik heraus – jener gedachten Ebene, auf der die Umlaufbahnen der Planeten liegen.

Erst 1994 wird *Ulysses* den ersten Sonnenpol überfliegen, 1995 den anderen. Die Daten, die er dabei sammelt und übermittelt, sollen helfen, die Vorgänge an den Sonnenpolen, den Sonnenwind und das Magnetfeld der Sonne besser zu verstehen.

1995 soll dann ein zweiter Sonnensatellit folgen: *SOHO*, was Solar Helio- spheric Observatory bedeutet. *SOHO* soll Veränderungen des Sonnenlichts analysieren, wodurch man sich neue Aufschlüsse über Sonnenbeben erhofft. Dabei handelt es sich um Schwingungen der Sonnenoberfläche, die entstehen, wenn sich Schallwellen im Sonneninnern hin- und herbewegen. *SOHO* kann bereits ein Auf und Ab der Sonnenoberfläche von nur 10 km feststellen.

Ein Opfer der Forschung

Noch weiter in der Zukunft liegt die Mission der Sonde *Vulcan*. Während *SOHO* einer Umlaufbahn folgen wird, die der Erde näher ist als der Sonne, wird sich *Vulcan* sogar noch innerhalb der Bahn des sonnennächsten Planeten, des Merkurs, bewegen. Bereits auf dem Merkur, der die Sonne in einem Abstand von etwa 58 Mio. km umkreist, beträgt die Mittagstemperatur am Äquator 300 °C – heiß genug, um Blei zu schmelzen. *Vulcan* soll sich der Sonne aber auf 2,4 Mio. km nähern, einer Zone, wo Temperaturen von etwa 2200 °C herrschen. Deshalb wird man ihn mit einem hitzebeständigen Schild ausrüsten. Doch auch dies bietet keinen dauerhaften Schutz: Der Schild wird weißglühend werden und sich allmählich auflösen – allerdings erst, nachdem mit den Instrumenten an Bord die Gase der Sonnenatmosphäre untersucht wurden.

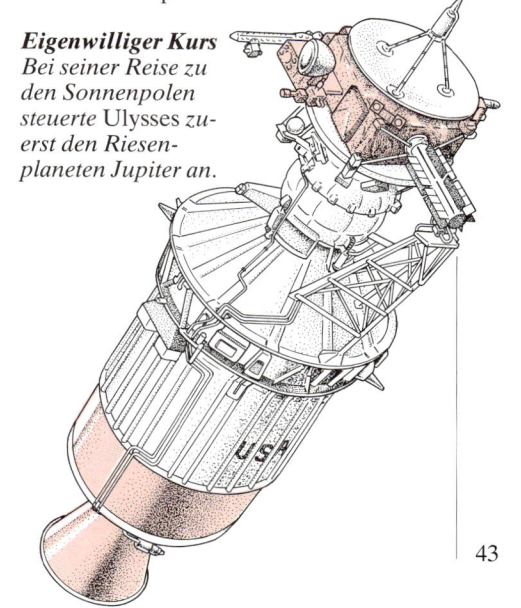

Eigenwilliger Kurs
Bei seiner Reise zu den Sonnenpolen steuerte Ulysses *zuerst den Riesenplaneten Jupiter an.*

Vorposten im Weltraum

Im All hat die Zukunft schon begonnen

Die ersten Industrieprodukte aus dem All waren Millionen von winzigen Kunststoffkügelchen, die während mehrerer Missionen des amerikanischen Raumtransporters *Space Shuttle* Anfang der 80er Jahre hergestellt wurden. Werden solche Kügelchen auf der Erde geformt, verursacht die Erdanziehungskraft, solange der Kunststoff noch flüssig ist, kleine Ungenauigkeiten in der Form. Im All jedoch entstehen dank der Schwerelosigkeit präzis geformte Kugeln.

Diese Kügelchen, etwa so groß wie eine Nadelspitze, sind von großem Nutzen. So setzt man sie z. B. in der Mikroskopie zum exakten Größenvergleich ein oder überprüft mit ihnen äußerst feinporige Filter. Perfektion hat aber auch ihren Preis. Die Kügelchen wurden in Einheiten zu je 15 g verpackt und an Unternehmen und Universitäten verkauft – wobei man einen Kilopreis von 23 Mio. Dollar zugrunde legte.

Ein weiterer Vorgang, der unter den Bedingungen der Schwerelosigkeit am besten abläuft, ist das Wachstum von Kristallen aus einer chemischen Lösung, die sich abkühlt. Wissenschaftler, die den Aufbau eines Stoffs erforschen, verwandeln diesen häufig zunächst in kristalline Form. Durch eine Röntgenanalyse läßt sich die chemische Struktur der Kristalle genau ermitteln. Auf der Erde wird die Kristallbildung durch die Konvektion – das Aufsteigen von warmer und das Absinken von kühler Flüssigkeit – gestört. Im Weltraum gibt es keine Konvektion.

Wegen der hohen Transportkosten für Material und Spezialwerkzeug eignen sich nur solche Produkte für die Herstellung im All, die auch dann noch Gewinn abwerfen, wenn sie nur in kleinen Mengen produziert werden. Dazu gehören Medikamente von nie dagewesener Reinheit, Metallegierungen, die sich unter dem Einfluß der Schwerkraft nicht gut verbinden, und Mikrochips aus kristallinen Materialien.

Ein amerikanisches Luft- und Raumfahrtunternehmen tat sich mit einem Pharmahersteller zusammen, um im Weltraum reinere Arzneimittel herzustellen wie z. B. Interferon, eine Substanz, die man zur Krebsbekämpfung einsetzt, oder den Blutgerinnungsfaktor VIII, ein Wirkstoff, mit dem Blutern geholfen werden kann. Der Prozeß, in dem diese Stoffe von Verunreinigungen gesäubert werden, die Elektrophorese, läßt sich im All weit gründlicher durchführen als auf der Erde.

Lückenlose Beobachtung

Satelliten liefern Bilder von jedem Ort der Erde

Bisher beschränkte sich die Satellitenfotografie vor allem auf den Einsatz militärischer „Spione am Himmel", doch nun kann man Aufnahmen vom eigenen Garten kaufen, die von zivilen Satelliten gemacht wurden.

Der fortschrittlichste dieser Raumfahrzeuge ist ein französischer Satellit vom Typ *SPOT*. Er umkreist die Erde von Pol zu Pol in 830 km Höhe und fotografiert bis zu 80 km breite Streifen der Erdoberfläche. Im Verlauf von 26 Tagen nehmen die Teleskope und Kameras des Satelliten jeden Flecken der Erde auf.

Die Erdoberfläche wird dabei von zwei in verschiedene Richtungen zeigenden Kameras erfaßt. So erhält man Bilder derselben Region, die der Satellit in aufeinanderfolgenden, leicht abweichenden Umlaufbahnen überfliegt, aus zwei verschiedenen Blickwinkeln. Ein Computer kann dann aus diesen Bildern eine genaue Reliefkarte oder ein dreidimensionales Bild des betreffenden Gebiets herstellen. Zu den Kunden von *SPOT*-Bildern gehören Bergwerksunternehmen, die nach neuen Abbaustandorten suchen, Regierungsstellen, die ein Bild von den Rohstoffvorkommen ihres Landes

gewinnen möchten, und Ölgesellschaften, die neue Pipelines durch die Wüste bauen wollen.

Die nächsten *SPOT*-Satelliten sollen die Leistungen ihres Vorgängers sogar noch übertreffen. Sie sollen dann vier (statt bisher drei) Wellenlängen des Lichts, das von der Erde reflektiert wird, aufnehmen: eine aus dem grünen, eine aus dem roten und zwei aus dem infraroten Bereich des Spektrums. Diese Aufnahmen werden Aufschluß geben über Art und Zustand der Vegetation, die Bodenfeuchtigkeit, die geologischen Strukturen und Gesteinsarten sowie die Ausdehnung besiedelter Gebiete. Die kleinsten Gegenstände, die ein *SPOT*-Satellit noch erkennen kann, haben einen Durchmesser von 10 m.

Im Bilde SPOT-*Bilder, wie dieses einer Gebirgsregion in Algerien, helfen Wissenschaftlern, die Rohstoffvorkommen eines Landes zu erkunden.*

Jenseits des wilden Luftmeers

Mit Weltraumflugzeugen in ein neues Zeitalter

Bisher hatten Flugreisende auf der Erde nur wenig Nutzen von den technischen Fortschritten in der Raumfahrt. Dies könnte sich jedoch sehr bald ändern: Auf dem Papier entstehen Weltraumflugzeuge, die Reisende in nur drei Stunden von Europa nach Japan befördern.

Diese neuen Weltraumflugzeuge sollen von einer normalen Startbahn abheben, dann in die oberen Atmosphäreschichten aufsteigen und schließlich entweder weiter in den Weltraum vordringen oder mit vielfacher Schallgeschwindigkeit ihren weit entfernten Zielflughafen auf der Erde ansteuern.

In der unteren Atmosphäre wird das Weltraumflugzeug wie ein ganz normaler Düsenjet von luftansaugenden Turbinen-Luft-Strahltriebwerken angetrieben. In größeren Höhen werden diese von starken Staustrahltriebwerken abgelöst, bei denen die Luft durch die hohe Geschwindigkeit des Flugzeugs in die Brennkammer hineingedrückt wird. Noch weiter oben, wo es kaum noch den zur Verbrennung notwendigen Sauerstoff gibt, schaltet man auf Raketentriebwerke um. Diese sind auf flüssigen Wasserstoff und flüssigen Sauerstoff angewie-

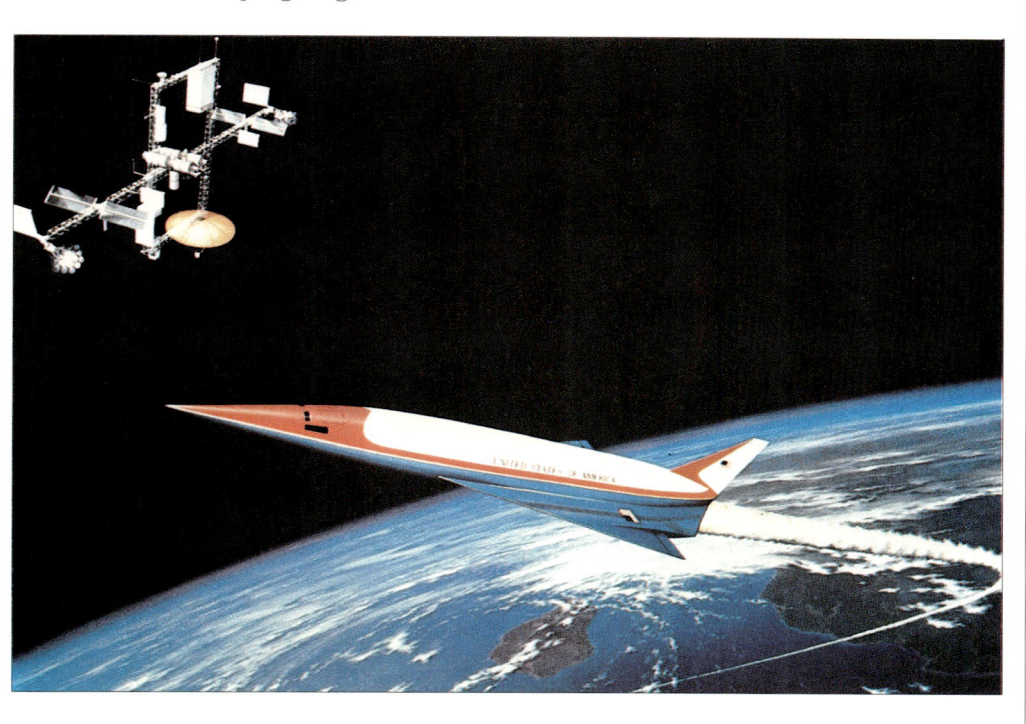

sen, die das Flugzeug in Tanks mitführt. Hier, wo der Luftwiderstand nur noch minimal ist, kann das Weltraumflugzeug Geschwindigkeiten erreichen, die in der unteren Atmosphäre unmöglich wären.

Da das Weltraumflugzeug während der Aufstiegs- bzw. der Landephase Sauerstoff aus der Luft verbrauchen kann, muß es nicht soviel Flüssigtreibstoff mitführen wie eine normale Rakete. Es würde z. B. nur etwa halb soviel Flüssigtreibstoff benötigen wie die Triebwerke des amerikanischen Raumtransporters *Space Shuttle* – und müßte daher auch keinen so riesigen Tank mitführen wie dieser. Durch diese Einsparungen könnten die Kosten, die entstehen, wenn ein Satellit in eine Erdumlaufbahn auf etwa 300 km Höhe gebracht wird, auf ein Fünftel gesenkt werden.

Weltweite Anstrengungen

Zur Zeit wird bereits in mehreren Staaten an der Entwicklung von Weltraumflugzeugen gearbeitet. In Europa und insbesondere in Großbritannien wurde das Projekt *HOTOL* ins Leben gerufen, was *Horizontal Take-off and Landing Launcher* bedeutet – zu deutsch etwa horizontal startende und landende Startvorrichtung. Zunächst will man ein unbemanntes Flugzeug

Weltraumreisender *Die NASA plant ein Weltraumflugzeug, das sowohl Satelliten einen Besuch abstatten als auch Passagiere um den Globus befördern kann.*

entwickeln, das einen Satelliten ins All bringen kann. Im nächsten Schritt könnte diese Maschine zu einem etwa 63 m langen Verkehrsflugzeug ausgebaut werden, das bis zu 80 Menschen transportieren kann. Dabei müßte aber ein Großteil des Transportraums für den Flüssigtreibstofftank geopfert werden.

Die amerikanische Weltraumbehörde NASA treibt die Entwicklung des *NASP*, des *National Aerospace Plane*, voran. Dieses wird voraussichtlich drei Triebwerke haben: ein Turbinen-Luft-Strahltriebwerk, ein sogenanntes Überschall-Verbrennungs-Staustrahltriebwerk, das Wasserstoff verbrennt, sowie ein Raketentriebwerk.

Das deutsche Weltraumflugzeug *Sänger II* soll von Turbo-Staustrahltriebwerken angetrieben werden, die zunächst bis zum Erreichen der zwei- bis dreifachen Schallgeschwindigkeit als Turbinen-Luft-Strahltriebwerke und danach als Staustrahltriebwerke arbeiten, um dann mindestens viereinhalbfache Schallgeschwindigkeit zu erreichen. Diese Maschine könnte 250 Passagiere 15 000 km weit in kaum mehr als drei Stunden befördern.

Hätten Sie's gewußt?

Der französische Wissenschaftler Benoit Lebon schlug ein außergewöhnliches Transportsystem vor: In etwa 100 km Höhe soll rund um die Erde ein hohler Ring aufgebaut werden. In seinem Innern befindet sich eine riesige, von Elektromotoren zum Rotieren gebrachte Schlinge aus Draht. Die durch die Rotation erzeugte Zentrifugalkraft soll die Schlinge und den Ring in der Erdumlaufbahn halten.

An Kabeln, die bis zur Erdoberfläche reichen, können dann Güter zum Ring hinaufgezogen bzw. wieder hinabgelassen werden. Innerhalb des Rings sollen sie mit großer Geschwindigkeit in Transportbehältern befördert werden.

Die Last der Schwerelosigkeit

Fehlende Schwerkraft kann Astronauten krank machen

Wissenschaftler erwarten, daß es eines Tages bemannte Flüge zum Mars geben wird. Allein der Hinflug würde 18 Monate dauern – und Reisen zu noch weiter entfernten Planeten würden Jahre in Anspruch nehmen. Also wird es eines Tages wahrscheinlich Menschen geben, die einen großen Teil ihres Lebens in Raumfahrzeugen zubringen. Sogar Kinder könnten dort geboren und aufgezogen werden. Doch ehe dies Wirklichkeit wird, muß man die physiologischen Probleme lösen, die mit der Schwerelosigkeit einhergehen.

Vom Gewicht befreit

Vor dem Zeitalter der Raumflüge glaubten Science-fiction-Autoren, das Gefühl der Schwerelosigkeit sei eine berauschende Erfahrung. Astronauten bestätigten dies – zu Anfang. Denn inzwischen lernten sie auch die damit verbundenen Unannehmlichkeiten kennen.

Eine der sofort einsetzenden Folgen der Schwerelosigkeit ist, daß das Blut plötzlich in den Kopf steigt. Die Hauptschlagadern des Körpers sind nämlich mit sogenannten Barorezeptoren ausgestattet. Diese sorgen dafür, daß das Herz genau die richtige Menge Blut in den Kopf pumpt. Ist der Körper aber schwerelos, entsteht für die Barorezeptoren der Eindruck, es sei nicht genügend Blut im Oberkörper vorhanden, und zusätzliches Blut fließt aus den Beinen nach oben. Dies wird vom Gehirn jedoch als Zeichen von zuviel Körperflüssigkeit gedeutet. Also setzt es Hor-

SATELLITEN AN DER LEINE

Es ist sehr teuer, einen Satelliten in die Erdumlaufbahn zu schicken – und je höher die Umlaufbahn, desto höher auch die Kosten. Doch möglicherweise kann man in naher Zukunft viel Geld sparen, indem man die physikalischen Effekte ausnutzt, die auftreten, wenn man zwei Raumfahrzeuge durch Kabel verbindet.

Konkret stellt man sich dies so vor: Ein Satellit wird aus dem Frachtraum eines Raumtransporters, wie z.B. des amerikanischen *Space Shuttle*, gestartet, wobei die beiden durch ein Kabel aneinandergekoppelt sind. Der Satellit steigt dabei senkrecht nach oben – so lange, bis sich das Kabel straff zwischen Raumtransporter und Satellit spannt.

Normalerweise bewegt sich ein Objekt in einer Erdumlaufbahn um so langsamer, je weiter es von der Erde entfernt ist. Doch der Satellit, der mit dem Raumtransporter verbunden ist, bewegt sich zwangsläufig mit dessen Geschwindigkeit. Koppelte man ihn dann ab, wäre er für seine Umlaufbahn zu schnell, hätte also zuviel Bewegungsenergie. Diese überschüssige Energie bringt den Satelliten von selbst auf eine noch höhere Umlaufbahn.

Würde der Raumtransporter die Erde z.B. in einer Höhe von 400 km umkreisen und einen Satelliten an einem 100 km langen Seil mitschleppen, würde dieser nach dem Abkoppeln nochmals um 10 km steigen. Insgesamt gewinnt man in diesem Fall also 110 km Höhe kostenlos dazu. Natürlich kommt die zum Aufstieg notwendige Energie nicht aus dem Nichts. Den Gesetzen der Physik zufolge geht die Energie, die der Satellit zusätzlich erhält, dem Raumtransporter verloren – er sinkt in eine tiefere Umlaufbahn. Da er jedoch sowieso zur Erde zurückkehren muß, ist dieser Effekt nicht unerwünscht.

Erste *Space-Shuttle*-Flüge, während deren mit derartigen Satelliten experimentiert werden soll, sind bereits für die nahe Zukunft geplant.

---

mone frei, die die Nieren dazu veranlassen, mehr Urin auszuscheiden. Das wiederum führt zur Austrocknung des Körpers. Gleichzeitig wird die Zahl der roten Blutkörperchen gesenkt – Blutarmut tritt auf.

Schlaffe Muskeln

Außerdem werden die Muskeln, befreit von ihrer Aufgabe, der Schwerkraft zu widerstehen, sehr schwach. Auf langen Flügen kann das Herz, unser wichtigster Muskel überhaupt, um bis zu 10% schrumpfen. Auch die Knochen reagieren auf die Schwerelosigkeit. Auf der Erde regulieren sie ihre Calciumaufnahme aus dem Blut entsprechend dem Gewicht, das sie zu tragen haben. Wenn dieses Gewicht aber plötzlich fehlt, verlieren die Knochen Calcium. Es wird dann über den Urin ausgeschieden. Ergreift man keine Gegenmaßnahmen, werden die Knochen spröde, und durch das ausgeschiedene Calcium können sich sogar Nierensteine bilden.

Sowjetische Kosmonauten, von denen einige über ein Jahr im Weltraum sind, machen deshalb im Raumschiff täglich gymnastische Übungen, die die Auswirkungen der Schwerkraft simulieren.

Doch diese Übungen sind zeitaufwendig und lösen auch nicht alle Probleme der Schwerelosigkeit. Aus diesem Grund experimentieren sie inzwischen mit einem Gerät, das die Muskeln mit Hilfe von elektrischen Impulsen stimuliert.

Weder oben noch unten Während der kurzen Flüge des amerikanischen Space Shuttle *schadet die Schwerelosigkeit dem Körper nicht.*

Das Reich der Sonne

Warum herrschen nur auf der Erde ideale Lebensbedingungen?

Früher glaubte man, Venus und Mars, die Nachbarplaneten der Erde, böten ähnlich gute Bedingungen für die Entwicklung von Leben wie die Erde. Doch inzwischen haben Raumsonden festgestellt, daß beide eher unwirtliche Himmelskörper sind. Auf der Venus herrschen Temperaturen von etwa 460 °C, und der Druck an der Oberfläche ist etwa 93mal höher als auf der Erde. Auf dem Mars sieht es nicht besser aus. Er wartet mit einer Durchschnittstemperatur von −60 °C und einer sehr dünnen Atmosphäre aus Kohlendioxid auf. Leben, wie wir es kennen, hat auf diesen Planeten keinerlei Chance.

Auf der Erde dagegen herrschte stets ein insgesamt gemäßigtes Klima: Hier gibt es schon sehr lange Wasser in flüssigem Zustand. Verantwortlich dafür ist offensichtlich das in der Erdatmosphäre vorhandene Kohlendioxid. Es läßt die aus dem Weltall kommende Sonnenstrahlung passieren, hindert Wärme jedoch am Entweichen ins All. Im Laufe von Jahrmillionen haben sich – anders als auf den beiden Nachbarplaneten – auf der Erde komplizierte Kohlendioxidkreisläufe entwickelt.

So löst sich ständig ein Teil des Kohlendioxids in Regenwasser und wird dann im Zuge von Verwitterungsvorgängen im Gestein gebunden. Andererseits werden bei Vulkanausbrüchen große Mengen von Kohlendioxid freigesetzt. Ein zweiter Kohlendioxidkreislauf läuft auf biologischer Basis ab. Pflanzen verbrauchen Kohlendioxid und produzieren Sauerstoff, der dann von Tieren wieder in Kohlendioxid umgewandelt wird.

Diese Kreisläufe bringen ein ausgewogenes Wechselspiel zwischen Temperatur und Kohlendioxidgehalt der Luft hervor – letztlich die Grundlage für irdisches Leben: Sollte die Durchschnittstemperatur der Erde plötzlich fallen, würde weniger Wasser verdunsten. Also würde auch weniger Regen fallen und damit mehr Kohlendioxid in der Luft bleiben, während bei Vulkanausbrüchen weiterhin Kohlendioxid frei würde. Die

Hätten Sie's gewußt?

Der deutsche Mathematiker Carl Friedrich Gauß schlug 1802 vor, in Sibirien überdimensionale geometrische Figuren auf den Boden zu zeichnen, um so eventuellen Marsbewohnern Botschaften zu übermitteln. 1874 hatte der Franzose Charles Cros die Idee, mit durch eine Linse gebündelten Sonnenstrahlen Nachrichten in den Sand der riesigen Marswüsten zu brennen.

Kohlendioxidmenge in der Luft würde ansteigen, und mehr Wärme bliebe in der Atmosphäre. Der umgekehrte Fall tritt ein, wenn die Temperatur steigt.

Auf der Venus konnte sich ein derartiges Gleichgewicht nicht einstellen, weil auf diesem sonnennahen Planeten alles Wasser verdunstet und ins All entweicht. Das Kohlendioxid wird nicht aus der Atmosphäre gewaschen, und die Temperatur ist entsprechend hoch.

Der Mars hatte vermutlich vor Urzeiten ein mildes Klima; ehemalige Flußtäler sind heute noch erkennbar. Doch wegen seiner geringen Größe hat sich der Planet im Innern stark abgekühlt. Durch die fehlende vulkanische Aktivität blieb das Kohlendioxid im Gestein. Die dünne Atmosphäre kann kaum Wärme speichern.

Mars *Links auf dem Foto sind deutlich drei Vulkane zu erkennen. Doch weil der Planet im Innern weitgehend ausgekühlt ist, kommt es nur selten zu Ausbrüchen.*

Ungewollte Begegnung

1910 fürchteten sich Millionen vor dem Zusammentreffen mit einem Kometenschweif

Im Jahr 1910 lief eine Welle von Panik um die Welt: In Lexington im amerikanischen Bundesstaat Kentucky hielten die Gläubigen Gebetsversammlungen ab, viele Bürger Roms horteten Sauerstoffflaschen, und in Istanbul hielten die Menschen auf ihren Hausdächern Nachtwache. Die Welt bereitete sich auf ein Zusammentreffen mit dem Schweif des Halleyschen Kometen vor.

Der britische Astronom William Huggins hatte zuvor bekanntgegeben, daß einige Kometen – darunter auch der Halleysche – Cyanidgas enthalten. Aus diesem Gas bildet sich sehr rasch das tödliche Cyankali, und viele Menschen fürchteten, vergiftet zu werden.

Schmutziger Schneeball

Der Kern eines Kometen ist eine Kugel aus staubigem Eis und durchmißt manchmal bis zu 50 km. Gelangt der Komet auf seiner Bahn in Sonnennähe – d.h., er ist immer noch etwa dreimal so weit von der Sonne entfernt wie die Erde –, verdampft ein Teil des Eises. Die dadurch freiwerdenden Gase und Staubteilchen bilden den Kometenkopf, die Koma. Sie kann einen Durchmesser von mehr als 100 000 km erreichen. Ein

Schweifstern Der Komet West hinterläßt eine Spur aus Gas (blau) und Staub (weiß).

Teil des Gases und des Staubs wird durch den Sonnenwind – eine von der Sonne ausgehende Teilchenstrahlung – in einen Schweif gedrängt. Den längsten bisher gemessenen Schweif hatte ein Komet, den man 1843 beobachten konnte. Er erstreckte sich über 330 Mio. km. Die Gaskonzentration im Kometenschweif ist so dünn, daß eine Vergiftung der Atmosphäre, wenn er die Erde passiert, unmeßbar gering ist – die Angst im Jahr 1910 war also unbegründet.

Der Komet, der bisher der Erde am nächsten kam, war Lexells Komet. Er zog 1770 in „nur" 1,2 Mio. km Entfernung vorüber – das ist etwa die dreifache Entfernung Erde–Mond. Inzwischen ist die Gefahr für die Erde durch Lexells Komet völlig gebannt, denn er wurde durch die Anziehungskraft einiger Planeten aus der Bahn geworfen und ist heute nicht mehr auffindbar.

Etwa einmal in 1 Mio. Jahre kollidiert die Erde mit einem Kometenkern oder einem Asteroiden von mindestens 1 km Durchmesser. Doch seit Beginn der Geschichtsschreibung kam kein einziger Komet so nahe an die Erde heran, daß die Gefahr eines Zusammenstoßes bestanden hätte.

Wesentlich häufiger trifft ein Komet auf die Sonne. Ein solches Ereignis wurde im August 1979 von der Videokamera eines amerikanischen Luftwaffensatelliten aufgezeichnet. Die Kollision wurde erst bekannt, als die Bänder zwei Jahre später untersucht wurden. Die Trümmer des Kometen ließen die Korona der Sonne einige Stunden lang heller leuchten. Seit damals gab es bereits einige weitere „Treffer".

DER MOND MIT DER MELONENSCHALE

Voyager 2, die unbemannte Raumsonde, die 1977 ins All geschickt wurde, sandte 1989 spektakuläre Bilder vom größten Mond des Neptuns, dem Triton, zur Erde. Seine stark strukturierte Oberfläche ähnelt stellenweise der Schale einer Honigmelone. Das Relief des Tritons ist jedoch recht sanft: Hügel und Kraterwände sind nicht einmal 500 m hoch. Wissenschaftler glauben, der Grund dafür sei eine weiche, morastige Oberfläche aus Felstrümmern, gefrorenem Stickstoff und Methan. Es gibt aber auch riesige, gefrorene Seen, die vermutlich Wassereis enthalten. Mit einer Temperatur von −236 °C ist Triton der kälteste je beobachtete Himmelskörper.

Die südliche Tritonhalbkugel ist von „Schnee" aus Stickstoff und Methan bedeckt, der leicht rosa gefärbt ist. Verantwortlich dafür sind durch kosmische Strahlung verursachte chemische Reaktionen. Neben dem Jupitermond Io und dem Saturnmond Titan ist Triton der dritte Mond im Sonnensystem, der eine Atmosphäre besitzt. Sie besteht aus Stickstoff, ist jedoch sehr dünn. Der Atmosphärendruck beträgt nur ein Hunderttausendstel von dem auf der Erde.

Auf den Bildern sind auch streifenförmige dunkle Flecken zu sehen, die sich gegen den Schnee des Tritons abheben. Dies könnten Staubfelder sein, die von Vulkanen aus dem Innern des Monds geschleudert wurden – die Folge von Ansammlungen flüssigen Stickstoffs unter der Oberfläche, der durch Wärme tiefer im Mond erhitzt wurde und explosionsartig verdampfte.

In der dünnen Stickstoffatmosphäre bilden sich Polarlichter, verursacht durch Partikel aus dem Teilchengürtel des Mutterplaneten. Sie wären für unsere Augen jedoch unsichtbar, da sie ultraviolettes Licht abgeben.

Voyager 2 entdeckte auch sechs neue Neptunmonde. Zuvor waren nur zwei bekannt: Triton und Nereid.

Hätten Sie's gewußt?

Das Wort Komet wurde aus dem griechischen Wort kometes *abgeleitet, was langhaarig bedeutet – eine Anspielung auf den oft eindrucksvollen Schweif, den der Komet hinter sich herzieht.*

Eine Welt in Blau

Die letzte Mission Voyagers *brachte viele neue Erkenntnisse über den sonnenfernsten Planeten*

Im August 1989 passierte die Raumsonde *Voyager 2* den fernen Neptun. Wie bei jedem anderen Vorbeiflug, den die Sonde seit ihrem Start 1977 absolviert hatte, bereicherte auch dieser die bisherigen Kenntnisse der Astronomen gewaltig. Doch die Daten, die *Voyager* über den riesigen, blauleuchtenden Planeten zur Erde sandte, warfen ebenso viele neue Fragen auf, wie sie beantworteten.

Zur Zeit ist Neptun der äußerste Planet im Sonnensystem. Meist kann dies Pluto für sich beanspruchen, doch noch bis 1999 verläuft dessen Umlaufbahn innerhalb von der des Neptuns.

In dieser Entfernung – mindestens 4,347 Mrd. km von der Erde – beträgt die Intensität des Sonnenlichts nur noch ein Neunhundertstel der Sonnenstrahlung auf unserem Planeten. Jedes Foto, das *Voyager* aufnahm, mußte deshalb drei Sekunden lang belichtet werden, ehe es zur Erde übermittelt wurde.

Giftige Atmosphäre

Von der Erde aus gesehen, erscheint Neptun als winzige bläuliche Scheibe. *Voyager* fotografierte eine Welt mit einer dicken Atmosphäre aus Wasserstoff, Helium und Spuren von Methan, die für die blaue Farbe verantwortlich sind. Bislang glaubte man, daß der Tag auf dem Neptun 18 Stunden und zwölf Minuten lang sei. Doch *Voyager* ermittelte eine Umdrehungsperiode von 16 Stunden und drei Minuten.

Voyager übermittelte viele Einzelheiten zur Erde, darunter auch einen gewaltigen Sturm, den man Großer Dunkler Fleck taufte – in Anlehnung an den Großen Roten Fleck Jupiters. In der Nähe des Südpols befindet sich ein kleinerer Fleck. Der Große Dunkle Fleck wandert mit bis zu 1100 km/h westwärts, während sich der südlichere Sturm kaum bewegt.

Rätselhafte Stürme

Diese atmosphärischen Vorgänge übertreffen noch die des Jupiters, von dessen wirbelnden Wolkenformationen *Voyager* eindrucksvolle Bilder zur Erde sandte. Die Atmosphäre des Neptuns wird sowohl von Sonnenenergie als auch von Wärme aus dem Innern gespeist – insgesamt jedoch nur ein Bruchteil der Energie, die die Atmosphäre des Jupiters anheizt. Wissenschaftler suchen nun eine Erklärung dafür, weshalb sich die Atmosphäre des Neptuns

bei einer so geringen Energiezufuhr so heftig in Aufruhr befindet.

Die Ausrichtung des Magnetfelds des Neptuns war eine weitere Überraschung. Die Wissenschaftler gingen davon aus, daß die Magnetpole des Planeten wie bei der Erde ganz in der Nähe der geographischen Pole liegen würden, und ließen die Sonde über den geographischen Nordpol des Neptuns fliegen. Doch es stellte sich heraus, daß die Magnetpole um 50° von der Drehachse abweichen. So flog *Voyager* über einen Bereich des Magnetfelds, der weniger interessant war als erhofft.

Fünf Jahre bevor *Voyager* den Nep-

Blauer Neptun Voyager *entdeckte zwei Stürme (Mitte und unten), die auf dem Planeten tobten, und ein Wolkenfeld dazwischen, das man* Scooter *nannte.*

tun erreichte, gaben Astronomen die Entdeckung von Ringsegmenten bekannt, die Teile von Ringen um den Neptun zu sein schienen. Die *Voyager*-Fotos bestätigten, daß Neptun tatsächlich einige dünne Ringe besitzt. Diese haben auffällige Verstärkungen, sind also nicht überall gleich dick. Die Verstärkungen und andere Auffälligkeiten konnten noch nicht enträtselt werden.

Der andere Doppelplanet

Plutos Mond verrät Astronomen viel über den Planeten selbst

Manche Astronomen bezeichnen Erde und Mond als einen Doppelplaneten, weil unser Mond so groß ist – sein Durchmesser beträgt mehr als ein Viertel von dem der Erde. Doch 1978 fand man heraus, daß der ferne Pluto und sein Begleiter viel eher diese Bezeichnung verdienen, denn der Mond des Pluto durchmißt halb soviel wie unser Mond.

Niemand vermutete, daß der Pluto einen Mond haben könnte, bis sich der amerikanische Astronom James Christy Fotos des Planeten noch einmal genauer ansah. Die Bilder galten als mißlungen, weil auf ihnen Pluto leicht oval zu sein schien. Christy erkannte aber etwas anderes auf diesen Aufnahmen: einen Mond, der auf den Bildern mit Pluto zu einem Lichtpünktchen verschmolz.

Den neu entdeckten Himmelskörper taufte man Charon, nach dem mythologischen Bootsmann, der Seelen über den Fluß Styx in den Hades fuhr. Charon umkreist Pluto in einer Entfernung von etwa 20 000 km und braucht für eine Umdrehung etwas weniger als eine Woche.

Massenermittlung

Die Entdeckung Charons bot sofort eine Fülle von Informationen über den Pluto, den man selbst durch die größten Teleskope nur als stecknadelkopfgroßen Punkt sehen kann. Indem die Astronomen die Gravitationsgesetze auf die Bewegung Charons anwandten, errechneten sie z. B., daß die Masse des Systems Pluto-Charon etwa ein Fünfhundertstel der Erdmasse beträgt, wovon der größte Teil zu Pluto gehört.

Das bedeutet, daß die Dichte des Pluto rund doppelt so groß ist wie die von Wasser. Pluto besteht also vermutlich aus Fels und etwas Eis – wahrscheinlich Wassereis. Viele Astronomen nahmen früher an, Pluto sei ursprünglich ein Trabant des Neptuns gewesen. Da jedoch die meisten Monde im äußeren Sonnensystem vor allem aus Wassereis oder gefrorenen Gasen bestehen, scheint diese Theorie heute unwahrscheinlich.

Zur Zeit verläuft die Umlaufbahn Charons so, daß er – von der Erde aus gesehen – erst vor und dann hinter Pluto vorbeizieht, so daß die beiden Himmelskörper abwechselnd verdunkelt werden. Dies ermöglichte es, die Größe der beiden Himmelskörper sehr genau zu ermitteln. Wir wissen nun, daß Pluto 2284 km und Charon 1192 km durchmißt.

Helle Fläche

Die Astronomen untersuchten auch einen besonders drastischen Lichtabfall, der auftrat, als eine helle Fläche auf Pluto von Charon verdunkelt wurde. Die helle Fläche wurde schließlich als Eiskappe identifiziert. Wenn Pluto Charon verdeckt, gibt es einen derartigen Helligkeitsabfall nicht, woraus man schließen kann, daß Charon mit großer Wahrscheinlichkeit keine Eiskappen besitzt.

Die Wissenschaftler werden sich noch jahrelang mit diesen etwas vagen Informationen über Pluto und Charon zufriedengeben müssen. In nächster Zukunft sollen nämlich keine Raumsonden mehr an den Rand des Sonnensystems geschickt werden.

Die Lücke im Sonnensystem

Wo man einen Planeten erwartete, fand man Asteroiden

Mit dem Begriff Titius-Bodesche Reihe bezeichnet man eine wegen ihrer Ungenauigkeit inzwischen bedeutungslos gewordene Zahlenreihe, die der deutsche Astronom Johann Daniel Titius 1772 aufstellte und die von dessen Kollegen Johann Bode bekannt gemacht wurde. Mit ihr glaubte man, die Abstände der einzelnen Planeten zur Sonne genau berechnen zu können. Für alle damals bekannten Planeten trafen die Angaben der Reihe in etwa zu, und 1781 entdeckte man den Planeten Uranus in fast genau dem Abstand von der Sonne, den Titius vorhergesagt hatte. Nur einen Fehler schien die Titius-Bodesche Reihe zu haben: Ihre fünfte Zahl deutete auf einen Planeten zwischen Mars und Jupiter hin, den man bisher aber noch nicht gefunden hatte.

Um ihm auf die Spur zu kommen, rief der Astronom Franz Xaver von Zach den „Verband der Planetenjäger", eine Gruppe von 24 Astronomen, ins Leben. Doch nicht sie, sondern der Italiener Giuseppe Piazzi war es, der am 1. Januar 1801 in der besagten Entfernung einen Himmelskörper entdeckte. Zunächst hielt man ihn für einen einzelnen kleinen Planeten, dem Piazzi den Namen Ceres gab.

Bis 1807 fand man jedoch drei weitere, kaum sichtbare Objekte, die zwischen Mars und Jupiter die Sonne umkreisten. Derartige Kleinplaneten nennt man Asteroiden oder auch Planetoiden, und bis zum Ende des Jahrhunderts hatte man über 450 entdeckt, von denen jedoch nicht alle zwischen Mars und Jupiter unterwegs sind.

Ab 1891 war es möglich, mit Hilfe von Langzeitbelichtungen Asteroiden viel leichter zu entdecken. Bei derartigen Aufnahmen folgen die Kameras den ständigen Bewegungen am Himmelszelt. Sterne werden so als deutliche Punkte abgebildet. Die Asteroiden dagegen bewegen sich vor dem Sternhintergrund und sind deshalb als Streifen auf den Bildern zu sehen. Bis heute benannten und numerierten die Astronomen über 4500 der zahllosen Asteroiden.

Kleinplaneten sind tatsächlich winzige kosmische Objekte. Der größte ist Ceres mit rund 936 km Durchmesser, gefolgt von Pallas mit 608 km und Vesta mit 512 km Durchmesser. Ihre Entstehung ist ungeklärt. Früher glaubte man, sie seien die Trümmer eines explodierten Planeten, heute hält man sie für Material, das bei der Entstehung des Sonnensystems übrigblieb, weil es sich nicht zu einem Planeten verdichten konnte.

Hätten Sie's gewußt?

Ursprünglich erhielten Asteroiden Namen aus der antiken Sagenwelt, doch als man immer mehr entdeckte, wich man davon ab. Den Asteroiden mit der Nummer 694 nannte man Ekard – seine Umlaufbahn wurde von Studenten der Drake University im amerikanischen Bundesstaat Iowa errechnet, und Ekard ist Drake rückwärts gelesen. Hapag wurde nach einer deutschen Reederei, der Hamburg-Amerikanische Packetfahrt-Actien-Gesellschaft, benannt. Vier Asteroiden benannte man nach den Beatles und die Asteroiden 3350–3356 nach den bei der Explosion des amerikanischen Space Shuttle Challenger getöteten Astronauten.

JUPITER – BEHERRSCHER DER ASTEROIDEN

Je weiter entfernt ein Objekt die Sonne umkreist, desto langsamer bewegt es sich auf seiner Umlaufbahn. Also wird ein Asteroid, dessen Umlaufbahn innerhalb der des Jupiters liegt, diesen Planeten regelmäßig überholen. Jedesmal, wenn dies passiert, wirkt die Anziehungskraft Jupiters auf den Asteroiden. Einige Asteroiden wurden sogar dadurch aus ihrer ursprünglichen Umlaufbahn geworfen und in eine andere gezwungen.

Gerät ein Asteroid beispielsweise in eine vierjährige Umlaufbahn um die Sonne, wird er Jupiter, der die Sonne einmal in zwölf Jahren umkreist, alle sechs Jahre überholen. Die einzelnen Begegnungspunkte liegen dabei jeweils 180° auseinander. Bei jedem Umlauf des Jupiters kommt es also zu zwei Begegnungen, immer an denselben Punkten. Jedesmal kann die Schwerkraft Jupiters auf den Asteroiden einwirken, der dadurch in eine neue Umlaufbahn näher oder ferner der Sonne gezogen wird. Tatsächlich gibt es keine Asteroiden in einer vierjährigen Umlaufbahn – oder in irgendeiner ande-

ren Umlaufbahn, in der Jupiters Schwerkraft ähnlich störend wirken kann. Diese unbesetzten Umlaufbahnen nennt man Kirkwoodsche Lücken nach dem amerikanischen Astronomen Daniel Kirkwood, der bereits im Jahr 1857 ihre Existenz vorhersagte.

Noch dramatischer ist der Einfluß des Jupiters auf jene Asteroiden, die man die „Trojaner" nennt – sie erhielten Namen von Helden aus dem Trojanischen Krieg. Diese Asteroiden – ihre genaue Zahl ist noch unbekannt – wurden von Jupiter regelrecht eingefangen und gezwungen, auf die Umlaufbahn des Riesenplaneten einzuschwenken.

Es gibt zwei Gruppen von Trojanern: Der Mittelpunkt der ersten Gruppe, der „griechischen Helden", wie Achilles, Hektor und Odysseus, bewegt sich etwa 60° vor Jupiter, der Mittelpunkt der zweiten Gruppe, der „trojanischen Helden", wie Priamus, Äneas und Troilus, etwa 60° hinter dem Riesenplaneten.

Starke Anziehung Umkreist ein Asteroid die Sonne in vier Jahren, überholt er Jupiter alle sechs Jahre. Doch dessen Schwerkraft macht eine solche Umlaufbahn unmöglich. Die „Trojaner" wurden von Jupiter eingefangen.

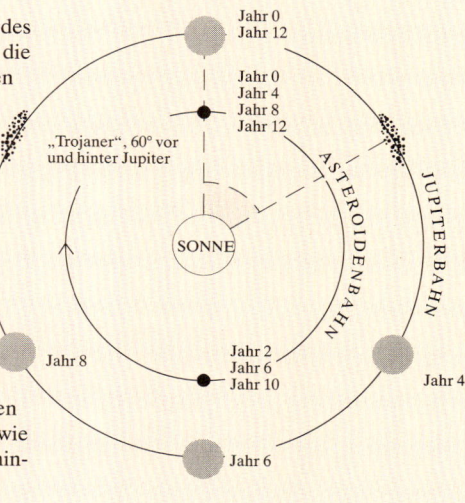

Die Macht des schrumpfenden Giganten
Abstürzende Gasteilchen heizen den größten Planeten auf

Jupiter ist mehr als 1300mal größer als die Erde und damit der Riese unter den Planeten unseres Sonnensystems. Der Planet besteht vor allem aus Gasen, insbesondere aus Wasserstoff. Dieser ist jedoch nur in den oberen Schichten des Jupiters gasförmig, in größeren Tiefen wird er durch

den gewaltigen Druck der Schwerkraft in einen sogenannten metallischen Zustand gepreßt.

Was von der Erde aus wie die Oberfläche des Jupiters aussieht, ist in Wirklichkeit die Oberseite einer Wolkenschicht, deren braune und gelbe Färbung von einer Kombination von Ammoniak und Schwefelwasserstoff herrührt. An der Wolkenobergrenze beträgt die Temperatur $-150\,°C$.

Jupiter steckt voller Energie. Dies zeigt die von ihm ausgehende unregelmäßige Radiostrahlung, die vermutlich von elektrischen Entladungen in seiner Atmosphäre stammt. Teilchen, die im starken Magnetfeld Jupiters umherschwirren, sind die Quelle einer weiteren, gleichmäßigeren Radiostrahlung. Das Magnetfeld ist 20mal so stark wie das der Erde und entgegenge-

setzt zu diesem ausgerichtet. Ein irdischer Magnetkompaß würde also auf dem Jupiter nicht nach Norden, sondern nach Süden zeigen.

Tödliche Teilchen
In diesem Magnetfeld sind schnellfliegende subatomare Teilchen gefangen, die sogar für Raumsonden eine Gefahr darstellen. So setzten sie z. B. beinahe die Instrumente an Bord der NASA-Raumsonde *Pioneer 1* außer Betrieb, als diese 1973 am Jupiter vorbeiflog. Sie wurde dabei einer Strahlung ausgesetzt, die 500mal stärker ist als die für einen Menschen tödliche Strahlendosis. Der große Jupitermond Io bewegt sich innerhalb dieses Strahlungsgürtels und beeinflußt dadurch das Magnetfeld zusätzlich.

Es gibt auch noch eine dritte Art von Radiostrahlung auf dem Jupiter. Sie wird von der inneren Wärme des Planeten verursacht. Jupiter gibt mehr Energie ab, als er von der Sonne erhält. Astronomen vermuten, daß der Planet schrumpft, seit er aus einer Gaswolke entstanden ist. Die dabei nach innen stürzenden Gasmoleküle treffen auf dichtere Materie, werden abgebremst und geben dadurch Wärme ab, die den Planeten aufheizt.

Gasriese Voyager *fotografierte Jupiter mit seinem Mond Io.*

Leben auf dem Mars

Noch Zukunftsmusik: Forscher auf dem roten Planeten

Wissenschaftliche Instrumente auf den Mars zu bringen ist eine Sache, dort eine Basis für Menschen zu gründen eine andere. Zwar können die Temperaturen am Tag über den Gefrierpunkt ansteigen, doch die dünne Marsatmosphäre kann die Wärme nicht halten, sondern strahlt sie zurück ins All. Die Folge: Selbst am Marsäquator sinkt die Temperatur nachts auf −50°C. Hinzu kommt, daß keine Ozonschicht existiert, die die tödliche ultraviolette Strah-

lung der Sonne abschirmt. Außerdem besteht die Marsatmosphäre fast nur aus Kohlendioxid und enthält nur wenig Sauerstoff. Unbeeindruckt von diesen Problemen, arbeiten Wissenschaftler an Transportmitteln, Kleidung und an den Plänen für eine Station für Forscher.

Zweirad *Dieses Fahrzeug (unten) gibt es bereits als Prototyp. Jedes Rad besteht aus acht mit Gas gefüllten Beuteln. Indem das Gas in den Beuteln ab- und wieder hineingepumpt wird, bewegt sich das Zweirad auch in zerklüftetem Gelände.*

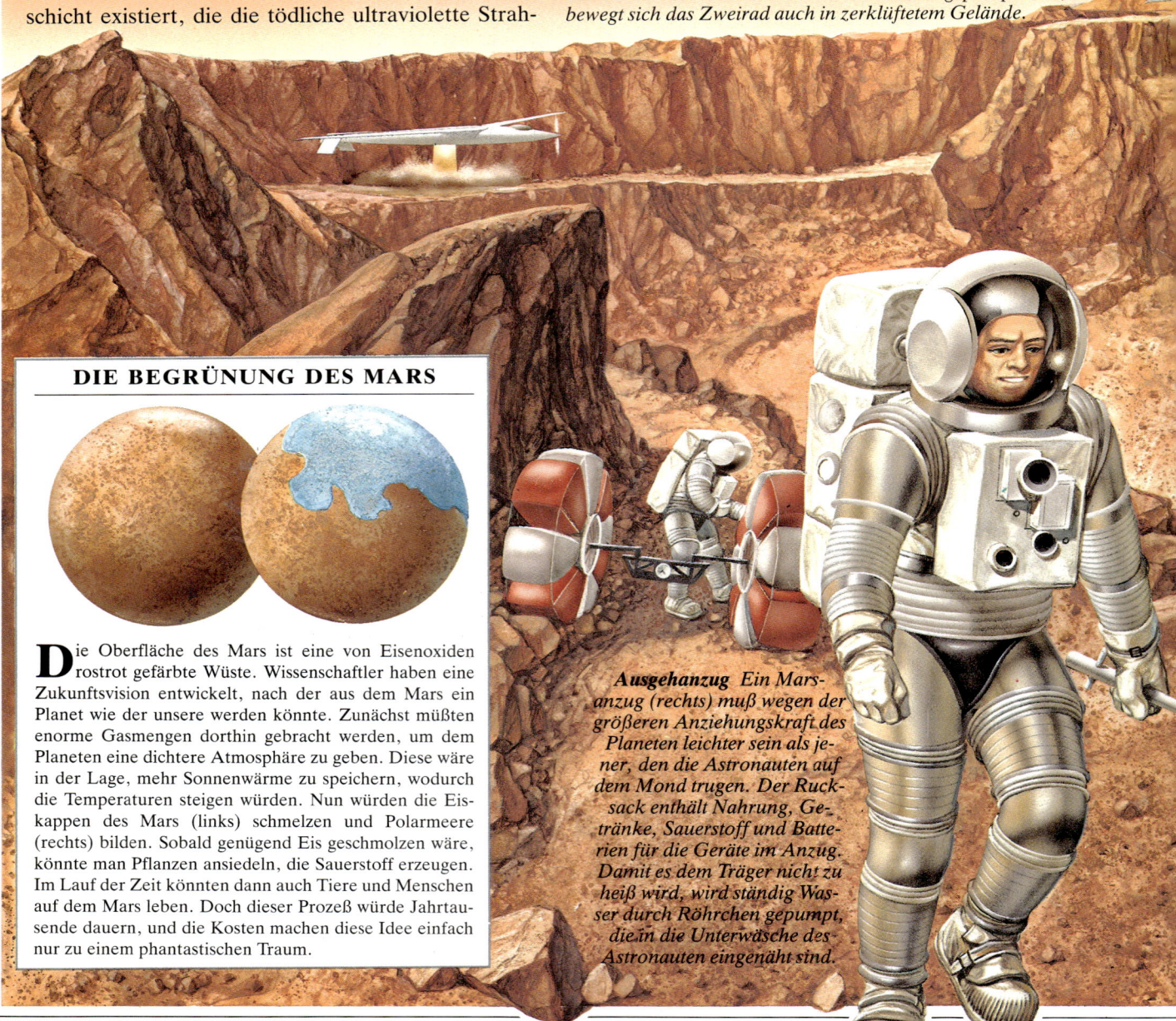

DIE BEGRÜNUNG DES MARS

Die Oberfläche des Mars ist eine von Eisenoxiden rostrot gefärbte Wüste. Wissenschaftler haben eine Zukunftsvision entwickelt, nach der aus dem Mars ein Planet wie der unsere werden könnte. Zunächst müßten enorme Gasmengen dorthin gebracht werden, um dem Planeten eine dichtere Atmosphäre zu geben. Diese wäre in der Lage, mehr Sonnenwärme zu speichern, wodurch die Temperaturen steigen würden. Nun würden die Eiskappen des Mars (links) schmelzen und Polarmeere (rechts) bilden. Sobald genügend Eis geschmolzen wäre, könnte man Pflanzen ansiedeln, die Sauerstoff erzeugen. Im Lauf der Zeit könnten dann auch Tiere und Menschen auf dem Mars leben. Doch dieser Prozeß würde Jahrtausende dauern, und die Kosten machen diese Idee einfach nur zu einem phantastischen Traum.

Ausgehanzug *Ein Marsanzug (rechts) muß wegen der größeren Anziehungskraft des Planeten leichter sein als jener, den die Astronauten auf dem Mond trugen. Der Rucksack enthält Nahrung, Getränke, Sauerstoff und Batterien für die Geräte im Anzug. Damit es dem Träger nicht zu heiß wird, wird ständig Wasser durch Röhrchen gepumpt, die in die Unterwäsche des Astronauten eingenäht sind.*

Flugzeuge ohne Piloten Der Atmosphärendruck auf dem Mars ist 100mal geringer als der Druck auf der Erde. Ein Flugzeug benötigt aber – damit es nicht abstürzt – die tragende Wirkung der unter den Flügel strömenden Luft. Also müßte ein Marsflugzeug (unten und links) extrem leicht und schnell sein, wenn es fliegen soll. Amerikanische Forscher schlugen dieses unbemannte Flugzeug vor, das nur 300 kg wiegt und senkrecht startet.

Doppelballon Sowohl die Sowjetunion als auch die USA planen, unbemannte, mit technischem Gerät ausgestattete Ballons zur Erforschung des Mars einzusetzen. Die Hitze der Sonne soll dann die Luft in den Ballons erwärmen (links) und sie tagsüber steigen lassen. Nachts sinken sie wieder auf die Oberfläche zurück. Ein kleiner Heliumballon soll dem großen Ballon zusätzlich Auftrieb beim Start geben.

Kleine Welt Ein solches, als Biosphäre bezeichnetes, völlig abgeschlossenes Gebäude wurde zu Testzwecken bereits in Arizona errichtet. Sauerstoff, Wasser und Nahrung werden dort immer wieder aufbereitet und wiederverwendet, wobei Pflanzen die Menschen und Tiere mit Sauerstoff im Austausch gegen Kohlendioxid versorgen.

Die Wiege des Lebens

Hat ein Satellit die Geburt anderer Sonnensysteme beobachtet?

Sollte sich irgendwo im Weltraum Leben, ähnlich dem auf der Erde, entwickelt haben, dann nur auf einem Planeten. Astronomen glauben, daß sie die Geburt von Sternen und Planetensystemen, ähnlich unserem Sonnensystem, in den Tiefen des Alls sogar schon beobachtet haben.

Mit keinem der herkömmlichen Teleskope könnte ein solches Ereignis registriert werden. Sterne werden im Herzen von interstellaren Wolken aus Gas und Staub geboren, aus denen sichtbares Licht – im Gegensatz zu Infrarotstrahlung, d. h. Hitze – nicht entweichen kann.

Im Januar 1983 schickte man deshalb den Satelliten IRAS (Infrared Astronomy Satellite) in die Erdumlaufbahn, wo er außerhalb der störenden Lufthülle nach den Geburtsorten von Sternen und anderen Infrarotquellen Ausschau halten sollte.

Sterne bilden sich wahrscheinlich dann, wenn eine interstellare Gaswolke z. B. von der Anziehungskraft vorbeiziehender Sterne oder der Druckwelle eines explodierenden Sterns beeinflußt wird. Aus der Wolke entwickeln sich dadurch kugelförmige Verdichtungen, die sogenannten Globulen. Sie sind viele hundert Male größer als die Sonne. Jede beginnt irgendwann, sich zu einem dichten Materieklumpen zusammenzuziehen, in dessen Kern sich ein Protostern bildet. In einem Protostern laufen noch keine Kernreaktionen ab, er wird ausschließlich durch die freiwerdende Energie der nach innen stürzenden Materie erhitzt. Erst wenn der Kern des Protosterns eine Temperatur von 10 Mio. °C erreicht hat, setzen die Kernreaktionen ein, und ein neuer Stern erstrahlt.

Die Astronomen sind sich noch nicht sicher, was danach geschieht. Vielleicht bleibt feste Materie in Form von Staubteilchen und Steinen im Orbit um den Stern zurück. IRAS fand jedenfalls Beweise dafür, daß Wolken von kieselsteingroßen Teilchen zwei junge Sterne umkreisen. Diese könnten die Bausteine für künftige Planeten sein oder Material, das nach der Geburt eines Planetensystems übrigblieb.

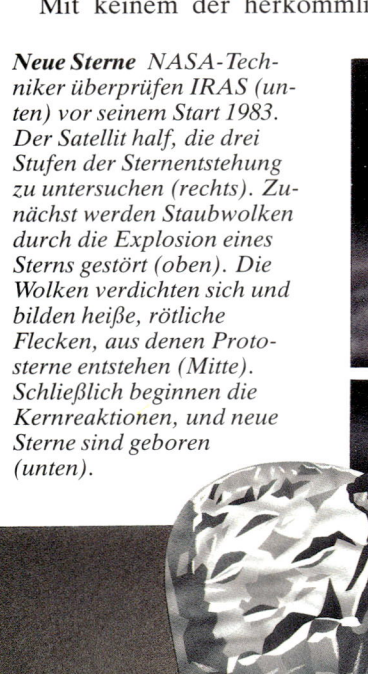

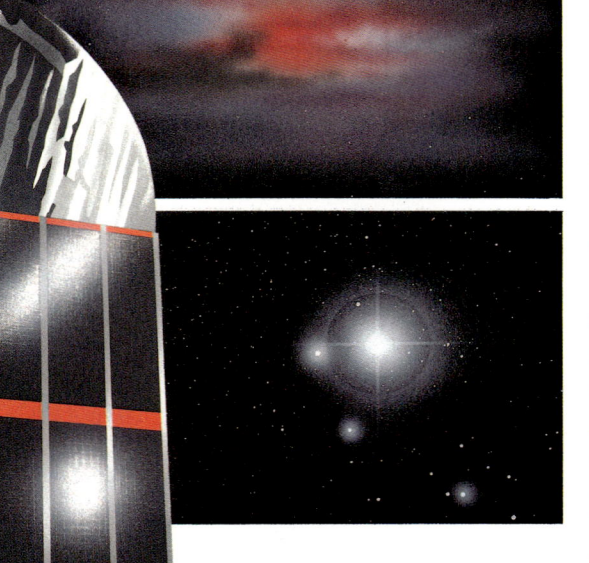

Neue Sterne *NASA-Techniker überprüfen IRAS (unten) vor seinem Start 1983. Der Satellit half, die drei Stufen der Sternentstehung zu untersuchen (rechts). Zunächst werden Staubwolken durch die Explosion eines Sterns gestört (oben). Die Wolken verdichten sich und bilden heiße, rötliche Flecken, aus denen Protosterne entstehen (Mitte). Schließlich beginnen die Kernreaktionen, und neue Sterne sind geboren (unten).*

Auf der Suche nach anderen Planeten

Verräterische Wackelsterne

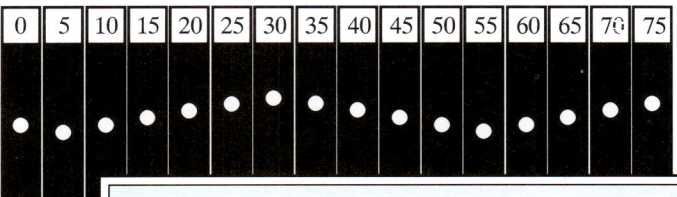

| 0 | 5 | 10 | 15 | 20 | 25 | 30 | 35 | 40 | 45 | 50 | 55 | 60 | 65 | 70 | 75 |

Blickt man durch eines unserer heutigen Teleskope, wird man nie einen Planeten außerhalb unseres Sonnensystems finden können, da er von seinem Muttergestirn überstrahlt wird. Aber es gibt Methoden, mit denen man indirekt auf die Existenz von Planeten schließen kann.

Wenn ein Planet seine Sonne umkreist, zieht sein Schwerefeld an ihr und läßt sie „wackeln". Der Einfluß eines Planeten von der Größe der Erde ist dabei unmerklich klein, doch der eines Gasriesen wie Jupiter, der 318mal größer ist als die Erde, ist beträchtlich.

Bisher wurde dieser Effekt bei mehreren Sternen entdeckt – doch einige Beobachtungen stellten sich inzwischen als bedeutungslos heraus: Sie waren vermutlich auf ein Wackeln des Teleskops zurückzuführen.

Dennoch gilt es heute als relativ sicher, daß beispielsweise zwei Planeten – mit 50 % bzw. 70 % der Masse des Jupiters – Barnards Stern umkreisen. Aus Infrarotbeobachtungen eines anderen Sterns schließen Wissenschaftler auf einen Begleiter von der 60fachen Masse des Jupiters – wahrscheinlich eher eine kleine Sonne als ein großer Planet.

Viele wackelnde Sterne verraten sich auch durch eine Veränderung des von ihnen ausgestrahlten Lichts: Die Lichtwellen verkürzen sich, wenn sich der Stern auf die Erde zu bewegt, und verlängern sich, wenn er sich von ihr weg bewegt. Derartige Veränderungen enthüllten z. B., daß der Stern Gamma Cephei vermutlich einen Begleiter von der 1,6fachen Größe des Jupiters hat.

Auf Gasriesen wie dem Jupiter, die meist weit von ihren Sonnen entfernt

Instabil So könnte sich im Verlauf von 75 Jahren ein Stern mit einem unsichtbaren Begleiter dem Beobachter darbieten – er wackelt (links).

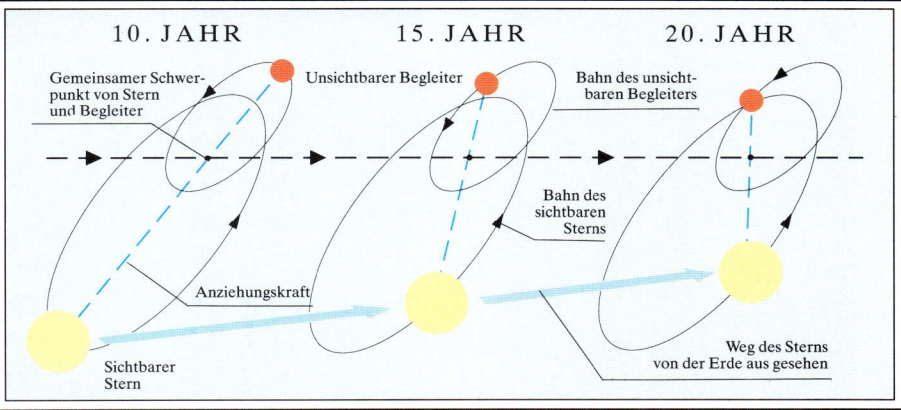

10. JAHR   15. JAHR   20. JAHR

Gemeinsamer Schwerpunkt von Stern und Begleiter — Unsichtbarer Begleiter — Bahn des unsichtbaren Begleiters

Anziehungskraft

Bahn des sichtbaren Sterns

Sichtbarer Stern

Weg des Sterns von der Erde aus gesehen

Sonnensystem Ein Stern und sein Begleiter – ein großer Planet oder ein anderer Stern – umkreisen einen gemeinsamen Schwerpunkt. Das „Wackeln" des Sterns verrät den Begleiter.

sind, wird sich jedoch nie Leben wie auf der Erde entwickeln können. Die Hoffnung, erdähnliche Planeten zu entdecken, ist durch das Hubble-Weltraumteleskop, das im April 1990 von dem amerikanischen Raumtransporter *Discovery* ins All gebracht wurde, größer geworden. Es umläuft die Erde in ungefähr 600 km Höhe, weit über unserer dunstigen Atmosphäre, und soll mindestens 15 Jahre lang Bilder aus dem All übermitteln. Das Hubble-Weltraumteleskop wird vielleicht eines Tages im Licht eines Sterns die charakteristischen Anzeichen für eine sauerstoffreiche Planetenatmosphäre finden.

Fernrohr im All Das Hubble-Weltraumteleskop wurde 1990 gestartet.

Roboter als Entdecker

Werden „fortpflanzungsfähige" Raumsonden die Galaxis erkunden?

Ein Lichtstrahl legt in einer Sekunde 300 000 km zurück. Doch selbst bei dieser Geschwindigkeit braucht er mehr als vier Jahre, bis er Proxima Centauri, den uns nächstgelegenen Stern, erreicht. Selbst wenn Raumschiffe eines Tages mit einem Zehntel der Lichtgeschwindigkeit fliegen könnten, wären sie bis zu 50 Jahre zu den nächsten Sternen unterwegs. Der Einsatz von Robotern, die sich selbst vervielfältigen, könnte dieses Dilemma jedoch überwinden helfen.

Wissenschaftler der NASA diskutieren ernsthaft die Möglichkeit, eine Robotersonde zu einer nahe gelegenen Sonne zu schicken, von der man zum Starttermin sicher weiß, daß sie Plane-

ten besitzt. Eine solche Reise könnte z. B. 40 Jahre dauern. Am Ziel angekommen, sucht die Sonde zunächst nach einem Asteroiden, auf dem es Materialien gibt, mit denen sie zwei Kopien von sich selbst herstellen kann. Während die Sonde dann das Planetensystem erforscht, machen sich die neuen Tochtersonden auf den Weg zu zwei weiteren Sonnen, wo sich der Vorgang wiederholt. Wenn sich so etwa alle 40 Jahre die Zahl der Sonden verdoppelt, wären nach 160 Jahren 16 und nach 1000 Jahren bereits über 30 Mio. Raumsonden in der Galaxis unterwegs – ohne jene mitzuzählen, die zur Erforschung der Planetensysteme eingesetzt sind.

Ein ideales Universum

Das Weltall scheint wie geschaffen für das Leben.

In den 50er Jahren gelangte Fred Hoyle, ein angesehener britischer Kosmologe, zu einer überraschenden Erkenntnis über die chemischen Elemente: Sie waren genau in dem Mengenverhältnis entstanden, das für die Entwicklung des Lebens notwendig war. Die meisten der Elemente, aus denen die Erde besteht, bildeten sich vor

vielen Milliarden Jahren im Innern eines Sterns. Als der Stern explodierte, vermischten sie sich mit dem Gas und Staub des interstellaren Raums. Die Erde bildete sich später aus der interstellaren Materie und vereinigte dabei auch diese Elemente in sich.

Kohlenstoff- und Sauerstoffatome entstehen bei bestimmten Kernreaktionen in der Gluthölle im Innern von Sternen. Hoyle stellte fest, daß das Verhältnis zwischen diesen Gasen völlig anders ausgefallen wäre, wenn die Kernkräfte nur geringfügig stärker oder schwächer gewesen wären. Unter diesen Bedingungen hätte kein Leben entstehen können. So hätten sich bei einem zu hohen Sauerstoffanteil die riesigen Moleküle, aus denen Lebewesen bestehen, nicht entwickelt. Andererseits wären Materialien wie Gestein und Boden – die viel Sauerstoff enthalten – nicht entstanden, wenn es zuwenig Sauerstoff gegeben hätte.

Ein anderes Beispiel:

Phantasie Dieses Magazin von 1939 irrt – die Venus ist unbewohnt. Und doch ist unser Universum maßgeschneidert für das Leben.

Die Schwerkraft scheint auf den Elektromagnetismus und die Atomkräfte „abgestimmt" zu sein. Wäre sie nur geringfügig stärker gewesen, als sie ist, wäre der Urknall nicht so gewaltig gewesen. Die dabei entstandenen und davonrasenden Wasserstoff- und Heliumatome wären bald langsamer geworden, zum Stillstand gekommen und wieder zurückgestürzt. Die Lebensdauer des Universums hätte in Jahrhunderten gemessen werden können – eine viel zu kurze Zeit für die Entwicklung von Sternen. Wäre die Schwerkraft dagegen zu schwach gewesen, hätte sich das Gas zu schnell verdünnt.

Derartige „Zufälle", von denen es viele weitere gibt, brachten Hoyle auf den Gedanken, daß das Universum als ein für die Entstehung von Leben bestens geeigneter Ort entworfen worden sei.

Zufallsschöpfung

Viele Wissenschaftler lehnen Hoyles Theorie eines bewußten Bauplans des Universums ab. Unser Universum – so meinen sie – ist nur eines von zahllosen Paralleluniversen, die alle aus dem Urknall hervorgingen. In jedem herrschen andere Naturgesetze, und nur bei wenigen garantierten diese zufällig die Entstehung von Leben. Das Universum erscheint uns nur deshalb so ausgeklügelt, weil wir die anderen – fehlgeschlagenen – Universen nicht kennen.

Theorien, die sich mit Paralleluniversen beschäftigen sind jedoch unter Wissenschaftlern ebenso umstritten wie Hoyles Behauptungen.

AUF DER MIKROWELLE ZU DEN STERNEN

Vielleicht können wir uns dank des kühnen Projekts *Star-Wisp* schon in ein paar Jahrzehnten einen benachbarten Stern aus der Nähe ansehen. Das Kernstück von *Star-Wisp* ist eine Sonde in Form eines riesigen Netzes von 1 km Durchmesser, das im All errichtet werden soll.

Dieses Netz soll aus derart feinem Draht bestehen, daß es trotz seiner gewaltigen Ausmaße nur 20 g wiegt. Ein starker Mikrowellenstrahl, ausgehend von einem durch Sonnenenergie betriebenen Satelliten, soll dann diese Netzsonde förmlich durch den Weltraum schieben.

Der Mikrowellenstrahl wird durch eine

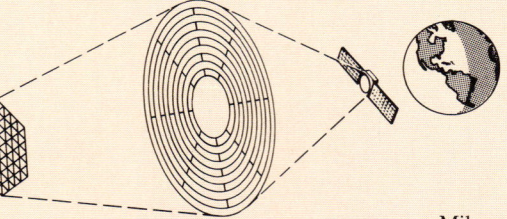

im All schwebende Linse mit einem Durchmesser von 50 000 km gebündelt. So kann die Sonde in einer Woche auf 60 000 km/s beschleunigt werden.

Das Netz soll mit zahllosen Mikroprozessoren ausgestattet werden. Dadurch wird es zu einem Supercomputer. Weil die

Planetensucher Beim Projekt Star-Wisp *soll Energie von einem Satelliten in der Erdumlaufbahn mit einer riesigen Linse auf ein Netz gebündelt werden, um dieses zu einem anderen Stern zu schicken.*

Mikroprozessoren zudem noch lichtempfindlich sind, könnten auch Bilder übertragen werden. Nach etwa 21 Jahren würde das Netz den sonnennächsten Stern, Proxima Centauri, erreichen. In nur 40 Stunden würde es dann an ihm vorbeirasen und könnte dabei Bilder von Planeten zur Erde zurücksenden – falls es welche gibt.

Ein Rad aus Feuerkugeln

Unsere Galaxis – eine unter Milliarden

Das bleiche, helle Band am Himmel, das wir Milchstraße nennen, gibt nur eine sehr vage Andeutung der gigantischen Ansammlung von Sternen, Gas und Staub, aus der sie besteht. Unsere Galaxis hat die Form einer Scheibe und erscheint uns nur deshalb als langgezogenes Band, weil wir seitlich auf die Scheibe blicken. Die unzähligen Sterne der Milchstraße verschwimmen vor unseren Augen zu einem blassen Lichtband.

Könnte man die Milchstraße von außen betrachten, erschiene sie als Spirale mit verhältnismäßig kleinem Kern und breiten Spiralarmen – wie fast 30% aller Galaxien. Die Spiralarme sind Verdichtungen von Sternen, Gas und Staub, die vermutlich durch die sogenannten Dichtewellen entstanden sind, deren Ursprung wahrscheinlich im Zentrum der Galaxis zu suchen ist. Diese Dichtewellen sind auch die Ursache dafür, daß in den Spiralarmen besonders viele Sterne geboren werden: Werden Gaswolken, die

Sternenspirale So könnte unsere Galaxis aussehen: kühlere Sterne im Kern und jüngere, bläuliche in den Spiralarmen. Orangefarbene Sternhaufen umgeben die Galaxis.

Lichter am Himmel Die Milchstraße vom Sternbild des Schützen (links) bis zum Centaur (rechts). Helle Sternenwolken und dunkle Staubwolken verdecken das Zentrum der Galaxis.

durch eine Dichtewelle treten, zusammengepreßt, bilden sich neue Sterne. Die Spiralarme unserer Galaxis sind voll von jungen, in einem hellen, bläulichen Licht strahlenden heißen Sternen.

Der Kern der Galaxis, wo die Sterne sehr dicht stehen, ist dicker als die Außenbereiche. Dort gibt es relativ wenig Gas und Staub, die Sterne sind älter, kälter und leuchten rötlich. Vom Zentrum der Galaxis gehen starke Radiostrahlen aus. Die Quelle dieser Strahlung kann aber nicht ausgemacht werden, denn dunkle Gas- und Staubwolken verdecken den Blick auf sie. Vielleicht befindet sich dort ein materieverschlingendes schwarzes Loch – ein extrem dichter, in sich zusammengestürzter Stern mit gewaltiger Anziehungskraft.

Unsere Galaxis durchmißt 100 000 Lichtjahre, unsere Sonne ist fast 28 000 Lichtjahre vom Zentrum entfernt. Mehr als 220 Mio. Jahre vergehen, bis unser Sonnensystem bei einer Geschwindigkeit von 250 km/s die Galaxis einmal umrundet hat.

Früher glaubte man, dieses unvorstellbar gigantische Gebilde sei das gesamte Universum. Heute jedoch wissen wir, daß es Milliarden weiterer Galaxien gibt – und noch haben die Astronomen längst nicht alle entdeckt.

WEISSE ZWERGE UND NEUTRONENSTERNE

Am Ende ihrer Tage wird sich unsere Sonne – und alle anderen Sterne, die etwa gleich groß sind – in einen weißen Zwerg verwandeln: Wenn der Wasserstoff im Sonneninnern verbrannt ist, wird sich die Sonne zunächst ausdehnen und dann zu einer Kugel zusammenschrumpfen, die etwa so groß wie die Erde ist. Ein Fingerhut voll Sonnenmaterie würde dann auf der Erde 1 t wiegen.

Sterne, die mindestens um 40 % schwerer sind als unsere Sonne, können dagegen in einer gewaltigen Explosion enden, einer Supernova. Nach einer solchen Explosion, bei der viel Sternmaterie verlorengeht, bleibt ein Neutronenstern zurück, dessen Dichte die eines weißen Zwergs sogar noch übertrifft. Ein Neutronenstern hat nur 10–20 km Durchmesser und besteht nicht mehr aus Atomen, sondern ausschließlich aus Neutronen. Ein Steck-

nadelkopf seiner Materie würde auf der Erde 100 000 t wiegen. Wegen der hohen Schwerkraft wären Berge auf einem Neutronenstern nicht einmal 1 cm hoch. Um sie zu besteigen, bräuchte man aber mehr Energie, als ein menschlicher Körper im ganzen Leben erzeugt.

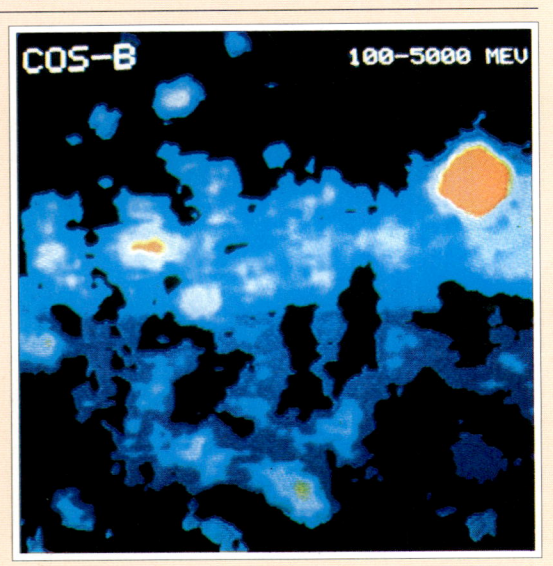

Alter Stern Geminga – der große orangefarbene Fleck auf diesem Gammastrahlenbild – ist vermutlich ein Neutronenstern. Wird Materie noch dichter zusammengepreßt, als es bei diesen Sternen der Fall ist, entsteht ein schwarzes Loch.

Der Todesstern

Verursacht ein unsichtbarer Begleiter der Sonne regelmäßige Katastrophen auf der Erde?

Anhand von Fossilien erkannten Wissenschaftler, daß im Verlauf der Erdgeschichte mehrfach innerhalb nur weniger tausend Jahre unzählige Tier- und Pflanzenarten von der Erde verschwanden. Das Aussterben der Dinosaurier am Ende der Kreidezeit vor etwa 65 Mio. Jahren ist das bekannteste Beispiel dafür.

Hätten Sie's gewußt?

Der Orionnebel ist eine riesige Wolke aus Gas und Staub im Sternbild Orion. Er durchmißt etwa 30 Lichtjahre (290 × 10^{12} km). Wie alle interstellaren Nebel ist er unglaublich dünn. Könnte man eine Probe in Form eines Röhrchens von 25 mm Durchmesser quer durch den gesamten Nebel nehmen, enthielte diese nicht mehr Materie als eine kleine Münze.

◆◆◆

Der Stern mit der schnellsten Eigenbewegung ist der lichtschwache Barnards Stern. Er benötigt nur 180 Jahre, um am Himmel eine Strecke vom Durchmesser des Vollmonds zurückzulegen. Im Jahr 11 800 wird er mit einer Entfernung von 3,85 Lichtjahren der Sonne näher sein als der im Augenblick sonnennächste Stern Proxima Centauri.

Doch nicht nur die Dinosaurier, auch alle Flug- und Wasserreptilien – rund 75 % aller Arten – starben damals aus. Ein anderes Massensterben vor etwa 245 Mio. Jahren war noch verheerender. Man nimmt an, daß dabei über 90 % aller Arten verschwanden. Ähnliche, wenn auch weniger drastische Ereignisse durchziehen die Erdgeschichte.

Eine – noch immer umstrittene – Erklärung für diese Katastrophen gaben vor etwas mehr als zehn Jahren der amerikanische Nobelpreisträger Luis Alvarez und sein Sohn Walter. In Gesteinsproben aus Norditalien hatten sie das Schwermetall Iridium zwischen Gestein aus der Kreidezeit und Gestein aus dem darauffolgenden Tertiär gefunden.

Iridium kommt auf der Erde selten vor, in Meteoriten dagegen ist es häufig. Luis und Walter Alvarez vermuteten deshalb, daß das Iridium abgelagert wurde, als ein Komet auf die Erde stürzte. Diese Kollision könnte riesige Staubwolken aufgewirbelt haben, die jahrelang die Sonne verdunkelten, das Klima veränderten und ein Massensterben auslösten.

Seltsame Regelmäßigkeiten

Doch dann entdeckten Paläontologen an der Universität in Chicago, daß diese Katastrophen offenbar alle 26 Mio. Jahre auftraten. Geologen stellten eine ähnliche Regelmäßigkeit bei der Datie-

rung von Einschlagskratern überall auf der Erde fest.

Wenn all dies kein Zufall ist, drängt sich die Frage auf, warum Kometen in so regelmäßigen Abständen auf der Erde einschlagen. Man nimmt heute allgemein an, daß Kometen aus einem riesigen Kometenschwarm stammen, der die Sonne weit jenseits der Umlaufbahn von Pluto, dem äußersten Planeten, umkreist. Gelegentlich werden einige von ihnen durch vorbeiziehende Sterne aus der Bahn gebracht und stürzen dann auf die Sonne zu. Doch welche Störung könnte alle 26 Mio. Jahre auf sie einwirken?

Unsichtbarer Nachbar

Vielleicht ist die Ursache ein schwach leuchtender Schwesterstern der Sonne, der bisher noch nicht entdeckt wurde. Wenn es ihn gibt, wäre er durchschnittlich 1,4 Lichtjahre von der Sonne entfernt, doch alle 26 Mio. Jahre käme er bis auf ein Viertel dieser Entfernung an die Sonne heran. Dabei würden etwa 1 Mrd. Kometen aus der Bahn geworfen, von denen rein rechnerisch 10–200 mit der Erde kollidieren könnten.

Der hypothetische Stern erhielt den beziehungsreichen Namen Nemesis nach der griechischen Göttin der Rache. In absehbarer Zukunft ist keine neue Katastrophe zu erwarten; wir befinden uns etwa in der Mitte zwischen zwei Kometenbombardements.

Hell wie Millionen Sonnen

Ein himmlisches Feuerwerk erregte 1987 weltweit Aufsehen

Im Februar 1987 beobachteten Astronomen, wie sich ein kaum bekannter Stern in einer benachbarten Galaxis, der Großen Magellanschen Wolke, in einem gewaltigen Energieausbruch selbst zerstörte. Nur viermal zuvor – 1054, 1572, 1604 und 1885 – wurde solch ein aufsehenerregendes Ereignis, eine Supernova, in so großer relativer Nähe beobachtet.

Damals gab es noch keine Erklärung für die auffällige Lichterscheinung am Nachthimmel. Heute ist es den Astronomen jedoch möglich, die Entstehung einer Supernova sehr genau nachzuvollziehen, auch die Explosion des besagten Sterns, der früher nur unter der Katalognummer Sanduleak −69° 202 bekannt war und heute Supernova 1987A heißt.

Große Sterne sterben jung

In kosmischen Maßstäben gemessen, ist das Leben von sehr großen Sternen nur kurz. Während unsere Sonne mit einem Alter von rund 4,5 Mrd. Jahren noch nicht einmal die Hälfte ihrer Lebenszeit erreicht hat, lebte der 20mal größere Sanduleak −69° 202 insgesamt nur 11 Mio. Jahre.

Während der ersten 10 Mio. Jahre

seiner Existenz „verbrannte" er, wie unsere Sonne das heute noch tut, in einer atomaren Reaktion Wasserstoff zu Helium. Als der Wasserstoff dann zur Neige ging, begann das Helium zu brennen und wurde in andere Elemente umgewandelt, darunter auch in Kohlenstoff und Sauerstoff. Dadurch schwollen die äußeren Zonen des Sterns an und verwandelten ihn in einen roten Überriesen – einen Stern, der so gigantisch ist, daß er über die Erdbahn hinausreichen würde, stünde er an der Stelle unserer Sonne.

Nachdem auch das Helium verbraucht war, wurde der Stern heißer, schrumpfte etwas und nahm eine bläuliche

Lichtblitz Diese Falschfarbenaufnahme, die mit einer Infrarotkamera gemacht wurde, zeigt den Spiralnebel M 66. Der weiße Kreis in der rechten oberen Ecke ist die Supernova 1989B. Diese entstand, als Gas von einem Stern zu einem nahe gelegenen weißen Zwerg floß, wodurch dieser explodierte.

Große Magellansche Wolke Die Supernova 1987A ist rechts unten als heller Lichtpunkt deutlich zu erkennen. Die Wolke aus Gas und Staub links oben ist der Tarantelnebel.

Farbe an. Nun wurden nacheinander Kohlenstoff und eine Reihe weiterer Elemente verbrannt. Schließlich – während der letzten Woche seines Lebens – verwandelte sich der Kern von Sanduleak −69° 202 in einen marsgroßen Ball aus Eisen, der von Schichten teilweise aufgezehrter Elemente umgeben war. Der todgeweihte Stern leuchtete nun 80 000mal heller als unsere Sonne.

Dann kam das Ende. Die nuklearen Reaktionen stoppten, da Eisen kein atomarer Brennstoff für weitere Kernverschmelzungen ist. Der Kern des Sterns stürzte in sich zusammen, wodurch schlagartig unglaubliche Energiemengen frei wurden, die die äußeren Sternschichten wegrissen.

Eine jahrtausendealte Neuigkeit

Mehr als 160 000 Jahre brauchte das Licht der Supernova, um die Erde zu erreichen. Am 23. Februar 1987 war es dann soweit: Die Welt erfuhr vom Tod des Sterns Sanduleak −69° 202. Die Nachricht verbreitete sich schnell – innerhalb weniger Stunden richteten sich alle verfügbaren Teleskope auf die Große Magellansche Wolke. Im Mai 1987 erreichte das Ereignis seinen Höhepunkt: Die Supernova 1987A strahlte 250 Mio. Male heller als die Sonne.

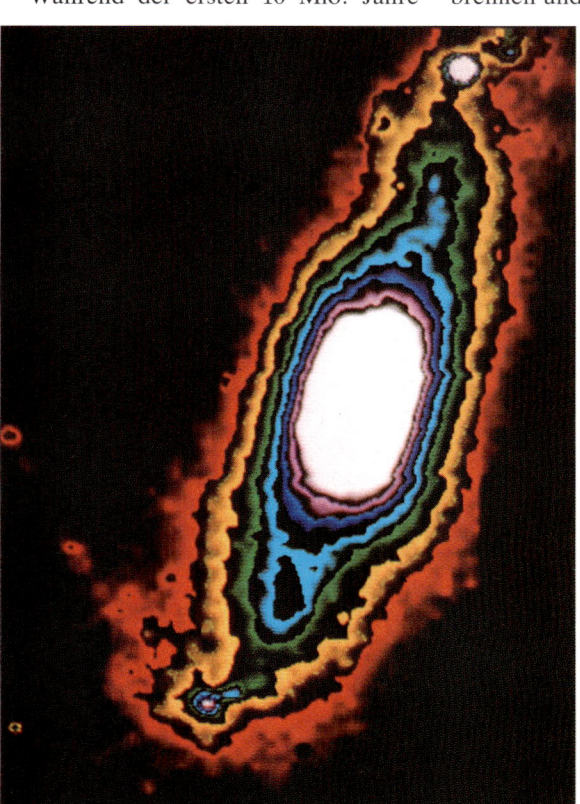

Wenn Galaxien zusammenstoßen

Weltraumforschung am Computer

Neue, leistungsfähige Computer ermöglichen es Astronomen heute, komplizierte Vorgänge im All zu simulieren, die in Wirklichkeit Jahrmillionen dauern. Ein besonders interessantes Beispiel: die Kollision zweier Galaxien. Die Simulation einer solchen kosmischen Katastrophe ist keineswegs ein unnötiges Gedankenspiel. Besonders in Bereichen des Universums, in denen Galaxien verhältnismäßig nahe beieinanderstehen, ist die Wahrscheinlichkeit einer Kollision oder zumindest eines Beinahezusammenstoßes sehr hoch.

Bei einem Beinahezusammenstoß wird jede Galaxis von den Anziehungskräften der anderen verformt. Treffen zwei Galaxien aufeinander, durchdringen sie sich wie zwei Mückenschwärme. Sternzusammenstöße gibt es dabei keine, die Sterne sind viel zu weit voneinander entfernt. Aber die interstellaren Gaswolken treffen aufeinander, heizen sich auf und senden Licht, Wärme und Radiowellen aus. Derartige Kollisionen könnten die Entstehung von elliptischen Galaxien erklären. Diese haben keine Spiralarme, ihre Formen reichen von kugelrund bis stark ellipsoid. Sie enthalten nur wenig Gas und Staub, aus denen neue Sterne entstehen könnten. Deshalb fehlen ihnen junge Sterne. Im Zentrum von elliptischen Galaxien befinden sich oft starke Licht- und Radioquellen.

Computersimulationen, die von den amerikanischen Wissenschaftlern Joshua E. Barnes und Lars Hernquist an der

Kombination *Computersimulationen zeigen, wie zwei Spiralnebel gleicher Masse kollidieren. Wenn sie sich einander nähern (unten), wird der größte Teil ihres Gases (blau und weiß) in die Mitte jeder Galaxis gedrängt. Treffen sie sich (oben links), verdichten sich die Gase in einem gemeinsamen Zentrum. Schließlich (oben rechts) bilden die Sterne der neuen Galaxis (rot) eine Ellipse.*

Princeton University durchgeführt wurden, zeigen, wie sich zwei spiralförmige Galaxien einander nähern, sich einfangen und schließlich zu einer elliptischen Galaxis verschmelzen. Dabei drängen sich riesige Gasmengen im Zentrum der Galaxis zusammen und bilden ein schwarzes Loch, das weiteres Gas verschlingt. Beim Sturz der Materie in das schwarze Loch wird Energie in Form von Licht- und Radiostrahlung frei.

Andere Simulationen von Barnes und Hernquist erbrachten Ergebnisse, die den wirklich existierenden Galaxien mit ungewöhnlichen Formen verblüffend ähneln. Offensichtlich entstehen also viele bisher unerklärliche Galaxienformen durch derartige kosmische Zusammenstöße.

GLEISSENDES LICHT VOM ENDE DES UNIVERSUMS

Die entferntesten Außenposten des Universums bilden rätselhafte, gigantische Energiemengen ausstrahlende Objekte, die Quasare. Ein Quasar leuchtet gleichmäßig hell und überstrahlt bei weitem das Licht der Galaxis, zu der er gehört. Selbst eine Supernova kann nur für Sekunden die Helligkeit eines solchen Himmelskörpers übertreffen. Aufgrund ihrer gewaltigen Entfernung erscheinen Quasare jedoch so klein wie Sterne, worauf auch ihr Name – ein Kürzel für quasistellare Radioquelle – hindeutet.

Die meisten Astronomen schließen aus der Analyse von Quasarlicht, daß sich einige Quasare mit nahezu Lichtgeschwindigkeit von uns wegbewegen. Daraus folgern sie dann wiederum, daß Quasare am Rand des bekannten Universums stehen. Der entfernteste von ihnen ist so weit weg, daß sein Licht mehr als 13 Mrd. Jahre bis zur Erde unterwegs ist. Im April 1991 entdeckte man in 12 Mrd. Lichtjahren Entfernung den bislang hellsten Quasar. Er ist eine Billiarde mal heller als unsere Sonne.

Ein sternefressendes Monster

Paradoxerweise ist die wahrscheinliche Ursache für den gewaltigen Energieausstoß der Quasare etwas Unsichtbares – ein schwarzes Loch in ihrem Zentrum. Ein schwarzes Loch ist ein winziger, unvorstellbar schwerer Himmelskörper, aus dessen Schwerefeld weder Materie und Licht noch irgendeine andere Form von Energie entkommen kann.

Ein schwarzes Loch wird von Materie umkreist, die laufend in ihm verschwindet. Dieser Strudel aus Sternen, Staub und Gas, der beim Sturz ins schwarze Loch Unmengen von Energie freisetzt, bildet den eigentlichen Quasar.

Einige Quasare zeigen von Zeit zu Zeit eine geringfügige Zunahme ihrer Helligkeit. Astronomen glauben, daß dies jedesmal den Tod eines neuen Sterns anzeigt: Bevor dieser endgültig im schwarzen Loch verschwindet, setzt er noch einmal zusätzliche Energie frei – genug für einen „Todesschrei".

In der Unendlichkeit des Universums

Galaxien als riesige natürliche Teleskope

Im Jahr 1979 stellten Astronomen auf Hawaii plötzlich fest, daß sie „doppelt sahen". Im Sternbild des Großen Bären untersuchten sie zwei helleuchtende Quasare, die mehrere hundert Millionen Lichtjahre jenseits unserer Galaxis liegen. Sie waren nur $\frac{1}{600}°$ voneinander entfernt, und es schien sehr unwahrscheinlich, daß diese enge Nachbarschaft purer Zufall war. Außerdem strahlten beide Objekte seltsamerweise Licht von genau der gleichen Zusammensetzung aus.

Die Astronomen erkannten schnell, daß sie es nicht mit kosmischen Zwillingen zu tun hatten, sondern daß sie ein und denselben Quasar zweimal sahen. Das Licht des Quasars kam also aus zwei verschiedenen Richtungen auf der Erde an; d. h., Licht, das normalerweise die Erde verfehlt hätte, wurde auf seinem Weg durch das All so umgelenkt, daß es dann doch die Erde traf. Ausgehend von Albert Einsteins Behauptung, die Schwerkraft könne Lichtstrahlen ablenken, schlossen die Astronomen auf ein riesiges Objekt zwischen dem Quasar und der Erde. Das Schwerefeld dieses Objekts bog das Licht des Quasars wie eine optische Linse, dergestalt, daß für den Betrachter auf der Erde ein Doppelbild entstand. Diese natürliche Linse entpuppte sich schließlich als eine gigantische, bisher unentdeckte Galaxis.

In der Zwischenzeit wurden mehr solcher natürlichen Linsen entdeckt, die ganz unterschiedliche optische Wirkungen haben. So erscheinen Quasare manchmal als Ringe oder sogar vergrößert. In diesem Fall wirkt die natürliche Linse wie ein Teleskop.

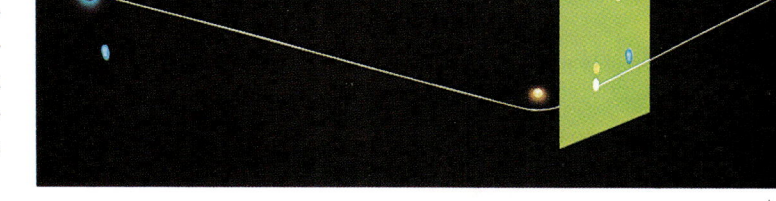

Lichtbogen Durch den Einfluß der Schwerkraft eines Galaxienhaufens kann ein Quasar statt als einzelner Punkt bogenförmig erscheinen (im unteren Viertel des Bilds links).

Doppelbild Der Quasar 0957 + 561 (links im Schaubild unten) war der erste Doppelquasar, den man entdeckte. Das Licht dieses Quasars wird durch die Schwerkraft einer Galaxis (orangefarbener Punkt) abgelenkt. Von der Erde aus (rechts) ist ein Doppelbild des Quasars zu sehen, wie auf der grünen Fläche dargestellt.

KOSMISCHE SCHNÜRE

Zu den jüngsten, recht abenteuerlich anmutenden Geistesprodukten kosmologischer Theoretiker gehören seltsame Objekte, die man vielleicht am besten mit sehr dünnen und sehr schweren Schnüren vergleichen kann. Wenn diese eigenartigen Gebilde tatsächlich existieren sollten, dann entstanden sie bereits mit dem restlichen Universum im Urknall.

Für moderne Physiker ist der leere Raum zwischen den Sternen alles andere als leer. In Wirklichkeit herrscht dort ein Durcheinander von verschiedenen Energieformen sowie entstehenden und wieder zerfallenden Teilchen. Kurz nach dem Ur-

knall war der Kosmos noch dynamischer – ein glühendheißer Strudel von Energie unter extrem hohem Druck. Die kosmischen Schnüre sind eigentlich Überbleibsel dieses Uruniversums, die bis ins heutige, weniger aufgewühlte Universum überdauert haben.

Endlos, dünn und unglaublich schwer

Die Theorie beschreibt diese Schnüre als endlos: Entweder bilden sie eine Schlinge mit einem Umfang von mehreren Lichtjahren, oder sie erstrecken sich über das gesamte sichtbare Universum und darüber hinaus. Obwohl jede Schnur nur fünfmal

so dick ist wie ein Atom, hat sie ein unvorstellbares Gewicht: 10^{12} t pro Millimeter.

Wissenschaftler vergleichen die Schnüre mit Gummibändern unter enormer Spannung, die im Weltraum schwingen und sich drehen. Sie überkreuzen sich dabei von Zeit zu Zeit und bilden Schlingen, die dann abbrechen. Diese verlieren danach Energie und verschwinden allmählich.

Fadenförmige Radioquellen, die man im Zentrum der Galaxis entdeckt hat, könnten ihren Ursprung in heißen Gasen haben, die kosmische Schnüre umgeben – vielleicht ist dies bereits ein Indiz für die Richtigkeit der Theorie.

Das Ende aller Dinge

Welchen Tod wird das Universum sterben?

Kein Wissenschaftler kann mit Sicherheit sagen, wie die Entwicklung des Universums in den nächsten Jahrmilliarden weitergeht. Wird es sich immer weiter ausdehnen, oder wird dieser Vorgang eines fernen Tages zum Stillstand kommen und sich dann umkehren?

Unsichtbare Materie

Um diese Frage beantworten zu können, muß zunächst ein anderes Problem geklärt werden: Wieviel Materie gibt es im Universum? Die Materienmenge, auf die Wissenschaftler heute – aufgrund des sichtbaren Universums aus Sternen, Gas und Staub – schließen, bringt zusammen nur etwa ein Hundertstel der Schwerkraft auf, die nötig wäre, um die seit dem Urknall vor etwa 15 Mrd. Jahren anhaltende Ausdehnung zu stoppen.

Doch nicht nur sichtbare Materie spielt im Kosmos eine Rolle. An den Bewegungen einiger Galaxien erkannte man, daß es im All auch unsichtbare Materie geben muß. Diese, die sogenannte dunkle Materie, versteckt sich in den Galaxien und in den scheinbar leeren Räumen zwischen ihnen. Sie macht möglicherweise den größten Teil der Materie im Kosmos aus. Wieviel dunkle

Tödlicher Wirbel *Ein schwarzes Loch verschluckt einen Stern (blau). Bevor die Materie verschwindet, setzt sie Strahlung frei (rot).*

Materie jedoch tatsächlich existiert und ob es nicht noch andere, bisher unbekannte Erscheinungsformen der Materie gibt, weiß niemand.

Sollte aber wirklich zuwenig Materie im Universum vorhanden sein, muß man davon ausgehen, daß sich dieses auch weiterhin ausdehnen wird. Für diesen Fall entwerfen die Kosmologen ein bedrückendes Zukunftsszenario: Irgendwann, in vielleicht 10^{14} Jahren, werden auch die langlebigsten Sterne ihren Brennstoff aufgebraucht haben und erloschen sein.

Auch die – nun aus erloschenen Sternen bestehenden – Galaxien werden nicht ewig bestehen. Zufällige Beinahekollisionen zwischen den Sternen werden im Lauf von Jahrmilliarden die meisten von ihnen in den intergalaktischen Weltraum hinausschleudern. Die restli-

chen werden in den Zentren der Galaxien zu schwarzen Löchern verdichten. Während sich die Galaxienhaufen immer weiter voneinander entfernen, beginnt jeder einzelne Haufen, in sich selbst zusammenzufallen. Die schwarzen Löcher und die abgeirrten Sterne stürzen nun in ein einziges gigantisches schwarzes Loch. Bis ein ganzer Galaxienhaufen verschwunden ist, vergehen 10^{18} Jahre.

Ein Meer von Teilchen

Jetzt folgt der langsame Tod der Materie: Die meisten Physiker glauben, daß auch die so stabil erscheinende Materie allmählich in ein Meer von leichten Teilchen und Strahlen zerfallen wird. Obwohl praktisch weder Materie noch Strahlung aus den schwarzen Löchern entkommen kann, werden auch sie – in wahrhaft kosmischen Zeiträumen – diesem Schicksal nicht entgehen. Bis ein schwarzes Loch, das aus einem Galaxienhaufen entstand, auf diese Weise aufgelöst ist, vergehen 10^{117} Jahre.

In dieser fernen Zukunft wird das Universum eine formlose Masse aus subatomaren Teilchen sein, die in einem Meer aus Strahlung treiben. Die Temperatur hat dann fast den absoluten Nullpunkt erreicht, sie liegt bei –273 °C.

Hätten Sie's gewußt?

Etwa 9000 Sterne sind mit bloßen Augen zu erkennen. Ein Beobachter sieht aber immer nur eine Hälfte des Himmels, und Dunst verschleiert die Sterne am Horizont. Selbst in einer klaren Nacht kann man also höchstens 3000 Sterne sehen.

DER GROSSE UNBEKANNTE

Im Jahr 1986 berichteten Astronomen von der Entdeckung des größten jemals gefundenen Objekts. Doch bis heute wissen sie nicht, worum es sich dabei handelt.

Das selbst durch die besten Teleskope nicht wahrnehmbare Objekt verriet sich durch seine Anziehungskraft auf mehrere Galaxien, die etwa 200 Mio. Lichtjahre von der Erde entfernt sind. Weil sich das Universum ständig ausdehnt, be-

wegen sich diese Galaxien mit 4500 km/s voneinander weg. Doch zusätzlich bewegen sie sich mit einer Geschwindigkeit von 700 km/s auf die unsichtbare Anziehungsquelle zu.

Diese liegt etwa 500 Mio. Lichtjahre von uns entfernt, weit jenseits der Sterne des Kreuzes des Südens. Mit einem Durchmesser von rund 300 Mio. Lichtjahren könnte das rätselhafte Objekt ein unermeßlich großer Galaxienhaufen sein.

Kapitel drei

RUHELOSE ERDE

Kaum etwas scheint so verläßlich wie der Boden unter unseren Füßen oder so unabänderlich wie die alljährliche Abfolge der Jahreszeiten. Doch die großen Platten der Erdkruste, auf denen sich das Leben zum guten Teil abspielt, sind ständig in Bewegung. So lag beispielsweise die Antarktis in ferner Vergangenheit einmal am Äquator (siehe Seite 70). Aber auch der Mensch verursacht tiefgreifende Veränderungen auf dem ganzen Erdball, denn die Umweltverschmutzung durch die Verbrennung fossiler Rohstoffe droht die Atmosphäre immer stärker aufzuheizen – mit verheerenden Folgen für das Weltklima (siehe Seite 69). Nichts auf diesem Planeten ist von Dauer. Im Lauf der Zeit verändern sich Luft, Land und Wasser, und die Lebewesen versuchen, sich diesem Wandel anzupassen.

Eisige Kälte und glühende Hitze

Gebiete mit extremem Klima

Obwohl sich manch einer hin und wieder über das Wetter beklagt, sind die klimatischen Verhältnisse in Mitteleuropa insgesamt recht erträglich. Doch in manchen Teilen der Welt herrschen so extreme Klimaverhältnisse, daß dort keine Menschen leben können.

Eine der unwirtlichsten Regionen auf unserem Planeten ist die Arktis. In den Teilen Alaskas, Kanadas und der Sowjetunion, die nördlich des Polarkreises liegen, bleiben die Temperaturen neun Monate des Jahres unter dem Gefrierpunkt und können mitunter sogar bis auf −60 °C und weniger absinken. Selbst im Sommer wird es dort nie wärmer als 10 °C.

Aber auch in der glühenden Hitze der Sahara kann der Mensch kaum überleben. Temperaturen von über 50 °C sind in der größten Wüste der Erde die Regel. In Teilen des Tschad und Libyens fällt manchmal jahrelang überhaupt kein Regen, und gelegentlich ist die Luft so trocken, daß beim Atmen die Schleimhäute schmerzen. Die Wüste Atacama in Chile ist eines der regenärmsten Gebiete der Erde, denn kalte Meeres-

Heißer Sand In der Sahara fallen im Jahresdurchschnitt nur etwa 100 mm Regen. Nur ein Neuntel dieser Wüste besteht aus Sanddünen, der Rest ist Fels und Geröll.

strömungen verhindern, daß sich Regenwolken bilden. An einigen Stellen in dieser Extremwüste hat es seit Menschengedenken noch nie geregnet. Doch besonders heiß ist es dort trotzdem nicht: Im Sommer liegen die Temperaturen im Durchschnitt bei 19 °C.

Völlig andere Bedingungen herrschen weiter im Norden und Nordosten Südamerikas. Die Bewohner der riesigen Amazonasniederung leiden unter einem schwülwarmen Klima mit häufigen tropischen Gewittern und Temperaturen, die fast das ganze Jahr über 27 °C betragen.

In der Antarktis, dem kältesten und stürmischsten aller Kontinente, leben – abgesehen von einigen Wissenschaftlern – keine Menschen. Hier steigt die Temperatur im Sommer nur an einigen Küstenabschnitten über den Gefrierpunkt, und an einer Forschungsstation wurden schon Temperaturen von −89 °C gemessen. Auch die eisigen Stürme machen das Leben nicht erträglicher. Das Adélieland in der Ostantarktis wird 340 Tage im Jahr von solchen Stürmen heimgesucht.

Der kälteste Kontinent In der Antarktis scheint die Sonne etwa ebenso viele Stunden im Jahr wie am Äquator. Doch weil der Kontinent am Südpol liegt, fällt das Sonnenlicht in einem flachen Winkel ein und wärmt deshalb kaum.

Vom Sturm verweht

Die gewaltige Kraft der Tornados

Tornados können Bäume entwurzeln, Züge zum Entgleisen bringen und Menschen, ja sogar leicht gebaute Häuser durch die Luft schleudern. Im April 1880 wurde im amerikanischen Bundesstaat Missouri ein ganzes Haus 19 km weit von seinem ursprünglichen Platz weggetragen.

Obwohl ein Tornado großen Schaden anrichten kann, ist das von ihm verwüstete Gebiet doch immer eng begrenzt. Die Spur der Zerstörung, die er hinterläßt, ist selten breiter als 100 m. So kann es vorkommen, daß ein Haus auf einer Straßenseite zertrümmert wird, während ein anderes auf der gegenüberliegenden Seite unbeschädigt bleibt.

Kurz und heftig

Im Zentrum eines Tornados wirbelt die Luft mit einer Geschwindigkeit von bis zu 1000 km/h nach oben. Glücklicherweise ist ein solcher Wirbelsturm meist kurzlebig und läuft sich nach ein bis zwei Stunden tot. Die verheerendsten Tornados treten im Mittleren Westen der USA auf, und zwar meistens im Frühjahr und Frühsommer. Vom nördlichen Texas durch die Bundesstaaten

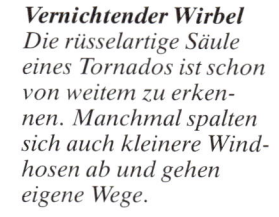

Dem Unheil knapp entronnen *Ein Tornado hat einen großen Baum entwurzelt, vom Dach des nahe gelegenen Hauses jedoch nur einige Ziegel abgedeckt.*

Vernichtender Wirbel *Die rüsselartige Säule eines Tornados ist schon von weitem zu erkennen. Manchmal spalten sich auch kleinere Windhosen ab und gehen eigene Wege.*

Oklahoma, Kansas und Nebraska zieht sich die sogenannte Straße der Tornados. Dort treten 150–300 Tornados im Jahr auf. Sie entstehen, wenn kühle, trockene und feuchtwarme Luftmassen zusammentreffen. Der Wasserdampf kondensiert zu Regen, und es wird Wärme freigesetzt. Die trockene Warmluft wird in einer Spirale nach oben gesaugt, die oben gelagerte Kaltluft durch das Zentrum des Sturms nach unten gerissen, wobei sie sich erwärmt. Rasch steigt sie dann wieder auf – ein Luftwirbel entsteht, der sich bald zu einem trichterartigen Schlauch verdichtet. Im Zentrum dieses Schlauchs herrscht ein extrem niedriger Luftdruck. Hier stürzt die kühle Luft senkrecht in die Tiefe, um dann erneut in den zwischen dem Zentrum rasenden Wirbel hineingerissen zu werden.

Vermutlich sind Tornados auch die Erklärung für manche seltsame Erscheinung. So ist es schon vorgekommen, daß Fische, Frösche und andere Tiere vom Himmel fielen – beispielsweise im Jahr 1987, als ein Schauer winziger rosaroter Frösche über dem englischen Dorf Cerney Wick niederging.

Hätten Sie's gewußt?

Am 29. Mai 1986 wurden zwölf Schulkinder im Westen Chinas von einem Tornado mitgerissen und etwa 20 km weiter wieder abgesetzt – vollkommen unverletzt.

♦♦♦

Auf der nördlichen Erdhalbkugel drehen sich Tornados normalerweise gegen den Uhrzeigersinn, auf der südlichen im Uhrzeigersinn.

♦♦♦

Im April 1986 wurde die Stadt Sweetwater in Texas von einem Tornado heimgesucht, der ein Auto von der Straße fegte und dessen Heckscheibe zerschmetterte. Ein Polizist half dem Fahrer aus dem Fahrzeug und fand auf dem Rücksitz ein nasses Kätzchen, das vor dem Tornado noch nicht da gewesen war. Der Wirbelsturm hatte das Tier mitgerissen und in den Wagen verfrachtet.

♦♦♦

In den USA treten jährlich mehr als 700 Tornados auf. Im April 1974 rasten innerhalb von 24 Stunden 148 Wirbelstürme über 13 Bundesstaaten hinweg und forderten über 300 Todesopfer.

Unheil aus den Bergen

Lawinen aus Schnee, Eis und Geröll begraben ganze Dörfer unter sich

Am 31. Mai 1970 brach an der Nordspitze des Huascarán, des mit 6768 m höchsten Bergs von Peru, eine eisbedeckte Felsplatte ab, die etwa 800 m breit war und ein Gewicht von mehreren Millionen Tonnen hatte. Sie stürzte zuerst fast 1000 m

Lawinenschutz *Durch kontrollierte Sprengungen wird eine künstliche Lawine an einem Berghang in den französischen Alpen ausgelöst. Die lockeren Schneemassen rutschen ab, bevor sie sich allzu hoch auftürmen.*

senkrecht in die Tiefe, ehe sie auf dem Berghang aufschlug. Dann rutschte sie mit mehreren hundert Kilometern pro Stunde weiter ins Tal hinunter. Als die Eis- und Geröllmassen im Tal des Río Santa zur Ruhe kamen, hatten sie neben den Städten Huaraz und Yungay auch noch elf Dörfer ausradiert und 23 000 Menschen unter sich begraben.

Verursacht wurde diese verheerende Lawine durch ein Erdbeben. Weitaus weniger Energie genügt, um Lockerschneelawinen ins Rutschen zu bringen, die rasch zu wirbelnden Schneewalzen

von mehreren Millionen Tonnen Gewicht anwachsen können. Kleinste Erschütterungen der Schneedecke sind meist die Ursache dafür. Es ist jedoch umstritten, ob eine Lawine sogar schon durch lautes Rufen ausgelöst werden kann. Besonders gefürchtet sind Schneebrettlawinen. Sie entstehen, wenn eine ganze Platte verdichteten Schnees abbricht und talwärts rutscht.

Lawinen können Wälder plattwalzen, Züge von den Gleisen schieben und Häuser aus ihren Fundamenten reißen. Doch nicht immer werden die Zerstörungen unmittelbar durch die Schnee- und Gesteinsmassen verursacht. Eine Lawine kann nämlich eine gewaltige Druckwelle vor sich herschieben, die alles beiseite fegt, was im Weg liegt. So wurde im Jahr 1900 ein Waldarbeiter im Schweizer Kanton Glarus „wie ein vom Sturm umhergewehtes Blatt" durch die Luft geschleudert und über 600 m bergabwärts in den Tiefschnee geworfen. 1952 schob die Druckwelle einer Lawine einen Bus von einer Brücke am Arlberg – 24 Menschen kamen dabei ums Leben.

Kann man Lawinen aufhalten?

Weil es fast unmöglich ist, den Abgang von Lawinen vorauszusagen, versucht man in den Alpen, durch Betonbarrieren und -galerien das Abrutschen des Schnees zu verhindern. An schlecht zugänglichen Stellen werden durch Sprengungen harmlose Lawinen ausgelöst, bevor sich Schneemassen von gefährlichen Ausmaßen ansammeln können.

Hätten Sie's gewußt?

Lawinen fordern jedes Jahr weltweit 150 Menschenleben. Die meisten Opfer sind Skiläufer, die oft selbst das Schneebrett auslösen, das ihnen dann zum Verhängnis wird.

◆◆◆

Im August 1820 riß eine Lawine am Mont Blanc eine Gruppe von Bergsteigern in eine Gletscherspalte. Die Einheimischen, die die Fließgeschwindigkeit des Gletschers kannten, schätzten, daß die Leichen der Verunglückten nach 40 Jahren etwa 8 km von der Stelle, an der sie eingeschlossen worden waren, wieder zum Vorschein kommen würden. Tatsächlich tauchten die Toten 1861 wieder auf. Das Eis hatte die Leichname konserviert.

Bohren nach der Vergangenheit

Eisschichten geben Aufschluß über die Klimageschichte

Eine dünne, 2083 m lange Eisstange spiegelt die Entwicklung der Erdatmosphäre während der letzten 160 000 Jahre wider. Sowjetische Naturwissenschaftler führten in den 80er Jahren Bohrungen im Eis der Antarktis durch und sammelten Daten über die Vergangenheit unserer Erde, die bis in die vorletzte Eiszeit zurückreichen.

Die zeitliche Einordnung der Eisschichten ist einfach, denn der Schneefall einzelner Jahre bildet feinste, voneinander unterscheidbare Lagen. Jede dieser zu Eis erstarrten Schneeschichten enthält Spuren des Staubs und der chemischen Verbindungen, die sich zur betreffenden Zeit in der Atmosphäre befanden. Und die Analyse von Luftbläschen, die im Eis eingeschlossen worden waren, ermöglicht es sogar, die Anteile der verschiedenen Gase in der Atmosphäre zu bestimmen.

Aufgrund genauer Messungen können Wissenschaftler die Eiszeiten exakt datieren. Unter anderem hat man herausgefunden, daß die jüngste Eiszeit innerhalb von wenigen Jahrzehnten entstanden war. Inzwischen sind die Analysemethoden so verfeinert, daß sogar

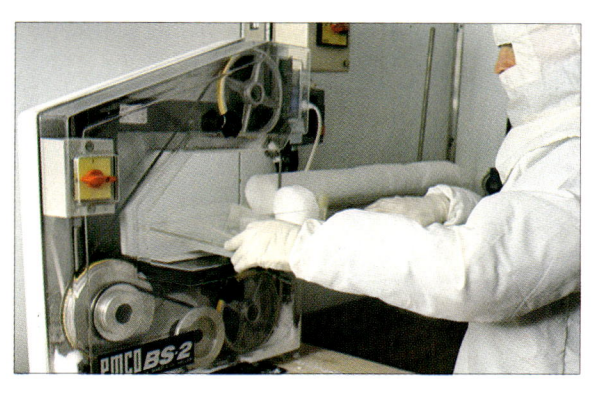

Erkenntnisse aus dem Eis Polarforscher entnehmen eine Eisprobe aus dem Bohrstock (rechts). Im Labor wird sie für die anschließende chemische Analyse in Scheiben zersägt (oben).

schon winzige Mengen Blei, z. B. aus Autoabgasen, aber auch Saharastaub, Schwefelsäure vom sauren Regen und selbst radioaktiver Niederschlag in den Eisproben entdeckt werden können.

Die Eiskerne aus den Bohrlöchern geben auch Aufschluß über die allmähliche Erwärmung der Erdatmosphäre, die seit der industriellen Revolution festzustellen ist. Die Experten hoffen, mögliche Folgen des Treibhauseffekts vorhersagen, vielleicht auch überwachen und eingrenzen zu können, indem sie ein Modell von Ursache und Wirkung früherer Veränderungen in der Atmosphäre entwickeln. So kann die Untersuchung des Polareises vielleicht dazu beitragen, die Zukunft der Menschheit zu sichern.

KREISE IM KORNFELD

Landen fliegende Untertassen auf der Erde? Diejenigen, die davon überzeugt sind, daß unser Planet regelmäßig Besuch von Außerirdischen bekommt, glauben ihre Behauptung jetzt endgültig und unwiderlegbar beweisen zu können: Seit einiger Zeit tauchen in Getreidefeldern auf der ganzen Welt, vor allem aber in England, seltsame Kreise auf, an denen sämtliche Halme niedergedrückt sind.

Heimliche Besucher

Da diese Kreise normalerweise über Nacht entstehen und oft zur gleichen Zeit angebliche Ufo-Sichtungen gemeldet werden, lag die Vermutung nahe, diese Erscheinungen entstünden bei der Landung oder beim Start außerirdischer Raumfahrzeuge. Das scheint vielen recht abwegig, doch es ist immer noch plausibler als die Annahme, daß Horden von Igeln die Kreise austrampeln.

Auch die Meteorologen haben sich schon mit den Kreisen im Korn beschäftigt. Ihnen fiel auf, daß diese wie die Spuren kleinerer Tornados aussehen: Die Halme liegen jeweils spiralförmig um die Kreismitte, außerdem sind die Kreise scharf von der Umgebung abgegrenzt. Dagegen spricht jedoch, daß die Halme immer unbeschädigt bleiben, obwohl Tornados normalerweise außerordentlich zerstörerisch wirken. Außerdem fehlen die typischen Schneisen, die entstehen, wenn sich ein Tornado von der Stelle bewegt.

Obwohl im Sommer 1991 ein paar Spaßvögel behaupteten, sie hätten die Kreise angelegt, wird sicher noch einige Zeit vergehen, bis das Rätsel endgültig gelüftet ist.

Hätten Sie's gewußt?

Das Gewicht des auf der Antarktis lastenden Eises hat die Landmasse des Kontinents so tief eingedrückt, daß sein Festlandssockel größtenteils unter dem Meeresspiegel liegt. Der tiefste Punkt, der Bentleygraben im Osten der Antarktis, liegt 2538 m unter dem Meeresspiegel. Dennoch gibt es Berggipfel, die aus dem mächtigen Eispanzer herausragen. Dieser ist im Durchschnitt 1700 m dick.
Im Gegensatz dazu hat die Eisdecke des Nordpolarmeers nur eine Dicke von etwa 2–3 m.

◆◆◆

In der Antarktis gedeihen nur zwei Blütenpflanzen: eine Gras- und eine Nelkenart.

Computer ersetzen den Wetterfrosch

Zuverlässigere Wettervorhersage dank modernster Technik?

Die alten Griechen glaubten, ein Regenbogen kündige Regen an, dasselbe behaupteten die Gelehrten noch im 16. Jh. In früheren Zeiten gab es noch eine Vielzahl weiterer, teilweise etwas lächerlicher Wetterregeln: Sternschnuppen hielt man für Vorboten eines Sturms; wenn Esel mit den Ohren wackelten, rechnete man mit einem Unwetter; und Eulenschreie in der Nacht versprachen angeblich schönes Wetter.

Auch die Meteorologen von heute haben Schwierigkeiten, die Wetterentwicklung mit Hilfe wissenschaftlicher Methoden zu erfassen und zu deuten. Oft genug treffen ihre mühevoll erstellten Vorhersagen nicht ein. Das Wetter auf der Erde ist ein ungeheuer kompliziertes System. Wenn die „Wetterfrösche" beispielsweise im australischen Sydney das Wetter der nächsten 24 Stunden vorhersagen wollen, benötigen sie detaillierte Meßwerte über die Antarktis, den Westpazifik und Indonesien. Eine Voraussage für vier Tage erfordert genaue Kenntnisse der Wetterverhältnisse rund um den Globus.

Das Würfelmodell

Die Meteorologen sind bei ihrer Arbeit auf Informationen aus allen Teilen der Welt angewiesen. Etwa 12 000 einzelne Wetterdaten laufen stündlich bei den drei zentralen Wetterstationen in Washington, Moskau und Melbourne ein. Diese Informationen stammen von 8000 Wetterstationen rund um den Globus, von Schiffen und Flugzeugen, von 1000 Wetterballons, die bis zu 30 km in den Himmel steigen, und von Wettersatelliten im Weltraum.

Erfaßt werden Luftdruck, Temperatur, Niederschläge, Bewölkung sowie Windstärke und -richtung. Alle Daten werden von Computern zu einem dreidimensionalen Bild des weltweiten

Modernste Technik *Auf der kanadischen Ellesmere-Insel, nordwestlich von Grönland, bauen Klimatologen eine Wetterstation auf.*

Wettergeschehens verarbeitet. Dafür wird die Erdoberfläche in Rastereinheiten von je 150 km² und der Luftraum in 15 Ebenen gegliedert; wenn man so will, wird die unterste Atmosphärenschicht in unzählige Luftwürfel unterteilt. Der Computer errechnet dann mit Hilfe äußerst komplizierter mathematischer Modelle, wie sich die gegenwärtige Wetterlage über eine Zeit von 1–140 Stunden in allen Teilen der Welt verändern wird.

Berechenbares Wetter?

Inzwischen werden Computer getestet, mit denen sich die untere Erdatmosphäre in 19 Ebenen einteilen läßt und die Rastereinheiten auf ein Drittel der jetzigen Größe verkleinert werden können. Mit diesen neuartigen Rechnern könnte man weitaus mehr Wetterinformationen verarbeiten und detaillierte Vorhersagen erstellen. Doch in den menschenleeren Weiten der Ozeane, den großen Wüsten und im ewigen Eis lassen sich nicht genügend Daten sammeln – ein Problem, das auch die leistungsfähigeren Rechner nicht lösen können. Vermutlich werden die Wetterkundler vielleicht auch in Zukunft noch ab und zu den Wetterfrosch zu Rate ziehen müssen . . .

Hätten Sie's gewußt?

Die Lehre vom Wetter nennt man Meteorologie, weil man früher glaubte, Meteore würden am Himmel aus den Elementen Erde, Wasser, Luft und Feuer entstehen und das Wetter maßgeblich beeinflussen. Diese Vorstellung geht bis auf Aristoteles zurück, dessen Schriften aus dem 4. Jh. v. Chr. bereits überraschende Erkenntnisse über Wettererscheinungen enthielten.

◆◆◆

Im Jahr 582 regnete es in Paris Blut. Die entsetzte Bevölkerung sah dies als göttliche Warnung an und kasteite sich zur Buße für ihre Sünden. Der wirkliche Verursacher dieses unheimlichen Ereignisses war aber der Schirokko, ein heißer Wind, der von der Sahara über das Mittelmeer weht und manchmal feinen roten Staub aus der Wüste mitbringt. Und dieser Sand hatte den Regen gefärbt.

DIE GEFÜRCHTETE FLAUTE

Ein Schiff unter vollen Segeln, das bei Windstille kaum von der Stelle kommt, bietet einen trostlosen Anblick. Die Leinwand schlägt träge an die Rahen, Masten knarren, und das Schiff hat nicht einmal genug Fahrt, um manövriert werden zu können. Aber genau das widerfuhr vor nicht allzu langer Zeit jedem Segelschiff, das die lange Reise über den Atlantik zu den Westindischen Inseln antrat. Sobald die Seefahrer den 40. Breitengrad und damit den stürmischen Teil des Atlantiks hinter sich gelassen hatten, kamen sie in die ruhigen Gewässer der sogenannten Roßbreiten. Die Reeder klagten über verlorene Zeit und Einnahmeausfälle. Die Seeleute wußten, daß das Trinkwasser knapp werden konnte, und dachten an das grausame Schicksal der Pferde, die diesem Teil der Weltmeere zu ihrem Namen verholfen hatten.

Als die Europäer die Neue Welt besiedelten, verschifften sie auch eine große Zahl von Pferden über den Atlantik. Wenn die Schiffe monatelang träge im Wasser trieben, Futter und vor allem Trinkwasser zur Neige gingen, verendeten die Pferde eins ums andere. Die Kadaver mußten dann über Bord geworfen werden.

Die Klimatologen haben den Roßbreiten, die für moderne Schiffe ihre Schrecken verloren haben, einen nüchterneren Namen gegeben. Sie bezeichnen sie als subtropischen Hochdruckgürtel.

EIN UNGESUNDER WIND

Am Nordrand der Alpen kann man oft einen raschen Wetterumschwung miterleben. Er beginnt damit, daß plötzlich linsenförmige Wolken über den Bergen auftauchen. Innerhalb weniger Minuten setzt dann ein warmer, trockener Wind ein: der Föhn. Nicht selten steigert er sich rasch bis zur Sturmstärke.

Der Föhn entsteht, wenn feuchte Luftmassen an die Alpensüdseite herangeführt und dort von den Bergen zum Aufstieg ge-zwungen werden. Dabei kühlt sich die Luft ab, die Feuchtigkeit kondensiert, es entstehen Wolken, und über den Berggipfeln regnet es. Die trockene Luft rast auf der anderen Seite des Alpenhauptkamms wieder talwärts. Dabei erwärmt sie sich rasch, um rund 1 °C auf 100 Höhenmeter. In den Tälern, den sogenannten Föhngassen, steigen die Temperaturen dann meist sprunghaft an, nicht selten von unter Null bis auf 20 °C.

Doch der Föhn hat nicht nur Auswirkungen auf die Wetterlage, sondern auch auf den menschlichen Körper. Viele Bewohner des Alpenvorlands klagen bei Föhn über Kopfschmerzen, unruhigen Schlaf und Kreislaufbeschwerden. Selbst die Zahl der Verkehrsunfälle und die Selbstmordrate sollen an Föhntagen zunehmen. Bisher ist es der Forschung jedoch nicht gelungen, die Ursachen für diese Nebenwirkungen des Föhns festzustellen.

Es wird wärmer

Gerät der Treibhauseffekt außer Kontrolle?

Wenn es im Norden Kanadas Winter wird, verlassen die Eisbären die arktischen Gefilde. Sie ziehen nun über das Eis der zugefrorenen Hudson Bay Richtung Süden zu ihren Winterschlafplätzen. Doch im November 1988 fand die Reise der Bären hier eine nie zuvor dagewesene Unterbrechung: Das Wasser war noch nicht gefroren. Die Bären mußten sechs Wochen warten, ehe sie ihre Wanderung fortsetzen konnten. Für die Experten ist dies ein weiteres Anzeichen dafür, daß der Treibhauseffekt, die allgemeine Erwärmung der Erdatmosphäre, schon weit fortgeschritten ist.

Die Gasschicht wird dicker

Der Treibhauseffekt wird durch die Konzentration bestimmter Gase in der Atmosphäre verursacht. Dazu zählen Methan und Stickoxide, doch der größte Übeltäter ist das Kohlendioxid (CO_2), das hauptsächlich bei der Verbrennung fossiler Brennstoffe wie Kohle, Öl und Gas entsteht und von dem jährlich etwa 400 Mrd. t freigesetzt werden. Gäbe es gar kein Kohlendioxid in der Atmosphäre, würde die Sonnenwärme wieder ins All entweichen, und auf der Erde würden eisige Temperaturen wie auf manchen anderen Planeten herrschen. Doch wenn die CO_2-Schicht zu dick wird, wirkt sie wie das Glas eines Treibhauses und sorgt für einen entsprechenden Wärmeüberschuß.

Zwischen 1968 und 1989 haben sich die Durchschnittstemperaturen weltweit um 0,8 °C erhöht. Einige Wissenschaftler behaupten, dies sei normal. Andere glauben, dies sei bereits eine Folge des Treibhauseffekts, und rechnen bis zur Mitte des 21. Jh. mit einem weiteren Temperaturanstieg von 2–6 °C.

Noch scheint das Tempo, mit dem der Temperaturanstieg fortschreitet, Zeit für Gegenmaßnahmen zu lassen. Wenn aber die Verbrennung fossiler Brennstoffe nicht eingeschränkt und damit der Kohlendioxidausstoß stark verringert wird, kann es dazu kommen, daß das Wetter „verrückt" spielt. In manchen Gebieten der Erde wird es dann kaum oder gar nicht mehr regnen, verheerende Stürme werden öfter auftreten, und die fruchtbaren Prärien des Mittleren Westens der USA und die Steppen der Ukraine werden sich vielleicht in Wüsten verwandeln.

Einige Experten sind sogar der Meinung, daß das Tempo der Erwärmung unterschätzt wird und die Auswirkungen bereits bis zum Ende dieses Jahrhunderts voll zutage treten dürften. Nach ihrer Ansicht wurde eines bei den bisherigen Computerberechnungen außer acht gelassen: Der Temperaturanstieg in einem kleinen Teil der Welt kann u. U. den globalen Erwärmungsprozeß beschleunigen. Schlimme Folgen könnte er z. B. haben, wenn der Boden der Tundra, die sich im hohen Norden Kanadas, Skandinaviens und Sibiriens erstreckt, auftaut. Dadurch würden große Mengen an Kohlendioxid freigesetzt, die jetzt noch im vereisten Boden gebunden sind.

Der Meeresspiegel steigt

Die Auswirkungen der globalen Erwärmung sind außerordentlich vielschichtig und kaum abzuschätzen. Die Wissenschaftler stimmen zumindest in einem überein: Es wird zu einem Anstieg des Meeresspiegels kommen, denn erwärmtes Meerwasser dehnt sich aus, und das Eis der Polargebiete wird allmählich abschmelzen. Vorsichtige Schätzungen gehen von einem Anstieg zwischen 15 und 30 cm bis zum Jahr 2030 aus. Damit wären aber bereits viele Küstenstädte gefährdet. Außerdem würde das im Eis gebundene Kohlendioxid freigesetzt – eine Lawine mit unabsehbaren Folgen käme ins Rollen. Die Auswirkungen des Treibhauseffekts scheinen sich offensichtlich wie Zinseszinsen auf der Bank zu addieren, und die befürchtete Katastrophe könnte sogar früher einsetzen als bisher befürchtet.

Hätten Sie's gewußt?

Der Southerly Buster, ein kalter Wind, der von der Antarktis her zur Südküste Australiens weht, kann innerhalb von 15 Minuten die Temperaturen um bis zu 11 °C senken.

◆◆◆

Die höchsten je gemessenen Windgeschwindigkeiten hat man auf dem Mount Washington im amerikanischen Bundesstaat New Hampshire ermittelt: Die Böen erreichten bis zu 370 km/h.

◆◆◆

Im Jahr 1185 machte der sogenannte Brief von Toledo mit einer schreckenserregenden Wettervorhersage in Westeuropa die Runde. Ein spanischer Astronom namens Johannes sagte für den Fall, daß im September des darauffolgenden Jahrs alle bekannten Planeten in Konjunktion – also in eine Linie – treten würden, schlimme Orkane voraus. Die meisten Gebäude würden zerstört werden, eine Hungersnot und andere Katastrophen würden folgen. Daraufhin trafen viele Menschen Vorkehrungen gegen das befürchtete Unheil – doch die Katastrophe blieb aus.

◆◆◆

98 % der antarktischen Landmasse sind eisbedeckt, darin sind acht Zehntel des Süßwassers der Erde gebunden.

Wunder in der Wüste

Nach Jahren der Dürre erblüht ein Blumenmeer

Die Wüste Atacama in Chile ist eines der trockensten Gebiete der Erde. Die durchschnittliche jährliche Niederschlagsmenge ist an manchen Stellen gleich Null. Aber wenn es alle fünf oder zehn Jahre doch einmal regnet, geschieht ein Wunder.

„Es war, als betrete man das Paradies", schwärmte eine britische Reisende im Jahr 1988, als sie sah, was ein Regenguß aus der Atacama gemacht hatte. Sie berichtete über „wundervolle, zarte Blumen, die weite Gebiete in leuchtende Farben tauchten". Im darauffolgenden Jahr erblühte eine andere Wüstenregion der Erde in voller Pracht: der ausgetrocknete Eyresee in Südaustralien, an dem das Thermometer im Sommer manchmal auf über 50 °C klettert. Nachdem wolkenbruchartige Regenfälle das flache Seebecken mit Wasser gefüllt hatten, sprossen in der sonst so trostlosen Wüste außen herum wie aus dem Nichts Pflanzen und erblühten in den herrlichsten Farben.

Doch wie können in einer Wüste Pflanzen gedeihen? Die Blumen wachsen aus Millionen Samenkörnchen, die seit der letzten Blüte im Wüstensand

Knochentrocken *In der Mojavewüste im südlichen Kalifornien fällt durchschnittlich weniger als 100 mm Regen im Jahr, und dennoch gedeihen dort einige Blütenpflanzen.*

gelegen haben. Die Samen ruhen in einer Schale, die sie bis zu 25 Jahre lang vor der Dürre schützt. Sie keimen erst, wenn sie sich nach starkem Regen mit Wasser vollsaugen können. Während Pflanzen in gemäßigterem Klima oft monatelang brauchen, um zu grünen, zu blühen und Samen zu bilden, dauert das bei kurzlebigen Wüstenpflanzen nur zwei Wochen.

Die Samen einiger Pflanzen in diesen Trockengebieten reagieren unterschiedlich auf den Wassersegen, manche erst ab einer bestimmten Mindestmenge. Das hat zur Folge, daß nicht alle auf einmal keimen und immer einige als Reserve für die Zukunft übrigbleiben. Und fast alle dieser Gewächse haben große, herrliche Blüten, damit für die Bestäubung so viele Insekten wie möglich angelockt werden. Denn nur so können die Pflanzen in ihrem kurzen Leben die Arterhaltung sichern.

Die tropische Antarktis

Der eisige Kontinent hat schon wärmere Zeiten erlebt

Geologen und andere Naturwissenschaftler haben schon vor längerer Zeit festgestellt, daß die eisbedeckte Antarktis einmal ein subtropisches Paradies war. Durch die Verschiebung der Krustenplatten driftete der heute kälteste Kontinent während der letzten 600 Mio. Jahre zusammen mit den anderen großen Landmassen über den Erdball.

Vor etwa 500 Mio. Jahren lag die Antarktis in der Nähe des Äquators, bewegte sich dann aber südwärts, bis sie vor rund 280 Mio. Jahren über dem Südpol lag. Dann wanderte sie wieder nach Norden, und nach weiteren 120 Mio. Jahren war es dann wieder so warm geworden, daß sich eine üppige Vegetation ausbreiten und eine reiche Tierwelt Fuß fassen konnte. Sogar Dinosaurier lebten damals in der Antarktis. Vor rund 60 Mio. Jahren kam die Antarktis erneut im südlichen Polarmeer zum Stillstand. Erst vor 25 Mio. Jahren begann dann über dem Festlandssockel die riesige Eisschicht zu wachsen, die heute an einigen Stellen fast 4000 m dick ist. Die Überreste der einstmals üppigen Vegetation sind heute aber immer noch in Form von ausgedehnten Kohleflözen vorhanden, wie durch Bohrungen nachgewiesen werden konnte.

Im Jahr 1982 fanden amerikanische Wissenschaftler sogar die fossilen Reste eines etwa 40–45 Mio. Jahre alten Beuteltiers. Diese Entdeckung lieferte den Beweis dafür, daß die antarktische Platte einst mit der australischen zusammenhing und damals in wesentlich wärmeren Breiten lag.

Unerwartete Überreste

Inzwischen hat man weitere fossile Reste von Delphinen, den Kiefer eines Krokodils und das Skelett eines flugunfähigen Vogels sowie Fossilien von Holz und Pflanzen entdeckt, die alle nur zwischen 2 und 5 Mio. Jahre alt sind. Diese Funde ließen die Wissenschaftler zu dem Schluß kommen, daß die Stärke der Eisdecke seit dem Beginn der Vergletscherung stark geschwankt haben muß und es möglicherweise 10–20 °C wärmer war als heute. Doch eine überzeugende Erklärung für diese Temperaturschwankungen läßt bis heute auf sich warten.

Wenn die Erde bebt

Nur schwere Erschütterungen werden wahrgenommen

Die Erwähnung von Erdbeben beschwört sofort Bilder von Verwüstung und Zerstörung, vielen Todesopfern und einem Heer von obdachlos gewordenen Menschen herauf. Ein Erdbeben kann in der Tat ungeheuren Schaden anrichten, wenn es sich in dichtbesiedeltem Gebiet ereignet. Doch von mehreren Millionen Erdbeben, die jedes Jahr von den Seismologen registriert werden, sind die meisten so leicht, daß sie kaum jemand wahrnimmt. Manche erreichen nur die Stufe 2 auf der Richter-Skala, mit deren Hilfe die Stärke von Erdbeben gemessen wird. Ein solches Beben ruft ungefähr die gleichen Erschütterungen hervor wie ein Ziegelstein, der aus 1 m Höhe auf die Erde fällt. Aber zweimal am Tag finden irgendwo auf der Erde Erdbeben statt, die mindestens die Energie von 500 t TNT, d. h. $\frac{1}{40}$ der Sprengkraft der Hiroshimabombe, freisetzen. Doch sie ereignen sich meist unter dem Meeresboden und richten keinen Schaden an.

Erdbebenherd Seit 1808 haben sich entlang dem San-Andreas-Graben rund 18 000 Beben ereignet – manchmal mit katastrophalen Folgen.

Die Erschütterungen werden durch die fortwährende Bewegung der Erdkrustenplatten verursacht. Wenn sich diese Platten untereinanderschieben oder aneinander vorbeibewegen, bauen sich tief unter der Erdoberfläche mitunter Spannungen auf, die sich immer wieder ruckartig entladen. Bei einem schweren Erdbeben werden denn auch gewaltige Energiemengen frei. Das Beben, das im Jahr 1976 in der chinesischen Stadt Tangshan 240 000 Todesopfer forderte, erreichte die Stufe 8,2 auf der Richter-Skala und setzte soviel Energie frei wie 1000 Hiroshimabomben. Eines der schwersten Erdbeben, das seit der Erfindung der modernen Seismographen verzeichnet wurde, erschütterte im Jahr 1965 Alaska. Es erreichte 8,5 auf der Richter-Skala, was einer Sprengkraft von über 30 Mio. t TNT gleichkommt.

Reise zum Mittelpunkt der Erde

Neuigkeiten aus dem Inneren unseres Planeten

Lange Zeit glaubten die Geologen, der Erdkern sei eine glatte, dichte und heiße Eisenkugel, deren festes Zentrum von einer geschmolzenen Schicht umgeben ist. Doch neueste Forschungen vermitteln ein ganz anderes Bild. Der Erdkern hat keineswegs eine glatte, gleichmäßige Oberfläche, sondern ist in hohe „Berge" und tiefe „Täler" gegliedert, die höher sind als der Mount Everest und tiefer als der Grand Canyon. Diese Täler sind aber nicht mit Wasser gefüllt, sondern mit glutflüssiger Gesteinsschmelze. Für die Erforschung des Erdinnern bedienten sich amerikanische Wissenschaftler der seismischen Tomographie. Bei diesem Verfahren werden seismologische Meßdaten vom gesamten Globus durch Computer zu einem dreidimensionalen Modell der Erde verarbeitet.

Das Erdinnere wird geröntgt

Bei ihren Untersuchungen machten sich die Seismologen die Tatsache zunutze, daß eine bestimmte Art von Erdbebenwellen ihre Geschwindigkeit ändert, wenn sie wie im Erdkern auf dichtere oder heißere Materie stößt, und daß an-

---

Hätten Sie's gewußt?

Die nordamerikanischen Algonkin-Indianer glaubten, die Erde liege auf dem Rücken einer riesigen Schildkröte und würde beben, wenn das Tier mit den Füßen scharre. Alte japanische Legenden gaben die Schuld am Zittern der Erde einer gewaltigen unterirdischen Spinne. Die alten Griechen wiederum machten tief im Erdinnern kämpfende Riesen für Erdbeben verantwortlich.

---

dere Bebenwellen nicht durch flüssige Gesteinsmassen dringen können, sondern verschluckt oder reflektiert werden. Wenn die Annahme stimmte, daß die Erdkruste, der Erdmantel – eine etwa 2900 km dicke Schicht aus überwiegend fester Materie – und der Erdkern alle eine regelmäßig geformte Oberfläche haben, mußte es möglich sein, die Zeit vorauszuberechnen, die eine Erdbebenwelle benötigt, um von einem Punkt durch das Erdinnere hindurch zu einem anderen zu gelangen. Doch in der Praxis wurden die Wellen völlig unvermittelt schneller oder langsamer, wurden verschluckt oder reflektiert. Daraus schlossen die Wissenschaftler, daß der Kern und der Mantel keine so regelmäßige Oberfläche haben und so einheitliche Temperaturen aufweisen, wie man vorher angenommen hatte.

Regen in der Tiefe

Unter Alaska erhebt sich z. B. vom Erdkern in den Erdmantel hinein ein „Berg", der mindestens 10 km hoch ist. Und unter Südostasien verläuft im Erdkern ein ebenso tiefes „Tal". Solche Unebenheiten entstehen dadurch, daß aus dem Kern besonders heißes geschmolzenes Gestein in den Mantel aufsteigt. Andererseits kann auch kühlere Schmelze aus dem Erdmantel in den flüssigen äußeren Kern absinken und „Täler" bilden. Durch diesen Austausch zwischen Erdkern und Erdmantel entstehen Meere aus weniger dichter Schmelze.

Wo geschmolzenes Gestein verschiedener Temperatur aufeinandertrifft, fallen Eisenteilchen auf den Erdkern – ein „Regen" unter unseren Füßen.

VERHEERENDE FLUTEN

Eine der zerstörerischsten Nebenwirkungen eines Erdbebens ist der Tsunami, eine Flutwelle, die durch Seebeben hervorgerufen wird. Für Schiffe auf dem offenen Meer sind solche seismischen Wogen oft gar nicht spürbar, denn dort, wo das Wasser mehrere tausend Meter tief ist, wird eine solche Flutwelle meistens nur

Der Flut entronnen *Im Jahr 1867 überstand das britische Postschiff La Plata einen Tsunami bei den Jungferninseln.*

1 m hoch, und die Wellenkämme können bis zu 150 km auseinanderliegen.

Doch ein Tsunami, der je nach Wassertiefe Geschwindigkeiten von 700 bis 800 km/h erreicht, kann verheerende Auswirkungen haben, wenn er in seichte Küstengewässer eindringt. Bei sinkender Wassertiefe wird die Vorderseite der Welle stark abgebremst, so daß sich die nachfolgenden, schnell anrollenden Wassermassen zu einer sehr viel höheren Woge auftürmen, die dann mit ungeheurer Wucht an die Küste donnert.

Als der höchste Tsunami, den Menschen dokumentierten, gilt jener, der 1971 bei dem zu den japanischen Riukiu-Inseln gehörenden Eiland Ishiguki zu sehen war. Seine Höhe wurde auf 85 m geschätzt.

1896 traf ein etwa 30 m hoher Tsunami auf die Nordostküste der japanischen Hauptinsel Honshu und riß 27 000 Menschen in den Tod. Nach dem großen Erdbeben von Alaska im Jahr 1964 brachte eine seismische Woge Tod und Zerstörung sogar noch bis in die kalifornische Stadt Crescent City, die 2700 km vom Epizentrum des Erdbebens im Prince William Sund entfernt liegt. Und die Flutwelle, die 1883 bei der Explosion des Vulkans Krakatau entstand, forderte auf Java und Sumatra 36 000 Opfer.

Von den Fluten davongespült

1868 brachen nach einem Beben vor der Küste Chiles riesige Wellen donnernd über den Hafen von Arica herein und trugen ein Dampfschiff der US-Marine 3 km weit landeinwärts. Die Matrosen fanden sich am Fuße einer Klippe wieder, auf die sie mit einer 14 m hohen Woge aufgelaufen waren. In der Nähe lag ein britischer Dreimaster, dessen Ankerkette mehrmals um den Rumpf gewickelt war, weil das Schiff von der tosenden See umhergewirbelt worden war. Von der Mannschaft fehlte jede Spur.

Unter Wasser begraben

Unbekannte Landschaften auf dem Meeresboden

Zwei Drittel der Erdoberfläche bekommen wir nie zu Gesicht, weil sie von Wasser bedeckt sind. Aber gäbe es einen Stöpsel, den man ziehen könnte, so daß das Wasser der Ozeane abfließen würde, dann kämen durchaus vertraute Landschaften zum Vorschein. Denn genau wie auf dem Festland gibt es auch auf dem Meeresboden Gebirgszüge, aktive und erloschene Vulkane, Schluchten, Plateaus und Ebenen. Doch in der Mitte des Atlantiks erhebt sich ein Gebirgszug, der an Land seinesgleichen sucht. Von Island bis fast zur Antarktis zieht sich durch das ganze Meeresbecken der Mittelatlantische Rücken. Er erstreckt sich über 20 000 km und ragt im Durchschnitt 2500 m über dem flachen Meeresboden auf. Er wird an beiden Seiten

Höhen und Tiefen *Hellere Flächen auf dieser Reliefkarte deuten untermeerische Gebirge an. Die dunklen Linien sind Tiefseegräben, an denen Erdkrustenplatten aufeinandertreffen und Meeresboden verschluckt wird.*

von kleineren, parallel verlaufenden Bergketten flankiert und von tiefen Spalten zerrissen.

Dieser Gebirgszug birgt die Schlüsselinformation über die Bildung des Meeresbodens, aus der in den vergangenen 30 Jahren die Theorie der Plattentektonik entwickelt wurde. Danach besteht die Erdkruste aus mehreren, sich langsam bewegenden Platten, die seit Jahrmillionen voneinander wegdriften, zusammenstoßen oder aneinander vorbeigleiten. Dadurch verändern sich die Umrisse der Kontinente, es entstehen neue Meeresbecken, Gebirge werden aufgebaut, Vulkane bilden sich, und Erdbeben werden ausgelöst.

An den Bruchzonen, an denen diese Schollen auseinandertreiben, steigt glutflüssige Gesteinsschmelze aus dem oberen Erdmantel empor, kühlt ab und verfestigt sich. Auf diese Weise türmt sich ständig neuer Meeresboden zu Schwellen auf, die dem Verlauf der Plattenränder folgen. Der Mittelatlantische Rücken markiert die Grenze zwischen Amerikanischer Platte einerseits, Eurasischer und Afrikanischer Platte andererseits. Er ist nur einer von zahlreichen Gebirgszügen, die sich quer durch alle Ozeane ziehen.

Spalt in der Erde *Diese Computergrafik zeigt einen Ausschnitt des Meeresbodens westlich von Mittelamerika. Der tiefe Spalt in der Mitte trennt zwei Platten der Erdkruste voneinander.*

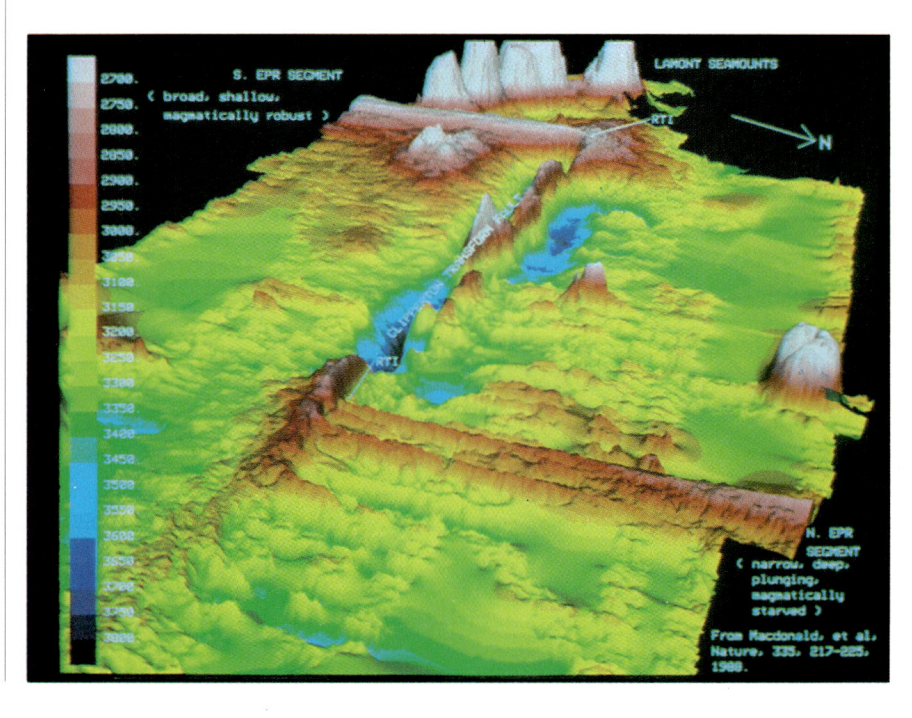

Ewiger Kreislauf

Die Haut unseres Planeten bildet sich ständig neu

Das älteste Kontinentalgestein auf diesem Planeten ist vor rund 3,8 Mrd. Jahren entstanden und damit fast so alt wie der Erdball selbst. Das Krustenmaterial unter dem Meeresgrund dagegen ist gerade 200 Mio. Jahre „jung".

Die Theorie vom *sea-floor-spreading*, von der Ausdehnung des Meeresbodens, kann diesen Altersunterschied erklären: Wo die Platten der Erdkruste auseinanderdriften, bilden sich tiefe Spalten. Gesteinsschmelze dringt aus der Erdrinde an die Oberfläche, breitet sich nach beiden Seiten hin aus, erstarrt, und es entsteht neuer Meeresboden.

Ausgespien und verschluckt

Dort wo zwei Platten zusammenstoßen und sich eine unter die andere schiebt, wird der Ozeanboden verschluckt und verschmilzt mit dem Erdmantel. Krustenplatten, die Kontinente tragen, bestehen zum größten Teil aus Granit, die ozeanische Kruste des Meeresbodens hingegen aus dünnerem Basalt, also Ergußgestein. Trifft eine ozeanische auf eine kontinentale Platte, taucht die Ozeankruste unter die Kontinentalplatte ab. Während sich also im Zentrum der

Ozeane entlang den Schwellen ständig neue Erdkruste bildet und weiterschiebt, wird das Gestein an den Rändern der ozeanischen Platten wieder verschluckt. Dabei entstehen die Tiefseegräben, und oft werden Erdbeben ausgelöst.

Die Datierung des Gesteins auf den Inseln im Atlantik bestätigt die Theorie von der Ausdehnung des Meeresbodens. So bestehen Inseln, die nahe den Zentralspalten in dem mittelozeanischen Rücken liegen, aus jungem Gestein. Mit zuneh-

Neugeborenes Gestein Das relativ junge Gestein der Azoreninsel São Miguel im Atlantik bestätigt die Theorie der Meeresbodenentstehung.

mender Entfernung von den Spalten steigt auch das Alter des Inselgesteins. Die Azoren, die sich über Bruchspalten des Mittelatlantischen Rückens befinden, entstanden vor nur 20 Mio. Jahren, während die Kapverdischen Inseln vor der Westküste Afrikas 150 Mio. Jahre alt sind.

Hätten Sie's gewußt?

Die tiefste Stelle der Weltmeere liegt 11 033 m unter dem Meeresspiegel und befindet sich im Marianengraben.

GOLDSUCHER IM MEER

Das Deutsche Reich wurde 1921 verpflichtet, an die Alliierten 132 Mrd. Goldmark Reparationen für den erlittenen Schaden im Ersten Weltkrieg zu zahlen. Zunächst versuchte die deutsche Regierung verzweifelt, die gesetzten Zahlungsfristen einzuhalten, doch die überhöhten Forderungen stürzten die Weimarer Republik in eine galoppierende Inflation und in ein immer größer werdendes wirtschaftliches Chaos.

In dieser Situation glaubte der patriotisch eingestellte Wissenschaftler Fritz Haber, der 1918 den Nobelpreis für Chemie erhalten hatte, Deutschland vor dem Bankrott bewahren zu können, denn er hoffte, aus Meerwasser Gold gewinnen

zu können. Neben Natriumchlorid, dem normalen Kochsalz, und einer ganzen Reihe von Metall- und Mineralverbindungen enthält das Meerwasser auch Gold. Nach heutigen Schätzungen könnten annähernd 6 Mrd. t des Edelmetalls in den Ozeanen schwimmen. Dies scheint in der Tat eine ungeöffnete Schatztruhe zu sein, wenn man außer acht läßt, in welch einer ungeheuren Wassermenge das Gold gelöst ist.

So bewegt sich der durchschnittliche Goldgehalt in einer Größenordnung von nur 0,004 mg pro Tonne Meerwasser, und die höchste Konzentration, die Haber bei seinen Analysen im Südatlantik finden konnte, lag bei 0,044 mg pro Tonne – ein-

deutig zu gering für eine wirtschaftliche Verwertung, und so mußte Haber 1926 seinen Plan wieder aufgeben.

Seither wurde der Versuch, Gold aus dem Meer zu gewinnen, nur noch einmal von einer amerikanischen Firma unternommen, die in North Carolina dem Atlantikwasser gewinnbringend Brom für die Herstellung von Farben und Arzneimitteln entzieht. Wissenschaftler des Unternehmens testeten, wieviel Gold man dem Meerwasser abringen könnte. Doch zu ihrer großen Enttäuschung konnten sie 15 t Meerwasser mit einem aufwendigen Verfahren nur 0,09 mg Gold entziehen. Das entspricht heute einem Wert von etwa 0,2 Pfennig.

Mehr als eine Prise Salz

Salzseen sind keine toten Gewässer

Auf alle Urlauber, die gerne tauchen, wartet am Toten Meer eine Enttäuschung: Man kann dort nicht tauchen, sondern schwebt wie schwerelos an der Wasseroberfläche. Das liegt daran, daß das Tote Meer einen Salzgehalt von 25–30 % hat – ein Vielfaches der Salzkonzentration in den Ozeanen, die um 3–4 % schwankt. Auch das Wasser des Großen Salzsees im amerikanischen Bundesstaat Utah trägt seinen Namen zu Recht; sein Salzgehalt erreicht fast den des Toten Meers.

Verdunstung besiegt die Flüsse

Was ihre Entstehung betrifft, haben diese beiden Salzseen aber nicht viel gemein. Das Tote Meer füllt einen Teil des Jordangrabens aus, der sich während der vergangenen 26 Mio. Jahre durch tektonische Bewegungen innerhalb der Erdkruste entwickelt hat. Mit 400 m unter dem Meeresspiegel ist das Seebecken die tiefste Stelle auf der Erdoberfläche.

Der Große Salzsee ist wesentlich jüngeren Ursprungs. Er ist der Überrest des eiszeitlichen Gletschersees Bonne-

Spaziergang auf dem Salz *Die weite Bonneville-Salzebene kennzeichnet die einstige Ausdehnung des Großen Salzsees, in dem sich am Ende der letzten Eiszeit das Schmelzwasser der abtauenden Gebirgsgletscher sammelte.*

ville, der während der letzten 20 000 Jahre auf ein Zehntel seiner ursprünglichen Größe zusammengeschrumpft ist. Heute hat er wie das Tote Meer keinen Abfluß mehr, doch in der heißen Wüstensonne verdunstet der Großteil des Wassers. Was bleibt, sind die Minerale, die die Flüsse mitbringen – Millionen Tonnen verschiedener Salze.

Zur Salzsäule erstarrt *Seit biblischer Zeit ist Kochsalz das wichtigste und einträglichste Mineral, das am Toten Meer gewonnen wird.*

Doch es wäre falsch zu glauben, daß dort wegen des hohen Salzgehalts kein Leben möglich ist. Das Tote Meer ist nicht ganz tot: Manche Algen- und Bakterienarten haben sich der salzhaltigen Umgebung angepaßt. Auch im Großen Salzsee gibt es einzellige Organismen, von denen vor allem die Algen, die den nördlichen Teil des Gewässers rosa färben, für jeden gut erkennbar sind. Es gibt sogar noch höhere Lebensformen: Salzwasserkrabben und Fliegen, deren Larven nur im Salzwasser gedeihen. Die Krabbeneier werden als Futter für Tropenfische verkauft. Doch am einträglichsten ist noch immer der Verkauf der aus den beiden Salzseen gewonnenen Salze.

Hätten Sie's gewußt?

In den Ozeanen gibt es genügend Salz, um alle Kontinente mit einer 150 m dicken Schicht bedecken zu können.

◆◆◆

Von den 93 chemischen Elementen, die in der Natur vorkommen, sind rund 70 im Meerwasser gelöst.

Das kostbare Naß

Erstaunliche Zahlen über den Wasserverbrauch

Ein Drei-Personen-Haushalt in Deutschland verbraucht im Jahresdurchschnitt 100 000 l Wasser – das sind zwei Vollbäder täglich. An einem einzigen Tag benötigt jeder Einwohner zu Hause und am Arbeitsplatz durchschnittlich 250 l Wasser. In vielen Entwicklungsländern dagegen muß vor allem die Landbevölkerung mit erheblich weniger auskommen. In Ghana beispielsweise stehen einer vierköpfigen Familie täglich nur 20 l zur Verfügung. Das ist weniger als die Wassermenge, die verbraucht wird, wenn man zweimal die Toilettenspülung betätigt.

Beim Zähneputzen unter laufendem Wasserhahn rinnen 9 l davon. Eine Geschirrspülmaschine braucht rund 35 l Wasser pro Durchgang, und beim Geschirrspülen von Hand laufen durchschnittlich 40 l aus dem Hahn. Doch diese Zahlen verblassen neben dem Bedarf der Industrie. Um 1 l Benzin herzustellen braucht die Ölraffinerie 8 l Wasser, und um 1 t Rohwolle zu reinigen und zu Stoff zu verarbeiten, sind 180 000 l notwendig.

Auch die Landwirtschaft hat einen hohen Wasserbedarf. Vieh und Pflanzen gedeihen nicht ohne Wasser, und auch der Einsatz von Düngemitteln und Pestiziden ist nicht ohne Wasser möglich. Für den Anbau von 1 kg

Dürre im Land des Regens *Die Britischen Inseln sind für ihren Regenreichtum berüchtigt. Doch im heißen, trockenen Sommer 1989 mußten englische Bauern ihre Felder bewässern, um die Pflanzen vor dem Verdorren zu bewahren.*

Kühlmittel *In einem Stahlwerk werden die neugeformten und glühendheißen Metallplatten auf der Walzstraße unter einer Wassersprühanlage abgekühlt. Für die Produktion von 1 t Stahl sind 4500 l Wasser erforderlich.*

Reis z. B. sind rund 2800 l Wasser erforderlich. In den westlichen Industriestaaten ist für die Produktion der Mahlzeiten eines einzigen Tages eine Wassermenge von durchschnittlich 19 800 l pro Person notwendig, und zwar nur für den Anbau der entsprechenden Nahrungsmittel, also nicht für die Verarbeitung und den Transport: 900 l für ein Frühstück, 12 600 l für ein Mittag- und 6300 l für ein Abendessen.

Hätten Sie's gewußt?

Der höchste Wasserfall der Erde ist der Angelfall in Venezuela, der vom Rand eines Hochplateaus 978 m in die Tiefe stürzt. Bis zum Jahr 1910 kannten ihn nur Indianer. Seinen Namen hat der Wasserfall von einem amerikanischen Piloten namens James Angel, der 1937 auf der Suche nach Gold in der Nähe der Fälle mit seinem Flugzeug eine Bruchlandung machte.

◆◆◆

Jedes Lebewesen enthält und braucht Wasser. Pflanzen benötigen Wasser für die Photosynthese, Tiere und Menschen vor allem für den Stoffwechsel und den Blutkreislauf. Ein Salatblatt besteht zu 94 %, ein Mensch zu 60 – 70 % und ein Nadelbaum zu 55 % aus Wasser.

Steter Tropfen höhlt den Stein

Wasserfälle verschwinden von selbst

Einige der großen Wasserfälle dieser Erde vernichten sich allmählich selbst, indem sie die steilen Schwellen abtragen, über die sie stürzen. Sie ziehen sich Meter um Meter stromaufwärts zurück, bis sie am Ende ganz verschwunden sein werden, so daß die Flüsse in einem ausgeglichenen Lauf sanft zum Meer hinfließen können. So sind beispielsweise die atemberaubenden Victoriafälle in Simbabwe seit ihrer Entstehung vor mehreren hunderttausend Jahren um mindestens 130 km den Sambesi hinauf zurückgewichen. Bei den Niagarafällen an der Grenze zwischen Kanada und den USA wird die Fallkante des Flusses eines Tages bis zum Eriesee hinaufgewandert sein, so daß dessen Wasser teilweise abfließen wird.

Harte und weiche Schichten

Viele Wasserfälle sind dadurch entstanden, daß ein Flußlauf aus einem Gebiet mit hartem Gesteinsgrund in ein Gebiet mit weicherem, weniger widerstandsfähigem Untergrund übertritt. Das weichere Gestein wird rasch abgetragen, während die harte Gesteinsschicht erhalten bleibt. So bildet sich eine Fallkante, über die der Fluß stürzt.

Je tiefer sich der Fluß einschneidet,

Die Kraft der Erosion Die wirbelnden Wassermassen der Niagarafälle tragen die weichen Sandstein- und Schieferschichten ab und lassen einen Vorsprung aus härterem Kalkstein übrig.

desto mehr weichere Schichten legt er frei. Die Kraft des herabstürzenden Wassers höhlt am Fuß der Fälle Trichter aus, und die seitlich wegspritzenden Wassermassen tragen das weichere Material weiter ab. Die überhängende Felskante wird unterhöhlt und bricht schließlich ab. Genau das geschieht z. B. mit den gigantischen Niagarafällen, bei denen sehr harter Kalkstein über weicheren Schiefer- und Sandsteinschichten lagert.

In den letzten 12 000 Jahren zog sich die Fallkante der Niagarafälle um 11 km zurück und hinterließ eine tiefe Schlucht. Die große Touristenattraktion am Niagara River sind die eindrucksvollen Hufeisenfälle auf der kanadischen Seite. Doch auch ihre halbrunde Form ist nichts Dauerhaftes, sondern hat sich aus einer ehemals schmalen V-Form entwickelt.

Heutzutage hat sich der Erosionsprozeß der Niagarafälle zwar verlangsamt, weil mehrere Kraftwerke dem Fluß große Wassermengen für die Strom-

erzeugung entnehmen, doch der riesige Wasserfall wandert immer noch im Durchschnitt 1 m pro Jahr flußaufwärts. Trotzdem kann man eine Reise dorthin noch in aller Ruhe planen, denn die Niagarafälle wird es auch noch einige tausend Jahre geben.

Fluß oder Meeresarm?

Der Amazonas ist ein Strom der Superlative

Als portugiesische Entdecker im 16. Jh. das erste Mal den Amazonas hinaufsegelten, waren sie von seinen Ausmaßen so überwältigt, daß sie ihm den Namen *Rio Mar*, Flußmeer, gaben.

Der Amazonas ist in der Tat ein gewaltiger Strom. An seiner Mündung ist er 250 km breit, und selbst 1600 km landeinwärts bringt es sein Hauptarm noch auf eine Breite von gut 11 km. Über die Hälfte seines 6437 km langen Laufs ist für Ozeanschiffe befahrbar, und insgesamt 22 500 km seiner Nebenflüsse sind immerhin noch tief genug für große Flußdampfer.

Aus der Amazonasmündung ergießt sich ein Fünftel des gesamten Flußwassers der Erde ins Meer. Gemessen an der Wasserführung ist der Kongo (Zaire) der zweitgrößte Fluß der Welt, doch seine Abflußmenge erreicht nicht

einmal ein Viertel von der des Amazonas. Die Wassermassen, die sich in einer Sekunde aus seiner Mündung ergießen, würden ausreichen, um München ein Jahr lang mit Wasser zu versorgen. Immerhin drängen sie das Salzwasser des Atlantiks bei Ebbe um 200 km von der Küste weg.

Gewaltige Schlammassen

Auf seinem Weg zum Meer sammelt der Amazonas riesige Schlamm- und Sandmassen, die er in seinem Bett mit sich schleppt. Ein großer Teil davon lagert sich in den Überschwemmungsgebieten des mittleren und unteren Amazonas ab, wenn der Strom im Mai seinen höchsten Stand erreicht und ein Gebiet von der Größe Bayerns überflutet. Doch noch mehr Schlamm wird ins Meer gespült. Nach Schätzungen eines deutschen Hydrologen würde der

Schlamm, den der Amazonas an einem einzigen Tag ins Meer schwemmt, 5000 Güterzüge mit je 30 10-Tonnen-Waggons füllen.

Der Amazonas ist eine trübe Mixtur aus dem Wasser von über 200 größeren Nebenflüssen. Von Westen münden Flüsse mit milchig-weißem Wasser ein, die abgetragene Mineralien aus den Anden mit sich führen. Aus dem Norden kommt durch den Humus der Regenwälder schwärzlich gefärbtes Wasser, und aus dem Süden fließt klares, blaugrünes Wasser aus dem zentralbrasilianischen Hochland in den Amazonas. 17 seiner Nebenflüsse sind länger als der Rhein mit seinen 1320 km. Könnte man das Labyrinth aller Nebenflüsse und Bäche entwirren und sie aneinanderreihen, hätten sie eine Länge von rund 80 000 km – genug, um zweimal den Äquator zu umspannen.

Wärme aus der Tiefe

Moderne Technik zapft eine unerschöpfliche Energiequelle an

Die Kohle- und Ölreserven der Erde werden früher oder später zur Neige gehen, doch direkt unter unseren Füßen gibt es noch eine andere, praktisch unbegrenzte Energiequelle: die Hitze im Erdinnern. In vielen vulkanischen Gebieten kommt diese sogenannte geothermische Energie in Form von heißem Wasser oder Wasserdampf an die Erdoberfläche und kann zum Antrieb von Turbinen für die Stromerzeugung genutzt werden. In der italienischen Stadt Larderello arbeitet schon seit langer Zeit ein

Kraftwerk mit heißem Dampf aus der Tiefe. Allerdings reicht der dort produzierte Strom gerade aus, um den örtlichen Bedarf zu decken. Heute versuchen Wissenschaftler u. a. bei Los Alamos im amerikanischen Bundesstaat New Mexico das Wärmereservoir anzuzapfen, das im erhitzten Fels der Erdkruste schlummert.

Umweltfreundliche Energiegewinnung
Bei Los Alamos in der Wüste von New Mexico wurden zwei parallel verlaufende Bohrlöcher bis in 4000 m Tiefe vorgetrieben. Dort herrscht eine Temperatur von über 300 °C. Dann wurde eine Verbindung zwischen den beiden Bohrlöchern hergestellt, indem unter extrem hohem Druck Wasser hinabgepreßt und damit das Gestein entlang von Klüften aufgebrochen wurde. Das Wasser, das man nun durch das eine Loch hinabpumpt, verwandelt sich in heißen Dampf, der dann durch das andere Loch wieder an die Oberfläche gelangt.

Durch das Förderbohrloch gelangen heißes Wasser und heißer Dampf nach oben.

Kaltes Wasser wird durch das Eingangsbohrloch nach unten gepumpt.

Das heiße Granitgestein wird künstlich aufgebrochen, damit das Wasser von einem Bohrloch zum andern dringen kann.

Bananen vom Polarkreis
In Island wachsen Südfrüchte und Trauben in Treibhäusern, die mit Wasser aus heißen Quellen beheizt werden.

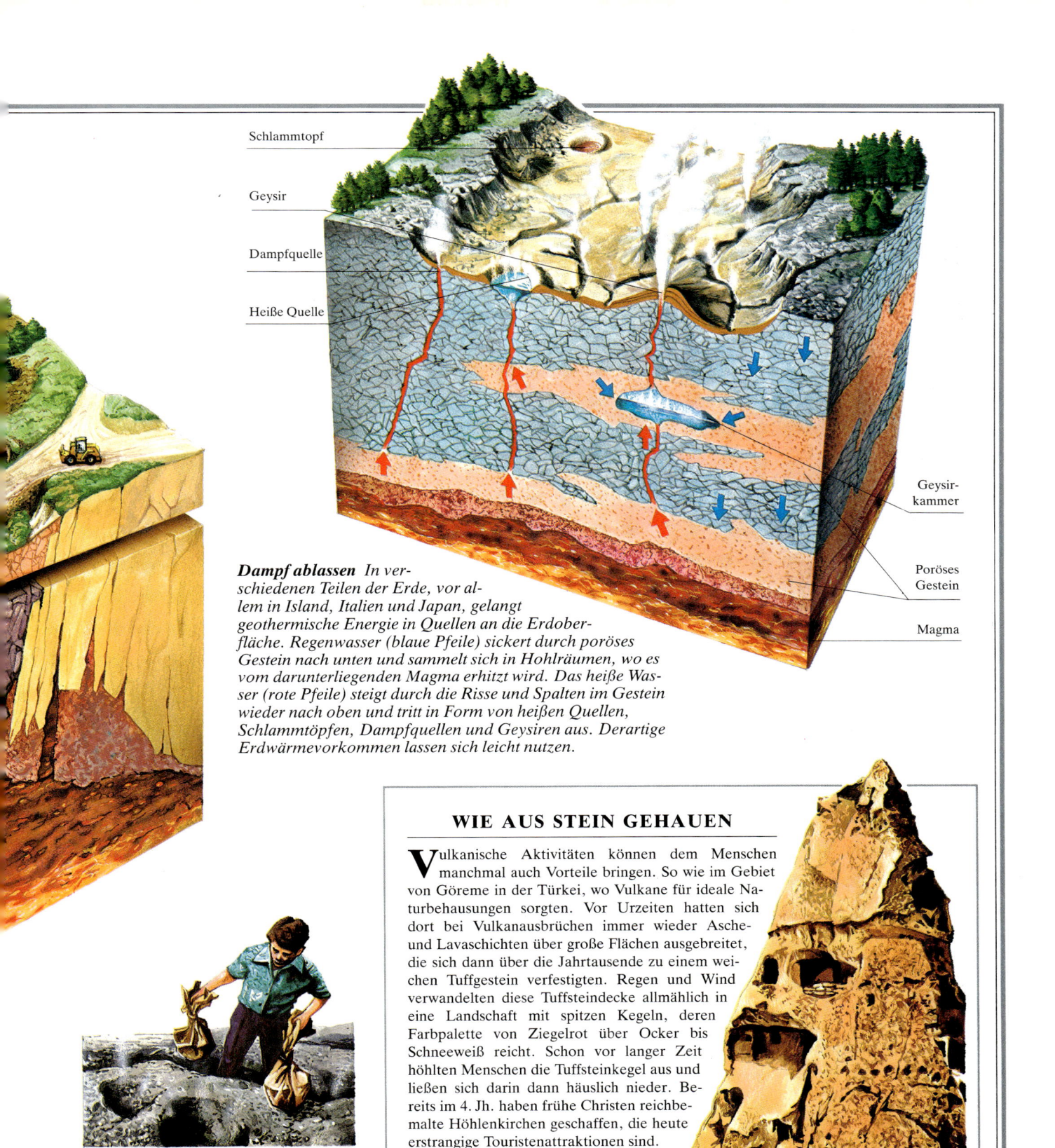

Schlammtopf

Geysir

Dampfquelle

Heiße Quelle

Geysir-kammer

Poröses Gestein

Magma

Dampf ablassen *In verschiedenen Teilen der Erde, vor allem in Island, Italien und Japan, gelangt geothermische Energie in Quellen an die Erdoberfläche. Regenwasser (blaue Pfeile) sickert durch poröses Gestein nach unten und sammelt sich in Hohlräumen, wo es vom darunterliegenden Magma erhitzt wird. Das heiße Wasser (rote Pfeile) steigt durch die Risse und Spalten im Gestein wieder nach oben und tritt in Form von heißen Quellen, Schlammtöpfen, Dampfquellen und Geysiren aus. Derartige Erdwärmevorkommen lassen sich leicht nutzen.*

WIE AUS STEIN GEHAUEN

Vulkanische Aktivitäten können dem Menschen manchmal auch Vorteile bringen. So wie im Gebiet von Göreme in der Türkei, wo Vulkane für ideale Naturbehausungen sorgten. Vor Urzeiten hatten sich dort bei Vulkanausbrüchen immer wieder Asche- und Lavaschichten über große Flächen ausgebreitet, die sich dann über die Jahrtausende zu einem weichen Tuffgestein verfestigten. Regen und Wind verwandelten diese Tuffsteindecke allmählich in eine Landschaft mit spitzen Kegeln, deren Farbpalette von Ziegelrot über Ocker bis Schneeweiß reicht. Schon vor langer Zeit höhlten Menschen die Tuffsteinkegel aus und ließen sich darin dann häuslich nieder. Bereits im 4. Jh. haben frühe Christen reichbemalte Höhlenkirchen geschaffen, die heute erstrangige Touristenattraktionen sind.

Bizarre Behausungen *Einzelnstehende Tuffkegel werden von den Einheimischen als Feenkamine bezeichnet.*

Naturherd *Auf der Azoreninsel São Miguel kochen die Bewohner ihr Essen im heißen Vulkanboden. Es muß dabei aber in gut verschlossenen Metallbehältern vor den Schwefeldämpfen geschützt werden.*

Wie die Erde ergrünte

Die Pflanzen eroberten als erste das Land

Man stelle sich eine trostlose Landschaft vor, die, so weit das Auge reicht, von der Asche zahlloser Vulkanausbrüche bedeckt ist. Hier und dort dringt Dampf aus schwefeligen Wasserlöchern, die mehr Schlamm als Wasser enthalten. Nach Leben hält man vergeblich Ausschau, denn die Atmosphäre ist lebensfeindlich, weil sie fast keinen Sauerstoff enthält. Genau diesen Anblick bot die Erde bis vor 500 Mio. Jahren. Doch während das Festland nur öde Wüste war, bevölkerte schon eine reichhaltige Flora und Fauna die Meere. Ein großer Teil der Pflanzen, die sich schon vor etwa 2,5 Mrd. Jahren im Wasser zu entwickeln begannen, lebte in seichten Küstengewässern und Buchten, wo das Sonnenlicht bis an den Gewässerboden vordringen konnte.

Urweltdschungel *Im Karbonzeitalter vor 350 Mio. Jahren entwickelten sich Sumpfwälder, die von Riesenlibellen mit einer Flügelspannweite von bis zu 70 cm bevölkert waren.*

Allmählich begannen sich dort Algen, die während der Ebbe der Luft ausgesetzt waren, dem Leben außerhalb des Wassers anzupassen. Doch es vergingen noch einmal 100 Mio. Jahre, ehe es Pflanzen gab, die ganz und gar außerhalb der Ozeane existieren konnten. Sie hatten Stengel und Wurzeln entwickelt, die Wasser aus dem Boden aufnehmen konnten, und besaßen eine wachsartige Haut, die sie vor dem Austrocknen schützte. Die meisten hatten noch keine Blätter und waren nur wenige Zentimeter hoch, doch sie bildeten in den Küstensümpfen rasch große Kolonien.

Indem die Pflanzen bei der Photosynthese Kohlendioxid aufnahmen und Sauerstoff abgaben, trugen sie zur Veränderung der Atmosphäre bei. Der erhöhte Sauerstoffgehalt in der Luft ermöglichte die Entwicklung von Meerestieren zu Amphibien, die Luft atmen und an Land leben konnten. Zu den ersten Landbewohnern zählten die Urahnen der Tausendfüßer und einige flügellose Insekten. Von diesen Pflanzenfressern ernährten sich dann die ersten fleischfressenden Landtiere – spinnenähnliche Arten, Skorpione und Hundertfüßer. Nun gab es also Jäger und Gejagte, und Fauna und Flora an Land entwickelten sich zu einem immer komplizierteren System. Aus den primitiven Formen von Moosen, Lebermoosen und Farnen entwickelten sich höhere Pflanzen, die sich über das ganze Land verbreiteten. Durch die verwesten Überreste zahlloser Generationen von Lebewesen, die sich mit Staub, Sand und Asche vermischten, bildeten sich immer dickere Bodenschichten, in denen Pflanzen tiefere Wurzeln ausbilden und dadurch weiter in die Höhe wachsen konnten. So entfalteten sich seit Beginn des Karbonzeitalters vor rund 350 Mio. Jahren Urwälder mit über 10 m hohen Baumfarnen.

Einzeller *Schon diese Alge besitzt Chloroplasten. Dort findet die Photosynthese statt.*

Hätten Sie's gewußt?

Der derzeit höchste Baum der Erde, ein Küsten-Mammutbaum, steht in Kalifornien. Er mißt 110 m. Den Rekord hält allerdings ein bereits gefällter australischer Eukalyptusbaum, der 1872 eine Höhe von angeblich 132 m erreicht hatte.

DER ODEM DES LEBENS

Alle Lebensformen der Tierwelt und auch der Mensch benötigen Nahrung und – abgesehen von einigen wenigen Bakterienarten – Sauerstoff, um diese Nahrung in Energie umzuwandeln. Ohne die Pflanzen gäbe es auf der Erde für die Menschen keine Nahrung und außerdem nur ganz wenig Sauerstoff zum Atmen. Aber durch die Photosynthese – das ist der Prozeß, bei dem Pflanzen mit Hilfe des Sonnenlichts ihre Nährstoffe aufbauen – gibt es von beidem genug auf unserem Planeten.

Unerläßlich für die Photosynthese ist das Chlorophyll, ein Pigment, das den Blättern und Stengeln ihre grüne Farbe verleiht. Es fängt die Sonnenenergie auf und gibt sie zur Bildung von Zucker und Stärke aus Wasser und Kohlendioxid weiter. Zucker und Stärke wiederum dienen dem Wachstum von Wurzeln, Stengeln, Blättern und Samen. Die Natur hat es so eingerichtet, daß beim Pflanzenwachstum als Nebenprodukt Sauerstoff frei wird, den Tiere und Menschen ihrerseits für die Umwandlung ihrer Nahrung in Energie benötigen.

Der Wert des Waldes

Ganz entscheidend für die Erhaltung des natürlichen Gleichgewichts auf der Erde ist die Tatsache, daß Pflanzen große Mengen Kohlendioxid aus der Luft aufnehmen. Heute jedoch wird durch die Verbrennung fossiler Brennstoffe wie Holz, Kohle, Öl und Gas immer mehr Kohlendioxid freigesetzt. Gleichzeitig führt aber die Zerstörung der Wälder dazu, daß es nicht mehr genügend Pflanzen gibt, die diesen Kohlendioxidüberschuß absorbieren könnten. Durch den sogenannten Treibhauseffekt heizt sich die Atmosphäre deshalb immer stärker auf – mit katastrophalen Folgen für das Weltklima. Einige Wissenschaftler haben eine Lösung für dieses Problem parat: Sie meinen, ein Wald von der Größe der USA könnte ebensoviel Kohlendioxid aufnehmen, wie gegenwärtig freigesetzt wird. Doch dafür müßten erst einmal Milliarden von Bäumen gepflanzt werden und heranwachsen – und so lange kann die Erde vermutlich nicht mehr warten.

Bäume im Salzwasser

Mangroven trotzen erfolgreich dem Meer

Mangroven wachsen an geschützten Buchten, Lagunen und Flußmündungen tropischer Meeresküsten, die bei Flut vom Salzwasser überspült werden. Jeder andere Baum würde das nicht überleben, doch die vielen verschiedenen Mangrovenarten, die es auf der Welt gibt, haben einen entscheidenden Vorteil gemein: Sie vertragen Salz.

Manche Mangroven können dem Meerwasser mit Hilfe spezieller Drüsen das Salz entziehen und es dann über ihre Blätter absondern. Andere haben Wurzeln, die einen Großteil des Salzes herausfiltern, ehe es überhaupt in den Baum gelangt.

An Küsten, wo ständig Sand und Schlick angespült und wieder abgetragen werden, finden Bäume normalerweise nur sehr wenig Halt. Viele Mangroven bilden deshalb ein dichtes Gewirr von Stütz- oder Stelzwurzeln aus, mit denen sie in der schlammigen Erde verankert sind und die ihnen einen festen Stand geben. Im Wurzelgestrüpp unter den Stämmen verfangen sich Schlick, Treibgut und die vom Baum fallenden Blätter, so daß sich im Lauf der Zeit eine Bodenschicht bildet. Auf dieser können sich wiederum andere, salzempfindlichere Mangrovenarten ansiedeln.

Schnorchel aus dem Schlamm

Das flache Wasser eines Mangrovensumpfes enthält nur sehr wenig Sauerstoff, doch auch für dieses Problem sind die Mangroven genial gerüstet: Die Bäume bilden ein zweites, luftatmendes Wurzelsystem aus, dessen Triebe nicht in den Boden hineinwachsen, sondern wie Schnorchel aus dem Schlamm herausragen.

Auch ihren Nachwuchs wissen die Mangroven vor den Unbilden der Gezeiten zu schützen. Die Samen der meisten Mangrovengewächse keimen bereits auf dem Baum und entwickeln dort schon einen bis zu 1 m langen Stengel, der Wurzeln und Blätter austreibt. Fällt nun die junge Pflanze vom Baum ab, bohrt sich der spitze Stengel wie ein Messer in den Schlick und kann sofort Wurzeln schlagen. Andere Mangrovenpflänzchen sind schwimmfähig und überleben lange, wenn sie vom Meerwasser weggespült werden. Sind die Bedingungen günstig, so treffen sie irgendwo auf eine Sandbank, siedeln sich als Pionierpflanzen an und lassen im Lauf der Zeit eine mangrovenbewachsene Insel entstehen.

Sicherer Halt *Ein Gewirr von Stelzwurzeln hält diese thailändische Mangrove sicher über dem Wasserspiegel.*

Zurück zu den Wurzeln

Die Stützen und Wasserleitungen der Pflanzen

Pflanzen brauchen ihre Wurzeln, um Wasser und lebensnotwendige Nährstoffe aus dem Boden aufzunehmen. Der Wasserbedarf ist dabei so groß, daß bei manchen Pflanzen die Wurzeln ohne Unterbrechung wachsen – mit außerordentlicher Geschwindigkeit. So fanden Wissenschaftler heraus, daß eine vier Monate alte Roggenpflanze bereits Wurzeln von insgesamt 620 km Länge entwickelt hatte. Die Wurzeln waren also pro Tag durchschnittlich 5 km gewachsen.

Doch die Wurzeln sind nicht nur die lebenswichtige Verbindung der Pflanze zum kostbaren Naß, sondern auch ihre Verankerung in der Erde. Wo nur eine dünne Erdschicht den Gesteinsuntergrund bedeckt, wo der Boden sumpfig ist oder wenn Geäst und Laubwerk besonders schwer sind, brauchen vor allem Bäume zusätzlichen Halt. So bilden einige Baumarten Stützen aus, die man als Stelzwurzeln bezeichnet.

Ein Baum – viele Stämme

Beim in Afrika, Südostasien und Australien vorkommenden *Pandanus* oder Schraubenbaum wachsen zahlreiche astähnliche Wurzeln schräg aus dem Stamm heraus dem Boden zu und bilden damit ein Gerüst, das an das Gestänge eines Indianerwigwams erinnert. Diese Wurzeln stützen den Baum so wirkungsvoll, daß der untere Teil des Stammes gelegentlich vollständig verkümmert.

Der indische Banyanbaum bildet so viele Stützwurzeln aus, daß er eher einem ganzen Wäldchen gleicht als einem einzelnen Baum. Von den weit ausladenden, fast waagrecht vom Stamm abzweigenden Ästen des Banyanbaums hängen zahlreiche Luftwurzeln herab. Sobald sie im Boden Fuß gefaßt haben, verdicken sie sich zu richtigen Stämmen. Im Lauf der Zeit entwickeln diese Stämme dann selbst Äste, die ihrerseits Luftwurzeln ausbilden. Auf diese Weise kann die Krone eines Banyanbaums schließlich einen

Ein mächtiger Schirm Die zahlreichen Wurzeln, die von den Ästen eines Banyanbaums herabwachsen, erreichen irgendwann den Boden und verdicken sich zu Pfeilern, die das ausladende Geäst des Baums tragen.

enormen Umfang annehmen: Einer dieser Bäume in der Nähe der indischen Stadt Poona besitzt 320 solcher Pfeilerwurzeln. Sein erstaunlicher Umfang beträgt 600 m, und es wird behauptet, unter seinem Blätterdach hätten gut und gerne 20 000 Menschen Platz.

Durch dick und dünn Auf der Suche nach Wasser sind diese Baumwurzeln durch eine Höhle im australischen Tunnel-Creek-Nationalpark hindurchgewachsen.

Hätten Sie's gewußt?

Der Stamm eines afrikanischen Affenbrotbaums kann einen Umfang von 40 m erreichen. Im Osten Simbabwes wurde der ausgehöhlte Stamm eines solchen Baums zu einem Wartehäuschen für eine Bushaltestelle umfunktioniert, das bis zu 40 Personen Platz bietet.

◆◆◆

Die Blätter der im tropischen Afrika beheimateten Raphiapalme können bis zu 23 m lang werden.

Mit List und Tücke

Tricks zur Arterhaltung

In den dichten tropischen Wäldern ist die Konkurrenz unter den Pflanzen groß, und im unerbittlichen Kampf um einen Standort zum Leben müssen sie sich schon etwas einfallen lassen, um ihren Bestand zu sichern. Große Bäume haben es besonders schwer, denn ihr Samen kann auf seinem Weg zum Boden leicht im dichten Laubwerk hängenbleiben. Ein Baum, der in den Regenwäldern Westafrikas vorkommt, sorgt durch eine einfache Maßnahme dafür, daß sein Samen den fruchtbaren Boden erreicht: Er entwickelt seine Blüten und Früchte nicht in den Zweigen, sondern am Stamm. Wenn die Frucht trocknet, platzt sie auf und schleudert den Samen bis zu 5 m weit durch das Dickicht.

Schießwütige Gewächse

Das ist zwar schon recht beeindruckend, doch noch kein Rekord. Es gibt Pflanzen, die ihre Samen viel weiter schleudern

Natur-Fallschirme Mit ihren feinen Fallschirmchen werden Löwenzahnsamen selbst von einer leichten Brise davongepustet.

können. Die holzige Frucht des mittelamerikanischen Sandbüchsenbaums platzt mit einem lauten Knall auf und katapultiert ihre Samen bis zu 14 m weit weg.

Diese Pflanzen tun genau das, was alle anderen Samenträger auch machen: Sie versuchen, ihre Samen so weit wie möglich zu verbreiten, um den Fortbestand ihrer Art zu sichern. Andere Pflanzen bedienen sich weniger spektakulärer, aber ebenso wirksamer Methoden. Orchideen z. B. bringen so winzige Samen hervor, daß sie zu Millionen vom Wind weggetragen werden können. Die Samen von Pflanzen wie Löwenzahn oder Baumwolle hingegen sind schwerer, aber dafür mit Flügeln, Fallschirmen oder Federn aus feinen Härchen ausgerüstet, so daß sie trotzdem vom Wind weggetragen werden können.

Schwarzfahrer unter den Samen

Einige Arten haben Samen, die mit Haken, Borsten, Stacheln oder Dornen ausgestattet sind, damit sie im Fell eines vorbeistreifenden Tieres oder in den Federn eines Vogels hängenbleiben und sozusagen per Anhalter in eine andere Gegend verfrachtet werden. So sind Kletten, die sich in den Haaren von Kindern verfangen, nichts anderes als Samen, die einen Platz suchen, wo sie Wurzeln schlagen können.

Manche Samen werden auch im Innern eines Tieres auf die Reise geschickt. Zu diesem Zweck bringt die Mutterpflanze schmackhafte Früchte hervor, die die Tiere zum Fressen verlocken. Die Samen gelangen unbeschädigt durch den Verdauungsapparat der Tiere und werden schließlich mit einer Portion Dung in der Natur verteilt. In manchen Fällen, wie beim Guajavabaum, muß die harte Außenhaut der Samen sogar verdaut werden, damit sie keimen können.

FAST SO TOT WIE DIE DRONTE

Die Insel Mauritius im Indischen Ozean ist die Heimat des Tambalacoque-Baums, der bis zum 17. Jh. in dem feuchtheißen Klima prächtig gedieh. Doch seither scheint der Baum seine Fähigkeit verloren zu haben, sich zu vermehren. Die alten Bäume wuchsen zwar weiter, doch nicht ein einziges ihrer Samenkörnchen keimte aus, so daß es vor 20 Jahren auf der ganzen Welt nur noch

13 Tambalacoque-Bäume gab – ein Rätsel, auf das die Botaniker eine Antwort schuldig bleiben mußten, bis der amerikanische Ökologe Stanley Temple feststellte, daß der Tambalacoque-Baum genau zu der Zeit seine Vermehrung eingestellt hatte, als die Dronte, ein früherer Bewohner der Insel, ausstarb. Die Dronte war ein schwanengroßer, flugunfähiger Vogel und wurde von Seeleuten wegen ihres Fleisches gejagt und schließlich ausgerottet.

Bekanntlich keimen die Samen mancher Pflanzen erst, wenn sie von einem bestimmten Tier gefressen wurden und dessen Magen-Darm-Trakt durchlaufen haben. Trifft dies auch auf die Dronte und den Tambalacoque-Baum zu, dann mußte ein Ersatzvogel mit einem ähnlichen Verdauungsapparat wie dem der Dronte gefunden werden, um den Baum zu retten. Temple verfütterte Tambalacoque-Samen an Truthähne und sammelte sie dann aus ihrem Kot. Und tatsächlich keimten einige der Samenkörnchen. Nun gibt es wieder Hoffnung, daß der Tambalacoque-Baum auch ohne seinen ursprünglichen Partner überleben wird.

Botanisches Rätsel *Stirbt der Tambalacoque-Baum aus, weil es keine Dronten mehr gibt?*

Hätten Sie's gewußt?

Die Seychellenpalme bringt den größten Samen im Pflanzenreich hervor. Er wiegt bis zu 20 kg und ist dreimal so groß wie eine Kokosnuß.

VERSTRAHLTE PFLANZEN

Als im August 1945 die Atombombe über Hiroshima abgeworfen wurde, löschte sie auch das gesamte Pflanzenleben in einem Umkreis von 8 km vollständig aus. Die ersten Berichte über die Schäden sagten voraus, daß dort 70 Jahre lang nichts mehr wachsen würde. Doch einige Wochen nach dem Bombenabwurf bedeckte schon wieder ein grüner Teppich die Ruinen, und es blühten sogar Wildblumen, denn die Hitze der Explosion hatte Samenkörnchen im Boden zum Keimen gebracht.

Noch erstaunlicher aber war die Tatsache, daß Pflanzen wie z. B. Tomaten, die zuvor in Hiroshima nicht so recht wachsen wollten, plötzlich prächtig gediehen. Auch die Weizen- und Sojaernte fiel unerwartet reichlich aus. Der Grund dafür war, daß Pflanzenschädlinge wie Pilze und Insekten von den Flammen und der radioaktiven Strahlung vernichtet worden waren.

Andere Auswirkungen der Strahlung waren hingegen äußerst bedenklich. An heimischen Pflanzen traten seltsame Mu-

Verbrannte Erde
Die Atombombe zerstörte das gesamte Pflanzenleben in und um Hiroshima.

tationen auf wie Verkrüppelungen, weiße Blätter und Zwergwuchs. Diese Mutationen verschwanden aber innerhalb von drei bis vier Jahren wieder.

Obwohl auf diesem Gebiet viel geforscht wird, sind die Langzeitwirkungen radioaktiver Strahlung auf Pflanzen bis heute weitgehend unbekannt. Seit der Explosion des Kernreaktors von Tschernobyl im April 1986 untersuchen sowjetische Wissenschaftler die Vegetation in dem verseuchten Gebiet. Viele abnorme Verwachsungen scheinen zwar nur vorübergehend aufzutreten, doch aufgrund der enorm langen Strahlungsdauer bestimmter radioaktiver Teilchen werden noch viele Pflanzengenerationen und damit schließlich auch Mensch und Tier schwer belastet werden.

Wüstentauglich
Wie Kakteen die Trockenheit meistern

Die Wüste im Süden Arizonas ist rauh, heiß und extrem trocken, und doch wachsen dort die riesigen, an Orgelpfeifen erinnernden Saguarokakteen. Wie überleben diese Gewächse in einem Land, in dem es so gut wie nie regnet?

Durch verschiedene raffinierte Vorrichtungen sind Kakteen hervorragend an ihre extremen Standorte angepaßt.

Sie sind in der Lage, auch bei größter Trockenheit Wasser zu sammeln und zu speichern. Die Wurzeln einer Kaktee können sich in einem Umkreis von bis zu 100 m vom Stamm flach ausbreiten und sind so fein verzweigt, daß sie das wenige Wasser, das in Form von Regen oder Tau auf den Boden gelangt, aufsaugen können, bevor es verdunstet. Auch die Dornen helfen den Kakteen bei der Wasserbeschaffung. Bei vielen Arten zeigen sie nach unten, so daß sich nach einem leichten Regen oder Morgennebel winzige Wassertröpfchen an ihren Spitzen sammeln, die dann, wenn sie zu Boden fallen, von den Wurzeln aufgesogen werden können.

Da meist nur alle paar Monate kurze Regenschauer niedergehen, haben Saguaros die Fähigkeit entwickelt, große Wassermengen über lange Zeit zu speichern. Sie sammeln das Wasser aber nicht wie andere Pflanzen in den Blättern an, sondern in ihrem fleischigen Gewebe, das zudem noch mit einer wachsartigen Schicht überzogen ist, um

Entführte Kakteen Obwohl sie bis zu 12 m hoch sind, wurden viele Riesenkakteen in der Wüste von Arizona ausgegraben und zieren nun kalifornische Gärten.

den Verdunstungsverlust so gering wie möglich zu halten.

Aber auch die Rippen der Säulen erfüllen ihren Zweck, denn sie können wie die Falten einer Ziehharmonika anschwellen oder sich zusammenziehen, je nachdem, ob die Pflanze Wasser speichert oder verbraucht.

Verteidigungsstrategien
Da Kakteen so viel kostbares Naß aufnehmen können, müssen sie sich vor Angriffen durstiger Tiere schützen. Dies besorgen in erster Linie die spitzen Dornen. Auch die feuchten Kaktusblüten locken viele Fresser an, und deshalb öffnen viele kleinere Kakteen ihre Blüten nur während der heißesten Zeit des Tages, wenn sich die Tiere im Schatten verkrochen haben. Die einzigen Besucher sind dann Insekten, die die Blüten bestäuben.

Andere Arten erblühen dagegen nur nachts, um von Motten oder nektartrinkenden Fledermäusen bestäubt werden zu können. Sobald sie ihren Zweck erfüllt haben, verwelken die meisten Kaktusblüten – oft am gleichen Tag, an dem sie sich geöffnet haben. Nur der Saguarokaktus und einige andere, besonders stachelige Arten können es sich erlauben, länger zu blühen.

Gemeinsam sind sie stark

Wenn sich Pilze und Algen zusammenschließen

Flechten sind eines der beeindruckendsten Beispiele für die meist sehr erfolgreiche Symbiose zwischen zwei Lebensformen. Mit bloßen Augen erscheint eine Flechte wie ein einzelnes Lebewesen, doch unter dem Mikroskop wird deutlich, daß es sich um eine Lebensgemeinschaft aus zwei verschiedenen, eng miteinander verbundenen Pflanzen handelt, und zwar um Pilze und Algen.

Der Körper oder Thallus der Flechte setzt sich aus Millionen von Algenzellen zusammen, die in einem Geflecht aus Pilzfasern Halt finden. Die Algenzellen sind lichtempfindlich und erzeugen mit Hilfe von Sonnenlicht Kohlenhydrate, so daß sie den Pilz mit Nährstoffen versorgen können. Der Pilz ist zur Wasseraufnahme fähig und schützt im Gegenzug die Algen vor zu großem Wasserverlust und zu intensiver Sonnenbestrahlung. Werden die Algen vom Pilz getrennt, sinkt deren Kohlenhydrat-Produktion sofort. Die Verbindung zwischen Flechtenpilzen und -algen ist so eng, daß sie sich sogar gemeinsam fortpflanzen. Dabei brechen vom Flechtenthallus kleine Stücke ab, die Gewebe von beiden Organismen enthalten. Daraus entwickeln sich dann langsam wieder neue

Reinluftfanatiker Die Becherflechte wächst auf Felsen, Holz und Baumrinden. In Gebieten mit verschmutzter Luft aber sucht man sie vergebens.

Flechten. Algen und Pilze arbeiten in einer Flechte so erfolgreich zusammen, daß eine solche Pflanze Hunderte, ja sogar über 1000 Jahre alt werden kann.

Durch ihre enge Symbiose sind Algen und Pilze in der Lage, unter extremsten Bedingungen zu überleben. Flechten sind widerstandsfähiger als alle anderen Pflanzen: Sie haben sich an das feuchtheiße Klima der Tropen, die Trockenheit der Wüsten und die Kälte der Polargebiete angepaßt. Sie kommen als flächige Krustenflechten, blattartige Laubflechten oder stark verzweigte, aufrecht wachsende Strauchflechten vor und gedeihen auf nacktem Fels, in Gesteinsspalten, auf Moosen und Baumrinden.

Nur mit einem werden nicht einmal die Flechten fertig, zumindest die meisten von ihnen: mit einer hohen Luftverschmutzung. Deshalb ziehen die Forscher den Flechtenbewuchs seit geraumer Zeit als Gradmesser für die Luftverunreinigung in bestimmten Gebieten heran.

GEBEN UND NEHMEN

Die meisten Blütenpflanzen bringen Samen hervor, die einen eingebauten Nahrungsvorrat besitzen, der dem frischgekeimten Sämling durch die ersten Lebensabschnitte hilft. Doch Orchideen sind da eine Ausnahme. Ihre Samen sind so winzig, daß darin kein Platz für ein solches Nährgewebe ist. Der Samen dieser Pflanzen überlebt nur durch seine Verbindung mit einer Pilzart der Gattung *Rhizoctonia,* die ihn nährt und ihm beim Keimen hilft.

Der Pilz durchdringt dabei die Samenzellen und versorgt sie mit Nährstoffen aus dem Boden, bis die junge Pflanze Blätter gebildet hat und durch die Photosynthese ihre eigene Nahrung produzieren kann. Während der weiteren Entwicklung der Orchidee ernährt sich dann der Pilz über ihre Wurzeln.

Doch sobald die Orchidee ihre Nahrung ausschließlich aus ihren eigenen Blättern bezieht, verdaut sie die eingedrungenen Pilzknäuel oder zehrt ihren ehemals lebensspendenden Partner vollständig auf.

Der Schein trügt

Meisterhafte Imitatoren in der Pflanzenwelt

Viele Pflanzen vermehren sich mit Hilfe von Blütenstaub, der von Insekten transportiert wird. Einige Arten haben nun raffinierte Methoden entwickelt, um die Insekten dazu zu bringen, ihren Blütenstaub mitzunehmen. So sind beispielsweise einige mediterrane Ragwurz-Orchideen Meister der Imitation. Sie ahmen mit ihren Blütenblättern den Körper weiblicher Fliegen, Bienen, Hummeln oder Wespen nach. Andere Orchideen sondern sogar einen ähnlichen Geruch ab wie das weibliche Insekt, wenn es zur Paarung bereit ist. Die Täuschung funktioniert so gut, daß männliche Insekten versuchen, sich mit den Blüten zu paaren. Dabei bleibt Blütenstaub an ihrem Körper haften, der dann zu anderen Orchideenblüten getragen wird.

Ein unfreiwilliges Bad

Eine in Mittelamerika beheimatete Orchidee der Gattung *Coryanthes* berauscht die Bienen, die sie besuchen, mit ihrem unwiderstehlich riechenden Nektar. Die schwerfällig gewordene Biene rutscht aus und fällt in eine Vertiefung mit einer wäßrigen Flüssigkeit. Der einzige Weg aus dieser gefährlichen Badewanne führt durch einen engen Tunnel, der Blütenstaub enthält. Wenn die Biene sich dort hindurchquält, bleibt der Blütenstaub an ihrem feuchten Körper haften. Und hat sie sich erst einmal wieder befreit, so wird gleich die

Badewanne mit Notausgang *Auf der* Coryanthes-*Orchidee geraten Bienen in eine Wasserfalle, aus der sie nur durch einen mit Blütenstaub ausgekleideten Tunnel entkommen können.*

Täuschungsmanöver
Die Blüte der Gelben Ragwurz ähnelt einer weiblichen Biene. Dies lockt Bienenmännchen an, die beim Paarungsversuch Blütenstaub aufnehmen.

nächste Orchideenblüte, zu der sie fliegt, von ihr befruchtet.

Auch den südafrikanischen Aasblumen hilft ihr besonderer Geruch bei der Bestäubung. Mistkäfer und Aasfliegen legen ihre Eier normalerweise in verwesendes Fleisch. Die Aasblume lockt diese Insekten nun dadurch an, daß sie wie verwesendes Fleisch riecht, und ihre Imitation ist so überzeugend, daß die Insekten tatsächlich ihre Eier auf den Blüten ablegen. Dabei nehmen sie unweigerlich auch Blütenstaub mit, der dann auf andere Aasblumen übertragen wird.

Überhaupt sind manche Insekten auf bestimmte Pflanzen angewiesen, wenn sie überleben wollen. Die cremefarbenen Blüten der mittelamerikanischen Yucca locken nachts die Yucca-Motte an. Der Kiefer dieser Motte ist so geformt, daß er den Blütenstaub der Yucca aufnehmen kann. Dann fliegt die Motte zu einer anderen Yucca-Pflanze und legt dort den Blütenstaub und ihre Eier ab. Die Pflanze wird befruchtet, und ein Teil der reifenden Samen dient später den Mottenlarven als Nahrung. Die Falter schlüpfen, wenn die Yucca das nächstemal blüht, und der Kreislauf beginnt wieder von neuem. Weder Pflanze noch Insekt könnten sich also ohne die Hilfe des anderen fortpflanzen. Würde einer der beiden aussterben, wäre auch der Partner verloren.

Hätten Sie's gewußt?

Honigbienen können auf einem Flug Blütenstaub von bis zu 500 Blumen derselben Art sammeln. Und ein Taubenschwänzchen – eine Falterart – wurde beobachtet, wie es in vier Minuten über 100 Veilchen anflog.

◆◆◆

Einige Pflanzen sind darauf angewiesen, daß der Wind ihren Blütenstaub auf andere Pflanzen überträgt. Um ihre Chancen zu vergrößern, produzieren sie sehr viel Blütenstaub. So kann ein Birkenkätzchen bis zu 5,5 Mio. Pollen hervorbringen.

◆◆◆

Die in Venezuela beheimatete Orchideenart Cycnoches chlorochilon *kann bis zu 3,7 Mio. Samen in einer einzigen Samenhülse tragen, die etwa so groß ist wie eine kurze Erbsenschote – ein Überfluß, der notwendig ist, weil die meisten Samenkörnchen vor dem Keimen absterben.*

Die innere Uhr

Pflanzen nehmen Tages- und Jahreszeiten wahr

Viele Pflanzen besitzen eine sehr genaue „biologische Uhr", die ihre Aktivitäten während des Tages regelt. Sie sorgt beispielsweise dafür, daß sich die Blüten zu genau der Tageszeit öffnen, zu der die meisten befruchtenden Insekten unterwegs sind. Sie löst außerdem die Freisetzung des Wachstumshormons sowie die Nektarproduktion aus und befiehlt der Pflanze während der Dunkelheit eine Ruhepause.

Doch Pflanzen kennen nicht nur die Tageszeit, sondern auch die Jahreszeit, in der sie sich gerade befinden. Die Länge der Tage und Nächte dient ihnen dabei als Meßgröße. Aber auch Lufttemperatur und Bodenfeuchtigkeit werden registriert. Diese Werte sagen der Pflanze, wann sie keimen muß. Doch während diese beiden Werte von Jahr zu Jahr schwanken können, ist die Tageslänge in einer bestimmten Jahreszeit immer konstant und somit ein noch verläßlicheres Signal.

Das lichtempfindliche Phytochrom, ein Protein in Verbindung mit einem bläulichen Pigment, erlaubt es den Pflanzen immer, mit der Zeit zu gehen. Es ist in den Blättern aller Pflanzen enthalten und gibt ihnen auf chemischem Weg Hinweise auf die Tageslänge. Damit löst das Phytochrom unter anderem den Wachstumsprozeß und die Blütenbildung aus.

Doch nicht alle Pflanzen blühen zur selben Zeit. Sie reagieren also nicht in gleicher Weise auf das Maß an Tageslicht, das sie empfangen. Nach ihrer jeweiligen Reaktion lassen sie sich in drei große Gruppen einteilen: Sogenannte Kurztagpflanzen, beispielsweise die Dahlie oder der Weihnachtsstern, blühen, wenn die Nacht im Herbst und Winter eine bestimmte Länge überschreitet. Langtagpflanzen wie Nelken und Spinat blühen, wenn der Tag eine bestimmte Länge erreicht hat, also im Frühling und Sommer. Bei tagesneutralen Pflanzen, zu denen die Sonnenblume und die Tomate gehören, hat die Tageslichtperiode keinerlei Einfluß auf die Blütenbildung. Sie blühen, sobald sie reif sind, ganz gleich, wie lang der Tag ist.

Blütensignal Nachdem die Knospe einer Achimenes *von dem lichtempfindlichen Phytochrom in ihren Blättern die entsprechende chemische Botschaft empfangen hat, erblüht sie. Sie ist in Mittelamerika und auf Jamaika beheimatet und eine Kurztagpflanze: Ihre Knospen öffnen sich im Juli, wenn die Tage kürzer werden.*

Das Geheimnis der bunten Wälder

Warum verfärbt sich im Herbst das Laub?

Die Photosynthese, der Prozeß, bei dem Pflanzen mit Hilfe des Sonnenlichts Wasser und Kohlendioxid in Zucker und Stärke umwandeln, kann ohne Chlorophyll nicht stattfinden. Chlorophyll ist ein grünes Pigment, das allen Grünpflanzen die Farbe verleiht. Es bildet sich in den Sämlingen, sobald sie das erstemal von der Sonne bestrahlt werden. Doch was veranlaßt die meisten Laubbäume, im Herbst ihr grünes Blattkleid gegen leuchtendes Rot und Gelb einzutauschen?

Unterdrückte Farbenpracht

Laubbäume erzeugen nicht in jeder Jahreszeit neue Farbpigmente. Das ganze Jahr über befinden sich orangefarbene, rote, gelbe, violette, blaue und braune Farbstoffe in ihren Blättern. Diese werden jedoch von einer sehr viel größeren Menge Chlorophyll, also Blattgrün, überdeckt. Die in kleinen Mengen vorhandenen Farbpigmente können Licht unterschiedlicher Wellenlänge absorbieren und die Energie an das Chlorophyll weiterleiten.

Wenn nun im Herbst die Tage kürzer werden und die Temperaturen zu fallen beginnen, bereiten sich Laubbäume auf das Abwerfen ihrer Blätter vor. Sie bil-

den an der Nahtstelle zwischen Blatt und Zweig eine Trennschicht aus korkähnlichem Gewebe. Dadurch wird der Stoffaustausch mit den Blättern unterbunden, und ein Großteil des Zuckers, der durch die Photosynthese hergestellt wurde, wird nicht mehr in den Baum weiterbefördert, sondern sammelt sich in den Blättern. Daraufhin beginnt das Chlorophyll zu zerfallen, und das Grün wird blasser. Nun kommen die vorher überdeckten orangefarbenen und roten Karotine, die gelben Xantophylle und die violetten und blauen Anthozyane zum Zug und geben den Blättern ihre leuchtenden Farben.

Fest der Farben Die Laubwälder im amerikanischen Bundesstaat North Carolina sind für ihre Farbenpracht im Herbst berühmt.

Die Farbintensität der Herbstbelaubung kann sehr unterschiedlich sein. Da ein absterbendes Blatt Zucker in Pigmente umwandelt, werden die Farben um so leuchtender, je mehr Zucker in den Blättern zurückgeblieben ist. Doch der Blattabwurf birgt immer noch Geheimnisse. Man ist sich nämlich noch nicht sicher, was mit dem Chlorophyll geschieht – es scheint sich buchstäblich in Luft aufzulösen.

Hätten Sie's gewußt?

Es gibt Pflanzen, die sich in Anpassung an eine neue klimatische Umgebung von immergrün auf laubabwerfend oder umgekehrt umstellen. Einige Arten chinesischer Rhododendren sind in ihrer Heimat immergrün, in Europa jedoch laubabwerfend.

NADELN UND BLÄTTER

In weiten Gebieten der nördlichen Hemisphäre gedeihen so unterschiedliche Bäume wie der Ahorn und die Tanne in Mischwäldern nebeneinander. Die Unterschiede zwischen ihnen treten am deutlichsten zutage, wenn die laubabwerfenden Ahornbäume im Herbst all ihre Blätter verlieren, während die immergrünen Tannen ihr dunkles Nadelkleid, von dem sie das ganze Jahr hindurch regelmäßig einige Nadeln abwerfen, behalten. Mit diesen gegensätzlichen Vorgängen lösen die verschiedenen Bäume ein und dasselbe Pro-

blem: ihr Überleben in Trockenzeiten und Kälteperioden.

Bei einem großblättrigen, laubabwerfenden Baum wie dem Ahorn oder der Buche verdunsten täglich große Wassermengen über die Blattoberfläche. Wenn es aber kalt wird und der Boden gefriert, könnten die Wurzeln nicht mehr genügend Feuchtigkeit aufnehmen, um diesen Wasserverlust auszugleichen.

So lassen laubabwerfende Bäume ihre Blätter fallen und stellen den größten Teil ihrer biochemischen Prozesse ein, wenn

im Herbst die Nächte allmählich länger werden oder – in den Tropen – die Trockenzeit beginnt.

Immergrüne Bäume hingegen haben besondere Blätter, die nur eine minimale Verdunstung zulassen. Bei den Koniferen sind es nadelartige Blätter, deren kleine Oberfläche den Flüssigkeitsverlust durch Verdunstung niedrig hält. Breitblättrige Nadelbäume wie die Stechpalmen hingegen haben eine wachsähnliche Beschichtung, die das Wasser in den Nadeln regelrecht einschließt.

Sonderlinge

Fleischfressende Pflanzen und ihre tödlichen Fallen

Normalerweise bauen Pflanzen mit Hilfe von Sonnenlicht ihre eigene Nahrung auf, während Tiere entweder Pflanzen oder andere Tiere fressen. Doch mehrere hundert Pflanzenarten bilden eine Ausnahme von dieser Regel: Sie fressen auch Tiere. Solche fleischfressenden Pflanzen wachsen meist auf stickstoffarmen Böden und sind deshalb gezwungen, den lebensnotwendigen Stickstoff von kleinen Tieren zu holen.

Die Blätter der Kannenpflanzen, die man in den Tropen der Alten Welt und in Australien findet, sind krug- oder urnenförmig und dienen den Pflanzen als Fallen. Insekten werden vom nektarähnlichen Duft angelockt, und sobald sie einmal über den verdickten Kannenrand geklettert sind, rutschen sie hilflos hinein. Harte, nach unten gerichtete Haare halten die gefangenen Tiere vom Zurückklettern ab: Sie ertrinken in einer Flüssigkeit am Boden der Falle. Diese enthält eine Säure und Verdauungsenzyme, die ihre Opfer

Ein feuchtes Grab Eine Daphnia, *ein weit verbreiteter Wasserfloh, wird gerade in die Fangblase einer Wasserschlauchpflanze gesaugt.*

zersetzen. Der Deckel der Kannenpflanze dient als Landeplatz für Fluginsekten, außerdem als Regenschirm, der verhindert, daß sich die Kanne mit Regenwasser füllt.

Die raffiniertesten Fallen haben zweifelsohne die Wasserschlauchgewächse, eine Pflanzengattung, die auf der ganzen Welt verbreitet ist. Diese krautartig wuchernden Pflanzen sind in flachen Gewässern beheimatet, wo sie sich, je nachdem wie groß sie sind, von Einzellern, Insektenlarven, winzigen Krebsen und Fischen ernähren. Zwischen ihren Blättern, die sich unter der Wasseroberfläche weit verzweigen, wachsen winzige Fangblasen, von denen jede mit einer sich nach innen öffnenden Klappe ausgestattet ist. Um die Öffnungen der Blasen sitzen feine Borsten. Sobald nun ein kleines Wassertier diese Haare streift, öffnet sich automatisch die Klappe, und mit dem Wasserstrom wird auch das Beutetier in die Blase hineingesogen. Das Wasser tritt über Drüsen wieder aus, für das Opfer jedoch gibt es kein Entkommen mehr. Es wird durch spezielle Säuren verdaut.

Ertränkt und verdaut Diese Insekten ertranken im Becher einer Kannenpflanze. Dort werden sie von der Pflanze verdaut, die so den lebensnotwendigen Stickstoff bekommt.

Tödliche Umarmung

Die Würgerfeige umschlingt ihren Wirt wie eine Riesenschlange

Unter den vielen Feigengewächsen, die man in allen subtropischen und tropischen Gebieten rund um den Globus findet, gibt es eine besondere Art: die sogenannte Würgerfeige. Ihre Samen keimen wie die anderer Pflanzen, doch zu Beginn ihrer Entwicklung ist die Würgerfeige auf einen Wirtsbaum angewiesen. Erst wenn sie genügend Wurzeln geschlagen hat, kann sie auf die Dienste ihrer Wirtspflanze verzichten und von dieser unabhängig leben. Doch in der Zwischenzeit erwürgt der Feigenbaum seinen Wirt.

Ein undankbarer Gast

Der Wachstumsprozeß einer Würgerfeige beginnt damit, daß Affen, Vögel, Eichhörnchen oder Fledermäuse ihre Früchte fressen und die Feigensamen zwischen die Zweige eines anderen Baums fallen lassen. Dort wurzeln die Sämlinge im Blätterhumus, der sich zwischen den Ästen sowie in den Ritzen und Rissen der Rinde ansammelt. Haben sie einmal festen Halt gefunden, senden die jungen Pflanzen auch Luftwurzeln zum Erdboden aus. Und das ist dann der Anfang vom Ende für den Wirtsbaum. Denn die Feigenwurzeln entwickeln sich nun beschleunigt und schlingen sich um ihren Wirt, so daß dessen Stamm und Äste allmählich von einem dicken Wurzelgeflecht umhüllt werden. Die Feigenwurzeln werden mit der Zeit immer dicker und schließlich selber zu Stämmen, die sich immer enger um den Wirtsbaum legen und ihn buchstäblich erwürgen. Während dieses Vorgangs, der sich über ein ganzes

Jahrhundert hinziehen kann, entzieht die Feige zum einen dem Boden alle Nährstoffe, zum andern wird der Stamm des Wirtsbaums eingeschnürt und am Wachsen gehindert.

Wenn die Wirtspflanze schließlich abgestorben und verrottet ist, sieht die Feige wie ein kräftiger, ausgewachsener Baum aus, der dort selbständig gewachsen ist. Lediglich ihr Stamm be-

Verhängnisvolle Umklammerung Diese Würgerfeige hat sich auf einem Baum in der Savanne Namibias niedergelassen. Wenn der Wirtsbaum schließlich abstirbt, lebt die Feige an seinem Platz weiter.

steht aus einer Vielzahl von Wurzeln, die den Hohlraum umschließen, den einst der Stamm des Wirtsbaums ausgefüllt hat.

EINE PFLANZE MIT GESCHMACK

Manche Menschen in North und South Carolina halten sich Venusfliegenfallen als „Haustiere", weil sie glauben, daß ihnen diese fleischfressenden Pflanzen lästige Insekten vom Leib halten. Doch wissen die meisten nicht, daß im Leben einer Venusfliegenfalle jedes ihrer Fangblätter nur zwei bis drei Insekten fressen kann und der Verdauungsvorgang so lange dauert – ungefähr zehn Tage – und so viel Energie erfordert, daß die Fliegenfalle bei der Auswahl ihrer Beute ziemlich anspruchsvoll ist.

Um feststellen zu können, ob das, was sie fängt, auch genießbar ist, hat die Venusfliegenfalle ein primitives Nervensystem entwickelt, das ihr einen „Geschmackssinn" und ein „Gedächtnis" verleiht. Jedes ihrer Blätter besteht aus zwei Klappen, an deren Innenseite sich drei Fühlhaare befinden. Wenn eines dieser Härchen von irgend etwas berührt wird, wartet die Fliegenfalle erst einmal ab, ob ein zweites Haar angeregt wird.

Wer sich zweimal rührt, stirbt

Wenn die Pflanze innerhalb der nächsten Sekunden keine weitere Bewegung wahrnimmt, „vergißt" sie die erste Stimulation, denn sie hat nur ein kurzes „Gedächtnis". Spürt die Fliegenfalle aber eine weitere Berührung, schnappen die Blattklappen in

Sekundenbruchteilen zu, wobei die gebogenen Stacheln am Blattrand wie die Zinken eines Rechens ineinandergreifen und eine Art Käfig bilden. Dann wird der Eindringling durch spezielle Drüsen erst einmal auf seine Verwertbarkeit hin überprüft. Lohnt es sich, ihn zu fressen, schließen sich die Blattklappen endgültig und zerquetschen schließlich die Beute. Dann sondert die Venusfliegenfalle ihre Verdauungsenzyme ab. Ist die Beute aber beispielsweise ein vom Wind verwehtes Blatt, das keinen Nährwert besitzt, öffnen sich die Klappen langsam wieder, und erst nach 24 Stunden ist die Falle wieder einsatzbereit.

Ein kleines Vermögen erschnüffeln

Die hohe Kunst der Trüffelsuche

Eine der meistgesuchten und teuersten Delikatessen der Welt ist ein kleiner, warziger, im Boden wachsender Pilz. Die Rarität, um die es geht, ist die französische Périgord-Trüffel, deren erlesenes Aroma und delikater Geschmack bereits zur Zeit der Römer hochgeschätzt wurden. Die traditionelle Périgord-Trüffel ist schwarz, doch es gibt auch eine noch seltenere weiße Sorte.

Die Trüffelsuche ist eine Kunst für sich. Die knollenförmigen, unansehnlichen Pilze wachsen etwa einen Spatenstich tief im Boden, und zwar gewöhnlich zwischen den Wurzeln einer Eiche. Normalerweise gibt es nur wenige Hinweise, die einem Trüffelsucher das Vorkommen des begehrten Pilzes anzeigen könnten: ein Riß in der Erde, verursacht durch ein besonders großes Exemplar, oder eine Wolke von kleinen, gelben Trüffelfliegen, die ihre Eier auf dem Pilz ablegen.

Am besten jedoch läßt sich die Trüffel ihres intensiven Geruchs wegen aufspüren. Den besten Riecher dafür haben Schweine und für die Trüffeljagd abgerichtete Hunde, die vor allem im norditalienischen Piemont eingesetzt werden, wo sie eine besonders feine weiße Trüffelart ausfindig machen sollen. In

Ein guter Riecher Im Périgord, einer Landschaft in Südwestfrankreich, werden bei der Trüffelsuche Schweine eingesetzt.

Osteuropa dienen auch Ziegen und sogar junge Bären als Trüffeljäger.

Leider sind die kostbaren Pilze, die mindestens sieben Jahre zum Reifen brauchen, nur eine kurze Zeitlang besonders schmackhaft. Sie können zwar in Öl eingelegt oder eingefroren werden, verlieren dabei aber viel von ihrem herrlichen Aroma.

Die Preise für frische Périgord-Trüffel sind verständlicherweise hoch. Für 1 kg dieser Pilze muß der Feinschmecker tief in die Tasche greifen: Es kostet zwischen 4000 und 10 000 DM.

WEIHNACHTSMANN UND FLIEGENPILZ

Der heilige Nikolaus, Schutzpatron der Kinder, wird schon seit langem mit Weihnachten in Verbindung gebracht. Holländische Siedler brachten die Nikolaustradition im 17. Jh. nach Amerika. Doch damals lenkte der Weihnachtsmann weder ein Rentiergespann über den Himmel, noch kam er durch den Schornstein herab, wenn er seine Geschenke brachte. Diese Eigenschaften, die man ihm heute vor allem in den englischsprachigen Ländern nachsagt, hat er erst seit Mitte des 19. Jh. Damals beschrieb der Amerikaner Clement Moore in seinem Gedicht *Ein Besuch vom Nikolaus* die Bescherung der Geschenke genauso, wie man sie heute kennt.

Bei der Beantwortung der Frage, wie Moore denn eigentlich auf solch abwegige Ideen kam, können die Rentiere einen ersten Hinweis geben. Die nordostsibirischen Völker der Korjaken, Kamtschadalen und Tschuktschen verehrten ursprünglich den großen Rentiergeist, mit

dem nur der Schamane, der Priester und Magier des Stammes, in Verbindung treten konnte. Er versetzte sich in Trance, indem er neben anderen Mitteln Fliegenpilze aß, deren Gift bekanntlich Halluzinationen hervorruft. Dann „flog" er in die Welt der Geister, um Nachrichten und Geschenke in Form von neuen Liedern, Tänzen und Geschichten für den Stamm zu sammeln. In das Reich der Geister gelangte der Schamane durch das Rauchabzugsloch seiner Hütte.

Die Parallelen zur Weihnachtsmannlegende sind offensichtlich. Doch wie fanden die geheimnisvollen Rituale sibirischer Völker ihren Weg in das Gedicht von Moore? Die Antwort ist bei Moore selbst zu suchen, der sich als Professor für ostasiatische Sprachen und Literatur auch sehr eingehend mit den religiösen Bräuchen der dort wohnenden Völker beschäftigte und einige so faszinierend fand, daß er sie in seinem Nikolausgedicht verewigte.

Eine monströse Schönheit

Die größte Blüte der Erde stinkt abscheulich

An einzelnen entlegenen Stellen im Dschungel der Insel Sumatra breiten sich über verworrenem Wurzel- und Rankenwerk die ziegelroten Blüten der *Rafflesia arnoldi* aus, die bis zu 1 m Durchmesser erreichen können. Doch ihr Geruch paßt überhaupt nicht zu ihrem phantastischen Äußeren, denn sie stinken nach verwesendem Fleisch. Dieser Aasgeruch ist in der Pflanzenwelt nichts Ungewöhnliches, denn viele Gewächse bedienen sich dieser Art der Täuschung, um Insekten für die Bestäubung anzulocken. Die Tropenpflanze *Rafflesia arnoldi* besitzt ebenso wie die kleineren Mitglieder ihrer Familie jedoch weder grüne Blätter noch einen grünen Stengel oder Wurzeln und erinnert deshalb eher an einen Pilz als an eine höhere Pflanze.

Weil ihr das grüne Chlorophyll für die Nahrungsproduktion fehlt, muß die *Rafflesia* als Parasit leben und das, was sie zum Leben braucht, den wilden Weinrebengewächsen entziehen, die sie als Wirtspflanzen benutzt.

Eichhörnchen und Spitzmäuse fressen die Frucht der *Rafflesia* und befördern deren Samen an den Fuß der Wirtspflanze. Wenn der Samen keimt, durchdringen die dünnen Zellfäden der *Rafflesia* Stamm und Wurzeln der Rebe wie ein Pilz. Allmählich entwickeln sie sich zu eng aneinanderliegenden Knospen, die nach mehreren Monaten aus der Rebenrinde hervorbrechen und noch einmal fast ein Jahr brauchen, bis sie zu riesigen, fleischigen Blüten herangewachsen sind.

Kurze Herrlichkeit Nachdem sie voll erblüht sind, verwelken die gigantischen Blumen innerhalb von wenigen Tagen.

Schmarotzer und Zersetzer

Pilze holen sich ihre Nahrung von Tieren und Pflanzen

Pilze brauchen Kohlenhydrate, um zu leben. Doch im Gegensatz zu Grünpflanzen können sie ihre Nährstoffe nicht selber aufbauen, sondern müssen sie von anderen Lebewesen holen. Und wenn es darum geht, Pflanzen, Tiere oder auch Menschen als Nahrungsquelle anzuzapfen, sind die Pilze nicht gerade zimperlich.

Ein Pilz ernährt sich über ein Geflecht feinster Fasern, das sogenannte Myzel, mit dem er das Material, in dem er wächst, durchdringt. Daraus werden Enzyme abgesondert, die alle Stoffe, die mit den Fasern in Berührung kommen, zersetzen. Die vom Pilz benötigte Substanz wird dann direkt durch die Myzelwände aufgenommen.

Es gibt sogar Pilze, die in schlingenartigen Ausstülpungen ihres Myzels winzige, in der Erde lebende Würmer fangen und diese dann aufzehren. Andere Pilze befallen die Körper von Kleinstlebewesen wie Wanzen und Raupen oder bohren ihre feinen Myzelfasern durch die harte Außenhaut eines Insekts. Wenn die Pilzzellen einmal ins weiche Innere eines Tieres eingedrungen sind, verbreiten sie sich schnell im Muskelgewebe und zerfressen ihr Opfer systematisch. Pilze befallen aber auch lebende Pflanzen. Sie zerstören dabei Getreide, Früchte, Gemüse und Holz und richten jedes Jahr auf der ganzen Welt unermeßliche Schäden an. So gingen riesige Kastanienwälder zugrunde, die früher einmal im Osten Nordamerikas wuchsen. In jüngerer Zeit starben in Europa und Nordamerika Millionen von Ulmen an der sogenannten Ulmenkrankheit. Ursache ist ein Pilz, der 1919 in den Niederlanden entdeckt wurde. Und es war auch eine Pilzkrankheit, die in den 40er Jahren des vorigen Jahrhunderts die Kartoffelernten in Irland zerstörte und damit eine Hungersnot auslöste, der 1 Mio. Menschen zum Opfer fielen.

Doch nicht alle Pilze sind so zerstörerisch. Viele Arten ernähren sich auch nur von toter organischer Materie und bauen diese zu einfachen, wiederverwertbaren Stoffen ab. Wenn es auch einige schädliche Arten gibt, so tragen Pilze doch ganz entscheidend zur Sicherung des ökologischen Gleichgewichts der Erde bei.

Nur ein Augenschmaus
Pilze treten in den vielfältigsten Formen und Farben auf. Die meisten sind für den Menschen ungenießbar oder sogar giftig.

Braunrötlicher Siebstern (ungenießbar)

Scharlachroter Gitterling (ungenießbar)

Zitronengelbe Keule (ungenießbar)

Halskrausen-Erdstern (ungenießbar)

Speisemorchel (eßbar und schmackhaft)

Schwefelporling (jung eßbar, aber bitter)

Birkenporling (ungenießbar)

Hätten Sie's gewußt?

Einer Legende zufolge soll Klemens VII., der von 1523–1534 Papst war, so gern Pilze gegessen haben, daß er aus Angst, sie könnten knapp werden, dem Volk im Kirchenstaat den Verzehr von Pilzen untersagte.

◆◆◆

Der sogenannte Kerosinpilz, Amorphotheca resinae, *kann in den Treibstofftanks von Flugzeugen leben. Kerosin ist eine Kohlenwasserstoffverbindung. Der Pilz kann dieser Kohlenstoff entziehen und ihn in Kohlenhydrate umwandeln – vorausgesetzt, es befindet sich eine Spur von Wasser im Tank.*

Kapitel vier

DIE WUNDER DER TIERWELT

Der Spechtfink auf den Galápagosinseln holt mit Hilfe eines Kakteenstachels Insektenlarven unter der Rinde von Bäumen hervor (siehe Seite 112). Zwar haben außer ihm nur wenige Tiere gelernt, Werkzeuge zu benutzen, doch alle sind ihrem Lebensraum auf verblüffende Weise angepaßt. Dies gilt für winzige Bakterien ebenso wie für die gewaltigen Wale. Und indem wir immer mehr über Nahrungssuche, Partnerschaften und Wanderungen im Tierreich entdecken, offenbart sich uns eine komplexe Welt gegenseitiger Abhängigkeiten, in der es unglaubliche Verständigungsmethoden, ungewöhnlich feine Sinneswahrnehmungen und großartige Leistungen gibt.

Der Untergang der Giganten

Fielen die Saurier Klimaveränderungen zum Opfer?

Sorgloses Leben *Außer ihresgleichen hatten die Saurier keine Feinde. Warum sie ausstarben, haben Forscher, wie das Paläontologenteam oben, bis heute nicht herausgefunden.*

Vor etwa 65 Mio. Jahren verschwanden innerhalb einer relativ kurzen Zeitspanne neben vielen anderen Tierarten auch die Saurier von der Erde. Was war die Ursache für ihr Aussterben? Veränderte sich das Klima, oder entwickelten sich neue, giftige Blütenpflanzen, denen die pflanzenfressenden Saurier zum Opfer fielen, wodurch zeitlich versetzt auch den fleischfressenden Arten die Lebensgrundlage entzogen wurde?

Zu Beginn der 80er Jahre entdeckten einige Geologen in rund 65 Mio. Jahre alten Gesteinsschichten starke Konzentrationen an Iridium. Dieses Schwermetall gehört zu den seltensten Elementen der Erdkruste. In Meteoriten hingegen kommt es häufiger vor. Die Wissenschaftler schlossen daraus, daß ein solcher Himmelskörper auf die Erde gestürzt war und zum Aussterben der Saurier geführt hatte.

Diese Theorie ist heute zwar weithin anerkannt, doch, wie viele Wissenschaftler glauben, ist damit allein das Aussterben der Saurier nicht zu erklären. Einige meinen, daß der Aufprall des Himmelskörpers Vulkanausbrüche zur Folge hatte, weil die Erdkruste tief aufgerissen wurde.

Auf diese Weise könnten noch Jahre später gewaltige Mengen Asche und Lava in die Atmosphäre gelangt sein. Die Aschenwolken wiederum hätten die Sonnenstrahlen von der Erde abgeschirmt, und die meisten Pflanzen wären durch Lichtmangel eingegangen. Folglich wären die pflanzenfressenden Saurier nach und nach verhungert, und damit hätten auch die Fleischfresser auf Dauer keine Nahrung mehr gefunden. So wären die Saurier, die dem Meteoriten sowie den Lava- und Schlammlawinen entgangen waren, erfroren oder verhungert.

FARBENPRÄCHTIGE UNGETÜME

Viele Leute glauben, daß alle Saurier eine triste graue, grünliche oder braune Färbung hatten. Dem widersprechen neuerdings manche Paläontologen. Sie sind überzeugt, daß einige dieser vorgeschichtlichen Kreaturen bunt und auffällig gezeichnet waren, so wie wir es von den heute existierenden Säugetieren und Vögeln kennen.

Letztlich kann niemand mit Gewißheit sagen, wie Saurier wirklich aussahen, da keine Haut erhalten geblieben ist. Dennoch liegt die Vermutung nahe, daß fleischfressende Saurier über eine Tarnung verfügten, um ihrer Beute besser auflauern zu können. Vielleicht hatten sie wie Leoparden und Tiger Flecken oder Streifen.

Andere Saurier waren möglicherweise an einzelnen Körperstellen bunt gefärbt. Der *Hadrosaurus* hatte z. B. seltsame Fortsätze wie Kämme oder Höcker auf seinem Kopf. Falls sie der Geschlechtsunterscheidung gedient haben, dann leuchteten sie vielleicht in kräftigen Farben, um die Aufmerksamkeit eines möglichen Partners zu erregen.

Zwerge und Riesen

Der kleinste Saurier war so groß wie ein Huhn

Nicht alle Saurier waren Giganten. So erreichte der *Compsognathus*, der kleinste ausgewachsene Saurier, den man bisher entdeckt hat, in etwa die Größe eines Huhns. Diese seltsame Kreatur hatte einen langen Hals, bewegte sich auf ihren starken Hinterbeinen fort und nutzte die Vordergliedmaßen zum Greifen. Als Nahrung dienten ihr Insekten und Eidechsen.

Ein anderer kleiner Dinosaurier war der rund 1 m lange *Lesothosaurus*. Er besaß flache Zähne und hatte im Gegensatz zu den meisten Saurierarten fleischige Backen.

Dagegen mißt das größte, vollkommen erhaltene Dinosaurierskelett, das von einem *Brachiosaurus* stammt, von den Fußsohlen bis zum Scheitel ungefähr 12,5 m. Noch größer waren die Super- oder Ultrasaurier – schwerfällige Pflanzenfresser mit einem kleinen Gehirn, stämmigen Beinen und einem langen Hals. Aufgrund eines 2,5 m langen Schulterblattes, das bei Ausgrabungen gefunden wurde, schätzen die Wissenschaftler, daß diese Saurier 15 m hoch und von der Nase bis zur Schwanzspitze gemessen 33 m lang wurden – theoretisch groß genug, um in die Fenster im fünften Stock eines Hauses zu schauen.

Wie neueste Knochenfunde im Westen der USA vermuten lassen, wurden die Supersaurier vom *Seismosaurus* sogar noch in den Schatten gestellt, der wahrscheinlich bis zu 43 m Länge und 80–100 t Gewicht erreicht hat.

Kleines Kerlchen *Dieser hühnergroße* Compsognathus *lebte vor 140 Mio. Jahren.*

Bleibende Eindrücke

Was uns Fußabdrücke von Dinosauriern verraten

Vor mehr als 150 Mio. Jahren watete eine Herde von Apatosauriern – riesigen Pflanzenfressern mit langen Hälsen – im seichten Gelände eines Seeufers im heutigen amerikanischen Bundesstaat Colorado. Angeführt wurde sie vom größten Tier; die Jungen hatten in der Mitte Schutz gefunden. Auf ihrem Marsch zerstampften die Giganten Süßwassermuscheln und hinterließen tiefe Fußabdrücke im Schlamm.

Auf diese Fußspuren legten sich nach und nach Schlammschichten, die sich allmählich zu Stein verfestigten. Als Forscher im 20. Jh. die versteinerten Fußabdrücke entdeckten, konnten sie anhand von ihnen den Weg zurückverfolgen, den die Herde damals genommen hatte.

Lebenszeichen

Fußspuren haben viel dazu beigetragen, daß wir die Dinosaurier heute in einem neuen Licht sehen. Während Knochenfunde Rückschlüsse auf den Körperbau der Saurier ermöglichen, geben Fußabdrücke Hinweise auf ihr Verhalten – wie schnell sie liefen, ob sie allein oder

Forschungsobjekt *Versteinerte Fußspuren ermöglichen Rückschlüsse darauf, wie sich ein Tier fortbewegte.*

in Gruppen lebten und wie sie den Überlebenskampf als Jäger oder Gejagte bestanden.

Manchmal können Fußabdrücke Momentaufnahmen dramatischer Begegnungen sein. So ist in Texas die Spur eines riesigen pflanzenfressenden Sauropoden gefunden worden, der offenbar von einem Rudel fleischfressender Dinosaurier gejagt wurde, denn die breiten, tiefen Abdrücke des Sauropo-

den sind von Spuren leichterer, dreizehiger Tiere umgeben. Im australischen Queensland hinterließ eine Schar von *Hypsilophodonten* – kleinen pflanzenfressenden Dinosauriern – ein Gewirr von Spuren, als sie in Panik vor räuberischen Dinosauriern floh.

Wanderungen der Herden

An anderen Orten verblüfft die Dichte der Spuren. Sie verrät, daß die Erde einmal von vielen Dinosauriern bevölkert wurde. In Colorado und New Mexico hat man an den Osthängen der Rocky Mountains so viele Fußabdrücke gefunden, daß das Gebiet heute Dinosaurierstraße heißt. Nach Ansicht des Geologen Martin Lockley dokumentieren die Millionen von Spuren eine alljährliche Massenwanderung der Dinosaurier, vergleichbar mit der der Streifengnus in der afrikanischen Serengeti.

Bei allen Versuchen, die Lebensweise der Dinosaurier zu rekonstruieren, ist immer auch Phantasie gefragt. Doch die zuverlässigsten Hinweise auf die wirkliche Welt der Dinosaurier geben uns die Fußspuren dieser Vorzeitlebewesen.

BEGEGNUNG MIT EINEM LEBENDEN FOSSIL

Haben Sie sich je gefragt, was geschähe, wenn man irgendwo auf der Welt zufällig auf einen Dinosaurier stoßen würde? Vielleicht gibt die Entdeckungsgeschichte des Quastenflossers darauf eine Antwort.

Der Quastenflosser ist ein Fisch, der bereits zur Zeit der Dinosaurier in den Meeren vorkam. Bis 1938 kannte man ihn nur als Fossil, und daher nahm man an, daß er schon seit rund 70 Mio. Jahren ausgestorben war. Aber dann fingen Fischer im Indischen Ozean vor Südafrika einen merkwürdigen stahlblauen Fisch, den der Zoologe James L.B. Smith schließlich als Quastenflosser identifizierte.

Offenbar kommt der Quastenflosser nur noch vor den Komoren nordwestlich von Madagaskar vor. Und seit seiner Entdeckung ist sein Bestand wohl weiter zurückgegangen, was vor allem auf die Nachfrage

unter Kuriositätensammlern und Wissenschaftlern zurückzuführen ist. Denn obwohl er zu den streng geschützten Arten gehört, wird er dennoch gefangen.

Nachdem er Millionen Jahre überlebt hat, ist der Quastenflosser jetzt vom Aussterben bedroht – weil er entdeckt wurde. Sollte deshalb irgendwo auf der Welt ein Tier, das wie die Saurier als ausgestorben gilt, überlebt haben, ist ihm nur zu wünschen, daß es auch weiterhin unentdeckt bleibt.

Unergründliche Tiefen *Seit der urzeitliche Quastenflosser im Indischen Ozean entdeckt wurde, hoffen Wissenschaftler, weitere prähistorische Lebewesen in den Tiefen der Meere zu finden.*

Die unterschätzten Dinosaurier

Eine Blütezeit von 130 Mio. Jahren spricht für ihre Lebenskraft

In der Vergangenheit wurden Dinosaurier immer wieder als ein Versehen der Natur hingestellt, als unbeholfene, träge Reptilien, die zwar enorm groß, aber andererseits zu schwerfällig und zu langsam waren, um in einer sich rasch wandelnden Umwelt überleben zu können.

Doch dieses Bild der Dinosaurier gilt heute als überholt. Neue Forschungen lassen vermuten, daß viele Dinosaurier in Wirklichkeit aktive Tiere waren, die große Kraft besaßen und sich sehr schnell bewegten. Die pflanzenfressenden *Hypsilophodonten* lebten in Herden, die bei Gefahr davonliefen wie Antilopen auf der Flucht vor einem Löwen. Und fleischfressende Arten wie der zweibeinige *Deinonychus* jagten in Rudeln und hetzten größere pflanzenfressende Dinosaurier auf der Suche nach Nahrung über das offene Gelände.

Balanceakt

Der *Deinonychus* war jedoch nicht nur schnell, sondern auch sehr gelenkig. Vermutlich konnte er auf einem Bein stehen und gleichzeitig mit den 12 cm langen Klauen seines anderen Fußes ein Beutetier packen, während er mit seinem langen Schwanz das Gleichgewicht hielt.

Dennoch – das Tempo und die Beweglichkeit der „tanzenden Dinosaurier", wie ein Wissenschaftler sie nannte, ist nur schwer erklärbar. Denn bisher ging man immer davon aus, daß Dinosaurier Kaltblüter waren, also ihre Körperwärme nicht selbst regulieren konnten wie etwa Säugetiere. Die Körpertemperatur der Kaltblüter entspricht der Temperatur ihrer Umgebung. Folglich brauchen sie die Sonne, um nicht träge oder gar starr zu werden. Waren die Dinosaurier angesichts ihrer Beweglichkeit dann vielleicht doch Warmblüter? Auszuschließen ist es jedenfalls nicht.

Gesichert ist hingegen, daß Saurier nur sehr kleine Gehirne besaßen. So war die Gehirnmasse des Stacheldinosauriers aller Wahrscheinlichkeit nach nicht größer als eine Walnuß. Diese Tatsache scheint aber keinerlei Auswirkungen auf die Überlebenschancen der Dinosaurier gehabt zu haben, denn sie existierten etwa 135 Mio. Jahre lang in den verschiedensten Teilen der Erde, bis sie vor etwa 65 Mio. Jahren ausstarben.

Homo sapiens sapiens gibt es im Gegensatz dazu erst seit 40 000–35 000 Jahren. Und wenn die Saurier letztlich auch verschwanden, waren sie doch lange Zeit große Überlebenskünstler.

Schutzinstinkt *Ausgewachsene Saurier der Gattung* Triceratops *umringten die Jungtiere der Herde, um sie vor zwei Tyrannosauriern zu schützen. Ihre Hörner nutzten sie zur Verteidigung gegen Feinde, möglicherweise auch bei Revierkämpfen untereinander.*

Miteinander leben

Soziales Verhalten unter wilden Tieren

Wenn sich ein Falke dem Nest einer Lerche nähert, bleibt das Lerchenweibchen nicht etwa bei seinen Jungen, um sie zu schützen, sondern läuft fort. Dabei zieht es einen Flügel über den Boden, als sei er gebrochen. Durch dieses Verhalten erweckt die Mutter den Eindruck, daß sie eine leichte Beute sei, und lenkt so die Aufmerksamkeit des Falken von den Jungen ab. Sie schützt ihre Nachkommen, indem sie sich selbst der tödlichen Gefahr aussetzt.

Geselligkeit *Erdmännchen leben in großen Familien. An der Aufzucht der Jungen sind auch ältere Mitglieder der Gruppe beteiligt.*

Der Instinkt, der eine Mutter dazu bringt, sich für ihren Nachwuchs zu opfern, erweist sich als biologisch sinnvoll, doch bei vielen Vogel- und Säugetierarten tun dies auch Tanten und Geschwister. Kann man deren Verhalten als uneigennützig, also altruistisch bezeichnen?

Das Weibchen des Buschblauhähers in Florida wird bei der Aufzucht der Jungen von mehreren Artgenossen unterstützt. Bei diesen Helfern handelt es sich meist um ältere Brüder und Schwestern der Jungvögel. Sie schaffen Nahrung herbei und wehren Feinde ab. Auch Erdmännchen, eine Schleichkatzenart, sowie Mungos und Afrikanische Wildhunde leben in Großfamilien, in denen der Nachwuchs versorgt wird.

Früher erklärten Zoologen ein solches Verhalten von Tieren damit, daß es der Art als Ganzes nützen würde, deren Überleben wichtiger sei als das der Individuen. Heute weisen Biologen diese Vorstellung jedoch als hoffnungslos sentimental zurück. Nach ihrer Ansicht verhalten sich Tiere nur dann altruistisch, wenn sie damit zur Verbreitung der Gene beitragen, die sie mit den Mitgliedern ihrer Familie gemein haben. Indem sie ihre Neffen, Nichten oder Geschwister unterstützen und schützen, bewahren sie eine gewisse Menge ihres eigenen Erbguts – weniger zwar, als wenn sie sich selbst fortpflanzen würden, aber genug, daß es sich lohnt, Opfer zu bringen.

Schleckermäuler

Die eigenartige Partnerschaft von Honiganzeiger und Honigdachs

Der kleine Vogel, der als Honiganzeiger bekannt ist, spürt mit einer bemerkenswerten Geschicklichkeit die Nester wilder Bienen auf, doch er ist selbst nicht in der Lage, sie dann auch zu plündern. Deshalb arbeitet er mit dem Honigdachs zusammen, der die Nester mit seinen kräftigen Klauen auseinanderreißen kann und durch sein dichtes Fell und seine dicke Fettschicht vor den Stichen der Bienen geschützt ist.

Der Honiganzeiger macht sich in den kühlen Tageszeiten auf die Suche, weil die Bienen dann nicht aktiv sind. Wenn der Vogel ein Nest entdeckt hat, hält er sogleich nach einem Honigdachs Ausschau, dessen Aufmerksamkeit er durch einen bestimmten Laut auf sich lenkt. Rufend fliegt er vor dem Honigdachs her und weist ihm so den Weg zu dem Bienennest.

Während der Dachs das Nest aufreißt und den Honig herausholt, wartet der Vogel geduldig. Doch sobald sein Partner fertig ist, macht er sich über die übriggebliebenen Bienenlarven und das Wachs her. So ziehen beide Seiten ihren Nutzen aus der Zusammenarbeit.

Der Honiganzeiger weist freilich nicht nur dem Dachs den Weg. Die Menschen haben ebenfalls gelernt, den Ruf des Vogels zu deuten, um Bienennester aufzuspüren und den Honig zu sammeln, den sonst vielleicht der Honigdachs holen würde.

Sozusagen in Anerkennung seiner Leistungen erhielt der Honiganzeiger von Wissenschaftlern den lateinischen Gattungsnamen *Indicator*.

Wegweiser *Der Honigdachs (rechts) sucht Bienennester nicht selbst, sondern läßt sich vom Honiganzeiger (links) zu ihnen führen.*

Die Ameise und der Schmetterling

Das Ende einer ungewöhnlichen Beziehung

Im Jahr 1979 wurde der Arion-Bläuling in Großbritannien für ausgestorben erklärt. Und nicht einmal die Experten wußten, wie es zum Verschwinden des Schmetterlings gekommen war.

Der Arion-Bläuling, *Maculinea arion*, legt seine Eier an Thymianblättern ab. Nachdem die Raupen geschlüpft sind, leben diese etwa drei Wochen auf der Wirtspflanze, dann verlassen sie sie. Das Schicksal der Raupen hängt nun davon ab, ob sie von Ameisen entdeckt werden.

Wenn eine Ameise mit ihren Fühlern über eine Raupe streicht, scheidet diese aus ihrer Rückendrüse ein süßes, für Ameisen sehr schmackhaftes Sekret aus. Deshalb trägt die Ameise die Raupe in ihr Nest, wo sie überwintert und sich im Frühjahr verpuppt. Ende Mai oder Juni schließlich verläßt der Schmetterling das Nest.

Nachdem die Wissenschaftler diese Zusammenhänge erkannt hatten, befaßten sie sich mit den einstigen Lebensräumen des Schmetterlings in Großbritannien. Über die Hälfte der Flächen war unter den Pflug genommen oder überbaut worden, andere Biotope hingegen schienen sich kaum verändert zu haben. Es war reichlich Thymian vorhanden, und auch an Ameisen mangelte es nicht. Folglich blieb unklar, warum der Arion-Bläuling ausgestorben war.

Aber dann entdeckte der Schmetterlingsexperte Jeremy Thomas, daß der Arion-Bläuling hauptsächlich in Nestern der Ameisenart *Myrmica sabuleti* gelebt hatte, und die war an allen untersuchten Stellen nicht mehr zu finden.

Myrmica sabuleti baut ihre Nester im kurzen Gras an Südhängen, wo die Sonne den Boden stark erwärmt. Wird das Gras zu lang, erfriert die Ameise. Früher grasten Rinder und Kaninchen die Wiesen ab, doch heute weidet das

Wählerisches Insekt Das Überleben des Arion-Bläulings (oben) hängt von einer bestimmten Ameisenart (unten links) ab, die ihn als junge Raupe in ihr Nest trägt.

Vieh dort nicht mehr, und die Zahl der Kaninchen geht zurück. Das Gras konnte ungehindert wachsen und nahm den Ameisen die Sonnenwärme. Ihr Lebensraum wurde von kälteunempfindlicheren Ameisenarten übernommen. Da diese aber die Raupen des Arion-Bläulings nicht pflegen, mußte der Falter aussterben.

Rettungsschwimmer im Ozean

Wie Delphine Menschen vor dem Tod bewahren

Als Adam Maguire im Januar 1989 mit Freunden an der Küste von Neusüdwales in Australien surfte, leisteten ihnen Delphine, die in der Brandung spielten, Gesellschaft. Aber mit einem Mal schwammen die Tiere aufgeregt hin und her. Gleichzeitig gaben sie schnalzende und pfeifende Laute von sich. Und schon entdeckte Maguire die Rückenflosse eines Hais, der auf ihn zuschoß. Blitzschnell griff der Hai an und warf den Surfer ins Wasser. Maguire wehrte sich verzweifelt mit seinen Fäusten, aber ohne Erfolg. Der Hai schlug seine Zähne unerbittlich in den Bauch seines Opfers. Der Verletzte glaubte schon, sein Ende sei gekommen, doch dann bekam er unerwartet Hilfe. Die Delphine kreisten den Hai ein, rammten ihn mit ihren Schnauzen und trieben ihn so ins offene Meer hinaus.

Ein freundlicher Stoß

1945 wurde eine Frau in Florida beim Baden im Meer von einer starken Strömung erfaßt und in die Tiefe gezogen. Vergeblich versuchte sie, wieder an die Wasseroberfläche zu gelangen. Plötz-

lich wurde sie durch einen kräftigen Stoß von hinten an den Strand geworfen. Als sie sich umwandte, war weit und breit niemand zu sehen. Aber einige Meter vom Ufer entfernt tummelte sich ein Delphin in den Wellen.

1983 erhielt ein niederländischer Pilot, der mit seinem Hubschrauber vor Java über dem Meer abgestürzt war, Hilfe von einem Delphin. Mehrere Tage lang begleitete das Tier das Rettungsfloß des Mannes und schubste es vor sich her, bis es die Küste erreichte.

All diese Geschichten mögen zu der Annahme verleiten, daß zwischen Del-

Hätten Sie's gewußt?

Von 1888 an empfing ein Rundkopfdelphin über 24 Jahre hinweg Schiffe, die in den neuseeländischen Pelorus-Sund einfuhren, und begleitete sie die schmale Fahrrinne hinauf bis in den Hafen. Die Seeleute tauften ihn deshalb Pelorus Jack.

phinen und Menschen eine besondere Beziehung besteht. Aber würde ein Tier wirklich bewußt sein Leben aufs Spiel setzen, um einen Menschen zu retten?

Blinder Instinkt

Die Delphinexpertin Dr. Margaret Klinowska von der Cambridge University ist anderer Ansicht. Ihrer Meinung nach folgen Delphine bei einem Angriff durch Haie dem natürlichen Instinkt, sich selbst und ihre Artgenossen zu verteidigen, und nicht etwa einen Menschen, der sich zufällig in der Nähe befindet. Auch wenn sie Menschen an die Wasseroberfläche stoßen oder Boote ans Ufer ziehen, handeln sie wahrscheinlich aufgrund eines Instinkts: Delphine kommen unter Wasser zur Welt, und die Mütter stoßen ihre Jungen sofort nach der Geburt an die Wasseroberfläche, damit sie Luft holen können. Möglicherweise reagierte der Delphin auf das Rettungsfloß des Hubschrauberpiloten wie auf ein Junges, das in Sicherheit gebracht werden mußte.

Schneller, höher, weiter

Außergewöhnliche Rekorde in der Vogelwelt

Lange Zeit nahmen die Wissenschaftler an, daß der in Nordostasien und Japan heimische Stachelschwanzsegler der schnellste Vogel der Welt sei. Doch dann befestigte man Meßgeräte an den Beinen von Wanderfalken an und fand heraus, daß sie bei der Jagd auf Beute im Sturzflug Geschwindigkeiten von nahezu 320 km/h erreichen. Manchmal reißen die Falken ihrem Opfer sogar den Kopf ab, wenn sie es im Flug mit ihren mächtigen Fängen packen.

Die langsamsten Vögel der Welt sind die Amerikanischen Waldschnepfen. Die Männchen erreichen selbst bei Balzflügen oft nur 8 km/h. In der Abenddämmerung kreisen sie hoch über ihrem Territorium und geben bestimmte Rufe von sich, bevor sie im Zickzackflug auf die Erde zurückkommen. Der gemächliche Flug und die plötzliche Landung machen auf die Weibchen, die am Boden sitzen, vermutlich sehr großen Eindruck.

Andere Vögel wie Turmfalken und Bussarde scheinen oft unverändert an einem Punkt am Himmel zu schweben, wenn sie Gegenwind haben, doch nur wenige Vögel können wirklich auf der Stelle fliegen. Lediglich die Kolibris beherrschen diese Kunst. Mit bis zu 78 Schlägen pro Sekunde bewegen sie ihre Flügel schneller als jeder andere Vogel. Wir können die Flügelschläge mit dem bloßen Auge gar nicht wahrnehmen, sondern sehen nur eine Art Schatten und hören einen Summton. Kolibris können auf der Stelle, rück-

Sturzflug Der Wanderfalke rast mit 320 km/h auf seine Beute zu.

Meister der Höhe Ein Sperbergeier, der in rund 11 250 m mit einem Flugzeug zusammenprallte, hält den Höhenrekord.

wärts und sogar auf dem Rücken fliegen. Es ist ihnen außerdem möglich, im Flug abrupt die Richtung zu wechseln. Diese einzigartigen Fähigkeiten verdanken die farbenprächtigen Vögel dem besonderen Bau ihrer Flügel.

Andere Vögel schlagen dagegen nur sehr langsam mit den Flügeln, einige große Geier nicht öfter als einmal pro Sekunde. Albatrosse, die Luftströmungen optimal ausnutzen können, schweben tagelang über dem Meer, während sie nur gelegentlich ihre großen Flügel bewegen. Mit mehr als 3 m haben sie die größte Flügelspannweite aller Seevögel.

Einige Vögel heben sich durch ihre Fluggeschwindigkeit hervor, andere wiederum sind wahre Meister des Höhenflugs. Die große Mehrzahl steigt normalerweise nicht höher als 100 m, und Zugvögel erreichen während ihrer Wanderungen mitunter bis zu 1500 m Höhe. Im Himalaja haben Bergsteiger jedoch Streifengänse beobachtet, die in fast 9000 m Höhe flogen. Den Höhenrekord hält allerdings ein Sperbergeier, der 1973 über Westafrika in rund 11 250 m Höhe mit einem Flugzeug kollidierte.

Vögel können in Höhen, in denen Menschen Sauerstoffmasken benötigen würden, überleben, weil ihr Körper den Sauerstoff besser ausnutzen kann. Darüber hinaus kommen die Meister des Höhenflugs auch mit sehr niedrigen Temperaturen zurecht.

Hätten Sie's gewußt?

Wenn sich Basilisken, in Mittelamerika heimische Leguane, in der Nähe eines Gewässers bedroht fühlen, dann laufen sie über das Wasser. Sie gehen dabei nicht unter, weil sie aufgrund ihrer Geschwindigkeit von maximal 12 km/h die Wasseroberfläche nur kurz berühren und ihre Zehen durch einen Hautsaum verbreitert sind, der ihr Gewicht verteilt. Streifenbasilisken hat man dabei beobachtet, wie sie einen 400 m breiten See zu Fuß überqueren ohne unterzugehen.

◆◆◆

Insekten fliegen bei weitem nicht so schnell wie Vögel. Die Dasselfliege erreicht aber immerhin Geschwindigkeiten von bis zu 58 km/h.

Flugkünstler ohne Federn

Säugetiere, die den Luftraum erobert haben

Nachtflug Der Gleithörnchenbeutler gleitet nachts in den Wäldern Australiens von hohen Bäumen herab.

Fledermäuse sind die einzigen Säugetiere, die fliegen können, denn nur sie besitzen Flügel wie die Vögel. Es gibt aber einige andere Tiere, die zumindest durch die Luft gleiten können. Zu ihnen gehören der Gleithörnchenbeutler, das Gleithörnchen und der Riesengleiter.

Sie sind allesamt Säugetiere und leben auf Bäumen. Wenn sie von den höheren Ästen auf niedrigere herabspringen, strecken sie alle viere von sich, so daß eine dünne Haut längs der Körperseiten, die mit den Vorder- und Hinterbeinen verwachsen ist, gespannt wird. Diese Flughaut wirkt wie ein Gleitschirm, mit dessen Hilfe die Tiere in der Luft vorwärts kommen. Wenn die Tiere in den Bäumen herumklettern, ist diese Flughaut an den Körper angelegt. Beim Sprung strecken sie dann alle viere von sich, so daß sich die pelzige Gleitfläche aufspannt.

Diese ungewöhnliche Fortbewegungsart dient bei allen drei Tiergruppen dem gleichen Zweck: schnell an Weite zu gewinnen, um Feinden zu entkommen oder Nahrung zu finden.

Sie haben die Flugmethode völlig unabhängig voneinander entwickelt, zumal sie nicht miteinander verwandt sind.

Die in den Wäldern Australiens heimischen Gleithörnchenbeutler sind wie Känguruhs und Koalas Beuteltiere und tragen ihre Jungen selbst bei Gleitflügen in ihrem Beutel. Kopf und Körper haben eine Länge zwischen 13 und 48 cm, der Schwanz ist noch einmal so lang. Die größte der drei Arten kann rund 50 m weit durch die Luft gleiten.

Von den Gleithörnchen gibt es 36 Arten. Sie sind zwischen 7 und 60 cm lang, und der Schwanz weist noch einmal die gleiche Länge auf. Die größeren können ebenfalls 50 m oder weiter gleiten. Die meisten leben in den Tropenwäldern Asiens. Nur wenige Arten sind in Nord- und Osteuropa oder in Nord- und Mittelamerika heimisch.

Meister im Gleitflug

Der Körper der Riesengleiter erreicht eine Länge von 36–42 cm, der Schwanz ist 18–28 cm lang. Bei ihnen erstrecken sich die Flughäute über einen noch größeren Teil des Körpers als bei Gleithörnchenbeutlern und Gleithörnchen. Sie spannen sich von den beiden Halsseiten über die Hand- und Fußgelenke bis zur Schwanzspitze und ermöglichen den Tieren Rekordflüge von 70 m Weite und mehr. Es gibt zwei Arten des Riesengleiters, von denen eine in Südostasien, die andere auf den Philippinen lebt.

CHAMPIONS DER MEERE

Der schnellste Fisch der Ozeane ist der Fächerfisch. Wenn er seine große, segelförmige Rückenflosse anlegt, wird sein Körper fast torpedoförmig, und dann kann er über Kurzstrecken bis zu 90 m Geschwindigkeiten von mehr als 100 km/h erreichen. Damit ist er mindestens so schnell wie der Gepard. Menschen schaffen beim Schwimmen im besten Fall etwa 8 km/h.

Zu den schnellsten Säugetieren zu Wasser gehört der Delphin, der sich mit einer Geschwindigkeit von 55 km/h fortbewegen kann. Dabei kommt ihm seine seidenglatte Haut zugute. Für Torpedos wurde übrigens ein der Delphinhaut ähnlicher Kunststoff entwickelt, der sie mit geringerem Widerstand und schneller durch das Wasser gleiten läßt.

Auch beim Tauchen sind einige Tiere den Menschen haushoch überlegen. Ein Mensch kann ohne Hilfsmittel allenfalls 100 m tief tauchen, Kaiserpinguine hingegen schaffen eine Tiefe von 260 m und können sogar 18 Minuten unter Wasser bleiben.

Doch selbst diese bemerkenswerte Leistung verblaßt neben den Fähigkeiten des Pottwals, der den Weltrekord im Tauchen hält. Ein Meßsender, der an einem Pottwal angebracht wurde, übermittelte eine Tiefe von mehr als 2000 m. Menschen haben hingegen selbst mit Sauerstoffflaschen und speziellem Schutz gegen den Wasserdruck, der mit zunehmender Tiefe größer wird, bisher nur 686 m Tiefe erreicht.

Wie Torpedos Diese kleinen Fächerfische hätten eines Tages vielleicht 3,5 m lang und über 100 km/h schnell werden können.

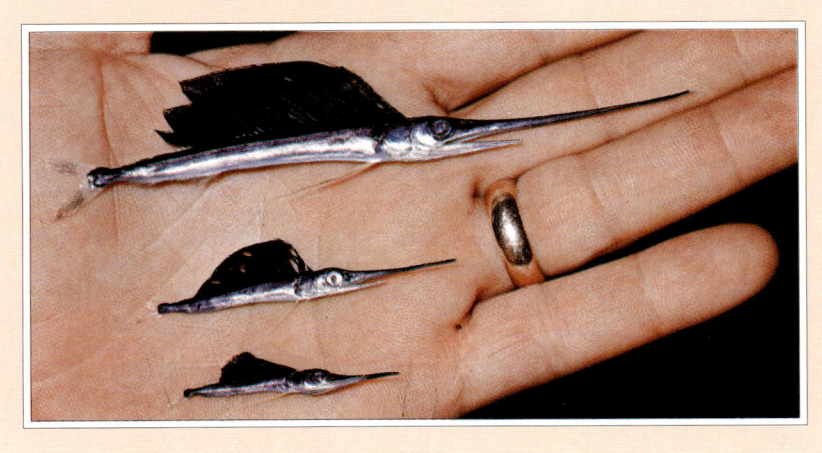

Hätten Sie's gewußt?

Eichhörnchen überstehen tiefe Stürze oft ohne Schaden. So blieb ein Eichhörnchen, das 18 m tief fiel, unverletzt, weil das dichte Fell an seinen Gliedmaßen und seinem Schwanz den Fall abbremste.

Tiefflieger über dem Wasser

Wenn sich Fische bei drohender Gefahr in die Lüfte schwingen und ihre Flossen zu Flügeln werden

In den warmen Meeren unserer Erde leben verschiedene Arten fliegender Fische, die zwischen 10 und 45 cm lang sind. Wenn sie von einem Barrakuda, einer Makrele oder einem anderen großen Raubfisch gejagt werden, dann retten sie sich, indem sie aus dem Wasser schnellen und mit ihren übergroßen Brustflossen wie im Flug durch die Lüfte gleiten.

Im Wasser legen die fliegenden Fische diese Flossen an ihre schlanken Körper an. Wenn sie die zum Gleitflug erforderliche Geschwindigkeit erreicht haben, schießen sie aus dem Wasser heraus. Dann breiten sie ihre Brustflossen aus, so daß sie Auftrieb erhalten, und gleiten in etwa 1 m Höhe mit einer durchschnittlichen Geschwindigkeit von 55 km/h über den Wellen. Um beim Abheben in die Luft das Tempo noch zu beschleunigen, peitschen sie mit den Schwanzflossen auf das Wasser. Bei einem Flug, der drei Sekunden dauert, kann der Fisch 45 m zurücklegen. Einige Arten gleiten in 13 Sekunden sogar bis zu 200 m weit.

Wenn die fliegenden Fische an Höhe verlieren, müssen sie nicht sofort wieder ins Wasser eintauchen. Sie schlagen mit ihrem Schwanz auf die Wasseroberfläche und bekommen so neuen Schwung, der ausreicht, sie noch ein Weilchen länger in der Luft zu halten. Diesen Vorgang können sie bis zu viermal wiederholen. Herrschen günstige Windverhältnisse, gleiten die fliegenden Fische weiter als üblich, und

Fisch im Flug Der in südamerikanischen Flüssen heimische Beilbauchfisch kann tatsächlich fliegen, indem er mit seinen Brustflossen schlägt.

manchmal geraten sie durch Aufwinde in verblüffende Höhen. So sind manche von ihnen sogar schon auf Schiffsdecks gelandet.

Doch nicht nur diese Fische verlassen das Wasser, sondern auch die bis zu 8 cm großen südamerikanischen Beilbauchfische, die im Süßwasser leben. Tatsächlich sind sie die einzigen Fische, die wirklich fliegen können und nicht nur gleiten. Ihre kräftigen Brustmuskeln ermöglichen es ihnen, sehr schnell mit ihren langen Brustflossen wie mit Flügeln zu schlagen. Dabei entsteht ein summendes Geräusch.

Im Vergleich zu der oft langen Strecke, die die Beilbauchfische zurücklegen müssen, um sich aus dem Wasser erheben zu können, ist ihr Flug allerdings relativ kurz.

DEN MENSCHEN ÜBERTRUMPFT

Das schnellste Tier zu Lande ist der Gepard. Wenn er seine Beute durch die weiten Savannen Ostafrikas hetzt, kann er über kurze Strecken eine Geschwindigkeit von mehr als 100 km/h erreichen. Bei den Menschen liegt der Rekord momentan bei knapp 44 km/h. Die Beschleunigung eines Geparden entspricht der eines schnellen Sportwagens. In wenigen Sekunden hat er bereits sein Höchsttempo erreicht. Allerdings kann er diese Geschwindigkeit nur etwa 15 Sekunden halten. Und wenn es ihm auf einer Distanz von etwa 400 m nicht gelingt, sein Opfer einzuholen, gibt er die Verfolgung im allgemeinen auf.

Das langsamste Landsäugetier ist das südamerikanische Dreifingerfaultier, das pro Tag mindestens 15 Stunden schläft. Auf Bäumen legt es pro Minute 4 m zurück, auf dem Boden kommt es in der gleichen Zeit durchschnittlich sogar nur 2 m weiter.

Während die Schwarzschwanz-Präriehunde in den USA die ausgedehntesten Kolonien des Tierreichs mit Millionen von Bewohnern bauen, sind die besten Tunnelgräber zweifellos Blindmäuse, die im Süden der Sowjetunion, auf dem Balkan und in mehreren Mittelmeerländern heimisch sind. So kann eine Kolonie von Blindmäusen unter der Erde ein Gangsystem anlegen, das sich bis zu 4 km weit verästelt. Als Grabwerkzeuge dienen ihnen ihre Nagezähne.

Immer mit der Ruhe Um sich 1 m weit zu bewegen, braucht das Dreifingerfaultier auf Bäumen etwa 15 Sekunden.

Hätten Sie's gewußt?

Eisbären sind verblüffend schnell und beweglich. Sie erreichen über kurze Strecken Geschwindigkeiten von etwa 40 km/h. Außerdem können sie fast 4 m weit und 2 m hoch springen.

◆◆◆

Insekten haben einen erstaunlich schnellen Flügelschlag. Den Rekord hält mit 62 760 Schlägen pro Minute eine winzige Mücke mit dem Namen Forcipomyia. *Aber selbst das langsamste Insekt – der Schwalbenschwanz – schlägt pro Minute 300mal mit den Flügeln.*

Erfolgreiche Globetrotter

Wie Vögel über riesige Entfernungen ihren Weg finden

Der winzige Rubinkehlkolibri legt jeden Herbst eine Strecke von bis zu 3200 km zurück, um vom Osten der USA in sein mittelamerikanisches Winterquartier zu gelangen. Die Reise schließt auch einen etwa 1000 km langen Nonstopflug über den Golf von Mexiko ein. Um diese erstaunliche Leistung bringen zu können, frißt sich der kleine Vogel Reserven an, von denen er zehren kann. Ein solcher Kraftakt ist in der Vogelwelt jedoch kein Einzelfall. Auch viele andere Vögel ziehen auf ihren jährlichen Wanderungen kreuz und quer über den Globus. Wie aber finden sie ihren Weg?

Biologen, die die Geheimnisse des Vogelzugs erforschen, haben festgestellt, daß sich die Vögel nicht nur einer, sondern vieler verschiedener Orientierungshilfen bedienen. So richten sie sich unter anderem nach Landschaftsmarken wie Flüssen, Bergketten und Küsten.

Außerdem können sich Vögel für die Ermittlung der richtigen Richtung bei Tag an der Sonne und bei Nacht an den Sternen orientieren – ähnlich wie ein Mensch, der weiß, daß die Sonne um 12 Uhr ungefähr im Süden und gegen 18 Uhr im Westen steht. Vermutlich hilft ihnen dabei ihre innere Uhr, die auf den Grad der Helligkeit reagiert.

Manche Vögel können sich offenbar auch am Magnetfeld der Erde orientieren. Wie es scheint, sind sie mit einem Magnetkompaß ausgestattet, der auf dieses Magnetfeld anspricht. Wie er arbeitet, ist noch weitgehend ungeklärt. Vermutlich sitzt er zwischen dem Schädelknochen und dem Gehirn. Dort jedenfalls hat man bei Tauben eine winzige Kette aus magnetischen Kristallen gefunden. Man geht davon aus, daß im Nervensystem der Vögel schwache elektrische Ströme entstehen, wenn sie ihre Köpfe bewegen. Ihr Gehirn verarbeitet die Ströme und ermittelt daraus die Flugrichtung.

Weitere Orientierungshilfen erhalten Vögel möglicherweise dadurch, daß sie Luftdruckschwankungen wahrnehmen und vielleicht sogar Veränderungen in der Anziehungskraft der Erde spüren. Einige Seevögel haben einen Geschmacks- und Geruchssinn entwickelt, und es ist denkbar, daß sie am Geschmack oder Geruch des Wassers feststellen können, wo sie sich befinden.

Luftpost *Kavalleristen der französischen Armee benutzten, wie hier im Jahr 1897 bei Übungen nahe Soissons bei Paris, Brieftauben zur Nachrichtenübermittlung.*

Hätten Sie's gewußt?

Früher beobachteten Vogelkundler den Mond nachts mit einem Fernglas oder Teleskop, um die Vögel zu zählen, die vor ihm vorbeizogen. Heute gilt diese Methode zur Erkundung des Vogelzugs als überholt. Mit modernen Radargeräten kann man sowohl verschiedene Vogelarten als auch einzelne Vögel genau ausmachen. Manche Geräte erfassen sogar den Herzschlag eines Vogels.

Dichter Verkehr im Luftraum

Den Zugvögeln auf der Spur

In der nördlichen Hemisphäre verlaufen die Flugbahnen der Zugvögel zwischen den Brutgebieten im Norden und den Winterquartieren im warmen Süden. Allerdings nehmen einige Vogelarten nicht den direkten Weg. Die meisten Zugvögel ziehen in einer breiten Front, einige jedoch bewegen sich auf verhältnismäßig eng begrenzten Routen.

Die Hauptrouten werden Zugwege genannt. Manche führen über schmale Bergpässe und haben eine Breite von gerade 100 m. Die meisten sind jedoch erheblich breiter und überqueren Flüsse oder Gebirgsketten. Solche Zugwege kennt man übrigens auch von Fledermäusen und Schmetterlingen. Zu den am besten erforschten Zugwegen gehören die der Schwäne, Wildenten und Wildgänse.

Viele größere Zugvögel, wie manche Greifvögel, legen längere Flugetappen vor allem im Gleitflug zurück. Sie nutzen warme Aufwinde, in denen sie in großen Spiralen emporsteigen. Erst hoch oben gehen sie in den Gleitflug über. Solche aufsteigenden Luftströmungen entstehen allerdings nur an warmen Tagen und vorzugsweise über Land. Deshalb bewegen sich solche Zugvögel meist entlang von Landengen und vermeiden es, große Strecken über offenes Meer zu fliegen.

Ein Zugweg, der von segelnden Greifvögeln wie Wespenbussarden benutzt wird, führt über die Straße von Gibraltar, die das Mittelmeer mit dem Atlantik verbindet. Auch Störche zie-

Zentralroute   Atlantikroute

Mississippiroute   Pazifikroute

PAZIFISCHER OZEAN

ATLANTISCHER OZEAN

N

Bevorzugte Zugwege *Enten und Gänse (wie die Kanadagans, oben) folgen auf ihrer Reise nach Mittel- und Südamerika vier Hauptrouten (rechts).*

hen dort auf ihrer alljährlichen Reise vorüber. Insgesamt überquert jeden Herbst fast eine viertel Million Greifvögel und Störche diese Meerenge auf ihrem Weg nach Süden, so daß Vogelbeobachter hier ein unvergleichliches Schauspiel ansehen können. Ein anderes Mekka für Vogelfreunde ist der Hawk Mountain im amerikanischen Bundesstaat Pennsylvania, wo man schon einmal über 10 000 Greifvögel am Tag beobachten kann.

Doch nicht alle Greifvögel ziehen im Gleitflug. Einige Falken und Weihen beispielsweise legen weite Strecken im aktiven Flug zurück. Und da sie sich nicht auf die Plätze beschränken müssen, wo Aufwinde entstehen, fliegen sie in einer breiteren Front.

GEFLÜGELTER SONNENANBETER

Die Küstenseeschwalbe ist eine schlanke, zierliche Verwandte der Möwe, die wohl den weitesten Zugweg in der Vogelwelt hat. Im Herbst verläßt dieser bis zu 38 cm große Vogel seine Brutplätze in Nordeuropa, Nordamerika und Grönland und fliegt um die halbe Erdkugel in sein Winterquartier in die Antarktis, wo zu dieser Zeit Sommer ist.

Da die Küstenseeschwalbe jedoch nicht den kürzesten Weg nimmt, sondern

Marathonflug *Die Küstenseeschwalbe legt jedes Jahr etwa 35 000 km zurück.*

ihre Route auf günstige Windverhältnisse abstimmt, legt sie auf ihrem Hin- und Rückflug etwa 35 000 km zurück. Vermutlich erlebt dieser Vogel mehr Tageslicht als irgendein anderes Lebewesen auf der Erde. An seinen Brutplätzen bleibt es während des arktischen Sommers fast 24 Stunden hell, und ebenso lang sind die Sommertage in der Antarktis, wo sich sein Winterquartier befindet.

Ornithologen haben eine als Jungvogel beringte Küstenseeschwalbe über 26 Jahre ihres Lebens beobachtet. Sie flog zweimal im Jahr von Pol zu Pol und legte im Lauf ihres Lebens insgesamt fast 1 Mio. km zurück.

Hätten Sie's gewußt?

Bevor Zugvögel aufbrechen, nehmen sie viel Nahrung auf, um Fettreserven anzulegen, von denen sie auf ihren Reisen zehren. Kleinere Arten, wie etwa Grasmücken, verdoppeln vor dem Abflug ihr Gewicht.

Reise ohne Wiederkehr

Der lange Weg des Europäischen Flußaals zum Laichplatz

Zu den verblüffendsten Wanderungen im gesamten Tierreich gehören die der Europäischen Flußaale. Im März und April laichen sie in den Tiefen der relativ warmen Sargassosee im Nordatlantik ab. Aus ihren Eiern entwickeln sich durchscheinende Larven, die eine weidenblattartige Form annehmen.

Geschrumpft

In den folgenden drei Jahren werden die Larven von der Strömung mehrere tausend Kilometer weit getragen und erreichen schließlich die Küsten Europas. Zu diesem Zeitpunkt sind sie etwa 8 cm lang. Kurz vor der Küste beginnen die Larven zu schrumpfen und sich in durchsichtige Glasaale zu verwandeln. Diese sammeln sich im Winter und Frühjahr in großer Zahl an europäischen Flußmündungen.

Wenn die jungen Aale in das Brackwasser der Flußmündungen gelangen, lassen sie sich nicht mehr länger von Strömungen treiben. Einige von ihnen bleiben in flachen Buchten, Flußmündungen und im Unterlauf von Flüssen, andere wandern die Flüsse weiter hinauf. Ist die Strömung sehr stark oder setzt die Ebbe ein, schlängeln sie sich zwischen Steinen und Felsspalten hindurch oder vergraben sich im Sand des Flußbetts. Manche bewegen sich über kürzere Strecken sogar an Land über feuchte Wiesen hinweg fort.

Nach einigen Jahren, die sie im Oberlauf von Flüssen und Bächen verbringen, drängt es die Aale wieder zur Küste. Sie nehmen keine Nahrung mehr auf, und ihre Mägen schrumpfen. Allmählich entwickeln sich nun auch die Geschlechtsdrüsen.

Letzte Reise

Im Spätsommer brechen die Aale dann zu ihrer letzten großen Wanderung in die Sargassosee auf. Möglicherweise orientieren sie sich im Atlantischen Ozean an der steigenden Temperatur des Wassers. Wenn sie ihr Ziel erreicht und ihre Eier abgelegt haben, sterben sie. Soweit bekannt, ist noch nie ein ausgewachsener Aal in die europäischen Flüsse zurückgekehrt.

Der Europäische Aal teilt seinen Laichplatz in der Sargassosee mit seinen nahen Verwandten, dem Amerikanischen Aal. Dieser kommt aus den Flüssen an der Ostküste Nordamerikas und legt vor dem Ablaichen eine wesentlich kürzere Strecke zurück. Im Vergleich zu der Odyssee seines europäischen Vetters erscheint seine Wanderung fast wie ein Ausflug.

Hätten Sie's gewußt?

Aale haben einen feinen Geruchs- und Geschmackssinn: Sie können selbst in mehreren Kubikkilometern Wasser noch einen Fingerhut voll von einer Chemikalie ausmachen.

◆◆◆

Da Aale ihre schmalen Kiemenöffnungen schließen und über ihre schleimige Haut Sauerstoff aufnehmen können, sind sie in der Lage, in kühlen Nächten auch über feuchte Wiesen zu wandern.

Wanderwege Wenn die Aallarven die Flußmündungen Europas (rechts) erreicht haben, verwandeln sie sich in Glasaale (unten). Später bekommen sie eine dicke Haut (unten rechts), so daß sie über Land wandern können.

GRÖNLAND
ISLAND
NORD-AMERIKA
EUROPA
ATLANTISCHER OZEAN
SARGASSOSEE
AFRIKA
WESTINDISCHE INSELN
N

Frisch geschlüpfte durchsichtige Larven im Laichgebiet

Larven unter einem Jahr in atlantischen Strömungen

Larven zwischen ein und zweieinhalb Jahren

Glasaale (drei Jahre alt) in den Flüssen Europas

Wanderung der Larven mit dem Golfstrom

Wanderung der geschlechtsreifen Aale ins Laichgebiet

Unvergleichliche Vielfalt

Leben im tropischen Regenwald

Auf einem rund 10 km² großen Ausschnitt des tropischen Regenwalds kann man etwa 750 Baumarten, 1500 andere Pflanzenarten, 125 Säugetier-, 400 Vogel- und 100 Reptilienarten finden. Eindrucksvoll ist auch die Insektenwelt. In Amazonien leben auf einem Baum bis zu 800 Arten.

Der magere Boden des Regenwalds bietet Lebensraum für eine vielfältige Pflanzen- und Tierwelt, da sich die Nährstoffe in einem ständigen Kreislauf befinden. Unter dem Dach der Urwaldriesen bilden sich die verschiedensten Biotope aus – von den gewaltigen Baumkronen bis zu dem verrottenden Laub auf dem Waldboden. Und obwohl die Bewohner des Kronenraums nur selten mit den am Boden lebenden Tieren in Berührung kommen, sind doch alle Bestandteil eines umfassenden Ökosystems, das sich in einem empfindlichen Gleichgewicht befindet. Wird es gestört, verwandelt sich der Regenwald in unfruchtbares Ödland, in dem unzählige einzigartige Pflanzen und Tiere keine Überlebenschance haben.

Schreihälse *Die dröhnenden Rufe einer Herde von Brüllaffen sind trotz der dichten Vegetation mehr als 2 km weit zu hören.*

Ameisenliebhaber *Wenn der Tamandua Ameisen fängt oder Termitennester plündert, hält er sich mit seinem Schwanz an einem Ast fest.*

Vielseitiger Jäger *Der Jaguar jagt meist am Boden. Er frißt auch Fische; gewöhnlich lockt er sie an die Wasseroberfläche, indem er mit seinem Schwanz darauf schlägt. Dann angelt er sie mit der Pfote heraus.*

Streifzüge *Oft ziehen bis zu 25 Nasenbären gemeinsam umher. Auffallend ist, daß sie ihre Schwänze aufrichten und damit füreinander besser sichtbar sind.*

Schrecken des Waldbodens *Der Buschmeister ist die größte Giftschlange im Amazonasgebiet. Er kann eine Länge von mehr als 3 m erreichen.*

Luftangriff Die große Harpyie jagt Lebewesen, die in den Baumkronen wohnen, wie etwa Vögel und sogar Affen.

Abwehrwaffe Sein leuchtender Schnabel dient dem Tukan nicht nur zum Fressen. Er schreckt mit ihm auch seine Feinde ab.

Schweineleben Weißbartpekaris suchen auf dem Waldboden nach Wurzeln, Trieben, Samen, Pilzen und kleinen Tieren.

Vegetarier und Räuber Piranhas eilt der Ruf voraus, daß sie in kürzester Zeit große Tiere bis auf das Skelett abnagen können. Unter ihren nahen Verwandten gibt es aber auch Arten, die sich nur von pflanzlicher Kost ernähren.

Brutpflege Die Weibchen einiger Froscharten des tropischen Regenwalds haben Beutel am Körper, in denen sich die Jungtiere entwickeln.

Warnsignal Durch seine grelle Färbung schreckt der Pfeilgiftfrosch seine Feinde ab. Die Indianer verwenden sein Gift für die Jagd.

Familienleben in freier Natur

Auch Tiere gehen auf Brautschau

Im Tierreich signalisieren Männchen und Weibchen ihre Paarungsbereitschaft auf erstaunlich vielfältige Weise. Giraffen reiben ihre Nasen aneinander, manche Echsen bewegen ruckartig ihre Köpfe oder Körper auf und ab, und einige Fische, wie etwa der männliche Stichling, präsentieren sich den Weibchen in schillernden Farben. Leuchtkäfer wiederum locken ihren Partner durch ein Licht an, das so stark ist, daß man in der Nacht sogar ein Buch lesen könnte, wenn ausreichend viele dieser kleinen Käfer zusammen sind.

Die Paradiesvögel Australiens, Neuguineas und einiger Nachbarinseln zeigen sich in einem prächtigen Schmuck, um Partner anzuziehen und Rivalen zu vertreiben. Bei den meisten der insgesamt 43 Arten besitzen die Männchen großartige Federn, die sie während ihrer Balztänze aufstellen oder schwingen lassen. Teile des Gefieders sind samtig und glitzern metallisch.

Bei der Suche nach einem Partner bedienen sich Tiere jedoch nicht nur visueller Signale. Die Vogellieder, die während des Frühjahrs in Gärten, Wäldern und auf den Feldern erschallen, haben sogar zweierlei Bedeutung: Sie machen den Rivalen deutlich, daß der Sänger Anspruch auf ein Revier erhebt, und locken zugleich Weibchen an. Manche Vögel, wie z. B. der in Afrika heimische Buschwürger, geben durchdringende Rufe von sich und singen mitunter sogar im Duett. Auch ganz kleine Tiere betören ihre Partner durch Laute. Feldheuschrecken streichen mit ihren Schenkeln über die Flügel, um das für sie typische Zirpen zu

Federschmuck Bei der Balz hängt sich der Paradiesvogel kopfüber an einen Ast und zeigt dem Weibchen, um das er wirbt, sein prächtiges Federkleid.

erzeugen. Die „Musik" der Maulwurfsgrillen ist für das menschliche Ohr unter günstigen Bedingungen mehrere hundert Meter weit hörbar. Diese Insekten, die im Boden leben, kommen allerdings nur in der Paarungszeit an die Erdoberfläche.

Bemerkenswert ist auch das Balzverhalten der 18 Laubenvogelarten, die in Neuguinea und Teilen von Australien heimisch sind. Die Männchen bauen sogenannte Lauben, die aber nicht als Nest benutzt werden, sondern lediglich dazu dienen, eine Partnerin anzulokken. Manche dieser Lauben sind einfach angelegt, andere hingegen recht kunstvoll. Einige haben Türme aus Zweigen oder sehen sogar wie kleine Miniaturhäuser aus, besitzen einen Eingang und ein Dach. Sie können bis zu 3 m hoch sein.

Die Vögel schmücken ihre Lauben mit einer Vielzahl von Dingen, wie etwa Moos, Blüten, Früchten und Schneckenhäusern oder sogar Knöpfen. Manche Arten bemalen ihre Lauben sogar. Sie benutzen dazu natürliche Farbstoffe, wie sie in zerquetschten Beeren oder Holzkohle vorkommen, mischen diese mit Speichel und tragen die Farbe dann mit Rindenfasern oder Blätter auf, die sie im Schnabel halten.

Trotz ihrer erstaunlichen Fähigkeiten beteiligen sich die Männchen später weder am Nestbau noch am Ausbrüten der Eier oder an der Aufzucht der Jungen. Diese Arbeiten übernehmen allein die Weibchen.

Liebeslichter Diese Höhle am Ufer des Te-Anau-Sees auf der Südinsel Neuseelands wird von Leuchtkäfern erhellt.

DIE GRÖSSTEN STÄDTE DER WELT

Viele Tiere sondern sich als Paar, im Familienverband oder auch als Einzelgänger ab, einige aber leben in großen Gemeinschaften.

Die Präriehunde im Westen der USA und Nordmexiko bewohnen unterirdische Bauten, die ungeheuer weitläufig sind.

Früher waren die „Städte" der Präriehunde unvorstellbar groß. So entdeckte man 1901 auf einer Fläche von rund 60 000 km² eine Kolonie, in der schätzungsweise 400 Mio. Tiere dieser Erdhörnchen

lebten, die ihren Namen vermutlich wegen ihrer bellenden Rufe erhielten.

Landplage

Der Mensch betrachtet die Präriehunde als Schädlinge, da sie dem Vieh das Gras wegfressen, Obstbäume annagen und die Feldfrüchte schädigen. Deshalb hat er sie von jeher verfolgt und dementsprechend stark dezimiert. Heute ist eine durchschnittliche Stadt kaum mehr 2 ha groß und beherbergt nur noch etwa 1000 Tiere.

Präriehunde haben ein besonders ausgeprägtes Sozialleben und legen erstaunliche Verhaltensweisen an den Tag. So begrüßen sich die Tiere, indem sie ihre Nasen aneinanderreiben. Die Kolonien unterteilen sich weiter in Reviere und Sippen. Eine Sippe besteht aus einem ausgewachsenen Männchen, einigen geschlechtsreifen Weibchen und mehreren Jungen. Verschiedene Sippen bilden zusammen ein Revier und zwei oder mehr Reviere eine Kolonie.

Vierbeinige Burgherren

Architekt, Holzfäller und Ingenieur – der Biber verändert seinen Lebensraum

Zweifellos gehören Biber zu den besten Baukünstlern unter den Säugetieren. Sie bauen sich Burgen in der Mitte oder am Ufer von Seen. Und wo es keinen See gibt, legen sie eben einen an, indem sie das Wasser eines Baches oder Flusses mit Dämmen

stauen. Diese können ganz und gar aus Schlamm bestehen, aber gewöhnlich verwenden die Biber Baumstämme und Äste dafür, die sie mit Steinen beschweren und mit Schlamm abdichten. Ein ausgewachsener Biber braucht bei weicheren Holzarten nicht einmal eine halbe Stunde, um mit seinen scharfen Nagezähnen einen Baumstamm von 12 cm Durchmesser zu fällen.

Im Wasser findet der Biber Zuflucht vor seinen Feinden. Wenn er sich bedroht fühlt, schlägt er mit seinem breiten Schwanz auf das Wasser, und dies ist das Signal für seine Familie, sich sofort ins Wasser zu begeben. Da der Eingang der Biberburg unter Wasser liegt, bietet sie ihren Bewohnern sicheren Schutz. Und auch der kuppelförmige Bau selbst, dessen Innenraum bis zu 50 cm hoch sein kann, ragt nur zum Teil aus dem Wasser heraus.

Im Lauf der Zeit füllt sich der Teich oder See mit Schlamm, und der Wasserspiegel steigt. Dann muß der Biber seinen Damm erhöhen und verbreitern. Meist wird einfach ein neuer Damm auf dem alten gebaut, und so können

Dämme mit einer Länge von mehreren hundert Metern entstehen, wie etwa im Jefferson River im amerikanischen Bundesstaat Montana. Es gibt sogar Dämme, die schon seit Jahrhunderten bestehen.

Für die Wintermonate, in denen der See zugefroren ist, legen die Biber Vorräte an. Sie ernähren sich vorwiegend von Birken-, Espen- und Weidenbäumen, deren Äste sie in den schlammigen Grund des Sees stecken. Diese Speisekammern machen es ihnen dann möglich, sich lange Zeit vom Land – und zugleich von Feinden – fernzuhalten.

Da Biber gesellige Tiere sind, leben sie meist in Kolonien. In einem Teich oder See kann es mehrere Burgen geben, die mitunter von mehr als einer Familie bewohnt werden. Eine Familie umfaßt gewöhnlich ein Elternpaar, das in dauernder Einehe lebt, und zwei Generationen von Nachkommen.

Uneinnehmbare Festung In der gut isolierten Biberburg ist es das ganze Jahr warm und behaglich. Da der Eingang unter Wasser liegt, ist die Burg für Feinde unerreichbar.

Hätten Sie's gewußt?

Die Nagezähne eines Bibers sind so scharf, daß man sie früher als Messerklingen benutzte. Biber werden seit langem wegen ihrer Felle, bestimmter Drüsensekrete und auch wegen ihres Fleisches gejagt. In Europa ist der Biber in vielen Gegenden ausgerottet, aber in Naturparks und Schutzgebieten hat man wieder einige Paare ausgesetzt.

◆◆◆

Im Jahr 1899 wurde im amerikanischen Bundesstaat North Dakota ein Biberdamm entdeckt, der nur aus Kohle bestand.

Sozialstaat

Das Zusammenleben der Termiten

Über 200 Mio. Jahre läßt sich die Entwicklung der Termiten zurückverfolgen, und vermutlich gehören sie zu den ersten Insekten mit einer geselligen Lebensweise. Sie haben ein komplexes Kastensystem aus Arbeitern, Soldaten, Larven und Nymphen ausgebildet, an dessen Spitze der König und die Königin stehen.

Da die Haut der Termiten leicht austrocknen kann, leben die meisten Arten in Nestern, die sich im Boden oder in abgestorbenem Holz befinden. Einige züchten Pilze und fressen sie oder deren Zersetzungsprodukte.

In den heißen, trockenen Savannen Afrikas bauen Termiten hohe, hohle Säulen, die verhindern, daß sich die unterirdischen Nester während des Tages überhitzen und in der Nacht zu stark auskühlen. Darüber hinaus schützen sie vor Verdunstung, so daß die Feuchtigkeit, die die Termiten zum Leben benötigen, erhalten bleibt.

Die Arbeiter errichten diese eindrucksvollen Bauten aus Erdklümpchen, die sie mit Speichel zusammenkleben. Es gibt sogar Termitenarten, die über ihr Nest eine Art Schutzdach aus zerkautem Pflanzenmaterial bauen, an dem das Wasser bei starkem Regen abläuft.

Hochhaus *Dieser Bau (oben) in der ostafrikanischen Savanne wurde von pilzzüchtenden Termiten errichtet. Während die Königin ihre Eier in der Königinnenkammer ablegt, beschaffen die Arbeiter Nahrung und versorgen die Larven.*

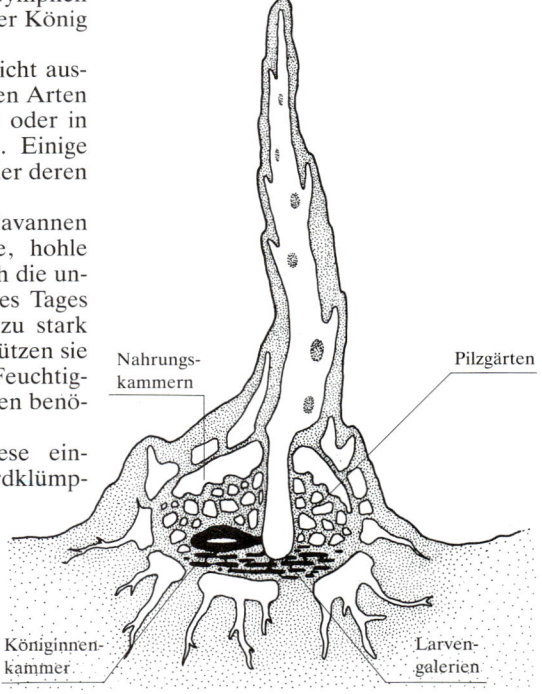

Nahrungskammern

Pilzgärten

Königinnenkammer

Larvengalerien

Lehrjahre für Tiere

Nicht alle Fähigkeiten sind angeboren

Spinnen weben verblüffend feine Netze aus zarter Seide, die die Festigkeit eines Nylonfadens besitzt. Sie tun dies, obwohl sie von niemandem in dieser Kunst unterwiesen wurden. Das Leben von Spinnen und anderen wirbellosen Tieren wird weitgehend von ihren Instinkten gesteuert. Viele Verhaltensmuster werden durch die Gene von einer Generation an die nächste weitergegeben. Sie sind also angeboren und nicht erlernt.

Stein als Wegweiser

Doch auch unter den wirbellosen Tieren gibt es lernfähige Arten. So finden Dolchwespen stets zu ihren Eiern zurück, die sie im Boden abgelegt haben, da sie sich Steine und Zweige in deren Umgebung einprägen.

Auch Wirbeltieren sind Verhaltensmuster angeboren, doch ist bei ihnen die Lernfähigkeit im allgemeinen weitaus größer. Außerdem kümmern sich die Eltern mehr um ihre Kinder und bringen ihnen vieles bei, was für sie später wichtig ist. So können junge Singvögel ihr Lied oft erst dann richtig singen, wenn sie es von ihren Eltern gelernt haben.

Übung macht den Meister

Eine solche Lernfähigkeit ist auch für junge Raubtiere lebensnotwendig, denn sonst müßten sie verhungern, sobald sie auf sich gestellt sind. So bringt eine Tigermutter ihren Jungen verwundete oder kleine Beutetiere, damit sich die Kleinen spielerisch in der Jagd üben können. Solange sie bei ihrer Mutter leben, schauen sie ihr zu und vervollkommnen ihre eigene Technik, bevor sie eines Tages für sich selbst sorgen müssen.

Hätten Sie's gewußt?

Rebhuhnweibchen suchen einen möglichst wachsamen Partner. Ein Forscher sperrte männliche Rebhühner in zwei verschiedene Volieren. Eine war nach außen abgeschirmt, die andere offen. Die Weibchen gaben den aufmerksameren Männchen in der offenen Voliere den Vorzug, da sie ihnen wohl als künftige Väter besser geeignet schienen.

Mutterliebe in der Wildnis

Wie Tiere ihre Jungen schützen

Laut zischend und fauchend verteidigt der Höckerschwan seine Jungen gegen jeden Störenfried. Und sollte der mutmaßliche Feind zu nahe kommen, dann versetzt ihm der Vogel mit seinen kräftigen Flügeln nötigenfalls einen Schlag, der einem Menschen den Arm brechen kann.

Obwohl viele Tiere ihre Jungen schützen, sind nicht alle so angriffslustig wie der Schwan. Andere Vögel, wie etwa der Regenpfeifer, versuchen statt dessen ihre Gegner zu überlisten. Sie stellen sich lahm, um die Aufmerksamkeit des Feindes auf sich zu ziehen und von der Brut abzulenken. Einige Vögel bringen ihren Nachwuchs auch aus der Gefahrenzone. Von der Waldschnepfe wird z. B. behauptet, daß sie ihre Jungen mit dem Schnabel wegträgt.

Auch Krokodilmütter tragen ihren Nachwuchs umher. Wenn die Jungen aus den am Flußufer abgelegten Eiern

geschlüpft sind und ihnen Gefahr durch Räuber, wie Marabus oder Nashornvögel, droht, nimmt die Mutter sie mit überraschender Behutsamkeit zwischen ihre spitzen Zähne und bringt sie in Sicherheit. Nur wenige andere Reptilien gehen so zart mit ihren Jungen um.

Fische überlassen ihren Nachwuchs meist sich selbst. Eine Ausnahme bil-

Zärtlichkeit *Ein weibliches Nilkrokodil nimmt sein Junges zwischen die Zähne, um es in Sicherheit zu bringen.*

den die Maulbrüter, die die Eier sicher vor Räubern in ihrem Maul „ausbrüten". Wenn die jungen Fische geschlüpft sind, verlassen sie das elterliche Maul, doch sobald Gefahr droht, flüchten sie sich rasch wieder in diesen sicheren Schutzraum.

Selbst einige Insekten zeigen ein erstaunliches Maß an elterlicher Fürsorge. So hüten Ohrwürmer ihre Eier bis zum Schlüpfen. Bei den Bienen, Wespen, Ameisen und Termiten werden die Eier ausschließlich von der Königin gelegt, die Pflege der Eier und Larven übernehmen andere Tiere des jeweiligen Insektenstaates.

FISCHE IM SCHLAFSACK

Obwohl Fische keine Augenlider haben und ihre Augen nicht schließen können, ruhen und schlafen sie. Einige vergraben sich im Sand, andere verstecken sich in Felsspalten oder zwischen Wasserpflanzen, um vor nächtlichen Räubern sicher zu sein. Der kleine Anemonenfisch, der in tropischen Korallenriffen heimisch ist, kuschelt sich völlig unbeschadet zwischen die Nesselarme von Seeanemonen. Vor deren Gift schützt ihn vermutlich seine Schleimhaut.

Die seltsamsten Schlafgewohnheiten haben jedoch einige Papageifische, die die Nacht in einer Art Schlafsack verbringen. Man findet sie in tropischen und subtropischen Korallenriffen, und oft sind sie leuchtend gefärbt. Wenn sie sich nachts zwischen die Korallen zurückziehen, scheiden sie Schleim ab, der um sie herum einen Kokon bildet. Es kann eine halbe Stunde dauern, bis er fertig ist, und etwa die gleiche Zeit braucht der Fisch, um morgens wieder aus seinem Schlafsack auszusteigen.

Der Papageifisch umgibt sich nicht jede Nacht mit einer solchen Hülle, und wozu sie dient, ist noch nicht geklärt. Möglicherweise soll sie verhindern, daß ihn Feinde aufgrund seines Geruchs aufspüren können.

Nächtlicher Schutz *Ein Papageifisch schläft in seiner schützenden Schleimhülle, die von seinem Körper abgesondert wird.*

Hätten Sie's gewußt?

Die längste Tragezeit im Tierreich hat der Alpensalamander. In Höhen über 1400 m beträgt sie 38 Monate, in tieferen Lagen 24–26 Monate. Im Gegensatz dazu trägt ein Virginisches Opossum mitunter nur acht Tage. Unter den Säugetieren ist der Asiatische Elefant am längsten trächtig. Die Tragezeit dauert zwischen 609 Tagen (über 20 Monate) und 760 Tagen. In jedem Fall ist sie mehr als doppelt so lang wie beim Menschen.

◆◆◆

Einige männliche Vögel und Insekten bringen ihrer Partnerin als Brautgeschenk etwas zu fressen. So paaren sich die Weibchen der Skorpionsfliege nur mit einem Männchen, das ihnen einen Leckerbissen schenkt.

Jäger und Gejagte

Werkzeuge erleichtern die Suche nach Nahrung

Wenn nach Belegen für die Einzigartigkeit der menschlischen Intelligenz gesucht wird, ist immer wieder die Behauptung zu hören, daß von allen Lebewesen nur die Menschen fähig sind, Werkzeuge zu benutzen. Aber diese Behauptung ist falsch. Es gibt nämlich doch einige Tiere, unter ihnen Vögel und Säugetiere, die sich einfacher Werkzeuge bedienen.

Der Schmutzgeier ist ein Vogel, der etwas größer ist als ein Huhn und recht merkwürdig aussieht. Er lebt in einigen Berggebieten Europas, Afrikas und Asiens. Doch wenn er auch nicht so imposant wie seine größeren Verwandten erscheint, hat er doch ein bemerkenswertes Talent. Um an den schmackhaften Inhalt eines Straußeneis heranzukommen, nimmt der Schmutzgeier einen Stein in den Schnabel und schleudert diesen immer wieder auf die dicke Eierschale, bis sie zerbricht. Erstaunlicherweise tun dies aber nicht alle Schmutzgeier. Man findet dieses Verhalten nur bei einigen isoliert lebenden Populationen. Es ist daher zu vermuten, daß es nicht angeboren ist, sondern erlernt wurde.

Ein noch findigerer Vogel ist der Spechtfink. Er lebt ausschließlich auf einigen der Galápagosinseln,

Geschickter Jäger *Spechtfinken stochern mit Stöckchen unter der Rinde von Bäumen nach Insekten.*

Insektenangel *Ein Schimpanse hält einen Stock in ein Insektennest, bis genügend Leckerbissen darauf sitzen.*

etwa 1000 km vor der Westküste Südamerikas. Er ernährt sich von Insekten, die unter der Rinde von Bäumen leben. Auf der Suche nach Beute hackt er zunächst Löcher in die Rinde. Dann nimmt er einen Kaktusstachel oder kleinen Zweig in den Schnabel. Mit diesem Werkzeug stochert er in den Löchern, um ein Insekt herauszuziehen, Larven oder langsame Kerbtiere aufzuspießen oder seine Opfer einfach aufzuscheuchen, so daß sie ihr Versteck verlassen. Erscheint die Beute an der Oberfläche, klemmt er sein Werkzeug unter einen Fuß und pickt seinen Fang auf.

Auch einige Säugetiere benutzen Werkzeuge. So hat man beobachtet, daß Schimpansen kleine Äste wie Angelruten in Spalten oder Termitennester halten und dann warten. Wenn genügend Insekten auf den Ast gekrabbelt sind, zieht der Schimpanse diesen heraus und leckt ihn ab.

Wie der Spechtfink entfernt auch der Schimpanse oft störende kleine Seitentriebe von seinem Hilfsmittel, bevor er es benutzt. Tiere sind also auch in der Lage, einfache, aber wirkungsvolle Werkzeuge selbst herzustellen.

Aufgespießt

Die blutige Vorratshaltung des Neuntöters

Von seinem Beobachtungsposten auf einem Busch späht ein kleiner rot-grauer Vogel in die Landschaft. Plötzlich fliegt er auf und stürzt sich auf ein winziges Wesen. Es dauert nur einen Augenblick, bis er es mit seinem starken, scharfen Schnabel getötet hat. Anschließend ergreift er die Beute, flattert damit zu einem dornigen Strauch und spießt sie auf eine der Dornen auf.

Der hübsch gefärbte Jäger ist ein Neuntötermännchen. Diese Vögel gehören zur Familie der Würger, von de-

nen die meisten Arten in Afrika heimisch sind, die übrigen in Europa, Asien und Nordamerika leben.

Die Würger, die zwischen 15 und 40 cm groß sind, machen auf eine Vielzahl von Beutetieren Jagd. Die größten Arten stellen Mäusen und anderen kleinen Säugetieren, Eidechsen sowie kleinen Vögeln und Jungvögeln nach. Kleinere Würger ernähren sich dagegen hauptsächlich von Würmern und Insekten.

Die Vögel erspähen ihre Beute nicht nur von Aussichtsplätzen aus, sondern auch während des Flugs. Ein großer Teil der Nahrung wird sofort gefressen oder an die Jungen verfüttert.

Auf der Nordhalbkugel legen allerdings die meisten Arten auf dornigen Sträuchern oder Stacheldraht Speisekammern an. Da die Tiere mit ihrer Vorratshaltung ein wenig an Metzger erinnern, die ihre Fleischwaren an Haken aufhängen, werden Würger im englischsprachigen Raum auch Metzgervögel genannt. In anderen Regionen wer-

Gefiederter Mörder *Der Neuntöter hat einen kräftigen Schnabel und scharfe Klauen, mit denen er seine Beute packt.*

Luftige Speisekammer *Manchmal spießen Würger ihre Opfer, wie hier diese Eidechse, auf Dornen oder Stacheldraht.*

den sie als Mördervögel bezeichnet. Der Name Neuntöter rührt von dem Aberglauben, daß der Vogel erst neun Opfer tötet, bevor er etwas frißt.

Würger horten tote Beutetiere verstärkt während der Brutperiode, wenn sie Vorsorge treffen für die Ernährung der Jungen. Allerdings werden die Vorräte oft nicht verbraucht, möglicherweise weil das Nahrungsangebot zu groß ist oder die Leckerbissen zu trokken geworden sind.

DIE SELTSAMEN FRESSGEWOHNHEITEN DES SEESTERNS

Viele Seesterne haben eine bemerkenswerte Methode der Nahrungsaufnahme entwickelt. Sie stülpen ihren Magen aus dem Körper heraus und beginnen ihre Beute bei lebendigem Leib zu verdauen. Einige Arten, darunter auch der in

unseren Breiten beheimatete Gemeine Seestern, können sogar die Schalen von Weichtieren wie Miesmuscheln oder Austern öffnen.

Nachdem der Seestern eine Muschel aufgespürt hat, legt er seine Arme um ihre

fest geschlossene Schale. An seinen Armen sitzen zahlreiche Saugfüßchen. Wenn der Seestern seine Beute gepackt und fest im Griff hat, verankert er die Enden seiner Arme fest im Meeresboden. Dann übt er mit den Füßchen an den inneren Armabschnitten einen ständigen Zug aus, um die Schalenhälften zu öffnen. Dieser Zweikampf kann Stunden dauern, da auch Muscheln sehr kräftige Muskeln besitzen.

Sobald ein feiner Spalt zwischen den Schalen klafft, schiebt der Seestern seinen Magen in die Muschel hinein und gibt Verdauungssäfte ab, die er auf sein Opfer einwirken läßt. Ist die Nahrung teilweise verdaut, wird sie von winzigen Härchen auf der Magenoberfläche des Seesterns in dessen Körper transportiert, wo die endgültige Verdauung erfolgt.

Zweikampf *Mit seinen kräftigen Armen überwältigt dieser Seestern eine Muschel, schiebt seinen Magen zwischen die beiden Schalenhälften und verdaut sein Opfer langsam.*

Leben auf Hochtouren

Warum der winzige Kolibri so rastlos ist

Rund 320 Kolibriarten gibt es, und allesamt sind sie auf dem amerikanischen Kontinent heimisch. Das Leben der Kolibris verläuft in großer Hektik. Mit bis zu 78 Flügelschlägen in der Sekunde bewegen sie sich in der Luft und verbrauchen dabei, gemessen an ihrem Körpergewicht, so viel Energie wie kaum ein anderes warmblütiges Tier.

Diese rastlose Lebensweise läßt sich nicht zuletzt auf die geringe Größe der Kolibris zurückführen. Je kleiner ein Tier ist, um so größer ist – im Verhältnis zum Körpergewicht – die Körperoberfläche, über die relativ viel Wärme ver-

Festschmaus Ein Kolibri nähert sich einer Blüte, um in ihr mit seiner langen Zunge nach Nektar und winzigen Insekten zu suchen. Wenn er fündig wird, saugt er die Nahrung auf.

lorengeht. Um diesen Verlust auszugleichen, müssen die Kolibris mit ihrem winzigen, gerade 6–12 cm langen Körper eine verhältnismäßig große Menge an Wärme erzeugen. Sie benötigen also große Mengen Nahrung, um ihren raschen Stoffwechsel, ihre Körpertemperatur und ihre hohe Herzfrequenz aufrechtzuerhalten.

Kolibris ernähren sich teils von Insekten, vor allem aber von Blütennektar. Ihre Schnabelform ist deshalb oft auf die Blüten abgestimmt, deren Nektar sie bevorzugen. Würde ein Mensch eine entsprechende Energiemenge verbrauchen, müßte er täglich rund 60 kg Brot oder bis zu 170 kg gekochte Kartoffeln essen, um seinen Bedarf an Kalorien zu decken.

Bei kühlem Wetter verfallen einige Kolibriarten für Stunden in eine Art Erstarrung, während der die Körpertemperatur absinkt. Bei niedrigen Außentemperaturen fressen sie auch nur noch einen geringen Teil von dem, was sie zu sich nehmen, wenn sie aktiver sind.

Hätten Sie's gewußt?

Manchmal trinkt ein Vampir so viel Blut, daß er kaum noch fliegen kann und erst einen Teil seiner Mahlzeit verdauen muß.

◆◆◆

Der kleinste Vogel ist der auf Kuba heimische Zwergkolibri. Er wird nur bis zu 6 cm lang, wovon ein großer Teil auf Schwanz und Schnabel entfällt. Und mit nicht einmal 2 g Gewicht gehört er zu den kleinsten warmblütigen Tieren der Erde.

Die wahren Vampire

Fledermäuse im nächtlichen Blutrausch

Die einzigen Fledermäuse, die sich von Blut ernähren, sind die in Mittel- und Südamerika heimischen Vampire. Dieser Name ist allerdings irreführend, da sie ihre Opfer nicht im Stil des Grafen Dracula aussaugen. Vielmehr ritzen sie mit ihren rasiermesserscharfen Schneidezähnen die Haut ein wenig auf und lecken dann das Blut ab, das aus der Wunde sickert. Während die Fledermäuse trinken, verhindert eine Substanz in ihrem Speichel, daß das Blut ihres Opfers gerinnt.

Vorliebe für große Tiere

Anders als die Vampire in Gruselgeschichten und Filmen greifen die Vampir-Fledermäuse jedoch nur selten einen Menschen an. Zwei der drei Arten – der Kleine Blutsauger und der Weißschwingen-Vampir – ernähren sich vermutlich vorwiegend von Vogelblut. Besser bekannt sind die Lebensgewohnheiten der dritten Art, des Gemeinen Vampirs. Bevor die ersten Siedler in seinen Lebensraum eindrangen, lebte er hauptsächlich vom Blut großer Säugetiere, doch als die einstigen Wirte immer mehr von Haustieren verdrängt wurden, mußte er gezwungenermaßen mit Rindern, Pferden und Schweinen vorliebnehmen.

Der Vampir spürt seine Opfer vermutlich mit Hilfe von Augen, Geruchssinn und Echopeilung auf.

Krankheitsüberträger Vampire nehmen von ihren Opfern nur wenig Blut auf, können aber Tollwut und andere Krankheiten übertragen.

Todesschwadronen im Meer

Die wirksamen Jagdmethoden des Schwertwals

Der Schwertwal ist im englischen Sprachraum als Killerwal bekannt, und aus der Sicht anderer Meerestiere trägt er diesen Namen zu Recht. Er erlegt eine Vielzahl von verschiedenen Beutetieren, angefangen bei Lachsen bis hin zu Blauwalen, die mit bis zu 30 m Länge die größten Tiere der Erde sind. Der Schwertwal tötet aber nicht aus Mordlust, sondern nur, wenn er hungrig ist.

Neben den genannten Tieren frißt der Schwertwal auch Pinguine, Haie, Tintenfische, Delphine, Schweinswale, Seehunde, Seelöwen und Meeresschildkröten. Und sein Appetit ist gewaltig. Große Schwertwale verschlingen Schweinswale oder Seehunde unzerkleinert. Im Magen eines Schwertwals haben Forscher die Überreste von 14 Seehunden und 13 Schweinswalen gefunden, bei einem anderen die von 30 Seehunden.

Teamarbeit

Die Schwertwale sind mit bis zu 9,5 m Länge und mit 7–10 t Gewicht die größten Vertreter der Delphinfamilie. In ihrem Maul sitzen 40–56 kegelförmige Zähne. Die Kolosse sind in allen Weltmeeren zu Hause, leben in Herden und bedienen sich äußerst geschickter Jagdmethoden.

Hätten Sie's gewußt?

Weberameisen benutzen ihre Larven beim Nestbau wie Leimtuben, da diese einen klebrigen Faden erzeugen können. Wenn die Ameisen Blätter zusammenfügen, drücken sie die Larve erst auf den einen Blattrand, dann auf den anderen. Der Faden hält die Blätter zusammen.

Wie die Wissenschaftler annehmen, sind die Mitglieder einer Herde miteinander verwandt und bleiben ein Leben lang zusammen. Jede Herde hat ihren eigenen „Dialekt", der aus eigenartigen Rufen sowie Pfeif- und Schnalztönen besteht. Diese Laute dienen einerseits der Verständigung untereinander und andererseits der Echopeilung, mit deren Hilfe die Tiere ihre Beute aufspüren. Oft schwimmen die Herden in Reihen hinter- oder nebeneinander.

Auf der Jagd nach Beute gehen die Schwertwale sehr systematisch vor. In

Höchster Alarm *Eine Gruppe von Seelöwen beobachtet Schwertwale, die ihre Opfer vom Strand aufscheuchen und damit in den sicheren Tod treiben wollen.*

Gemeinsames Jagdrevier *Schwertwale jagen in Gruppen. Zu ihren Beutetieren gehören sogar Blauwale, die viel größer sind als sie selbst.*

Herden kreisen sie Fischschwärme ein und treiben sie dann in einer Bucht in die Enge. Zugleich postieren die Schwertwale Wachen, um ihren Opfern den Fluchtweg abzuschneiden. Sogar große Wale werden von ihnen bis zur Erschöpfung attackiert, und schließlich werfen sich die Angreifer über die Blaslöcher ihrer Opfer, so daß diese keine Luft mehr bekommen und ertrinken. Dann reißen sie mit ihren scharfen Zähnen Stücke aus dem Beutetier heraus. Angeblich sind die Zungen von Blauwalen eine besondere Delikatesse für Schwertwale.

Selbst Beutetiere, die sich außerhalb des Wassers befinden, sind vor Schwertwalen nicht sicher. Wenn diese auf einer Eisscholle Pinguine oder Seehunde entdecken, schwimmen sie unter die Scholle, sofern die Eisschicht nicht zu dick ist, tauchen dann blitzschnell auf, durchbrechen das Eis und werfen ihre ahnungslosen Opfer ins Wasser. Sehen sie am Ufer Seehunde, schwimmen sie möglichst nahe an sie heran. Oft versuchen die von Panik ergriffenen Seehunde in der Brandung zu fliehen, doch gerade dann haben sie gegen die listenreichen Jäger überhaupt keine Chance mehr.

Angriff und Verteidigung

Zwischen Jägern und Gejagten gibt es ein natürliches Gleichgewicht

In gewisser Weise kann man die Evolution als eine Art Wettlauf ohne Ende betrachten. Wurden die Lebensbedingungen für eine Raubtierart schwierig, überlebten auf Dauer nur jene Exemplare, die am stärksten und schnellsten waren bzw. das beste Gebiß oder den feinsten Geruchssinn besaßen. Und durch diese natürliche Auslese verbesserte sich allmählich die Jagdfähigkeit der Art als Ganzes. Umgekehrt haben Tiere, die von Fleischfressern gejagt werden, eine Vielfalt von Verteidigungstechniken entwickelt.

Perioden evolutionären Wandels wechseln mit Phasen relativer Ausgewogenheit zwischen Jägern und Gejagten, in denen der tägliche Überlebenskampf allerdings weitergeht: Hungrige Löwen hetzen Zebras und Antilopen über die afrikanische Savanne, Haie jagen Fische im Ozean, und Fledermäuse stellen im Mondschein Insekten nach.

Da keine Seite den Kampf für sich entscheidet, entsteht ein Gleichgewicht. Verändert sich der Lebensraum nicht und treten keine neuen Arten auf, bleibt das Zahlenverhältnis zwischen Jägern und Gejagten – von zeitweiligen Abweichungen abgesehen – mehr oder weniger gleich. Manchmal wird es von Katastrophen, wie etwa einer Dürre, beeinträchtigt, stellt sich jedoch umgehend wieder ein, sobald die Störung vorüber ist.

Obwohl z. B. der Löwe ein großartiger Jäger ist, kann man den Kampf zwischen ihm und dem Springbock keineswegs als ungleich bezeichnen, denn die Springböcke haben sich eine ungewöhnliche Verteidigungstechnik zugelegt. Sobald sie auf die Bedrohung aufmerksam geworden sind, fliehen sie in hohen, federnden Sätzen: Sie heben mit allen vier Beinen gleichzeitig vom Boden ab, was als Prunken bezeichnet wird. Dabei ist ihre weiße „Mähne" am Rücken zu sehen. Dieses Signal soll andere Mitglieder der Herde auf die Gefahr aufmerksam machen und gleichzeitig den Angreifer verwirren. Selbst für den mächtigen Löwen ist die Jagd somit nicht einfach. Natürlich wird er nach einigen Anstrengungen am Ende doch noch eines der schwächeren Tiere der Herde erlegen.

In einem stabilen Ökosystem haben die Beutetiere genügend wirksame Verteidigungsstrategien entwickelt, um das eingespielte Gleichgewicht aufrechtzuerhalten, so geschickt der Jäger auch sein mag. Und so wird der evolutionäre Wettlauf nie zugunsten einer Seite entschieden – vorausgesetzt, der Mensch greift nicht ein.

Hätten Sie's gewußt?

Im warmen, flachen Wasser der Riffe im Indischen und Pazifischen Ozean lebt der Steinfisch. Mit seiner runzligen, warzigen Haut ähnelt er einem bewachsenen Stein und ist somit perfekt getarnt. Sollte ihn dennoch ein Feind entdecken und angreifen, besitzt er eine wirksame Verteidigungswaffe. Mit seinen harten Rückenflossenstacheln kann er ein tödliches Gift verspritzen. Mitunter sind auch schon Menschen gestochen worden, die versehentlich auf ihn traten. Wenn die Wunde nicht schnell behandelt wird, besteht die Gefahr, daß die Verletzten sterben.

ZWEI WIRKSAME WAFFEN

Gift ist nach landläufig verbreiteter Meinung eine Waffe von kaltblütigen Lebewesen, wie z. B. Schlangen und Skorpionen, aber es gibt auch einige Säugetiere, deren Körper in der Lage ist, Gift zu produzieren. Die merkwürdigsten unter ihnen sind zweifellos die in Australien beheimateten Schnabeltiere. Die erwachsenen Männchen sind mit Sporen ausgestattet, in denen sich ein giftiges Sekret befindet.

Das Gift wird in einer Drüse erzeugt und in hohle Sporen an den Hinterfüßen befördert. Eine Verletzung durch diese Sporen kann bei einem Hund zum Tod führen und beim Menschen quälende Schmerzen hervorrufen.

Mit seinem platten Hornschnabel, pelzigen Körper und biberartigen Schwanz sieht das Schnabeltier ohnehin schon so seltsam aus, daß es die Zoologen kaum noch überraschte, diese weitere anatomische Auffälligkeit zu entdecken. Als erstmals ein ausgestopftes Schnabeltier nach Europa gelangte, glaubte man dort, es sei von einem Witzbold aus Stücken zusammengeflickt worden.

Auch bei den Ameisenigeln, die in Australien und Neuguinea heimisch sind, tragen die erwachsenen Männchen Sporen, wenngleich sie kein Gift abgeben können. Vermutlich existiert der Feind, gegen den sie früher einmal gerichtet waren, nicht mehr, und außerdem sind die Ameisenigel ohnehin durch ihre Stacheln geschützt. Sowohl Schnabeltiere als auch Ameisenigel gehören zu den Kloakentieren, die zwar Eier legen, ihre Jungen aber dennoch säugen.

Klein, aber giftig

Darüber hinaus gibt es bei den Säugetieren Insektenfresser, wie etwa verschiedene Spitzmausarten, deren Speichel Gift enthält. Daß ihr Speichel giftig sei, sagt man übrigens auch den seltenen Schlitzrüßlern nach, die auf Haiti und Kuba leben. Gewöhnlich fressen Spitzmäuse und Schlitzrüßler Insekten und Würmer, doch die Kurzschwanzspitzmaus kann mit Hilfe ihres Gifts sogar recht große Frösche töten.

Eile mit Weile

Die vielfältigen Taktiken des Chamäleons

Bei vielen kleinen Eidechsen beruhen Angriffs- und Verteidigungstaktiken auf Geschwindigkeit und Beweglichkeit. Das Chamäleon hingegen liegt meist völlig reglos auf einem Zweig, sieht man einmal von seinen merkwürdigen, vorquellenden Augen ab, die es unabhängig voneinander bewegen kann. Wenn es nach Beute Ausschau hält, läßt es einfach seine flinke Zunge vorschnellen, sobald ein Insekt in seine Nähe kommt. Bei einigen Chamäleonarten ist die ausgerollte Zunge beinahe ebenso lang wie der Körper. An der Zungenspitze befindet sich eine Verdickung, an der das Opfer kleben bleibt.

Chamäleons sind dafür bekannt, daß sie ihre Farbe der Umgebung anpassen können. Tatsächlich ist diese Fähigkeit aber weniger eindrucksvoll, als die meisten Menschen glauben, und außerdem hängt die Färbung oft nicht vom Hintergrund ab. Chamäleons ändern ihre Farbe auch entsprechend der jeweiligen Tageszeit oder um einen Rivalen aus ihrer Nähe zu vertreiben. Offensichtlich richtet sich die Pigmentkonzentration in den Hautzellen eines Chamäleons und damit auch dessen Färbung nach den Lichtverhältnissen, der Temperatur und nach dem Hormonhaushalt des Tiers.

Meist ist ein Chamäleon auf seinem Zweig nicht auszumachen, und wenn es auf der Suche nach Beute in den Bäumen umherklettert, bewegt es sich oft nur im Zeitlupentempo. Die Zehen und Finger des Chamäleons sind auf merkwürdige Weise paarweise oder zu dreien miteinander verwachsen, so daß sie die Zweige fest umklammern können. Auch der Schwanz dient als Greifwerkzeug.

Neben der Veränderung ihrer Farbe und der langsamen Fortbewegung haben Chamäleons noch eine weitere Methode der Tarnung entwickelt: Sie können ihre Gestalt verändern, sobald Gefahr im Verzug ist.

Gezielte Abschreckung

Muß sich ein Chamäleon verteidigen, so tarnt es sich nicht etwa, sondern wird besonders auffallend. Es kann sich dann enorm aufplustern und ein merkwürdiges Aussehen annehmen. Manchmal erschreckt es seine Feinde zusätzlich, indem es faucht oder sein Maul weit aufreißt. Läßt sich ein Angreifer nicht abschrecken, kann das Chamäleon eine weitere Strategie anwenden: Es läßt sich einfach auf einen niedrigeren Ast oder auf den Boden fallen.

Gift aus zweiter Hand

Einige Meeresnacktschnecken nutzen fremde Waffen

Wie die Nacktschnecken zu Lande besitzen auch die Meeresnacktschnecken kein Haus, aber im Gegensatz zu den Landtieren zeichnen sich die Meeresbewohner durch ihre faszinierende Schönheit und Farbenpracht aus.

Ihre weichen, geschwungenen Körper sind orange, blaßgelb, dunkelgrün, leuchtend rot, tiefviolett oder blau gefärbt und mitunter auch bunt gemustert. Nicht weniger verblüffend sehen die bizarren Fortsätze auf dem Rücken mancher Meeresnacktschnecken aus. Sie erinnern an Blütenblätter oder verzweigte Stempel, und man nimmt an, daß es sich dabei um Atmungsorgane handelt.

Chemische Waffen Unter den leuchtenden Flecken dieser Meeresnacktschnecke befindet sich Gift, mit dem sie ihren weichen Körper schützt.

Einige Arten heben sich nicht nur durch ihr Aussehen hervor, sondern haben noch eine andere Besonderheit vorzuweisen: Sie schützen sich durch Gift, das sie jedoch nicht selbst herstellen. Sie ernähren sich vor allem von Seeanemonen und Quallen. Deren Nesselzellen werden von der Schnecke nicht verdaut und danach ausgeschieden, sondern sie gelangen unversehrt durch den Verdauungsapparat in Taschen unter der Haut der Meeresnacktschnecke und dienen als Waffen gegen Feinde.

Hätten Sie's gewußt?

Der Zorilla, ein Mitglied der Marderfamilie, ist in Zentral- und Südafrika weit verbreitet. Wird er in die Enge getrieben oder angegriffen, dann kehrt er den Angreifern sein Hinterteil zu und bespritzt sie mit einem Sekret aus seinen Aftertaschen, das unsagbar stinkt. Dieser furchtbare Geruch ist in etwa mit dem des Stinktiers vergleichbar. Nach dem Entfernen der Aftertaschen aber eignen sich Zorillas angeblich ausgezeichnet als Haustiere.

117

Weder taub noch stumm

Wie sich Tiere untereinander verständigen

Ein Krabbenmännchen sitzt vor dem Eingang seiner Höhle und schwenkt eine seiner leuchtend gefärbten Scheren, die weitaus größer als die zweite ist, hin und her. Es ist eine Winkerkrabbe, die eine Partnerin sucht. Zunächst winkt das Männchen ganz vorsichtig, doch sobald es die Aufmerksamkeit eines Weibchens erregt hat, werden die Bewegungen immer wilder, und der ganze Körper der Krabbe beginnt vor Aufregung zu vibrieren. Wenn das Männchen mit seiner Werbung Erfolg hat, folgt ihm das Weibchen in die Höhle, wo die Begattung stattfindet.

Überall tauschen Tiere durch Laute, Geruchsstoffe und visuelle Signale unablässig Informationen aus. Deren Inhalt und Umfang sind von Art zu Art verschieden, doch auf irgendeine Weise verständigen sich die meisten Tiere. Diejenigen, die nicht in Gruppen leben, sondern als Einzelwesen, müssen z. B. erst einmal einen Partner suchen und ihn dann auch irgendwie auf sich aufmerksam machen. Dazu klopfen etwa die Klopfkäfer – Schädlinge, deren Larven Holz zerstören – mit dem Kopf gegen die Decke ihrer Gänge.

Gesellig lebende Tiere benötigen eine weit größere Zahl von Signalen zur Verständigung, da bei ihnen die Rangordnung zu regeln ist und Konflikte ausgetragen werden müssen. Darüber hinaus ist es notwendig, daß sich die Mitglieder von Gruppen bei der Jagd, der Wanderung und Abwehr von Feinden „absprechen", um erfolgreich zu sein. Die Lautäußerungen und Gebärden von Affen und Wölfen sind u. a. genauer erforscht worden. In der „Sprache" einer Meerkatzenart z. B. hat man vier deutlich unterscheidbare Alarmsignale entdeckt, die hauptsächlich benutzt werden, um vor Leoparden, großen Schlangen, Raubvögeln und anderen Affen zu warnen. Es wurden auch schon häufig Versuche unternommen, die geheimnisvollen Gesänge der Wale sowie das Pfeifen und Keckern der Delphine zu deuten.

Unter Wasser gibt es ein besonderes Signalsystem, das die Aufmerksamkeit der Zoologen in jüngerer Zeit auf sich zieht – die Verständigung mit Hilfe der Körperfärbung, deren sich Kopffüßer wie Kraken, Kalmare und Tintenfische bedienen. Die rasch wechselnden Farbmuster der Kopffüßer dienen nicht allein der Tarnung – sie scheinen auch ein breites Spektrum an Emotionen zu verraten, z. B. Aggression, Angst und Paarungsbereitschaft.

Lautloses Gespräch *Die beiden Kalmare verständigen sich bei der Paarung durch faszinierende Farbmuster. Jede Farbe hat eine besondere Bedeutung.*

Hätten Sie's gewußt?

Der Sumpfrohrsänger ist ein ausgezeichneter Imitator. Er hat sich ein breitgefächertes Repertoire von Liedern anderer Vogelarten angeeignet. Wissenschaftler, die den Gesang eines Sumpfrohrsängers analysierten, stellten fest, daß darin Liedelemente von über 200 Arten enthalten waren.

◆◆◆

Der unverwechselbare Summton, den die Weibchen einiger Stechmückenarten beim Fliegen erzeugen, dient den Männchen als Erkennungsmerkmal. Ihre Fühler sind wie Antennen genau auf diese Frequenz eingestellt. Durch diesen Ton finden die Partner zueinander und können sich dann paaren.

Alle Jahre wieder ein neues Lied

Buckelwale lieben die Abwechslung

Die Lieder der Buckelwale sind eine Mischung aus den verschiedenartigsten Lauten, wie Pfeiftönen und Stöhnen. Wenn man diese mit Unterwassermikrofonen aufnimmt, können Fachleute allein aufgrund der Bandaufzeichnungen sagen, aus welchem Jahr ein Lied stammt und ob der Wal, der es sang, aus einem pazifischen oder einem atlantischen Brutgebiet kam.

Einsame Sänger

Alljährlich ziehen die Wale von ihren polaren Nahrungsplätzen in tropische Meeresgebiete, wo sie sich paaren. Ihre Gesänge sind dann verstärkt zu hören. Wie die Wissenschaftler annehmen, singen nur Männchen, die noch auf der Suche nach einer Partnerin sind.

Wenn ein Sänger einer Mutter mit einem Jungen begegnet, hört er oft auf zu singen und begleitet die beiden auf ihrem Weg.

Wissenschaftler haben den Aufbau der Lieder analysiert und sind zu dem Schluß gekommen, daß sie aus einer bestimmten Reihenfolge von verschiedenen Themen bestehen. Jedes Thema wiederum setzt sich aus einer Anzahl von Phrasen zusammen, die aus gleichen Tonfolgen aufgebaut sind. Die Gesänge der Wale aus dem Atlantik enthalten erfahrungsgemäß mehr Themen als die ihrer Artgenossen aus dem

Hätten Sie's gewußt?

Der Gesang eines Buckelwals kann eine Lautstärke von über 100 dB erreichen, und wenn Menschen in der Nähe schwimmen, sind die Schwingungen für sie kaum erträglich. Noch durchdringender ist das Pfeifen der Blauwale, das zu den lautstärksten Äußerungen im Tierreich gehört.

◆◆◆

Schwertwale leben in Herden, in denen alle Mitglieder die gleichen Rufe von sich geben. Im Gegensatz zu den Gesängen der Buckelwale verändern sich diese nicht. Es gibt jedoch feine Unterschiede zwischen den Lautäußerungen benachbarter Herden. Der Vergleich der Töne zweier Herden zeigt, wie eng die beiden Gruppen miteinander verwandt sind.

DIE KOMPLIZIERTE SPRACHE DER HÜHNER

Auf einem Bauernhof scharrt eine Schar von Hühnern friedlich im Boden. Während das Federvieh damit beschäftigt ist, schleicht sich ein hungriger Fuchs an, der darauf aus ist, blitzschnell Beute zu machen. Zum Glück entdeckt ein Hahn den Eindringling und beginnt sofort, laut zu krähen. Alle Hühner ergreifen dadurch gewarnt die Flucht, und als auch noch der Bauer herbeieilt, um nach dem Rechten zu sehen, stiehlt sich der Fuchs leise davon.

Später kreist ein Habicht über dem Bauernhof, und sogleich ertönt in der Hühnerschar erneut Alarm, aber diesmal klingt er anders. Ein Warnruf, der auf eine Gefahr aus der Luft aufmerksam macht, ist anders als der, den Hähne ausstoßen, wenn die Gefahr vom Boden ausgeht. Darüber hinaus kann ein Hahn die ungefähre Richtung mitteilen, in der sich die Gefahrenquelle befindet.

Hackordnung

Ganz anderer Verständigungsmethoden bedienen sich Hühner, um die Hierarchie in ihrer Schar aufrechtzuerhalten. Zur Beschreibung von Hierarchien gebraucht man gern den Begriff Hackordnung. Er geht auf Beobachtungen zurück, die man bei Hühnern machte. Denn in einem Hühnerstall gibt es eine genau festgelegte Rangordnung, die u. a. vorgibt, in welcher Reihenfolge die Hühner fressen dürfen.

Zerzaustes Gefieder

Diese Ordnung wird dadurch aufrechterhalten, daß ranghöhere nach rangniederen Tieren hacken dürfen. Das Huhn, das nach dem Hahn die Spitzenposition innehat, kann nach allen anderen hacken und verteidigt so seine Vorrangstellung. Die an zweiter Stelle stehenden Hühner können nach sämtlichen Hühnern mit Ausnahme des rangersten Huhns hacken usw. Obwohl auch unter vielen wilden Tieren ähnlich straffe Hierarchien festgestellt wurden, glauben einige Verhaltensforscher, daß bei Haushühnern die Hackordnung eine Folge der unnatürlichen Lebensbedingungen auf dem Hühnerhof ist. Immerhin kann sie aber in Gruppen von einigen Dutzend Vögeln zum Preis von ein paar zerzausten Federn für soziale Stabilität und Ordnung sorgen.

Eine Hackordnung funktioniert jedoch nur, wenn sich die Hühner gegenseitig erkennen. In Legebatterien, wo Tausende von Hühnern leben, ist dies nicht möglich, und deshalb müssen sie dort einzeln oder in kleinen Gruppen in Käfige gesperrt werden. Andernfalls würden sie sich gegenseitig bekämpfen.

Pazifik. Ein Lied kann bis zu 30 Minuten dauern und wird im Lauf des Tages mehrmals wiederholt.

Am merkwürdigsten ist die Art und Weise, wie sich die Lieder der Buckelwale im Lauf der Zeit verändern. Zu Beginn einer Brutperiode sind die Gesänge gewöhnlich mit denen identisch, die am Ende der vorangegangenen Saison aktuell waren. Doch während der folgenden Monate werden die Themen oft variiert, verkürzt, ergänzt, ganz fallengelassen oder in einer anderen Tonlage gesungen. Die Abfolge der Themen ändert sich aber seltsamerweise nicht. Wie es scheint, gibt es bestimmte Kompositionsregeln, die eingehalten werden müssen. Nach etwa fünf Jahren haben sich schließlich alle Themen vollkommen verändert, und es ist ein neues Lied entstanden.

Immer up to date

Innerhalb eines einzelnen Brutgebietes singen stets alle Wale die neueste Version des Liedes. Wie diese aber weitergegeben wird, ist noch ein Geheimnis. Es wird angenommen, daß möglicherweise ein dominantes Männchen „den Ton angibt" und alle anderen ihn kopieren. Es könnte aber auch sein, daß sich der Gesang der Wale ähnlich wie die menschliche Sprache entwickelt und durch die spontanen Beiträge mehrerer Tiere entsteht.

Stimmen in der Ferne

Die Erforschung der Walgesänge steckte noch in ihren Kinderschuhen, als man entdeckte, daß Wale vor Hawaii das gleiche Lied sangen wie Artgenossen vor der Halbinsel Niederkalifornien, obwohl zwischen ihnen mehr als 4000 km offener Ozean lag. Bis heute hat man keine Erklärung für dieses rätselhafte Phänomen gefunden. Zwar halten sich Wale aus beiden Brutgebieten an denselben polaren Nahrungsplätzen auf, bevor sie in die wärmeren Gewässer ziehen, doch kann dies lediglich eine grundsätzliche Ähnlichkeit ihrer Lieder erklären.

Man kann sich jedenfalls nur schwer vorstellen, daß die Variationen des neuen Jahres über den halben Pazifik hinweg von Wal zu Wal weitergegeben werden. Die größte Distanz, über die die Gesänge von Buckelwalen bisher überhaupt registriert wurden, betrug gerade um die 30 km.

Ein Schwatz mit Schimpansen

Wenn Affen mit den Händen reden

Die Forscher wissen seit langem, daß sich Menschenaffen – unsere engsten Verwandten im Tierreich – untereinander durch Gebärden, Laute und Mimik verständigen. Lange glaubte man jedoch, daß nur der Mensch Worte und Sätze bilden kann. In den 60er Jahren aber beschlossen ein paar Wissenschaftler, Schimpansen und anderen Menschenaffen die englische Sprache beizubringen.

Schlechte Redner

Zunächst versuchten es die Forscher mit Sprechunterricht. Die Schimpansen lernten jedoch nur wenige Worte, und auch diese bereiteten ihnen unglaubliche Mühe, da ihre Sprechwerkzeuge nicht dazu geeignet sind, die fein nuancierten Laute der menschlichen Sprache zu erzeugen.

Der Durchbruch gelang, nachdem das Forscherehepaar Beatrice und Alan Gardner von der University of Nevada beschlossen hatte, es mit der amerikanischen Taubstummensprache zu probieren. Nach vier Jahren hingebungsvoller Arbeit hatte es der Schimpansin Washoe 130 Zeichen der Sprache beigebracht, durch die sie ihre Wünsche und Bedürfnisse mitteilen konnte.

Washoe verstand die Worte ohne Schwierigkeiten, und wenn sie in der

Mimik und Gestik „Was ist das?" fragt eine Forscherin Washoe in der amerikanischen Taubstummensprache. „Ein Lutscher", antwortet die Schimpansin.

Zeichensprache aufgefordert wurde, einen Apfel zu holen, führte sie den Auftrag korrekt aus. Doch damit endeten ihre sprachlichen Fähigkeiten noch lange nicht. Sie verwendete nicht nur einfache Wortzusammensetzungen wie „Gib Apfel" oder „Bitte schnell", wenn sie etwas wollte, sondern sie redete auch mit sich selbst in der Zeichensprache, sobald sie sich unbeobachtet fühlte. So machte sie oft das Zeichen für „leise", wenn sie sich über den Hof in einen Bereich des Anwe-

sens stahl, dessen Betreten ihr verboten worden war. Washoe lernte sogar fluchen und machte bei allem, was ihr mißfiel, das Zeichen für „schmutzig".

Lautloses Gespräch

Dann nahmen die Gardners eine kleine Gruppe von Schimpansenjungen in ihre Obhut, die sich fortan nur noch in Gesellschaft von Menschen befanden. Diese unterhielten sich sowohl untereinander als auch mit den Tieren in der Zeichensprache. Im Lauf der Zeit begannen sich auch die Schimpansen durch Zeichen zu verständigen und schufen durch Kombinationen bekannter Zeichen neue Begriffe. So verknüpfte eines der Tiere angesichts eines Schwans die Zeichen für Wasser und Vogel.

Einige Forscher sind überzeugt, daß Affen sogar eine primitive Grammatik erlernen und anwenden können. Wenn sie z. B. etwas zu trinken haben möchten, zeigen sie „mehr trinken" anstatt „trinken mehr".

Andere Wissenschaftler bezweifeln hingegen noch, daß sich Affen im Prinzip so verständigen können, wie es die Menschen tun. Sie weisen darauf hin, daß Affen selten mehr als zwei Worte zu einem Satz zusammenfügen und die meiste Zeit genau die von ihren Lehrern benutzte Zeichenabfolge nachahmen. Aber die Gardners hegen nicht den geringsten Zweifel daran, daß ihre Schimpansen wirklich mit den Händen sprechen können.

Zeichensprache Die Gardners brachten ihren Schimpansen über 100 Zeichen bei, darunter Verben sowie Bezeichnungen für Gegenstände und Tiere.

hören   Ball   Zahnbürste   Vogel   essen   trinken

Musikalische Botschaften

Was Vögel mit ihren Liedern und Rufen mitteilen

Der Gesang ist die Sprache der Vögel. Ob es sich nun um das lautstarke Trompeten eines Kranichs oder die zarte Melodie eines Rohrsängers handelt, für die Vögel hat der Gesang eine ebenso wichtige Funktion wie die Sprache für den Menschen.

Die Lautäußerungen der Vögel kann man in Lieder und Rufe unterteilen. Ein Ruf besteht gewöhnlich aus nicht mehr als ein oder zwei Tönen und dient einem genau festgelegten Zweck, wie etwa dem gegenseitigen Erkennen oder der Warnung. Bei einem Lied handelt es sich dagegen um eine bestimmte, immer wiederkehrende Tonfolge, die die Männchen vor allem dann erklingen lassen, wenn sie eine Partnerin suchen oder ihr Revier gegen Rivalen behaupten wollen.

Jede Vogelart hat ihr eigenes Lied, das dem einzelnen Vogel hilft, Mitglieder der eigenen Art zu erkennen. Besondere Bedeutung kommt dem Lied in Lebensräumen zu, wo Vegetation den Sichtkontakt behindert, wie etwa in Wäldern. In sehr dichtem Wald singen die Männchen und Weibchen mancher Arten sogar zusammen, um anderen Paaren ihre Reviergrenzen mitzuteilen.

Zutritt verboten

Wenn ein Vogelmännchen mit seinem Gesang nur seinen Rivalen, die ihm vielleicht sein Revier streitig machen, oder potentiellen Partnerinnen seine Anwesenheit kundtun will, wie Wissenschaftler glauben, warum sind dann die Lieder einiger Arten kunstvoller als die anderer?

Der Grund liegt, was z. B. die Sing-

WIE SCHNURRT DIE KATZE?

Einer der vertrautesten Tierlaute im Leben vieler Menschen ist das Schnurren der Hauskatze. Aber, so erstaunlich dies auch klingen mag, niemand weiß bisher ganz genau, wie sie dieses Geräusch eigentlich erzeugt. Fest steht jedoch, daß sie dazu nicht die Stimmbänder benutzt. Diese dienen anderen Lautäußerungen wie Miauen und Schreien.

Wenn eine Katze behaglich schnurrt, kann man an ihrer Kehle fühlen, wie diese vibriert. Dort befinden sich die Stimmbänder, und darüber liegen Membranen, die als falsche Stimmbänder bezeichnet werden. Nach Ansicht einiger Wissenschaftler können diese falschen Stimmbänder beim Ein- und Ausatmen in Schwingung geraten.

Andere Forscher wiederum behaupten, daß die falschen Stimmbänder überhaupt nichts mit dem Schnurren zu tun haben. Nach ihrer Theorie fließt das Blut der Katze schneller, sobald sie sich wohl fühlt, und in einer ungewöhnlich großen Vene in der Brust entstehen dabei verstärkt Wirbel. Wenn sich nun die Muskeln im Zwerchfell des Tiers zusammenziehen, wird die Vene zusammengepreßt, und eine Serie von Schwingungen wird ausgelöst. Diese wiederum setzen sich über die Luftröhre weiter fort und sind auch äußerlich spürbar. Für neugeborene Kätzchen sind die beruhigenden Vibrationen des mütterlichen Körpers wahrscheinlich ein viel wichtigeres Signal als das Geräusch, das beim Schnurren entsteht.

Doch nicht nur Hauskatzen schnurren. Auch viele der kleineren Raubkatzen, wie z. B. Luchse und Ozelote, können auf diese Weise ihr Wohlbefinden ausdrücken. Großkatzen wie Löwen, Tiger und Jaguare schnurren ebenfalls, allerdings sind sie nur beim Ausatmen dazu in der Lage.

---

drosseln anbelangt, offenbar darin, daß das Männchen mit der schönsten Stimme als erstes eine Partnerin findet. Für Arten, die ihre Lieder stets im Schutz des Waldes singen, liegen die Vorteile möglicherweise anderswo. Wie es scheint, kontrolliert das Männchen mit dem größten Repertoire auch das größte Revier. Vielleicht macht die Vielfalt seiner Lieder Rivalen glauben, daß dieses Gebiet nicht nur von einem Vogel verteidigt wird. Die vielseitigsten Sänger sind jene, die nicht nur die Lieder anderer Vögel, sondern z. B. auch das Zirpen von Grillen nachahmen und teilweise in die Tonfolge ihrer eigenen Lieder einbauen, wie es Spottdrosseln tun.

Ein Ruf ist grundsätzlich kürzer und dient dazu, daß Mitglieder eines Schwarms oder ein Vogelpaar rasch Informationen austauschen kann, etwa um vor einem Feind zu warnen oder während des Flugs und bei der Nahrungssuche in Kontakt zu bleiben.

Gemeinsame Signale

Unter kleinen Vögeln, die gemeinsam auf Futtersuche gehen, werden Warnrufe oft von verschiedenen Arten verstanden. So haben einige Singvögel einfache Alarmsignale, die einander stark ähneln. Ein langgezogener, hoher Ruf macht einen Vogelschwarm auf eine von oben drohende Gefahr aufmerksam, wie etwa auf einen Falken, während ein kurzer, durchdringender Ruf vor einem Feind am Boden warnt, wie z. B. vor einer Katze.

Vögel, die in Kolonien nisten, müssen aus dem Lärm, den ihre Nachbarn veranstalten, individuelle Stimmen heraushören. Für Kaiserpinguine spielen die Erkennungsrufe eine noch wichtigere Rolle, da die erwachsenen Vögel ihre Eier auf den Füßen umhertragen. Und wenn ein Pinguin vom Meer zurückkehrt, muß er seinen Partner, der auf das Ei aufpaßt, in einer Masse herumwatschelnder Artgenossen wiederfinden.

Bedeutungsvolle Variationen *Das Männchen des Drosselrohrsängers vertreibt seine Rivalen mit einer kurzen Folge rauher Töne.*

Bauchredner in Feld und Flur

Warum eine zirpende Grille so schwer zu finden ist

Jeder, der im Sommer in freier Natur unterwegs ist, kennt das scheinbar endlose Zirpen von Feldheuschrecken und Grillen. Heuschrecken zirpen vor allem tagsüber, Grillen in der Abenddämmerung. Kinder, die eine Grille fangen wollen, geraten oft in Verwirrung, da diese Insekten geschickte „Bauchredner" sind. Wenn sich eine Grille bedroht fühlt, kann sie nämlich die Höhe der Töne verändern. So entsteht der Eindruck, daß das Zirpen von einer ganz anderen Stelle kommt, und der Verfolger wird auf eine falsche Fährte gelockt.

Bei den Grillen zirpen nur die Männchen, bei manchen Heuschreckenarten hingegen werden die Gesänge der Männchen von den Weibchen beantwortet.

Die zirpenden Laute entstehen dadurch, daß die Insekten Körperteile aneinanderreiben. Die meisten Kurzfühlerheuschrecken ziehen eine Leiste mit winzigen Zähnen, die sich an den Innenseiten ihrer Sprungschenkel befindet, über eine kantige Ader der Deckflügel, vergleichbar mit dem Waschbrettspieler einer Jazzband.

Verstärker

Grillen hingegen haben ihre Zirpapparate ausschließlich an den beiden Deckflügeln. An jedem Flügel befindet sich eine Ader, auf der eine Zahnleiste sitzt. Die Schrillader des einen Flügels wird über eine verdickte Kante, die so-genannte Schrillkante, auf dem anderen Flügel gestrichen, wobei ein sehr reiner, hoher Laut entsteht. Jedes Zirpen setzt sich aus einer raschen Abfolge solcher Töne zusammen, wobei eine glattpolierte Fläche auf der Flügelmembran deren Lautstärke erhöht. Der Resonanzraum zwischen den Flügeln und dem Körper kann beim Zirpen vergrößert werden, indem das Insekt die Flügel anhebt. Durch Veränderung dieses Abstands entsteht der Eindruck, daß das Zirpen aus unterschiedlichen Entfernungen kommt.

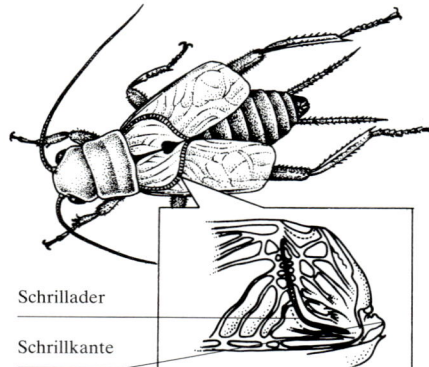

Musikalische Ader *Grillen haben an ihren Deckflügeln mit Zähnchen bedeckte Leisten. Die Zahnleiste des einen Flügels wird beim Zirpen über die Schrillkante des anderen gezogen.*

Schrillader

Schrillkante

Hätten Sie's gewußt?

Um mit seiner „Musik" viele Weibchen zu erreichen, zirpt die männliche Maulwurfsgrille in einer Höhle, die als Resonanzraum die Lautstärke der Töne erhöhen soll. Sie besteht aus zwei Tunneln, die in eine Kammer führen. Dort sitzt das zirpende Männchen, das mitunter noch in 600 m Entfernung hörbar ist.

◆◆◆

Einige Schreckenarten haben zwar keine Ohren an den Köpfen, aber an anderen Körperteilen befinden sich Gehörorgane. Bei Kurzfühlerheuschrecken sitzen sie an den Seiten des Hinterleibs, bei Grillen und Laubheuschrecken gewöhnlich an den Vorderschienen.

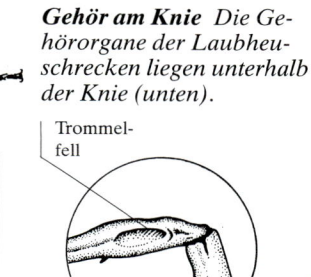

Gehör am Knie *Die Gehörorgane der Laubheuschrecken liegen unterhalb der Knie (unten).*

Trommelfell

GEFIEDERTE TONKÜNSTLER

Wenn wir sprechen, entstehen die Laute durch Vibrieren der Stimmbänder im Kehlkopf. Die Klangfarbe der erzeugten Laute wird mit Hilfe der Zunge und durch die Form und Größe der Mundhöhle reguliert. Beim Mann ist der Kehlkopf außen als Adamsapfel erkennbar. Er befindet sich an der Verbindungsstelle von Rachen und Luftröhre.

Der Stimmapparat der Vögel liegt hingegen tiefer, dort, wo sich die Luftröhre in die beiden Hauptbronchien verzweigt, die zu den Lungen führen. Hier befindet sich der untere Kehlkopf, der nach der Flöte des Gottes Pan Syrinx genannt wird. An dieser Stelle sitzen die Stimmhäute, die schwingen, wenn Luft über sie streicht. Die Spannung der Häutchen wird durch besondere Muskeln reguliert, mit denen die Vögel Klangfarbe und Tonhöhe verändern können. Die Syrinx sieht bei den verschiedenen Vogelfamilien sehr unterschiedlich aus. Der amerikanische Truthahngeier und seine Verwandten z. B. haben gar keine Syrinx und können deshalb auch nur fauchen oder zischen.

Am höchsten entwickelt ist das Organ bei den Singvögeln: Es wird von mehr als drei Paar Singmuskeln gesteuert. Bemerkenswert am Vogelgesang ist außerdem, daß die beiden Hälften der Syrinx, die jeweils von einem Lungenflügel mit Luft versorgt werden, unabhängig voneinander funktionieren. Dadurch sind viele Singvögel in der Lage, zwei Töne oder sogar Melodien gleichzeitig zu trällern, also zweistimmig zu singen.

Jenseits menschlicher Wahrnehmung

Wie Tiere mit außergewöhnlichen Sinnesorganen die Welt erleben

In der trockenen kalifornischen Dornbuschlandschaft nähert sich eine Biene bei strahlendem Sonnenschein einer gelben Blüte, die für das menschliche Auge einfarbig ist. Die Biene freilich sieht das anders; sie nimmt nämlich darüber hinaus leuchtende Markierungen auf den Blütenblättern wahr, die ihr als „Landebahn" dienen. Nicht weit davon stürzt sich eine Klapperschlange zielsicher auf ein kleines Nagetier, das, für den Menschen unsichtbar, hinter Pflanzen versteckt am Boden kauerte.

Die Abenddämmerung bricht herein, und unter den Küchendielen eines nahe gelegenen Hauses verläßt eine Mäusemutter für wenige Minuten ihre Jungen. Doch den Kleinen ist kalt, und sie beginnen zu rufen – mit disharmonischen Angstschreien, die für den Menschen nicht hörbar sind. Die Mutter jedoch eilt sofort zurück in ihr Nest. Im Nebenraum schaltet jemand die Höhensonne an, und im gleichen Moment sehen die Fische im Aquarium die ultraviolette Strahlung, die von ihr ausgeht. Vor dem Fenster des Zimmers läßt sich ein Falter steil zu Boden fallen und entgeht dadurch knapp dem Angriff einer Fledermaus.

Der Mensch kann diese Reize, die bei manchen Tieren eine bestimmte Reaktion hervorrufen, nicht wahrnehmen. Viele Insekten z. B. sehen ultraviolettes Licht. Die Saftmale, denen die Bienen folgen, wenn sie auf Blüten landen, sind ultraviolette Markierungen, die ihnen den Weg zum Nektar weisen. Und auch die Augen der Fische sind für ultraviolette Strahlung empfindlich.

Klapperschlangen nehmen hingegen Infrarotstrahlung, also Wärme, wahr. Sie gehören zur Familie der Grubenottern, die zwischen Auge und Nasenloch ein Sinnesorgan besitzen, das ihnen ihren Namen gab: das Grubenorgan. Es spricht auf die Körperwärme anderer Tiere an.

Mäuse, die vor den der Echolotpeilung dienenden Fledermausschreien die Flucht ergreifen, hören im Ultraschallbereich. Dies tun auch Hunde. Sie nehmen Tonfrequenzen bis zu 40 000 Schwingungen pro Sekunde wahr. Am anderen Ende des Schallspektrums – weit unter der menschlichen Hörschwelle – können sich Elefanten durch Infraschall verständigen. Diese außergewöhnlichen Sinnesleistungen eröffnen den Tieren Welten, die wir nur erahnen können.

Unterschiedliche Sichtweisen

Kein Auge gleicht dem andern

Geschickt stürzt sich eine Springspinne auf ein Insekt, eine Libelle packt im Flug eine winzige Fliege, und hoch oben in den Lüften hält ein Adler nach Beute Ausschau. Für das Leben all dieser Tiere ist ein gutes Sehvermögen unverzichtbar. Aber sie sind, abgestimmt auf ihre jeweiligen Bedürfnisse, mit sehr unterschiedlich gearteten und verschieden funktionstüchtigen Augen ausgestattet.

Die primitivsten Sehorganellen haben einige einzellige Lebewesen. Ihre winzigen lichtempfindlichen Augenflecken befähigen sie lediglich dazu, Lichtintensitäten zu unterscheiden. Einfache Augen, die bereits ein Richtungssehen ermöglichen, findet man bei verschiedenen Arten von Würmern. Die Sehzelle ihrer Augen ist von einer lichtundurchlässigen Pigmentzelle becherförmig umgeben, so daß nur durch die Becheröffnung Lichtstrahlen zu ihr vordringen können. Das Tier kann so wahrnehmen, aus welcher Richtung das Licht kommt.

Insekten haben Facettenaugen, die sich aus zahlreichen winzigen, sechseckigen Einzelaugen zusammensetzen. Jedes von ihnen ist mit einer Linse ausgestattet. Großlibellen z. B. besitzen bis zu 28 000 dieser Einzelaugen und erhalten damit vermutlich ein Bild, das einer grobkörnigen Fotografie entspricht oder wie ein Mosaik von sich überlappenden Lichtpunkten aussieht.

Stielaugen

Die Augen der Krabben stehen auf Stielen, die sie meist einziehen können, wenn sich ein Feind nähert.

Die meisten Spinnen verfügen über acht Augen, mit denen sie unterschiedlich gut sehen. Die beiden Hauptaugen der Springspinnen sind mit jeweils einer Linse ausgestattet, was bedeutet, daß sie die Welt ähnlich wahrnehmen wie wir. Da unsere Augen aber größer sind, erhalten wir ein schärferes Bild von unserer Umgebung.

Viele Vögel haben hingegen weitaus bessere Augen als Menschen. Für Adler und andere Greifvögel ist es lebensnotwendig, daß sie Beutetiere schon aus großer Höhe ausmachen können.

Hätten Sie's gewußt?

Einige nachtaktive Vögel orientieren sich wie Fledermäuse durch Echolotpeilung. Doch während Fledermäuse Rufe von sich geben, deren Frequenz so hoch ist, daß wir sie nicht hören können, stößt z. B. der höhlenbewohnende Fettschwalm in Südamerika hörbare Laute aus. Da deren Wellenlänge relativ groß ist, werfen kleine Gegenstände kein Echo zurück. Auf der Suche nach Früchten gebraucht der Vogel deshalb seine Nase und seine Augen. Die Echolotpeilung setzt er nur zur Orientierung in den Höhlen ein.

WARUM VÖGEL FARBEN SEHEN MÜSSEN, KATZEN ABER NICHT

In unseren Breiten liegen Felder und Wiesen in der kalten Jahreszeit oft brach, und auf dem gefrorenen Boden gibt es nur wenig Nahrung für die Vögel, die hier überwintern. Doch unter den Hecken tummeln sich unverdrossen Vögel, wie Rotdrosseln und Wacholderdrosseln, die zwischen dem Gestrüpp am Boden heruntergefallene Weißdornfrüchte suchen und aufpicken. Durch ihre leuchtende Farbe springen die Früchte den Vögeln regelrecht in die Augen.

Das Farbensehen ist bei Vögeln sehr gut entwickelt. Wie beim Menschen befinden sich auch in ihren Augen in der Netzhaut kleine Zapfen, die für die unterschiedlichen Wellenlängen des Lichts empfindlich sind. Wenn das Auge einen Gegenstand erfaßt, wertet das Gehirn die Reaktion in den Zapfen aus, um anhand dieser Information die Farbe des Objekts zu ermitteln. Während Menschen drei verschiedene Pigmente für das Farbensehen besitzen, können es bei Vögeln fünf sein. Die Fähigkeit, Farben gut zu erkennen, hilft ihnen nicht nur bei der Nahrungssuche, sondern spielt auch bei der Balz eine große Rolle, da manche von ihnen, wie z. B. die Paradiesvögel, ihre Partnerinnen mit ihrem farbenfrohen Gefieder auf sich aufmerksam machen.

Nächtliche Jäger

Die Welt einiger anderer Tiere ist hingegen farbloser. Die Pigmente für das Farbensehen wirken am besten in hellem Licht, und daher sind sie für nachtaktive Tiere kaum von Nutzen.

Katzen z. B. können Farben nur begrenzt unterscheiden. Doch weil sie bei Nacht jagen, sind ihre Augen darauf eingerichtet, auch bei schlechten Lichtverhältnissen Bewegungen wahrzunehmen.

Die Netzhaut der großen Katzenaugen ist mit vielen Stäbchen besetzt. Diese sind helldunkelempfindlich und funktionieren auch bei schwachem Licht gut. Außerdem können Katzen ihre Pupillen stark weiten, um möglichst viel Licht einfallen zu lassen.

Damit allein erklärt sich jedoch das gute Nachtsehvermögen der Katzen noch nicht. Hinter der Netzhaut liegt bei ihnen eine lichtempfindliche Gewebeschicht, das *Tapetum lucidum*. Wie ein Spiegel reflektiert es alles Licht, das nicht absorbiert wurde, so daß die Sinneszellen der Netzhaut noch einmal gereizt werden und das Licht bestmöglich ausgenützt wird.

Wenn ein heller Lichtstrahl auf die Augen einer Katze fällt und das nicht absorbierte Licht vom *Tapetum* reflektiert wird, leuchten die Katzenaugen in der Dunkelheit. Doch in völliger Finsternis kann selbst eine Katze nichts sehen. Dann muß sie sich auf ihr ausgezeichnetes Gehör und ihren sehr gut entwickelten Tastsinn verlassen.

Auf der falschen Fährte

Chemische Duftstoffe verwirren Schadinsekten

Männliche Falter können mit den Fühlern auf ihrem Kopf potentielle Geschlechtspartnerinnen anhand ihres Geruchs aufspüren. Hat ein Männchen den Duftstoff eines Weibchens wahrgenommen, fliegt es dorthin, wo der Geruch herkommt, um sich zu paaren. Wie verwirrt muß es aber sein, wenn die Luft auf einmal so stark von diesem Duft erfüllt ist, daß er aus allen Richtungen zu kommen scheint?

Bei vielen Insektenarten finden sich Männchen und Weibchen nur mit Hilfe von Lockstoffen, den sogenannten Pheromonen. Um die Aufmerksamkeit eines Männchens zu wecken, braucht ein Weibchen bloß eine winzige Menge davon zu verströmen, und es wirkt sogar, wenn noch Tausende andere Düfte in der Luft liegen, etwa die von anderen Insekten oder von Blumen. Mit der Herstellung synthetischer Pheromone haben Wissenschaftler nun ein Mittel gefunden, um in die natürlichen Vorgänge einzugreifen.

Auf Baumwollfeldern z. B. lebt ein gefährlicher Schädling: die Larve der Baumwollmotte, auch roter Kapselwurm genannt. Nachdem die Falter aus ihren Kokons geschlüpft sind, machen sich die Männchen, geleitet von Pheromonen, auf die Suche nach einem Weibchen und paaren sich mit ihm. Die Weibchen legen ihre Eier an den Knospen und Kapseln der Baumwollpflanzen ab. Daraus schlüpfen die Raupen, die sich sofort in die Kapseln bohren und diese schwer schädigen.

Anstatt nun die Raupen mit einem Insektizid zu bekämpfen, wenden einige amerikanische Farmer einen biologischen Trick an. Sie verhindern die Fortpflanzung dieser Schädlinge, indem sie Kunststoffasern, die mit künstlichen Pheromonen präpariert sind, auf ihre Felder streuen.

Vergebliche Suche

Da nun überall der Geruch der Pheromone in der Luft liegt, kommen die Männchen so durcheinander, daß sie die Weibchen nicht mehr finden. Sie können sich nicht paaren, und folglich gibt es keinen Nachwuchs.

Hätten Sie's gewußt?

Das Männchen des Kleinen Nachtpfauenauges – ein in Mitteleuropa heimischer Falter – soll von allen Tieren den besten Geruchssinn besitzen. Im Frühling begeben sich die Männchen auf die Suche nach einer Partnerin und folgen dabei dem Geruch der von den Weibchen abgegebenen Lockstoffe. Mit ihren Fühlern können die Männchen diesen Duft über eine Entfernung von mehreren Kilometern wahrnehmen.

In Jahrmillionen erprobt

Das Krokodil kann sich auf seine Sinne verlassen

Um Beutetiere aufzuspüren und zu fangen, bedienen sich die Krokodile all ihrer Sinne. Wie es scheint, können sie außerhalb des Wassers Gerüche gut wahrnehmen und sehen auch sehr gut. Da ihre Augen etwas erhöht am Kopf liegen, sehen sie auch dann noch, wenn sie fast ganz untergetaucht sind. Viele Arten jagen in der Abenddämmerung oder bei Nacht. Bei Tag verengen sich die Pupillen ihrer Augen – so wie bei Katzen – zu schmalen Schlitzen, nachts aber weiten sie sich, damit mehr Licht einfallen kann.

Unter Wasser sehen Krokodile jedoch weniger gut. Vermutlich spüren sie dort ihre Beute mit dem Gehör auf. Von den Reptilien, die heute auf der Erde verbreitet sind, haben sie die höchstentwickelten Ohren.

Offenbar haben diese ausgeprägten Sinne dem Krokodil gute Dienste geleistet, denn seine Jagdweise ist noch die gleiche wie die seines Vorfahren, des Archosauriers, der vor rund 200 Mio. Jahren lebte. Freilich bietet ihm sein Lebensraum auch einen reich gedeckten Tisch – Vögel und andere Tiere kommen an die Flüsse, um zu trinken, und im Wasser selbst gibt es unzählige Fische.

Stereoempfang

Warum die Eule ein überlegener Nachtjäger ist

Die dichtstehenden Federn, ·die die Augen von Eulen kranzförmig umgeben, haben nicht etwa mit dem Gesichtssinn zu tun, wie man vermuten könnte. Sie dienen vielmehr zum besseren Hören und bilden den sogenannten Gesichtsschleier. Er lenkt hochfrequente Töne zu den Ohröffnungen, die hinter dem Gesichtsschleier sitzen. Sie haben etwa die gleiche Funktion wie die Ohrmuscheln bei Kaninchen, Katzen und anderen Säugetieren.

Mit ihren riesigen Augen sind die Eulen bestens gerüstet, um bei schwachem Licht zu jagen. Bei völliger Dunkelheit sehen sie allerdings auch nichts. Dann

Ganz Ohr Eine Eule fliegt von einem Ast auf. Ihr hervorragendes Gehör erleichtert es ihr, in der Dunkelheit Beutetiere aufzuspüren.

sind sie auf ihr ungemein scharfes Gehör angewiesen.

Das Richtungshören der Eulen entspricht dem des Menschen, ist aber wesentlich besser ausgebildet. Dabei wertet das Gehirn den geringfügigen Zeitunterschied des Schalleinfalls auf beiden Ohren aus, um festzustellen, aus welcher Richtung der Laut kommt. Bei einigen Eulenarten sitzen die Ohröffnungen asymmetrisch am Kopf, wodurch es ihnen vermutlich leichter fällt, eine Geräuschquelle anzupeilen. Außerdem können Eulen ihren Kopf stark verdrehen, um die exakte Richtung eines Geräusches zu orten.

Und damit nicht genug – das Gefieder der Eulen ist so weich und samtig, daß sie fast lautlos durch die Luft gleiten. Eine Maus, die durch das Unterholz huscht, hat daher nur wenig Chancen zu entkommen.

Hätten Sie's gewußt?

Das Trommelfell der nordamerikanischen Taschenspringer verstärkt den Schall so sehr, daß sie sogar hören, wie die Luft von einer herabstoßenden Eule geteilt wird.

Angler, die im trüben fischen

Tiefseefische locken ihre Beutetiere mit Lichtern an

Auf dem Grund der Ozeane in etwa 3000 m Tiefe herrscht ein Wasserdruck, der ausreicht, um einen Menschen auf der Stelle zu zerquetschen. Dennoch gibt es dort Lebewesen. Die meisten sind grotesk aussehende Fische mit langen, scharfen Zähnen und gewaltigen Kiefern, die in einer Welt vollkommener Dunkelheit kleineren Bewohnern des Meeresbodens nachstellen.

Am bekanntesten unter diesen Tiefseelebewesen sind die Anglerfische. Sie locken ihre Beute mit einer „Angel" an, die sich aus den ersten Stachelstrahlen der Rückenflosse entwickelt hat. An der Spitze der Angel, die vor dem Maul des Fisches baumelt, hängt ein Hautfetzen, der wie ein Köder wirkt.

Leuchtende Untermieter

Da aber keinerlei Tageslicht bis in diese gewaltigen Tiefen vordringt, wäre ein gewöhnlicher Köder nicht mehr zu erkennen. Deshalb besitzen die Tiefseeanglerfische einen Laternenköder mit Leuchtbakterien, die sie als Gegenleistung beherbergen und mit Nahrung versorgen. Die raffinierten Köder locken in der Finsternis andere Lebewesen an. Für die Lichterzeugung sind vermutlich zwei Stoffe notwendig: Luciferase und Luciferin, die nach Luzifer, dem Lichtbringer, benannt sind.

Solche geheimnisvollen, in der Dunkelheit leuchtenden Organe hat man auch an anderen Körperteilen von Fischen gefunden. So besitzt z. B. eine Tiefseefischart im Ostpazifik sogar zwei Leuchtorgane. Eines befindet sich direkt unter den Augen, das andere sitzt am Ende des langen Bartfadens unter ihrem Kinn. Wie der Laternenköder der Anglerfische dienen sie dazu, ahnungslose Opfer ins Verderben zu locken.

Viele Raubfische der Tiefsee haben große, bewegliche Kiefer, so daß sie ihre Mäuler enorm weit aufreißen können. Sie sind dadurch in der Lage, Opfer zu verschlingen, die größer sind als sie selbst. So fand man z. B. im Magen eines weiblichen Tiefseeanglerfisches einen nahezu doppelt so großen Laternenfisch. Raubfische dürfen sich in diesen Tiefen keine Gelegenheit entgehen lassen, weil dort nur selten ein Leckerbissen vorbeischwimmt.

Bluthunde des Meeres

Wie Haie ihre scharfen Sinne bei der Nahrungssuche einsetzen

In einem Korallenriff in der Karibik erlegt ein Taucher mit einer Harpune einen großen Fisch. Während das getroffene Tier noch um sein Leben kämpft und Blut das Wasser zu trüben beginnt, zieht der Taucher den Fisch zu sich heran. Plötzlich aber erscheint wie aus dem Nichts ein Hai, der den Fisch von der Harpune reißt. Mit wilden, ruckartigen Bewegungen verschlingt er ihn. Schnell hat der Hai seine Mahlzeit beendet und ist wieder verschwunden. Inzwischen sind jedoch mehrere andere Haie aufgetaucht und gleiten drohend durch das Wasser, während sich das Blut weiter verteilt. Der entsetzte Taucher kann sich gerade noch rechtzeitig in sein Boot retten.

Empfindsame Sinne

Haie sind mit verschiedenen, zum Teil hochempfindlichen Sinnen ausgestattet, mit denen sie ihre Beute äußerst zielsicher aufspüren können. Arten, die im offenen Meer jagen, sehen meist recht gut, während andere, die ihre Nahrung auf dem Meeresgrund suchen, wo das Wasser oft trüb ist, eher schlechte Augen haben. Aber alle Haie besitzen ein außerordentlich gutes Gehör. Sie können leiseste Geräusche hören, sogar den Herzschlag anderer Fische. Eng verbunden mit dem Gehör ist das sogenannte Seitenlinienorgan – eine Reihe von Sinneszellen, die an den Körperflanken sitzen und Schwingungen im Wasser wahrnehmen, die z. B. durch die Bewegungen von anderen schwimmenden Lebewesen entstehen.

Blutspuren

Diese Fähigkeit der Haie, unter Wasser so gut zu hören, ist allein schon beeindruckend. Doch nach dem Aufbau ihres Gehirns zu urteilen, ist ihr Geruchssinn noch weit besser entwickelt, denn der hierfür zuständige Bereich des Gehirns ist erstaunlich groß. Versuche haben gezeigt, daß Haie einen Teil Blut aus 25 Mio. Teilen Wasser herausriechen

können. Wenn die Strömung oder die Wellenbewegungen günstig sind, können sie verletzte oder sterbende Tiere allein durch den Geruch ihres Blutes ausfindig machen.

Fast alle Fische, die in Schwärmen leben, geben im verletzten Zustand eine Substanz ab, die die anderen zur Flucht veranlaßt. Es gibt aber auch Haie, die diese Alarmsignale wahrnehmen und sofort angelockt werden. Dennoch ist diese Einrichtung der Natur sehr wirkungsvoll, denn selbst wenn der verwundete Fisch stirbt, bewahrt sie die anderen Mitglieder des Schwarms vor der Gefahr.

Bemerkenswert ist auch die Fähigkeit der Haie, elektrischen Strom wahrnehmen zu können. Dies ist durch Sinneszellen möglich, die am Kopf direkt unter der Haut liegen. Die Haie können damit Beutetiere aufspüren, da sie sogar die schwachen und kurzen Stromstöße registrieren, die jene erzeugen.

Feinsinniger Räuber Der Hai kann selbst so schwache Stromstöße, wie sie von Fischen erzeugt werden, wahrnehmen. Außerdem riecht und hört er ausgezeichnet.

Hätten Sie's gewußt?

Spinnen besitzen feine Haare an ihren Beinen, mit denen sie Luftbewegungen wahrnehmen. Auf Schwingungen reagieren noch weitere Sinnesorgane. Spinnen, die Netze weben, haben sie meistens in der Nähe ihrer Beingelenke, damit sie merken, wenn Beutetiere ins Netz fliegen.

◆◆◆

Der neuseeländische Kiwi hat einen ungewöhnlich feinen Geruchssinn. Seine Nasenlöcher liegen seitlich an seiner Schnabelspitze, die er in Erdlöcher steckt, um Regenwürmer zu „erschnüffeln".

Kennzeichen: Frühgeburt

Nicht jedes Beuteltier hat einen Beutel

Als die ersten Entdecker nach Australien kamen, fanden sie unter den Säugetieren merkwürdige Lebewesen, deren Weibchen einen Beutel aus lockerer Haut besaßen, in denen sie ihre Jungen herumtrugen und säugten. Später faßten Zoologen diese Tiere – in Anlehnung an das lateinische Wort für Beutel *marsupium* – in der Ordnung der *Marsupialia* zusammen.

Von den rund 250 Beuteltierarten, die es heute gibt, leben die meisten in Australien, Neuguinea, Neuseeland und auf den Inseln des Südpazifiks. Auf dem amerikanischen Doppelkontinent sind Beuteltiere ebenfalls heimisch, allerdings nicht in dieser Artenvielfalt.

Nicht alle Beuteltiere haben wie das Känguruh einen nach oben offenen Beutel am Bauch; dies gilt nur für kletternde und aufrecht gehende Arten. Der Beutel der grabenden Beuteltiere hingegen – wie der Nasenbeutler und Wombats – ist zu den Hinterbeinen hin geöffnet, damit beim Graben keine Erde hineingelangt. Bei der Kammschwanzbeutelmaus sind die Jungen lediglich durch zwei Hautlappen geschützt, und es gibt sogar Beuteltiere, wie z. B. den Ameisenbeutler, die überhaupt keinen Beutel besitzen.

Die Zuordnung eines Tieres zu den Beuteltieren hängt nicht davon ab, ob ein Beutel vorhanden ist, sondern von dem frühen Entwicklungsstadium, in dem die Jungen geboren werden. Bei den Plazentatieren bleiben die Jungen gewöhnlich so lange im Mutterleib, bis sie voll ausgebildet sind. Eine derart lange Tragezeit ist nur deshalb möglich, weil der Fötus über den Mutterkuchen, die Plazenta, mit Nährstoffen versorgt wird. Beuteltiere hingegen besitzen keine Plazenta, und die Jungen verbringen nur eine kurze Zeit im Mutterleib – einige Opossums lediglich etwa zwölf Tage. Bei der Geburt sind die Jungen praktisch noch Embryos mit kaum ausgebildeten Hinterbeinen, geschlossenen Augen und Ohren und nackter Haut. Weil sie noch so unreif sind, werden sie auch Keimlinge genannt. Ein Rotes Riesenkänguruh bringt Junge von nicht einmal 2,5 cm Länge zur Welt, und ein Dutzend neugeborene Opossums könnte man sogar auf einem Teelöffel unterbringen.

Dennoch ist der Keimling nicht hilflos. Das Junge des Roten Riesenkänguruhs z. B. klettert mit seinen kräftigen Vordergliedmaßen von der Genitalöffnung der Mutter in ihren Beutel. Dort klammert es sich an eine Zitze, die anschwillt, bis sie fest in seinem Maul sitzt. Da es nicht einmal in der Lage ist, selbst zu saugen, wird die Milch in sein Maul gepreßt. Das Junge bleibt mehrere Monate – bei kleineren Beuteltierarten nur einige Wochen – im Beutel, bis es groß genug ist, um die ersten eigenen Schritte zu wagen.

Kinderhort Das Junge des Grauen Riesenkänguruhs kehrt, nachdem es den Beutel verlassen hat, noch etwa sechs Monate lang zum Schlafen und Trinken oder bei Gefahr in den Beutel zurück.

Pelziger Blütenliebhaber

Für Nektar steht der Honigbeutler kopf

Im trockenen Busch Südwestaustraliens lebt eines der kleinsten und merkwürdigsten Beuteltiere der Welt. Es ist der mausähnliche Honigbeutler, der aber – anders als sein Name erwarten läßt – weder Bienennester plündert noch Honig frißt. Vielmehr holt er wie eine Biene Nektar und Pollen aus Blüten heraus. Er schiebt sein längliches Rüsselschnäuzchen in die Blumenkronen und leckt den Blütenstaub und den Nektar auf. Da die Spitze seiner langen Zunge wie ein Borstenpinsel geformt ist, erreicht er mit ihr selbst kleinste Ritzen am Blütengrund.

Der bis zu 15 g schwere Honigbeutler hat einen 7–8 cm langen Körper und einen fast 10 cm langen Schwanz. Er läuft sicher und flink über kleinere Zweige, indem er sich mit den daumenartigen Zehen seiner Füße festkrallt. Größere Äste hingegen umklammert er mit seinen langen Gliedmaßen. Um leichter an Blüten heranzukommen, hängt er sich beim Fressen oft kopfüber an einen Zweig, wobei er sich mit seinem Schwanz festhält.

Da die Honigbeutler ein paar besondere Merkmale besitzen und keine nahen Verwandten haben, wurden sie einer eigenen Unterfamilie, den Rüsselbeutlern oder *Tarsipedidae*, zugeordnet, deren einziger Vertreter sie sind. Der Ursprung dieser seltsamen Außenseiter gab den Zoologen lange Zeit Rätsel auf. Heutzutage kommen die Honigbeutler nur noch in Gebieten vor, wo das ganze Jahr über Pflanzen blühen, so daß die Tiere immer Nahrung finden.

Ist das Ende absehbar?

Solche Lebensräume erstreckten sich unter den Klimabedingungen, die vor 20 Mio. Jahren in Australien herrschten, vermutlich über weite Gebiete. Sollte der einzigartige Lebensraum der Honigbeutler, der sich heute auf eine eng begrenzte Region im Südwesten Australiens beschränkt, jedoch nicht erhalten bleiben, dann wird man den Namen des Honigbeutlers eines Tages auf die Liste der vom Aussterben bedrohten Tierarten setzen müssen.

KÄNGURUHS, DIE AUF BÄUMEN LEBEN

Untersuchungen von Fossilien haben gezeigt, daß sich die Känguruhs aus Beuteltieren entwickelten, die auf Bäumen lebten. Vermutlich sahen sie so ähnlich aus wie die Beutelratte heute. In Millionen von Jahren stellte sich ein Teil von ihnen auf eine Lebensweise am Boden um, und schließlich entwickelten sich daraus die Springbeutler, die im offenen Busch Australiens leben. Der dünne Greifschwanz, wie ihn jene Vorfahren noch hatten, bildete sich im Lauf der Evolution zu einem muskulösen Körperteil um, das beim Springen zum Balancieren und Steuern dient. Dies gilt sowohl für die am Boden lebenden Känguruhs als auch für die Baumkänguruhs. Diese können jedoch im Gegensatz zu den Bodenbewohnern ihren Schwanz nicht als Stütze einsetzen, da ihm die Verdickung an der Basis fehlt. So ist der Schwanz der Baumkänguruhs zwar schlanker als der anderer Känguruhs, aber trotz allem enorm kräftig.

Akrobaten auf Ästen

Heute gibt es sieben Baumkänguruharten, die alle in den Wäldern Neuguineas und Nordqueenslands heimisch sind. Ein Vertreter der Familie ist das Lumholtz-Baumkänguruh. Es ist rötlichbraun, und sein Körper ist 52–80 cm lang. Die gleiche Länge weist sein Schwanz auf, dessen Ende ganz buschig ist. Am Boden bewegt es sich mit Sprüngen vorwärts und hält dabei mit dem Schwanz die Balance. Auf den Bäumen klettert es. Seinem Lebensraum ist das Lumholtz-Baumkänguruh insofern angepaßt, als es kürzere Vorderbeine als seine bodenbewohnenden Verwandten hat. Seine Hinterfüße sind mit rauhen Sohlen ausgestattet, die ihm auf Ästen festen Halt geben. Seine langen, scharfen Krallen erleichtern es ihm ebenfalls, sich auf den Bäumen sicher zu bewegen.

Nächtliche Schlemmereien

Das Lumholtz-Baumkänguruh schläft bei Tag in den Baumkronen. Nachts aber klettert es auf der Suche nach Blättern und Früchten in den Bäumen herum oder kommt zum Trinken auf die Erde. Wird es erschreckt, klettert es schnell den nächsten Baum wieder hinauf. Und fühlt es sich auf den Ästen bedroht, springt es angeblich sogar aus einer Höhe von 15 m zu Boden.

Eine anpassungsfähige Familie

Die Beuteltiere Amerikas sind Überlebenskünstler

Das erfolgreichste aller Beuteltiere ist zweifellos das Virginische Opossum, denn in den vergangenen Jahrzehnten hat sich dieser katzengroße Meister der Anpassung in Nordamerika vom Süden bis zu den Großen Seen und nach Neuengland ausgebreitet. Und an der Westküste drang das Virginische Opossum bis nach Kanada vor, nachdem es zuvor in Kalifornien eingebürgert worden war. Daß diese Gattung der Beutelratten ihren Lebensraum so weit ausdehnen konnte, hat sie vor allem der modernen Zivilisation zu verdanken. Heute sieht man in den Vorstädten nachts des öfteren Opossums, die die Mülltonnen plündern.

Wenig wählerisch

In Amerika gibt es über 70 Beutelrattenarten. Sie sind gewöhnlich nachtaktiv und halten sich im dichten Blattwerk von Bäumen auf, vor allem im Regenwald des Amazonasgebiets, wo sie einen reichgedeckten Tisch finden. Einige sind Fleischfresser, andere reine Vegetarier. Die meisten ernähren sich jedoch von einer Mischkost aus Früchten, Samen, Insekten und Aas.

Einige Beutelratten sind keine Baumbewohner. Der Schwimmbeutler, dessen Lebensraum sich von Mexiko bis nach Argentinien erstreckt, hat an den Hinterfüßen Schwimmhäute und ist ein ausgezeichneter Schwimmer. Als Nahrung dienen ihm vor allem Fische, Krebse und Wasserinsekten. Wenn das Weibchen taucht, kann es seinen nach hinten offenen Beutel mit einem starken Muskel wasserdicht schließen.

Der *monito del monte*, was zu deutsch kleines Bergäffchen heißt, ist eine Beutelratte, die in den Bergwäldern von Südostchile lebt. Sie ernährt sich hauptsächlich von Baumblättern, aber auch von Würmern und Insekten. Ältere Jungtiere werden nicht mehr von der Mutter herumgetragen, sondern in ein gepolstertes Nest aus Baumblättern gelegt.

Großfamilien

Verglichen mit größeren Beuteltieren, sind Opossumfamilien sehr kinderreich. So kann ein Virginisches Opossumweibchen bei einem Wurf über 20 Junge gebären. Da es aber nicht so viele Zitzen hat, müssen die Jungen, die keine Zitze finden, verhungern.

Verblüffende Ähnlichkeit

*Australische Beuteltiere und ihre Gegenstücke
auf anderen Kontinenten*

Noch vor wenigen Millionen Jahren waren Nord- und Südamerika durch eine Landbrücke verbunden. Damals lebten im Nord- und Südteil des heutigen Doppelkontinents große Säbelzahnkatzen, die sich stark ähnelten, jedoch nicht verwandt waren. Die nordamerikanische Form, das löwengroße *Smilodon*, war ein Plazentatier und folglich mit dem Menschen enger verwandt als mit ihrem südamerikanischen Gegenstück, dem Säbelzahnbeutler *Thylacosmilus*, der den Beuteltieren zuzuordnen ist.

Der Fachbegriff für dieses Phänomen in der Evolution heißt Konvergenz. Er wird immer dann angewendet, wenn genetisch verschiedene Tiere, bedingt durch ihre Anpassung an vergleichbare Umweltbedingungen, ähnliche Lebensweisen und Merkmale aufweisen.

Gleitende Waldbewohner

Beispiele für eine konvergente Entwicklung bei den Beuteltieren und den höheren Säugetieren, den Plazentatieren, gibt es viele. In den Wäldern Asiens und Amerikas leben die Gleithörnchen; ihren Lebensraum bewohnen in Ostaustralien die Gleithörnchenbeutler. Sie gleiten – wie auch die Gleithörnchen – mit Hilfe gespannter Flughäute von Baum zu Baum. Und das australische Gegenstück zu den Ameisenbären Süd- und Mittelamerikas ist der Ameisenbeutler, der mit seiner klebrigen Zunge Termiten aus dem Nest holt.

In Asien, Europa, Afrika und auf dem amerikanischen Doppelkontinent sind kleine Fleischfresser wie Wiesel

Partnerlook Obwohl der australische Beutelmull (oben) und der Europäische Maulwurf (rechts) nicht miteinander verwandt sind, weisen sie verblüffende anatomische Ähnlichkeiten auf.

und Wildkatzen die natürlichen Feinde von Mäusen und ähnlichen Tieren. In den Wäldern Süd- und Ostaustraliens werden diese Tiere vom Tüpfelbeutelmarder gejagt. Mit seinem olivbraunen Fell mit weißen Tupfen ist dieser Jäger zwischen den gesprenkelten Blättern auf dem Waldboden bestens getarnt.

Zu den verblüffendsten Konvergenzen gehört die zwischen den europäischen Maulwürfen und den Beutelmullen, die in den Wüsten und im Busch Südwestaustraliens leben. Beide haben verkümmerte Augen, gedrungene Körper, Vorderfüße mit schaufelartigen Krallen, und die Ohrmuscheln fehlen ganz. Während der Europäische Maulwurf dunkelbraun bis schwarz und damit in der dunklen Erde seines Lebensraums fast nicht zu erkennen ist, haben Beutelmulle, die in Sandböden leben, ein cremegelbes oder goldenes Fell.

Unterirdische Schwimmer

Da der Wüstenboden sehr locker ist, bauen die Beutelmulle – anders als ihre europäischen Gegenstücke – keine dauerhaften Gänge. Vielmehr „schwimmen" sie durch den Sandboden und vertilgen auf ihrem Weg Würmer, Insekten

und andere kleine Lebewesen. Gelegentlich kommen sie an die Oberfläche, um Luft zu holen und auszuruhen.

Doch nicht immer treten zwischen Tieren, die die gleichen Lebensräume bewohnen, Konvergenzen auf. Das Erbgut eines Tieres schränkt die Zahl der möglichen Entwicklungswege ein, und es gibt viele Beuteltiere in Australien, die mit keinem der vergleichbaren Plazentatiere in anderen Teilen der Welt Ähnlichkeit haben. So hat kein Beuteltier je Hufe entwickelt, wie sie für einige große, schnelle Pflanzenfresser, z. B. Pferde, typisch sind. Doch auch die großen Beuteltiere – die Riesenkänguruhs – kommen schnell voran, indem sie mit ihren Hinterpfoten große Sätze machen.

Der Kampf ums Überleben

Der Mensch als Herr über Leben und Tod

Früher zogen Millionen von Wandertauben über den Osten der USA hinweg. Die Schwärme waren so groß, daß sie den Himmel tagelang verdunkelten. Ende des 19. Jh. machten die Menschen jedoch erbarmungslos Jagd auf die Vögel und schossen sogar deren Nester mit Eiern oder Jungvögeln rücksichtslos von den Bäumen. 1914 war die Art dann endgültig ausgerottet.

Seit 1600 hat der Mensch das Aussterben von mindestens 50 Säugetier- und über 100 Vogelarten verschuldet. Und auf der Roten Liste der gefährdeten Tiere stehen heute etwa 4500 weitere, darunter etwa ein Achtel aller bekannten Vogel- und Säugetierarten.

Hauptursache für das Aussterben bestimmter Tiere war in der Vergangenheit die Jagd, heute stellt die Zerstörung von Lebensräumen die größere Gefahr dar. Tatsächlich können viele Arten nur noch in Zoos und Schutzgebieten überleben.

Einige Tierarten wurden in letzter Sekunde gerettet. So gehörte eine bestimmte Grasmückenart der Seychellen in den 60er Jahren zu den seltensten Vögeln der Welt. Es gab damals nur noch etwa 30 Exemplare dieses unscheinbaren braunen Vogels, die alle auf Cousin Island lebten. Dann fällten Naturschützer viele der Kokospalmen, die dort von Siedlern gepflanzt worden waren. Niedriges Gebüsch eroberte die Palmengärten rasch zurück – der ursprüngliche Lebensraum der Vögel war wiederhergestellt. Ende der 80er Jahre hatte sich die Zahl der Vögel wieder auf über 400 erhöht. Außerdem gelang es, den Vogel auf einer weiteren Insel der Seychellen mit dem Namen Aride Island einzubürgern.

Aufwendige Rettungsmaßnahmen für einzelne Tierarten bilden allerdings die Ausnahme. Die meisten Tiere sind durch massivere

Schicksal besiegelt Das Spitzmaulnashorn ist vom Aussterben bedroht, weil sein Horn vor allem in Ostasien sehr begehrt ist. Die Abnehmer bezahlen horrende Summen dafür.

wirtschaftliche Interessen als den Anbau von Kokospalmen gefährdet, so daß die Naturschützer kaum Chancen haben, den Niedergang der betroffenen Arten aufzuhalten. Das afrikanische Spitzmaulnashorn z. B. wird wegen seines zu Höchstpreisen gehandelten Horns gejagt. Aus ihm werden Dolchgriffe und vermeintlich potenzsteigernde Mittel hergestellt. Die Zahl der Spitzmaulnashörner ist von etwa 65 000 im Jahr 1970 auf weniger als 3000 zurückgegangen, und aus vielen Gebieten sind sie bereits völlig verschwunden. In Namibia sägen die Wildhüter den Tieren die Hörner ab, in der Hoffnung, sie so vor den Gewehrkugeln der Wilderer zu bewahren.

Hätten Sie's gewußt?

Einen begrenzteren Lebensraum als jeder andere Fisch hat ein nordamerikanischer Vertreter der Gattung Cyprinodon. *Er kommt nur in einem Tümpel in der Wüste Nevadas vor. Nachdem Wasser abgepumpt worden war, sank der Wasserspiegel ab. Daraufhin verbot das oberste Bundesgericht die Wasserentnahme, um der Nachwelt den kleinen See mit seinen einzigartigen Bewohnern zu erhalten.*

LEBENDE TEDDYBÄREN

Die in Australien beheimateten Koalas vermehren sich langsam, weil das Weibchen nur alle zwei Jahre ein Junges zur Welt bringt, und außerdem sind sie anfällig für Krankheiten. Sie ernähren sich ausschließlich von den Blättern einiger Eukalyptusarten. So können sie nur in den Verbreitungsgebieten dieser Bäume existieren, und selbst diesen begrenzten Lebensraum beschneidet ihnen der Mensch. Trotz alledem ist der Koala noch lange nicht ausgestorben.

Als die ersten Siedler Ende des 18. Jh. nach Australien kamen, sahen sie nicht allzu viele Koalas, da die Ureinwohner die Tiere des Fleisches wegen jagten. Die Einwanderer paßten sich diesen Eßgewohnheiten jedoch nicht an, und so blieben die Beuteltiere zunächst noch von ihnen verschont.

Dann aber fand man an dem weichen, seidigen Fell der Koalas Gefallen. Zu Beginn dieses Jahrhunderts wurden alljährlich Hunderttausende von Koalas erlegt. Allein 1924 brachte man über 2 Mio. Felle nach Europa und Amerika. Um diesem Vernichtungsfeldzug ein Ende zu bereiten, stellte man den Koala schließlich unter Schutz.

Bis in die 80er Jahre schien seine Zukunft auch gesichert, dann aber wurden die Bestände durch eine gefährliche Geschlechtskrankheit, die Chlamydien-Infektion, dezimiert. Diese Krankheit schädigt die Nieren und kann zur Unfruchtbarkeit führen. Da sehr viele Koalas infiziert waren, prophezeiten Wissenschaftler schon das Aussterben dieser Tiere.

Die Befürchtungen erwiesen sich jedoch als unbegründet. Die Mehrzahl der Koalas pflanzte sich trotz der Infektion fort und erreichte sogar ein erstaunliches Lebensalter. Und so ist Australiens beliebtes Maskottchen offenbar noch einmal dem Untergang entronnen.

Waten im Salzschlamm

Leben in einem der unwirtlichsten Gebiete der Erde

Der Natronsee im Norden Tansanias ist kein gewöhnlicher See. Weil monatelang die heiße Sonne auf ihn niederbrennt, verdunstet zeitweilig mehr Wasser aus seinem Bekken, als durch Regen oder aus Quellen hinzukommt. Folglich erhöht sich der Mineralgehalt des Flachwassersees. Zusätzlich steigt er, weil das Quellwasser Natriumcarbonat in hoher Konzentration enthält. So wurde der Natronsee zu einem heißen Hexenkessel aus ätzendem Wasser und Schlamm.

In diesem aus menschlicher Sicht sehr unwirtlichen Gebiet leben unzählige Flamingos. Sie brüten in den Schlammzonen des Sees und verwandeln seine Ufer durch ihre Nester – aus Schlamm gefertigte Kegelstümpfe, die wie Miniaturvulkane aussehen – in eine bizarre Mondlandschaft.

Spezialisierte Siedler

Insgesamt bevölkern rund 3 Mio. Flamingos den Natronsee und andere Salzseen entlang dem Ostafrikanischen Graben. In anderen Teilen der Welt, wie etwa in der Karibik oder der südfranzösischen Camargue, teilen die Flamingos ihren Lebensraum mit weiteren Wasservögeln, doch in einem See, der einen so hohen Salzgehalt hat wie der Natronsee, kann kaum ein anderer Vogel oder ein Säugetier leben.

Am Natronsee brüten zwei Flamingoarten – der Rosaflamingo und der Zwergflamingo. Sie beeinträchtigen sich bei der Nahrungssuche gegenseitig nicht, da sie auf unterschiedliche Nahrung spezialisiert sind. Während der Zwergflamingo Algen frißt, ernährt sich der Rosaflamingo von winzigen Salinenkrebsen. Der Schnabel der Flamingos ist zu einem Filterapparat umgeformt, mit dem sie die Nahrung aus dem See herausseihen können, ohne Wasser zu schlucken. Beim Zwergflamingo ist diese Filtervorrichtung feinmaschiger als beim Rosaflamingo, so daß es ihm leichter fällt, kleine Nahrungsteilchen herauszufiltern. Das Wasser drücken die Flamingos wieder aus ihrem Schnabel heraus, denn es ist stark alkalisch und damit unverträglich. Zum Trinken fliegen sie daher zu Frischwasserquellen.

Die größten Flamingoschwärme sieht man am Nakurusee, der etwa 200 km nördlich vom Natronsee liegt. Da dieser See eine geringere Salzkonzentration aufweist, haben hier auch viele andere große Vogelarten eine Heimat gefunden, unter ihnen Pelikane und Marabus. Flamingos kann man hier auch bei Balzritualen beobachten. Zum Paaren und Nestbau ziehen sich jedoch viele von ihnen an den Natronsee zurück, denn dort sind sie vor Feinden, die die Jungvögel töten könnten, sicherer.

Enten fliegen auf prächtige Erpel

Wie die Stockente eine Verwandte verdrängt

Irgendwo im Gebiet der Großen Seen in Nordamerika vollführt ein prächtig gefärbter Erpel vor einer Ente sein Balzritual. Er gibt schnarrende Laute von sich und steckt seinen Schnabel immer wieder ins Wasser. Sein Werben um die Ente hat Erfolg, und schon bald wird das Paar eine Familie gründen.

An alldem ist nichts ungewöhnlich, außer daß es sich bei dem Männchen um eine Stockente handelt, bei dem Weibchen aber um eine Dunkelente.

Beide Arten gleichen sich in Gestalt und Größe, doch im Gegensatz zum Stockentenerpel mit seinem glänzendgrünen Kopf, seiner rostbraunen Brust und seinem weißen Bauch ist der Dunkelentenerpel eher unscheinbar gefärbt. Die Unterschiede zwischen den Weibchen der beiden Arten sind dagegen geringer. Eine weibliche Dunkelente sieht – von Feinheiten abgesehen – wie ein ungewöhnlich dunkles Stockentenweibchen aus.

Art im Rückzug

In den vergangenen Jahren haben sich die Stockenten im Osten der USA, dem traditionellen Lebensraum der Dunkelente, stark vermehrt. Beide Arten sind eng miteinander verwandt und kreuzen sich häufig. Möglicherweise werden die Dunkelentenweibchen von dem bunten, prächtigen Gefieder der Stockentenmännchen mehr angezogen als von den eintönig gefärbten Erpeln der eigenen Art. Die Bastarde, die aus solchen Kreuzungen hervorgehen, sind ähnlich gefärbt wie Stockenten.

Die Zahl der reinrassigen Dunkelenten nimmt so immer weiter ab, und auf lange Sicht gesehen, stirbt diese Art möglicherweise allmählich aus.

Hätten Sie's gewußt?

Nahe den Galápagosinseln hat sich im Pazifischen Ozean einer der ungewöhnlichsten Lebensräume der Erde entwickelt. Untermeerische Vulkane erhitzen das Wasser, und deshalb gedeihen dort Bakterien besonders gut. Sie sind so zahlreich, daß sie eine Gemeinschaft seltener Lebewesen ernähren, u. a. auch 3 m lange Würmer.

FISCHE MIT FROSTSCHUTZMITTEL

Über der Antarktis tobt ein Blizzard, der dichte Wolken von Eiskristallen über der weißen Wüste aufwirbelt. Währenddessen bewegt sich am Meeresgrund vor der Küste ein Fisch träge durch das eisige, dunkle Wasser. Es ist der langgestreckte, schuppenlose Eisfisch, dessen Maul wie ein Entenschnabel aussieht.

Das Leben im kalten Wasser der Antarktis verlangt einen hohen Grad an Anpassung. Von den rund 25 000 Fischarten, die es auf der Erde gibt, können hier nur wenige überleben, darunter die Eisfische, von denen annähernd 20 Arten bekannt sind. Sie werden höchstens 60 cm lang und leben am Meeresgrund.

Als einziges Wirbeltier auf der Welt besitzt der Eisfisch keine roten Blutkörperchen. Diese sind normalerweise für den Sauerstofftransport im Blut zuständig und verleihen diesem seine rote Farbe. Da sie dem Eisfisch fehlen, ist sein Blut durchsichtig-gelblich und sehr dünn, so daß es leicht durch den Körper gepumpt werden kann. Außerdem sind die Blutgefäße und das Herz des Eisfisches besonders groß, was ebenfalls für einen raschen Bluttransport sorgt. Deshalb muß er weniger Energie aufwenden, um seinen Kreislauf stabil zu halten, als Fische mit rotem Blut.

Nach Meinung der Wissenschaftler sind Fische, die wie der Eisfisch in antarktischen Gewässern leben, eigens gegen die Kälte des Wassers geschützt, und zwar durch ein natürliches Frostschutzmittel. Die Forscher vermuten, daß sogenannte Glykoproteine im Blut dieser Fische die Bildung von Eiskristallen in den Körperflüssigkeiten verhindern.

Übervölkerung in der Tundra
Begehen Lemminge wirklich Massenselbstmord?

Moralisten, die ihre Mitmenschen gern anhand von Beispielen aus der Tierwelt über Verhaltensweisen belehren, haben schon häufig Mythen geschaffen und damit ein verzerrtes Bild von der Natur entstehen lassen. So hieß es z. B. in den mittelalterlichen Bestiarien – allegorischen Tierbüchern mit christlicher Botschaft –, die Pelikanmutter würde sich in der Not der Brust mit dem Schnabel aufreißen, um ihre Jungen mit ihrem eigenen Fleisch und Blut zu füttern. Diese Behauptung ist zwar falsch, aber sie wurde immer wieder als Gleichnis angeführt, um zu veranschaulichen, wie sich Christus für die Menschheit geopfert hat.

Lehre für die Menschheit
Wenn die Übervölkerung der Erde zur Sprache kommt, wird häufig der Vergleich mit den Lemmingen gezogen, die sich von den Klippen kopfüber ins Meer stürzen. Angeblich verüben Lemminge nach Massenvermehrungen kollektiven Selbstmord, damit nicht die Art als Ganzes durch die Übervölkerung gefährdet wird.

Richtig ist, daß es bei den Lemmingen, wie bei anderen kleinen Nagetieren der arktischen Tundra, in Schüben zu einer explosionsartigen Vermehrung mit weitreichenden Folgen kommt.

Auf Nahrungssuche
Lemminge fressen die kärgliche Pflanzendecke der Tundra kahl und schädigen die Vegetation außerdem durch ihre Gänge und Höhlen. Sie machen sich dann meist im Frühjahr und Herbst auf die Suche nach neuen Nahrungsplätzen.

In den Jahren, in denen sie sich besonders stark vermehren, brechen sie jedoch zu längeren Massenwanderungen auf. Wodurch diese spektakulären Wanderungen ausgelöst werden, ist letztlich unklar. Vielleicht ist es einfach der Hunger. Einige Wissenschaftler halten hingegen Streß, der durch die Übervölkerung entsteht, für ausschlaggebend.

Die Suche nach einer neuen Heimat treibt die Lemminge oft bis zum Meer, wo sie sich aber keineswegs in selbstmörderischer Absicht von den Klippen stürzen. Sie können recht gut schwimmen und durchqueren auf ihren Zügen oft Fjorde, Flüsse und Seen. Allerdings fehlt es ihnen an Ausdauer. Und so ertrinken bei diesen Wanderungen viele von ihnen bei dem Versuch, große Wasserflächen zu überqueren.

Hätten Sie's gewußt

Niemand weiß, ob der gestreifte Tasmanische Tiger – oder Beutelwolf – tatsächlich ausgestorben ist. Das letzte bekannte Exemplar starb in den 30er Jahren in Hobart. Möglicherweise hat er in abgelegenen Teilen Tasmaniens doch überlebt.

Noch einmal davongekommen
Die zweite Chance der Weißen Oryxantilope

Zwischen den Trophäen, mit denen weitgereiste Jäger einst stolz ihre Wände schmückten, nahm häufig eine Antilope mit einem schmalen schwarzweißen Kopf und zwei langen, leicht geschwungenen Hörnern einen Ehrenplatz ein: die Weiße Oryxantilope aus Arabien.

Im Altertum wurde dieses Tier von den Arabern angebetet, und über Jahrhunderte war es auf der arabischen Halbinsel als Jagdtrophäe außerordentlich geschätzt. Selbst zu Pferde konnte man mit dieser ausdauernden scheuen Antilope in der Wüste kaum Schritt halten. Es galt als ein Beweis für Männlichkeit, sie mit einer primitiven Feuerwaffe zu töten.

Die Oryxantilope verfügt über eine bemerkenswerte Kondition und legt auf der Suche nach neuen Nahrungsplätzen große Strecken zurück. Gegen eine neue Generation von Jägern, die ihr in Geländewagen und Flugzeugen mit Schnellfeuergewehren nachstellten, hatte sie jedoch keine Chance. Und so wurde im Oktober 1972 die letzte Weiße Oryxantilope in freier Wildbahn erlegt.

Erfolgsgeschichte
Zum Glück hatten einige vorausschauende Naturschützer bereits Vorkehrungen für diesen Fall getroffen. Zu Beginn der 60er Jahre hatten sie die „Operation Oryx" gestartet und einige Tiere in die USA gebracht, um sie dort zu züchten. 1975 waren es schon über 100 Tiere. Außerdem haben in Zoos und Privatgehegen im Nahen Osten ungefähr noch einmal so viele Exemplare überlebt.

1980 wurden dann schließlich fünf Oryxantilopen aus dem Zoo von San Diego nach Oman geflogen. Fast zwei Jahre lang hielt man sie dort zusammen in einem Gehege, damit sie sich leichter eingewöhnen und eine Herde bilden konnten.

Der Weitblick der Naturschützer zahlte sich aus. Nachdem die Tiere freigelassen worden waren, lebten sie sich gut ein und vermehrten sich. Im übrigen hat Saudi-Arabien 1989 ein Programm zur Wiedereinbürgerung der Oryxantilope aufgestellt. Heute haben die Tiere in einigen Gebieten der arabischen Halbinsel wieder Fuß gefaßt.

Unter sengender Sonne

Die starken Seiten der Wüstentiere

Solange die Nachmittagssonne auf die Sahara niederbrennt, scheint sich dort nichts zu bewegen – außer der Luft, die noch in endloser Ferne flimmert. Plötzlich wird die lähmende Stille einen Moment lang unterbrochen: Eine Eidechse kommt unter einem Dornenstrauch hervor ·und stürzt sich auf ein vorwitziges Insekt. Dann kehrt wieder Ruhe ein.

Tagsüber wirken Wüsten meist völlig unbelebt, da die Wüstentiere in der Hitze jede Aktivität vermeiden und in Höhlen oder unter Steinen versteckt darauf warten, daß die Sonne untergeht. Einige Tiere können sogar Monate ohne Nahrung oder Wasser im Boden ausharren, bis wieder Regen einsetzt. So graben z. B. die nordamerikanischen Schaufelfüße, die zur Familie der Krötenfrösche gehören, zum Schutz vor Verdunstung eine Kammer, die sie mit einem besonderen Schleim auskleiden. Wenn Regen fällt, krabbeln sie wieder aus ihrem kühlen Versteck heraus. Kleine Wüstensäuger, wie die Taschenspringer der Trockengebiete Nordamerikas und die Springmäuse in der Sahara, können ihren Stoffwechsel für einige Zeit verringern und damit ihren Wasserbedarf erheblich senken.

Die Regulierung des Wasserhaushaltes ist ohnehin eines der größten Probleme für Wüstentiere, und sie lösen es auf sehr verschiedene Art und Weise. Rennmäuse und einige Samenfresser gewinnen wie die Taschenspringer Wasser aus ihrer Nahrung, scheiden aber nur wenig Urin aus. Kamele hingegen sind ihrer Umwelt dadurch gut angepaßt, daß sie kaum schwitzen müssen, um sich Abkühlung zu verschaffen. Das „Wüstenschiff" ist nämlich durch sein dichtes Rückenhaar vor Sonne und Hitze geschützt. Der Höcker schirmt es ebenfalls ab, weil das darin gespeicherte Fett Wärme schlecht leitet.

Kühlsystem *Im Gegensatz zum dichtbehaarten Rücken ist der Bauch des Kamels nur mit dünnen Haaren bedeckt, so daß es Körperwärme nach unten in den Bereich abgeben kann, der im kühleren Schatten liegt.*

Ausgewachsene Vögel, die in der Wüste leben, fliegen zur nächsten Wasserstelle, wenn sie durstig sind. Doch auf irgendeine Weise müssen sie auch ihre Jungen mit Trinkwasser versorgen. Eine besonders raffinierte Methode haben die Flughühner entwickelt, die in den Trockengebieten Afrikas nisten. Das Männchen fliegt zu einer Wasserstelle, die über 80 km weit vom Nest entfernt liegen kann, und nachdem es selbst getrunken hat, watet es im Wasser, bis sich sein Bauchgefieder vollgesogen hat. Dann kehrt es zum Nest zurück, um die Jungen zu tränken. Diese saugen das Wasser gierig aus dem nassen Gefieder.

Hätten Sie's gewußt?

In der extrem trockenen Wüste Namib im Süden Afrikas gibt es Käfer, die ihren Wasserbedarf aus der Luftfeuchtigkeit decken. Wenn nachts Nebelschwaden vom Atlantik heranziehen, stellen sie sich auf Sanddünen auf, die Hinterbeine in die Luft gestreckt und die Köpfe am Boden. Auf dem Rücken der Käfer schlägt sich die Luftfeuchtigkeit nieder. Bald rinnen feinste Wassertröpfchen zu ihren Köpfen herunter, so daß sie trinken können.

♦♦♦

Die australische Hermannsburg-Zwergmaus häuft vor ihrem Bau kleine Kieselsteine auf, an denen sich der Morgentau niederschlägt. So findet die Maus ihre Wasserration sozusagen vor der Haustür.

Mensch und Tier

Haustiere – die hilfreichen Lebensgefährten

Haustiere sind angenehme Gefährten, die den Menschen von seinen Alltagssorgen ablenken. Untersuchungen haben gezeigt, daß sie sogar das körperliche und seelische Wohlbefinden von Menschen verbessern können.

1978 führte man in Amerika eine Untersuchung durch, um herauszufinden, welche sozialen und psychologischen Faktoren den größten Einfluß auf das Überleben von Menschen hatten, die mit einer Erkrankung der Herzkranzgefäße ins Krankenhaus eingeliefert worden waren. Erfaßt wurden die verschiedensten Einflußgrößen, u. a. Geschlecht, Alter, wirtschaftliche Verhältnisse und soziale Einbindung. Es zeigte sich, daß die Lebensdauer der Patienten ganz wesentlich davon abhing, ob sie ein Haustier hatten oder nicht. Von denen, die kein Haustier besaßen, starben innerhalb eines Jahres 28 %, während es unter den Tierbesitzern nur 6 % waren.

In der Fachwelt ist seit langem bekannt, daß Haustiere für viele Menschen wichtig sind, weil sie den Einsamen Gesellschaft leisten, den Unsicheren Selbstvertrauen geben und die krankhaft Passiven zu Aktivität anregen können.

Seit jüngerer Zeit setzt man Haustiere systematisch zur Behandlung von körperlich und geistig Behinderten, Psychiatriepatienten und älteren Menschen ein. In Großbritannien nahm 1983 die Hilfsgemeinschaft PRO Dogs ihre Tätigkeit auf und regte Hundebesitzer dazu an, mit ihren Hunden Patienten in den Krankenhäusern zu besuchen. Einer anderen Organisation haben es die Briten zu verdanken, daß mittlerweile mehr als 4500 Menschen regelmäßig mit ihren Hunden zu Krankenhauspatienten gehen, die im Rahmen ihrer Therapie dazu ermutigt werden, mit den Tieren zu

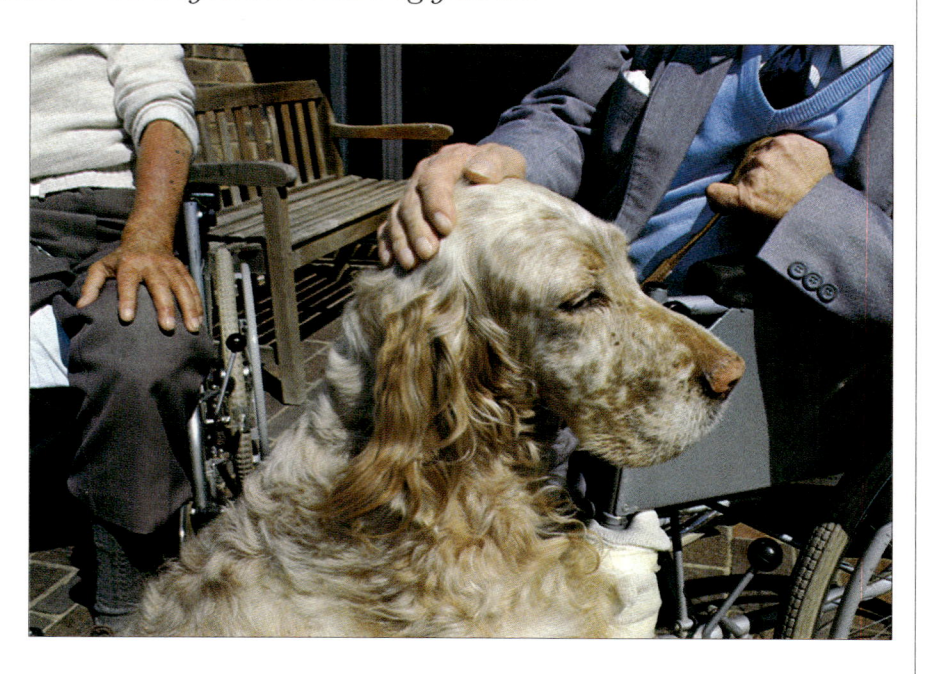

Haariger Therapeut *Dieser Englische Setter läßt sich von einem älteren Krankenhauspatienten streicheln. Untersuchungen haben gezeigt, daß der Kontakt zu Tieren den Heilungsprozeß fördern kann.*

spielen und eine Beziehung zu ihnen aufzubauen. Besonders gut bewährte sich dieses Verfahren bei Menschen, die unter krankhaften Angstzuständen leiden, bei extrem introvertierten Patienten sowie bei Drogenabhängigen.

In einigen Ländern versuchen Therapeuten körperbehinderten Kindern zu helfen, indem sie sie reiten lassen. Es hat sich gezeigt, daß die Welt für diese Kinder viel aufregender wird, sobald sie auf einem Pferd oder Pony sitzen. Wenn sie lernen, das Tier zu beherrschen, bekommen viele von ihnen auch eine bessere Kontrolle über ihren eigenen Körper.

Viele geistig behinderte Kinder profitieren ebenfalls von dem Kontakt mit Tieren.

Sie werden aufgeschlossener und lernen ganz allmählich, Verantwortung für ihr weiteres Leben zu übernehmen.

Hätten Sie's gewußt?

Als die Straßen in den Städten noch sehr eng waren und es noch keine Kanalisation gab, hatten starke Regenfälle oft unangenehme Folgen. Das Wasser schoß die Gassen herunter und riß alles mit sich fort, sogar streunende Hunde und Katzen. Vermutlich entstand daraus die seltsame englische Redensart: „Es regnet Katzen und Hunde."

◆◆◆

Dem Herausgeber einer britischen Satirezeitschrift sagt man nach, daß er einem Autoren einen Scheck auf der Flanke einer Kuh ausgestellt hat. Die Bank habe den Scheck anerkennen müssen, trotz der ungewöhnlichen Unterlage, da er korrekt ausgestellt worden sei.

DIE SCHWÄNE DER KÖNIGIN

Im 16. Jh. wurden zwar Truthähne aus Amerika nach England eingeführt, aber die meisten wohlhabenden Engländer aßen an Festtagen weiterhin lieber Gänsebraten. Viele Adlige hielten ein solches Festmahl jedoch für nicht standesgemäß und ließen bei ihren großen Banketten statt dessen gebratenen Schwan servieren.

In jener Zeit durften in England nur der König und die reichen Landbesitzer Schwäne halten. Die Tiere wurden durch Kerben auf den Schnäbeln gekennzeichnet. Ihre Flügel stutzte man regelmäßig, um zu verhindern, daß die Tiere wegflo-

gen. Und so gab es im ganzen Königreich kaum mehr einen wilden Höckerschwan. Die Schwäne ließen sich jedoch nicht einsperren wie Hausgeflügel. Sie konnten frei herumschwimmen, und es kam oft vor, daß sich Tiere paarten, die auf dem gleichen Fluß lebten, aber unterschiedliche Besitzer hatten. Der königliche Schwanmeister und seine Bevollmächtigten mußten deshalb immer wieder Streitigkeiten über die Eigentümerschaft an Jungvögeln schlichten.

Im 18. Jh. ging die Schwanhaltung langsam zurück, vor allem deshalb, weil viel

Platz und offene Wasserflächen dafür benötigt werden.

Heute haben nur noch die Schwäne auf der Themse offiziell einen Besitzer. Sie gehören entweder der Königin oder einer der beiden Londoner Zünfte, den Färbern oder den Weinhändlern. Jedes Jahr im Juli fängt man die Jungvögel ein, um ihnen die Flügel zu stutzen und die Schnäbel zu markieren. Die Schwäne der Weinhändler erhalten zwei Kerben, die der Färber eine, und die der Königin bleiben unmarkiert. Anderswo in Großbritannien leben Höckerschwäne mittlerweile wieder wild.

Natürliche Frühwarnsysteme

Spüren Tiere bevorstehende Erdbeben?

Die Pferde in den Ställen gebärdeten sich äußerst aufgeregt, scheuten und versuchten die Halfter zu zerreißen, mit denen sie angebunden waren. Jene auf den Straßen blieben abrupt stehen und schnaubten auf ganz merkwürdige Weise. Die Katzen gerieten in Panik und versuchten sich zu verstecken oder sträubten wild die Haare." Diese Zeilen schrieb ein Überlebender des Erdbebens von Neapel im Jahr 1805 über die letzten Minuten vor dem ersten Erdstoß.

Tieren werden oft übernatürliche Fähigkeiten zugeschrieben, obwohl sie nur ihre Sinnesorgane benutzen wie der Mensch auch. Möglicherweise hören aber z. B. Pferde im Gegensatz zu uns das dumpfe Grollen, das vielen Erdbeben vorausgeht. Und vielleicht reagieren auch Katzen auf derartige Schwingungen oder nehmen schwache Veränderungen der statischen Elektrizität wahr, die im Vorfeld eines Erdbebens auftreten können.

Fluchtversuche

Zeugnisse darüber, daß sich Tiere vor einem Erdbeben auffällig verhalten, sind aus allen Erdbebengebieten der Welt bekannt. So wurde u. a. berichtet, daß Esel schreiend umherrannten, Hunde im Chor heulten, Tiere aus ihren Ställen auszubrechen versuchten, Ratten auf Telegraphenmasten kletterten und sogar Würmer in großer Zahl aus dem Boden krochen, noch bevor der erste Erdstoß zu spüren war.

In China und Japan gelten Fasane seit langem als zuverlässige Erdbebenanzeiger. Diese Vögel reagieren äußerst empfindlich auf Schwingungen, wie man auch während des Zweiten Welt-

kriegs beobachten konnte. Sie stießen bei Bombeneinschlägen, die für das menschliche Ohr wegen der großen Entfernung nicht mehr hörbar waren, aufgeregt Alarmrufe aus.

Viele Fachleute stehen Berichten über Verhaltensauffälligkeiten von Tieren vor einer Katastrophe skeptisch gegenüber. Ihrer Ansicht nach erweisen sich die vermeintlichen Warnsignale der Tiere häufig als Fehlalarm, da diese manchmal auch ohne ersichtlichen Grund unruhig werden. Andere Wissenschaftler hoffen, durch das Studium des Tierverhaltens ein sicheres Frühwarnsystem entwickeln zu können. Daran wird vor allem in China gearbeitet, wo Erdbeben schon viele Menschenleben gefordert haben.

Entscheidende Stunden

Bisher sind die Versuche nicht sehr erfolgreich gewesen, da oft eindeutige kleinere Erschütterungen zu kurzfristig vor dem Hauptbeben auftreten und außerdem auch nicht jeder schwache Stoß ein Beben einleitet. Doch bei dem Erdbeben, das sich 1975 in der Provinz Liaoning in Nordostchina ereignete, konnten die Behörden die Menschen einige Stunden vorher warnen, was vielen das Leben rettete.

In Laborversuchen wurden die größten Erfolge jedoch nicht mit den Tierarten erzielt, die üblicherweise in Berichten über Erdbebenvoraussagen auftauchen, sondern mit Welsen, die vermutlich Veränderungen der statischen Elektrizität wahrnehmen. Japanische Wissenschaftler fanden heraus, daß das Verhalten der Fische im Vorfeld von 85 % der für Menschen spürbaren Beben anormal gewesen war.

Hätten Sie's gewußt?

Im Vietnamkrieg postierte die amerikanische Marine vor der Cam Ranh Bay an der Ostküste Vietnams unter Wasser ungewöhnliche Wachen gegen Saboteure: Delphine. Die intelligenten und äußerst beweglichen Tiere sind unter Wasser gute Helfer. Genaue Informationen über ihre Ausbildung und ihren Einsatz für militärische Zwecke unterliegen jedoch der höchsten Geheimhaltungsstufe.

◆◆◆

Der mongolische Großkhan Khubilai, der im 13. Jh. Kaiser von China war, hielt für Hundekämpfe rund 5000 Mastiffs – eine doggenartige Rasse.

◆◆◆

1519 entdeckte der spanische Eroberer Hernán Cortés in Mexiko einen Zoo, so groß, daß in ihm an die 300 Wärter eingesetzt waren.

◆◆◆

Die alten Ägypter verehrten Katzen als Gottheiten und hielten sie in großer Zahl. Ende des 19. Jh. fand man in einer ägyptischen Totenstadt Tausende von Katzenmumien. Ein Teil wurde von ihnen nach England gebracht und zu Dünger verarbeitet.

◆◆◆

Nachdem der Feigenkaktus in Australien eingebürgert worden war, breitete er sich sehr schnell aus und überwucherte immer mehr Weideland. Glücklicherweise konnte das stachelige Gewächs biologisch bekämpft werden, und zwar mit Schmetterlingen der Art Cactoblastis cactorum. *Nachdem diese aus Argentinien eingeführt worden waren, fraßen sich die Raupen durch die Kakteendickichte und bereiteten der Plage ein Ende.*

Warzige Fremdlinge
Die unerwarteten Folgen einer Einbürgerung

Als die Aga-Kröte Mitte der 30er Jahre in Queensland im Nordosten Australiens eingebürgert wurde, weckte dies bei den Farmern große Hoffnungen. Die Lurche, die ungefähr doppelt so groß wie die bei uns heimischen Kröten werden, sollten nämlich jene Schädlinge unter Kontrolle bringen, die immer wieder die Zuckerrohrernten vernichteten. Jahre zuvor hatte man die Aga-Kröte bereits von der Antilleninsel Barbados zu den Zuckerplantagen von Puerto Rico gebracht – mit Erfolg. Die Kröten vertilgten die Schadinsekten mit unsäglichem Appetit.

Herbe Enttäuschung
Die Kröten, die man eingeführt hatte, ermöglichten die Nachzucht von Jungtieren. Insgesamt 62 000 junge Kröten wurden auf den Zuckerrohrfeldern ausgesetzt, aber leider erfüllten sie die Erwartungen nicht. Angesichts des reichhaltigen Nahrungsangebots in Queensland schenkten sie den Schädlingen keine besondere Beachtung und fraßen andere Insekten.

Die Aga-Kröten breiteten sich in ihrer neuen Heimat rasch aus, da sie kaum natürliche Feinde hatten. Bis zum

heutigen Tag haben sie sich so stark vermehrt, daß sie in weiten Gebieten zu einer Plage geworden sind. Dennoch haben sie das Gleichgewicht der Natur bisher offenbar noch nicht nachhaltig gestört.

Tiere, die den Kröten zu nahe kommen, erleben eine böse Überraschung. Wenn sich die Aga-Kröte bedroht fühlt, spritzt sie aus ihrer Ohrdrüse Gift, und einigen Berichten zufolge hat sie auf

Kein Märchenprinz Die Aga-Kröten taten wenig gegen die Schädlinge, die Australiens Zuckerplantagen heimsuchen. Trotzdem fanden sie viele Freunde.

diese Weise sogar schon Koalas und Eidechsen getötet. Das Fleisch der Aga-Kröte ist ebenfalls giftig.

Ungeachtet dessen schätzen viele Einwohner Queenslands die Kröten als natürliche Insektenvernichter.

GEFÄHRLICHE HAUSTIERE

Leuchtturmwärter Lyall beobachtete, wie der kleine Vogel, den er aufgeschreckt hatte, davoneilte, um sich hinter den Felsen zu verbergen. Wie eine Maus huschte er umher, ohne auch nur einmal aufzufliegen.

Es war nicht das erstemal, daß Lyall seit Antritt seines Dienstes auf dem kleinen Eiland Stephens Island, das in der Cookstraße zwischen der Nord- und der Südinsel Neuseelands liegt, einen Stephen-Schlüpfer gesehen hatte. Aber es sollte das letztemal sein, daß er oder ein anderer Mensch einen dieser Vögel lebend sah.

Gründliche Katze
Auch Lyalls Katze Tibbles war es nicht entgangen, wo sich der kleine Vogel versteckte. Sie hatte bereits mehrere Stephen-Schlüpfer gejagt. Während der folgenden Monate rottete sie den ohnehin schon sehr kleinen Bestand vollständig aus. Und so hatte Tibbles bereits 1894 – wenige Monate nachdem diese Art entdeckt worden war – dafür gesorgt, daß sie ausstarb.

Jäger aus der Fremde
Wenn Haustiere auf Inseln eingeführt werden, kann sich für die lokale Fauna eine Katastrophe anbahnen, da ihre Vertreter oft keine Chance gegen fremde Jäger wie Katzen haben. Dies gilt besonders für Vögel auf abgelegenen kleinen Inseln, wie eben jenen Stephen-Schlüpfer. Er war im Lauf der Evolution so gut wie flugunfähig geworden – für die Katze daher eine leichte Beute.

In Neuseeland und auf den vorgelagerten Inseln ist die Vogelwelt gefährdet, seit der Mensch und mit ihm die Landsäugetiere, die bis dahin fehlten, dort Fuß faßten. Vor wenigen Jahren erst wurden die Vogelkundler daran erinnert, welches Unheil ein Haustier in einem derartigen Lebensraum anrichten kann. Besonders bitter war, daß es sich bei dem Opfer um Neuseelands Nationalsymbol handelte, den flugunfähigen Kiwi.

Im Waitangi Forest auf der Nordinsel hatte man 24 Kiwis mit Sendern ausgestattet, um ihre Lebensweise zu erforschen. Im Herbst 1987 tötete ein Schäferhund innerhalb von sechs Wochen 13 von ihnen. Nach Schätzung der Forscher hatte er rund 500 Vögel umgebracht, bevor er schließlich erschossen wurde.

Kapitel fünf

GEIST UND KÖRPER

Jahrtausendelang galt das Herz als Sitz des Verstands und der Gefühle. Erst 1628 widerlegte der englische Arzt William Harvey diese Auffassung, als er den Blutkreislauf entdeckte und bewies, daß das vielzitierte Organ nichts als ein Muskel ist, der Blut durch unseren Körper pumpt (siehe Seite 156). Und bis sich allgemein die Überzeugung durchsetzte, daß die geistigen und psychischen Vorgänge im Gehirn ablaufen, vergingen wieder einige Jahrhunderte. Heute wissen wir mehr über den menschlichen Körper und seine komplizierte Funktionsweise. Doch einige der erstaunlichen Fähigkeiten, über die er verfügt, und so manche seiner Gebrechen geben uns noch immer Rätsel auf.

In vorderster Front

Die amerikanische Armee kämpft gegen das Gelbfieber

Obwohl Kuba 1898 als Siegespreis im Spanisch-Amerikanischen Krieg an die USA fiel, hatten die Amerikaner keine rechte Freude an dieser Erweiterung ihres Staatsgebiets. Die Besatzungstruppen bedrohte ein weitaus heimtückischerer Feind als jede gegnerische Armee: das Gelbfieber.

Diese Krankheit war ab Mitte des 17. Jh. im karibischen Raum aufgetreten. Die einheimische Bevölkerung war im Lauf der Zeit gegen sie immun geworden. Unter den weißen Kolonialherren forderte das Gelbfieber jedoch zeitweise viele Opfer. Alle Anstrengungen, diese Krankheit einzudämmen, waren fehlgeschlagen.

1882 jedoch kam der kubanische Arzt Carlos Juan Finlay auf die Idee, die Krankheit könne durch Insekten übertragen werden. Sein Verdacht richtete sich dabei gegen die Weibchen einer bestimmten Stechmückenart mit dem lateinischen Namen *Aedes aegypti*. Genau hier beschlossen die Amerikaner anzusetzen, als sie knapp 20 Jahre später mit einer Offensive zur Ausrottung des Gelbfiebers begannen. Die amerikanische Armee setzte eine Kommission ein, die unter Leitung des Militärarztes Walter Reed am 25. Juni 1900 in Havanna eintraf. Sie plante eines der erbarmungslosesten Experimente in der Geschichte der Medizin.

Reed wollte zunächst beweisen, daß eine direkte Übertragung der Krankheit von Mensch zu Mensch unmöglich ist. Dazu ließ er Freiwillige in Betten schlafen, die mit den Ausscheidungen von Gelbfieberpatienten verunreinigt waren. Einige der Versuchspersonen ergriffen zwar, von Ekel geschüttelt, während des Experiments die Flucht, aber niemand erkrankte. Offenbar war Gelbfieber nicht ansteckend.

Um in einem zweiten Versuch die Theorie Finlays zu untermauern, wurde nun ein Haus in zwei Bereiche unterteilt. Während die eine der Haushälften für Mücken zugänglich war, schützte man die andere durch Fliegengitter. Da nur Versuchspersonen aus dem offenen Bereich erkrankten, hatte man schon bald den Beweis erbracht, daß es der Stich von *Aedes aegypti* war, der die Krankheit verursachte. Der Preis für dieses Experiment war allerdings hoch, denn einige der Freiwilligen bezahlten ihren Mut mit dem Leben.

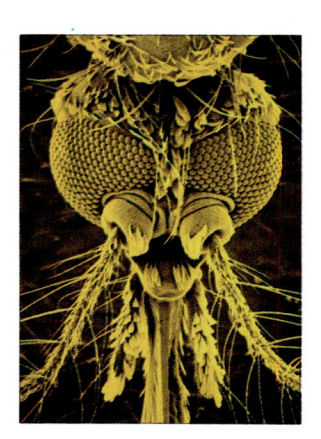

Feindbild *Erreger des Gelbfiebers ist ein Virus, das durch die Weibchen der Mückenart* Aedes aegypti *übertragen wird.*

Ausgehend von den Versuchsergebnissen Reeds, startete Havannas oberster Sanitätsoffizier, William Gorgas, einen Vernichtungsfeldzug gegen die Stechmücken. Da bekannt war, daß Mücken ihre Eier in stehendem Wasser ablegen, wurden alle offenen Behälter abgedeckt, so daß die Insekten sich nicht vermehren konnten. Häuser wurden ausgeräuchert und durch Fliegengitter geschützt. Der Erfolg dieser Maßnahmen war überwältigend: Innerhalb eines Jahres war Havanna praktisch gelbfieberfrei.

Unbegründete Panik *Reisende ergreifen 1888 während einer Gelbfieberepidemie in Florida vor einer Kranken die Flucht.*

Hätten Sie's gewußt?

Der Name Malaria leitet sich vom italienischen mala aria *ab, was schlechte Luft bedeutet. Lange glaubte man nämlich, Malaria werde durch den Dunst verursacht, der aus Sümpfen aufsteigt. Doch die Krankheit wird durch Mücken übertragen.*

Nur ein winziger Schnitt

Wie eine adlige Dame, ein orientalisches Naturheilverfahren und einige Milchmädchen zur Ausrottung der Pocken beitrugen

Bereits um 1000 v. Chr. kannten die Chinesen ein simples, aber wirkungsvolles Impfverfahren gegen die Pocken. Sie versuchten, die Ausbreitung der tödlichen Krankheit zu verhindern, indem sie gesunde Menschen durch die Nase ein Pulver aus dem Schorf von Pockenpatienten einatmen ließen. Die so Behandelten entwickelten in aller Regel eine abgeschwächte Form der Krankheit, erholten sich bald und waren fortan immun. Die Völker des Nahen Ostens praktizierten eine ähnliche Methode, bei der sie die Haut gesunder Menschen mit einem pockeninfizierten scharfen Gegenstand anritzten. Nur in Europa wußte niemand von diesen einfachen Möglichkeiten, sich gegen die ansteckende Krankheit zu schützen. Daß das Verfahren in unseren Breiten schließlich doch bekannt wurde, ist zum großen Teil einer energischen Aristokratin zu verdanken, die in der ersten Hälfte des 18. Jh. lebte.

Lady Mary Wortley Montagu lernte die Schutzimpfung in der Türkei kennen, wo ihr Mann von 1716 bis 1718 britischer Botschafter war. Im Jahr 1717 beschrieb sie in einem ausführlichen Bericht, wie Türkinnen mit einer Nadel jedes Jahr Tausende von Kindern impften. Ihre Darstellung wurde von mehreren in Istanbul lebenden europäischen Ärzten bestätigt. Zu ihnen gehörte auch Charles Maitland, Arzt an der britischen Botschaft. Ihn zog Lady Montagu hinzu, als sie im selben Jahr ihren Sohn impfen ließ.

Nach England zurückgekehrt, erkrankte Lady Montagu selbst an Pocken. Zurück blieben schlimme Narben. Dies spornte sie an, sich öffentlich für breitangelegte Impfprogramme einzusetzen. 1721 impfte Maitland in London auch Lady Montagus Tochter. Soweit bekannt, war dies die erste in Europa durchgeführte Impfung.

Da Lady Montagu gute Verbindungen zum Hof besaß, erfuhr bald auch die britische Königsfamilie davon und ließ ihre Kinder ebenfalls impfen. Die Ärzteschaft verhielt sich dagegen zurückhaltend, weil die Methode aus der orientalischen Volksmedizin stammte und von einem medizinischen Laien nach England gebracht worden war.

Weiterentwicklung

Tatsächlich stellte diese Art der Impfung noch nicht das beste Verfahren zur Bekämpfung der Pocken dar. Die übertragene Infektion nahm oft einen schweren oder sogar tödlichen Verlauf, und gerade geimpfte Personen konnten andere Menschen anstecken. Erst die ausgezeichnete Beobachtungsgabe des englischen Landarztes Edward Jenner führte schließlich zum Sieg über die Krankheit.

Jenner war aufgefallen, daß sich Milchmädchen, die oft an den harmlosen Kuhpocken erkrankten, offenbar mit den echten Pocken nicht anstecken konnten. 1796 entnahm Jenner aus den Pusteln eines mit Kuhpocken infizierten Milchmädchens Erreger und impfte damit einen achtjährigen Jungen namens James Phipps. Das Kind entwickelte leichte Krankheitssymptome, die aber bald wieder verschwanden. Wochen später impfte Jenner seinen kleinen Patienten mit echten Pockenerregern – doch die Krankheit brach nicht aus.

Krönender Erfolg

Mit diesem Versuch bewies Jenner, daß Menschen, die man mit dem relativ harmlosen Kuhpockenerreger infiziert, gegen die echten Pocken immun werden. Der Arzt machte sich daraufhin zum Anwalt der Pockenschutzimpfung – oder Vakzination, wie man seine Methode später nannte. Das Verfahren war so erfolgreich, daß die Weltgesundheitsorganisation WHO nicht einmal 200 Jahre später offiziell die weltweite Ausrottung der Krankheit bekanntgeben konnte.

DAS ROSTIGE MIKROSKOP DES HERRN ROSS

Unter einem Pionier der Medizin stellt man sich im allgemeinen jemanden vor, der Tag und Nacht über einem Mikroskop hockt, nur ein Ziel vor Augen: das Heilmittel für eine tödliche Krankheit. Ronald Ross, der 1898 die Malariamücke entdeckte, verkörperte geradezu klassisch diesen Typ.

Ross wurde 1857 in Indien geboren und erhielt seine Ausbildung beim indischen Sanitätsdienst sowie an medizinischen Fakultäten in England. Er arbeitete eng mit Sir Patrick Manson, dem „Vater der Tropenmedizin", zusammen, der ihn ermutigte, nach einem möglichen Zusammenhang zwischen Stechmücken und Malaria zu suchen.

Vier Jahre lang mühte sich Ross in Hospitälern in den verschiedensten Gegenden Indiens ab. Tag für Tag führte er einen, wie er es nannte, „Nahkampf gegen die Natur" und untersuchte jede Mückenart,

Der Lohn der Geduld *Für seine Arbeiten auf dem Gebiet der Malariaübertragung wurde der britische Arzt Ronald Ross geadelt und erhielt 1902 den Nobelpreis.*

die er fand. An einem seiner Arbeitsplätze stand ihm nur ein Mikroskop mit gesprungener Linse zur Verfügung. Die Schrauben des Geräts rosteten, weil ständig Schweiß von seiner Stirn auf sie heruntertropfte. Den Ventilator an der Decke konnte Ross nicht einschalten, da der Luftzug die sezierten Mücken fortgeweht hätte.

Am Ende jedoch zahlte sich seine verbissene Hartnäckigkeit aus. Bei der Mückengattung *Anopheles* fand er Malariaerreger nicht nur in den Eingeweiden, sondern auch in den Speicheldrüsen des Insekts. Er ließ daraufhin gesunde Vögel von infizierten Mücken stechen, ihr Blut wies bald unzählige Erreger auf. Nach der Entdeckung des Überträgers hoffte man nun, die Malaria schnell ausrotten zu können. Doch in der Praxis zeigte sich, daß das schwieriger war als gedacht. Dennoch wurden Ross für seine bahnbrechende Entdeckung zahlreiche Ehrungen zuteil.

MEHR WERT ALS EIN WITZ

Bevor man Mitte des 19. Jh. entdeckte, wie man Patienten vollständig und ohne Nebenwirkungen betäubt, sagte man von einem Chirurgen, er müsse „das Herz eines Löwen und die Hand einer Dame" besitzen. Einerseits sollte er in der Lage sein, die Schmerzensschreie seiner Patienten zu ertragen, andererseits waren Geschicklichkeit und Schnelligkeit gefragt, damit sich die Qualen nicht unnötig in die

Schmerzlose Behandlung *Dieses Narkosegerät, das auf eine Erfindung des Bostoner Zahnarztes William Morton zurückgeht, enthält in Äther getränkte Schwammstücke.*

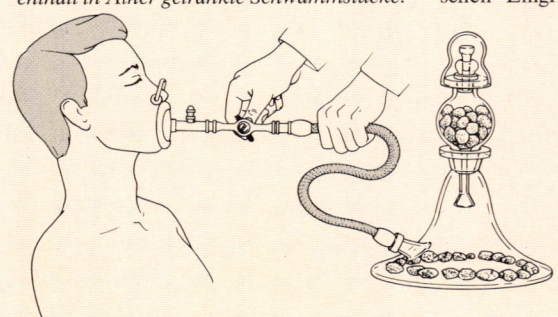

Länge zogen. In der Tat brauchte ein guter Arzt damals für eine Amputation nicht einmal drei Minuten. Heute wissen wir, daß so viel Eile gar nicht notwendig gewesen wäre. Schon seit längerem gab es nämlich ein wirksames Betäubungsmittel: Lachgas. Es wurde auch weithin benutzt – allerdings nur, um Menschen zum Lachen zu bringen.

Lachgas wurde erstmals 1772 von dem englischen Wissenschaftler Joseph Priestley hergestellt. 20 Jahre später regte der Chemiker Humphry Davy an, das Gas auch zur Schmerzlinderung bei chirurgischen Eingriffen zu verwenden. Dieser Gedanke blieb jedoch unberücksichtigt, weil die Menschen im Zusammenhang mit Lachgas lediglich an Varieté, Zirkus oder Jahrmarkt dachten.

Davys Vorschlag geriet in Vergessenheit, bis im Jahr 1844 auch der junge Bostoner Zahnarzt Horace Wells die betäubende Eigenschaft des Gases er-

kannte. Bei einer Veranstaltung, in der die Lachwirkung des Gases vorgeführt wurde, hatte er beobachtet, daß einer der Beteiligten nach einer schweren Sturzverletzung keinerlei Anzeichen von Schmerz zeigte. Nachdem er Lachgas mit Erfolg in seiner Praxis ausprobiert hatte, wollte er das neue Verfahren auch öffentlich demonstrieren. Vor Studenten der Harvard Medical School zog er einem Patienten einen Zahn, doch das Experiment mißlang. Der Mann schrie vor Schmerz, die Studenten pfiffen und buhten, und Wells wurde als Scharlatan hingestellt.

1846 führte William Morton, ebenfalls Zahnarzt aus Boston, in Harvard mit Hilfe von Äther eine schmerzlose Zahnoperation durch, und ein Jahr später begann der Gynäkologe James Young Simpson aus Edinburgh, bei seinen Patientinnen Chloroform anzuwenden. Doch im Lauf der Zeit erkannte man, daß beide Narkotika nicht ungefährlich waren. Lachgas dagegen erwies sich als sicheres Narkosemittel. Heute wird es vor allem in der Zahnmedizin und als Zusatznarkotikum während Operationen benutzt.

Eine Zufallsentdeckung

Der Mann, der seine Frau durchschaute

Wilhelm Conrad Röntgen war nicht nur Physiker, sondern auch begeisterter Amateurfotograf. Seinem Wissen auf diesem Gebiet verdanken wir es, daß die geheimnisvolle Strahlung, die er 1895 entdeckte, für medizinische Zwecke nutzbar gemacht werden konnte.

Röntgen arbeitete als Professor an der Universität Würzburg. Auf seine Entdeckung stieß er ganz zufällig: Als er eines Tages in seinem abgedunkelten Labor mit Kathodenstrahlen experimentierte, bemerkte er, daß diese Strahlen ein ebenfalls im Raum befindliches Papier, das mit der Chemikalie Bariumplatinzyanür überzogen war, seltsam erglühen ließen. Röntgen hielt eine Hand zwischen seinen Versuchskolben und das Papier, und zu seiner Verblüffung wurde schemenhaft die Form seiner Handknochen sichtbar. Dank seines Interesses an der Fotografie kam der Forscher auf die Idee, das Stück Papier durch eine Fotoplatte zu ersetzen. Von der linken Hand seiner Frau Bertha machte er dann die erste Röntgenaufnahme der Welt.

Da Röntgen zunächst nicht wußte, um was für eine Art von Strahlen es sich

handelte, nannte er sie einfach X-Strahlen. Dennoch erkannte er gleich, wie wertvoll sie für Aufnahmen des Körperinneren waren. Er veröffentlichte seine Ergebnisse in einer wissenschaftlichen Arbeit mit dem Titel *Eine neue Art von Strahlen*, und schon bald setzte man die neuentdeckten Strahlen zur medizinischen Diagnostik ein. Röntgen wurde durch seine Zufallsentdeckung von heute auf morgen weltberühmt. Die X-Strahlen wurden nach ihm benannt, und er erhielt 1901 den ersten Nobelpreis für Physik.

Nackte Knochen *Ein Karikaturist läßt Hippokrates über die Auswirkungen der Röntgenstrahlen staunen.*

Zum Abschuß freigegeben

Paul Ehrlich und die Suche nach den magischen Kugeln

Heutzutage geht man davon aus, daß es für beinahe jede Krankheit ein Heilmittel gibt. 1875 dagegen, als der deutsche Naturwissenschaftler Paul Ehrlich mit seinen medizinischen Experimenten begann, galt ein solcher Gedanke als absurd. Im 19. Jh. beruhte die Medizin vielfach noch auf der antiken Lehre von den „Körpersäften", deren harmonisches Mischungsverhältnis, wie man glaubte, über das Wohlbefinden eines Menschen entscheide. Viele damals verordnete Mittel waren nutzlos oder sogar schädlich.

Im gleichen Maß, in dem sich die Naturwissenschaften entwickelten, löste die heutige moderne Lehre von den Krankheiten allmählich diese alten Vorstellungen ab. Zu einem wichtigen Forschungszweig wurde die Histologie, die sich den Geweben des Körpers widmete. Bei Untersuchungen auf diesem Gebiet erwies es sich anfangs allerdings als schwierig, feine Zellstrukturen zu erkennen. Erst die neuzeitliche Chemie ermöglichte eine genauere Unterscheidung.

Ehrlich hatte sich schon als kleiner Junge für Chemie interessiert. Bereits als Achtjähriger entwickelte er Hustentropfen, die von den Apothekern seines Heimatorts hergestellt und verkauft wurden. Während seines Studiums befaßte er sich auch mit den neuen synthetischen Farbstoffen. Er begann nach Methoden zu suchen, die es erlaubten, damit Zellen einzufärben, so daß sie unter dem Mikroskop sichtbar wurden. In seiner Doktorarbeit stellte Ehrlich fest, daß sich jedes Färbemittel nur mit bestimmten Zelltypen verband. Das bestärkte ihn in seiner Vermutung, daß es möglicherweise auch chemische Stoffe gäbe, die Krankheitserreger im Körper abtöteten, ohne gesunde Zellen

anzugreifen. Ehrlich träumte davon, „magische Kugeln" zu finden: chemische Verbindungen, die bestimmte Krankheiten bekämpften, ohne die einzelnen Körperfunktionen zu beeinträchtigen.

Arsenarsenal

Anfang dieses Jahrhunderts gelangte Ehrlich zu der Überzeugung, daß sich gewisse Arsenverbindungen als „magische Kugeln" eignen könnten. Mit einer Gruppe von Chemikern stellte er Hunderte dieser Verbindungen her. Jede einzelne von ihnen wurde systematisch an Kaninchen und Mäusen getestet, die man mit unheilbaren Leiden wie Schlafkrankheit und Syphilis infiziert hatte. Ein Geringerer als Ehrlich hätte sich wohl nicht an ein so aufwendiges Projekt gewagt. Doch das Erfolgsrezept des Forschers lautete *Geduld, Geschick, Geld und Glück* – und über all das verfügte Ehrlich in reichlichem Maß.

Bis zum Jahr 1907 hatte Ehrlichs Team bereits über 600 Verbindungen getestet, doch nur Nummer 418 hatte sich bis zu einem gewissen Grad als wirksam erwiesen. Sie schien gegen

Kampf gegen Bakterien Für seine bahnbrechenden Forschungen über Medikamente aus der Retorte standen Paul Ehrlich nur erstaunlich einfache Laborgeräte zur Verfügung.

Schlafkrankheit zu helfen. 606 war – wie die anderen – als nutzlos eingestuft worden, aber man hatte vergessen, sie gegen Syphilis einzusetzen. Erst als Ehrlichs Assistent, der Japaner Sahatschiro Hata, 1909 alle Substanzen noch einmal testete, stellte man ihre Wirksamkeit fest. Ehrlich probierte das Mittel, das er Salvarsan nannte, an Patienten aus, deren Stimmbänder von Syphilis befallen waren. Schon nach wenigen Tagen konnten sie wieder sprechen. Ehrlich hatte die erste der „magischen Kugeln" gefunden und damit das Zeitalter der modernen Chemotherapie begründet.

Ehrlich, der ab 1906 das „Georg-Speyer-Haus für Chemotherapie" in Frankfurt leitete, erhielt 1908 – zusammen mit dem Russen Ilja Metschnikow, einem Zoologen – für seine Verdienste den Nobelpreis für Medizin. Viele der von Ehrlich entwickelten Verfahren finden noch heute Anwendung.

Erinnerung und Vergessen

Wenn das Gedächtnis versagt

An einem Abend des Jahres 48 nahm der römische Kaiser Claudius wie üblich sein Nachtmahl ein. Anschließend erkundigte er sich besorgt nach dem Verbleib seiner Frau Messalina. Doch Messalina lebte nicht mehr. Sie war nur eine Stunde zuvor auf den Befehl ihres Gatten wegen Ehebruchs hingerichtet worden. Der Kaiser konnte sich an all das nicht mehr erinnern, denn er war ein notorischer Trinker, und der Alkohol hatte sein Erinnerungsvermögen, das für kurz zurückliegende Ereignisse zuständig ist, ausgelöscht.

Ein völliger Gedächtnisverlust, wie er bei Kaiser Claudius auftrat, ist äußerst selten. Es gibt jedoch viele Menschen, die infolge von Alkoholismus, Gehirnschädigungen, Unfällen oder im hohen Alter unter partieller Amnesie, also teilweisem Gedächtnisverlust, leiden. Und selbst gesunde Menschen jeden Alters vergessen manchmal bestimmte Dinge fast sofort wieder.

Ganz offensichtlich gibt es verschiedene Arten von Gedächtnis. So war Claudius keineswegs entfallen, daß er eine Frau hatte, daß diese Messalina hieß und daß sie gewöhnlich mit ihm zu Abend aß. Seine Liebe zum Wein hatte lediglich sein Kurzzeitgedächtnis, das für Kontinuität im täglichen Leben sorgt, geschädigt.

Mit Hilfe unseres Kurzzeitgedächtnisses können wir uns erinnern, worüber wir gerade gesprochen haben, daß ein Wasserkessel auf dem Herd steht oder wie die Telefonnummer lautet, die wir eben erst nachgeschlagen haben. Doch nur Ereignisse und Erfahrungen, die uns emotional berühren, oder Fakten, die wir durch häufiges Wiederholen gründlich gelernt haben, werden ins Langzeitgedächtnis übernommen und dauerhaft gespeichert.

Wie dies genau funktioniert und wie wir uns lang zurückliegende Dinge wieder in Erinnerung rufen, ist noch nicht genau bekannt. Die meisten Wissenschaftler sind sich darüber einig, daß es verschiedene Arten von Langzeitgedächtnis gibt,

Verkehrschaos 1938 zog sich in Budapest eine junge Frau plötzlich auf der Straße aus und regelte den Verkehr. Stunden später konnte sie sich nicht mehr daran erinnern.

da beispielsweise geistige Fähigkeiten, Erlebnisse und Erfahrungen oder konkrete Fakten ganz unterschiedlich gespeichert werden. So gibt es Menschen, die ihr Gedächtnis verloren und selbst ihren Namen vergessen haben, aber immer noch sprechen können.

Gedächtnisverlust hat für die Betroffenen schlimme Auswirkungen. So konnte sich eine Frau nach einer schweren Kopfverletzung zwar noch lebhaft an ihre Kindheit in Irland erinnern, entsann sich aber weder ihres Mannes und ihrer Kinder noch daran, daß sie in Amerika gelebt hat. Normalerweise ist unser Langzeitgedächtnis aber erstaunlich zuverlässig, und je weiter Erinnerungen zurückreichen, desto seltener gehen sie durch Verletzungen, Krankheit oder Alkoholmißbrauch verloren.

Hätten Sie's gewußt?

Bestimmte Dinge behalten wir besser als andere. Dazu gehören schöne Erlebnisse, besondere Vorkommnisse und Sachen, die uns interessieren. Wir erinnern uns aber auch an die Dinge gut, mit denen wir uns vor dem Einschlafen beschäftigen – eine Tatsache, die sehr nützlich sein kann.

Die Kunst des Vergessens

Wo waren Sie, als Präsident Kennedy erschossen wurde?

Im November 1973, zehn Jahre nach der Ermordung von John F. Kennedy, führte die Zeitschrift *Esquire* eine Umfrage unter Prominenten durch. Konnten sie sich erinnern, was sie in dem Moment getan hatten, als sie vom Tod des amerikanischen Präsidenten am 22. November 1963 erfuhren? Alle Befragten wußten es noch genau. Später wurde dieses Ergebnis durch wissenschaftliche Untersuchungen untermauert. Die meisten Menschen, die zum Zeitpunkt von Kennedys Ermordung alt genug gewesen waren, um die Nachricht bewußt aufzunehmen, erinnerten sich im Detail, wo sie sich in dem Augenblick aufgehalten und was sie gerade getan hatten, als sie von dem Attentat erfuhren.

Dramatische Ereignisse wie dieses bleiben uns besonders gut im Gedächtnis. Warum aber vergessen wir überhaupt etwas?

Würden wir uns an jede Einzelheit erinnern, die wir erlebt haben, wäre unser Leben unerträglich. Deshalb werden nur wenige Informationen durch unser Bewußtsein ausgewählt und vom Gedächtnis gespeichert. Am häufigsten entfallen uns Namen, Zahlen, Daten, eingepauktes Wissen und Sachverhalte, die wir nicht verstehen. Auch wenn wir unausgeglichen, krank oder erschöpft sind, läßt die Merkfähigkeit nach.

Auf den zweiten Blick

Wenn man glaubt, etwas schon einmal erlebt zu haben

Ich war geplagt und verwirrt ... von der Vorstellung, daß ich diese ... Szene schon einmal gesehen hatte. Der Ort schien mir so vertraut wie die wohltuende Sauberkeit in der Küche meiner Großmutter ..." So beschrieb der amerikanische Schriftsteller Nathaniel Hawthorne seine Eindrücke, als er Mitte des 19. Jh. zum erstenmal das Schloß von Stanton Harcourt bei Oxford besuchte.

War Hawthorne vielleicht in einem früheren Leben schon einmal dort gewesen? Oder hatte er das Schloß gar in einer Vision gesehen? Solche Erlebnisse sind keineswegs ungewöhnlich. Nach einer 1967 durchgeführten Untersuchung hat fast jeder dritte bereits eine solche Erfahrung gemacht, die man Déjà-vu-Erlebnis nennt. Der französische Ausdruck *déjà vu* bedeutet „schon gesehen" und beschreibt das Gefühl, etwas Gegenwärtiges schon einmal erlebt zu haben.

Begegnung von Gestern und Heute

In seinem Buch *David Copperfield* beschreibt Charles Dickens diese Erfahrung als „ein Gefühl, das uns gelegentlich überkommt ..., als hätten uns vor langer Zeit die gleichen Gesichter, Dinge und Lebensumstände umgeben – und als wüßten wir genau, was als nächstes gesagt werden würde, als hätten wir uns plötzlich daran erinnert."

Was ist die Ursache für ein Déjà-vu-Erlebnis? Der griechische Philosoph Platon sah darin einen Beweis für die Reinkarnation, also dafür, daß die Seele des Betroffenen schon einmal auf der Erde war. Das Rätsel ist auch heute noch nicht eindeutig gelöst. Die moderne Wissenschaft bietet verschiedene Erklärungen an.

Einer Theorie zufolge spielen im Gedächtnis gespeicherte, aber scheinbar wieder vergessene Informationen eine Rolle. Bei Hawthorne war es tatsächlich so; er hatte in jungen Jahren eine lebendige Beschreibung von Stanton Harcourt gelesen – und wieder vergessen. Dies erklärt aber nicht, warum man manchmal – wie Dickens es beschreibt – im voraus weiß, was in einem ganz normalen Gespräch als nächstes gesagt werden wird.

Vielleicht kann man dieses Phänomen am besten mit den elektrischen Gehirnströmen erklären. Möglicherweise entsteht ein Déjà-vu-Gefühl dann, wenn zuweilen ein bestimmter Bezirk des Gehirns beim Erfassen einer Situation einen Augenblick hinter den anderen zurückbleibt. Er holt dann aber wieder gegenüber den anderen auf, was den Eindruck von Vertrautheit erzeugt, da jener Bezirk nun das verarbeitet, was in anderen Teilen des Gehirns bereits gespeichert worden ist.

Déjà-vu-Erlebnis Als Nathaniel Hawthorne erstmals ein englisches Schloß besuchte, hatte er das Gefühl, schon einmal da gewesen zu sein.

DAS LEBEN IM ZEITRAFFER

Es ist ein alter Glaube, daß z. B. ein Ertrinkender sein ganzes Leben noch einmal im Zeitraffer vor seinen Augen vorüberziehen sieht. Nach Ansicht des kanadischen Neurochirurgen Wilder Penfield, der sich in den 50er Jahren mit todesnahen Erfahrungen beschäftigte, tritt dieses Phänomen tatsächlich auf. Es scheint sogar allen Menschen angesichts des Todes so zu ergehen, wie man aufgrund der Berichte von Menschen vermutet, die erfolgreich wiederbelebt wurden.

Zurückgespult

Seltsamerweise läuft der Lebensfilm in diesen letzten bewußten Augenblicken jedoch rückwärts ab, wobei Menschen, Orte und Ereignisse, die man vergessen zu haben glaubt, absolut klar vor dem geistigen Auge erscheinen. Nach Penfield ist dies möglich, weil das Gehirn in Extremsituationen alle einmal gespeicherten Erinnerungen wieder aktiviert.

Einer anderen Theorie zufolge leiden die Bereiche des Gehirns, wo Erinnerungen gespeichert werden, besonders rasch, wenn die Sauerstoffzufuhr zum Gehirn unterbrochen wird. Menschen, die ersticken oder ertrinken, bleiben noch lange genug bei Bewußtsein, um die Auswirkungen des Sauerstoffmangels zu erleben. Die Hirnströme werden dadurch gestört und alle Erinnerungen wieder ins Bewußtsein gerufen.

Gewollte Rückblicke

Wo befindet sich das Gedächtnis?

Gehirnoperationen werden gewöhnlich nur unter örtlicher Betäubung durchgeführt, die das Schmerzempfinden beim ersten Schnitt ausschaltet. Das Gehirn selbst ist nicht schmerzempfindlich. Während einer derartigen Operation entdeckte der kanadische Chirurg Wilder Penfield in den 30er Jahren, in welchem Teil des Gehirns Erinnerungen gespeichert werden.

Penfield unterhielt sich während der Gehirnoperation mit seiner Patientin. Er reizte verschiedene Gehirnbereiche mit einer Elektrode, um festzustellen, welche Auswirkungen die schwachen Stromstöße jeweils hatten. Bereiche, die für die Steuerung von Bewegungen und die Sprachfähigkeit zuständig sind, wurden dabei geschont. Plötzlich begann die Patientin zu beschreiben, wie sie hinab in den Hof zu einer ihrer Kinder schaute, während vertraute Geräusche aus der Nachbarschaft an ihr Ohr drangen. Wie sie sagte, war dies eine Szene aus vergangenen Tagen, und erst als Penfield die Elektrode weiterbewegte, verblaßte dieses Bild vor dem geistigen Auge der Patientin wieder.

Zufallsentdeckung

Penfield erkannte, daß er eine große Entdeckung gemacht hatte, denn vor ihm hatte noch niemand vermutet, daß das Gehirn Erinnerungen stofflich speichert. Bis dahin vertraten Ärzte und Wissenschaftler die Meinung, bei der Erinnerung handele es sich um eine rein geistige Tätigkeit, und Geist und Gehirn hätten nichts miteinander zu tun. Nun schien es so, als seien Erinnerungen tatsächlich dauerhaft in den Gehirnzellen gespeichert. Penfield spürte sie in einem Bereich auf, der Hippocampus genannt wird. Er ist Bestandteil der Schläfenlappen in der Großhirnrinde und spielt eine wichtige Rolle bei der Speicherung von Inhalten.

Penfield überprüfte seine Entdeckung an weiteren Patienten. Dabei fand sich ein Mann plaudernd im Kreis von Verwandten in Südafrika wieder, wo er tatsächlich kurz zuvor gewesen war. Als Penfield die Elektrode entfernte, verschwand die Erinnerung sofort. Alle Patienten gaben an, daß sie das Gefühl gehabt hätten, als würden sie die jeweilige Situation noch einmal durchleben. Zunächst erntete Penfield für seine Theorie, daß Erinnerungen in einem bestimmten Teil des Gehirns gespeichert werden, nur Spott. In den 50er Jahren

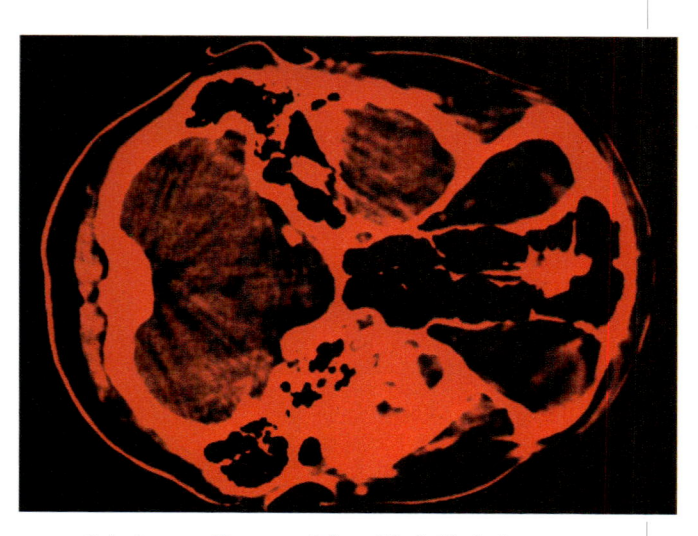

Datenspeicher *Die Schläfenlappen – auf diesem Querschnitt eines Gehirns oben und unten als helle Sektoren zu erkennen – sind für die Erinnerung wichtig.*

entfernten dann Chirurgen bei einigen Epileptikern beide Schläfenlappen. Dadurch kam es zwar zu einer Besserung der Symptome, die Merkfähigkeit der Patienten umfaßte danach aber nur noch wenige Minuten. Dies und die Auswirkungen, die Schlaganfälle und Kopfverletzungen auf das Erinnerungsvermögen haben, bewiesen, daß Penfield recht gehabt hatte.

Köpfchen, Köpfchen

Erinnerung, die nicht verblaßt

Als der Zeitungsreporter Solomon Weniaminoff eines Tages den russischen Neurologen A. R. Luria besuchte, bat ihn dieser, lange Wortfolgen zu wiederholen. Er hatte ihm die Worte vor langer Zeit, als Weniaminoff Patient bei ihm gewesen war, schon einmal vorgelesen. Die Worte waren willkürlich aneinandergereiht, und die Wortfolge ergab keinen Sinn. Es gab daher auch keinen logischen Grund, sich überhaupt an sie zu erinnern. Der Reporter überlegte jedoch nur einen Moment und sagte dann: „Ja, ja . . . da war eine Reihe, die Sie mir nannten . . ., als wir uns in Ihrer Wohnung befanden . . . Sie saßen am Tisch und ich im Schaukelstuhl . . . Sie trugen einen grauen Anzug . . .“

Und dann gab er die Wortfolge in eben der Reihenfolge wieder, in der er sie damals – und das lag immerhin 16 Jahre zurück – gehört hatte.

Ein solch ungewöhnliches Erinnerungsvermögen wird nach dem griechischen Wort für „das gleiche“ als eidetisches Gedächtnis bezeichnet. Nur wenige Menschen werden mit dieser Fähigkeit geboren, erlernbar ist sie nicht. Mit Hilfe von Gedächtnisstützen – wie Reimen oder einfachen Sätzen – kann man jedoch seine Merkfähigkeit trainieren und sich damit auch schwierige Fakten ins Gedächtnis einprägen.

So dienen beispielsweise die Anfangsbuchstaben der Worte „Mein Vater erzählt mir jeden Samstag unsere neuesten Pläne“ dazu, sich die Planetenabfolge – Merkur, Venus, Erde, Mars, Jupiter, Saturn, Uranus, Neptun, Pluto – ins Gedächtnis zu rufen. Und der Reim:

> „Erst das Wasser, dann die Säure,
> sonst geschieht das Ungeheure“

soll verhindern, daß Chemiestudenten beim Verdünnen von Säure Explosionen verursachen.

Auch an Dinge, über die wir kurz vor dem Einschlafen nachdenken, erinnern wir uns meist sehr gut. Leider können wir aber – anders als der Volksglaube behauptet – im Schlaf keine Informationen aufnehmen. Denn sonst müßte jeder Student, der während der Vorlesung einschläft, besonders gute Noten erzielen.

Gute Sicht

Neue Erkenntnisse über unsere Augen

Heute diskutieren Forscher über die Eigenschaften subatomarer Teilchen und beobachten Quasare und Pulsare am Rand des Universums, doch darüber, wie wir die Welt um uns sehen, ist immer noch wenig bekannt.

Erst langsam beginnen die Wissenschaftler zu verstehen, wie Auge und Gehirn zusammenarbeiten, um ein komplettes Bild von der Welt entstehen zu lassen. Auch wenn unsere Augen stillzustehen scheinen, sind sie nie länger als Sekundenbruchteile in Ruhe. Diese Bewegungen sind jedoch so schnell – bis zu 100mal in der Sekunde –, daß wir sie gar nicht wahrnehmen. Aber woher weiß man dann überhaupt, daß es sie gibt, und welchen Zweck haben sie?

Wissenschaftler haben die Augenbewegungen in komplizierten Versuchen aufgezeichnet. So konnten auch kleinste Bewegungen festgehalten werden. Die Forscher entdeckten dabei drei verschiedene Arten: unregelmäßiges, rasches Zittern; Sakkaden oder ruckartige Zuckungen, die etwa einmal pro Sekunde auftre-

> ### Hätten Sie's gewußt?
>
> *Wenn ein Gegenstand durch die Linse des Auges auf die Netzhaut projiziert wird, steht dieser auf dem Kopf. Säuglinge sehen alles verkehrtherum, später aber dreht das Gehirn die Bilder automatisch um.*

ten, um die Ausrichtung des Auges zu korrigieren, wenn dieses zu weit von dem beobachteten Gegenstand abkommt; außerdem langsame, unregelmäßige Bewegungen, die zwischen den Sakkaden liegen. All diese Bewegungen sind vollkommen unwillkürlich und unabhängig von der bewußten Augeneinstellung, die etwa beim Lesen, Autofahren oder beim Sport ausgeführt wird.

In einem speziellen Versuch wurde deutlich, daß wir ohne die ständigen unbewußten Augenbewegungen nichts sehen würden. Wissenschaftler verhinderten dabei mit speziellen optischen Geräten jede Bewegung der Augen, so daß ein betrachteter Gegenstand längere Zeit auf derselben Stelle der Netzhaut abgebildet wurde. Dies hatte zur Folge, daß das Bild nach wenigen Sekunden verblaßte und verschwand. Offenbar sind die unwillkürlichen Bewegungen des Auges notwendig, damit das Licht auf möglichst viele verschiedene Zellen der Netzhaut fällt und das Auge ununterbrochen Signale an das Gehirn senden kann, das diese zu einem Bild zusammensetzt.

EIN LICHTSTRAHL ALS MESSER

Augenärzte sehen in der Laserchirurgie eine Alternative sowohl zur traditionellen Augenchirurgie als auch zu Brillen und Kontaktlinsen. Laserstrahlen werden eingesetzt, um eine abgelöste Netzhaut wieder zu befestigen, aber auch,

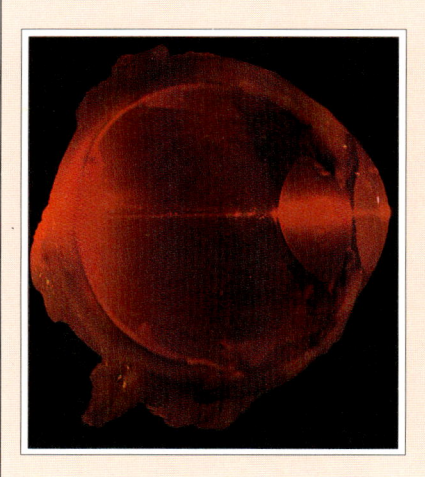

um feinste Gewebeschnitte in der Hornhaut des Auges durchzuführen.

Laser sind scharf gebündelte Lichtstrahlen von hoher Energie, die punktförmig auf einer Oberfläche auftreffen. Mit manchen Lasern können hauchdünne Gewebsschichten entfernt werden. Sie arbeiten so präzise, daß sie sogar in ein menschliches Haar noch ein Muster schneiden können.

Die Wellenlänge des Laserstrahls bestimmt, wie tief er in ein Gewebe eindringen kann. Wenn ein Laser auf die äußere Schicht der Hornhaut eingestellt wurde, bleibt das darunterliegende Gewebe unversehrt. Die entstehende Wunde ist winzig klein, so daß kaum Probleme beim Heilungsprozeß auftreten können und auch keine Narben zurückbleiben.

Heilendes Licht *Laserstrahlen werden für Netzhautoperationen eingesetzt. Dieses Bild zeigt einen Strahl, der durch die Linse (rechts) ins Auge dringt und auf den beschädigten Netzhautbereich (links) trifft.*

Wie aber verläuft eine Laseroperation am Auge? Bei dem verblüffend schnellen und schmerzlosen Verfahren bekommt der Patient keine Narkose. Zunächst erhält er Medikamente, die seine Pupille erweitert und das Auge ruhigstellen. Dann wird die Laserapparatur durch ein Vakuum am Auge befestigt, um Augenbewegungen während der Operation zu verhindern.

Rasche Heilung

Meist wird der pulsierende Laserstrahl nur wenige Sekunden lang auf das Auge gerichtet. Die gesamte Behandlung dauert kaum eine halbe Stunde und macht keinen Krankenhausaufenthalt erforderlich. Schon am nächsten Tag hat der Patient keine Schmerzen mehr und sieht wieder normal.

Manche Wissenschaftler glauben, daß in Zukunft mit Hilfe der Laserchirurgie möglicherweise 90% aller Fälle von Kurzsichtigkeit korrigiert werden können. Gute Aussichten – außer vielleicht für Optiker.

Ein optischer Abgrund

Wie Kleinkinder Tiefe wahrnehmen

Es war ein schöner Tag, als die Wissenschaftlerin Eleanor Gibson von der Cornell University, USA, mit ihrer kleinen Tochter am Grand Canyon ein Picknick machte. Während sie dem Baby beim Herumkrabbeln zusah, kam ihr plötzlich der beängstigende Gedanke: Was, wenn das Kind dem Abgrund zu nahe kam? Konnte es die gähnende Tiefe und die damit verbundene Gefahr überhaupt schon wahrnehmen?

Diese Frage brachte Eleanor Gibson auf eine Idee. In einem Versuch wollte sie herausfinden, ob Babys bereits über eine Tiefenwahrnehmung verfügen. Zu diesem Zweck entwickelte sie eine Versuchsanordnung, die einen Abgrund vortäuschte.

Bei dem Experiment wurde ein schmales Brett auf eine dicke Glasscheibe gelegt, die sich in etwa 30 cm Höhe über dem Boden befand. Rechts vom Brett befand sich direkt unter der Glasscheibe eine massive, mit einem karierten Stoff abgedeckte Platte.

Links vom Brett lag der Stoff hingegen auf dem Boden unter der Glasplatte, wodurch eine eindrucksvolle Tiefenwirkung hervorgerufen wurde.

Dann wurde ein Kleinkind auf das Brett in der Mitte gesetzt. Würde es über den vermeintlichen Abgrund hinauskrabbeln?

Der Mutter widerstanden

Bei dem Experiment standen die Mütter der Babys auf der anderen Seite des „Abgrunds" und forderten ihre Kinder auf, zu ihnen zu kommen. Doch von insgesamt 36 Babys im Alter zwischen 6 und 14 Monaten folgten nur drei ihren Müttern, alle anderen erkannten offenbar die vermeintliche Gefahr auf der linken Seite des Bretts. Hingegen krabbelten alle Kinder über die Fläche rechts vom Brett.

Zusätzliche vertiefende Experimente haben untermauert, daß Kleinkinder (und auch junge Tiere) Tiefe erkennen – und meiden –, sobald sie krabbeln können.

Achtung! Die Wissenschaftlerin Eleanor Gibson prüfte ihre Theorie unter den kontrollierten Bedingungen eines Universitätslabors. Laien sollten dieses Experiment jedoch weder im Haus noch im Freien zu wiederholen versuchen.

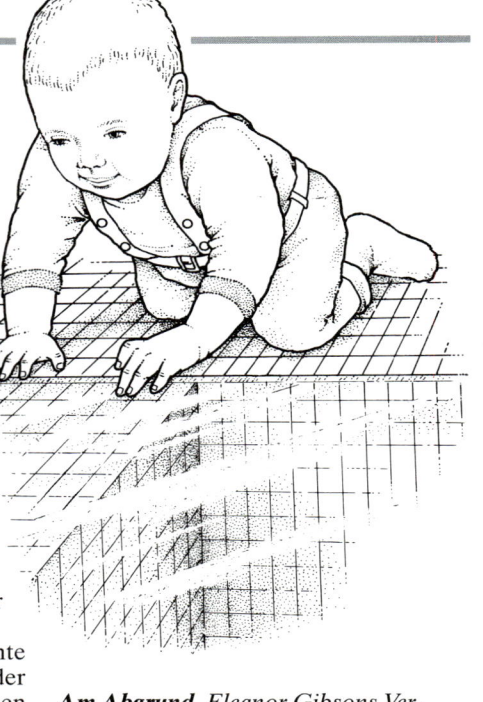

Am Abgrund *Eleanor Gibsons Versuche in den 50er Jahren zeigten, daß Kleinkinder eine Tiefenwahrnehmung besitzen, sobald sie krabbeln können.*

Farbempfänger

Nachts sind alle Katzen grau

Die Sinneszellen unserer Augen sind unentwegt aktiv und reagieren mit sehr schnellen chemischen Reaktionen auf Licht. Man unterscheidet zwei Sehzelltypen: die Stäbchen und die Zapfen. Rund 125 Mio. von ihnen befinden sich auf der Netzhaut jedes Auges.

Bei den Stäbchen handelt es sich um lichtempfindliche Zellen, mit deren Hilfe wir in Dämmerung und Dunkelheit sehen. Sie sprechen auch noch auf so geringe Lichtreize an, daß das Auge in völliger Finsternis selbst eine 8 km entfernt brennende Kerze sehen würde. Die Stäbchen sind jedoch nur schwarzweißempfindlich, so daß wir nachts keine Farben, sondern nur verschiedene Grautöne wahrnehmen. Die Zapfen sind weniger lichtempfindlich als die Stäbchen und für das Sehen bei Tag und bei Kunstlicht zuständig. Sie ermöglichen das Farbensehen.

Beide Zelltypen enthalten licht-

empfindliche Substanzen, die sogenannten Pigmente. Werden sie von Licht getroffen, löst das elektrische Signale aus, die über Nerven an das Gehirn weitergegeben, dort entschlüsselt und als Bilder erkannt werden. Meist passen sich Stäbchen und Zapfen recht schnell an veränderte Lichtverhältnisse an. Bei extremen Hell-Dunkel-Kontrasten, beispielsweise beim Einfahren in einen Tunnel, dauert die Anpassung jedoch eine gewisse Zeit.

Welche Rolle die Zapfen beim Farbensehen genau spielen, ist noch nicht vollständig erforscht. Es gibt drei verschiedene Typen mit unterschiedlichen Pigmenten, von denen jedes auf eine der drei Grundfarben – Rot, Grün oder Blau – reagiert. Die drei Zapfentypen leiten ihre „Farbempfindungen" getrennt an das Gehirn weiter. Durch die kombinatorische Leistung des Gehirns können wir die ganze Palette von Farbtönen wahrnehmen.

Hätten Sie's gewußt?

Kurzsichtige können Gegenstände in der Ferne nur unscharf sehen, während sie in der Nähe alles klar erkennen. Bei Weitsichtigen ist es genau umgekehrt: Nahe Gegenstände verschwimmen vor ihren Augen, während für sie Dinge in der Entfernung scharf erscheinen.

♦♦♦

Farbenblindheit – am verbreitetsten ist die Rotgrünblindheit – ist in den meisten Fällen angeboren. Sie entsteht, wenn eine oder mehrere der drei farbempfindlichen Zapfenarten fehlen. Bei den Männern leiden etwa 8 % unter mehr oder minder starker Farbenblindheit, bei den Frauen hingegen sind es weniger als 1 %.

♦♦♦

Nachtblindheit ist manchmal auf einen Mangel an Vitamin A zurückzuführen, das für die Herstellung des Sehpigments in den Stäbchen – aber auch der Pigmente in den Zapfen – der Netzhaut notwendig ist. Wird zuwenig Pigment gebildet, ist die Sehfähigkeit bei Nacht sehr schlecht. Der alte Volksglaube, daß man nachts besser sehen kann, wenn man viel Möhren ißt, wurde wissenschaftlich untermauert: Karotin ist ein wichtiger Vitamin-A-Lieferant.

Neue Einsichten

Wenn ein Mensch nach langer Blindheit wieder sieht

Er war in den 50ern, aktiv und unabhängig. Bei seiner Arbeit benutzte er tagtäglich mit großem Geschick und Einfühlungsvermögen Werkzeuge, die er jedoch noch nie gesehen hatte. S.B. – wie der Mann in dem Bericht genannt wurde – war seit einem Alter von neun Monaten blind. Doch nach 51 Jahren Blindheit unterzog er sich zwei Augenoperationen, die sein Sehvermögen wiederherstellten.

Das erste, was S.B. verschwommen sah, war das Gesicht des operierenden Arztes, das er aber nicht als solches wahrnahm. Auch später, als sich sein Augenlicht gebessert hatte, konnte er andere Menschen nicht an ihren Gesichtern, sondern an ihrer Stimme erkennen.

Die Geschichte von S.B. wurde 1963 von dem britischen Neuropsychologen Richard Gregory erzählt. Sie macht die

Hätten Sie's gewußt?

Ein Nachbild ist das negative Bild eines Gegenstands, das wir noch einige Zeit sehen, nachdem wir ihn eine Zeitlang fixiert haben. Ist der Gegenstand sehr hell, beispielsweise eine Glühbirne oder ein Blitzlicht, erscheint das Nachbild dunkel. Durch das intensive Licht werden die Lichtrezeptoren der Netzhaut vorübergehend abgeschaltet.

◆◆◆

Die Fähigkeit, feine Strukturen zu erkennen, entwickelt sich hauptsächlich während der ersten sechs bis acht Lebensmonate. Bei Mädchen verläuft die Entwicklung zunächst offenbar rascher als bei Jungen, doch im Alter von acht Monaten haben die Jungen aufgeholt.

Probleme aller Menschen deutlich, die nach jahrelanger Blindheit plötzlich wieder lernen müssen, ihre Augen zu gebrauchen. So können sie beispielsweise Dinge nur an bereits vertrauten Geräuschen erkennen oder an deren Form und Oberfläche, die sie schon getastet haben. S.B. erkannte Autos sofort an ihrem Motorengeräusch; als er jedoch die Mondsichel zum erstenmal sah, wußte er nichts mit ihr anzufangen.

Auch die Tiefenwahrnehmung von S.B. war gestört. Als er aus dem Fenster seiner Wohnung sah, die sich im dritten Stock befand, nahm er an, er könne sich einfach mit den Armen auf den Erdboden herunterlassen.

S.B. war mit seiner Blindheit sehr gut zurechtgekommen und hatte seinen Tastsinn, seinen Geruchs-, seinen Geschmackssinn und sein Gehör benutzt, um sich in seiner Umgebung zu orientieren. Nun aber sollte er mehr und mehr seinen Augen vertrauen, und die Welt, die er wahrnahm, entmutigte ihn sehr. Zusammenfassend stellte der Neuropsychologe Richard Gregory fest: „Wir spürten, daß er durch die Wiederherstellung seines Augenlichts mehr verloren als gewonnen hatte." Zwei Jahre nach seiner Augenoperation starb S.B. als deprimierter Mann.

Blinder Fleck Im Auge befindet sich ein blinder Fleck. An der Stelle der Netzhaut, von der aus der Sehnerv zum Gehirn führt, gibt es weder Stäbchen noch Zapfen.

So finden Sie den blinden Fleck: Halten Sie das Buch weit von sich, und schließen Sie das linke Auge.

Fixieren Sie den Stern mit dem rechten Auge, und bewegen Sie das Buch nun langsam an Ihr Gesicht heran, bis der Kreis verschwindet.

Was die Sinne leisten

Wir Menschen hören längst nicht alles

Unser Gehör ist ein sehr empfindliches Organ. Schon Töne, die unser Trommelfell nur um 0,00000001 mm schwingen lassen, sind für uns wahrnehmbar. Wir hören eine Vielzahl von Lauten – vom leisen Atmen eines Kleinkinds bis zum Lärm eines Überschallflugzeugs. Doch verglichen mit einigen Tieren, sind wir halb taub.

Alle Geräusche entstehen durch Schwingungen der Luft, die sich als Schallwellen ausbreiten. Die Anzahl dieser Schallwellen pro Sekunde, die Frequenz, entscheidet darüber, ob ein Ton hoch oder tief ist. Sie wird in Hertz (Hz) gemessen.

Das menschliche Ohr kann bei weitem nicht alle Schallwellen, die in seiner Umgebung entstehen, verwerten. Es reagiert nur auf Töne zwischen 16 und 20 000 Hz, wobei wir den Höchstwert als schrilles Pfeifen hören. Zum Vergleich: Der höchste Ton auf dem Klavier hat eine Frequenz von lediglich 4186 Schwingungen pro Sekunde. Hunde dagegen hören noch Laute von 100 000 Hz, die weit jenseits des menschlichen Hörbereichs liegen. Und Fledermäuse besitzen sogar noch schärfere Ohren – ihr Hörvermögen erreicht einen Spitzenwert von 120 000 Hz.

Doch kein Landtier kann es mit dem Delphin aufnehmen. Delphine, die sich in einer komplizierten Sprache aus Schnalz- und Pfeiflauten verständigen, nehmen Töne in einem Bereich zwischen 20 und 200 000 Hz wahr. Seltsamerweise sind jedoch ihre Ohren praktisch verkümmert. Die Tiere registrieren die Schallwellen mit Hilfe ihrer Kiefer und in ihren Kehlen.

Reizlos

Ohne Sinneseindrücke verlieren wir den Verstand

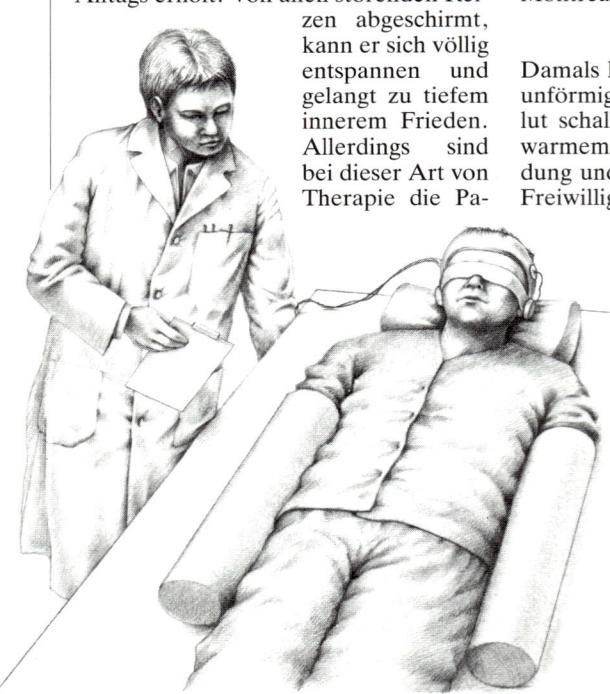

Gegen innere Unruhe und Nervosität hilft eine neue seltsam anmutende Therapie: Der Patient begibt sich dabei in einen dunklen, schallisolierten Tank, in dem er sich, in Salzwasser schwimmend, vom Streß des Alltags erholt. Von allen störenden Reizen abgeschirmt, kann er sich völlig entspannen und gelangt zu tiefem innerem Frieden. Allerdings sind bei dieser Art von Therapie die Patienten nie ganz von Außenreizen abgeschnitten, meistens hören sie im Tank Musik. Sie völlig aller Sinneseindrücke zu berauben hätte nämlich eine ganz andere Wirkung, wie in den 50er Jahren Psychologen an der McGill University in Montreal feststellten.

Vollkommene Stille

Damals legte man Versuchspersonen in unförmigen Schwimmanzügen in absolut schalldichte Tanks, die mit körperwarmem Wasser gefüllt waren. Kleidung und Wasser verhinderten, daß die Freiwilligen etwas spürten. Darüber hinaus trugen sie dunkle Schutzbrillen und Ohrstöpsel.

Die Freiwilligen konnten selbst entscheiden, wie lange sie in dieser Lage ausharren wollten. Über einen Panikknopf waren sie mit den Psychologen verbunden.

Wie sich herausstellte, wirkte die völlige Isolation alles andere als entspannend. Die meisten Testpersonen drückten den Panik-

Allein mit sich Eine Versuchsperson wird durch Pappmanschetten und eine Augenbinde von Sinnesreizen abgeschirmt.

knopf schon nach wenigen Stunden und ließen sich auch mit Geld nicht dazu bewegen, noch einmal in den Tank zu steigen, denn dort waren sie von wilden, bizarren Halluzinationen heimgesucht worden.

Warum Menschen auf den Entzug von Außenreizen mit Sinnestäuschungen reagieren, ist noch unklar. Möglicherweise glaubt das Gehirn, der Körper schlafe, und beginnt zu träumen. Da der Körper aber tatsächlich hellwach ist, erscheinen diese Träume als Wirklichkeit.

Zwar sehnen wir uns oft nach völliger Ruhe, doch um gesund zu bleiben, müssen wir Sinnesreizen ausgesetzt sein.

Hätten Sie's gewußt?

Berührungsrezeptoren sind nicht gleichmäßig über den Körper verteilt, sondern dort konzentriert, wo sie am dringendsten gebraucht werden. Auf dem Rücken liegen sie immerhin 6,3 cm auseinander, an den Fingerspitzen dagegen weisen sie einen Abstand von nur 2,5 mm auf. Besonders empfindlich ist die Zunge. Hier sitzen die Rezeptoren 100mal dichter als auf dem Rücken.

Immer der Nase nach

Unser Geruchssinn ist bemerkenswert gut entwickelt

Die meisten Menschen reagieren schnell und heftig auf verschiedene Gerüche. Wem z. B. liefe beim Duft eines schmackhaften Essens nicht das Wasser im Mund zusammen? Manchmal genügt bereits die Erinnerung an einen Geruch, um in uns ein Wohlgefühl – oder auch Abscheu – hervorzurufen.

Als Herzstück unseres empfindlichen Riechorgans befinden sich oben im Nasenraum zwei gelbbraune, schleimbedeckte Membranen, etwas kleiner als eine Briefmarke. Auf diesen Riechschleimhäuten wiegen sich jeweils Millionen von feinsten Riechhärchen wie Kornfelder im Wind. Hier entfalten die eingeatmeten Luftmoleküle ihre Wirkung. Sie lösen eine Kette von Reizen aus, die von Geruchsnerven ins Gehirn weitergeleitet und dort von Nervenzellen ausgewertet werden. Manchmal genügt bereits ein einziges Molekül eines bestimmten Stoffs, um diese Kettenreaktion in Gang zu setzen.

Geruchsmischungen

Insgesamt verfügen wir über mindestens 14 verschiedene Arten von Geruchssensoren. Das ermöglicht es unserem Gehirn, maximal 10000 Gerüche und Geruchsmischungen zu unterscheiden. Seltsamerweise machen wir von dieser Fähigkeit bewußt kaum Gebrauch, aber nach Ansicht vieler Wissenschaftler spielt sie unbewußt in den zwischenmenschlichen Beziehungen eine große Rolle. Bemerkenswert ist, daß die einzelnen Bestandteile eines Duftgemischs für sich genommen manchmal als unangenehm empfunden werden. Das trifft z. B. auf Zibet zu, eine Drüsenabsonderung der Zibetkatze, die in reiner Form einen eher abstoßenden Geruch verströmt. Gleichwohl ist dieser Duftstoff aus der Rezeptur schwerer Parfums nicht wegzudenken.

Hätten Sie's gewußt?

Ein Mensch kann bis auf 3° genau feststellen, woher ein Laut kommt. Eulen, bei denen sich ein Ohr weiter vorn und eines weiter hinten am Kopf befindet, können ein Geräusch sogar mit 1° Genauigkeit ausmachen.

Fenster der Seele

Wie viele Sinne hat der Mensch?

Gesunde Sinne, die „Fenster der Seele", wie man früher sagte, sind ein kostbares Gut, und in der Tat trifft uns kaum ein Unglück schwerer als z. B. der Verlust des Gehörs oder des Augenlichts.

Alle Sinnesreize werden über Rezeptoren aufgenommen, Nervenenden, die jeweils auf bestimmte Reize spezialisiert sind. Rezeptoren im Auge reagieren z. B. auf Licht, die in der Nase auf Düfte.

Der griechische Philosoph Aristoteles unterschied insgesamt fünf Sinne und sprach vom Gesichts-, Gehör-, Geruchs-, Geschmacks- und Tastsinn. Diese Einteilung ist auch heute noch gültig. Doch Wissenschaftler, die sich mit der Funktionsweise des menschlichen Nervensystems beschäftigen, sind noch auf eine ganze Reihe weiterer Sinne gestoßen.

Schmerz und Druck

So gibt es Rezeptoren für Hitze, für Kälte, für Schmerz und für Druck. Sie befinden sich keineswegs nur in der Haut, sondern auch in inneren Organen, wie z. B. dem Verdauungstrakt. Einige Wissenschaftler glauben sogar, daß wir über besondere Sinne für Hunger und Durst verfügen.

Darüber hinaus sprechen wir von einem Gleichgewichtssinn. Das Gleichgewichtsorgan sitzt im Innenohr und besteht aus winzigen Kammern, die mit Flüssigkeit gefüllt und mit haarartigen Sinneszellen ausgekleidet sind. Wenn ein Mensch den Kopf bewegt, verlagert sich die Flüssigkeit. Die feinen Härchen werden gereizt und senden Nervenimpulse aus, durch die sie dem Gehirn mitteilen, in welcher Lage sich der Kopf im Augenblick befindet.

Daneben gibt es Menschen, die nach eigenen Angaben noch über einen ganz besonderen Sinn verfügen. Sie behaupten von sich, Gefühle, Vorstellungen und Gedanken anderer Personen „lesen" oder verborgene Gegenstände und Ereignisse „sehen" zu können. Experimente und Untersuchungen auf diesem Gebiet, dem sich die Wissenschaft der Parapsychologie widmet, deuten darauf hin, daß es Erscheinungen wie Telepathie und Hellsehen – sogenannte außersinnliche Wahrnehmungen (ASW) – möglicherweise wirklich gibt, doch hat noch niemand die diesen Sinnen zuzuordnenden Rezeptoren im menschlichen Körper entdeckt.

Eines aber steht fest: Selbst wenn die Parapsychologie Beweise dafür erbrächte, könnte der Volksmund diese unheimlichen Formen der Wahrnehmung nicht länger als „sechsten Sinn" bezeichnen. Nach unserem heutigen Wissensstand müßte man eher vom zwölften, dreizehnten, vierzehnten ... Sinn sprechen.

Quintett So stellte ein französischer Karikaturist 1823 die fünf Sinne dar.

Befehlsübermittlung

Das reaktionsschnelle Meldesystem unseres Körpers

Das Rückenmark, ein Strang aus Nervenzellen (Neuronen), verläuft innerhalb unserer Wirbelsäule. Es stellt das Bindeglied zwischen Gehirn und Körper dar. Aus den Lücken zwischen den einzelnen Wirbeln zweigen Nerven ab, wobei jeder einzelne Nerv aus einem Bündel von vielen Nervenfasern besteht. Sogenannte sensible Neuronen übertragen Meldungen vom Körper über das Rückenmark an das Gehirn. Umgekehrt übermitteln motorische Neuronen Befehle vom Gehirn an die verschiedenen Körperteile.

Gleichzeitig arbeitet das Rückenmark aber auch unabhängig vom Gehirn und reguliert z. B. Muskelspannung, Durchblutung und Hauttemperatur. Dadurch wird das Gehirn entlastet und kann sich anderen Aufgaben widmen. Besonders wichtig werden diese vom Bewußtsein unabhängigen Vorgänge in Gefahrensituationen. Wenn wir beispielsweise einen heißen Teller anheben, wird über die sensiblen Neuronen an den Fingerspitzen ein Alarmsignal gegeben. Noch ehe die Meldung das Gehirn erreicht, veranlaßt das Rückenmark über die entsprechenden motorischen Neuronen bereits die zuständigen Muskeln der Hand, den Teller fallen zu lassen. So liegt der Teller schon am Boden, bevor wir uns des Vorfalls überhaupt bewußt werden.

Die Prüfung derartiger Reflexe ist Bestandteil jeder ärztlichen Allgemeinuntersuchung. Klopft der Arzt mit einem kleinen Hammer oder der flachen Handkante auf die Sehne der Kniescheibe, dehnt sich der an ihr befestigte Muskel. Der Vorgang wird an das Rücken-

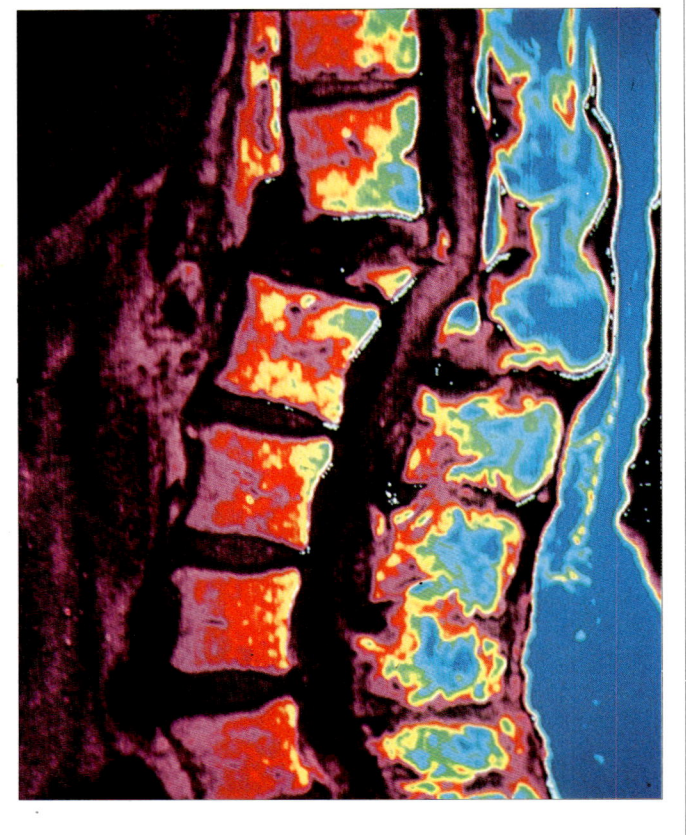

Schutzlose Nerven *Die Wirbel des Rückgrats schützen das Rückenmark, das Körper und Gehirn miteinander verbindet. Bricht ein solcher Wirbel, wie auf dieser Röntgenaufnahme deutlich zu sehen, kann das Rückenmark beschädigt werden.*

mark gemeldet, das dem Muskel in Sekundenbruchteilen befiehlt, sich zusammenzuziehen. Dadurch schnellt der Unterschenkel ruckartig nach vorn. Wenn der Reflex ausbleibt oder nur unvollständig ist, so deutet das auf gestörte Verbindungen zum Rückenmark hin.

Innenleben *Das Rückenmark im Querschnitt (20fach vergrößert): Um eine dichte Ansammlung von Nervenzellen im Innern (hier gelb) scharen sich zahllose, in eine weiße Substanz eingebettete Nervenfasern.*

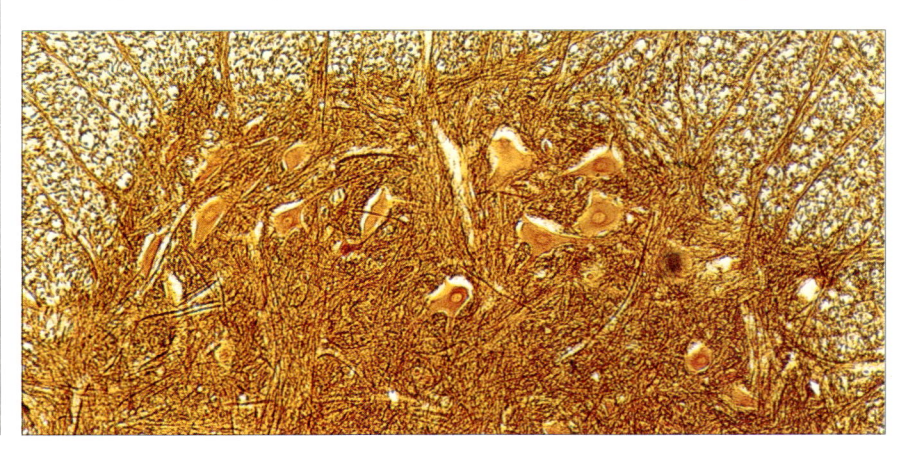

Hätten Sie's gewußt?

Hunde haben einen Kratzreflex, der dafür sorgt, daß sich die Tiere unliebsamer Parasiten entledigen. Er wird auch ausgelöst, wenn man einen Hund am Nacken kitzelt. Dann verlagert er sein Gewicht auf drei Beine und kratzt, bis man mit dem Kitzeln wieder aufhört. Alle Hunde, vom Pekinesen bis zur Dänischen Dogge, kratzen sich übrigens gleich schnell – etwa fünfmal pro Sekunde.

WENN DAS GEDÄCHTNIS VERRÜCKT SPIELT

Im Jahr 1986 entfernte ein Chirurg in Chicago einem Patienten die Gallenblase. Als der Arzt, der seinen Beruf seit mehr als 20 Jahren ausübte, die Operationswunde wieder zunähte, hielt er plötzlich verwirrt inne und fragte: „Habe ich die Gallenblase eigentlich herausgenommen?" Die assistierende Schwester bejahte dies und forderte ihn auf weiterzunähen. Das tat der Chirurg, doch nach jedem Stich wiederholte er die Frage. Die Schwester bekräftigte ihre Antwort mehrmals, bis die Naht schließlich fertig war.

Der Chirurg begab sich anschließend sofort zu einem Neurologen, der bei ihm eine seltene Form des Gedächtnisverlusts, eine transitorisch-globale Amnesie, feststellte. Bei dieser Störung des Gehirns verliert der Patient vorübergehend, d. h. für wenige Stunden oder Tage, die Fähigkeit, Informationen jeglicher Art zu speichern und sich an diese zu erinnern.

Verlorene Stunden

Abgesehen von dieser Beeinträchtigung arbeitete das Gehirn des Arztes jedoch vollkommen normal. Einen Tag lang blieb er unter Beobachtung, und es wurden verschiedene Gehirnuntersuchungen bei ihm durchgeführt. Während dieser Zeit erholte sich auch sein Erinnerungsvermögen. Lediglich die Lücke von 48 Stunden konnte der Chirurg nie mehr schließen.

Zur transitorisch-globalen Amnesie kommt es, wenn die Schlagadern, über die das Gehirn mit Blut versorgt wird, blockiert sind. Das kann z. B. bei Arteriosklerose der Fall sein. Bei dieser Krankheit hemmen Ablagerungen an den Arterienwänden den Blutdurchfluß. Für die Verengung ist vermutlich eine falsche Ernährung verantwortlich.

Unterbrochene Hauptverbindung
Eine Operation, die Maßstäbe setzte

Herz-, Leber- und Nierenverpflanzungen gehören heutzutage in einigen großen Kliniken bereits zur Routine. Eine Transplantation, die lange Zeit als unmöglich galt, führte im Jahr 1988 ein kanadisches Ärzteteam durch.

Die Chirurgen verpflanzten mit Erfolg einen Ischiasnerv, den stärksten und längsten Nerv des Körpers, der im Gesäßmuskelbereich aus dem Beckeninneren heraustritt und sich bis in die Kniegegend zieht. Empfänger des Transplantats war der neunjährige Amerikaner Matthew Beech.

Bei einem Unfall war der Ischiasnerv in Matthews linkem Bein auf einer Länge von über 20 cm zerstört worden. Gewöhnlich wird in einem solchen Fall versucht, eigenes Nervengewebe zu transplantieren. Hier war jedoch so viel Material erforderlich, daß Matthews Körper durch das Verfahren zu sehr geschwächt worden wäre. Daher hatten die Ärzte nur die Wahl, entweder den Nerv eines Spenders zu verpflanzen oder Matthews Bein zu amputieren.

Die Transplantation von Nerven ist deshalb besonders schwierig, weil es gilt, zahllose feine Nervenfaserbündel zusammenzufügen. Dazu bedarf es eines unglaublichen Fingerspitzengefühls. Darüber hinaus kann, wie bei jeder anderen Transplantation, auch hier das Immunsystem des Empfängers das fremde Gewebe abstoßen.

Bei Matthew verlief die Verpflanzung jedoch erfolgreich. Ein spezielles Medikament stellte sicher, daß sein Körper das fremde Nervengewebe vertrug. Und schließlich erwies sich der Spendernerv sogar als Gerüst, an dem neues, körpereigenes Nervengewebe entstand. Ein Jahr nach der Operation waren die durchtrennten Nervenfasern wieder zusammengewachsen.

Nervenbündel *Unsere Nerven bestehen aus Nervenfaserbündeln, die im Fall einer Verletzung wieder zusammengenäht werden müssen. Die meisten Nervenfasern sind von einer Isolationsschicht, der Markscheide, umgeben.*

Hätten Sie's gewußt?

Nach dem Zweiten Weltkrieg führte der Arzt Walter Freeman Tausende von Leukotomien durch, eine heute ungebräuchliche Operation, bei der Nervenfasern zwischen dem Stirnhirn und anderen Hirnteilen durchtrennt werden, um die Symptome von Geisteskrankheiten zu lindern. Freeman wollte mit dieser Methode Verhaltensauffällige „heilen".

◆◆◆

Unser Gehirn ist ein Schwerarbeiter. Das zeigt sich daran, daß es bis zu einem Fünftel unserer Energie verbraucht, obwohl es nur etwas mehr als 2 % unseres Körpergewichts ausmacht.

◆◆◆

Vielleicht ist es schon bald möglich, die Symptome von Gehirnerkrankungen zu mildern. In den USA, in Schweden und Mexiko hat man vor kurzem kleine Mengen von Nebennierenzellgewebe in die Gehirne von Parkinson-Kranken verpflanzt, um das Erinnerungsvermögen dieser Menschen zu verbessern.

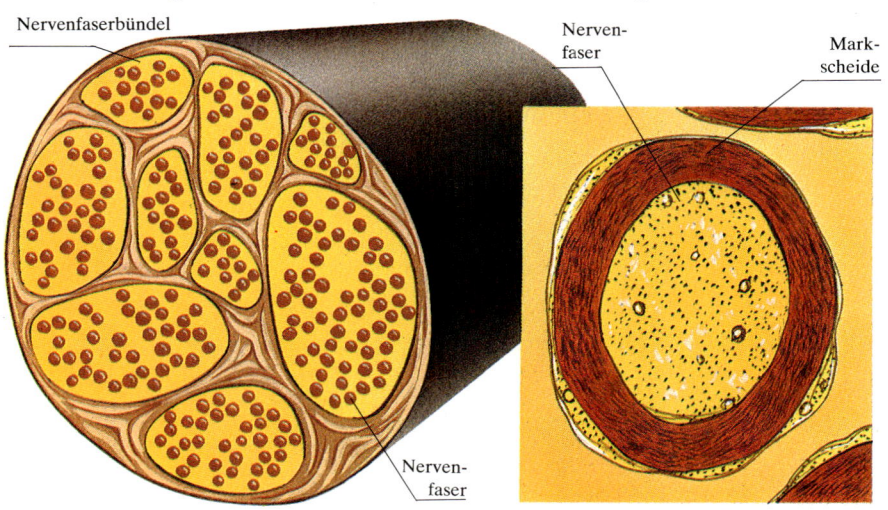

Nervenfaserbündel

Nerven-faser

Mark-scheide

Nerven-faser

Geistesblitze

Die verblüffenden Leistungen von Schwachsinnigen

Wie ist es möglich, daß ein Mensch, der geistig schwer behindert ist, in nur wenigen Sekunden komplizierteste Berechnungen anstellt? Oder nach einem Ballett sagen kann, wie viele Schritte die Tänzer gemacht haben? Oder ein kompliziertes klassisches Klavierstück nachspielt, das er bisher nur einmal gehört hat?

Zum erstenmal näher untersucht wurde dieses Phänomen im Jahr 1887 von dem englischen Arzt Dr. J. Langdon Down. Die Betroffenen – Down nannte sie *idiots savants*, weise Idioten – sind geistig zurückgeblieben und haben einen Intelligenzquotienten von unter 70 (im Durchschnitt: 100). Gleichwohl vollbringen sie auf bestimmten Gebieten erstaunliche Leistungen.

Einer der ersten Berichte über einen weisen Idioten stammt aus dem Jahr 1789. Der Report wurde von Dr. Benjamin Rush verfaßt, einem angesehenen amerikanischen Arzt. Rush schildert darin den Fall eines geistig behinderten Patienten namens Thomas Fuller, der 1724 als Sklave nach Virginia kam. Fuller rechnete beispielsweise in 90 Sekunden aus, daß ein Mensch, der 70 Jahre, 17 Tage und 12 Stunden alt geworden war, insgesamt 2 210 500 800 Sekunden gelebt hatte – und vergaß dabei nicht einmal die Schaltjahre. Dennoch lernte Fuller in seinem ganzen Leben nie lesen und schreiben.

Ein anderer geistig behinderter Sklave wurde in den 60er Jahren des

Rechenkünstler In dem Film Rain Man *spielte Dustin Hoffman (links) einen Autisten, der seinen Bruder, dargestellt von Tom Cruise, mit komplizierten Berechnungen in Erstaunen versetzt.*

vergangenen Jahrhunderts als Pianist berühmt. Er hatte einen Wortschatz von weniger als 100 Wörtern, konnte aber 5000 Musikstücke fehlerlos spielen. Er gab in ganz Amerika und sogar im Weißen Haus Konzerte.

Verblüffende Berechnungen

1964 versetzte das amerikanische Zwillingspaar Charles und George Neurologen mit seinen Kalenderberechnungen in Erstaunen. Mühelos rechneten sie z. B. aus, in welchen Jahren in den zurückliegenden Jahrhunderten der 21. April auf einen Sonntag gefallen war (1963, 1957, 1946 usw.). Damit

war ihr Talent jedoch keineswegs erschöpft. Charles und George verfügten auch über eine verblüffend genaue Beobachtungsgabe. Das zeigte sich z. B., als dem britischen Neurologen und Schriftsteller Oliver Sacks einmal in Gegenwart der beiden eine Schachtel Streichhölzer aus der Hand fiel. Die Zwillinge hatten die verstreut auf dem Boden liegenden Zündhölzer kaum gesehen, als sie auch schon im Chor riefen: „111." Als Sacks die Streichhölzer nachzählte, waren es tatsächlich genau 111 Stück. Auf die Frage, wie sie so schnell gezählt hätten, antworteten die beiden: „Wir haben nicht gezählt ... wir haben 111 gesehen." Außerdem erwähnten sie die Zahl 37. Offenbar hatten sie diese Ziffer als Teiler von 111 erfaßt, obwohl sie sonst nicht die einfachste Rechenaufgabe lösen konnten.

Auch heute weiß man noch nicht genau, warum die weisen Idioten über derartige Fähigkeiten verfügen. Fest steht nur, daß sie offenbar in der Lage sind, Daten, Bilder oder Melodien nach Belieben im Gedächtnis zu speichern und sich daran zu erinnern. Gleichzeitig können sie sich sehr gut konzentrieren. Das Phänomen hat sich übrigens auch bei Autisten gezeigt, Menschen, die oftmals normal begabt sind, sich aber aufgrund einer psychischen Störung völlig von der Außenwelt abkapseln.

RÄTSELHAFTE ZUCKUNGEN

John war 24, überdurchschnittlich intelligent, geistreich und willensstark, doch er wurde immer wieder von heftigen Muskelzuckungen überwältigt. Außer im Schlaf und in Phasen tiefer Entspannung blieb er von diesem Leiden nur verschont, wenn er sich rhythmisch bewegte – wie etwa beim Schwimmen. Manchmal waren John die Zuckungen sogar willkommen, etwa wenn er Schlagzeug spielte, doch meistens bereiteten sie ihm Probleme.

Während bei vielen neurologischen Leiden in der Regel eine der Gehirnfunktionen wie Sprache, Kurz- oder Langzeitgedächtnis, Persönlichkeitsempfinden usw. verlorengeht, wurde Johns Erkrankung durch eine Überfunktion des Gehirns verursacht. John litt unter dem Tourette-Syndrom. Dieses Leiden führt zu blitzartigen Zuckungen im Gesichtsbereich und manchmal, wie im Fall Johns, auch zu einem Schütteln des ganzen Körpers.

Chemische Kontrolle

Die Krankheit wurde erstmals 1885 von dem französischen Neurologen und Schriftsteller Gilles de la Tourette beschrieben. Erst kürzlich entdeckten Wissenschaftler, daß Betroffene unter einer Überproduktion der chemischen Überträgersubstanz Dopamin im Gehirn leiden. Als man John Medikamente gab, die den Dopaminspiegel senkten, konnte er wieder ein normales Leben führen.

UNHEIMLICHE EMPFINDUNGEN

Fast alle Menschen, die eine Gliedmaße verloren haben, berichten, daß sie in der Zeit kurz danach das fehlende Glied immer noch spürten. Und viele meinen sogar noch Jahre später, ein Gefühl oder sogar Schmerzen in ihrem verlorenen Arm oder Bein zu empfinden. Für diese Menschen ist das „Phantomglied", wie man es nennt, nach wie vor physisch erlebbar.

Ursache dieser Empfindung ist wahrscheinlich ein Vorgang im Gehirn. Jeder Gesunde verfügt unbewußt über ein „Körperschema", ein Bild seines Körpers. Erst der Verlust eines Körperteils hebt dieses Schema ins Bewußtsein. Dieser Umschaltvorgang, der im Gehirn stattfindet, führt dazu, daß der Amputierte sein fehlendes Glied zu spüren glaubt.

Im Lauf der vergangenen 100 Jahre wurden zahlreiche Fälle von Phantomschmerz dokumentiert. Über ein Beispiel von ungewöhnlich langer Dauer berichtete der Neurologe George Riddock. Es handelte sich um einen Mann, dem bereits im Alter von 14 Jahren das rechte Bein unterhalb des Knies amputiert worden war. Als Riddock ihn 34 Jahre später untersuchte, meinte der Mann immer noch, die Bewegungen seines fehlenden Fußes spüren zu können. Sein Phantomglied war für ihn so real, daß er oft mit dem nicht vorhandenen rechten Fuß zuerst auftrat, wenn er vom Stuhl aufstand. Und wenn der Mann seine Prothese trug und auf etwas trat, war er sogar in der Lage, den am Boden liegenden Gegenstand zu identifizieren.

Gespenstische Vorhersagen

Darüber hinaus war das Bein verblüffend wetterfühlig. So hatte der Mann, bevor es regnete, das Gefühl, seine Zehen seien in einen Behälter mit Wasser getaucht, und wenn ein Sturm drohte, schienen sie ihm weit auseinander zu stehen. Diese Empfindungen traten mit einer solchen Zuverlässigkeit auf, daß der Mann für seine bewährten Wetterprognosen bald weithin bekannt war.

Phantomglieder machen ihrem Namen auch insofern Ehre, als manche Betroffene ein Gefühl haben, als gäbe es für ihr fehlendes Körperteil kein Hindernis. Diesen Umstand machte sich ein Patient zunutze, dem der linke Arm amputiert worden war. Spaßhalber drehte er seinen Stumpf im Schultergelenk oft so lange, bis es ihm schien, als durchbohre das verlorene Glied seine Brust. Andere Amputierte haben dagegen den Eindruck, ihr Phantomglied sei vollkommen unbeweglich. Und manche glauben noch die Ringe zu spüren, die sie trugen, bevor ihre Hand amputiert wurde.

Stumme Künstler

Manche autistischen Kinder haben eine außergewöhnliche Begabung

Autistische Kinder sind aufgrund eines Gehirnschadens oder einer Entwicklungsstörung nicht in der Lage, sich mit anderen Menschen zu verständigen. Sie ziehen sich von allem zurück und leben in einer isolierten Welt eigener Vorstellungen und Gedanken. Gleichwohl gibt es unter ihnen außergewöhnliche Talente.

Im Jahr 1974 verblüffte ein fünfjähriges autistisches Mädchen namens Nadia eine Gruppe von Wissenschaftlern aus Nottingham. Nadia war träge und teilnahmslos und konnte kaum sprechen. Doch sobald sie zu zeichnen begann, lebte sie auf. Tief über das Papier gebeugt, malte Nadia rasch und mit einem ausgeprägten Sinn für Perspektive, Tiefe und Schatten. Sie orientierte sich an Vorlagen, wandelte sie jedoch häufig ab, so daß das Dargestellte unter einem neuen Blickwinkel erschien. Das bewies, daß sie vor ihrem geistigen Auge ein dreidimensionales Bild entstehen lassen konnte. Geradezu meisterhaft waren ihre Zeichnungen von Pferden und anderen Tieren.

Mit sieben Jahren kam Nadia in eine Schule für autistische Kinder. Langsam lernte sie zu sprechen und zu schreiben. Doch während sie begann, mit ihrer Umwelt Verbindung aufzunehmen, schwand ihr einzigartiges Zeichentalent.

Kinder wie Nadia lassen einige Neurologen annehmen, daß autistische Genies nur auf Kosten ihrer Begabung einen Platz in der Gesellschaft finden.

Ein angehender Architekt

Gleichwohl gibt es Fälle, die das Gegenteil zu beweisen scheinen. Der Autist Stephen Wiltshire brauchte ein Gebäude nur kurz anzuschauen, um es verblüffend schnell und genau nachzeichnen zu können. Wie Nadia besuchte auch Stephen die Schule. Sein Zeichentalent ging jedoch nicht verloren, sondern entwickelte sich weiter. 1987, als Stephen zwölf Jahre alt war, nannte ihn der bekannte Architekt und Künstler Sir Hugh Casson „das künstlerisch vermutlich begabteste Kind in Großbritannien".

Mittlerweile hofft Stephen, sein Talent eines Tages als Architekt nutzen zu können. Zu seiner Unterstützung wurde eine Stiftung gegründet, die sich zum Teil aus dem Verkauf seiner eigenen Bilder finanziert.

Geniale Leistung *Im Alter von nur elf Jahren fertigte Stephen Wiltshire (links), ein Autist, diese perfekte Zeichnung eines Gebäudes an (oben).*

Ein Netzwerk der Superlative

Nervenzellen sorgen für eine blitzschnelle Nachrichtenübermittlung

Um Informationen schnell und richtig verarbeiten zu können, verfügt unser Körper über Nervenzellen, sogenannte Neuronen, von denen es nach Schätzungen der Wissenschaftler bis zu 100 Mrd. gibt. Die meisten davon befinden sich im Gehirn. Die Neuronen geben mit Geschwindigkeiten von bis zu 120 m pro Sekunde Mitteilungen in Form elektrischer Impulse weiter und stellen auf diese Weise sicher, daß unser Körper auf die sich ständig ändernden inneren und äußeren Bedingungen rasch reagieren kann.

Informationsketten

Unter dem Mikroskop betrachtet, erinnern Neuronen an ausgefranste Stromkabel. Sie bestehen aus einem Zellkörper, der den Zellkern umschließt, einer langen, manchmal am Ende stark verästelten Nervenfaser, die Neurit genannt wird und Botschaften zu anderen Zellen leitet, sowie den Dendriten, fadenartigen Fortsätzen, die ankommende Meldungen empfangen. Folgender Vergleich veranschaulicht die Größenverhältnisse: Wenn der Zellkörper die Größe eines Tennisballs hätte, dann würden seine Dendriten ein normales Wohnzimmer füllen, und sein Neurit wäre zwar nur 13 mm breit, aber über 1,5 km lang.

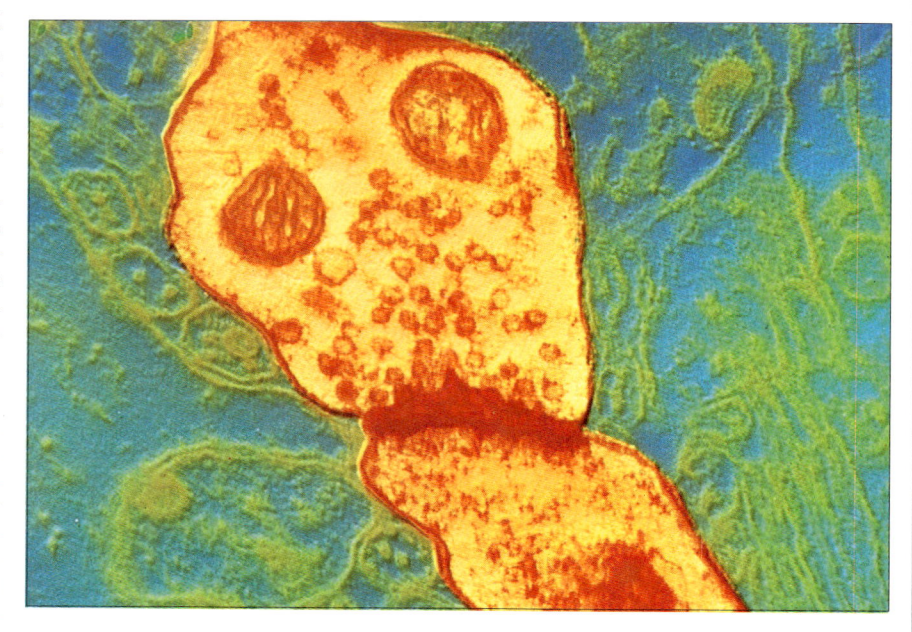

Sogenannte sensible Neuronen empfangen Reize von den Sinnesorganen wie Augen, Nase oder Haut als elektrische Impulse, die sie an Rückenmark und Gehirn weiterleiten. Motorische Neuronen senden, ebenfalls in Form von elektrischen Impulsen, Anweisungen des Gehirns oder Rückenmarks zurück an Drüsen oder Muskeln, so daß wir auf jeden Reiz angemessen reagieren – etwa indem wir rasch die Hand zurückziehen, wenn wir etwas Heißes berühren, oder mehr Speichel produzieren, wenn uns der Duft von Speisen in die Nase steigt.

Die Nervenimpulse werden im Körper weitergeleitet, obwohl sich die Neuronen gar nicht berühren. Zwischen den einzelnen Nervenzellen befindet sich nämlich ein Spalt. Diese Unterbrechung, synaptischer Spalt genannt, muß die Botschaft überwinden, um zu den Dendriten des nächsten Neurons zu gelangen. Diese Aufgabe übernimmt ein chemischer Überträgerstoff. Hat die Information mit Hilfe dieses Neurotransmitters den Spalt passiert, verwandelt sich

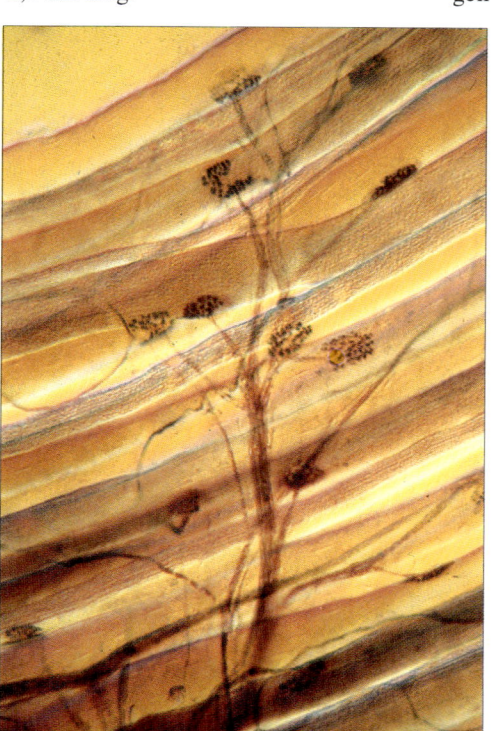

Muskelreize *Über seine vielen Verästelungen stellt ein motorisches Neuron die Verbindung mit zahlreichen Muskelzellen her, die hier als Bänder erkennbar sind.*

Übertragungswege *Den Spalt zwischen den Nervenzellen (hier als breites rotes Band sichtbar) überqueren die elektrischen Impulse als chemische Signale.*

das chemische Signal zurück in ein elektrisches. Wie die Wissenschaftler glauben, läuft dieser Vorgang selbst bei einfachsten Gedanken oder Handlungen millionenfach ab.

Sendestörungen

Das körpereigene System der Nachrichtenübermittlung ist ebenso kompliziert wie lebenswichtig. Kommt es aus irgendeinem Grund zu einer Störung, kann dies verheerende Folgen haben. So bewirkt z. B. multiple Sklerose – eine Erkrankung des zentralen Nervensystems – eine fortschreitende Lähmung des Körpers. Wahrscheinlich durch ein Virus stimuliert, zerstören bei diesem Leiden körpereigene Abwehrzellen die Markscheiden, feine Hüllen, die die meisten Nervenfasern umgeben. Dadurch sind die Nervenfasern mit Nährstoffen unterversorgt, so daß sie ihre Funktion nur noch unvollkommen ausüben können und Nervenimpulse nicht mehr richtig weiterleiten – es kommt zu Sehstörungen, Empfindungsstörungen und Lähmungen.

Multiple Sklerose, abgekürzt MS, ist die häufigste neurologische Erkrankung. Bei jüngeren Menschen verläuft sie schubweise, bei älteren chronisch. Leider ist die Krankheit unheilbar.

Unser Gehirn – unser Leben

Aus der hohen Zeit der Phrenologie

Im 19. Jh. waren viele Leute überzeugt, daß Veranlagung und Charaktereigenschaften eines Menschen aus der äußeren Form seines Schädels abzulesen seien. Man bezeichnete die Wissenschaft, die sich mit dem Zusammenhang von Psyche und Kopfform befaßte, als Phrenologie. Ihr Begründer war der 1758 geborene österreichische Arzt Franz Joseph Gall. Neben vielen anderen Wissenschaftlern interessierte sich auch Charles Darwin für Galls Theorie. Königin Viktoria ließ sogar ihre Kinder von einem Phrenologen untersuchen, um zu erfahren, ob sie im späteren Leben erfolgreich sein würden.

Nachdem Gall neben Schädeln von ganz normalen Menschen auch die von Kriminellen und Geisteskranken vermessen hatte, unterteilte er

Hätten Sie's gewußt?

In der zweiten Hälfte des 19. Jh. glaubte man, die Intelligenz eines Menschen hinge von Größe und Gewicht seines Gehirns ab. Deshalb interessierte man sich auch sehr für die Untersuchung der Gehirne bedeutender Persönlichkeiten. Das Gehirn Otto von Bismarcks war beispielsweise besonders schwer, nämlich 1907 g. Solche Gewichtsangaben sind jedoch bedeutungslos, da nach dem Tod das Gehirn durch Wasseransammlungen im Gewebe schwerer wird.

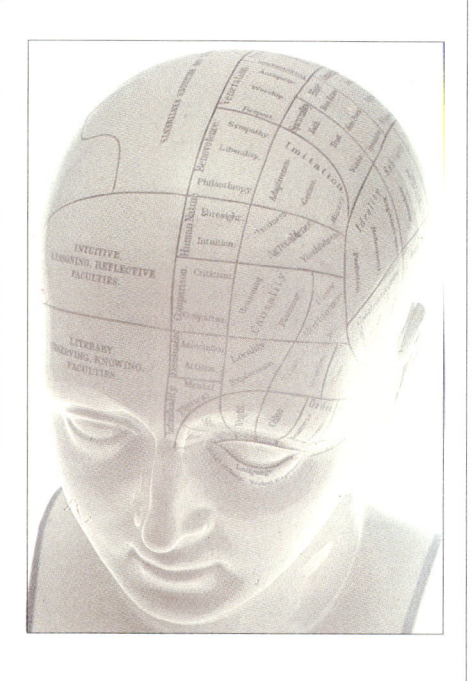

Schädelkarte *Franz Joseph Gall und seine Schüler teilten das menschliche Gehirn in 37 Bereiche ein, denen jeweils ganz bestimmte Charaktereigenschaften zugeordnet wurden.*

den menschlichen Kopf in 37 Bereiche, denen er bestimmte Charakterzüge zuordnete. Wichtige Eigenschaften wie Entschlossenheit, Selbstachtung und Kinderliebe befanden sich nach seiner Auffassung oben auf dem Schädel, während Heimlichtuerei und Vorsicht an der Seite lagen.

Galls Theorie beruhte auf der Erkenntnis, daß die Hirnrinde ein Zentrum der Gehirnaktivität und zudem unterschiedlich dick ist. Die dickeren, raumgreifenderen Bereiche der Hirnrinde hielt er für besonders produktiv und glaubte, daß sich an diesen Stellen der Schädel aufwölbe. Seiner Meinung nach formte also das wachsende Gehirn den Kopf, so daß Höcker oder Erhebungen am Schädel auf besser entwickelte Gehirnbereiche und damit auf stark ausgeprägte Fähigkeiten und Charakterzüge hinwiesen.

Heute wissen wir jedoch, daß seine Theorie falsch ist, daß sich in Wirklichkeit das Gehirn der jeweils genetisch vorgegebenen Schädelform anpaßt.

In einem wichtigen Punkt allerdings hatten die Phrenologen recht: Bestimmte Funktionen werden tatsächlich von bestimmten Bereichen des Gehirns übernommen – sie stimmen jedoch nicht mit Galls Zuordnungen überein.

Angewandte Schädellehre *Diese englische Illustration von 1886 zeigt, wie ein Phrenologe den Schädel eines Kindes untersucht.*

Geistiger Wellenschlag

Wie man die Aktivität des Gehirns aufzeichnet

Neue Verfahren, bei denen das Gehirn eines Menschen von einem Scanner abgetastet und mit Hilfe von elektronisch aufbereiteten Schnittbildern am Bildschirm dargestellt werden kann, haben in den letzten Jahren das Elektroenzephalogramm (EEG) etwas in den Hintergrund gerückt. Doch für den Nachweis von vielen Erkrankungen des Gehirns hat das EEG noch immer große Vorteile.

Die Elektroenzephalographie wurde 1929 von Hans Berger, einem Professor für Psychiatrie an der Universität Jena, entwickelt. Durch Tierversuche war schon lange bekannt, daß das Gehirn elektrische Ströme erzeugt. Berger verband nun ein Galvanometer – ein In-strument, mit dem schwache elektrische Ströme gemessen werden – mit Elektroden, die er auf die Kopfhaut eines Patienten setzte. Er verstärkte die elektrischen Signale, die er dabei empfing, und ließ sie von einem Aufzeichnungsgerät zu Papier bringen. Damit war er der erste Mensch, der die Aktivitäten des Gehirns aufzeichnete.

Entspannungsgrafik

Berger stellte fest, daß die elektrischen Signale des Gehirns manchmal gleichmäßige Wellenmuster bilden. Je nach Lebensalter, Gesundheitszustand des Gehirns und der Tätigkeit, mit der ein Mensch beschäftigt ist, haben die Wellen aber verschiedene Frequenzen. Beim EEG eines gesunden Erwachsenen in Ruhe sind die sogenannten Alphawellen (α-Wellen) vorherrschend. Sie haben eine Frequenz von etwa zehn Schwingungen pro Sekunde und lassen sich am besten nachweisen, wenn die Versuchsperson mit geschlossenen Augen entspannt liegt. Geistige Betätigung reduziert die α-Wellen. Kommen sie zum Erliegen, spricht man von einer Alphablockade (α-Blockade). Die dann auftretenden höherfrequenten Hirnstromsignale sind die sogenannten Betawellen (β-Wellen). Wenn ein Mensch einschläft, sinkt die Frequenz der Hirnsignale, und Thetawellen (ϑ-Wellen) treten auf. Im Tiefschlaf dominieren dann Deltawellen (δ-Wellen) mit einer Frequenz von nur einer oder zwei Schwingungen pro Sekunde.

Ein interessantes, aber wohl kaum allgemeingültiges Beispiel zum Phänomen der α-Wellen lieferte ein Experiment, das man mit Albert Einstein machte. Der geniale Physiker beschäftigte sich völlig entspannt mit komplizierten Rechnungen, und das EEG zeichnete α-Wellen auf. Plötzlich aber verschwanden sie und wurden durch β-Wellen ersetzt – eine typische α-Blockade. Darauf angesprochen, erklärte Einstein, daß er in seinen Berechnungen vom Vortag einen Fehler entdeckt habe und nun unbedingt seine Kollegen darüber informieren müsse. Dieser Gedanke hatte ihn beunruhigt und damit zu der α-Blockade geführt.

Elektrischer Sturm

Nach wie vor ist das EEG anderen Methoden überlegen, wenn es um Diagnose und Lokalisierung der Epilepsie geht, die ein regelrechter elektrischer Sturm im Gehirn ist. Ende der 40er Jahre entdeckte man mit Hilfe des EEG sogar den Ursprungsort einer besonderen Art der Epilepsie, der Temporallappenepilepsie. Bei ihr treten die Anfälle gemildert auf: Der Patient fällt meist nicht zu Boden und hat auch keine Krämpfe, aber er ist desorientiert und verwirrt, leidet oft unter Halluzinationen oder benimmt sich auffällig, ohne sich später daran erinnern zu können.

Gehirntätigkeit *Diese Hirnstromwellenmuster zeigen die elektrische Aktivität des Gehirns bei verschiedenen Bewußtseinszuständen.*

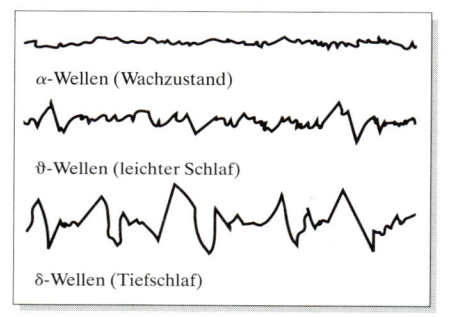

α-Wellen (Wachzustand)

ϑ-Wellen (leichter Schlaf)

δ-Wellen (Tiefschlaf)

WO SITZT DER VERSTAND?

Es ist nicht verwunderlich, daß die Ärzte und Philosophen der Antike den Verstand und das Bewußtsein oder, wie sie es nannten, „den Sitz der Seele" an den verschiedensten Stellen im Körper vermuteten, nur nicht im Gehirn. Denn das menschliche Gehirn ist relativ klein und wiegt durchschnittlich nicht mehr als 1500 g. Zudem offenbart eine oberflächliche Untersuchung des gallertartigen Gewebes, aus dem es besteht, kaum seine höchst komplexe Struktur und seine herausragende Bedeutung für sämtliche Körperfunktionen.

Da man nur über geringe anatomische Kenntnisse verfügte, nahm man in alter Zeit an, daß z. B. die Nasensekrete direkt aus dem Gehirn kämen und dessen graue Substanz nur aus Schleim bestünde. Deshalb hielt man scheinbar interessantere Organe wie das Herz, die Därme oder die Nieren für den Sitz der Seele. Obgleich Hippokrates bereits gegen Ende des 5. Jh. v. Chr. den Verstand dem Kopf zugeordnet hatte, verlegte Aristoteles ihn wenige Generationen später ins Herz und behauptete, das Gehirn sei ein Organ zum „Kühlen des Blutes". Im 2. Jh. entdeckte der griechisch-römische Arzt Galen zwar einige der Gehirnfunktionen, doch die Lehren des Aristoteles blieben noch weitere 1500 Jahre vorherrschend.

Erst als der englische Arzt William Harvey 1628 den Blutkreislauf entdeckte und dabei feststellte, daß das Herz nur ein besonders spezialisierter Muskel ist, verloren die Lehren des Aristoteles an Bedeutung. Obwohl nun das Gehirn in den Mittelpunkt des Interesses rückte, war damit der genaue Sitz des Verstands noch immer nicht gefunden. Man suchte ihn an den verschiedensten Stellen im Gehirn, so z. B. in den Hirnventrikeln, den Hohlräumen in der Mitte des Gehirns, oder in der Hirnhaut – nur nicht in der grauen Substanz der Großhirnrinde. Auch der französische Philosoph Descartes irrte, als er im 17. Jh. die erbsengroße Zirbeldrüse zum Verbindungsglied zwischen Körper und Seele erklärte.

Erst der angesehene österreichische Anatom und Gehirnspezialist Franz Joseph Gall, der später die Grundlagen der heute unhaltbaren Phrenologie entwickelte, verfolgte am Ende des 18. Jh. den Weg der Nerven ins Gehirn und erkannte dabei, daß die höheren Funktionen des Gehirns in der Großhirnrinde ablaufen. Sie besteht aus der grauen Substanz und umgibt das gesamte Großhirn.

In Scheiben geschnitten

Die Technik der Computertomographie

Die Entdeckung der Röntgenstrahlen 1895 wirkte sich vorerst nur wenig auf die Hirnforschung aus. Die Strahlen lieferten zwar klare Bilder von den Schädelknochen, das weiche Gewebe des Gehirns blieb jedoch unsichtbar, da es Röntgenstrahlen kaum schwächte.

1919 gelang dem amerikanischen Neurochirurgen Walter Dandy mit der Entwicklung der Pneumenzephalographie der erste Erfolg auf dem Gebiet der Gehirnuntersuchung mit Hilfe von Röntgenstrahlen. Dandy war von einem Kollegen darauf aufmerksam gemacht worden, daß Formveränderungen des Darms auf Röntgenbildern oft durch Luft im Darm besonders kontrastreich erschienen. Daraus schloß er, daß womöglich auch die Hohlräume des Gehirns – die Ventrikel – für Röntgenstrahlen durchlässig würden, wenn man Luft in sie einführte. Theoretisch würde dadurch auf dem Röntgenbild das gesamte Gehirngewebe um die Ventrikel sichtbar.

Deutliche Kontraste

Dandy setzte seine Überlegungen in die Praxis um und konnte mit dieser neuen Methode tatsächlich Formveränderungen der Ventrikel erkennen. Die Technik der Pneumenzephalographie führte schließlich auch zur Angiographie, bei der man ein verwertbares Röntgenbild erzeugt, indem man ein Kontrastmittel in die Blutgefäße injiziert. Auf diese Weise wurde es möglich, Blutgerinnsel,

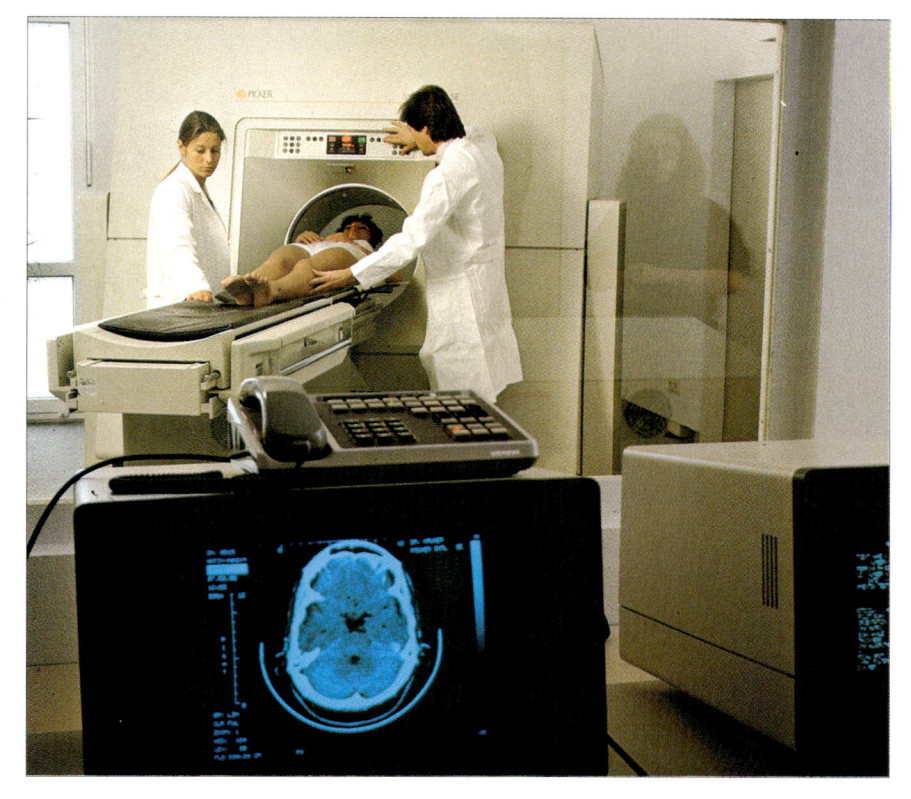

Tumoren und andere Störungen durch die Untersuchung der Blutversorgung des Gehirns zu lokalisieren.

Dandys Verfahren lieferte die ersten detaillierten Röntgenbilder des Gehirns, war jedoch für die Patienten äußerst unangenehm und gefährlich. 1973 veraltete es praktisch über Nacht, als die von dem Briten Godfrey Hounsfield und dem Amerikaner Allan Cormack entwickelte Computertomographie (CT) eingeführt wurde.

Unterschiedliche Dichte

Die Computertomographie basiert auf der Tatsache, daß verschiedene Gewebe für Röntgenstrahlen unterschiedlich durchlässig sind. Da z. B. der Liquor, die u. a. als Polster dienende Gehirn-Rückenmarks-Flüssigkeit, eine geringere Dichte als das Gehirngewebe hat, schwächt er die Röntgenstrahlen

Computerbild *Dieses aus den Daten eines Computertomographen entstandene Falschfarbenbild zeigt Schädelknochen, Gehirn, Wirbel und Kiefer eines Menschen.*

Schicht für Schicht Am Computertomographen entstehen mit Hilfe von schmalen, fächerförmigen Röntgenstrahlen Schnittbilder eines Gehirns.

weniger stark ab und erscheint auf dem Bild, dem Tomogramm, als dunklere Fläche.

Bei der Tomographie liegt der Patient in einer Metallröhre, um die sich eine Röntgenquelle und ein ihr gegenüberliegendes Detektorsystem drehen. Die Röntgenquelle erzeugt einen dünnen, fächerförmigen Röntgenstrahl, und während sie sich um den Kopf des Patienten bewegt, messen die Detektoren im Abstand von wenigen Grad die wieder austretende Strahlung. Diese Meßdaten wertet ein Computer aus und stellt daraus das Bild einer dünnen Scheibe des Gehirns her. Aus zahlreichen weiteren derartigen Scheiben entsteht schließlich ein komplettes Bild des untersuchten Gehirns.

Die Computertomographie ist nur mit einer relativ geringen Strahlendosis verbunden. Sie wird heute u. a. zur Lokalisierung von Tumoren und Blutungen sowie zur Untersuchung von Kopfverletzungen eingesetzt.

Direktübertragung aus dem Kopf

Das Gehirn wird bei der Arbeit beobachtet

Heutzutage können wir nicht nur Fernsehbilder in alle Welt übermitteln, sondern auch fernsehähnliche Aufnahmen aus unserem tiefsten Innern, dem Gehirn, empfangen. Das Verfahren, das solche Gehirnbilder erzeugen kann, die Positronen-Emissions-Tomographie oder PET, nutzt einen einfachen biologischen Vorgang: Wenn ein Teil des Gehirns aktiv ist, fließt entsprechend mehr Blut in diesen Bereich, um ihn mit zusätzlichem Sauerstoff und Glukose zu versorgen.

Radioaktive Injektionen

Bei einer PET wird dem Patienten eine leicht radioaktive Substanz, z. B. radioaktive Glukose, in die Blutbahn injiziert. Durch den radioaktiven Zerfall gibt die Substanz Positronen, d. h. positiv geladene Elementarteilchen, ab, die mit den negativen Elektronen der Gehirnzellen zusammenprallen. Dabei entsteht Gammastrahlung. Diese wird von einem Abtastgerät, das den Kopf des Patienten umgibt, registriert.

Ein Computer wertet die gewonnenen Daten aus und setzt sie in Schnittbilder um. Darauf sind die aktiven Teile des Gehirngewebes als leuchtende rote, blaue und gelbe Flächen zu erkennen, die sich ausdehnen oder verschieben – je nach der gerade ausgeführten Tätigkeit wie beispielsweise Lesen, Schreiben oder Sprechen.

PET-Aufnahmen mit radioaktiver Glukose sind besonders geeignet für die Diagnose von Erkrankungen, bei denen in bestimmten Gehirnregionen unnormal hohe bzw. niedrige Energiemengen verbraucht werden. Bei Schizophrenen beispielsweise liegt der Verbrauch in einigen Bereichen des Gehirns höher als bei gesunden Menschen.

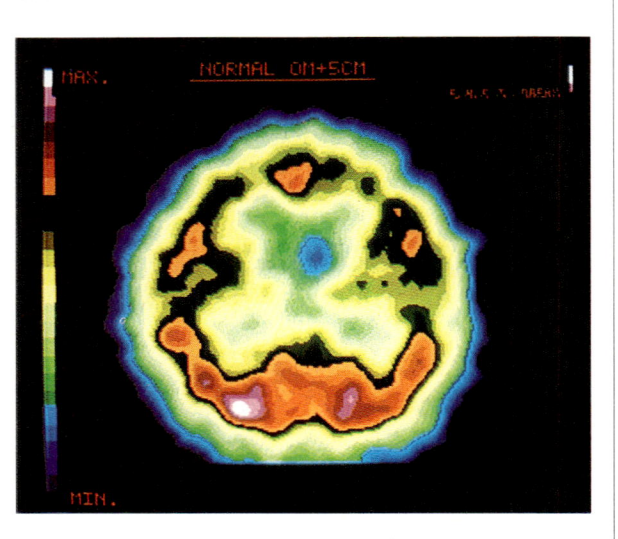

Farbige Gedanken *Die bunten Flächen auf dem PET Tomogramm zeigen, welche Teile des Gehirns aktiv sind. Die radioaktive Glukose läßt Rückschlüsse auf die jeweils verbrauchte Energiemenge zu.*

Kartierung des Gehirns

Über die Anfänge der Neurologie

Die Arbeit eines Neurologen ähnelt der eines frühen Kartographen, der versuchte, noch kaum erforschte Landmassen und Ozeane auf einer Landkarte einzuzeichnen. Auch der Neurologe versucht, Karten zu erstellen, und zwar Karten des Gehirns, auf denen zu ersehen ist, welche Gehirnregion bei bestimmten geistigen und psychischen Krankheiten geschädigt ist. Erst wenn das geklärt ist, kann eine sinnvolle Therapie beginnen. Heute sind die Funktionen vieler Gehirnbereiche bereits bekannt, und Untersuchungen mit Hilfe der PET haben weitere Erkenntnisse gebracht; doch vor rund 130 Jahren war das noch anders.

Bis 1861 nahm man an, das Gehirn arbeite als Einheit, dann jedoch fand der französische Chirurg und Anthropologe Paul Broca heraus, daß bestimmte Teile des Gehirns auch bestimmte Aufgaben übernehmen. Bei der Autopsie eines Patienten, der zu Lebzeiten nur eine einzige Silbe sprechen konnte, obwohl er alles Gesprochene verstand, entdeckte Broca nämlich eine Schädigung am linken Stirnlappen des Großhirns. Offensichtlich hatte diese Schädigung die

Paul Broca *1861 entdeckte der französische Arzt den Zusammenhang zwischen Sprachverlust und einer Schädigung der linken Gehirnhälfte.*

Sprachstörung des Patienten ausgelöst. Drei Jahre später bewies Broca endgültig den Zusammenhang zwischen Sprachverlust (Aphasie) und einer Schädigung der linken Gehirnhälfte.

Etwa 80 Jahre nach Brocas grundlegenden Entdeckungen bestimmte der russische Neurologe A. R. Luria die Funktionen der linken Großhirnrinde und identifizierte u. a. die Bereiche, die Hören und Sehen steuern.

Kleine Ursache, große Wirkung

Lurias Fallstudien von hirnkranken Patienten sind eine wahre Fundgrube für all jene, die sich mit der Funktionsweise des Gehirns befassen. Einige von Lurias Patienten konnten z. B. nicht auf einem ebenen Boden laufen, jedoch problemlos Treppen steigen. Anhand der Hirnschäden dieser und vieler anderer Patienten konnte Luria jeweils herausfinden, welche Gehirnbereiche für die Tätigkeiten zuständig sind, die die Patienten nicht ausführen konnten.

Doch nicht immer sind die Zusammenhänge so deutlich zu erkennen. Beispielsweise können sich bereits kleine Gewebeverletzungen im Sprachzentrum des Gehirns äußerst verhängnisvoll auswirken. So gibt es Patienten, die zwar schreiben können, dann aber nicht in der Lage sind, das eben zu Papier Gebrachte auch zu lesen.

Innenansichten

Glasfasern gewähren tiefe Einblicke in den menschlichen Körper

Auch bisher war es den Ärzten schon möglich, durch ein Endoskop, ein starres, röhrenförmiges Instrument mit einer Lichtquelle und einer Spiegelvorrichtung, einen Blick ins Innere des menschlichen Körpers zu richten. Man kann damit Hohlorgane wie z. B. Magen oder Darm untersuchen und so genauere Diagnosen stellen. Diese Möglichkeiten der Endoskopie sind jedoch nun durch die Entwicklung der Glasfaseroptik entscheidend verbessert worden.

Dank dieser Technik ist es möglich, ein extrem dünnes, flexibles Faserkabel, Fiberendoskop genannt, durch eine Körperöffnung oder einen kleinen Einschnitt in den Körper einzuführen und dann vorsichtig durch die Arterien oder entlang den Atemwegen in die Bronchien zu schieben. Jedes dieser Fiberendoskope enthält verschiedene flexible Glasfaserbündel, wobei die einzelnen Fasern einen

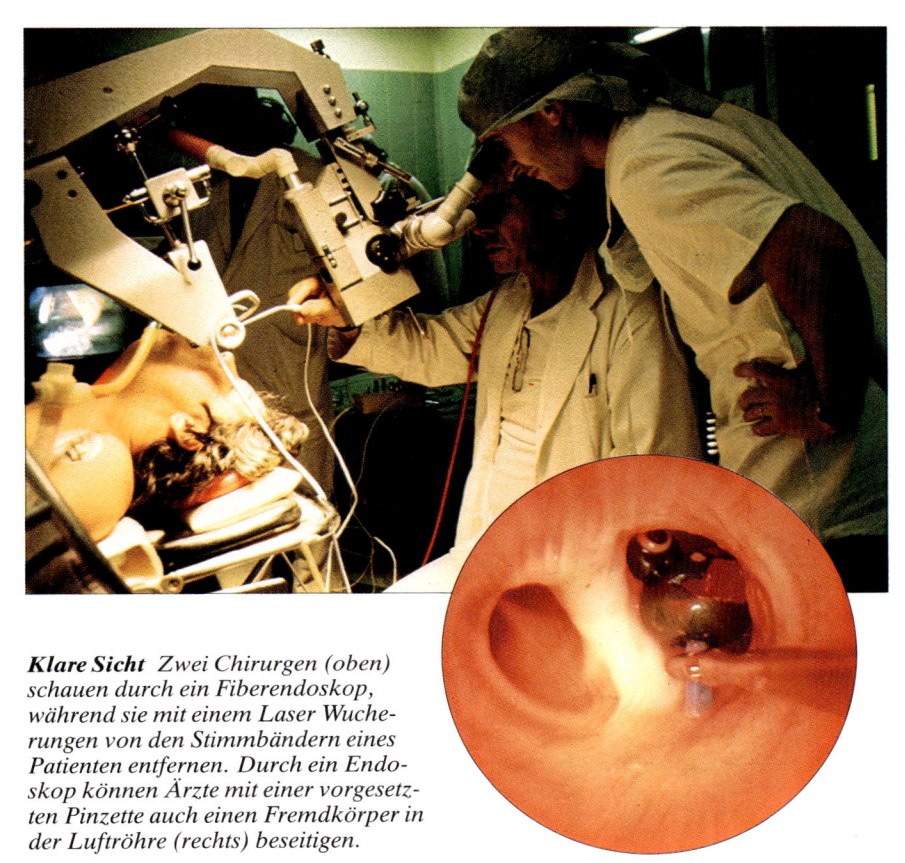

Klare Sicht *Zwei Chirurgen (oben) schauen durch ein Fiberendoskop, während sie mit einem Laser Wucherungen von den Stimmbändern eines Patienten entfernen. Durch ein Endoskop können Ärzte mit einer vorgesetzten Pinzette auch einen Fremdkörper in der Luftröhre (rechts) beseitigen.*

Durchmesser von nur 0,005–0,5 mm haben. Ein Teil der Faserbündel lenkt Licht auf das Organ, das untersucht werden soll; der andere Teil überträgt das aufgenommene Bild zurück, das sich der Arzt dann durch ein Okular oder auf einem Monitor anschaut. In einem nicht einmal 1 mm dicken Bündel können sich mehr als 10000 Fasern befinden, die ebenso viele Bildpunkte rasterförmig übertragen. Damit lassen sich kleinste Gewebeflächen untersuchen, wie beispielsweise ein Polyp im Dickdarm.

Für die Diagnose bietet das Fiberendoskop unschätzbare Vorteile. So werden diese Sonden u. a. über einen kleinen Schnitt in die Armarterie in Richtung Herz geschoben, so daß der Arzt Defekte an den Herzklappen oder Koronargefäßen feststellen kann. Außerdem kann man heute schon in der Fiberendoskopie die Ultraschalltechnik anwenden, denn es gibt nun Schallköpfe, die nur knapp 2 mm groß sind.

Hätten Sie's gewußt?

Mit Laserstrahlen kann man Feuermale unauffälliger machen. Im Gegensatz zu anderen Muttermalen verschwinden diese roten Male nicht im Lauf des Lebens. Auch die Entfernung von Tätowierungen mit dem Laser ist möglich.

Doch mit der Diagnose sind die Möglichkeiten der modernen Endoskopie noch keineswegs erschöpft. Eine zusätzliche Ausrüstung in Form von winzigen Scheren und Pinzetten erlaubt es z. B., Gewebeproben direkt zu entnehmen oder einen eingedrungenen Fremdkörper zu entfernen. Leitet man Laserstrahlen durch die Glasfasern, dann lassen sich damit ohne große Operation Magengeschwüre beseitigen oder sogar Tumorgewebe gezielt zerstören.

Als Vater der Fiberendoskopie gilt der Amerikaner Basil Hirschowitz. Er und einige seiner Kollegen kauften für ein paar Dollar optisches Glas und schmolzen es ein. Die entstandenen Fasern wickelten sie um einen Zylinder, den sie aus dem Karton eines Pakets mit Frühstücksflocken hergestellt hatten. Aus diesen primitiven Anfängen entwickelte Hirschowitz ein handliches Instrument, das Ende der 50er Jahre erstmals für eine Magenspiegelung verwendet wurde.

Von der Autofabrik in den Operationssaal

Ein Roboter als Hirnchirurg

Der Leiter eines Forschungslabors für Computertomographie im kalifornischen Long Beach, Yik San Kwoh, sitzt im Operationssaal vor einem Computer, der mit einem Roboter verbunden ist. Nachdem Kwoh bestimmte Befehle in den Computer eingegeben hat, schwenkt der mechanische Arm des Roboters über den Kopf des auf dem Operationstisch liegenden Patienten: Roboter Ole ist bereit, einen Gehirntumor zu entfernen.

Wie kam Kwoh auf die Idee, Roboter bei komplizierten Gehirnoperationen einzusetzen? Der Elektroingenieur war fasziniert von den präzise arbeitenden Robotern, die er in einer Autofabrik bei der Montage gesehen hatte. Als er 1981 von einem dänischen Einwanderer namens Sven Olsen eine Spende von 65 000 Dollar erhielt, konnte Kwoh beginnen, einen Industrieroboterarm umzubauen. Zu Ehren des großzügigen Spenders nannte er den Prototyp seines Roboters Ole.

Der Melonentest

1985 fing Kwoh an, die chirurgischen Fertigkeiten seines Roboters in der Praxis zu testen. Allerdings noch nicht am lebenden Objekt. Ole mußte Bällchen aus einer Melone ausstechen. Als er dies perfekt beherrschte, konnte der erste Einsatz am Patienten vorbereitet werden. Es handelte sich um einen 52jährigen Mann, der an einem Gehirntumor litt. Ein Neurochirurg bestimmte zunächst mit Hilfe der Computertomographie die exakte Lage des Tumors. Kwoh gab die Daten in den Computer ein, der den Roboter steuerte. Oles Arm mit seinen sechs Gelenken schwenkte in Position. Sobald sich die Biopsienadel am Ende des Arms an genau der richtigen Stelle befand, schob sie der Neurochirurg vorsichtig in den Tumor.

Präzisionsarbeit

Exakter als Roboter Ole, der die Biopsienadel oder den Bohrer mit der minimalen Abweichung (0,0125 mm) aufsetzt, kann bestimmt kein Arzt freihändig operieren.

Für den Patienten bringt das wichtige Vorteile: Dank der großen Präzision genügen kleine Schnitte, so daß oft nur unter örtlicher Betäubung operiert wird und vielen Kranken die Risiken erspart bleiben, die eine Vollnarkose mit sich bringt. Außerdem können manche Patienten schon am nächsten Tag wieder nach Hause gehen.

Präzision Yik San Kwoh demonstriert, wie der Roboter Biopsien bei Hirntumoren durchführt.

EIN MUSKELKORSETT FÜR DAS HERZ

Wassilij Fokin, ein 58jähriger Litauer, litt unter schwerer Herzschwäche. Sein Herzmuskel pumpte das Blut nicht schnell und stark genug durch den Körper. Dadurch staute sich so viel Wasser in seinen Beinen, daß er kaum laufen konnte.

Da es weder ein Spenderherz noch ein künstliches Herz gab, ergriffen die Ärzte des medizinischen Zentrums von Kaunas in der Nähe von Vilnius eine ungewöhnliche Maßnahme: Sie regten einen Rückenmuskel Fokins mit einem elektronischen Neurostimulator an, sich regelmäßig zusammenzuziehen. Die Reizung wurde allmählich gesteigert, und nach einem Monat änderte der Rückenmuskel tatsächlich seine Struktur und glich bald einem Herzmuskel, der ununterbrochen, ohne zu ermüden, arbeiten kann. Schließlich konnte die Verpflanzung durchgeführt werden. Bei der Operation lösten die Ärzte den Muskel von den Rippen, ohne aber die Nerven oder Blutgefäße zu durchtrennen. Dann legten sie ihn um das Herz des Patienten, wo er nun die Funktion des Muskels unterstützte.

Wenige Monate später konnten die Ärzte mitteilen, daß Fokin nicht mehr unter geschwollenen Beinen litt und ein ganz normales Leben führte.

Auch in Paris und London experimentieren Wissenschaftler mit elektronisch trainierten Muskeln aus unterschiedlichen Körperbereichen, die bei Herzschwäche das Herz unterstützen sollen. Ob allerdings aus solchen Muskeln jemals ein funktionsfähiger Ersatz für das ganze Herz entwickelt werden kann, bleibt fraglich.

Hätten Sie's gewußt?

Fiberendoskope können mit Lasern kombiniert werden, so daß sich Gallensteine ohne Operation zertrümmern lassen.

◆◆◆

Im alten Babylon herrschten strenge Sitten für Ärzte. So heißt es in der Gesetzessammlung Kodex Hammurapi *aus dem 17. Jh. v. Chr., daß einem Arzt die Hände abgehackt werden sollten, wenn ein Patient beim Öffnen eines Abszesses starb. Handelte es sich aber um einen Sklaven, mußte der Arzt nur für Ersatz sorgen. Der über 1000 Jahre später lebende griechische Geschichtsschreiber Herodot berichtet von einer anderen Eigenart der Babylonier: Es sei Sitte gewesen, Kranke auf die Straße zu legen, damit Vorbeikommende ihnen Ratschläge geben konnten.*

Die Macht des Glaubens

Über die Wirkung der Selbstheilungskräfte

Für eine Studie teilte man eine Anzahl von Patienten mit Magengeschwüren in zwei Gruppen. Die einen erhielten von einem Arzt ein angeblich sehr wirkungsvolles Medikament. Der anderen Gruppe gab eine Krankenschwester Tabletten mit dem Kommentar, daß diese eventuell nicht helfen. In der ersten Gruppe erholten sich daraufhin 70 % der Patienten, in der zweiten nur 25 % – obwohl alle das gleiche Mittel bekommen haben, das allerdings völlig wirkungslos ist.

Diese erstaunliche Geschichte ist ein Beispiel für den sogenannten Placeboeffekt. Ein Placebo (von lateinisch: ich werde gefallen) ist ein Scheinmedikament, dessen Wirkung allein darauf beruht, daß der Patient an seine Heilkraft glaubt. Tatsächlich wirken Arzneimittel oft nur deshalb, weil die Kranken auf sie vertrauen – vermutlich aufgrund einer Art von Autosuggestion (Selbstbeeinflussung).

Sogar bei Operationen kann dieser Effekt eintreten, wie ein Versuch in den USA Ende der 50er Jahre zeigte. In Kansas schlug man Angina-pectoris-Patienten eine neue Operationsmethode vor, mit der diese Krankheit geheilt werden könnte. Alle Versuchspersonen bekamen eine Narkose, doch nur bei der Hälfte von ihnen führte man den Eingriff tatsächlich durch. Bei den übrigen machte man lediglich einen Schnitt, um sie glauben zu lassen, sie seien operiert worden. Dennoch stellte sich bei allen Patienten eine deutliche, meßbare Besserung ein.

Medikamente im Test

Wie die Wirkung von Placebos zeigt, hängt die Heilung nicht allein davon ab, wie der Körper auf eine chemische Substanz reagiert. Auch die innere Einstellung des Patienten spielt eine wichtige Rolle. Deshalb ist es oft schwierig, neue Medikamente auf ihre Wirksamkeit zu testen.

Bei den meisten Versuchen bekommen daher einige Patienten zur Kontrolle Placebos, damit man die echte Wirkung des Heilmittels von der psychischen Selbstheilungskraft unterscheiden kann. Um ganz sicherzugehen, werden Doppelblindversuche durchgeführt, bei denen zunächst weder Patienten noch Ärzte wissen, wer welches Mittel bekommt.

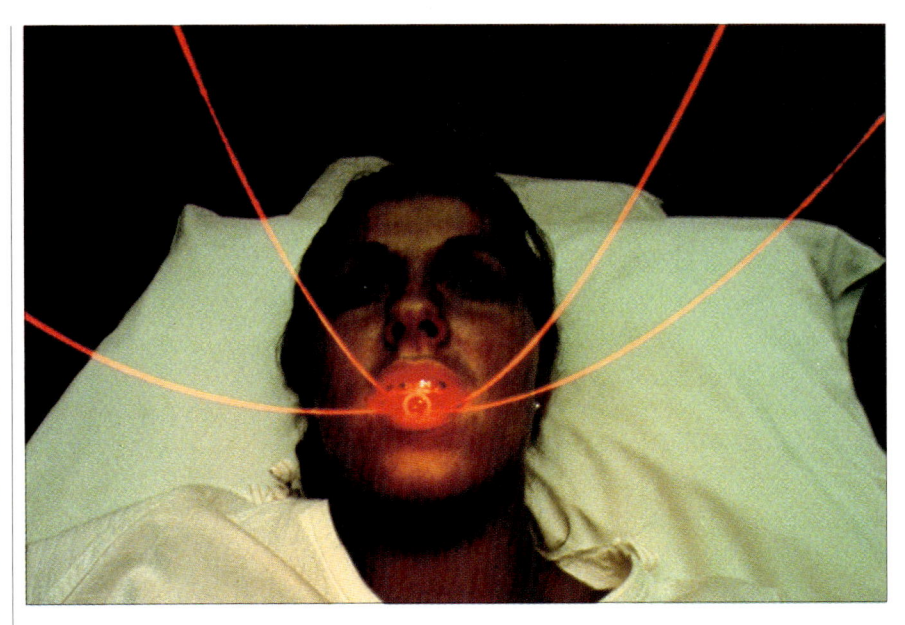

Vierfache Dosis *Durch vier Glasfaserbündel fließt schwache Laserenergie, mit der ein bösartiger Rachentumor behandelt wird. Die Strahlung aktiviert ein Krebsmedikament, das der Patientin zuvor gespritzt wurde.*

Heilendes Licht

Laserstrahlen schließen alte Wunden

Durch chirurgische Eingriffe mit Laserstrahlen können besonders bei Krebserkrankungen oder Augenleiden wie der Netzhautablösung komplizierte Operationen vermieden werden. Mit Hilfe dieser Strahlen kann man Gewebe abtragen oder Blutgefäße „verschweißen". Neue Untersuchungen in Europa, den USA und der Sowjetunion lassen aber noch weitere Anwendungsmöglichkeiten des Laserlichts erkennen, z. B. unterstützt es die Heilung von Verbrennungen oder Wunden, bei denen man mit herkömmlichen Methoden nichts ausrichten kann.

Die Wunden werden nur kurz schwachen Laserstrahlen ausgesetzt, weil eine längere Einwirkung das Gewebe verletzen würde. Erste Ergebnisse beweisen, daß geschädigte Zellen so angeregt werden können, sich zu regenerieren. Eine ungarische Studie zeigte eindrucksvolle Erfolge: Von 1300 Patienten, die unter hartnäckigen Geschwüren litten, konnten 80 % vollkommen geheilt werden. Bei weiteren 15 % zeigte sich eine deutliche Besserung.

Neue Schmerztherapie

Versuche in der Sowjetunion haben gezeigt, daß sich Laserlicht auch besonders gut zur Stimulation alternder oder schlecht ernährter Zellen und zur Heilung alter Wunden, die nur schwer zu behandeln sind, eignet.

Die Wirkungsweise ist noch nicht ganz geklärt. Aber man weiß, daß bei der Bestrahlung mit niederfrequentem Laserlicht ein Typ der weißen Blutkörperchen, die Makrophagen, einige für die Geweberegeneration förderliche Substanzen abgibt.

Neueste Forschungen lassen auf weitere neue Anwendungsmöglichkeiten der Lasertechnik hoffen, etwa bei der Schmerztherapie und der Behandlung von Arthritis. Auch bei Operationen, in denen abgetrennte Gliedmaßen wieder angenäht werden mußten, sind schon Laser eingesetzt worden. Da der Strahl die feinen Nervenfasern sauber durchtrennt, wachsen diese leichter wieder nach.

Hätten Sie's gewußt?

Die in der Chirurgie eingesetzten Laser sind oft sehr stark. Hier werden kontinuierlich arbeitende Geräte mit 10–100 W oder pulsierende Laser mit einer Spitzenenergie von 10 000–1 Mio. W eingesetzt. Eine vergleichbar hohe Energiedichte muß ein Laser des SDI-Projekts liefern, um das Gehäuse eines Lenkflugkörpers zu durchdringen. Doch ist die Energie in der chirurgischen Praxis in einem feineren Strahl konzentriert, der präzise gelenkt werden kann.

Wunderbar geborgen

Wie das Kind im Mutterleib heranwächst

Die Verbindung zwischen Mutter und Kind während der Schwangerschaft ist so eng, daß man beide als biologische Einheit betrachten kann. Das wichtigste Bindeglied zwischen ihnen ist die Plazenta. Über die Nabelschnur versorgt sie das Kind mit Sauerstoff und Nährstoffen und transportiert die Schlacken aus dem Kreislauf des Kindes in den der Mutter zurück, damit sie ausgeschieden werden können.

Neben der physischen Verbindung gibt es auch ein starkes emotionales Band. Schon die Ärzte im alten China rieten schwangeren Frauen, mit dem ungeborenen Kind zu sprechen. Die moderne Wissenschaft hat bestätigt, daß Laute von außen in die Gebärmut-

ter dringen, daß dem Baby also schon vor der Geburt die Stimme seiner Mutter vertraut ist.

Doch trotz seiner Abhängigkeit führt der Embryo ein eigenes Leben, mit einem Herz, das Blut pumpt, Gliedern, die sich bewegen, und einem Gehirn und Nervensystem, die auf Reize reagieren.

5.–12. Woche (unten, rechts) Zu Beginn dieses Zeitraums ist der Embryo etwa 6 mm lang, und sein winziges Herz schlägt bereits. Er schwimmt in dem warmen, schützenden Fruchtwasser des Amnions, der Fruchtblase. In der 8. Woche sind bereits alle Organsysteme und Gliedmaßen angelegt. Nun befindet sich der etwa 2,5 cm große Embryo im Übergangsstadium zum Fetus. Während der restlichen Zeit der Schwangerschaft findet hauptsächlich das Größenwachstum statt. In der 12. Woche haben sich Gehirn und Nervensystem entwickelt. Seine Arme und Beine kann der Fetus schon bewegen. Die Mutter spürt allerdings noch nichts davon.

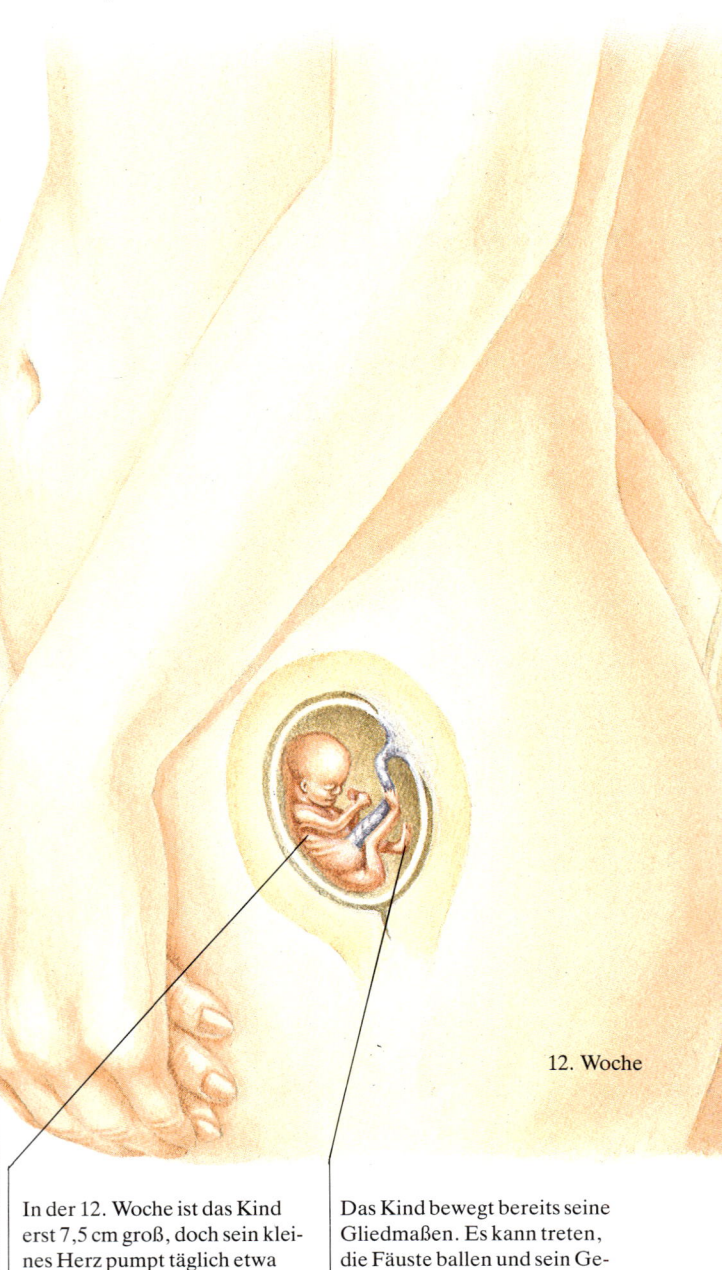

12. Woche

DIE ERSTEN WOCHEN

Knapp eine Woche nach der Befruchtung nistet sich das Ei in der Gebärmutterschleimhaut ein. Schon während der Wanderung durch den Eileiter ist aus einer Zelle durch Teilung ein kugeliger Zellhaufen entstanden. Bereits in der 4. Woche hat sich ein winziger Embryo entwickelt. Er wächst rasch, so daß er in der 7. Woche annähernd 2 cm groß ist.

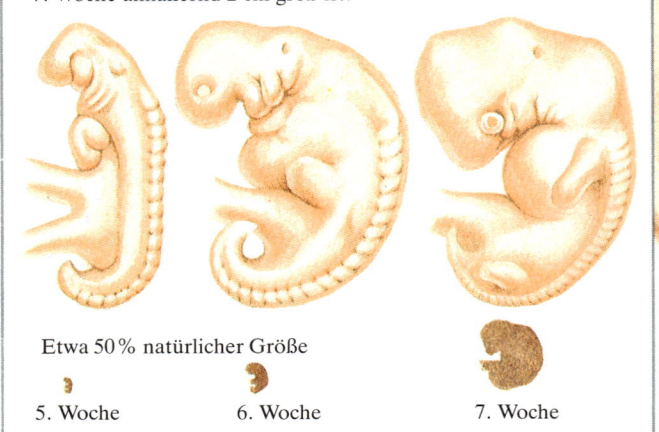

Etwa 50 % natürlicher Größe

5. Woche   6. Woche   7. Woche

In der 12. Woche ist das Kind erst 7,5 cm groß, doch sein kleines Herz pumpt täglich etwa 28 l Blut durch den Körper.

Das Kind bewegt bereits seine Gliedmaßen. Es kann treten, die Fäuste ballen und sein Gesicht verziehen.

13.–28. Woche *(unten) In der 13. Woche ist das Kind etwa 9 cm groß und fast vollkommen ausgebildet. In den folgenden Wochen wächst es nun rascher als zu jedem anderen Zeitpunkt seines Lebens. Der weiche Knorpel seines Skeletts wird mehr und mehr in Knochen umgebildet. Die Mutter kann nun seine kräftiger gewordenen Bewegungen spüren.*

29.–40. Woche *(unten) Nach der 28. Woche wäre der Fetus bereits außerhalb der Gebärmutter lebensfähig. In dieser letzten Phase legt er Fettreserven an und nimmt noch mehr zu. Dabei wird der Platz in der Gebärmutter allmählich eng. Um die 38. Woche dreht sich das Kind langsam in die Lage für die Geburt, die gewöhnlich in der 40. Woche stattfindet. Die meisten Neugeborenen sind etwa 50–52 cm groß.*

Vermutlich träumt das Kind ab der 28. Woche, denn bei Hirnstrommessungen zeigen sich die dafür typischen Wellenmuster.

Das Kind bekommt Haare, Augenbrauen und Wimpern, die ihm ein typisch menschliches Aussehen verleihen.

Nach Ansicht der Wissenschaftler entwickelt sich durch den Herzschlag der Mutter das Rhythmusgefühl des Kindes und sein Sinn für Musik.

Die Nägel sind bis zum Ende von Zehen und Fingern gewachsen. In den ersten Lebenswochen müssen sie geschnitten werden, damit sich das Kind nicht kratzt.

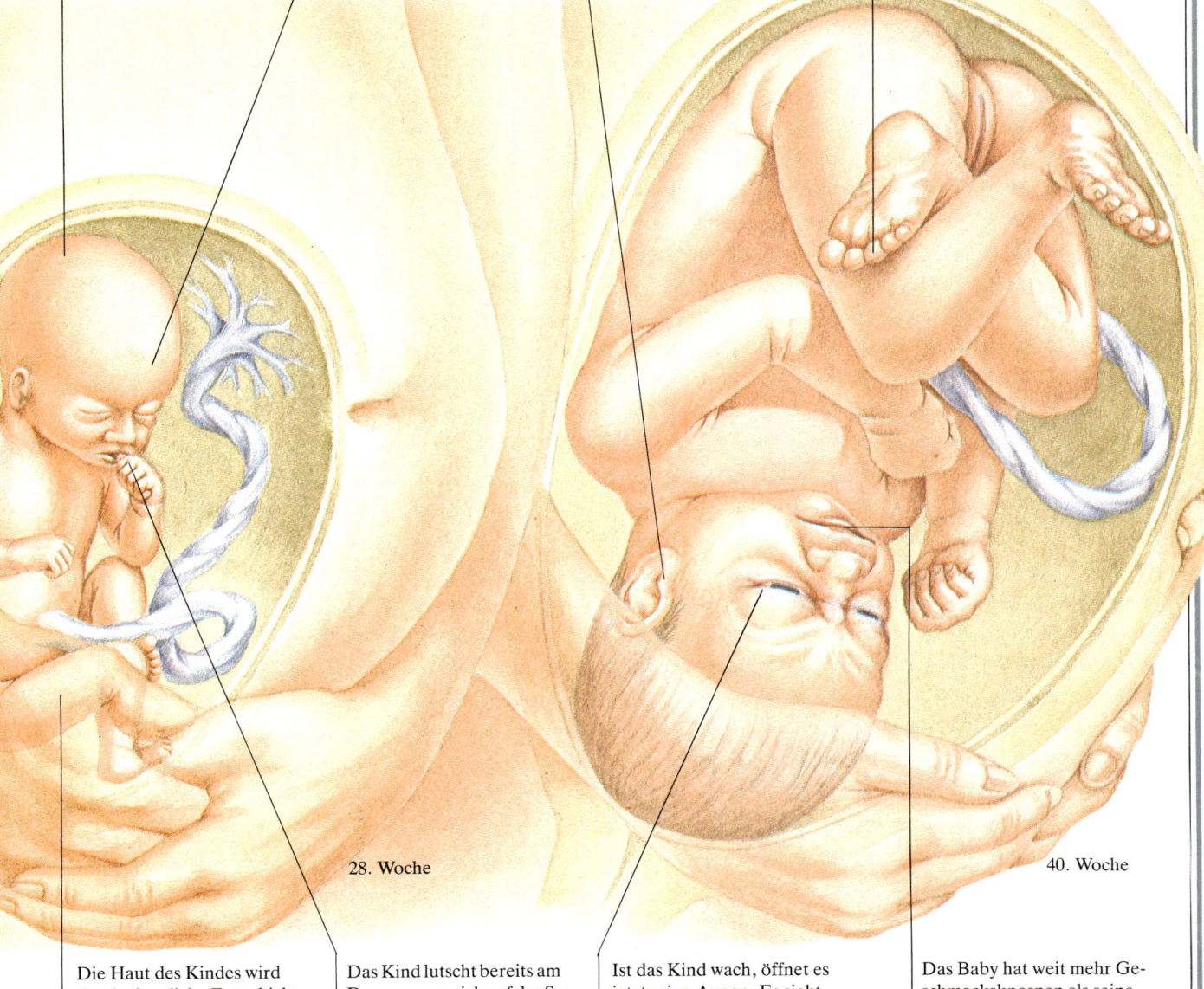

28. Woche

40. Woche

Die Haut des Kindes wird durch eine dicke Fettschicht, die man Käseschmiere nennt, vor dem Fruchtwasser geschützt.

Das Kind lutscht bereits am Daumen, um sich auf das Saugen nach der Geburt vorzubereiten. Es kann auch schon Schluckauf bekommen.

Ist das Kind wach, öffnet es jetzt seine Augen. Es sieht zartrosa Licht, das durch die gedehnte Bauchdecke der Mutter dringt.

Das Baby hat weit mehr Geschmacksknospen als seine Mutter. Nach der Geburt kann es ihre Milch von der einer Fremden unterscheiden.

Geheimnisse des Körpers

Wie das Rätsel um eine 3300 Jahre alte Mumie gelöst wurde

Vor 1900 waren Blutübertragungen sehr riskant, weil man noch nicht wußte, daß es verschiedene Blutgruppen gibt und daß sich nicht alle Blutgruppen miteinander vertragen. Erst im Jahr 1901 wies der Österreicher Karl Landsteiner die Blutgruppen nach.

Wenn man die Blutgruppe eines Menschen bestimmt, geht man von seinen roten Blutkörperchen aus. Liegt Blutgruppe A vor, enthalten sie ein Protein (Eiweißstoff), das Antigen A heißt, bei Blutgruppe B ein Antigen, das man mit B bezeichnet. Manche Menschen besitzen sowohl Antigen A als auch Antigen B, so daß sie die Blutgruppe AB haben. Von Blutgruppe 0 spricht man, wenn das Blut keines der beiden Antigene aufweist. Die Einordnung nach diesen Gruppen nennt man AB0-System. Unabhängig davon gibt es weitere Einteilungen, die von weiteren Antigenen wie M, N, S und s ausgehen.

Blutgruppen werden vererbt. Daher können unsere Blutkörperchen nur Antigene enthalten, die zumindest ein Elternteil besitzt. Bevor Alec Jeffreys, ein britischer Wissenschaftler, 1984 entdeckte, daß es sich mit der DNS, der chemischen Substanz im Kern jeder menschlichen Zelle, ähnlich verhält, war die Analyse der Antigene die einzige Möglichkeit, Hinweise auf eine eventuelle Vaterschaft zu erlangen.

Auch die Altertumsforschung hat sich schon der Blutgruppenbestimmung bedient. So konnte man auf diese Weise im Jahr 1969 Hinweise auf die Identität eines Menschen erlangen, der schon über 3300 Jahre tot war. Bei dem Verstorbenen handelte es sich um einen altägyptischen Herrscher, dessen mumifizierte Leiche im Altägyptischen Museum in Kairo lag. Da die dortigen Wissenschaftler nur sehr wenig über den Toten wußten, baten sie Experten aus Liverpool um Hilfe.

Die britische Forschungsgruppe unter Leitung von R. C. Connolly hatte bei früheren Untersuchungen von Mumien festgestellt, daß die Blutgruppenantigene noch lange, nachdem sich die roten Blutkörperchen zersetzt haben, im Körpergewebe nachweisbar bleiben. Nun sollten Connolly und seine Mitarbeiter zwei Hypothesen überprüfen. Die ägyptischen Wissenschaftler hatten alte Aufzeichnungen studiert und vermuteten, daß es sich

bei der geheimnisvollen Mumie nicht, wie bis dahin angenommen, um den Pharao Echnaton handelte, sondern um dessen Schwiegersohn und Mitregenten Semenchkare. Doch dafür fehlten die Beweise. Darüber hinaus fragten sich die Ägypter, ob Semenchkare nicht ein Bruder des späteren Pharaos Tutanchamun gewesen war. Beide Mumien wiesen nämlich einen ähnlichen Körperbau auf. Falls es sich herausstellte, daß Tutanchamun und die rätselhafte Mumie die gleiche Blutgruppe besaßen, könnte der Tote Semenchkare sein.

Wie Connolly und seine Mitarbeiter feststellten, gehörten tatsächlich beide Mumien innerhalb von zwei verschiedenen Blutgruppensystemen derselben Blutgruppe an – A im AB0-System und MN im MN-System. Bezog man noch ihren Körperbau in die Überlegungen mit ein, mußte man mit hoher Wahrscheinlichkeit davon ausgehen, daß sie Geschwister gewesen waren. Aufgrund dieser und anderer Indizien, die die Wissenschaftler zusammengetragen hatten, schien nunmehr sicher, daß es sich bei der fraglichen Mumie um Semenchkare handelte.

Transportsystem Arterien (rot) transportieren Sauerstoff, Venen (grau) Abfallprodukte.

Brandgefährlich

Die Tricks der Schwert- und Feuerschlucker

Die meisten Menschen wären nicht in der Lage, ein Schwert zu schlucken, ohne dabei in Schwierigkeiten zu kommen. Wenn nämlich ein Gegenstand in den Hals gelangt und die Atmung zu behindern droht, wird normalerweise sofort ein Würgereflex ausgelöst. Professionelle Schwertschlucker haben es gelernt, diesen Reflex zu unterdrücken und ihre Schlundmuskulatur zu entspannen. Zusätzlich legen sie den Kopf zurück, so daß eine gerade Verbindung zwischen Mund und Magen entsteht. Auf diese Weise können die Unterhaltungskünstler das Schwert am Adamsapfel vorbei die Speiseröhre hinunter in ihren Magen manövrieren. Das Schwert kann höchstens so lang sein, wie der Abstand

Kein Risiko *Feuerschlucken wird seit alter Zeit praktiziert. Für einen Könner ist es ein recht harmloses Kunststück.*

zwischen Mund und Magen beträgt. Einige Artisten haben es aber schon fertiggebracht, Schwerter zu schlucken, die immerhin 65 cm maßen.

Einige Artisten schlucken auch eingeschaltete Neonröhren. Diese Variante ist jedoch sehr gefährlich, denn wenn die Röhre birst, kann es zu tödlichen Verletzungen kommen.

Brandschutz

Ein nicht weniger verblüffendes Kunststück, das es bereits in der Antike gab, ist das Feuerschlucken.

Beim Feuerschlucken hilft der Speichel, Verbrennungen der empfindlichen Schleimhäute zu verhindern. Gleichzeitig schließt der Artist die Lippen fest und hält den Atem an, um durch eine Unterbrechung der Sauerstoffzufuhr alle Flammen zu löschen.

Lodernde Flammen

Beim Feuerspeien werden im Mund verborgene Wattebäusche entzündet, die mit einer Spezialflüssigkeit getränkt sind. Um zu verhindern, daß die austretenden Dämpfe in die Atemwege gelangen, wo eine Verpuffung tödliche Folgen hätte, achten die Artisten sorgfältig darauf, vor ihrer Darbietung nicht durch den Mund zu atmen.

Einer der großen Feuerartisten unserer Zeit ist Reg Morris. 1986 spie er in Chasetown in England Flammen mehr als 9 m weit. Zwei Jahre später löschte er in weniger als zwei Stunden fast über 23 000 brennende Fackeln in seinem Mund.

Auch der große amerikanische Entfesselungskünstler Harry Houdini, der 1926 starb, beherrschte bestimmte Schlucktechniken meisterhaft. Bei einer seiner Darbietungen tat er, als verschlinge er mehrere Nadeln und ein Stück Faden. Als er das Geschluckte wieder ausspie, waren alle Nadeln aufgefädelt. In Wirklichkeit arbeitete Houdini bei diesem gefährlich aussehenden Kunststück mit einem zweiten Satz Nadeln, den er vor der Vorstellung bereits aufgefädelt geschluckt hatte.

Hätten Sie's gewußt?

Den längsten Schnurrbart der Welt besitzt zur Zeit der Schwede Birger Pellas. Im Juli 1991 hatte der Bart eine Länge von 3,08 m.

◆◆◆

Anfang des 19. Jh. wurde ein amerikanischer Matrose berühmt, der über 30 Messer verschluckt hatte. Einige der Klingen kamen auf normalem Weg wieder zum Vorschein, doch als der Seemann 1809 starb, hatte er bei der Leichenöffnung immer noch 14 Messer im Magen. Eine dieser Klingen hatte ihm den Tod gebracht.

BARBIERE GEGEN BARBAREN

Die alten Römer hielten sich mit ihren glattrasierten Wangen und den kurzgeschnittenen Haaren für äußerst gepflegt. Die Barbaren – womit sie alle Fremden meinten, die Bärte und lange Haare trugen, also in erster Linie die Germanen – waren ihnen zuwider.

Nach Ansicht der Römer verriet eine ungepflegte Haartracht einen unzivilisierten Menschen. Wohlhabende römische Bürger hatten eigene Sklaven, die ihnen die Haare schnitten, während weniger Betuchte einen Friseur aufsuchten. Diesen Beruf gab es bereits seit etwa 300 v. Chr.

In Wirklichkeit vernachlässigten jedoch weder Goten noch Sachsen, noch die Angehörigen der anderen germanischen Stämme die Pflege ihrer Haare. Im Gegenteil: Mit Hilfe von Ziegenfett und Buchenholzasche verliehen sie ihrer Lockenpracht eine leuchtendrote Farbe. Die germanischen Könige der frühchristlichen Zeit puderten ihre Haare sogar mit Goldstaub und schmückten sie mit Edelsteinen.

Keine Modemarotte

Möglicherweise lag es an einem Aberglauben, daß sich die Germanen nicht die Haare schneiden wollten. Sie waren nämlich fest davon überzeugt, daß im Kopf ein Schutzgeist wohne, der durch Rasur oder Haarschnitt gestört werde. Der Bart galt außerdem als Zeichen der Freiheit, und Bartlosigkeit war gleichbedeutend mit Schmach und Schande.

Später, zur Zeit Karls des Großen, kam der Vollbart aus der Mode, zumindest bei den höheren Ständen, deren Angehörige sich nur noch mit einem Schnurrbart schmückten.

Nur zwischen dem 10. und 12. Jh. wurde der Vollbart noch einmal allgemein beliebt. Danach bevorzugte man dann wieder glattrasierte Wangen – möglicherweise, weil es nun genügend Seife zum Rasieren gab. Außerdem wurde im 13. Jh. ein neuer Helm eingeführt, dessen Kinnriemen sich nicht sicher über einem Bart befestigen ließ.

Traumhafte Zeit

Wissenschaftler erforschen unseren Schlaf

Noch vor einem halben Jahrhundert wußte man nur wenig über Schlafen und Träumen. Doch dann machten sich Wissenschaftler daran, auch dieses Geheimnis zu lüften. Behilflich war ihnen ein Apparat, den 1929 der deutsche Psychiater Hans Berger entwickelt hatte. Dieser Elektroenzephalograph versetzt seither die Forscher in die Lage, die elektrischen Aktivitäten, die vom Gehirn ausgehen, zu messen und aufzuzeichnen. Stärke und Frequenz dieser Ströme geben ihnen Aufschluß über die Gehirntätigkeit.

Die Arbeit mit dem Elektroenzephalographen, der über Elektroden an die Kopfhaut angeschlossen wird, hat gezeigt, daß wir während des Schlafs klar trennbare Phasen durchlaufen. Wenn wir wach und aktiv sind, registriert das Gerät nur ein schwaches Muster. Sobald wir jedoch die Augen schließen und uns entspannen, setzen sogenannte Alphawellen mit einer Frequenz von 8–14 Hz (Hertz, Schwingungen pro Sekunde) ein. Die Aufzeichnung, die das Gerät anfertigt (Elektroenzephalogramm, abgekürzt EEG), zeigt sie als flache Zickzackkurve.

Wenn der Schlaf einsetzt, erscheinen langsame Thetawellen mit 4–7 Hz. Die Phase des Tiefschlafs beginnt, wenn das Gehirn nur noch Deltawellen mit einer bis fünf Schwingungen pro Sekunde aussendet.

Auf die Tiefschlafphase folgt eine weitere Phase, in der etwas Seltsames geschieht: Obwohl der Schläfer kaum zu wecken ist, erzeugt das Gehirn Wellen, wie sie ähnlich nur während des Einschlafens, also in einem frühen Stadium des Schlafs, auftreten. Dieser Gegensatz hat die Wissenschaftler dazu veranlaßt, von einem paradoxen Schlaf zu sprechen.

Besser bekannt ist diese Phase unter dem Namen REM-Schlaf. REM steht für *rapid eye movement,* d. h. schnelle Augenbewegungen. Diese Bewegungen unserer Augäpfel sind ein sicheres Anzeichen da-

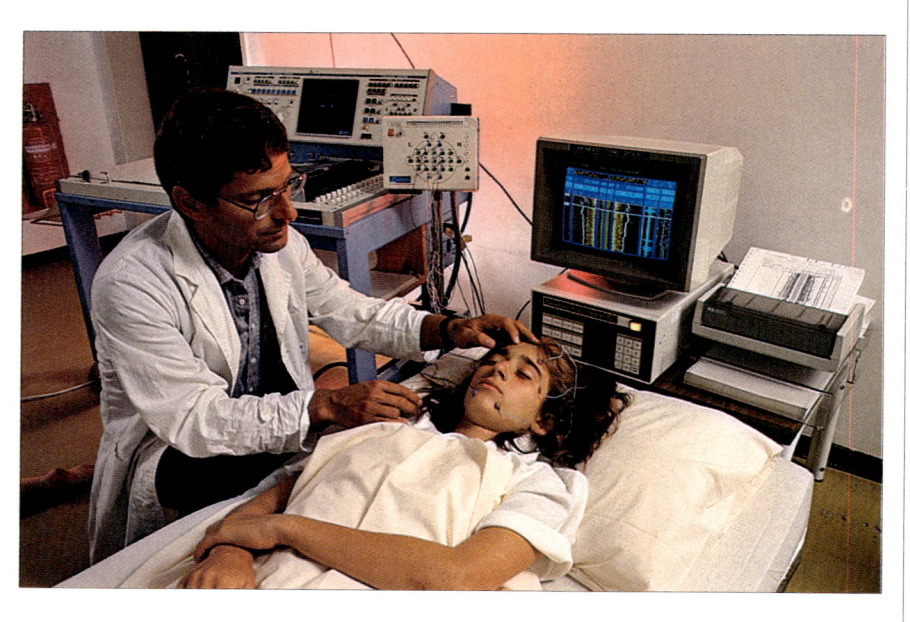

Schlafforschung *Mit Hilfe des Computers entschlüsselt dieser Arzt das EEG seiner schlafenden Patientin.*

für, daß wir träumen. Man nimmt an, daß sie eine Reaktion auf die Bilder sind, die der Schlafende in seinem Traum sieht. Auch die Tatsache, daß jetzt Blutdruck, Puls und Atmung unregelmäßig sind, verweist auf ein Traumgeschehen.

Man hat festgestellt, daß sich Menschen, die aus dem REM-Schlaf geweckt werden, in mehr als acht von zehn Fällen an ihren gerade geträumten Traum erinnern können. Weckt man hingegen Personen, die sich in anderen Phasen des Schlafs, dem sogenannten Non-REM-Schlaf, befinden, kann sich nur einer von zehn seinen Traum vergegenwärtigen.

Wie das EEG zeigt, verfallen wir drei- bis sechsmal pro Nacht in den REM-Schlaf. Auf jeden REM-Schlaf folgt ein etwa 90minütiger Non-REM-Schlaf. Je länger wir schlafen, desto länger sind auch die REM-Phasen. Während unser erster Traum vielleicht nur wenige Minuten dauert, sind wir kurz vor dem Erwachen möglicherweise in ein halbstündiges Traumgeschehen verwickelt. Insgesamt verbringen wir etwa 25 % unserer Nachtruhe im REM-Schlaf.

Hätten Sie's gewußt?

Nach Ansicht von Wissenschaftlern träumen schon Babys im Mutterleib. Mittels Ultraschalluntersuchungen während der Schwangerschaft wurden bei ihnen rasche Augenbewegungen, wie sie für den Traumschlaf typisch sind, festgestellt.

◆◆◆

Einen Traumrekord stellte im Jahr 1967 Bill Carskadon aus Chicago auf. Bei einem Versuch wurde bei ihm eine mehr als zwei Stunden dauernde REM-Phase registriert.

Zukunftsvisionen?

Träume als Vorzeichen

Ein alter Glaube besagt, daß ein Mensch, der vom eigenen Tod träumt, nicht wieder aus dem Schlaf erwacht. Auch der amerikanische Präsident Abraham Lincoln hatte eines Nachts einen solchen Traum. Er erwachte jedoch wie sonst auch und berichtete später seinem Biographen Ward Laman von diesem Erlebnis.

Lincoln träumte, er befinde sich inmitten einer Trauergemeinde, die im Kreis um einen aufgebahrten Toten stand. „Wer ist denn gestorben?" erkundigte er sich. „Der Präsident", erhielt er zur Antwort. „Er wurde ermordet." Diesen Traum hatte Lincoln im März 1865, wenige Wochen bevor ihn die Kugel seines Attentäters John Wilkes Booth tötete.

In einem ähnlich seltsamen Traum sah der Schriftsteller Mark Twain den Tod seines Bruders Henry voraus. Henry lag aufgebahrt in einem Metallsarg, der auf zwei Stühlen ruhte, und seine Brust schmückte ein Strauß aus weißen Blumen mit einer einzelnen roten Blüte in der Mitte.

Sonderbehandlung

Einige Wochen später kam Henry bei einer Explosion auf einem Mississippidampfer ums Leben. Als Mark Twain in dem Zimmer stand, in dem man die Opfer der Katastrophe aufgebahrt hatte, fiel ihm auf, daß sein Bruder in einem Metallsarg ruhte, während die übrigen Toten in einfachen Holzsärgen lagen. Dann betrat eine ältere Dame den Raum und legte einen Blumenstrauß auf Henrys Brust. Die Blumen waren alle weiß, und nur in der Mitte steckte eine einzelne rote Rose.

Viele Menschen stehen Präkognitionen, wie diese Vorahnungen in der Fachsprache heißen, skeptisch gegenüber. Doch die Erlebnisse Lincolns und Twains sind nur zwei von vielen zuverlässig belegten Fällen. Nach und nach machten sich deshalb auch Wissenschaftler daran, solche Träume zu erforschen.

Nachdem 1964 bei einem Haldenrutsch im walisischen Aberfan 144 Menschen unter dem Abraum einer Kohlenzeche ums Leben gekommen

Vorahnungen Der Dichter Mark Twain hatte viele Traumerlebnisse, die er auch aufschrieb. Einmal sah er im Traum den Tod seines Bruders voraus.

waren, begann sich z. B. der britische Psychiater J. C. Barker mit präkognitiven Träumen zu beschäftigen. Beeindruckt von der großen Zahl von Menschen, die die Tragödie im Traum vorhergesehen zu haben glaubten, gründete er das Premonitions Bureau, das rechtzeitig vor kommenden Katastrophen warnen sollte. In den ersten sechs Jahren registrierte das Büro 1200 Fälle offenbarer Präkognition, von denen einige mit späteren Ereignissen tatsächlich übereinstimmten.

SCHLAFENDE MÖRDER

Ein Engländer, dessen Initialen C.K. lauteten, träumte, er werde von zwei japanischen Soldaten verfolgt. Einer der beiden war mit einem Messer bewaffnet, der andere mit einem Gewehr. Schließlich hatten die Japaner ihn in die Enge getrieben. C.K. stürzte sich auf den Soldaten mit dem Messer und versuchte, ihn zu erwürgen. In diesem Moment schoß der andere auf ihn.

Dieses Erlebnis war, wie sich herausstellte, ein schrecklicher Alptraum. Noch schrecklicher aber sollte für C.K. das Erwachen sein: Er hatte im Schlaf seine neben ihm liegende Frau erdrosselt.

Doch das Gericht, das sich mit diesem Fall beschäftigte, sprach C.K. 1985 frei. Die Verteidigung hatte argumentiert, daß der Angeklagte seine Frau im Schlaf getötet habe und somit nicht für seine Tat verantwortlich sei.

Diese Geschichte ist kein Einzelfall. Schon 1686 hatte in England ein schlafwandelnder Oberst namens Culpeper einen Wachsoldaten erschossen. Doch weil man damals glaubte, daß sich die Seele im Schlaf mit übernatürlichen Wesen verbinde, befand das Gericht, das den Fall verhandelte, daß ein böser Geist von Culpeper Besitz ergriffen habe und der Oberst an dem Verbrechen unschuldig sei.

Nächtliches Aufschrecken

Die moderne Psychiatrie sieht solche Vorkommnisse im Zusammenhang mit einem Phänomen, das als nächtliches Aufschrecken bekannt ist. Dabei handelt es sich um ein plötzliches Auffahren, das von schweren Angstzuständen begleitet wird. Ohne aufzuwachen, sitzt der Betroffene mit klopfendem Herzen aufrecht im Bett und

stöhnt oder schreit laut. Es kann sogar sein, daß er, immer noch schlafend, aufsteht und im Zimmer umherläuft. Manchmal dauert es mehrere Minuten, bis er zu sich kommt, und oftmals kann er sich später an das Geschehene nur noch unvollständig erinnern. Solche Handlungen bezeichnet man auch als Automatismen, denn der Betroffene vollzieht sie, ohne daß er es will.

Morton Schatzman, ein amerikanischer Psychiater, der dieses Phänomen untersucht hat, ist jetzt besorgt, daß sich auch Menschen auf diesen Tatbestand berufen könnten, die vorsätzlich gemordet haben. Er schlägt daher vor, Täter, die ein Gewaltverbrechen angeblich im Schlaf verübt haben, in einem Schlaflabor testen zu lassen, um festzustellen, ob sie tatsächlich unter nächtlichem Aufschrecken leiden.

Kranke Schnarcher
Im Schlaf drohen unerwartete Gefahren

Die meisten Schnarcher hören die Geräusche, die sie erzeugen, glücklicherweise nicht, und im allgemeinen ist Schnarchen auch völlig ungefährlich. Doch manche Schnarcher leiden, ohne es zu wissen, unter einer gefährlichen Krankheit, der Schlafapnoe.

Noch Anfang der 70er Jahre wußte kaum jemand, daß es dieses Leiden überhaupt gibt. Mittlerweile haben Wissenschaftler jedoch herausgefunden, daß allein in Deutschland ungefähr eine halbe Million Menschen betroffen sind.

Apnoekranke sind gefährdet, sobald sie abends ins Bett gehen. Denn während sie schlafen, stockt ihr Atem unzählige Male. Bei jedem Anfall sinkt der Sauerstoffgehalt im Blut so lange, bis das Gehirn Alarm gibt. Dann schreckt der Schlafende hoch, das Zwerchfell saugt Luft an, und die Atmung normalisiert sich wieder.

Schwerwiegende Folgen

Die Folgen sind bedrohlich. Nicht nur, daß ein an Schlafapnoe Erkrankter am nächsten Morgen völlig erschöpft aufwacht und tagsüber ständig müde ist, weil ihm durch das häufige Aufschrekken die Tiefschlafphasen fehlen. Es können auch Bluthochdruck, Herzerkrankungen, Infarkte und sogar psychische Störungen auftreten.

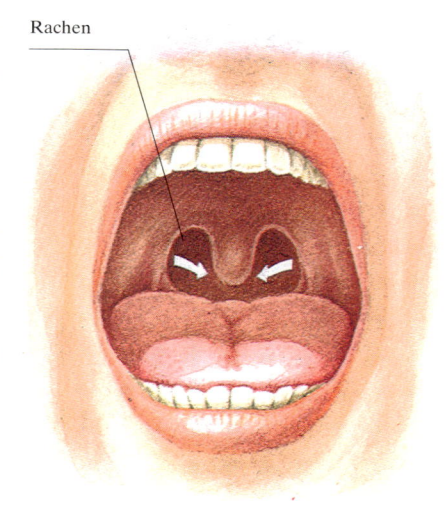

Rachen

Störfaktor *Wenn wir auf dem Rücken schlafend durch den Mund einatmen, fängt der entspannte weiche Gaumen im Rachen zu schwingen an – wir schnarchen.*

Mittlerweile hat man herausgefunden, was Schlafapnoe verursacht. Die Betroffenen haben, erblich bedingt oder infolge von Übergewicht, einen zu engen Schlund, und wenn sich im Schlaf die Muskeln entspannen, behindern die Weichteile im Rachen die Atmung. So-

bald Luft durch die Enge strömt, schwingt der weiche Gaumen – das typische Schnarchgeräusch ertönt. Zum Atemstillstand kommt es, wenn sich der Schlund ganz verschließt. Eine solche Atempause dauert manchmal eine halbe Minute. Während dieser Zeit versucht der Kranke, den Verschluß mit Hilfe seiner Brust- und Bauchmuskulatur aufzuheben. Ein lautes Schnarchen zeigt an, daß ihm dies gelungen ist.

Heilung ist möglich

Seit einiger Zeit kann man Apnoekranken helfen. In Deutschland gibt es etwa 40 öffentliche und private Schlaflabors, in denen die Patienten mit Hilfe verschiedener Meßgeräte über Nacht im Schlaf beobachtet werden. An die Diagnose schließt sich die entsprechende Therapie an. Als hilfreich hat sich z. B. eine mechanische Atemhilfe erwiesen, mit der dem Patienten über eine Nasenmaske Druckluft in die Atemwege gepumpt wird. Auf diese Weise läßt sich verhindern, daß das weiche Rachengewebe in sich zusammenfällt. Seit Anfang 1990 gibt es darüber hinaus ein verbessertes Gerät, das auch das Ausatmen erleichtert.

Als vorbeugende Maßnahmen kommen möglicherweise Abnehmen und der Verzicht auf Nikotin und Alkohol sowie Beruhigungs- und Schlafmittel in Frage.

TRAUMERGEBNISSE

Wer im Geist ein Problem wälzt und keine Lösung findet, sollte vielleicht versuchen, „darüber zu schlafen". Daß dieser Ratschlag mehr als nur eine Redensart ist, hat die Forschung gezeigt.

Um untersuchen zu können, ob und wie Menschen im Traum Aufgaben lösen, haben sich Psychiater die verschiedensten Tests ausgedacht. So forderte ein amerikanischer Arzt einmal die Leser des britischen Wissenschaftsmagazins *New Scientist* auf, sich im Schlaf mit dem folgenden Rätsel zu beschäftigen und die Lösung einzuschicken.

Bei dem Problem handelte es sich um eine mathematische Aufgabe: Die Leser waren aufgefordert, ein Objekt zu konstruieren, das aus vier Dreiecken bestand. Dazu sollten sie ausschließlich Linien von glei-

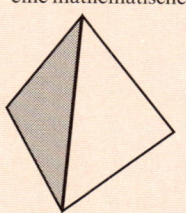

Tetraeder

cher Länge verwenden. Die Lösung war ein Tetraeder, ein pyramidenförmiger Körper.

Vom Wigwam zum Tetraeder

Elf Leser sandten Antworten ein, die ihnen, wie sie sagten, im Traum eingefallen waren. Eine Chemiestudentin berichtete, sie habe von einem Wigwam geträumt. Dadurch habe sie einen Hinweis auf die Form erhalten. Eine andere Leserin hatte eine Stimme gehört, die sagte: „Versuch es dreidimensional." Eine dritte Leserin schrieb, sie habe im Traum einen ihrer Kollegen vom Boden zum oberen Bord eines Bücherregals fliegen sehen. In diesem Moment sei ihr klargeworden, daß die Lösung in der Höhe zu suchen sei, d. h. dreidimensional sein müsse.

Daß wir nachts die Antwort auf Fragen finden, die uns tagsüber unlösbar erscheinen, ist möglicherweise darauf zurückzuführen, daß unser Gehirn im Traum den fraglichen Sachverhalt neu ordnet. Daraus

ergibt sich ein anderer Blickwinkel, der uns das Problem gleichsam im Schlaf bewältigen läßt.

Träume als Wegweiser

Für diese Annahme spricht z. B. ein Traum des deutschen Physiologen Otto Loewi. Anfang der 20er Jahre fiel Loewi im Schlaf ein Versuch ein, mit dem sich beweisen ließ, daß Nervenimpulse auf chemischem Weg übertragen werden. Loewi wachte auf und notierte den Traum, konnte seine Notizen aber am nächsten Morgen nicht mehr entziffern. Glücklicherweise träumte er in der nächsten Nacht noch einmal dasselbe. Gleich nach dem Erwachen führte er das Experiment mit dem Nerv eines Frosches durch. Für Ergebnisse seiner Forschungen erhielt Loewi später den Nobelpreis.

Auch einem anderen Wissenschaftler, dem Chemiker August Kekulé, soll ein Traum zu Hilfe gekommen sein, als er die Molekularstruktur des Benzols ergründete.

DIE MÜDIGKEIT DES LANGSTRECKENFLIEGERS

Die meisten Menschen, die schon einmal über weite Strecken geflogen sind, kennen Symptome wie Erschöpfung, Konzentrationsmangel, Magenbeschwerden und Schlaflosigkeit. Dieses Phänomen wird auch als Jet-travel-Syndrom oder Jet lag bezeichnet. Bisher glaubte man, es werde durch die körperliche Anpassung an die Zeitverschiebung auf langen Ost-West-Flügen verursacht.

Störfaktor Flug

Mittlerweile stellt man diese Theorie jedoch in Frage. Es hat sich nämlich gezeigt, daß das Syndrom auch auf Flügen auftritt, die nicht über mehrere Zeitzonen hinwegreichen. Das ist immer dann der Fall, wenn man auf Nord-Süd-Routen fliegt.

Aufgrund dieser Erkenntnis glauben manche Wissenschaftler heute, daß der Grund für das Jet-travel-Syndrom das Fliegen selbst ist. Die Forscher führen Begleitumstände wie die große Flughöhe, die niedrige Luftfeuchtigkeit und die Druckluft in der Kabine sowie Lärm und Vibrationen des Flugzeugs als Ursachen an.

Carl Dransfield, ein australischer Langstreckenpilot, geht noch etwas weiter. Er glaubt, daß auch die Höhenstrahlung, die in der Stratosphäre stärker als am Erdboden ist, Schuld daran trägt, wenn wir uns nach einem langen Flug nicht wohl fühlen. Laut Dransfield entspricht die Strahlendosis, die unser Körper z. B. auf einem Transatlantikflug aufnimmt, etwa zwei Röntgenaufnahmen des Brustkorbs. Druckausgleich und Strahlung, so der Pilot, bewirken, daß unser Körper verstärkt sogenannte freie Radikale produziert. Dabei handelt es sich um möglicherweise schädliche Moleküle, die in einem gesunden, wohlgenährten Körper rasch abgebaut werden, sich jedoch im Organismus schwacher oder angegriffener Menschen ansammeln können.

Gegenmittel

Um dem Jet-travel-Syndrom vorzubeugen, empfehlen Vielflieger, reichlich Wasser zu trinken, Alkohol zu meiden und nach der Ankunft am Ziel etwas Sport zu treiben. Wie Dransfield sagt, unterstützen diese Maßnahmen den Körper in seinen Bemühungen, die freien Radikale abzubauen.

Darüber hinaus hat der Pilot eine Spezialdiät entwickelt, die ebenfalls dazu beiträgt, freie Radikale im Körper auszuschalten.

Geträumte Wirklichkeit

Wo Träume ernst genommen werden

Wenn wir einschlafen, verlieren wir die Verbindung zur Außenwelt und betreten das Reich der Träume. Doch selbst Menschen, die ihre Träume für wichtig halten, messen ihnen gewöhnlich nur symbolische Bedeutung bei. Anders verhält es sich bei den Azande, einem Stamm im afrikanischen Staat Zaire. Für die Angehörigen dieses Volkes ist das Traumgeschehen Realität.

Die Azande sind überzeugt, daß ein guter Traum auf etwas Schönes hinweist. Ein schlechter Traum hingegen bedeutet Unglück. Schlimme Begebenheiten, meinen die Eingeborenen, ereignen sich immer dann, wenn ein übler Geist die Seele eines Azande heimsucht. Sie glauben nämlich, daß ihre Seelen nachts, wenn der Körper schläft, auf Wanderschaft gehen. Doch auch böse Geister sind dann unterwegs, und wenn eine solche Seele auf die Seele eines Eingeborenen trifft, kämpfen die beiden miteinander. Diese Auseinandersetzungen betrachten die Azande als Realität.

Hilfreiche Wahrsager

Wenn ein Azande einen schlechten Traum hatte, muß er einen Wahrsager aufsuchen. Dieser hilft ihm, den bösen Geist ausfindig zu machen, der für seinen Traum verantwortlich ist, so daß der Betroffene ihn darum bitten kann, den Zauber wieder von ihm zu nehmen.

Auch die Elgoni, die im Grenzgebiet zwischen Kenia und Uganda leben, messen Träumen große Bedeutung bei. Dabei unterscheiden sie zwischen „kleinen" und „großen" Träumen. Wenn ein Elgoni einen Traum hatte, der nur ihn selbst betrifft – einen „kleinen" Traum also –, denkt man nicht weiter darüber nach. Handelt es sich dagegen um einen „großen" Traum, der für die ganze Gemeinschaft Bedeutung zu haben scheint – wie etwa der Traum von einer Dürreperiode –, dann werden alle Mitglieder des Stamms zusammengerufen, um zu bereden, was nun unternommen werden kann.

Guter Rat *Die Azande machen für alles Unheil böse Geister verantwortlich. Hier sagt ein Wahrsager (rechts) einem Stammesangehörigen, was er tun muß, um von seinem Unglück erlöst zu werden.*

Hätten Sie's gewußt?

Einst glaubten die Menschen, daß es gefährlich sei, mit offenem Mund zu schlafen. Sie fürchteten nämlich, daß die Seele – in Form einer Maus – durch diese Körperöffnung entweiche. Kam sie dann auf ihren Wanderungen zu Schaden, so daß sie an der Rückkehr gehindert wurde, erwachte der Schlafende angeblich nicht mehr.

Krankmacher

Das Geheimnis einer modernen Bürokrankheit

Anfang der 80er Jahre hatte die Verwaltung der britischen Stadt Rotherham ein neues Behördenzentrum – das Norfolk House – errichten lassen und war mit dem Ergebnis so zufrieden, daß man sogar an einem Architekturwettbewerb teilnahm. Doch kaum war das Gebäude bezogen, begannen Angestellte über Kopfschmerzen, Mattigkeit, Hautausschläge, Atembeschwerden, Übelkeit und Reizungen von Augen, Hals und Nase zu klagen. Rund 94 % der Beschäftigten litten unter mindestens einem dieser Symptome, die nur in der Arbeitszeit auftraten. Den Angestellten von Norfolk House machte ein Problem zu schaffen, das Experten seit neuestem mit dem englischen Begriff *Sick Building Syndrome* (Kranke-Häuser-Syndrom) belegen.

Vor zehn Jahren hätte wohl kaum jemand geglaubt, daß Symptome dieser Art mit der scheinbar harmlosen Innenausstattung von Gebäuden zusammenhängen. Mittlerweile haben Ärzte und Gesundheitsbehörden aber nachgewiesen, daß Häuser tatsächlich krank machen können. Auf einer Konferenz 1982 in Washington wurde das *Sick Building Syndrome* sogar als nationale Epidemie eingestuft, und auch die Weltgesundheitsorganisation hat es als Krankheit anerkannt.

Das *Sick Building Syndrome* tritt am häufigsten in modernen Gebäuden mit mangelhafter Klimaanlage auf. Ausgelöst wird es durch Pilze, Mikroben und Hausstaubmilben, die sich in Be- und Entlüftungsschächten sammeln, sowie durch die Biozide, mit denen in den Sprühbefeuchterkammern der Anlagen Pilze und Bakterien abgetötet werden. Ferner können Bau- und Werkstoffe wie z. B. Spanplatten, Reinigungs- und Lösemittel, Lacke und Teppichkleber Dämpfe abgeben, die Forscher für Haut- und Augenreizungen verantwortlich machen.

Schon ein neuer synthetischer Teppichboden kann Erschöpfung und Stimmverlust bei den Bewohnern eines Gebäudes zur Folge haben. Dies widerfuhr ausgerechnet den Angestellten des Amts für Umweltschutz in Washington, die schwer unter den Dämpfen litten, die der neuartige Teppichboden abgab.

Seit das *Sick Building Syndrome* immer häufiger festgestellt wird, geht man zunehmend zu biologischen Baumaterialien und anderen Bauweisen über. So wurde z. B. das Bürogebäude einer Fluggesellschaft in Stockholm weitgehend aus sogenannten Biobaustoffen und ohne Klimaanlage errichtet – mit großem Erfolg.

Inzwischen gibt es Firmen, die Gebäude auf schädliche Stoffe hin durchforsten, um sie dann zu beseitigen. Mit Lichtleitern, elastischen Glasfaserkabeln, untersuchen sie auch Röhrensysteme und entfernen danach Bakterien, Pilze, Staub und manchmal sogar tote Mäuse. Oder sie legen Sprühbefeuchterkammern still und sorgen für eine bessere Frischluftzufuhr. Auch das Norfolk House wurde so behandelt, worauf die Klagen über körperliche Beschwerden deutlich zurückgingen.

> ### Hätten Sie's gewußt?
>
> *Beim Genuß von rohem oder halbgarem Fisch kann es vorkommen, daß man die Larven von Fischbandwürmern mitißt. Diese Parasiten können im menschlichen Dünndarm bis zu 10 m lang werden und leben dann – zusammengerollt – bis zu 13 Jahre dort. Bei befallenen Personen kann sogar Anämie auftreten.*

Falsche Bauweise *Der Stadtrat von Rotherham war stolz auf sein neues Bürogebäude. Doch schon bald nach dem Bezug traten bei 94 % der Beschäftigten die verschiedensten Krankheitssymptome auf.*

Vergifteter Wein

War Blei für den Niedergang des Römischen Reichs mit verantwortlich?

Wohlhabende Römer waren leidenschaftliche Weintrinker und sprachen den 350 Sorten, unter denen sie laut Plinius dem Jüngeren im 1. Jh. wählen konnten, reichlich zu. Sie ahnten jedoch nicht, daß sie sich dadurch mit Blei vergifteten, das die Weinsäure aus den Siegeln und von den Auskleidungen der Weinfässer löste. Diesen Umstand bringen einige Wissenschaftler, darunter der amerikanische Mediziner S. C. Gilfillan, mit dem Niedergang des Römischen Reichs in Verbindung.

Nach Gilfillan war vor allem die regierende Oberschicht von der Bleivergiftung betroffen, da meist nur ihre Angehörigen teure Lebensmittel wie Wein, Olivenöl und eingelegte Früchte konsu-

mierten, die in verbleiten Gefäßen gelagert wurden. Für Arme und Sklaven waren solche Nahrungsmittel ebenso unerschwinglich wie jene Kosmetika auf Bleibasis, die vornehme Damen benutzten. Dem Blei aus den Wasserleitungen waren hingegen die Angehörigen aller Schichten ausgeliefert. Allerdings nahm nur das weiche Wasser von Rom, wo der Adel lebte, das Blei aus den Rohren auf, nicht jedoch das harte, kalkreiche Wasser der armen ländlichen Gebiete.

Gilfillan zufolge markiert das Jahr 150 v. Chr., in dem den römischen Frauen der Genuß von Wein erlaubt wurde, den Anfang vom Untergang. In ihren Körpern sammelte sich das giftige Blei, beeinträchtigte ihre Fruchtbarkeit und rief Erbschäden hervor. Die wenigen

Blei im Wein *Mit Wein aus verbleiten Gefäßen vergifteten sich die einflußreichen, wohlhabenden Römer allmählich selbst.*

Kinder waren kränklich und schwach. Die Angehörigen der regierenden Oberschicht verloren allmählich ihre Vitalität und damit die Kraft, das Reich zusammenzuhalten – heute ist bekannt, daß Blei Gehirn, Muskeln und Nerven schädigt.

Neue Forschungen haben Gilfillans Theorie weiter untermauert. Mit Hilfe moderner Methoden konnte in alten Gebeinen Blei nachgewiesen werden.

WENN DAS GEHIRN ZERFÄLLT

Katharina Klein war eine extrovertierte, aktive alte Dame von 74 Jahren. Sie ging regelmäßig zum Gottesdienst und hatte viele Freunde. Doch dann begann sie sich zu verändern: Sie mied die Kirche, vergaß, ihre Rechnungen zu bezahlen, und erkannte ihre Freunde und Verwandten nicht mehr. Auch einfachste Hausarbeiten überforderten sie. Ihre beunruhigten Angehörigen zogen einen Arzt hinzu, der bei Katharina Klein die Alzheimersche Krankheit diagnostizierte. Man brachte sie in ein Krankenhaus, wo sie nach wenigen Jahren starb.

Chaos im Großhirn

Diese Krankheit wurde erstmalig 1906 von dem deutschen Neurologen Alois Alzheimer beschrieben, nachdem eine 51jährige Patientin von ihm gestorben war, die an Depressionen, Halluzinationen und Ge-

dächtnisverlust gelitten hatte. Bei der Autopsie zeigte sich, daß ihr Gehirn geschrumpft war und daß sich die Zellen ihrer Großhirnrinde in einem hoffnungslosen Durcheinander befanden. Alzheimers Entdeckung führte zu der Erkenntnis, daß es zwei etwa gleich häufige Grundformen von Altersschwachsinn gibt. Die eine wird durch Schlaganfälle, Gehirntumoren oder andere, das Gehirn schädigende Krankheiten verursacht, die andere ist die Alzheimersche Krankheit. Obwohl der Altersschwachsinn meist bei Menschen über 65 auftritt, können an der Alzheimerschen Krankheit aber auch schon 40- und 50jährige erkranken.

In den USA war die Krankheit in den 80er Jahren der häufigste Grund für Einweisungen in Pflegeheime und die fünfthäufigste Todesursache, wobei jährlich etwa 100000 Menschen durch die Krank-

heit sterben. In den alten Bundesländern der Bundesrepublik erkranken jährlich etwa 50000 Menschen an dieser heimtückischen Krankheit.

Die Suche nach einem Heilmittel

Da man die Ursachen der Alzheimerschen Krankheit nicht kennt, gibt es auch noch kein Heilmittel. Einige Wissenschaftler glauben, daß sich aus dem Wasser und aus Kochgeräten stammendes Aluminium im Gehirn ansammelt und dort die Weitergabe von Informationen stört. Andere sind der Meinung, daß die Krankheit bereits im Erbgut angelegt ist.

Wieder andere Forscher fanden heraus, daß im Gehirn von Alzheimer-Patienten zu geringe Mengen des Nervenüberträgerstoffs Acetylcholin vorhanden sind. Man experimentiert deshalb mit Medikamenten, die diesen Mangel ausgleichen.

Der strahlende Tod
Vom fahrlässigen Umgang mit Radium

Im Jahr 1915 entwickelte der Amerikaner Sabin von Sochocky eine Farbe, die dank eines besonderen Zusatzes im Dunkeln leuchtete. Bei diesem Zusatz handelte es sich um Radium, ein hochradioaktives chemisches Element, das 1898 von Pierre und Marie Curie entdeckt worden war. Sochocky gründete daraufhin die US Radium Corporation, eine Firma, in der leuchtende Zahlen oder Linien auf Zifferblätter, Kruzifixe und Lichtschalter gemalt wurden. Diese Artikel verkauften sich gut, und bald arbeiteten Hunderte von Mädchen und Frauen für Sochocky.

Giftiges Allheilmittel

In einer Fabrik im amerikanischen Bundesstaat New Jersey saßen Frauen und Mädchen – von denen manche erst zwölf Jahre alt waren – an den Werkbänken und spitzten mit den Lippen die in Radium getauchten Pinsel an, um feine Striche ziehen zu können. Die Vorgesetzten förderten dies sogar noch, indem sie behaupteten, Radium würde Frauen anziehender machen, die Haare würden lockiger, der Teint schöner. Sie handelten dabei sogar in gutem Glauben, denn damals wurde Radium von vielen Ärzten noch als Allheilmittel betrachtet. Ganz sicher glaubte niemand, daß Radiumfarbe Krebs verursachen kann, obwohl man wußte, daß die von Radium ausgehende Strahlung Zellen zerstört.

Doch 1924 stellte der New Yorker Zahnarzt Theodore Blum bei einer Mitarbeiterin eine schwere Kiefererkrankung fest. Er beschrieb die Erkrankung in einer Fachzeitschrift und vertrat dort die Ansicht, daß sie von einer radioakti-

Tödlicher Irrtum *Techniker bereiten Radium auf, ohne zu wissen, daß es krebserregend ist. Radium galt als ungefährlich, bis man in den 30er Jahren durch Krebstote eines Besseren belehrt wurde.*

ven Substanz verursacht worden war. Sein Artikel löste eine Reihe von Untersuchungen aus, bei denen auch entdeckt wurde, daß die „Haare, Gesichter, Hände, Arme, Hälse und selbst die Korsetts der Malerinnen leuchteten". Bald wurden auch schreckliche Fälle von Kieferkrebs bekannt. Das Unternehmen behauptete jedoch standhaft, dies sei nur auf mangelnde Zahnhygiene zurückzuführen.

Das bittere Ende

1927 verklagten dann fünf ehemalige Angestellte, die an schweren Knochenleiden erkrankt waren, die Firma. Zwei Frauen ging es bereits so schlecht, daß sie in den Gerichtssaal getragen werden mußten. Firmenvertreter behaupteten dennoch, es gäbe keine Beweise dafür, daß die Erkrankungen durch Radium hervorgerufen worden waren, und so schien es, als ob sich der Prozeß über Jahre hinziehen würde. 1928 kam es aber zu einem außergerichtlichen Vergleich: Jede der Frauen erhielt 10000 Dollar und die Zusage, daß alle Behandlungskosten von US Radium übernommen würden.

Husten, Schnupfen, Heiserkeit
Die Erkältung ist noch lange nicht besiegt

Seit Jahrtausenden leiden die Menschen unter Erkältungen, und sie haben viele, oft recht seltsame Gegenmittel ausprobiert – leider immer vergebens. Die Griechen versuchten es mit Aderlaß, und der römische Schriftsteller Plinius der Jüngere empfahl, „die haarige Schnauze einer Maus zu küssen". Aber bis heute sind die Forscher mit der Suche nach einem Heilmittel kaum weiter als die Ärzte der Antike.

Unter den vielen Labors und Forschungszentren, die sich mit der Bekämpfung von Erkältungskrankheiten befassen, verdient das 1946 gegründete Common Cold Unit in der englischen Stadt Salisbury besondere Aufmerksamkeit. Dort wurden Versuchspersonen mit verschiedenen Stämmen von Erkältungsviren infiziert und dann mit Impfstoffen und Medikamenten behandelt, mit dem Ziel, dieser Leiden endlich Herr zu werden.

Neue Fragen

Dank dieser Untersuchungen wissen wir heute, daß Erkältungskrankheiten nicht von einem einzigen Virus, sondern von etwa 200 verschiedenen Viren hervorgerufen werden. Diese Viren wurden isoliert und dann gezüchtet, so daß man mit der Entwicklung von Impfstoffen beginnen konnte.

Eine interessante Erkenntnis war auch, daß Menschen, die unter Streß stehen, besonders anfällig für Erkältungen sind. Zudem zeigte sich, daß introvertierte Menschen schwerer erkranken und mehr Viren absondern als extrovertierte – die Gründe für diese Phänomene liegen aber noch im dunkeln. Frauen, so ein weiteres Ergebnis der Versuche, erkranken öfter an Erkältungen als Männer. Ob die Ursachen dafür in ihrem häufigeren Kontakt mit Kindern – die Erkältungen rascher verbreiten als Erwachsene – oder in ihrem Immunsystem liegen, muß noch erforscht werden.

Versuche mit zwei Gruppen, von denen eine durchnäßt in einem kalten, windigen Korridor stehen mußte und die andere trocken in einem geheizten Raum untergebracht wurde, widerlegten das alte Vorurteil, Kälte löse Erkältungen aus. Daß im Winter Erkältungen trotzdem häufiger auftreten, hängt damit zusammen, daß sich die Menschen dann vorwiegend in geschlossenen Räumen aufhalten. Die trockene Luft setzt die Fähigkeit der Schleimhäute in den Atemwegen herab, Infektionen zu widerstehen.

Hätten Sie's gewußt?

Obwohl die Risiken bekannt waren, machten in den 30er Jahren amerikanische Firmen mit angeblich heilkräftigen Produkten, die Radium enthielten, gute Geschäfte. Es gab Radiumwasser, Zahnpasta, Haartonikum und sogar eine Limonade, für die der Golfchampion Eben Byers warb. Er trank jeden Tag zwei kleine Flaschen, was einen raschen Zerfall seines Kiefers zur Folge hatte. Nach wenigen Jahren starb er an Anämie.

Kapitel sechs

Worte, Zeichen, Symbole

Wie ist einem Menschen zumute, der feststellen muß, daß niemand sonst auf der Erde seine Muttersprache spricht? Im Jahr 1911 machte Ishi, der letzte Überlebende eines kalifornischen Indianerstamms, diese entsetzliche Erfahrung. Erst die Begegnung mit einem wißbegierigen Anthropologen half ihm aus seiner Isolation heraus (siehe Seite 176). Die Verständigung untereinander ist lebenswichtig für den Menschen. Überall auf der Erde entstanden deshalb unglaublich viele verschiedene Arten der Kommunikation – von den einfachen Bilderschriften früher Kulturen und den Rauchzeichen der Indianer bis hin zu den von der modernen Technik erzeugten Signalen, die von Satelliten übermittelt werden.

Aus Lauten werden Worte

Wie kam der Mensch zur Sprache?

Von einem ganz besonderen Experiment, das der ägyptische Pharao Psammetich I. im 7. Jh. v. Chr. durchführen ließ, berichtet der griechische Geschichtsschreiber Herodot. Auf Psammetichs Geheiß brachte man zwei Neugeborene, die man ihren Müttern weggenommen hatte, zu einem Schafhirten, der sie in völliger Isolation aufziehen sollte. Auf gar keinen Fall durfte in ihrer Nähe gesprochen werden. Psammetich wollte nämlich herausfinden, in welcher Sprache sich die Kinder verständigen würden, wenn sie zu sprechen anfingen. Diese Sprache, so dachte er, müßte die älteste der Welt sein – die Ursprache der Menschheit sozusagen. Nach zwei Jahren verwendeten die Kinder nur ein Wort: *bekos*, das phrygische Wort für Brot. Psammetich schloß daraus, daß die erste Sprache der Welt von den Phrygiern gesprochen wurde, die im heutigen Anatolien lebten.

Heute glaubt niemand mehr an Psammetichs Schlußfolgerung; vermutlich haben die Kinder nur versucht, das Blöken der Schafe nachzuahmen. Doch auch später

Ein neugieriger Pharao *Im 7. Jh. v. Chr. machte Psammetich I. ein Experiment, um die erste Sprache der Menschheit zu finden.*

hat niemand herausfinden können, welche Sprache der Mensch zuerst gesprochen hat.

Die moderne Sprachwissenschaft hat viele Theorien über den Ursprung der Sprache. So gibt es z. B. die Wau-wau-Theorie, die davon ausgeht, daß die menschliche Sprache aus der Nachahmung von Tierlauten entstanden ist. Nach der Hauruck-Theorie hingegen geht die Sprache auf die rhythmischen Gesänge zurück, mit denen die frühen Menschen ihre gemeinsame Arbeit begleiteten. Die Vertreter der Aua-aua-Theorie glauben dagegen, die ersten Worte seien instinktive Laute gewesen, die die Menschen bei starken Emotionen wie Schmerz oder Wut äußerten. Neben diesen einfachen Theorien gibt es noch zahlreiche, sehr viel kompliziertere, die jedoch ebenso unwahrscheinlich anmuten.

Die Ursprünge der Sprache bleiben wohl immer unerforscht – sie liegen einfach zu weit zurück. Die erste Sprache, so vermuten Wissenschaftler, entwickelte sich vor mehr als 40 000 Jahren. Überliefert ist davon naturgemäß nichts mehr.

EIN EIGENWILLIGES VOLK AM WESTRAND EUROPAS

Bis heute ist es den Sprachwissenschaftlern noch nicht überzeugend gelungen, eine Verwandtschaft der baskischen Sprache mit einer anderen – lebenden oder toten – nachzuweisen. Trotz intensiver Forschungsarbeiten wissen sie kaum mehr als jene, die den alten Legenden glauben. Dort heißt es, daß das Baskische die Sprache sei, die Adam im Paradies gesprochen habe, oder auch, daß es von Tubal, einem der Söhne von Noahs Sohn Japhet, nach Spanien gebracht worden sei.

Das Baskenland liegt in den westlichen Pyrenäen und umfaßt etwa 10 000 km². Rund 500 000 Spanier und knapp 100 000 Franzosen sprechen Baskisch, wobei die Bevölkerung durchweg zweisprachig ist. Nicht jeder spricht das Baskische perfekt, und manche sprechen Dialekte, die selbst andere Basken kaum verstehen.

Unverändert durch die Jahrhunderte

Da es vor dem 16. Jh. kaum Versuche gab, das Baskische schriftlich zu fixieren, sind von der Zeit davor lediglich ein paar Fragmente erhalten. Aus ihnen kann man schließen, daß sich die Sprache seit mindestens 1000 n. Chr. nur geringfügig verändert hat.

Ursprünglich bewohnten die Basken ein sehr viel größeres Gebiet, doch Wanderungsbewegungen und Eroberungen, vor allem der Kelten und der Römer, ließen das baskische Territorium schrumpfen. Die Abgeschiedenheit des heutigen Baskenlandes und ein starkes Gemeinschaftsgefühl halfen jedoch, die Sprache zu erhalten – im Gegensatz zur iberischen Sprache, die vor der römischen Besatzungszeit im Süden und Osten Spaniens gesprochen wurde und heute verschwunden ist.

Die ungewohnte Grammatik und die schwierige Aussprache des Baskischen machen es den anderen Europäern sehr schwer, diese Sprache zu lernen. Die Basken jedoch nennen ihre Sprache *Euskara*, was „klar sprechen" bedeutet.

Eine Sprache für die Welt

Die wechselvolle Geschichte der Kunstsprachen

Wäre das Leben nicht viel einfacher, wenn alle Menschen dieselbe Sprache sprächen? Viele Männer und Frauen haben sich nicht damit zufriedengegeben, von der Utopie einer Weltsprache nur zu träumen, sondern ernsthaft versucht, tatsächlich eine derartige universelle Kunstsprache zu entwickeln.

Schon in der griechischen Antike liebäugelte man mit der Idee einer solchen Sprache, und bereits im Mittelalter entstanden Kunstsprachen wie die *ignota lingua* der heiligen Hildegard von Bingen, einer deutschen Mystikerin, die im 12. Jh. lebte. Diese Sprachen waren jedoch eher das Gegenteil von einer Weltsprache. Sie sollten nämlich in den meisten Fällen der Geheimhaltung dienen. Erst im 17. Jh. ging man daran, Kunstsprachen für eine weltweite Verständigung zu entwickeln. Einer der begeistertsten Anhänger dieser Sprachen war der englische Bischof John Wilkins, der eine einheitliche Sprache für „das sicherste Heilmittel gegen den Fluch der Sprachverwirrung" hielt, weil dann „alle anderen Sprachen und Schriften überflüssig würden".

Übersichtlich geordnet

In Wilkins' Entwurf, den er 1668 veröffentlichte, wurde jeder Begriff und jede Handlung einer von 40 Kategorien – wie z. B. „Minerale" oder „Kirchenangelegenheiten" – zugeteilt, die mit jeweils zwei Buchstaben gekennzeichnet waren. Zwei weitere Buchstaben dienten noch genaueren Zuordnungen, wo-durch sämtliche Worte der Sprache nur aus vier Buchstaben bestanden.

Gesprochen wurde diese Sprache jedoch nie. Erst im 19. Jh. entstanden Kunstsprachen, deren Anhänger sie auch tatsächlich lernten und benutzten. Den Anfang machte Volapük, das 1879 von dem deutschen Priester Johann Martin Schleyer entwickelt wurde. Innerhalb von zehn Jahren hatte Volapük weltweit fast 1 Mio. Anhänger.

Schließlich zeigte sich jedoch, daß Volapük viel zu kompliziert war – und die Sprache verschwand in nur kurzer Zeit völlig.

Wesentlich erfolgreicher als Volapük ist Esperanto, das 1887 von dem polnischen Juden Dr. Ludwig L. Zamenhof in einem Buch vorgestellt wurde, das er unter dem Pseudonym Dr. Esperanto (Dr. Hoffnungsvoll) geschrieben hatte. Zamenhof war mit Russisch, Jiddisch, Polnisch und Hebräisch groß geworden und hatte später Englisch, Deutsch, Französisch, Lateinisch und Griechisch gelernt. Diese verwirrende Sprachvielfalt weckte in ihm die Überzeugung, daß die Welt eine neutrale Sprache bräuchte.

Ein großer Erfolg

Esperanto verbreitete sich schnell, und nach dem Ersten Weltkrieg hoffte man sogar, daß der Völkerbund die Kunstsprache als offizielle Weltsprache übernehmen würde. So weit kam es zwar nicht, doch Esperanto ist bis heute die bekannteste Kunstsprache geblieben: Es gibt rund 1200 Esperantogruppen in etwa 100 Ländern, die Zahl der Esperantosprechenden geht vermutlich in die Millionen. Mehr als 100 Zeitungen und Zeitschriften erscheinen in Esperanto, in manchen Ländern strahlt man Radiosendungen in Esperanto aus, und Tausende von Büchern sind bereits in dieser Sprache erschienen, darunter auch die Bibel und der Koran.

Hätten Sie's gewußt?

Während des 3. Volapük-Kongresses in Paris 1889 sprachen alle Teilnehmer und sogar das Bedienungspersonal Volapük. Trotz dieses bemerkenswerten Erfolgs kam es auf dem Kongreß zu heftigen Auseinandersetzungen zwischen den Anhängern der Sprache, als man über die Vereinfachung der Volapük-Grammatik sprach. Diese Streitigkeiten waren mit dafür verantwortlich, daß das Volapük seine Vorrangstellung unter den Kunstsprachen für immer einbüßte und bald darauf völlig in Vergessenheit geriet.

◆◆◆

Die zweifellos ungewöhnlichste Kunstsprache des 19. Jh. ist das Solresol, das der französische Musiker Jean-François Sudre 1817 nach 40jähriger Vorarbeit fertigstellte. Die Worte dieser äußerst vielseitigen Sprache konnte man singen, auf einem Musikinstrument spielen oder sprechen. Sie waren aus den sieben Tonbezeichnungen do, re, mi, fa, sol, la und si zusammengesetzt.

◆◆◆

Die Sprache der Eltern mag weltweit noch so verschieden sein, das Geplapper der Babys ist überall ähnlich. Eine Studie, die 15 verschiedene Sprachumfelder untersuchte, belegte, daß Babys von Afrika bis Norwegen die gleichen Konsonanten plappern, wie z. B. m und b.

◆◆◆

Nicht jedes Schimpfwort ist auf Anhieb als solches zu erkennen. So pflegte der griechische Philosoph Pythagoras „bei der Zahl Vier" zu fluchen, und ein Fluch im alten Ionien, dem heutigen Westen der Türkei am Mittelmeer, lautete „beim Kohl". Der französische Dichter Baudelaire fluchte beim „heiligen Sankt Zwiebel".

DIE INSEL DER 750 SPRACHEN

Wenn man auf Neuguinea in gerader Linie eine Strecke von etwa 40 km zurücklegt, überschreitet man dabei wahrscheinlich eine Sprachgrenze. Auf Neuguinea und den benachbarten Inseln wurden nämlich bis heute rund 750 Sprachen identifiziert – aber noch längst nicht alle sind erfaßt. Neuguinea hat damit die größte Sprachendichte der Welt, denn rein rechnerisch nimmt jedes Sprachgebiet nur etwa 1080 km² ein. Hätte man die gleiche Sprachendichte beispielsweise in Deutschland, gäbe es 327 verschiedene Sprachen!

Die Insel Neuguinea gliedert sich in den selbständigen Staat Papua-Neuguinea im Osten und die indonesische Provinz Irian Jaya im Westen. Sie hat fast 6 Mio. Einwohner, von denen viele aber erst in jüngster Zeit eingewandert sind. Nur 3 Mio. Inselbewohner sprechen einheimische Sprachen. Mehr als die Hälfte der 750 Sprachen sind miteinander verwandt, manche sogar sehr eng. Die Verbreitung der Sprachen ist sehr unterschiedlich: Einige werden von Eingeborenenstämmen mit 100 000 und mehr Mitgliedern gesprochen, andere nur von einigen Hundert oder sogar einigen Dutzend Menschen, die in abgelegenen Bergtälern im Landesinneren leben. Möglicherweise gibt es in diesen abgeschiedenen Regionen weitere Sprachen, die erst noch entdeckt werden müssen.

Der Letzte seines Stammes

Die Sprache, die nur einer kannte

Am Morgen des 29. August 1911 entdeckte man im Hof eines Schlachthauses in Oroville in Kalifornien einen halbverhungerten Indianer. Der Sheriff hielt ihn für verrückt und ließ ihn zu seinem eigenen Schutz in eine Zelle sperren. Dort kauerte sich der verschreckte Indianer zusammen und starrte auf seine Besucher, die in den verschiedensten Sprachen – Englisch, Spanisch und einigen Indianerdialekten – auf ihn einredeten. Doch er verstand nichts.

Der Indianer, der bald darauf Ishi genannt wurde, war der letzte Überlebende der Yahi, eines Seitenzweigs der einst zahlreichen nordkalifornischen Yana-Indianer. Die Yana-Indianer waren während des Goldrauschs Mitte des 19. Jh. von Goldsuchern zu Tausenden ermordet worden.

Wüstenkolonie

Bis dahin war man davon ausgegangen, daß die wenigen Überlebenden ihre traditionelle Lebensweise und ihre Sprache längst aufgegeben hätten. Aber eine Gruppe von etwa 50 Yahi lebte nach den Massakern unbemerkt in der Wüste ihre steinzeitliche Lebensweise weiter. Nach und nach starb die Gruppe aus – und Ishi blieb allein zurück. Nach drei Jahren völliger Isolation, halb verrückt vor Hunger und Einsamkeit, wanderte Ishi in das Gebiet der Weißen, um zu sterben.

Nach drei Tagen Gefangenschaft bekam Ishi ganz anderen Besuch: Prof. Thomas T. Waterman, ein Anthropologe. Waterman ahnte, zu welchem Stamm Ishi gehörte, und las ihm eine Liste von Yana-Wörtern vor. Zunächst zeigte Ishi keine Reaktion – die Yahi sprachen einen Dialekt der Yana-Sprache, und zudem war Watermans Aussprache schlecht. Doch als Waterman zu dem Wort *siwini* kam, was Gelbkiefer

Der einzige Überlebende Schon zwei Monate nach seiner Gefangennahme hatte sich Ishi, der letzte Yahi-Indianer, erholt und wurde Berater an der University of California.

bedeutet, und dabei auf das hölzerne Bett in der Zelle zeigte, erhellte sich Ishis Gesicht. Ishi wiederholte das Wort immer wieder – der Bann war gebrochen.

Ausgehend von diesem Wort konnte sich Waterman schnell weitere Kenntnisse des Yahi-Dialekts aneignen. Ishi wurde nach Los Angeles gebracht und erlangte dort bald Berühmtheit. Die Konfrontation mit dem 20. Jh. überstand er überraschend gut, und so half er den Anthropologen beim Studium der Sprache und der Sitten und Gebräuche der Yahi. Er zeigte ihnen z. B., wie die Yahi ein Seil hochkletterten und dabei einen Eimer Wasser auf ihrem Kopf transportierten.

Die Krankheiten der Weißen wurden Ishi jedoch zum Verhängnis. 1916 starb er an Tuberkulose – und seine Sprache mit ihm.

Poto und Cabenga

Die Privatsprache eineiiger Zwillinge

Die Eltern von Zwillingen stellen oft fest, daß ihre Kinder recht eigenartige Sprechgewohnheiten entwickeln. So beendet z. B. das eine Kind einen Satz, den das andere begonnen hat. Manche Zwillinge entwickeln auch eigene Worte und Redewendungen, die niemand außer ihnen versteht. Dies tritt bei etwa 40 % aller Zwillinge auf, endet aber meist nach dem dritten Lebensjahr. In Ausnahmefällen kann solch eine verschworene Sprachgemeinschaft aber auch länger halten und noch intensiver sein.

Schwestersprache

Einer der bekanntesten Fälle dieser Art war der der eineiigen Zwillinge Grace und Virginia Kennedy, die 1970 in den USA zur Welt kamen. Da sie von ihrer deutschsprachigen Großmutter aufgezogen wurden, sahen sie ihre englischsprechenden Eltern kaum. Als sie zwei Jahre alt waren, hatten sie sich angewöhnt, in einem nur ihnen verständlichen Kauderwelsch zu reden. Sie gaben sich andere Namen – Grace war Poto und Virginia Cabenga – und äußerten Sätze wie „Snap aduk, Cabenga, chase die-dipana", was eine Aufforderung zum Spiel mit der Puppenstube war. Englisch konnten sie aber nicht sprechen.

Bis zum Schulalter galten Grace und Virginia als geistig zurückgeblieben. Dann fand man jedoch heraus, daß ihre Sprache ein außergewöhnlicher Fall von Idiolalie war, der Entwicklung einer für andere unverständlichen Eigensprache von Kindern. Die Sprache der Kennedy-Zwillinge entpuppte sich als eine schnellgesprochene Mischung aus verzerrten Elementen des Englischen und des Deutschen sowie einiger Neuschöpfungen. Als man dies endlich wußte, verordnete man den beiden Mädchen eine Sprachtherapie. Schon bald begannen sie, Englisch zu sprechen, und es zeigte sich schnell, daß die beiden Mädchen völlig normal begabt waren.

Hätten Sie's gewußt?

Bei den australischen Aborigines vom Stamm der Dieri beschmieren Witwen ihre Haut mit weißem Lehm und dürfen erst dann wieder sprechen, wenn die Lehmschicht abgefallen ist.

Mit Vollgas rückwärts

Ein Rückwärtssprecher im Dienst der Wissenschaft

Jeder kann mit etwas Anstrengung laut rückwärts lesen, aber kaum jemand kann Gehörtes rückwärts wiedergeben. Prof. Andrew Levine entdeckte sein außergewöhnliches Talent zum Rückwärtssprechen im Jahr 1959. Damals bewunderte der junge Levine die Dolmetscher, die den sowjetischen Partei- und Regierungschef Nikita Chruschtschow bei seinem Besuch in den USA begleiteten. Levine wollte unbedingt selbst das Dolmetschen ausprobieren und machte sich – da er kein Russisch konnte – einen Spaß daraus, alle Worte, die er in Englisch hörte, von hinten nach vorn auszusprechen.

Nicht nur ein Kinderspiel

Solche Spiele werden von Kindern häufig gespielt, besonders im Alter zwischen acht und zehn, wenn sie anfangen, sich eigene Geheimsprachen auszudenken.

Was Levine betrifft, so war die Geschwindigkeit, mit der er rückwärts sprechen konnte, absolut ungewöhnlich. Er selbst sah im Rückwärtssprechen aber nicht mehr als einen guten Partygag – so lange, bis ihn Sprachwissenschaftler von der University of Wisconsin, wo er Politikwissenschaft unterrichtete, baten, einige Tests mit ihm durchführen zu dürfen.

Levine sollte einfache Sätze simultan in seine Rückwärtssprache „übersetzen". Dabei war er dem Sprecher, der die Originalsätze sprach, immer nur knapp zwei Sekunden hinterher. Obwohl sich beim Rückwärtssprechen des Englischen Lautfolgen ergeben, die sonst nicht in dieser Sprache vorkommen, betrug Levines Fehlerquote selbst bei langen Passagen nur 7%.

Diese erstaunliche Genauigkeit ist damit zu erklären, daß sich Levine beim Rückwärtssprechen nicht an der

Schreibweise, sondern an der Aussprache eines Wortes orientiert. Er kehrt also nicht etwa die Reihenfolge der Buchstaben um, sondern die Abfolge der Lauteinheiten: Das englische Wort *peace* (gesprochen: piis) wird rückwärts also zu siip. Da Levine nur die Reihenfolge der Laute, die er hört, umkehrt, kann er fremde Sprachen fast genauso schnell rückwärts sprechen wie ihm bekannte – obwohl er sie nicht kennt.

Die Sprachwissenschaftler erhofften sich von der Untersuchung der Begabung Levines vor allem Aufschluß darüber, wie Gesprochenes im Gehirn verarbeitet wird. Wenn das Gehirn die gesprochene Sprache in Lauteinheiten einteilt – worauf die Experimente mit Levine hindeuten –, dann könnten weitergehende Untersuchungen hilfreiche Erkenntnisse für die praktische Arbeit mit Taubstummen und sprachgestörten Kindern bringen.

Eine pfiffige Art zu sprechen

Wo Menschen pfeifen, wenn sie miteinander reden

Die Freunde der Marx Brothers kennen bestimmt die Filmszenen, in denen sich der stumme Harpo in einer wilden Folge von Pfiffen und Hupsignalen mit seinen Brüdern verständigt. Im Film soll diese Art der Kommunikation natürlich nur den Zuschauer amüsieren, doch es gibt Regionen auf der Erde, wo Menschen tatsächlich durch Pfeiflaute miteinander „reden".

Es ist z. B. keine Seltenheit, wenn sich die Mazateken – Indianer, die im mexikanischen Bundesstaat Oaxaca leben – gegenseitig zupfeifen und so

Wortlos *In den Filmen der Marx Brothers verständigte sich Harpo nur durch Gesten, Pfeifen, Hupen und Harfespielen.*

Grüße austauschen, ohne daß es dabei zu Mißverständnissen kommt. Die Kinder der Mazateken lernen die Kunst des Pfeifens, kaum daß sie sprechen können.

Bei den Pfeiflauten handelt es sich jedoch nicht um eine richtige Sprache oder einen Code. Die Mazateken imitieren beim Pfeifen nämlich lediglich den Rhythmus und die Tonhöhe der gesprochenen Sprache.

Zweisprachig pfeifen

Ein Mazateke kann also das Wort, das gemeint ist, nur deshalb erkennen, weil der Pfeifende die Sprache so gut nachahmt. Manche Mazateken können sogar in zwei Sprachen pfeifen – in ihrer eigenen und in Spanisch.

Die Mazateken sind die einzigen, die zur Verständigung über kurze Distanzen Pfeiflaute verwenden, aber es gibt auch Orte, wo sich Menschen über

große Strecken pfeifend unterhalten. So z. B. auf der Kanareninsel La Gomera. Dort beherrschen vor allem Schafhirten noch heute die Pfeifsprache *silbo*. Da die Pfiffe weit über die Täler hinweghallen, können sie sich über mehrere Kilometer hinweg miteinander unterhalten.

Hätten Sie's gewußt?

Delphine haben die Fähigkeit, gleichzeitig auf zwei Ebenen zu kommunizieren. Sie geben Pfeif- und Schnalzlaute von sich und können so zwei voneinander unabhängige Botschaften zur selben Zeit übermitteln. Jeder Delphin hat einen bestimmten Erkennungspfiff, an dem ihn die anderen Mitglieder einer Delphingruppe erkennen.

Ohne Worte

Die unmißverständliche Sprache unseres Körpers

Jeder von uns reagiert automatisch auf den Gesichtsausdruck seines Gesprächspartners. Doch der Gesichtsausdruck ist nur ein Teil der vielen Botschaften, die der Mensch unbewußt mit seinem Körper übermittelt. Die Körpersprache – die Art, wie wir stehen, wie wir sitzen, wie wir uns bewegen und gestikulieren – offenbart auf ganz subtile Weise die Gefühle, die wir in bestimm-

ten Situationen anderen Menschen und unserer Umwelt entgegenbringen. Von Land zu Land kann es kleinere Abweichungen in der Körpersprache geben, doch ihre Grundprinzipien sind überall gleich.

Zuneigung *Die Frau steht näher bei dem Mann rechts von ihr und verrät so, daß sie ihn bevorzugt. Die gekreuzten Arme und Beine dagegen sind Abwehrreaktionen auf das selbstbewußte Gebaren des anderen Mannes.*

Unsicherheit *Um zu zeigen, daß er zuhört, schaut dieser Mann seinem Gegenüber in die Augen. Das Kratzen am Handgelenk zeigt seine Unsicherheit.*

Sicherheitsabstand *Jeder Mensch hält gegenüber anderen eine bestimmte Mindestdistanz ein und erwartet von Fremden, daß sie dies ebenfalls tun. Jemand, der auf dem Land zu Hause ist (links), wird im Normalfall eine größere Mindestdistanz beanspruchen und daher bei einer Begrüßung seine Hand viel weiter ausstrecken als ein an Menschenmengen gewöhnter Städter (rechts).*

Überredungskünstler *Dieser Mann hat ein Bein vorgestellt (er will die Zuhörer für sich gewinnen), stemmt eine Hand in die Hüfte (ein Zeichen für Selbstvertrauen) und hält die andere offen hin (er möchte ehrlich erscheinen).*

DIE VERRÄTERISCHEN ZEICHEN EINER VORSÄTZLICHEN LÜGE

Nur die besten Lügner können mit dem Körper ebensogut lügen wie mit Worten. Wenn wir lügen, fangen wir instinktiv an, nervös zu werden – was sich durch Gesten verraten kann. Sich den Hals zu reiben ist z.B. ein Zeichen der Unsicher-heit. Wenn man beim Sprechen an Augen oder Nase reibt, kann das ein unbewußter Versuch sein, die Lüge zusätzlich zu verschleiern. Doch natürlich muß sich hinter diesen Gesten nicht zwangsläufig eine Lüge verbergen.

Reiben des Halses   Reiben der Augen   Reiben der Nase

Außenseiterin *Diese Frau blickt zwar zu den anderen hin, ihre Beine zeigen aber von der Gruppe weg – was darauf hindeutet, daß sie sich isoliert fühlt.*

Alleswisser *Das starke Selbstvertrauen dieses Mannes kommt durch die hinter dem Kopf gefalteten Hände und seine lässige Haltung zum Ausdruck.*

Zusammengehörigkeitsgefühl *Die enge Bindung zwischen diesen beiden Menschen wird vor allem dadurch deutlich, daß sie nahe beieinandersitzen, dabei ihre Beine einander zuwenden und eine ähnliche Haltung einnehmen. Beide reagieren auf das soeben Gesagte: Er legt seine Hand ans Kinn und zeigt so, daß er nachdenkt, während sie den Bügel ihrer Brille an den Mund legt, um Zeit zu gewinnen, bevor sie ihre Meinung äußert.*

Das geschriebene Wort

Die Ursprünge der Schrift

Wer erfand die Schrift? Jede alte Hochkultur hat ihre eigene Legende zu diesem Thema. So gibt es z. B. über den Ursprung der chinesischen Schriftzeichen, die mindestens auf das Jahr 2000 v. Chr. zurückgehen, mehrere Geschichten. Eine davon besagt, Kaiser Yü habe eine mit Zauberkraft ausgestattete Schildkröte vor dem Ertrinken gerettet und daraufhin die Schrift von ihr als Geschenk erhalten. Eine andere erzählt, ein Drache habe Huang Di, dem Gelben Kaiser, die Schrift geschenkt.

In Ländern, in denen nur Priester die Kunst des Schreibens beherrschten, wurde die Erfindung der Schrift oft einer Gottheit zugeschrieben, so z. B. dem ägyptischen Gott Thot, dem babylonischen Gott Nebo oder dem Maya-Gott Itzamna. Im Norden Europas gilt Odin als Erfinder der Runenschrift.

Die älteste den Archäologen bekannte Schrift, die Keilschrift, wurde von den Sumerern um 2900 v. Chr. entwickelt. Ursprünglich dienten die Schriftzeichen nur

Erfinder der Hieroglyphen *Der ägyptische Gott Thot, der oft mit einem Ibiskopf dargestellt wird, formt schreibend menschliches Schicksal.*

Bilderschrift *Dieses chinesische Schriftzeichen bedeutet „Geldangebot" und zeigt einen Mann, der Muscheln transportiert.*

als Hilfe zum Zählen und Registrieren.

Allen frühen Schriften ist gemeinsam, daß sie aus stilisierten Darstellungen von Lebewesen und Dingen, also Bildzeichen, aufgebaut waren. Darüber hinaus enthielten sie Symbole, die als Gedächtnisstütze dienten. Nach und nach entwickelten sich daraus komplexere Zeichensysteme; die Zeichen gaben nun abstrakte Ideen wieder, wurden zu sogenannten Ideogrammen.

Diese Symbole bezogen sich auf die Bedeutung eines Wortes, nicht jedoch auf dessen Lautung. Die frühen Schriften hatten also noch wenig mit der tatsächlich gesprochenen Sprache zu tun. Alphabete, bei denen jeder Buchstabe einen Laut bezeichnet, für sich allein aber keine Bedeutung hat, entstanden erst später. Das erste Alphabet, das sowohl für Konsonanten als auch für Vokale Buchstaben besaß, schufen die Griechen auf der Basis eines phönizischen Konsonantenalphabets.

Die Entwicklung praktikabler Schriften war nicht nur in der Antike von Bedeutung. Auch während der letzten 200 Jahre wurden noch neue für manche afrikanischen Völker und amerikanischen Indianerstämme ausgearbeitet, die keine Schreibtradition hatten. Einige davon, z. B. die um 1840 erfundene Schrift für die Cree-Indianer, gehen auf Missionare zurück, die ihre Botschaft durch das geschriebene Wort verbreiten wollten. Andere – wie die Schriftzeichen der Mende im westafrikanischen Sierra Leone – wurden von den Eingeborenen selbst geschaffen, um den Kolonialisten ihre Eigenständigkeit zu beweisen.

Der Schlüssel zur Keilschrift

Das Geheimnis der Felsen von Behistan

Henry Creswicke Rawlinson hielt den Atem an und stieg auf die oberste Sprosse seiner Leiter. Diese stand bedenklich schwankend auf einem schmalen Felsvorsprung über einem 300 m tiefen Abgrund. Mit der Linken suchte Rawlinson Halt für sich und sein Notizbuch. Mit der rechten Hand kopierte er langsam und sorgfältig die Inschrift, die in die Felswand gehauen war.

Tag für Tag erstieg Rawlinson die Felswand von Behistan in Persien und malte alle Zeichen ab, an die er herankam. Als es für ihn zu gefährlich wurde, half ihm „ein wilder kurdischer Junge", der wie eine Gemse am Felsen hinaufkletterte und die Beschriftungen abzeichnete, bei der langwierigen Arbeit.

Soldat und Gelehrter

Der Brite Rawlinson, der 1835 als Militärberater nach Persien gekommen war, beherrschte Persisch, Arabisch und Hindi genausogut wie Griechisch und Lateinisch. Was aber faszinierte ihn ausgerechnet an der Inschrift auf den Felsen von Behistan?

Sie war in Keilschrift abgefaßt, einer frühen, aus keilförmigen Zeichen zusammengesetzten Schrift. Die Bedeutung einiger weniger Wörter der altpersischen Keilschrift war bereits bekannt. Forscher hatten mit Hilfe alter römischer und persischer Texte herausgefunden, wie die Namen einiger Könige in Keilschrift wiedergegeben waren. Damit kannten sie die Bedeutung mehrerer Zeichen und konnten sich so bald noch andere Wörter zusammenreimen. Die meisten Schriftelemente waren jedoch zu Rawlinsons Zeit noch nicht entziffert. Wie andere Wissenschaftler wollte auch der Brite dem Rätsel vollends auf die Spur kommen.

Die Inschrift von Behistan – sie erzählt u. a., wie Darius I. 522 v. Chr. den persischen Thron eroberte – enthielt weit mehr Orts- und Personennamen als jeder bis dahin bekannte Keilschrifttext. Dies brachte die Entschlüsselung enorm weiter. Und noch ein anderer Umstand machte die Arbeit besonders lohnend: Die Keilschrift konnte – genau wie unser heutiges Alphabet – für verschiedene Sprachen benutzt werden, und so wurde auf dem Felsen von Behistan derselbe Text gleich in drei Sprachen eingehauen. Als Rawlinson das Altpersische entziffert hatte, konnten damit auch die beiden anderen in Elamisch und Babylonisch abgefaßten Texte erschlossen werden.

Denkmal *Relief und Text an dieser Felswand in Persien feiern den Perserkönig Darius I.*

Rawlinsons Arbeit trug Früchte: Um 1850 konnte man die Schriften von drei untergegangenen Sprachen wieder lesen und so ungeahnte Einblicke in Geschichte und Literatur der Völker im Zweistromland gewinnen.

DER LANGE WEG ZUM ABC

Das Alphabet ist heute für uns eine Selbstverständlichkeit. Doch wären die Phönizier nicht gewesen, müßten wir vielleicht auf das Abc verzichten. Und ohne die Griechen, die das phönizische Alphabet weiterentwickelten, würden wir heute alle Buchstaben seitenverkehrt schreiben.

Die Griechen kamen höchstwahrscheinlich um 1000 v. Chr. erstmals mit dem Alphabet in Berührung, als sie mit den Phöniziern, die im Gebiet des heutigen Libanon lebten, Handel trieben. Die Phönizier schrieben von rechts nach links. Als die Griechen die phönizische Schrift übernahmen, wechselten sie anfangs die Schreibrichtung in jeder Zeile. Später aber schrieben sie durchgehend von links nach rechts, wobei die Buchstaben folgerichtig zu Spiegelbildern der Originalzeichen wurden.

Die Phönizier schrieben nur Konsonanten; die Vokale mußte der Leser also gedanklich selbst ergänzen. Im Griechischen waren die Vokale aber von großer Bedeutung, manche Wörter konnten nur durch den richtigen Vokal am Wortanfang voneinander unterschieden werden. Daher wurde es für die Griechen unumgänglich, das phönizische Alphabet durch Vokalzeichen zu ergänzen.

Überzählige Buchstaben

Glücklicherweise standen einige Buchstaben im phönizischen Alphabet für Konsonanten, die es im Griechischen nicht gab. Diese verwendeten die Griechen nun für ihre Vokale. Die Reihenfolge des phönizischen Alphabets wurde ansonsten im großen und ganzen beibehalten. Die Römer ihrerseits paßten das griechische Alphabet wiederum der lateinischen Sprache an. Auf sie geht die Form des Alphabets zurück, die uns heute vertraut ist.

Phönizisch   Altgriechisch   Lateinisch

Seitenverkehrt *Die Griechen drehten die phönizischen Buchstaben um und machten daraus ihr eigenes Alphabet, aus dem später das lateinische Alphabet abgeleitet wurde.*

EIN ERFINDERISCHER GOLDSCHMIED

Johannes Gutenberg, im 15. Jh. lebender Goldschmied aus Mainz, erkannte, daß die Sprachen der Alten Welt mit relativ wenigen Buchstaben auskommen. Hätte man also einzelne, bewegliche Druckbuchstaben – so seine Idee –, könnte man den Text ganzer Buchseiten damit zusammensetzen. Lettern aus Holz würden schnell verschleißen, solche aus Metall dagegen konnte man in großen Mengen in Formen gießen, und sie hielten außerdem lange.

Gutenberg machte sich ans Werk, wobei ihm seine Fertigkeiten als Goldschmied sehr von Nutzen waren. Es gelang ihm, eine geeignete Metallegierung zu finden und daraus die einzelnen Typen so präzise zu gießen, daß ein sauberer Druck möglich war.

Er hatte damit eine weitreichende Erfindung gemacht: den Buchdruck mit beweglichen, wiederverwendbaren Metallettern. Zuvor wurden Bücher vervielfältigt, indem man sie abschrieb oder mit Hilfe von Holzschnitten auf das Papier stempelte. Gutenbergs Verfahren blieb jahrhundertelang unübertroffen.

Vor Gutenberg hatte zwar der Chinese Bi Sheng bereits um 1040 mit beweglichen Schriftzeichen aus Keramik experimentiert; das Verfahren wurde aber wegen der Vielzahl der chinesischen Schriftzeichen wieder aufgegeben. Es gilt als sicher, daß Gutenberg nichts von diesen frühen Druckversuchen wußte.

Der kreative Goldschmied gab sich mit seiner ersten Erfindung nicht zufrieden. Er baute außerdem die traditionelle Weinpresse in eine Druckerpresse um. Die Druckerschwärze konnte damit gleichmäßig über die ganze Buchseite verteilt werden.

Von da an war es möglich, Bücher sehr viel preiswerter als früher, in hervorragender Qualität und in großer Zahl zu drukken. Am Ende des 15. Jh. waren in Europa bereits 40 000 Bücher erschienen, die mit der neuen Drucktechnik hergestellt worden waren.

Zu Papier gebracht
Ein Drucker färbt die Metallettern in einer Druckform mit Druckerschwärze ein.

Die geheimnisvolle Schrift der Maya

Noch heute sind nicht alle Zeichen entziffert

Diego de Landa, der 1549 als spanischer Missionar zu den Maya nach Mittelamerika kam, verachtete die Kultur und den Glauben der Eingeborenen. Er war ein so rücksichtsloser Unterdrücker des Maya-Glaubens, daß er sogar nach Spanien zurückberufen und vor Gericht gestellt wurde. Um das Gericht davon zu überzeugen, daß er trotz seines harten Vorgehens die Lebensweise der Maya respektiere, veröffentlichte er 1566 ein Buch über die Maya-Kultur. Ausgerechnet dieses Werk, das lange verschollen war, ist heute die einzige Quelle, auf die bei der Übersetzung der Maya-Inschriften zurückgegriffen werden kann. Denn obwohl die Maya-Sprache noch immer von fast 4 Mio. Menschen gesprochen wird, beherrscht niemand mehr die alte Hieroglyphenschrift.

Landa nahm fälschlicherweise an, die Hieroglyphen würden Buchstaben eines Alphabets darstellen. Für jeden spanischen Buchstaben ließ er sich deshalb von den Maya die entsprechende Hieroglyphe zeigen. Erst um 1950 kam dem russischen Wissenschaftler Juri Knorosow die Idee, daß Landa dabei sicher jeden Buchstaben spanisch ausgesprochen hatte (z. B. f als effe, m als emme), so daß die Glyphen, die Landa von den Maya erhalten hatte, nicht für Buchstaben, sondern für Silben standen. Knorosow konnte aufgrund dieser Erkenntnis dann tatsächlich eine ganze Anzahl von Maya-Hieroglyphen entziffern.

Für eine vollständige Entschlüsselung ist die Maya-Schrift allerdings zu komplex. Viele Zeichen stehen nicht für Silben, sondern für sogenannte Morpheme, also kleinste sprachliche Einheiten, die für sich gesehen eine Bedeutung haben und häufig als Wortbestandteile auftauchen. Das Wort „einmal" z. B. setzt sich aus den Morphemen „ein" und „mal" zusammen. Immerhin haben die Historiker durch die bereits entzifferten Zeichen viel über die Kultur der Maya erfahren.

1573 kehrte Landa als Bischof nach Mittelamerika zurück: Sein Buch hatte ihm zum Freispruch verholfen.

Maya-Ritual *Die Hieroglyphen auf diesem Maya-Relief beschreiben die Vorbereitungen einer Opferzeremonie.*

Die neuesten Nachrichten

Wie unser Hunger nach Informationen allmählich gestillt wurde

Kaum jemand würde Julius Cäsar mit der Entstehung der Zeitung in Verbindung bringen, aber er war es, der 59 v. Chr. als erster die schriftliche Bekanntgabe offizieller Nachrichten einführte. Die *Acta Diurna*, die „Tagesberichte", waren ein handgeschriebenes Nachrichtenblatt, das täglich auf dem Forum Romanum und an anderen wichtigen Plätzen der Stadt angeschlagen wurde.

Der Inhalt der *Acta Diurna* war dem einer modernen Tageszeitung nicht unähnlich. Es wurde über Schlachten berichtet, über militärische Anordnungen und politische Ereignisse – aber auch über die Ergebnisse von Gladiatorenkämpfen und Persönliches wie Geburten, Hochzeiten und Todesfälle. Bürger, die in anderen Teilen des Römischen Reiches lebten, beauftragten Schreiber, die Nachrichten zu kopieren und sie ihnen zuzusenden. Manche Schreiber verdienten sich zusätzliches Geld, indem sie für

Nachrichtenblatt Diese teilweise handgeschriebene Bekanntmachung (unten) listet die Opfer auf, die sieben Epidemien zwischen 1592 und 1665 in London forderten.

Hört, ihr Leute! Ausrufer wie dieser auf einer Abbildung in einer englischen Zeitschrift aus dem 19. Jh. (oben) brachten die neuesten Nachrichten unters Volk.

mehrere Kunden gleichzeitig arbeiteten. Oft waren diese Schreiber Sklaven, von denen sich einige mit dem verdienten Geld ihre Freiheit erkauften.

Nachdem die *Acta Diurna* eingestellt wurden, blieb es Reisenden – und später Troubadouren und städtischen Ausrufern – überlassen, die neuesten Nachrichten zu verbreiten. Zeitungsjournalismus, wie wir ihn kennen, wurde aber erst möglich, als der Mainzer Johannes Gutenberg um 1450 den Buchdruck mit beweglichen Lettern erfand, was das Veröffentlichen von Schrifttum wesentlich vereinfachte und verbilligte. Dennoch dauerte es noch über 150 Jahre, bis tatsächlich regelmäßig erscheinende Zeitungen gedruckt wurden. Die erste dürfte die wöchentliche *Avisa Relation oder Zeitung* gewesen sein, die ab

Hätten Sie's gewußt?

Am Neujahrstag 1845 wurde erstmals ein Mörder mit Hilfe der Telegrafie verhaftet. Nachdem man eine Frau tot in ihrem Haus in Slough entdeckt hatte, sah jemand den Verdächtigen John Tawell in den Zug nach London steigen. 1843 war zwischen Slough und London die erste öffentliche Telegrafenlinie der Welt eröffnet worden. Man alarmierte die Londoner Polizei, und Tawell konnte festgenommen werden.

1609 in Wolfenbüttel erschien. Etwa zur selben Zeit wurden auch in Straßburg und Augsburg erste Zeitungen herausgegeben.

Die Leser dieser ersten echten Zeitungen waren vor allem Kaufleute, die über Ereignisse in Europa informiert sein wollten, da dies für ihre Geschäfte von großer Bedeutung war. Die Zeitungsidee verbreitete sich rasch: Am Ende des 17. Jh. gab es allein in Deutschland bereits 30 verschiedene Tageszeitungen.

Die ersten Zeitungen sind längst von der Bildfläche verschwunden. Aber das von der Königlichen Schwedischen Akademie für Literatur herausgegebene Journal *Post och Inrikes Tidningar*, das 1645 zum erstenmal erschien, wird heute noch gedruckt.

Öffentliche Ereignisse

Das kurze Dasein einer Zeitung

Am Morgen des 25. September 1690 wurde den Bürgern von Boston die große Ehre zuteil, in der ersten Zeitung Nordamerikas lesen zu können. Der Journalist Benjamin Harris wollte sein Blatt *Publick Occurences Both Forreign and Domestick* (Öffentliche Ereignisse im Aus- und Inland) monatlich herausbringen „oder auch öfter, falls die Ereignisse sich häufen". Doch die erste Ausgabe sollte auch die letzte sein.

Zuvor hatte Harris in London als Verkäufer von Pamphleten und als Herausgeber einer politischen Zeitung ein bewegtes Leben geführt. 1678 half er mit, Stimmung gegen die katholische Kirche zu machen, und veröffentlichte einen Artikel, in dem von einem geplanten Massenmord an Protestanten und dem Niederbrennen Londons die Rede war. Dieser erfundene Artikel führte zu seiner Festnahme. Nach seiner Freilassung floh Harris mit seiner Familie nach Boston, wo er ein Kaffeehaus und einen Buchladen eröffnete und einen Verlag gründete.

Unruhen und Amouren

Harris' Erstausgabe war lebendig und gut geschrieben. Es wurde u. a. über eine Pockenepidemie in Boston berichtet, über einen Selbstmord, zwei Brände und Unruhen in Irland. Die Zeitung hatte drei bedruckte und eine leere Seite, so daß die Leser die letzten Neuigkeiten selbst aufschreiben konnten, bevor sie das Blatt an andere weitergaben. Der Gouverneur von Massachusetts war jedoch von den journalistischen Fähigkeiten Harris' nicht beeindruckt, und die puritanischen Geistlichen waren entsetzt über eine gewagte Geschichte, die von den amourösen Abenteuern König Ludwigs XIV. von Frankreich mit der Frau eines Prinzen berichtete. Bereits nach vier Tagen wurde Harris verboten, weitere Ausgaben zu veröffentlichen. Harris kehrte nach dieser Erfahrung wieder nach England zurück, wo er fortan als Verkäufer von obskuren Medikamenten seinen Lebensunterhalt bestritt.

Erst am 24. April 1704 erschien in Amerika wieder eine Zeitung: John Campbells wöchentliche *Boston News-Letter*. Sie blieb 15 Jahre lang die einzige regelmäßig erscheinende Zeitung des Landes und bestand bis 1776.

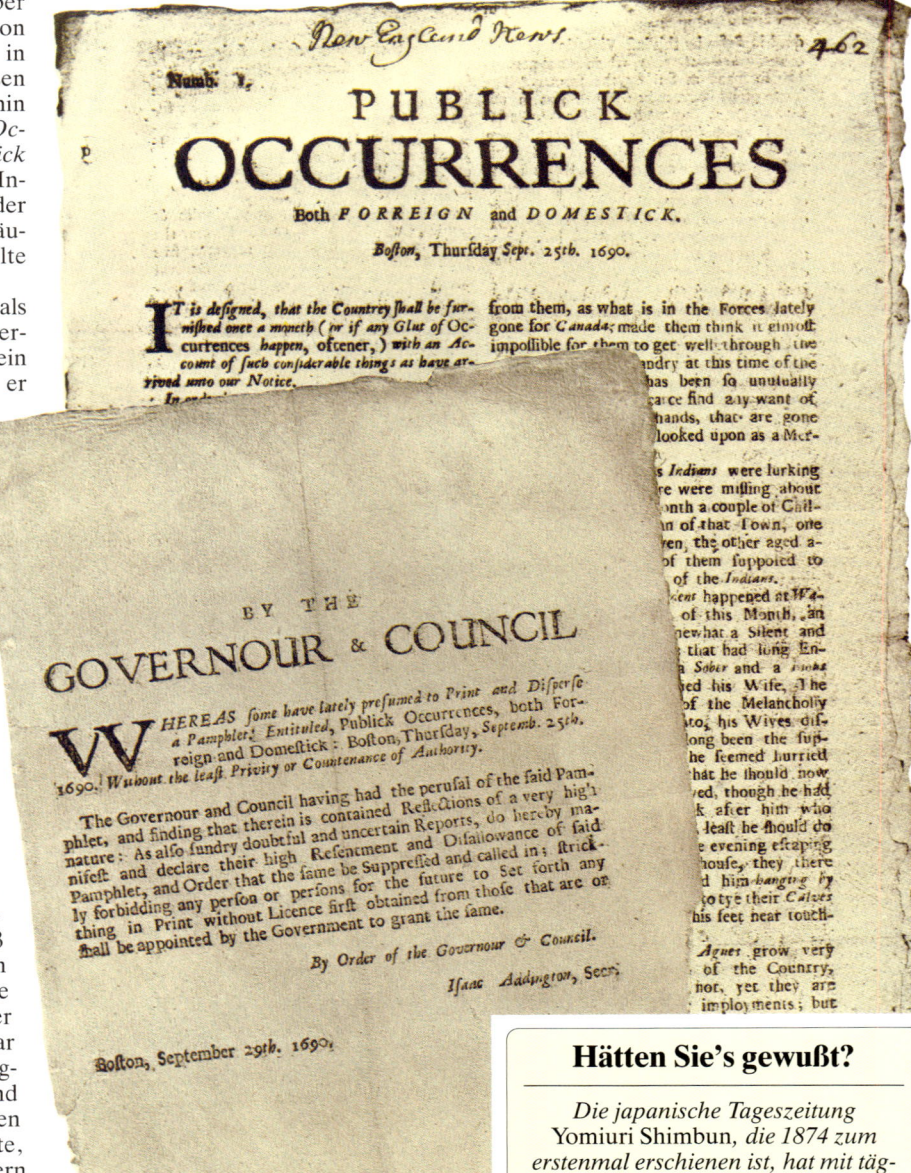

Verbotene Zeitung *Amerikas erste Zeitung (hinten) bestand nur aus drei bedruckten, 15 × 26 cm großen Seiten und brachte Berichte aus aller Welt im modernen Nachrichtenstil. Doch einige Artikel empörten die örtlichen Behörden derart, daß das Blatt durch eine Verordnung (im Vordergrund) umgehend wieder verboten wurde.*

Hätten Sie's gewußt?

Die japanische Tageszeitung Yomiuri Shimbun, *die 1874 zum erstenmal erschienen ist, hat mit täglich mehr als 14,5 Mio. Käufern die größte Leserschaft der Welt. Sie wird in mehreren regionalen Ausgaben veröffentlicht.*

◆◆◆

Das Wort Gazette bezeichnet eine Zeitung oder eine Zeitschrift und leitet sich von dem italienischen Wort gazzetta *ab. Die* gazzetta *war eine Kupfermünze, die die Venezianer im 16./17. Jh. bezahlen mußten, wenn sie zuhören wollten, wie eines der regelmäßig ausgegebenen Nachrichtenblätter öffentlich vorgelesen wurde.*

Hilfe für die junge Republik

Der optische Telegraf des Franzosen Chappe

Der Krieg ist der Vater aller Dinge – dieses geflügelte Wort galt mit Sicherheit auch für die Kriege, die der Französischen Revolution folgten. 1792 sah sich die junge Republik an allen Grenzen Feinden gegenüber: den Armeen von Großbritannien, Österreich, den Niederlanden, Preußen und Spanien. In dieser Situation brauchte man dringend ein gutes und schnelles Nachrichtensystem.

Der Ingenieur und Geistliche Claude Chappe hatte 1791 einen optischen Telegrafen entwickelt, den er bisher jedoch noch nicht richtig hatte testen können. Claudes älterem Bruder Ignace, einem Mitglied der Nationalversammlung, gelang es schließlich, einen Test des Systems durchzusetzen. Dieser Test, 1793 vor den Augen einiger führender Persönlichkeiten der Französischen Revolution durchgeführt, markiert einen Wendepunkt in der Geschichte der Nachrichtenübermittlung.

Der Zeichenträger

Die Brüder hatten eine Reihe von 5–10 km voneinander entfernten Türmen bauen lassen. Auf jedem Turm befand sich ein senkrechter Mast, der oben mit einem beweglichen, waagrechten Balken ausgestattet war. An den beiden Enden dieses Balkens saß jeweils ein – ebenfalls beweglicher – senkrechter Arm. Mit Seilen gesteuert, konnte diese Signalanlage in 49 deutlich voneinander unterscheidbare Stellungen gebracht werden, deren Bedeutungen Chappe vorher festgelegt hatte. Chappe nannte

Codebuch Chappes Originalzeichnungen zeigen vier der 49 Stellungen seines Signalcodes. Jede Stellung stand für ein Zeichen oder ein Symbol.

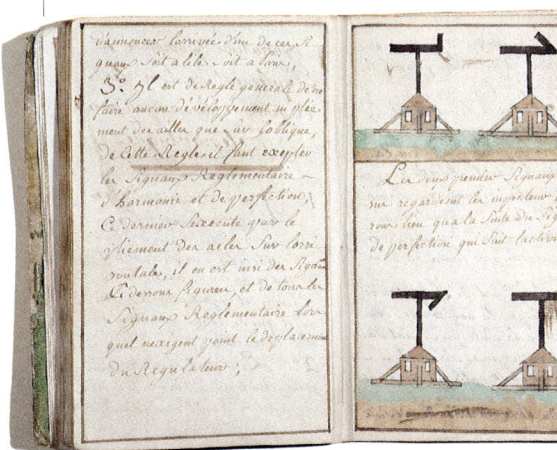

Zeichen der Zeit
Claude Chappe demonstriert 1793 seinen optischen Telegrafen auf einem Hügel vor Paris.

seine Konstruktion Semaphor nach dem griechischen Wort für Zeichenträger.

Die Bedienungsmannschaften beobachteten mit dem Fernrohr die benachbarten Türme und gaben die registrierten Signale an die nächste Station der Kette weiter. Die erste Informationskette war 270 km lang und verlief von Paris bis Lille. Im August 1794 wurde über diese Strecke die Meldung von der Rückeroberung Le Quesnoys durch Napoleon übermittelt. Dabei gab man etwa drei Signale pro Minute weiter, so daß die Siegesnachricht in rund 20 Minuten ihr Ziel erreichte – 90mal schneller als mit einem Kurier zu Pferde.

Trotz seiner Mängel – bei Nacht oder Nebel war keine Übermittlung möglich – erwies sich das System als sehr nützlich, und auch andere Länder wie Rußland, Großbritannien, Indien und Ägypten errichteten ähnliche optische Telegrafen.

Als etwa 50 Jahre später der elektrische Telegraf seinen Siegeszug antrat, gab es in Frankreich mehr als 550 Semaphore, die eine Gesamtstrecke von 4800 km überbrückten.

Claude Chappe lebte damals schon lange nicht mehr. Nachdem sein System kritisiert worden war und mehrere Ingenieure ihn beschuldigt hatten, er habe ihre Ideen gestohlen, hatte er 1805 Selbstmord begangen.

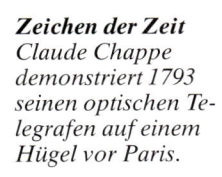

Hätten Sie's gewußt?

Dr. Martha Vögli aus Thun in der Schweiz war äußerst überrascht, als sie 1978 einen Brief bekam, der vor über 27 Jahren abgeschickt worden war. Der Brief befand sich mit 59 anderen in einem Postsack, den Angehörige der französischen Gendarmerie gefunden hatten, als sie in 1200 m Höhe am Mont Blanc übten. Der Sack hatte zur Postsendung der Malabar Princess gehört, eines Flugzeugs der Air India, das im November 1950 am Mont Blanc zerschellt war.

◆◆◆

Die schwerste Zeitschrift, die je veröffentlicht wurde, war das Septemberheft des amerikanischen Modemagazins Vogue im Jahr 1989. Es hatte 808 Seiten und wog sage und schreibe 1,51 kg.

Von unserem Korrespondenten

William Howard Russells Feder war stärker als das Schwert

Sein Stil war alles andere als schwerfällig: „Die Stille ist bedrückend; zwischen dem Donnern der Kanonen ist das Klirren der Säbel unten im Tal zu hören." So beschrieb William Howard Russell 1854 den Lesern der Londoner Zeitung *The Times* die Ruhe vor einem verlustreichen Angriff der britischen leichten Brigade im Krimkrieg. „Mit einem leuchtenden Schein aus blitzendem Stahl über ihren Köpfen und mit einem Kampfschrei, der der Todesschrei vieler edler Kameraden war, stürmten sie in den Rauch der Geschütze."

Am Ort des Geschehens

Russell war der erste akkreditierte Kriegsberichterstatter einer Zeitung. Bevor er 1854–1856 direkt vom Krimkrieg berichtete, hatten die Zeitungen ihre Artikel meist aus Briefen von Offizieren oder den Berichten ausländischer Zeitungen zusammengestellt. 1808 hatte *The Times* zwar bereits einen Journalisten nach Spanien geschickt, von wo er über den spanischen Unabhängigkeitskrieg berichten sollte, doch blieb er nicht lange vor Ort.

Russell war zwar nicht der einzige Journalist auf der Krim, aber ihm gelang es, aus den wirren Augenzeugenberichten die Tatsachen herauszufiltern und zu einem genauen Bericht zusammenzufassen.

„Wie hoch sind die Kosten, die unserem Land entstehen", fragte er die Leser, „durch die Männer, die in ihren Zelten oder im Lazarett an Erschöpfung oder Überanstrengung, an Unter- oder Mangelernährung sterben?" Solche Berichte, die die Mißwirtschaft des Militärs in der medizinischen Versorgung und in der Beschaffung von Nahrungsmitteln und Kleidung anprangerten, erschienen wiederholt in den Leitartikeln von *The Times* – der Zeitung also, die von den Regierenden und der Oberschicht, aber auch von der Mittelschicht Großbritanniens gelesen wurde.

Im Januar 1855 mußte die Regierung zurücktreten. Gaben Russells Berichte womöglich den Ausschlag dafür? Russell selbst war nicht dieser Meinung, aber der neue Kriegsminister machte klar, daß er in ihm den Schuldigen sah, und Albert, Prinzgemahl der Königin Viktoria, startete sogar eine wütende Attacke gegen den „kümmerlichen Schreiberling".

Rückkehr eines Helden

Aber Russell hatte unbestreitbar die Wahrheit geschrieben, und so kehrte er als Volksheld nach Großbritannien zurück. Noch nie zuvor hatte jemand einen Krieg so umfassend beschrieben. Und Russells Berichterstattung hatte außerdem zur Folge, daß die Armee von Grund auf neu organisiert wurde.

Der Kriegsberichterstatter war dank

Augenzeuge William Howard Russell beobachtet eine Schlacht im Krimkrieg. Er sprach mit Soldaten und Offizieren und sammelte so Informationen für Berichte, wie es sie zuvor nicht gegeben hatte.

Russell zur festen Einrichtung bei militärischen Konflikten geworden. Als 1861 der amerikanische Bürgerkrieg ausbrach, gingen allein von Norden aus 500 Korrespondenten, darunter auch Russell, an den Kriegsschauplatz.

DIE ERSTE RUNDFUNKSENDUNG DER WELT

Es war am Heiligen Abend 1906. Auf dem Schiff, das im Nordatlantik unterwegs war, glaubte der Funker seinen Ohren nicht zu trauen. Statt der üblichen Morsezeichen drangen die Klänge einer Geige aus dem Funkgerät. Danach ertönte eine knisternde Stimme: „Wenn Sie mich hören können, dann schreiben Sie bitte an Mr. Fessenden in Brant Rock." Der Funker lauschte der ersten drahtlosen Übertragung von Sprache und Musik.

Der in Kanada geborene Reginald Aubrey Fessenden war Professor der Elektrotechnik und ein fleißiger Erfinder, der in seinem Leben rund 500 Patente anmeldete. Er erfand den Sprechfunk, der Worte und Musik mittels kontinuierlicher, gleichbleibender Radiowellen übertragen konnte. Den Radiowellen überlagerte Fessenden die Schwingungsfrequenzen seiner Stimme oder die von Musik, die er durch ein Mikrofon in elektrische Wellen umgewandelt hatte. Dies war etwas ganz anderes als Marconis drahtlose Telegrafie, die um 1897 bereits mit Erfolg vorgeführt worden war, mit der aber nur die langen und kurzen Signale des Morsealphabets übermittelt werden konnten.

Fessenden strahlte sein Weihnachtskonzert mit Hilfe eines 128 m hohen Masts aus, der zu seinem Labor in Brant Rock im amerikanischen Bundesstaat Massachusetts gehörte. Die Reichweite betrug 320 km. Das 30minütige Programm hatte Fessenden selbst gestaltet. Er spielte Geige, las aus der Bibel vor und wünschte schließlich seinen Zuhörern fröhliche Weihnachten.

Fessenden war mit dieser Sendung seiner Zeit weit voraus. Als er sie ausstrahlte, konnte sich kaum jemand vorstellen, daß Radiosendungen auch einmal der Unterhaltung dienen könnten. Fessendens zufällige Zuhörer waren Funker auf Schiffen oder in Küstenstationen. Die Massenproduktion von Radioapparaten begann erst nach dem Ersten Weltkrieg, und der erste Radiosender der Welt – KDKA in Pittsburgh im amerikanischen Bundesstaat Pennsylvania – nahm seinen Sendebetrieb am 2. November 1920 auf.

Später entwickelte Fessenden dann noch den Radiokompaß und Signalgeräte für U-Boote. Er starb 1932 im Alter von 65 Jahren.

Höchste Alarmstufe

Der heiße Draht zu Krieg und Frieden

Die Szene ist bekannt aus vielen Filmen: Tief im Innern des Pentagons, des amerikanischen Verteidigungsministeriums in Washington, steht in einem streng bewachten Raum ein rotes Telefon. Plötzlich läutet es. Der Präsident der USA nimmt den Hörer ab und spricht dann direkt mit dem Präsidenten der Sowjetunion. Nach einem kurzen, scharfen Wortwechsel legt der Präsident den Hörer auf und drückt auf den Knopf, der ein Arsenal von Atomraketen startet. Die Zivilisation, wie wir sie kennen, geht in einem atomaren Inferno unter.

Diese Vorstellung vom heißen Draht zwischen Washington und dem Kreml in Moskau ist so verbreitet, daß selbst Ronald Reagan in seiner Zeit als Präsident der USA vom roten Telefon sprach. Die Wirklichkeit sieht jedoch anders aus. Der heiße Draht ist kein Telefonkabel, sondern eine Satellitenverbindung, über die Fernschreiben und, seit 1984, Telefaxe übermittelt werden können. Sie wurde bald nach der Kubakrise von 1962 eingerichtet und sollte während der Zeit des kalten Krieges militärische Konfrontationen zwischen den beiden Supermächten verhindern. Wie oft der heiße Draht seither genutzt wurde, wird geheimgehalten. Sicher ist jedoch, daß die Staatschefs 1979, nach dem Einmarsch der Sowjettruppen in Afghanistan, von ihm Gebrauch machten.

Um technisch bedingte Übertragungsfehler so gut wie möglich auszuschließen, überprüft man die Leitung 24mal am Tag. Dazu übermitteln Amerikaner

Sicherheitstest Angestellte des Pentagons überprüfen den heißen Draht zwischen den USA und der Sowjetunion.

und Sowjets abwechselnd neutrale, unverfängliche Texte, wie z. B. die internationalen Golfregeln von West nach Ost oder einen Bericht über Damenfrisuren im Rußland des 17. Jh. von Ost nach West.

Einen ausgesprochen mysteriösen Text, über dessen Sinn sich die sowjetischen Dechiffrierexperten vergeblich den Kopf zerbrachen, übermittelten die Amerikaner am Eröffnungstag des heißen Drahts: „Der schnelle braune Fuchs springt über den faulen Hund. 1234567890."

Direkte Leitung nach Moskau In dem Film Dr. Seltsam oder Wie ich lernte, die Bombe zu lieben, *telefoniert Peter Sellers als Präsident der USA mit dem sowjetischen Ministerpräsidenten, während dessen Botschafter (gespielt von Peter Bull) mithört.*

LAUTLOSER LOCKRUF

Wie es scheint, folgt man einer Aufforderung, die man gar nicht bewußt wahrgenommen hat, besonders eifrig. Anstatt Schilder anzubringen, auf denen bei Diebstahl mit einer Anzeige gedroht wird, haben einige amerikanische Kaufhäuser in die leise Kaufhausmusik geflüsterte Ermahnungen, ehrlich zu sein, eingestreut. Diese Ermahnungen sind so leise, daß die Kunden sie nicht bewußt hören; sie nehmen sie nur unterschwellig wahr. Tatsächlich ist in manchen Geschäften die Diebstahlquote daraufhin drastisch gesunken.

Seit man in den 50er Jahren entdeckt hat, daß Menschen für unterschwellige Botschaften empfänglich sind, wollen sich dies auch die Werbefachleute zunutze machen. Sie hoffen, daß die Kunden ihrem Verkaufsdruck keinen rationalen Widerstand mehr entgegensetzen können, wenn die Botschaft in ihr Unterbewußtsein vorgedrungen ist.

Die bekanntesten Beispiele für unterschwellige Werbung waren bisher optischer Art. Dabei wird ein Bild für einen Sekundenbruchteil auf der Kinoleinwand oder dem Fernsehschirm gezeigt. Die Öffentlichkeit erfuhr von dieser Methode 1956 zum erstenmal, als bekannt wurde, daß ein Kino in New Jersey so für Coca-Cola warb.

1971 warf man einem Ginhersteller vor, in einer Zeitschriftenanzeige das Wort Sex versteckt zu haben. Reizwörter kunstvoll zu verbergen gilt heute als allgemein üblich, aber niemand weiß, wie viele Menschen auf solche versteckten Botschaften reagieren.

Demgegenüber hat die Angst vor Manipulationen dazu geführt, daß in manchen Ländern unterschwellige Botschaften im Kino und Fernsehen verboten wurden, obwohl Versuche über ihre Wirksamkeit keine schlüssigen Ergebnisse gebracht haben. Im Fall der Coca-Cola-Reklame stieg der Verkauf von alkoholfreien Getränken nach den Werbespots leicht an. Offensichtlich lösten die Bilder bei den Zuschauern Durst aus, ohne daß diese sich an eine Getränkemarke gebunden fühlten.

Ferngespräche
Die Botschaft der Trommel im afrikanischen Busch

In manchen Gegenden Afrikas benutzen Eingeborene Trommeln, um sich über größere Entfernungen zu verständigen. Die Trommler, die oft über 30 km voneinander entfernt sind, unterhalten sich, indem sie die Worte ihrer Stammessprache durch bestimmte Trommelschläge wiedergeben.

In Westafrika, z. B. in Ghana, Benin und Nigeria, ist diese traditionelle Form der Kommunikation am weitesten fortgeschritten. Viele der dort verbreiteten Sprachen sind sogenannte Tonsprachen, d. h., jede Silbe eines Wortes wird in einer ganz bestimmten Tonhöhe gesprochen. Diesen Silbenton und den Rhythmus der jeweiligen Worte ahmen die Trommler auf ihren Trommeln nach. Sie müssen deshalb ein besonders feines Gehör für Tonhöhen haben. Mitteilungen in anderen Sprachen, die, wie z. B. Deutsch oder Englisch, nicht zu den Tonsprachen gehören, lassen sich nicht trommeln – der Empfänger würde nur die Zahl der Silben und ihren Rhythmus wahrnehmen.

Die berühmtesten Sprechtrommler Westafrikas sind die Yoruba. Sie benutzen meist die *dondon*, ein Instrument, das ungefähr die Form einer Sanduhr hat. Der Trommler klemmt sie unter den Arm und trommelt mit einem hammerförmigen Stock. Soll der Ton höher werden, drückt er auf die Lederschnüre an der Längsseite der Trommel, wodurch sich ihr Schlagfell spannt. Die Bantustämme in Zaire und im südlichen Afrika trommeln ihre Nachrichten hauptsächlich auf Schlitztrommeln, die aus ausgehöhlten Baumstämmen hergestellt werden.

Trommeln spielen im kulturellen und sozialen Leben Afrikas eine wichtige Rolle und werden keineswegs nur dazu benutzt, Nachrichten über große Entfernungen zu übermitteln. Manchmal ertönt ihr Dröhnen auch bei einem feierlichen Anlaß zu Ehren eines Stam-

Musikalische Aufforderung Mit Trommeln, darunter auch dondons *(rechts und ganz links), laden die Musiker auf einem Hochzeitsfest in Ghana die Stammesangehörigen zum Tanz.*

mesgottes oder eines Häuptlings, und häufig begleitet der Trommelschlag ein Tanzfest oder feuert die Gegner bei einem Ringkampf an.

Bestimmte Stämme, insbesondere die Mossi in Burkina Faso, nutzen die Trommeln, um ihre Stammesgeschichte lebendig zu erhalten, die in Form von kunstvoll getrommelten Erzählungen weitergegeben wird.

Vom Winde verweht

Die Wahrheit über die Rauchzeichen der Indianer

Himmelsschreiber *Die Technik der Nachrichtenübermittlung bei den Indianern Nordamerikas war keineswegs so ausgeklügelt wie auf diesem Bild des 19. Jh.*

Manche Westernfilme vermitteln den Eindruck, daß sich die nordamerikanischen Indianer mit Hilfe von Rauchzeichen fast so problemlos verständigen konnten wie wir heute über das Telefon. Aber leider ist die Vorstellung, daß die Rauchwölkchen komplexe Botschaften wiedergaben, eine Erfindung des Kinos.

Rauchsignale waren zwar tatsächlich üblich, besonders unter den Halbnomadenstämmen der weiten Ebenen des Mittleren Westens. Aber sie sollten nur einfache Botschaften übermitteln, auf die man sich zuvor verständigt hatte. Heimkehrende Pima-Krieger in Arizona beispielsweise signalisierten ihrem

Stamm einen erfolgreichen Beutezug etwa dadurch, daß sie eine Rauchsäule aufsteigen ließen.

Um möglichst dichten Rauch zu erzeugen, legten die Indianer feuchtes Gras oder grüne Zweige aufs Feuer. Es gibt zwar Berichte, daß sie manchmal mit Hilfe von Decken den Qualm in einzelne Wölkchen auflösten, doch normalerweise genügte eine oder zwei geschlossene Rauchsäulen, um eine Nachricht zu übermitteln. Wichtig für die Bedeutung der Botschaft war zudem der Ort – etwa Berg oder Tal –, an dem das Signal aufstieg. Wenn jagende Apachen in der Ferne andere Indianer entdeckten, entfachten sie rechts von ihrer Gruppe ein Feuer, was „Wer seid ihr?" bedeutete. Waren die anderen Freunde, gaben sie darauf die vorher festgelegte Antwort. Rauchsignale warnten auch vor Krankheiten in einem Lager oder vor nahenden Feinden.

Hätten Sie's gewußt?

Menschen, denen die „sprechenden Trommeln" von Westafrika vertraut sind, erkennen den Trommler am Klang seiner Trommel, genauso wie man jemanden an der Stimme erkennen kann.

Bunte Vielfalt

Was Farben aussagen

In der westlichen Welt signalisiert die Farbe Rot Gefahr. Rot ist die Farbe des Blutes, des Feuers und der leidenschaftlichen Liebe. Rot ist die Farbe von Mars, dem römischen Kriegsgott; in der Wut sieht man rot, und Menschen mit roten Haaren sagt man ein feuriges Temperament nach. Ganz anders in China: Dort ist Rot die Farbe des Glücks.

Farben haben in verschiedenen Kulturkreisen die unterschiedlichsten Bedeutungen. Im Westen ist Schwarz die Farbe der Trauer, und Weiß wird traditionell von Bräuten getragen. In China ist Weiß dagegen die Farbe der Trauer. In Europa sagt man, die Mitglieder der Königsfamilien hätten blaues Blut, in Malaysia dagegen gilt königliches Blut als weiß.

Blaues Totenhemd

Die Pueblo-Indianer in den USA ordnen den Himmelsrichtungen bestimmte Farben zu: dem Osten Weiß, dem Norden Gelb, dem Westen Blau und dem Süden Rot. Die Cherokee-Indianer im Südosten der USA verbinden nicht nur die Himmelsrichtungen, sondern auch deren angebliche Eigenschaften mit Farben: Erfolg kommt vom Osten und ist rot, der Norden ist blau und bedeutet Ärger, der schwarze Westen ist der Tod, und der glückliche Süden ist weiß. Für die Menschen der westlichen Welt ist Blau meist eine fröhliche Farbe. Sie wird mit Himmel, Treue und Frieden assoziiert. Aber die Jesiden in Armenien und im Irak verabscheuen Blau. Ihr schlimmster Fluch lautet: „Du sollst in blauer Kleidung sterben."

Trauerzug *Die Teilnehmer einer Totenfeier in Hongkong tragen Weiß – in China die Farbe der Trauer.*

Blinkende Wegweiser
Leuchtfeuer warnen Seefahrer vor Gefahren

Seit Menschengedenken errichtet man an Küsten Leuchttürme, um die Schiffahrt sicherer zu machen. Sie dienen als Orientierungshilfen und warnen vor gefährlichen Felsen und Strömungen. Zu Anfang bestanden sie nur aus weithin sichtbaren, brennenden Signalfeuern. Aber schon die Ägypter, Griechen und Römer schufen anstatt der primitiven Holzhaufen prachtvolle Bauten, die oft als Wahrzeichen einer Stadt galten.

Der Leuchtturm auf der Mittelmeerinsel Pharus vor der ägyptischen Stadt Alexandria war ein solches Bauwerk. Er wurde um 280 v. Chr. aus weißem Marmor errichtet und war etwa 120 m hoch. Der Turm diente ursprünglich nur als Tagesseezeichen, doch ab dem 1. Jh. n. Chr. brannte auf seiner obersten Plattform auch ein Leuchtfeuer,

Erinnerung an Kolumbus *Dieses riesige Leuchtfeuer in der Dominikanischen Republik wurde im Herbst 1992 in Betrieb genommen.*

das noch in 55 km Entfernung zu sehen gewesen sein soll. Das Feuerholz wurde in von Pferden gezogenen Karren auf Spiralrampen im Turm nach oben gebracht und dann mit Flaschenzügen bis zur Feuerstelle geschafft. Der Leuchtturm, eines der Sieben Weltwunder der Antike, fiel erst im 14. Jh. einem Erdbeben zum Opfer.

Ab dem 1. Jh. wurden Leuchttürme immer häufiger mit Öllampen betrieben. Heute verwendet man statt dessen elektrische Bogenlampen oder Gasglühlichtbrenner.

45 Jahre lang arbeitete man in der Dominikanischen Republik an einem ganz besonderen Bauwerk, einer erhöhten Leuchtplattform, die gleichzeitig ein Denkmal zu Ehren von Christoph Kolumbus abgeben sollte und deshalb 1992 fertiggestellt wurde – 500 Jahre nachdem Kolumbus die Insel Hispaniola,

Helfer im Dunkeln *Leuchttürme, wie dieser auf der kalifornischen Insel Anacapa, warnen vor gefährlichen Felsen und dienen als Landmarken.*

auf der die Dominikanische Republik liegt, entdeckte. Wegen der ständigen Gefahr von Erdbeben und Wirbelstürmen baute man keinen hohen Turm, sondern ein riesiges, liegendes Kreuz mit etwa 230 m Länge und 50 m Höhe.

Viele Inselbewohner glauben jedoch, daß auf Kolumbus ein Fluch liegt, der sich auch auf das Denkmal auswirkt: 1948 explodierte beim feierlichen Baubeginn eine Sprengladung zu früh und zerstörte den Wagen eines Regierungsmitglieds. Und die Bank, auf die das Honorar des britischen Projektarchitekten eingezahlt wurde, ging pleite, wodurch dessen Familie Jahre später nur einen Bruchteil des versprochenen Honorars erhielt.

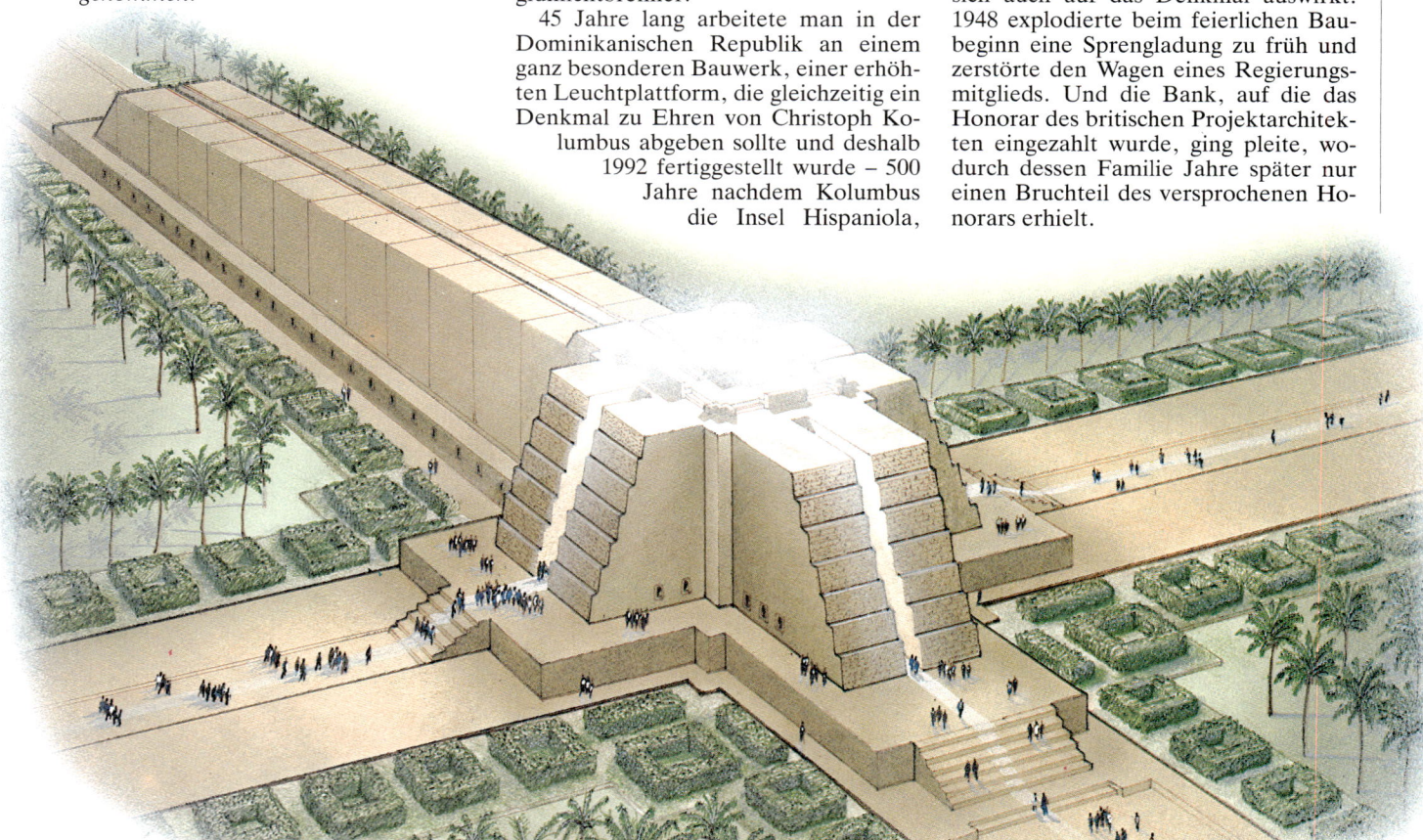

Intrigen und Täuschungen

Das Leben des Meisterspions Sidney Reilly

Sidney Reilly war kein gewöhnlicher Spion. Sein Ziel war hoch gesteckt, und, glaubt man seinen eigenen Aussagen, fast hätte er es auch erreicht: Er wollte nichts mehr und nichts weniger, als die erste kommunistische Regierung der Sowjetunion stürzen.

Der Name Reilly war nur einer von vielen Decknamen, die dieser Spion benutzte – er nannte sich u. a. Genosse Relinsky, Georg Bergmann oder Monsieur Massimo und gab sich manchmal auch als unehelicher Sohn eines irischen Kapitäns aus. Zur Welt gekommen war er 1874 als Sigmund Rosenblum in Odessa am Schwarzen Meer. Reilly nannte er sich nach seiner ersten Frau, Margaret Reilly Callaghan.

Während des Ersten Weltkriegs betätigte sich Reilly als skrupelloser Waffenhändler in New York und war, in Bigamie lebend, mit einer zweiten Frau namens Nadine verheiratet. Nach der russischen Revolution im November 1917 wurde er vom britischen Geheimdienst angeworben und mit dem Befehl, die Regierung von Lenin und Trotzki zu schwächen, in die Sowjetunion geschickt.

Im Frühjahr 1918 kam Reilly dann in Sankt Petersburg an und begann sofort damit, ein ausgeklügeltes Netz der Verschwörung aufzubauen. Er gab sich als Sympathisant der Bolschewiki aus, und schließlich gelang es ihm sogar, sich Papiere zu beschaffen, die ihn als Mitglied der Geheimpolizei der Bolschewiki, der Tscheka, auswiesen. Gleichzeitig plante er mit Unzufriedenen aus den lettischen Schützenregimentern, die Führer zu verhaften und eine Gegenregierung auszurufen. Reilly war vom Erfolg seiner Pläne fest überzeugt: „Ich war kurz davor, Herr über Rußland zu werden", schrieb er später.

Doch der Mordversuch an Lenin Ende August 1918, ausgeführt von der antibolschewistisch eingestellten Dora Kaplan, und die darauffolgende Verhaftungswelle vereitelten Reillys Vorhaben. Er mußte fliehen und gelangte an Bord eines niederländischen Handelsschiffs über die Ostsee nach Schweden. Ein sowjetisches Gericht verurteilte ihn in Abwesenheit zum Tode.

Der britische Geheimdienst entließ Reilly aus seinen Diensten, doch der war weiterhin von der Idee besessen, die sowjetische Regierung zu stürzen. Anfang der 20er Jahre nahm er deshalb Kontakt mit einer oppositionellen Organisation in der Sowjetunion auf und reiste am 25. September 1925 über Finnland heimlich wieder in die Sowjetunion ein. Doch die Oppositionsgruppe war längst von der Geheimpolizei durchsetzt. Reilly wurde sofort unter Beobachtung gestellt. Und als er bald nach seiner Ankunft offen mit sowjetischen Doppelagenten sprach, ließ man ihn verhaften und erschießen.

Wer war Mata Hari?

Die Wahrheit hinter der Legende

Im Juli 1917, auf dem Höhepunkt des Ersten Weltkriegs, wurde Margaretha Geertruida Zelle, alias Mata Hari, in Paris der Prozeß gemacht. Sie wurde beschuldigt, dem deutschen Feind Militärgeheimnisse verraten zu haben. Vor dem Militärgericht entfaltete sich eine sensationelle Geschichte aus Sex und Spionage, und Margarethas Unschuldsbeteuerungen stießen auf taube Ohren. Sie wurde schuldig gesprochen und zum Tod durch ein Erschießungskommando verurteilt.

Tanz in die Gefahr

Betrachtet man jedoch Margarethas Leben, so hat es den Anschein, als ob sie eher ein harmloses, verwirrtes Opfer der Umstände als eine gefährliche Geheimagentin war. Sie wurde 1876 in den Niederlanden geboren, heiratete kurz vor ihrem 19. Geburtstag einen Kolonialoffizier und lebte danach ein paar Jahre in Niederländisch-Indien. 1905 – sie war inzwischen wieder in Europa und hatte sich von ihrem Mann getrennt – begann sie eine Karriere als angebliche indische Tempeltänzerin. Sie nannte sich nun Mata Hari, Auge des Tages, was die malaiische Bezeichnung für Sonne ist. Schon bald war Mata Hari in ganz Europa berühmt, weniger allerdings wegen ihres tänzerischen Könnens, sondern weil sie fast nackt auf der Bühne auftrat.

Mit Ausbruch des Ersten Weltkriegs 1914 begann ihr Glück sie zu verlassen. Internationale Gastspielangebote gab es keine mehr, und sie kam bald in Geldnot. Aber sie fand immer wieder Liebhaber verschiedenster Nationalitäten aus den höchsten Kreisen des Militärs und der Politik, die ihre Dienste gut bezahlten.

Nun geriet sie jedoch mehr und mehr in einen Strudel der Politik und Spionage, deren Hintergründe noch immer im dunkeln liegen. Sie bot – für eine stattliche Summe – der französischen Spionageabwehr an, für sie zu spionieren, ließ sich aber gleichzeitig von deutschen Offizieren bezahlen – ob für Spionage- oder aber für Liebesdienste, wie Mata Hari behauptete, blieb ungeklärt. Reisen durch Europa machten sie zusätzlich verdächtig, und schließlich glaubten die Franzosen, sie als Doppelagentin entlarven zu können, und nahmen sie fest.

Eine Reihe von Frankreichs einflußreichsten Männern – von denen viele Margarethas ehemalige Geliebte waren – sprachen für sie, doch vergebens. Am 15. Oktober 1917 wurde Mata Hari in Vincennes hingerichtet, und zwar auf eigenen Wunsch ohne Augenbinde.

Der falsche Moslem

Ein Schweizer Abenteurer entdeckt eine vergessene Stadt

Im Jahr 1809 machte sich der Schweizer Johann Ludwig Burckhardt auf den Weg in den Mittleren Osten, um die arabischen Wüsten und die heiligen Stätten des Islam zu erforschen. Diese von Moslems beherrschten Gebiete waren den Christen seit über 1000 Jahren verboten, und so legte sich Burckhardt eine moslemische Identität zu: Er hatte bereits Arabisch gelernt, beschaffte sich nach seiner Ankunft in Aleppo arabische Kleidung und gab sich fortan als einen Kaufmann namens Ibrahim Ibn Abdallah aus. Seinen fremdländischen Akzent erklärte er damit, daß er aus Indien komme.

Ruinen in der Wüste

Dank seiner neuen Identität lernte Burckhardt in den folgenden acht Jahren das islamische Leben kennen und machte viele Entdeckungen – darunter auch die der vergessenen Stadt Petra im heutigen Jordanien. Diese in einem Ring von Hügeln verborgene Stadt mitten in der Wüste war einst die blühende Hauptstadt des Königreichs der Nabatäer gewesen. Doch nach ihrer Eroberung durch die Römer im Jahr 106 versank Petra allmählich in der Bedeutungslosigkeit. In Amman hörte Burckhardt zum erstenmal von der prächtigen Ruinenstadt. Da die in der Wüste lebenden Nomadenstämme jedoch keinen Fremden zu den Ruinen ließen, gab Burckhardt vor, am nahegelegenen Grab Aarons opfern zu wollen. Eine solche Pilgerreise konnte niemand verwehren.

Der Weg nach Petra führte quer durch die Wüste und ein Felsmassiv aus rotem Sandstein. Burckhardt, der von mißtrauischen Führern begleitet wurde,

Sandsteinstadt Die Chasna Firaun (Schatzhaus des Pharaos) gehört zu den schönsten Grabmälern der alten arabischen Stadt Petra.

konnte nur heimlich unter seinem weiten Gewand Notizen machen. Wäre seine wahre Identität enthüllt worden, so hätten ihn seine Führer auf der Stelle getötet. Am 22. August 1812 erreichte er durch eine enge, dunkle Schlucht – den Sik – die große Ruinenstadt. Über 500 Tempel und mehrstöckige Grabanlagen waren dort aus dem rötlichen und ockerfarbenen Sandstein herausgehauen, verziert mit Reliefs von Adlern und Fabelwesen. Burckhardt war seit den Zeiten des Römischen Reichs der erste Mensch aus dem Westen, der diese Anlagen sah.

Burckhardt kehrte von seiner Reise nach Petra unversehrt zurück. 1814 unternahm er eine Pilgerreise nach Mekka und war damit der erste Nichtmohammedaner, der die heiligste Stadt des Islam betrat. Als der Schweizer 1817 in Kairo an der Ruhr starb, hatte seine Tarnexistenz sein Leben fast völlig durchdrungen. Auf seinen eigenen Wunsch hin wurde er auf einem moslemischen Friedhof begraben. Auf dem Grabstein stand der Name Pilger Ibrahim Ibn Abdallah.

Gut getarnt Der Schweizer J. L. Burckhardt besuchte in arabischer Verkleidung die heiligen Stätten des Islam, die bis dahin kein Christ gesehen hatte.

Hätten Sie's gewußt?

Von einer Urne oben auf dem Schatzhaus in Petra glaubte man früher, daß sie einen Schatz enthielte. Deshalb versuchte man immer wieder – erfolglos –, sie herunterzuschießen.

Kapitel sieben

GROSSE UND KLEINE ERFINDUNGEN

Niemand kann mit Sicherheit vorhersagen, welche überraschenden Folgen die Ideen eines Erfinders einmal haben werden. Vor etwa 250 Jahren staunten die Pariser über die von Jacques de Vaucanson erfundene mechanische Ente, die sich aufrichten und den Menschen aus der Hand fressen konnte (siehe Seite 201). Heute erfüllt der Roboter Manny, ein entfernter Nachkomme dieses Spielzeugs, eine wichtige Aufgabe: Er testet Schutzanzüge gegen Chemiewaffen (siehe Seite 202). So kann selbst eine scheinbar nutzlose Erfindung irgendwann zum Wegbereiter einer wichtigen Technik werden.

Rivalen der Forschung

Wer begründete den Siegeszug der Elektrizität?

Eine der meistgefeierten Erfindungen Thomas Alva Edisons war die Glühbirne. Zu Recht wird aber auch sein Beitrag an der Entwicklung der Elektrizität zur wichtigsten Energieform der Neuzeit gerühmt. Wäre man aber seinen Vorstellungen zur Verteilung der elektrischen Energie gefolgt, hätte dies schnell in eine Sackgasse geführt. Denn Edison war ein Befürworter der Gleichstromtechnik. Gleichstrom bedeutet, daß – wie z. B. in einer Batterie – der Strom stets in dieselbe Richtung fließt. Ganz anders beim Wechselstromprinzip. Hier fließt der Strom für den Bruchteil einer Sekunde in die eine und dann in die entgegengesetzte Richtung. Führender Kopf unter den Verfechtern des Wechselstroms war der gebürtige Kroate Nikola Tesla.

Als Tesla 1884 nach Amerika übersiedelte, gehörte er noch zu den Bewunderern Edisons und verbesserte sogar als Mitarbeiter dessen Gleichstromdynamos. Doch damals schon war er von der Überlegenheit des Wechselstroms überzeugt: Je kleiner die Spannung

Der Stromkrieg *Edison ließ vor den Augen von Reportern Hunde und Katzen durch Wechselstrom töten, um dessen Gefährlichkeit zu beweisen.*

beim Transport der Elektrizität ist, um so mehr Energie geht auf dem Weg durchs Kabel verloren – so seine Erkenntnis. Da Gleichstrom aber nur mit geringen Spannungen erzeugt werden konnte, wäre der Energieverlust bei der Überbrückung großer Entfernungen sehr hoch ausgefallen. Wechselstrom dagegen, so erkannte Tesla, konnte bei niedriger Spannung erzeugt und dann mit Hilfe eines Transformators auf eine hohe, für große Entfernungen geeignete Spannung gebracht werden. Am Zielort war er dann ebenso einfach wieder so umzuwandeln, daß er für Glühbirnen und elektrische Geräte geeignet war.

Nach etwa einem Jahr kam es zum Bruch zwischen Tesla und Edison. Tesla tat sich 1888 mit dem Industriellen George Westinghouse zusammen, um seine Patente zur Wechselstromtechnik in der Praxis einsetzen zu können. Damit begann eine Art Stromkrieg.

Edison machte sich im Kampf gegen die Wechselstromtechnik die Unwissenheit und die Ängste der Öffentlichkeit vor der Elektrizität zunutze. Um zu beweisen, wie gefährlich Wechselstrom ist, sorgte ein Mitarbeiter Edisons sogar dafür, daß für die ersten elektrischen Stühle Westinghousegeneratoren eingesetzt wurden. Doch das hinterhältige Manöver schlug fehl: Als 1890 der erste Verurteilte auf dem elektrischen Stuhl hingerichtet wurde, starb dieser erst nach acht Minuten – die Stromstärke war zu gering. Nicht von der Art des Stroms, sondern von dessen Stärke hängt es ab, wie rasch der Verurteilte stirbt.

Die Entscheidung im Stromkrieg fiel schließlich 1893, als Westinghouse mit dem Bau des ersten großen Wasserkraftwerks der Welt an den Niagarafällen beauftragt wurde.

Vom Freund zum Feind *Tesla, hier neben seiner Maschine zur künstlichen Erzeugung von Blitzen, arbeitete zunächst für Edison und wurde dann zu dessen Gegner.*

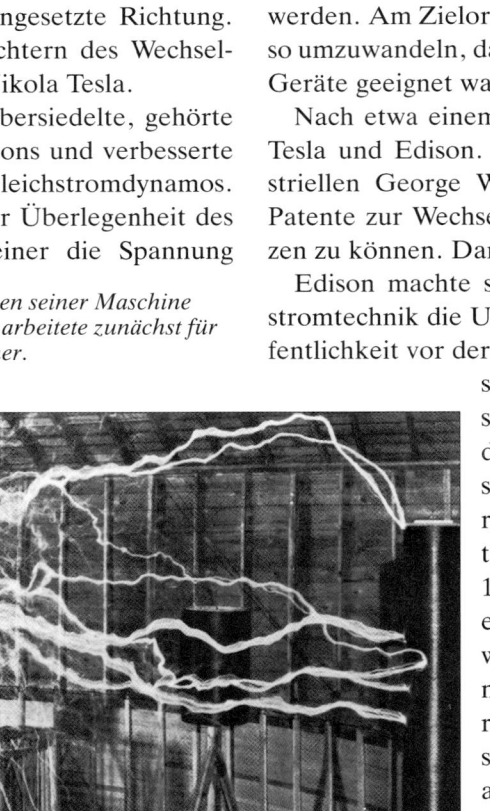

Patente am laufenden Band

Erfolge und Fehlschläge eines großen Erfinders

Thomas A. Edison war wahrscheinlich der produktivste Erfinder aller Zeiten. Vor allem drei seiner genialen Neuerungen sorgten dafür, daß er bis heute unvergessen blieb: die Glühlampe, das Kinetoskop – ein dem Guckkasten ähnlicher Vorläufer des Kinos – und der Phonograph. Insgesamt ließ er sich in seinem langen Leben (1847–1931) 1093 Erfindungen – z. T. in mehreren Ländern – patentieren. Auf der Höhe seiner Schaffenskraft in den 80er Jahren des vorigen Jahrhunderts beantragte er durchschnittlich alle fünf Tage ein Patent. Natürlich waren nicht alle diese Ideen erfolgreich. Edisons erste patentierte Erfindung entstand 1868 und war ein elektrischer Stimmenzähler, mit dem er den umständlichen Prozeß der Stimmauszählung im amerikanischen Kongreß beschleunigen wollte. Jeder Kongreßabgeordnete erhielt dabei einen Ja- und einen Nein-Knopf, die mit einer Anzeigentafel verbunden waren. Das System funktionierte – doch der Kongreß lehnte die Anschaffung ab.

Die Macht des Worts

Eine der ungewöhnlichsten Ideen Edisons war sicher der Phonomotor, ein Nebenprodukt des Phonographen. Dieser „Schallmotor" sollte die Energie der Schallwellen, die beim Sprechen entstehen, zum Antrieb einer Maschine verwenden. So würde z. B. eine Nähmaschine nicht mit Strom oder durch ein Pedal in Gang gehalten werden, sondern durch ständiges lautes Sprechen der Näherin. Das Gerät erwies sich aber als unbrauchbar. 1908 wandte sich Edisons Interesse der Bauindustrie zu – und bald wartete er mit einer Reihe verblüffender Ideen auf. Er schlug z. B. vor, heruntergekommene Mietskasernen in den Armenvierteln durch billige, in Betonbauweise errichtete Wohnungen zu ersetzen. Diese Betonhäuser sollten in nur wenigen Stunden aufgebaut werden, indem man eine von Edison entwickelte Betonmischung in eine speziell anzufertigende Eisenform goß. Der Vorschlag wurde von vielen belächelt, doch Edison ließ mehrere Betonhäuser gießen und bewies so, daß die Idee verwirklicht werden konnte. Dennoch setzte sie sich nicht durch. Erst etwa 30 Jahre später griff man auf ähnliche Bauverfahren zurück.

Edisons Elektroschreibstift Dieser von einer Batterie (hinten) betriebene Stift besaß eine vibrierende Spitze, die beim Schreiben die Buchstaben ins Papier perforierte. Danach diente das Papier als Schablone für bis zu 3000 Kopien.

Auch mit anderen Ideen war Edison seiner Zeit weit voraus. So glaubte er fest daran, daß das Elektroauto bald die benzinbetriebenen Fahrzeuge ersetzen würde. Er entwickelte deshalb eine neuartige Batterie, und von 1911–1914 verkehrten tatsächlich einige batteriebetriebene Fahrzeuge. Leider waren die Batterien aber nicht leistungsfähig genug und zudem anfällig gegen Kälte. In anderen Bereichen wird die Edison-Batterie aber bis heute eingesetzt.

GUTE GESCHÄFTE IM ZUG

Edison war nicht nur ein großer Erfinder, sondern auch ein einfallsreicher Geschäftsmann. Dies zeigte sich bereits, als er mit etwa zwölf Jahren die Konzession zum Verkauf von Zeitungen und Süßwaren auf der Eisenbahnlinie zwischen Port Huron und Detroit im amerikanischen Bundesstaat Michigan erhielt.

Sein Gewinn aus den Zeitungsverkäufen hing davon ab, wie gut er seine angebotene Menge an Zeitungen auf die Nachfrage abstimmen konnte. Deshalb brachte er einen Freund, der bei der *Detroit Free Press* arbeitete, dazu, ihm Probeabzüge der wichtigsten Nachrichten im voraus zu zeigen. So konnte Edison gut das Leserinteresse und damit seinen Tagesabsatz abschätzen. Am erfolgreichsten war er damit im April 1862, als die ersten Nachrichten über eine blutige Bürgerkriegsschlacht bei Shiloh erschienen. Edison erkannte seine Chance, kaufte gleich 1000 Exemplare der *Detroit Free Press* auf Kredit und sorgte dafür, daß die Nachricht von der Schlacht im voraus an alle Bahnhöfe entlang der Strecke telegrafiert wurde. Edisons Erwartungen erfüllten sich: Er konnte problemlos alle 1000 Exemplare absetzen.

Da Edison mit dem Verkauf von Zeitungen bald nicht mehr zufrieden war, versuchte er sich selbst als Journalist und richtete in einem Gepäckwagen eine kleine Druckerei ein. Dort stellte er sein eigenes Nachrichtenblatt her, den *Weekly Herald*. Eine Ausgabe kostete 3 Cent, und die Auflage erreichte bis zu 400 Stück.

Schon 1861 hatte sich Edison in seinem Gepäckwagen auch ein Chemielabor eingerichtet, wo er in seiner freien Zeit experimentierte. Als seine Versuche jedoch einen Brand auslösten, wurde seine Ausrüstung, einschließlich der Drucktypen, aus dem Zug geworfen. Fortan durfte Edison wieder nur noch Zeitungen und Süßigkeiten verkaufen.

DAS VERSCHROBENE GENIE

In der Welt der Wissenschaft erinnert man sich an Nikola Tesla vor allem wegen seiner Untersuchungen rotierender Magnetfelder. Diese Arbeiten ermöglichten Tesla die Entwicklung eines Drehstrommotors (1888) und den Bau von Wechselstromgeneratoren, deren Nachfolgemodelle auch heute noch weltweit Strom erzeugen. In Anerkennung seiner Leistungen benannte man eine physikalische Einheit nach Tesla. Doch das „Tesla" ist dem Laien kaum geläufig, denn es ist die Einheit der magnetischen Flußdichte, also ein Maß für die Stärke eines Magnetfelds. Auch der Tesla-Transformator machte den Namen seines Erfinders unsterblich. Dieser Hochfrequenztransformator kann Strom mit sehr hoher Spannung und Frequenz erzeugen. Tesla entwickelte ihn 1891.

Im Alter wurde Tesla zu einem einzelgängerischen Exzentriker. Oft konnte man ihn von einem New Yorker Hotel, wo ihm sein Zimmer als Laboratorium diente, zur Bibliothek gehen sehen. Obwohl er eine große Angst vor Krankheitserregern entwickelte, schien er sich vor den Tauben der Stadt nicht zu fürchten, denn es bereitete ihm größtes Vergnügen, sie zu beobachten und zu füttern. Gelegentlich verließ Tesla sein Hotelzimmer und verkündete Entdeckungen, die man immer weniger ernst nehmen konnte. So behauptete er z.B. 1934, er habe einen Todesstrahl entwickelt – eine perfekte Abschreckungswaffe, die jeden weiteren Krieg verhindern würde. Diese Waffe sollte einen Strahl aus sehr schnellen Teilchen aussenden, der anfliegende Flugzeuge bereits in 400 km Entfernung zerstören würde. Weitere Einzelheiten über den Todesstrahl wurden allerdings nie bekannt.

Die Kraft der Resonanz

Als New York in seinen Grundfesten erschüttert wurde

Die Erde und alles, was sich auf ihr befindet, besitzt eine ganz bestimmte Eigenschwingung. Wirkt nun auf einen Gegenstand eine Schwingung von außen ein, deren Frequenz – die Anzahl der Schwingungen in einer bestimmten Zeit – mit der Frequenz der Eigenschwingung übereinstimmt, tritt Resonanz auf. Das bedeutet, daß sich die Eigenschwingungen immer mehr verstärken, so stark, daß im schlimmsten Fall sogar der betreffende Gegenstand zerstört wird. Nikola Tesla, fasziniert von der Möglichkeit, mit Schwingungen Energie zu übertragen, führte 1898 in New York Versuche durch, bei denen er vor allem die natürliche Resonanz der Erde nutzte.

Manhattan in Aufruhr

Als Tesla einen kleinen Oszillator – ein Gerät, mit dem Schwingungen erzeugt werden können – an einem der Eisenträger des Hauses anbrachte, in dem sich sein Labor befand, ging er davon aus, daß Resonanz nur bei einigen Gegenständen im Zimmer auftreten würde. Doch zunächst schien der Oszillator fast gar nichts zu bewirken. Allerdings glaubten die Menschen in einigen benachbarten Wohnblocks angesichts vibrierender Gebäude, herabfallenden Putzes und zerspringender Fensterscheiben, Manhattan werde von einem stärkeren Erdbeben erschüttert. Von alldem bemerkte Tesla indes nichts.

Die vom Oszillator erzeugten Schwingungen waren nämlich durch das Eisengerüst des Gebäudes nach unten bis zu der Sandschicht übertragen worden, auf der Manhattan erbaut ist. Sand leitet Schwingungen sehr gut, und so konnte eine starke Resonanz in den anderen Gebäuden entstehen, noch bevor sie in Teslas Labor zu spüren war.

Unruhestifter

Erst als auch das Labor zu beben anfing, beschloß Tesla, das Experiment abzubrechen. Um keine Zeit mit der komplizierten Demontage der Anschlüsse des preßluftbetriebenen Oszillators zu verlieren, entschied er sich, ihn mit einem Vorschlaghammer zu zerstören. Kaum hatte er damit begonnen, traf die Polizei bei ihm ein. Ihr war Teslas exzentrisches Verhalten bekannt, und so hatte man in ihm sofort den Verursacher der Panik auf den Straßen vermutet.

Ein anderes Mal brachte Tesla ein ähnliches Gerät an dem Stahlgerüst eines im Bau befindlichen Gebäudes im New Yorker Bankenviertel an, ohne jedoch die Männer, die oben auf den Stahlträgern arbeiteten, zu informieren. Die Arbeiter flohen in Panik von der Baustelle, und wieder einmal mußte die Polizei eingreifen.

Drahtlos um die Welt

Teslas globales Sendesystem

Am 12. Dezember 1901 sandte ein Assistent des italienischen Erfinders Guglielmo Marconi im Morsecode den Buchstaben „s" vom britischen Cornwall aus nach Neufundland, wo Marconi die Zeichen tatsächlich empfing. Doch schon lange vor diesem historischen Tag hatte Nikola Tesla bereits an einer wesentlich ehrgeizigeren Anwendung der drahtlosen Telegrafie gearbeitet. Das von ihm geplante weltweite Sendesystem sollte nicht nur Nachrichten im Morsealphabet übertragen. Tesla wollte vielmehr alle Telefon- und Telegrafensysteme miteinander verbinden und z.B. Aktienkurse und Wetterberichte rund um den Globus senden. Er hatte sich intensiv mit den Einsatzmöglichkeiten von Radiowellen beschäftigt und dachte bereits damals über Radiogeräte zu Unterhaltungszwecken, das Fernsehen und das Fernkopieren von Fotos nach.

Als Tesla von Marconis Triumph erfuhr, zeigte er sich unbeeindruckt. Einem Freund gegenüber sagte er nur: „Marconi ist ein guter Mann und soll weitermachen. Er benutzt 17 meiner Patente." Teslas eigenes Sendesystem sollte von einem futuristisch anmutenden Sendeturm, der Weltstation, aus koordiniert werden. Er sollte an der Küste von Long Island bei New York entstehen. Von 1901–1903 baute man an der 57 m hohen, von einer ausladenden Kupferkuppel gekrönten Holzkonstruktion – doch dann ging das Geld aus. Bis zum Ersten Weltkrieg blieb der unfertige Turm noch stehen, dann wurde er abgerissen.

Unkluges Vorgehen

Hätte sich Tesla darauf konzentriert, seine Erfindungen auf eine Reihe kleinerer Projekte anzuwenden, anstatt undurchführbare Pläne zu schmieden, wäre uns sein Name heute ebenso vertraut wie die Namen Edison und Marconi.

1943, am Ende eines Prozesses, bescheinigte der Oberste Gerichtshof der USA, daß die technischen und physikalischen Grundlagen, die Marconi im Dezember 1901 seine Übertragung ermöglichten, bereits 1893 in allen Einzelheiten von Tesla beschrieben worden waren. Doch für das kroatisch-amerikanische Genie kam diese offizielle Anerkennung zu spät. Tesla war am 7. Januar desselben Jahres im Alter von 86 Jahren gestorben.

Wer war der erste?

Die Vorläufer des modernen Computers

Im Grund begann die Entwicklungsgeschichte des Computers schon im 17. Jh., als der Tübinger Professor Wilhelm Schickardt und nach ihm der französische Philosoph Blaise Pascal ihre Rechenmaschinen erfanden. Regelrecht seiner Zeit voraus war der englische Mathematiker Charles Babbage, der in den 30er Jahren des vorigen Jahrhunderts einen programmierbaren Digitalrechner entwarf, dessen Funktion aber kaum einer seiner Zeitgenossen begriff.

An seine Ideen knüpfte 100 Jahre später der deutsche Ingenieur Konrad Zuse an. Er entwickelte 1937 einen automatischen elektromechanischen Rechner, der mit dem Binärsystem – also nur den Ziffern 0 und 1 – arbeitete, und konstruierte vier Jahre später die programmgesteuerte Rechenmaschine Z3.

Auch in Amerika arbeitete man in den frühen 40er Jahren fieberhaft an der Herstellung eines automatischen Rechners, doch wegen des Krieges wußten die Konstrukteure in Deutschland und den USA nichts voneinander. Hier trieb u. a. der Harvard-Mathematiker H. H. Aiken mit der 1944 fertiggestellten, 17 m langen Riesenmaschine Mark I die Entwicklung voran. Ungefähr um dieselbe Zeit hatten J. W. Mauchly und J. P. Eckert an der University of Pennsylvania das erste sogenannte Elektronengehirn gebaut, und gemeinhin überließ man ihnen die Ehre, den ersten richtigen Computer hergestellt zu haben – wenigstens bis 1971.

Da erst drang nämlich die Tatsache an die Öffent-

Gedächtnisspeicher *Atanasoff mit der Speichertrommel seines elektronischen Computers, den er 1942 entwickelte.*

lichkeit, daß man bis dahin den Anteil eines gewissen John Atanasoff unterschlagen hatte. Der gebürtige Bulgare hatte bereits 1942 eine funktionstüchtige Rechenmaschine gebaut, die mit dem Binärsystem und einem elektronischen Speicher arbeitete. Und dem Team von Pennsylvania waren die technischen Pläne keineswegs unbekannt gewesen. So erhielt Atanasoff nach über 30 Jahren die Anerkennung, die ihm gebührt.

DAS RÄDCHEN AM FÄDCHEN

Im Jahr 1927 kam der in Los Angeles arbeitende philippinische Hotelportier Pedro Flores auf die Idee, hölzerne Jo-Jos herzustellen und an die Hotelgäste zu verkaufen. Zwei Jahre später war einer der Gäste, ein gewisser Donald F. Duncan aus Chicago, von dem Spielzeug so fasziniert, daß er Flores' Fabrik aufkaufte. Als talentierter Geschäftsmann überredete er den Zeitungsmagnaten William Randolph Hearst, Jo-Jos als Werbegeschenke anzubieten, was den Absatz der Zeitungen förderte und zudem das Jo-Jo im ganzen Land bekannt machte. Schon bald breitete sich ein regelrechtes Jo-Jo-Fieber aus, das auch nach Europa übergriff und nie ganz verebbte. Sogar bis in den Iran drang die Begeisterung für das Geschicklichkeitsspiel. Dort wurde es jedoch als „zeitraubende

und unmoralische Neuheit" verdammt. Angeblich hätten Mütter aus Liebe zum Jo-Jo sogar ihre Kinder vernachlässigt.

Jo-Jo im alten China

Doch das Spielzeug, das Duncan so erfolgreich unters Volk brachte, war keine Erfindung des 20. Jh. Zwar kennt man den genauen Ursprung des Jo-Jos nicht, doch behaupten einige Historiker, daß es – wie das Schießpulver und das Papiergeld – im alten China erfunden wurde. Von Peking zurückkehrende Missionare brachten es angeblich im 18. Jh. nach Frankreich, wo sich vor allem die Angehörigen der französischen Aristokratie damit die Zeit vertrieben. Selbst König Ludwig XVI. und seine Frau Marie Antoinette waren begeisterte Jo-Jo-Spieler.

Es gibt aber noch eine andere Theorie, die besagt, daß das Jo-Jo unabhängig von den Chinesen im antiken Griechenland erfunden worden sei. Ein Bild auf einer Vase aus dem Jahr 500 v. Chr. in einem Berliner Museum zeigt einen kleinen Jungen, der mit einem Jo-Jo spielt.

Gefährliches Spielzeug

Nicht immer aber war das Jo-Jo nur ein harmloses Spielzeug: Im 16. Jh. benutzte man es auf den Philippinen als Waffe. Der Angreifer kletterte auf einen Baum, verbarg sich im Geäst und ließ das Jo-Jo auf den Kopf des unten vorübergehenden Opfers hinabsausen. Ein solches Jo-Jo konnte einige Kilogramm schwer sein, und wenn man es geschickt handhabe, kehrte es sogar in die Hand des Angreifers zurück.

Undank ist oft der Welt Lohn

Nicht immer macht sich eine erfolgreiche Erfindung bezahlt

Momente, in denen eine originelle Idee im Kopf eines Menschen Gestalt annimmt und eine neue Erfindung geboren wird, gehören zu den Sternstunden der Menschheit. Manchmal stellt sich dieser faszinierende Augenblick nach monate- oder gar jahrelangen vergeblichen Bemühungen ein, manchmal aber fast unmittelbar nachdem ein Problem aufgetaucht ist. Doch ob im Schneckentempo oder blitzartig, die Erleuchtung verschafft dem hellen Kopf nicht unbedingt eine glückliche Zukunft in Wohlstand und Ansehen. Viele begabte Erfinder haben schon im Gezänk um Patentrechte die Freude an ihren Entdeckungen verloren, andere, darunter Angestellte großer Firmen, konnten privat nie Gewinn aus der wirtschaftlichen Nutzung ihrer Ideen ziehen, und wieder andere kamen zwar ans große Geld, machten sich aber nichts daraus.

Kein Draht zum Geld

Keinen Pfennig erhielt der Schöpfer des ersten Drahtkleiderbügels, ein gewisser Albert Parkhouse, für seine geniale Erfindung. Er arbeitete 1903 in einer Firma im US-Bundesstaat Michigan, die Drahtgestelle für Lampenschirme herstellte. Und da die Firmenleitung zu geizig war, um genügend Kleiderhaken für die Angestellten anzubringen, bog Parkhouse eines Tages ein Stück Draht so zurecht, daß es die Form des heute vertrauten Kleiderbügels erhielt. Sein Arbeitgeber erkannte sofort, daß man mit dieser Idee Geld verdienen konnte, und ließ sie patentieren. Für den Erfinder indes änderte sich nichts; er arbeitete weiterhin in der Produktion.

Taktloser Taktiker

Anfang des 19. Jh. waren viele Erfinder damit beschäftigt, ein praktisches und zuverlässiges Metronom auszutüfteln – ein Gerät also, das Musikern gleichmäßig den Takt angibt. Schließlich, 1814, löste der in Amsterdam lebende deutsche Orgelbauer Dietrich Winkel das Problem. Er brachte zwei Gewichte, von denen das untere fest und das obere verschiebbar war, an einem aufrechtstehenden, von einem Uhrwerk betriebenen Pendel an. Bei jeder Schwingung machte das Pendel ein klickendes Geräusch, gab also den Takt an. Dabei wurde das Tempo, mit dem das Pendel schwang, von der Stellung oder Höhe des verschiebbaren Gewichts bestimmt. So ließ sich das Tempo beliebig einstellen.

Unvorsichtigerweise zeigte Winkel sein Metronom einem Wiener Rivalen, Johann Nepomuk Mälzel, der es skrupellos auf seinen eigenen Namen patentieren ließ und 1816 mit der Serienproduktion begann. Noch heute heißt das gängigste Taktmeßgerät Mälzels Metronom.

Katzenaugen am Straßenrand

In einer dunklen, nebligen Nacht im Jahr 1933 fielen Percy Shaw, einem Straßenbauarbeiter aus England, die Augen einer Katze auf, die hell im Schein seiner Arbeitslampe leuchteten. Diese Beobachtung regte ihn dazu an, eine ganz neue Art Markierung für die Straßenbegrenzung zu entwickeln, die speziell bei Nachtfahrten sichtbar sein sollte: eine konvexe Linse vor einem Aluminiumspiegel, eingebettet in ein Gummikissen und dann in einen Pfosten montiert, der am Straßenrand aufgestellt wurde. Die Linse und der Spiegel sind so ausgerichtet, daß das Licht der Autoscheinwerfer auf den Autofahrer zurückstrahlt. Nachdem sich Shaw seine Erfindung hatte patentieren lassen, eröffnete er 1935 eine Fabrik zur

Herstellung von „Katzenaugen". Obwohl er dadurch reich und berühmt wurde, änderte er seinen Lebensstil nicht und führte weiterhin ein bescheidenes Dasein.

Es begann mit einem Dreirad

Der mit Luft gefüllte Gummireifen wurde zwar schon 1845 von dem Londoner Ingenieur Robert W. Thomson erstmals erfunden, setzte sich aber nicht durch, da Gummi sehr teuer war. Erst 1887 begann der Pneu seinen Siegeszug, und zwar durch die Initiative des in Irland praktizierenden schottischen Tierarztes John Boyd Dunlop, der zusah, wie sein kleiner Sohn beim Dreiradfahren auf den holprigen Straßen von Belfast durchgeschüttelt wurde. Er ersetzte die Vollgummireifen des Kindergefährts durch luftgefüllte Gummireifen und meldete seine Erfindung ein Jahr später zum Patent an. Ihr durchschlagender Erfolg, vor allem bei Radfahrern, hätte Dunlop zum Millionär machen können, doch er verkaufte 1896 seine Patentrechte. Dennoch ist sein Name bis heute speziell für Autoreifen in der ganzen Welt ein Begriff.

Schwingender Takt *Das Metronom schlägt den Takt mit Hilfe eines Pendels, das von einem Uhrwerk angetrieben wird und an dessen unterem Ende ein festes und weiter oben ein verschiebbares Gewicht angebracht ist. Die Stellung bzw. Höhe des verschiebbaren Gewichts bestimmt die Anzahl der Ausschläge pro Minute, die auf der Skala angegeben ist. Mit jeder Schwingung des Pendels klickt das Metronom.*

Pendel

Skala

verschiebbares Gewicht

Knopf zum Ein- und Ausschalten

Aufziehmechanismus

fest angebrachtes Gewicht

Erst Rinder, dann Soldaten

Wie der Stacheldraht die Welt veränderte

In den 60er Jahren des vorigen Jahrhunderts strömten viele Siedler in die weiten Ebenen des amerikanischen Westens und versuchten mit Fleiß, Ausdauer und Geschick, das wilde Grasland urbar zu machen. Schon bald aber gerieten sie mit den Viehzüchtern in Streit, die bis dahin ihre Herden uneingeschränkt über die Prärie ziehen lassen konnten. Was not tat, damit sowohl die Bauern als auch die Viehzüchter ihrem Broterwerb nachgehen konnten, waren widerstandsfähige Zäune. Aber genau da lag das Problem, denn Holz war zu rar und zu teuer, als daß man es für Zäune verwendet hätte, und die damals erhältlichen Drahtsor-

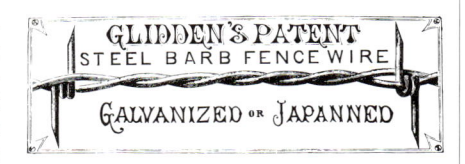

Patent mit Stacheln *1873 ließ Joseph Glidden aus Illinois eine neue, mit Dornen versehene Drahtart patentieren.*

ten wurden in den kalten Präriewintern leicht brüchig. Als wirksamste Abgrenzung erwiesen sich Hecken aus stachligen Büschen, doch die wiederum brauchten Zeit zum Wachsen.

Also arbeitete man damals eifrig an der Erfindung eines haltbaren, stachligen Drahtes. Einer der vielen Tüftler, die ihre Drähte schließlich zum Patent anmeldeten, war der Bauer Joseph Glidden aus dem US-Bundesstaat Illinois, der 1873 eine mit Dornen versehene, doppelsträngige Version vorstellte. Sie ging bald darauf als „Glidden-Zaun" in die Produktion, und deshalb schreibt man die Erfindung des Stacheldrahts diesem amerikanischen Farmer zu.

Der neue Zaun erfüllte voll und ganz die Erwartungen, die man in ihn gesetzt hatte, doch seine Verwendung zeitigte ungeahnte Folgen. Der Zaun hielt nicht einfach nur die Rinder von den Äckern fern, sondern er ermöglichte erst die von der Regierung unterstützte planmäßige Besiedlung des Westens und erlaubte, daß in der offenen Prärie private Besitzansprüche geltend gemacht werden konnten.

Noch dramatischer wirkte sich der Einsatz von Stacheldraht auf die moderne Kriegführung aus. Die Militärstrategen erkannten bald, daß ein Zaun, der Rindern widersteht, auch Pferde und Reiter aufhalten kann. In Flandern und Nordfrankreich verschanzten sich im Ersten Weltkrieg Truppen hinter Stacheldrahtverhauen und hielten so nahezu jeder Offensive stand. Dieses Kräftegleichgewicht zwischen Angriff und Verteidigung führte zu einem militärischen Patt, das den Krieg in die Länge zog – auf Kosten von Millionen junger Soldaten, die ihr Leben lassen mußten.

Stacheldrahtverhau *Zäune aus Stacheldraht vor den Schützengräben waren während des Ersten Weltkriegs ein wirksames Hindernis für feindliche Attacken.*

Hätten Sie's gewußt?

Im Jahr 1830 bemühte sich Edwin Budding aus Stroud in England um ein Patent für „ein neues, vielseitiges Gerät für Ernte oder Schnitt des Grünanteils von Rasen-, Gras- oder Vergnügungsflächen" – mit anderen Worten: für einen Rasenmäher. Budding arbeitete in der Textilbranche und hatte eigentlich eine Maschine zur Bearbeitung des Flors schwerer Stoffe herstellen wollen. Die Handarbeiter der Branche widersetzten sich jedoch der Einführung der neuen Maschine, da sie um ihre Arbeitsplätze fürchteten. Also wandelte Budding seine Erfindung in einen brauchbaren Grasschneider um.

Leicht verdreht

Die wundersame Welt des Heath Robinson

Wer erfand so verrückte Dinge wie ein Gerät, um Soßenflecken von Kieswegen zu entfernen, eine Maschine, die Knallbonbons aufreißen, oder einen Apparat, mit dem man Erbsen ohne Besteck essen konnte? William Heath Robinson, ein 1872 in London geborener Karikaturist, der nicht Menschen, sondern Maschinen auf die Schippe nahm. Er hatte sich auf die Zeichnung von Plänen für komplizierte, jedoch nutzlose Maschinen mit vielen Rollen, Hebeln, Rädchen und Verbindungsschnüren spezialisiert. Diese bizarren Apparate waren meist „arbeitssparende" Geräte, die zu bedienen in Wirklichkeit weit mehr Arbeitsaufwand erforderte als die wesentlich einfachere herkömmliche Methode, mit der man zum gleichen Ergebnis gelangte.

Vollautomatischer Haushalt

Sein Meisterwerk war vermutlich das Miniaturhaus, das er 1934 für die Ausstellung „Haus und Heim" in London baute. Die Bewohner des Hauses hangelten sich durch Klapptüren in der Decke an Seilen ins Erdgeschoß zum Frühstück. Wenn sie dann auf ihren Stühlen landeten, löste ihr Gewicht eine Feder aus, die in der Musiktruhe eine Schallplatte auflegte.

Nur zum Spaß *In seinem 1934 erschienenen Buch* Absurditäten *macht sich Heath Robinson mit spitzer Feder über nutzlose, aber komplizierte Maschinen lustig.*

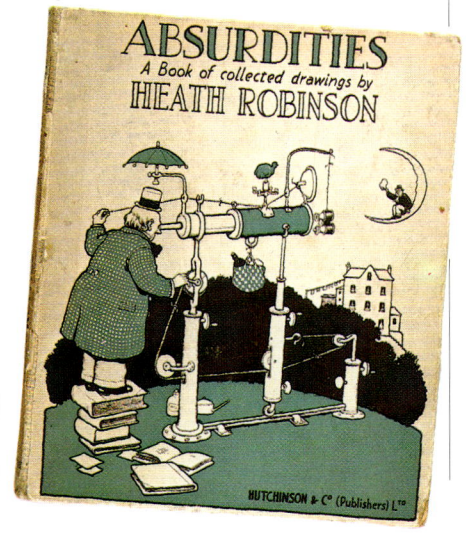

Dienstbare Maschinen

Von automatischen Puppen und mechanischen Arbeitsbienen

Gespannt starrten die Angestellten des Franklin-Instituts in Philadelphia auf eine mechanische Puppe, die man erstanden hatte, ohne ihr genaues Alter oder ihre Funktionsweise zu kennen. Sie war repariert worden und sollte nun ihre Fertigkeiten vorführen. Und wirklich: Sie bewegte einen Arm, schrieb ein kurzes französisches Gedicht und signierte wie von Geisterhand: „Geschrieben von Maillardets Automaten".

Dieser Schreibautomat in Menschengestalt, der im frühen 19. Jh. von dem Franzosen Henri Maillardet hergestellt worden war, war keineswegs die erste Maschine, die die Handlungen lebender Geschöpfe „nachahmen" konnte. Bereits in der Antike gab es angeblich ein Theater, in dem mechanische Schauspieler auftraten, und Leonardo da Vinci soll einen künstlichen Löwen geschaffen haben, der den französischen König bei seinem Besuch in Mailand 1507 willkommen hieß. Im 18. Jh., als der Apparatebau eine Hochblüte erlebte, konstruierten schweizerische und französische Tüftler kunstvolle Figuren, die Musikinstrumente spielen oder komplizierte Zeichnungen anfertigen konnten.

Erst in den 20er Jahren dieses Jahrhunderts erhielten solche scheinbar wie Menschen handelnden Maschinen die Bezeichnung Roboter, eine Wortschöpfung des tschechischen Schriftstellers Karel Čapek, die sich von dem tschechischen Wort für Fronarbeit ableitet. Und in der Tat haben die modernen Roboter, die äußerlich meist nicht mehr an die menschliche Gestalt erinnern, Ähnlichkeit mit Sklaven, denn sie führen vor allem die Arbeiten aus, die für Menschen zu schwierig, zu gefährlich oder zu eintönig sind.

So erforschen Roboter beispielsweise die Wracks gesunkener Schiffe oder warten die radioaktiv strahlenden Bereiche von Kernkraftwerken. Ihr Haupteinsatzgebiet ist die Industrie, wo sie ununterbrochen – ohne müde, unkonzentriert oder krank zu werden – schweißen, Maschinen bedienen, elektronische Teile zusammensetzen usw. In Japan, wo die Robotertechnik am weitesten vorangeschritten ist, gibt es eine Fabrik, in der während der Nachtschicht nur künstliche Arbeiter tätig sind.

Unter solchen Bedingungen ist es durchaus vorstellbar, daß es eines Tages Roboter gibt, die andere Roboter bauen, daß Roboter sich also sozusagen fortpflanzen können und dem Menschen womöglich den Platz streitig machen.

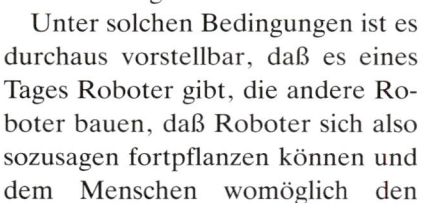

Künstlicher Sekretär Diese automatische Puppe von 1774 kann bis zu 40 Buchstaben schreiben. Der Mechanismus (oben), den man im geöffneten Rücken der Figur sieht, wird durch Federn angetrieben.

Hätten Sie's gewußt?

In Australien hat man einen Roboter zum Scheren von Schafen entwickelt, der aus einem mit Sensoren und Schneidwerkzeugen ausgerüsteten Arm besteht. Er muß 1 Mio. Rechenvorgänge pro Sekunde ausführen, um der Körperform des Schafes genau zu folgen und – wenigstens theoretisch – jede Verletzung zu vermeiden. Die Konstrukteure sind von ihm begeistert, denn obwohl er langsamer ist als ein menschlicher Scherer, kann er doch viel länger ohne Pause arbeiten.

DIE ENTE, DIE GANZ PARIS VERBLÜFFTE

Im Jahr 1738 präsentierte der französische Ingenieur Jacques de Vaucanson in Paris stolz sein jüngstes Werk: eine mechanische Ente, die wie natürliche Enten auch auf ihren Watschelfüßen stand, den Kopf nach rechts und links wandte, ihre Flügel putzte, quakte, Futter aus den Händen der Leute pickte und gelegentlich ihr Geschäft verrichtete. Sie „verdaute" sogar ihre Nahrung, doch nur der Form nach: Sie löste zwar in ihrem Bauch die Bestandteile des Futters auf, konnte ihnen aber selbstverständlich keine Energie entnehmen und mußte aufgezogen werden.

Die vergoldete Kupferente, von der heute nur noch Pläne und Zeichnungen existieren, war nur einer der kunstvollen Automaten des genialen Erfinders. Im selben Jahr führte er seinen mechanischen Flötenspieler vor, der fehlerfrei zwölf Lieder auf der Flöte spielen konnte, und später einen trommelnden und pfeifenden Schäfer.

Doch Vaucanson beschränkte sein Talent nicht nur auf solche spielerischen Projekte, sondern er entwarf und konstruierte auch einen wichtigen Vorläufer des modernen automatischen Webstuhls, der schon mit Lochkarten gesteuert und von Tieren oder fließendem Wasser angetrieben wurde.

Flug in die Vergangenheit
Der letzte   Start eines Pterosauriers

Wer wollte nicht einmal gern einen Blick zurück in die ferne Vergangenheit werfen, beispielsweise in die jüngere Kreidezeit vor rund 65 Mio. Jahren, als sich die Flug- oder Pterosaurier in die Lüfte erhoben? Am 17. Mai 1986 sollte sich auf einem Luftwaffenstützpunkt bei Washington die Gelegenheit dazu bieten, denn nach rund 65 Mio. Jahren machte sich wieder einmal ein Pterosaurier fertig zum Start.

Diesmal allerdings handelte es sich um einen künstlichen Flugsaurier, den der Ingenieur Paul MacCready entworfen hatte, und zwar nach dem Vorbild fossiler Überreste, die 1972 in Texas gefunden worden waren. Der vor Jahrmillionen quicklebendige Prototyp besaß einen riesigen Kopf, einen schlanken Schnabel, einen langen Hals und keinen Schwanz – nach Meinung der Experten eine für das Fliegen völlig ungeeignete Anatomie.

Solche Hindernisse hatten MacCready aber nicht vom Bau seines Flugroboters abgeschreckt: eines mit Windsensoren, Computer, Gyroskopen zur Stabilisierung und Batterien ausgerüsteten Gleitmodells, das nur für die kurze Zeit bis nach dem Start ein „Wegwerf"-Schwanzteil erhielt. 21 erfolgreiche

Automatischer Flugsaurier Das Plastikmodell flog 21mal hintereinander ohne Panne, doch ausgerechnet bei der öffentlichen Premiere stürzte es ab.

Testflüge hatten bewiesen, daß das Ganze funktionierte.

Und nun kam der entscheidende Augenblick: Tausende von Schaulustigen beobachteten gespannt, wie der künstliche Pterosaurus, der mit einer Spannweite von 5,5 m wesentlich kleiner war als sein natürliches Vorbild, auf eine Höhe von 120 m geschleppt wurde – und dann unrühmlich abstürzte. Trocken meinte Paul MacCready dazu: „Jetzt wissen wir, warum die Pterosaurier ausgestorben sind."

Mummenschanz im Bienenstock
Ein Roboter weist den Bienen den Weg

Gewöhnlich will ein Imker, wenn er seine Bienenvölker besucht, nur ihren Honig einsammeln, aber in Zukunft kann er ihnen vielleicht dank modernster Technik sogar Anweisungen geben.

Bienen verständigen sich durch sogenannte Schwänzeltänze, mit denen sie sich gegenseitig auf Nahrungsquellen, wie beispielsweise eine Blumenwiese, aufmerksam machen und deren genaue geographische Lage angeben. Es ist nun einer Gruppe deutscher und dänischer Wissenschaftler gelungen, einen kleinen Roboter zu konstruieren, der die Geräusche und Bewegungen nachahmen kann, die die Bienen bei diesen Tänzen erzeugen.

Der mechanische Bienenimitator besteht aus Messing und ist mit Bienenwachs überzogen. Ein Stückchen Rasierklinge dient ihm als Flügel. Er kann zwar nicht fliegen – und deshalb setzt man ihn einfach neben den Eingang eines Bienenstocks –, doch er schwirrt mit seinen Flügeln, um das Geräusch einer tanzenden Biene zu imitieren. Die komplizierten Einzelheiten seiner Bewegungen und Geräusche sind computergesteuert. 1988 wurde der Bienenautomat bei mehreren Versuchen erfolgreich eingesetzt, denn die echten Bienen flogen nach seinen Richtungsangaben bis zu 1 km entfernt liegende Nahrungsquellen an.

Hätten Sie's gewußt?

Japanische Wissenschaftler haben einen Roboter konstruiert, der Sushi, ein Gericht aus Reis und rohem Fisch, zubereiten kann und in der Stunde 1200 Reiskugeln schafft. Ein anderer Roboter mit kulinarischem Talent kann ein Ei in eine Schüssel schlagen und es dann mit einem Finger 65mal pro Sekunde verquirlen.

◆◆◆

In einer Bar in San Francisco steht die Kellnerin mit einem auf die menschliche Stimme reagierenden Roboter über einen Sender in Verbindung. Der Automat kann 150 verschiedene Getränke mixen und Rechnungen erstellen.

Ohne Gefahrenzulage

Roboter als Double für den Menschen

Im Lauf der 40er Jahre formulierte der amerikanische Biochemiker und Science-fiction-Autor Isaac Asimow in seinen *Robotergeschichten* die drei Regeln der „Roboterethik":

1. Ein Roboter darf keinen Menschen verletzen oder ihm durch Untätigkeit Schaden zufügen.

2. Ein Roboter muß den Befehlen eines Menschen gehorchen, es sei denn, er würde dadurch die erste Regel verletzen.

3. Ein Roboter muß seine Existenz schützen, solange dieser Selbstschutz nicht die beiden ersten Regeln verletzt.

Einsatz in Gefahrenzonen

Natürlich haben Roboter weder ein Bewußtsein noch ethisches Urteilsvermögen, doch sie genügen trotzdem unbewußt Asimows Ansprüchen, indem sie Arbeiten verrichten, die für den Menschen zu gefährlich sind. So wurden beispielsweise in den USA und Großbritannien ferngesteuerte Roboter, die entweder mit Batterien oder mit Strom aus der Steckdose funktionieren, zum Entschärfen von Bomben gebaut. Einige sind mit Raupenwalzen ausgestattet und können sich somit praktisch

überall vorwärts bewegen – selbst Treppen stellen für sie kein Hindernis dar. Da sich Bomben in ihrer Bauweise oft grundlegend voneinander unterscheiden, muß das menschliche Bedienungspersonal den Robotern Schritt für Schritt befehlen, was sie zu tun haben. Deshalb sind auf den Automaten Fern-

Verdächtiges Gepäckstück Dank der Kamera kann das Bedienungspersonal diesem Roboter, der auf das Entschärfen von Bomben spezialisiert ist, bei der Arbeit zusehen. Die Anweisungen werden über eine Fernsteuerung erteilt.

sehkameras montiert, und über Kabel oder Funkverbindung können die Menschen aus sicherer Entfernung die nötigen Anweisungen geben. Auch in vielen Kernkraftwerken setzt man ferngesteuerte Roboter ein, und zwar in den hochradioaktiven Zonen, die Menschen nicht betreten dürfen. Hier übernehmen die Automaten vor allem Wartungs- und gegebenenfalls Reparaturarbeiten.

EIN MANNEQUIN KOMMT INS SCHWITZEN

Im Auftrag des amerikanischen Verteidigungsministeriums haben Wissenschaftler einen mannsgroßen Roboter in Menschengestalt entwickelt. Manny – so sein Name –, kann computergesteuert nicht nur gehen, laufen, kriechen und einen Ball

Verschnaufpause Der Roboter Manny testet für die US-Armee Schutzkleidung.

werfen, sondern sogar schwitzen. Er simuliert Atmung, wobei sich wie beim Menschen auch sein Brustkorb hebt und senkt. Dank zwölf kleiner Heizgeräte unter seiner Gummihaut fühlt sich sein Körper warm an. Je mehr sich Manny bewegt, um so schneller atmet er und um so mehr erwärmt er sich; dann dringt durch winzige Röhrchen Wasser aus seiner Haut.

Der Sinn all dieser hochentwickelten „Körper"-Funktionen? Es ist Mannys Aufgabe, die Wirksamkeit von Schutzkleidung zu testen, und zwar unter Bedingungen, denen Soldaten im Kampf ausgesetzt sein können. Die Bewegungen seiner hydraulisch betriebenen Gelenke und die damit einhergehende Erwärmung und Transpiration strapazieren seine Kleidung in gleichem Maß wie die Bewegungen und der Schweiß eines Menschen.

Verseucht man die Kabine, in der der Roboter agiert, durch chemische oder biologische Waffen, so stellen darüber hinaus Sensoren auf Mannys Körper alle Schadstoffe fest, die durch seine Kleidung dringen.

Hätten Sie's gewußt?

Japanische Roboter erobern nun auch die Welt der Kunst. Wasubot kann Noten lesen und sie mit Tasten und Pedalen auf einer elektrischen Orgel spielen. Ein anderer Roboter skizziert das Porträt eines Menschen, nachdem er das Modell über eine Videokamera nur 20 Sekunden lang studiert hat.

◆◆◆

In den USA gibt es einen Roboter, der die Flächen des Rubikwürfels nach Farben ordnen kann. Er hält den Würfel in den Händen, betrachtet die Farbmuster, wertet sie aus und verschiebt die einzelnen kleinen Quadrate, um das komplizierte Puzzle zu lösen – und das in weniger als drei Minuten.

Unermüdliche Helfer

Roboter erleichtern Behinderten den Alltag

Viele Behinderte können ein unabhängigeres Leben führen, weil sie sich auf die Hilfe von Robotern verlassen. In Japan beispielsweise hat man einen Roboter entwickelt, der einen Blindenhund ersetzen kann. Dieser *Meldog* genannte Automat bemerkt Hindernisse mit der gleichen Technik wie Fledermäuse, indem er nämlich Hochfrequenzgeräusche aussendet und anhand der Echos Formen erkennt. *Meldog* wird mit einer detaillierten Landkarte von der Umgebung seines Besitzers programmiert, und er identifiziert seinen jeweiligen Standort, indem er Mauern und Beschilderungen wiedererkennt, wenn er sie „sieht“. Da er registriert, wie schnell sein Besitzer läuft, kann er ihm auf seinen Rädern stets ein wenig voraus sein. Die Kommunikation zwischen Maschine und Mensch erfolgt über Funk durch einen Spezialgürtel, den der Blinde trägt. Dieser Gürtel sendet Serien schwacher Elektroimpulse aus, die der Behinderte durch auf der Haut angebrachte Elektroden spürt. Er muß nur lernen, welche Impulssequenz beispielsweise Halt oder die Anweisung, nach rechts oder links abzubiegen, bedeutet.

In mehreren Ländern gibt es bereits mit Robotern ausgestattete Arbeits-

Roboter hört mit *Ein Roboter, der einen Telefonhörer beim Klingeln abnehmen und auch wieder auflegen kann, ist für einen gelähmten Menschen eine große Hilfe.*

Künstliche Glieder *Manchen Menschen, denen Gliedmaßen fehlen, können Roboterbeine oder -arme, wie oben abgebildet, mehr Unabhängigkeit verleihen.*

plätze, an denen Querschnittgelähmte Computer bedienen können. Die Roboter reagieren auf gesprochene Worte und blättern z. B. auf Befehl Seiten um, legen Disketten ein und kochen Kaffee.

Auch in manchen amerikanischen Krankenhäusern setzt man Roboter als Hilfskräfte ein – damit Schwestern, Pfleger und Therapeuten mehr Zeit für wichtigere Tätigkeiten haben. Die Automaten rasieren Patienten, putzen ihnen die Zähne oder bringen ihnen, wie der besonders findige Roboter *Roscoe* in einer Klinik im amerikanischen Bundesstaat Connecticut, das Essen von der Küche in das Krankenzimmer. Dabei findet er ohne Hilfe seinen Weg durch die Gänge und kann sogar den Aufzug bedienen. Wenn *Roscoe* zufällig auf ein Objekt stößt, das auf dem ihm einprogrammierten Plan des Krankenhauses nicht enthalten ist, wie beispielsweise ein Rollstuhl auf dem Korridor, dann weicht er ihm aus oder wartet, bis das Hindernis weg ist.

Kuriositäten mit Patent

Eine kleine Auswahl leicht verrückter Erfindungen

In den Patentämtern der Welt liegen ungezählte exakte Beschreibungen und Zeichnungen von Erfindungen, die niemals wirtschaftlich genutzt wurden. Von einigen gab es zwar Prototypen, doch viele kamen erst gar nicht über das Stadium des Entwurfs hinaus.

Während die meisten Erfindungen des 19. Jh., die uns heute komisch erscheinen, todernst gemeint waren und erstaunlicherweise mit Erfolg zum Patent angemeldet wurden, entwickelte sich das Austüfteln und Konstruieren lächerlicher Apparate im 20. Jh. zu einer Art Hobby. Vor allem englische und amerikanische Exzentriker sind darin Weltmeister. Sie denken sich zu ihrem Privatvergnügen phantastische Maschinen aus, ohne damit irgendwelche praktischen Interessen zu verknüpfen.

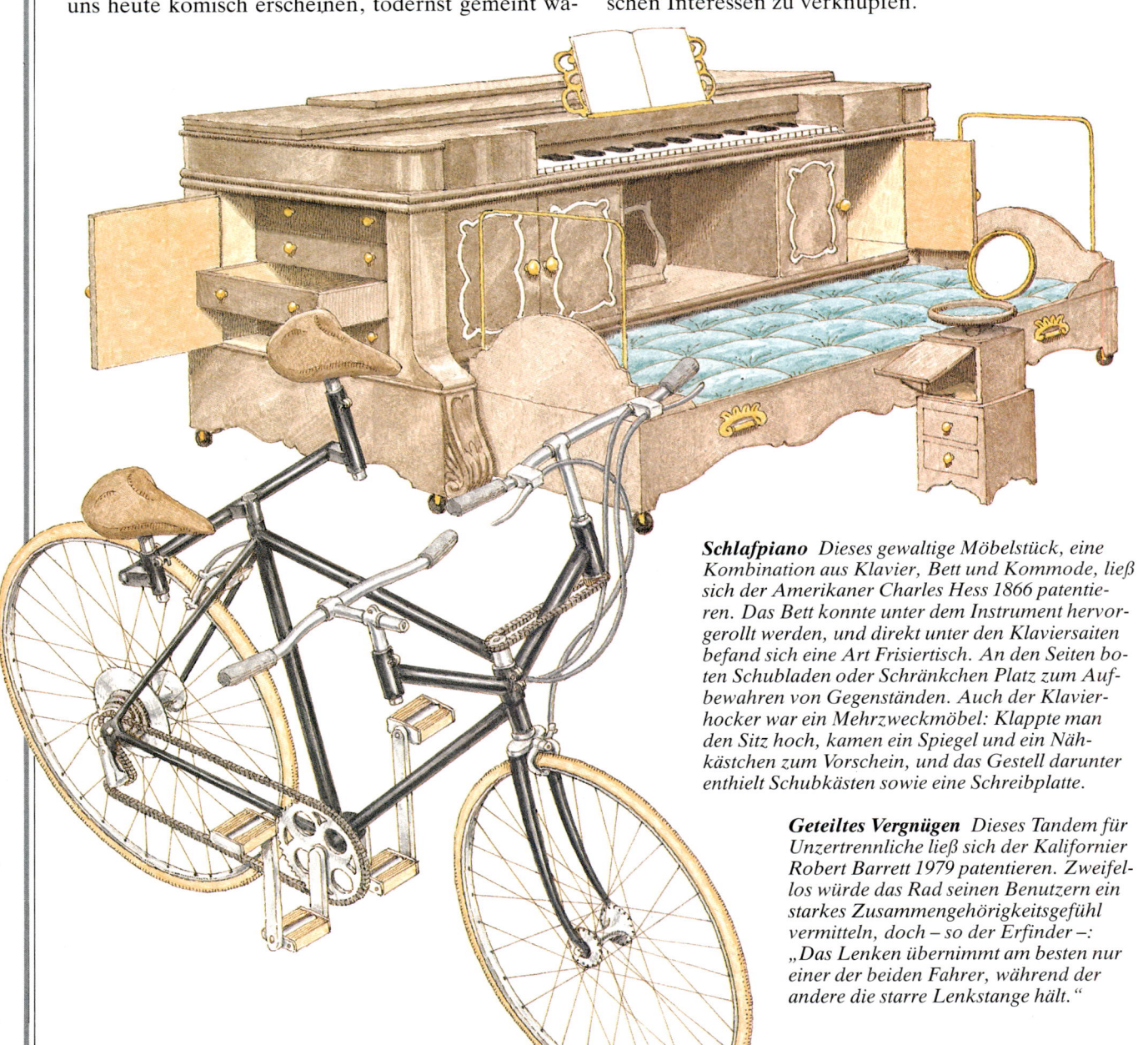

Schlafpiano *Dieses gewaltige Möbelstück, eine Kombination aus Klavier, Bett und Kommode, ließ sich der Amerikaner Charles Hess 1866 patentieren. Das Bett konnte unter dem Instrument hervorgerollt werden, und direkt unter den Klaviersaiten befand sich eine Art Frisiertisch. An den Seiten boten Schubladen oder Schränkchen Platz zum Aufbewahren von Gegenständen. Auch der Klavierhocker war ein Mehrzweckmöbel: Klappte man den Sitz hoch, kamen ein Spiegel und ein Nähkästchen zum Vorschein, und das Gestell darunter enthielt Schubkästen sowie eine Schreibplatte.*

Geteiltes Vergnügen *Dieses Tandem für Unzertrennliche ließ sich der Kalifornier Robert Barrett 1979 patentieren. Zweifellos würde das Rad seinen Benutzern ein starkes Zusammengehörigkeitsgefühl vermitteln, doch – so der Erfinder –: „Das Lenken übernimmt am besten nur einer der beiden Fahrer, während der andere die starre Lenkstange hält."*

Mollig warm 1896 erhielt der Amerikaner Quimby Backus ein Patent auf seinen Schlafkamin, dessen Holzrahmen sich herunterklappen ließ. Die Konstruktion war mit Asbest ausgekleidet, und laut Backus konnte man auch bei herabgelassenem Bett das Feuer brennen lassen.

Schnappschüsse Diese Kombination aus Gewehr und Fotoapparat wurde 1882 von dem Vogelkundler E. J. Marey aus Paris konstruiert. Wenn man den Abzug betätigte, belichteten rotierende Scheiben in der Trommel in schneller Folge bis zu zwölf Fotoplatten.

Himmelsuhr Diese sonnenbetriebene Weltraumuhr mit drei riesigen Aluminiumzeigern dachten sich 1987 die Briten Coles und Jefferson aus. Jeder auf der Erde würde sie auf ihrer Umlaufbahn täglich siebenmal sehen können. Allerdings könnte sie ja nur eine Zeit anzeigen, und das wäre wohl die Greenwicher Zeit.

Minutenzeiger

Stundenzeiger

Sekundenzeiger

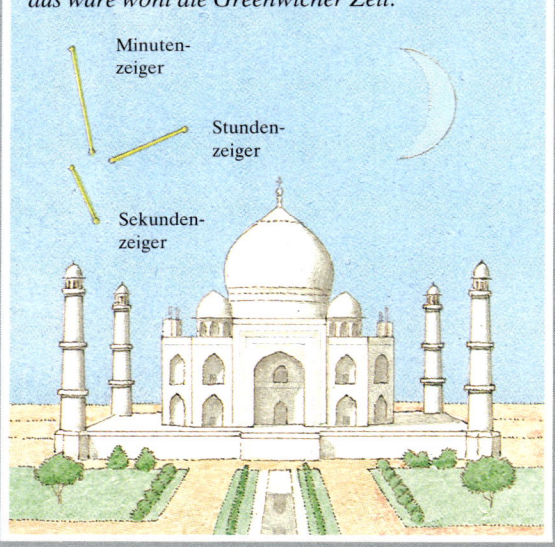

Abschlägig 1974 ließ sich der Brite Arthur Paul Pedrick ein Golf-Tee patentieren, das mit einem Generator verbunden war, den der Spieler mit dem Fuß bediente. Die elektrostatische Ladung von dem Generator ließ den Ball über dem Tee schweben, so daß er leichter zu schlagen war. Leider ließen die Golfregeln die Anwendung dieser Erfindung nicht zu.

Blick in die Zukunft

Manchmal wird die Phantasie zur Wirklichkeit

Die meisten Menschen sind davon überzeugt, daß Naturwissenschaften und Science-fiction nichts miteinander zu tun haben. Die Naturwissenschaften beruhen auf meßbaren Tatsachen, Science-fiction ist ein Produkt der Phantasie – und dazwischen klafft eine unüberwindliche Lücke. Doch so klar verlaufen die Grenzen – wie oft im Leben – keineswegs. Häufig leihen sich Forscher und Science-fiction-Schriftsteller Ideen voneinander, und manch einem ist es sogar gelungen, beide Berufe miteinander zu verbinden. Ein Beispiel dafür ist der Russe Konstantin Ziolkowski, der als Raumfahrttheoretiker den Grundstein für das russische Raumfahrtprogramm der 50er und 60er Jahre legte und der außerdem Science-fiction-Romane schrieb. Sein 1920 entstandenes Werk *Außerhalb der Erde* schaut sogar noch über die technischen Errungenschaften unserer Zeit hinaus und beschreibt riesige bemannte Raumstationen, auf denen Generationen von Menschen leben könnten.

Andere Science-fiction-Autoren leisteten vielleicht selbst keine bedeutenden wissenschaftlichen Beiträge, aber ihre Ideen und Themen entsprangen einem brennenden Interesse an den technischen Entwicklungen ihrer Zeit. Als Jules Verne beispielsweise 1870 seinen Roman *20 000 Meilen unter dem Meer* schrieb, wußte er im Gegensatz zu den meisten seiner Leser, daß die Fortschritte beim U-Boot-Bau eine solche Reise unter Wasser durchaus in den Bereich des Möglichen rückten.

Es ist daher auch nicht so verwunderlich, daß in Science-fiction-Romanen einige Erfindungen viele Jahre früher auftauchten, als sie dann tatsächlich gemacht wurden. Als z. B. der englisch-amerikanische Essayist Aldous Huxley 1932 in seinem berühmten utopischen Roman *Schöne neue Welt* das Zerrbild einer reichen und sorglosen Gesellschaft zeichnete, klang die Vorhersage von Retortenbabys wie eine schaurige Phantasie. Doch rund ein halbes Jahrhundert später wurden seine Visionen Wirklichkeit.

Science-fiction Jules Vernes Visionen – Aqualunge und Unterseeboot – sind heute Realität.

Auch andere technische Leistungen – im negativen wie im positiven Sinn – erblickten auf den Seiten eines Science-fiction-Romans das Licht der Welt: Schon 1835 nahm Edgar Allan Poe in seiner Geschichte *Das unvergleichliche Abenteuer eines gewissen Hans Pfaall* den Flug zum Mond vorweg. 1893 sagte der Satiriker E. Douglas Fawcett Luftangriffe voraus, und 1914 zeichnete der bekannte englische Schriftsteller H. G. Wells in der Erzählung *Befreite Welt* ein beklemmend genaues Bild von der radioaktiven Verseuchung nach einem Atomkrieg.

Geschenk aus dem Meer

Die Skelette kleiner Wassertiere liefern Ersatz für menschliche Knochen

Der menschliche Körper verfügt nur über eine begrenzte Fähigkeit, beschädigte oder geschwundene Knochen neu zu bilden. Auf jeden Fall benötigt er stets etwas gesundes Knochengewebe, auf dem neuer Knochen wachsen kann. Aus diesem Grund müssen Chirurgen – beispielsweise um einen beschädigten Unterkieferknochen zu ersetzen – dem Patienten als Grundlage ein körperverträgliches Material einpflanzen, auf dem sich der neue Knochen bilden kann. Meist nimmt man dazu eine Hydroxylapatit-Keramik, die zwar ebenso wie der natürliche Knochen aus Calciumphosphat besteht, aber im Gegensatz dazu nicht porös ist. Das hat zur Folge, daß die Blutzellen nicht in das Material eindringen können und daß deshalb der neue Knochen um das Plantat herum und nicht in ihm wächst.

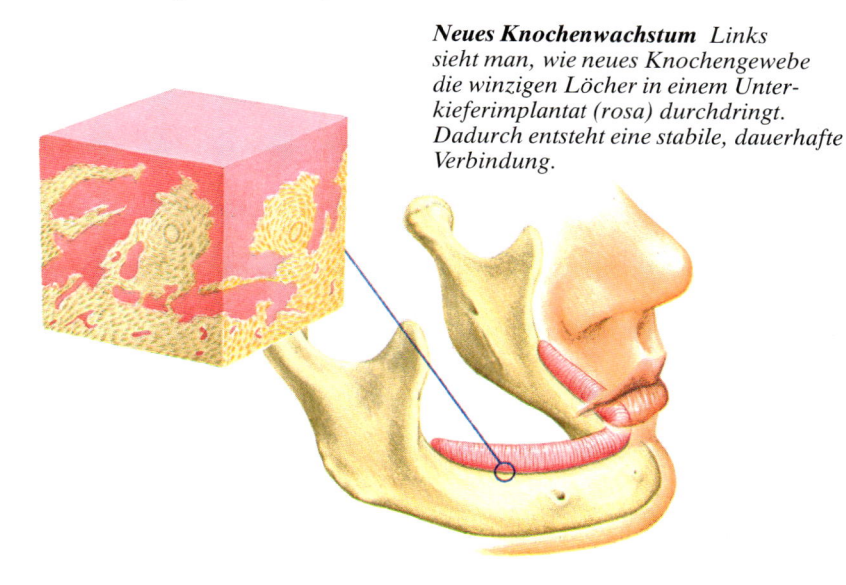

Neues Knochenwachstum Links sieht man, wie neues Knochengewebe die winzigen Löcher in einem Unterkieferimplantat (rosa) durchdringt. Dadurch entsteht eine stabile, dauerhafte Verbindung.

Poröse Skelette

Neuerdings haben die Mediziner ein besseres künstliches Knochenmaterial zur Verfügung, nämlich die Skelette bestimmter Seeigel, Korallen und Algen, die eine poröse Struktur, ähnlich der des menschlichen Knochens, aufweisen. Da sie aber aus Calciumcarbonat bestehen, das im Körper des Menschen zersetzt würde, wandelt man sie auf chemischem Weg in Calciumphosphat um und erhält dadurch ein stabiles poröses Material, das sich vorzüglich als Implantat und Grundgerüst für neues Knochenwachstum eignet.

Allerdings haben in absehbarer Zeit wahrscheinlich auch die Algen und Korallen ausgedient, denn der Knochenersatz der Zukunft wird wohl auf gentechnischem Weg hergestellt werden.

GUMMI MIT HOCHSPANNUNG

Wie allgemein bekannt, ist Gummi ein ausgezeichnetes Isoliermaterial. Und dennoch gelang es dem amerikanischen Wissenschaftler Minal Thakur, daraus einen elektrischen Leiter zu machen. Er bediente sich dabei des sogenannten Dopingverfahrens, bei dem atomare Strukturen dadurch verändert werden, daß man eine „Verunreinigung" – in diesem Fall Jod – zufügt. Die so entstandenen Verbindungen leiten den Strom viele milliardenmal besser als der ursprüngliche Gummi.

Gummi besteht wie Kunststoffe oder Glas aus Polymeren, großen Molekülen, die sich aus kleineren, gleichen Molekülen zusammensetzen. Seit Anfang der 70er Jahre arbeiten Wissenschaftler an der Entwicklung neuer Kunststoffarten, die wie Gummi gegebenenfalls als elektrische Leiter dienen können. 1987 gewannen deutsche Forscher mit der Dopingmethode ein Polymer, das zweimal besser leitet als Kupfer, einer der besten natürlichen Leiter. Dieser Erfolg könnte sich auch in wirtschaftlicher Hinsicht als nützlich erweisen, denn da Kupfer relativ schwer und außerdem sehr teuer ist, wäre die Industrie an leichten und billigen Ersatzstoffen interessiert.

Manche Polymere sind so beschaffen, daß sie nur bei ganz bestimmten Temperaturen den Strom leiten – eine Eigenschaft, die ebenfalls wirtschaftlich genutzt werden kann. Schließt man beispielsweise einen solchen Stoff an ein Ohmmeter an, das elektrische Widerstände mißt, dann könnten auf diese Weise Temperaturschwankungen beim Transport von Medikamenten oder Tiefkühlkost überwacht werden.

Den größten Dienst aber würden diese Polymere dem Menschen erweisen, wenn man sie eines Tages als künstliche Nerven in den menschlichen Körper verpflanzen könnte.

Hätten Sie's gewußt?

Eine französische Firma hat eine neue Betonart entwickelt, der getrocknetes Blut beigemischt ist. Durch das pulverisierte, mit bestimmten Chemikalien vermischte Blut entstehen einheitlich große Luftbläschen im Beton. Um jedes bildet sich eine Silicathülle, und deren Härte und Gleichförmigkeit machen diesen Beton stabiler als herkömmlichen.

◆◆◆

Coca-Cola kann das Öl im Auto ersetzen. Diese unwahrscheinlich klingende Theorie stammt von dem britischen Wissenschaftler Jack Schofield, der 1989 gut 100 km in einem Auto zurücklegte, dessen Motor mit Coca-Cola – und einem speziellen Zusatz – geschmiert wurde. Schofield hat eine Substanz entwickelt, die in Verbindung mit Cola- oder Tee – ein Schmiermittel bildet, mit dem Motoren angeblich länger halten als mit Öl.

◆◆◆

In einigen Jahren wird es vielleicht hauchdünne Batterien geben. Japanische Forscher erfanden nämlich eine Art Papier, das wie eine Batterie funktioniert. Im Gegensatz zu den heutigen Batterien enthalten die rundum plastikversiegelten Papierbatterien keine Flüssigkeit oder Gel, sondern bestehen aus kupferimprägniertem Kunststoff, eingehüllt in Metallfolien.

Formschöne Plastikflitzer

Beim Autobau wird immer mehr Kunststoff verwendet

Die Autos des Jahres 2000 werden nicht mehr soviel Zeit in der Reparaturwerkstatt verbringen wie die heutigen Fahrzeuge, denn dank ihrer Kunststoffkarosserie reparieren sich kleine Beulen nach einem nicht allzu heftigen Zusammenstoß von selbst: Der Plastikkotflügel federt in seine ursprüngliche Form zurück.

Doch die Elastizität ist nur einer der Vorteile des Kunststoffs gegenüber dem Stahl. Ein anderer ist das niedrigere Gewicht. Bereits heute besitzen 80% aller Autos in Europa Plastikstoßstangen und verbrauchen wegen der Gewichtseinsparung deutlich weniger Benzin. In Frankreich gibt es sogar schon – allerdings nur als kleine Kurzstreckenfahrzeuge – preiswerte Wagen mit vollständiger Kunststoffkarosserie, die bis zu 65 km/h schnell fahren können, und es existieren Prototypen für größere und schnellere Plastikautos.

Flottes Design

Auch in produktionstechnischer Hinsicht hat der Kunststoff seine Pluspunkte. Während Stahl zeitaufwendig gepreßt und punktgeschweißt werden muß, kann man Plastik in die gewünschte Form gießen – ein Verfahren, das billiger ist und der Phantasie mehr Raum läßt, so daß sich das Auto der Zukunft aerodynamisch, stabil und formschön präsentieren wird. Und darüber hinaus läßt es sich – wenigstens teilweise – recyceln, denn manche Kunststoffarten kann man wiederaufbereiten und für neue Fahrzeuge verwenden.

Einen Nachteil gibt es allerdings doch, aber der ist im wahrsten Sinn des Wortes oberflächlicher Natur: Obwohl man Kunststoffe in allen Farben herstellen kann, hapert es bei ihnen mit dem Glanz, und sie können auch das Heißlackierverfahren, mit dem man die heutigen Autos zum Strahlen bringt, nicht vertragen. Sicherlich wird die Automobilindustrie dieses Problem jedoch noch in den Griff bekommen und auch

Stadtauto Die Kunststoffkarosserie dieses französischen Wagens wird mit Klebstoff, Nieten und Schrauben zusammengehalten.

dem Plastikflitzer zu gediegenem Hochglanz verhelfen.

Und wie soll man das Auto des Jahres 2000 anpreisen, wie am besten an den Mann und die Frau bringen? „Plastikauto" klingt billig und minderwertig und würde kaum für reißenden Absatz sorgen, doch wie wäre es mit dem Slogan: „Auto der Zukunft – ein Produkt des Weltraumzeitalters"?

Einzeller für jeden Zweck

Was die Grünen Flamingos mit Algen anstellen

In einigen afrikanischen und amerikanischen Seen lebt *Spirulina*, eine blaugrüne Alge, deren geradezu verblüffende Fähigkeiten die Lebensqualität des Menschen auf vielfältige Weise verbessern: Sie bekämpfen den Hunger auf der Welt, sie vermindern die Luftverschmutzung, sie können Babys das Leben retten und vielleicht eines Tages den Astronauten im All Sauerstoff liefern.

Mit Blick auf die sich verschärfenden Probleme dieser Welt hat eine Schweizer Umweltschutzgruppe namens Grüner Flamingo damit begonnen, *Spirulina* zu züchten, und zwar in Trögen mit schwach salzhaltigem Wasser. „Gefüttert" werden die Algen mit Nebenprodukten, die bei der Gewinnung von Biogas anfallen. Biogas, d.h. Methangas, das aus organischen Abfällen und Mist gewonnen wird, ist in weiten Teilen der dritten Welt eine wichtige Energiequelle, die allerdings einen entscheidenden Nachteil hat: die großen Mengen an Kohlendioxid, die solche Generatoren produzieren und die den Treibhauseffekt verstärken, also der gefährlichen Aufheizung der Erdatmosphäre Vorschub leisten. *Spirulina* wirkt dem entgegen, denn die Algen verbrauchen außerordentlich viel Kohlendioxid.

Ihre wichtigste Rolle aber spielen die blaugrünen Algen als Nahrungsquelle für Mensch und Tier. Im Tschad z.B. sind sie ein traditionelles Gericht. Sie enthalten hochwertiges Protein, essentielle Fettsäuren sowie die Vitamine A und B. Zudem sind sie leicht verdaulich und haben sogar schon kranke Babys vor dem Hungertod bewahrt, die keine andere Nahrung vertrugen. Obwohl man sie im Wasser züchtet, bieten sie sich auch als Nahrungsmittel in Trockengebieten an, denn im Verhältnis zum Wasserverbrauch enthalten sie mehr Nährstoffe als jede andere Pflanze.

Doch auch in den Industrieländern kann *Spirulina* dem Menschen wichtige Dienste leisten. In Israel klärt sie Abwässer, in Frankreich und in den Vereinigten Staaten von Amerika verwendet man sie in der Kosmetikindustrie und bei der Herstellung von Lebensmittelfarben. Viele Wissenschaftler hoffen außerdem, daß sie dereinst in Raumschiffen oder U-Booten Sauerstoff produzieren wird.

Je härter, desto besser

Unverwüstliche Diamantbeschichtungen aus dem Labor

Zukunftsträume, die teilweise schon Wirklichkeit geworden sind: Rasierklingen, die nie abstumpfen, Brillen, die nie verkratzen, Maschinen, die laufen und laufen und laufen ... Und wo liegt der Grund für diese ungewohnte Haltbarkeit? In der Beschichtung mit einem künstlichen Diamantfilm.

Bereits ab dem Ende des 18. Jh., als man erkannt hatte, daß der Diamant eine Kohlenstoffverbindung ist, versuchten Wissenschaftler, diesen härtesten in der Natur vorkommenden Stoff künstlich herzustellen. Da natürliche Diamanten tief im Erdinnern unter sehr hohen Temperaturen und sehr hohem Druck entstanden, bemühte man sich – allerdings lange Zeit vergeblich –, ähnliche Bedingungen im Labor zu schaffen. Erst 1955 gab es den ersten unbestreitbaren Erfolg, als amerikanische Forscher das Ausgangsmaterial Graphit einem Druck von 10 Mrd. Pa und einer Temperatur von 2000 °C aussetzten und so tatsächlich künstliche Diamanten gewannen.

Ein Gas wird aufgespalten

Ein Jahr später gelang es russischen Wissenschaftlern, Diamanten bei geringerem Druck und einer Temperatur von nur 1000 °C herzustellen. Sie wandten die Methode der chemischen Dampfablagerung an, bei der Methangasmoleküle so „aufgebrochen" werden, daß sich ihre Kohlenstoffatome als Diamantfilm auf einem Stück Diamant, Stahl oder eines anderen Metalls ablagern.

Japanische Forscher bedienten sich anderer kohlenstoffhaltiger Gase, z. B.

Hätten Sie's gewußt?

Vielleicht enthalten die Automotoren der Zukunft Kunststoffteile. Eine kanadische Firma behauptet, ein von ihr hergestellter Motor, der teilweise aus Kunststoff besteht, sei effizienter und haltbarer als herkömmliche Motoren, und in den USA hat man sogar einen Rennwagen gebaut, dessen Motor mit Pleuelstangen und Kolbenringen aus Kunststoff arbeitet.

GEDRUCKTE ELEKTRIZITÄT

Geräuschlos fliegende Flugzeuge und Kühlschränke, die man mit einer Hand hochheben kann – das sind nur zwei der phantastisch anmutenden Neuheiten, die in naher Zukunft hergestellt werden könnten – sofern sich die Behauptungen eines amerikanischen Wissenschaftlers bewahrheiten.

Der Mann, der solche erstaunlichen Prognosen wagt, Kenneth Wilson aus Florida, hat angeblich ein Verfahren erfunden, mit dem man Elektrizität in ausreichender Menge auf Papierstreifen erzeugen kann. Seine Methode beruht auf einer Erkenntnis aus dem frühen 19. Jh., nach der an der Verbindungsstelle zweier verschiedener Metalle Elektrizität entsteht, wenn eines der Metalle einer hohen Temperatur ausgesetzt wird.

Bisher ließ sich diese Art der Stromerzeugung nicht wirtschaftlich nutzen, da man eine „Thermosäule" aus Tausenden von Drähten benötigt hätte, um genügend Strom für den Antrieb eines starken Motors zu erhalten. Wilson schlägt nun vor, eine solche Thermosäule nur zu simulieren, indem man Drähte mit einer speziellen Metalltinte auf vorbehandeltes Papier aufdruckt. Im erhitzten Zustand würden diese dünnen Felder aus gedruckten Drähten dann elektrischen Strom erzeugen. Solche „Thermoflächen" könnte man z. B. in Motoren einsetzen, wobei die Hitze des Motors selbst als Energiequelle dienen würde. Oder man könnte die Wärme, die Rohöl freisetzt, wenn es an die Erdoberfläche dringt, auf Thermoflächen leiten und auf diese Weise den Strombedarf auf Ölbohrinseln decken.

Alkoholdampf, und stellten damit einen Rekord in der Produktion von Diamantfilm auf: 30 μm/h.

Klare Sicht und klare Töne

Die wirtschaftlichen Nutzungsmöglichkeiten der modernen Alchimie sind vielfältig: Um die Leistungen in den oberen Frequenzbereichen zu verbessern, überzieht eine japanische Firma ihre Lautsprecher mit einer Diamantschicht, die empfindlich auf extrem hohe Töne reagiert. Auch stark beanspruchte Teile von Werkzeugmaschinen erhalten schon heute eine besonders lange Lebenserwartung durch einen feinen Diamantfilm, und in der Zukunft werden uns vielleicht diamantversiegelte Fensterscheiben eine dauerhaft ungetrübte Sicht bescheren. Weil Diamanten gute Wärmeleiter sind, könnte man sie auch hervorragend zur Kühlung von Elektrogeräten und -maschinen einsetzen. Und selbst die Produktion von synthetischen Schmuckdiamanten ist den Wissenschaftlern inzwischen gelungen.

Diamantbeschichtung Um eine Diamantschicht auf einem Siliconwafer, einem Gerät zur Herstellung von Mikrochips, zu erzeugen, werden zunächst Methan- und Wasserstoffgas in ein Glasgefäß gepumpt. Mikrowellenstrahlung wirkt auf die Gase ein, so daß sie eine Plasmakugel bilden, und erhitzt den Wafer auf 900 °C. Nun spalten sich die Kohlenstoffatome von den Methanmolekülen ab und bilden auf dem Wafer einen feinen Diamantfilm.

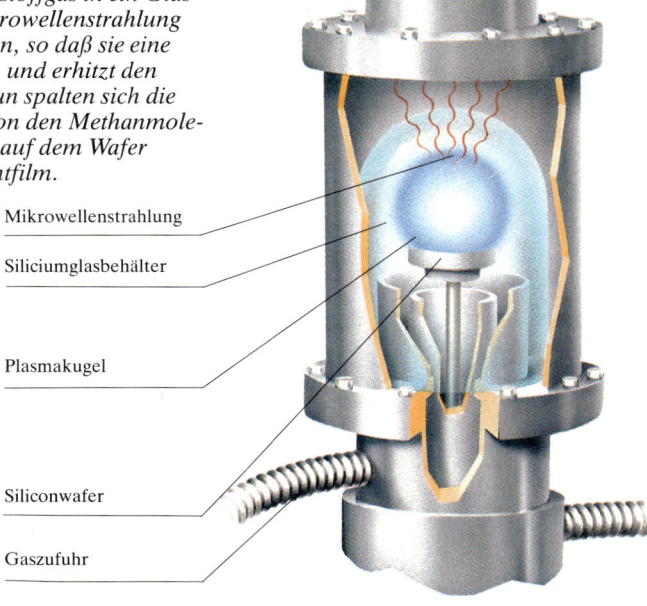

Mikrowellenstrahlung

Siliciumglasbehälter

Plasmakugel

Siliconwafer

Gaszufuhr

FOTOALBUM AUF DISKETTE

Würde es nicht Spaß machen, wenn man ein gerade geschossenes Foto zu Hause auf dem Fernsehbildschirm begutachten und dann einfach die gewünschten Abzüge davon machen könnte? Inzwischen ist das möglich, denn einige Kamerahersteller haben seit Jahren an der Entwicklung von Apparaten getüftelt, die nicht mit lichtempfindlichen Filmen arbeiten, sondern Fotos elektronisch speichern, so wie es eine Videokamera bei der Aufnahme bewegter Bilder tut.

Die elektronisch erzeugten Bilder erreichen freilich nicht die Qualität von herkömmlichen Fotos. Während normale Videofilme 25 relativ unscharfe Bilder pro Sekunde produzieren, die Augen und Gehirn dann als klares bewegtes Bild wahrnehmen, muß eine Videokamera für Standbilder jede einzelne Aufnahme perfekt wiedergeben. Dabei stößt die Technik bis jetzt noch an Grenzen. Bisher gelang es den Experten, Kameras zu konstruieren, die bis zu 50 Farbbilder auf einer

kleinen Diskette speichern können und deren Bilder 500 Zeilen Auflösung haben. Dieses Auflösungsvermögen bleibt jedoch weit hinter dem herkömmlicher Fotografien zurück und muß daher noch erheblich erhöht werden.

Vielleicht jedoch stört das viele Fotografen gar nicht so sehr, denn Videokameras für Standbilder haben trotz der mangelhaften Bildqualität manche Vorteile: Ein Amateurfotograf kann beispielsweise auf seinem Bildschirm zu Hause schnell ein „Album" mit Fotos von den Ferien oder einem Familienfest zusammenstellen, und ein Zeitungsreporter kann, unmittelbar nachdem er ein sehenswertes Ereignis mit der Kamera festgehalten hat, die elektronisch gespeicherten Bilder per Telefon an seine Redaktion übermitteln.

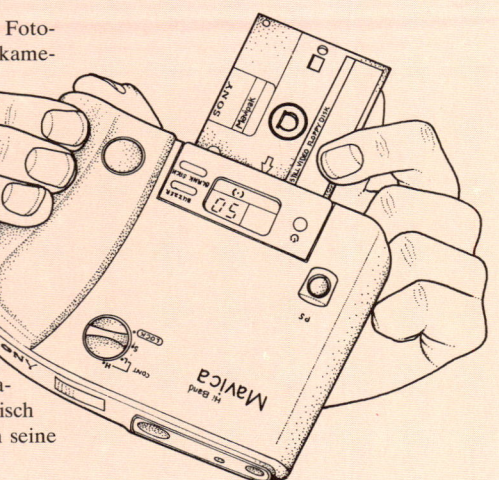

Diskettenkamera *Die Bilder dieser Kamera werden auf einer Diskette gespeichert, so daß man sie sofort auf einem Bildschirm betrachten kann.*

Vom Himmel hoch

Kleinstflugzeuge für den Pendelverkehr

Fliegende Untertassen – das erinnert an Übersinnliches, an geheimnisvolle Außerirdische, die mit ihrer überlegenen Technik die Weiten des Alls durchquert haben, um unsere kleine Erde zu besuchen. Vielen schaudert bei dem Gedanken an die rätselhaften Ufos, doch vielleicht werden sie eines Tages wirklich in Massen über unsern Himmel schweben und uns dann fast so alltäglich vorkommen wie heute Autos. Ein kalifornisches Unternehmen

nämlich, das senkrecht startende und landende Flugzeuge entwickelt, hat einen Prototyp vorgestellt, der einer fliegenden Untertasse verblüffend ähnelt. Das Flugzeug, in dem zwei Personen Platz haben und das in eine normale Garage paßt, wird von acht rotierenden Motoren mit Gebläse angetrieben, die kreisförmig um den „Fahrersitz" angeordnet sind. Der Luftstrom, den die Gebläse erzeugen, ist nach unten gerichtet, damit das Fahrzeug senkrecht starten und ruhig schweben kann. Mit Hilfe eines Computers, der jedes Gebläse einzeln in Betrieb setzt, kann man Geschwindigkeit, Seitenneigung und Richtung bestimmen. Während des Vorwärtsflugs erhält das Gefährt auf die gleiche

Weise durch seine Tragflächen Auftrieb wie ein herkömmliches Flugzeug.

Neben dem bescheidenen Zwei-Mann-Senkrechtstarter, der schon jetzt das Fluggefühl der Zukunft vermittelt, entwickelt die Firma noch eine größere Version für vier Personen, die in 9500 m Höhe fliegen und eine Spitzengeschwindigkeit von 645 km/h erreichen kann. Das Modell sieht aus wie eine Kreuzung zwischen einem Ultraleichtflugzeug und einem Rennwagen. Seine Stromlinienform soll sich erfolgreich Windböen widersetzen und den Treibstoffverbrauch gering halten.

Chaos am Himmel

Zur Zeit kosten solche Volatoren, wie ihre Hersteller sie nennen, noch soviel wie ein Hubschrauber. Doch ihr Erfinder Paul Moller hofft, daß mit steigender Nachfrage die Herstellungskosten bis auf den Preis eines Luxusautos sinken und daß sie dann ein attraktives Transportmittel für den täglichen Weg zur Arbeit darstellen.

Jeder Pendler ein Pilot? Da haben die Luftfahrtbehörden sicher noch ein Wort mitzureden, denn schon heute herrscht im Luftraum bereits ein bedenkliches Gedränge, das sich durch die Volatoren verschärfen würde. Man stelle sich einmal den Himmel über Berlin oder Frankfurt zur Hauptverkehrszeit vor!

Noch in der Testphase *Vielleicht sieht das senkrecht startende und landende Kleinflugzeug der Zukunft einmal aus wie dieser Moller 200X.*

Elektronik mit Verstand

Der unaufhaltsame Siegeszug des Computers

In der Mitte dieses Jahrhunderts gipfelte die technische Entwicklung von Rechenmaschinen in dem Riesencomputer ENIAC (*Electronic Numerical Integrator and Calculator*), dem ersten vollelektronischen Rechner, der 1946 an der University of Pennsylvania gebaut wurde. Er speicherte Informationen und Zahlen in Form von elektrischen Impulsen – gegenüber den früheren mechanischen Geräten, die aus Tausenden von beweglichen Teilchen bestanden, ein gewaltiger Fortschritt. Auch das Tempo, das ENIAC an den Tag legte, konnte sich sehen lassen: Er schaffte 5000 Additionen pro Sekunde, und für die Multiplikation zweier zehnstelliger Zahlen reichten ihm knapp drei Millisekunden. Allerdings hatte diese Geschwindigkeit ihren Preis. ENIAC verbrauchte so viel Strom wie eine Lokomotive und beanspruchte außerdem eine Menge Platz. Seine 18 000 Elektronenröhren nahmen eine Fläche von knapp 150 m² ein.

Trotz solcher Nachteile tat ENIAC, der u. a. vom amerikanischen Militär benutzt wurde, bis 1955 gute Dienste. Außerdem wirkte er wie eine Initialzündung für die weitere Entwicklung der Computertechnik. Gut 30 Jahre nach ihm wurde in den USA der nach seinem Konstrukteur Seymon Cray benannte Superrechner Cray 1 vorgestellt, der mehr als 100 Mio. Rechenoperationen in der Sekunde fertigbrachte. Doch auch er gehört schon bald zum alten Eisen, denn Cray 4, der voraussichtlich 1993 einsatzbereit sein wird, soll noch 1000mal schneller rechnen können.

Während die Computer einerseits immer leistungsfähiger werden, werden sie andererseits immer kleiner und billiger. Der in den 70er Jahren erfundene Mikrochip ermöglichte es, ganze elektronische Schaltkreise

Computerschönheit *Moderne Computer wie diesen Cray X-MP kann man in formschönen, dekorativen Gehäusen unterbringen.*

auf Siliciumplättchen von der Größe eines Fingernagels unterzubringen; man konnte also Computer herstellen, die ebensoviel leisteten wie ENIAC, aber 16 000mal kleiner waren. Und mit der Größe schrumpfte der Preis. Heute bekommt man einen Mikroprozessor, der nur noch die Energiemenge einer Glühbirne verbraucht, für den Gegenwert von 1 kg Kaffee.

Und wohin führt die Entwicklung der Computer, die mit der Zeit immer schneller und klüger werden? Sollte ihre elektronische Intelligenz womöglich eines Tages die menschliche Intelligenz überflügeln und verdrängen, oder sind und bleiben sie „Vollidioten mit Spezialbegabung", wie sie einmal genannt wurden?

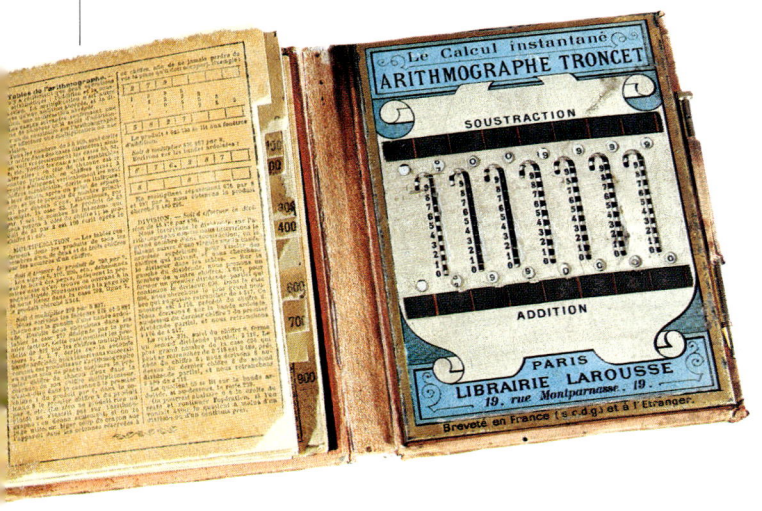

Früher Taschenrechner *Der französische Arithmograph aus dem Jahr 1889 konnte addieren und subtrahieren.*

Elektronische Einbrecher

Hacker dringen in fremde Computernetze ein

Im Jahr 1988 kam das US-Verteidigungsministerium einem deutschen Studenten auf die Schliche, der regelmäßig streng geheime Daten von amerikanischen Militärbasen in aller Welt gelesen hatte. Er war nicht etwa in die Stützpunkte eingedrungen und hatte Tresore geknackt, sondern hatte sich ganz bequem, sozusagen als Schreibtischtäter, über seinen mit dem Telefonnetz verbundenen Computer Zugang zu mindestens 30 geheimen Computernetzen und damit zu vielen hochbrisanten Informationen verschafft.

Hier war also ein Hacker am Werk gewesen, ein Amateur-Computerfreak, der seine Freizeit damit verbringt, illegal in fremde Dateien einzudringen. Gegen solche Aktivitäten ist prinzipiell jedes Computersystem anfällig, das mit dem Telefonnetz verbunden ist. Der Hacker muß nur das Codewort des gewünschten Systems herausfinden, was ihm durch logisches Kombinieren und Ausprobieren auch häufig gelingt.

Die meisten Computerpiraten hacken nur zum Spaß, wie beispielsweise zwei Engländer, die sich 1984 in ein britisches Computernetz einschlichen und den elektronischen Briefkasten von Prinz Philip durchwühlten. Doch manche Hacker begnügen sich nicht damit, in den Geheimnissen anderer lediglich

herumzuschnüffeln; sie löschen oder verändern die fremden Daten, aus welchen Gründen auch immer. Damit ist der Kriminalität Tür und Tor geöffnet. Ein moderner Bankräuber kann sich Zugang zum Datensystem einer Bank verschaffen und die Überweisung großer Geldbeträge ins Ausland veranlassen – eine Methode, die weit weniger riskant ist als die herkömm-

Hacker-Duo *Die beiden Mitglieder eines Hamburger Computerclubs schlichen sich zwar in das Computernetz der NASA ein, änderten aber keine Daten.*

liche mit Maskierung und Pistole. Experten vermuten, daß allein die amerikanischen Finanzbehörden jährlich durch Computerbetrug bis zu 5 Mrd. Dollar verlieren.

ERFAHRUNG MACHT KLUG

Auf der einen Seite sind Computer ausgesprochen klug: Sie lösen unglaublich komplizierte mathematische Rechnungen in Sekundenschnelle. Doch andererseits sind sie auch erstaunlich dumm: Wenn es darum geht, ein menschliches Gesicht zu erkennen, an einer Unterhaltung teilzunehmen, undeutliche Handschriften zu entziffern oder die Pointe eines Witzes zu verstehen – alles Handlungen also, die der Mensch so nebenher ausführt –, dann haben sie eine extrem lange Leitung oder müssen sogar ganz passen. Außerdem geraten sie leicht aus dem Konzept, nämlich dann, wenn man sie mit irreführenden oder unvollständigen Informationen füttert. Ein herkömmlicher Computer ist und bleibt eben nur eine Maschine, die stur nach den Regeln ihres Programms funktioniert.

Ganz anders dagegen das menschliche Gehirn: Es lernt aus Erfahrung. Statt starr nach irgendwelchen Regeln vorzugehen,

kann es Wahrnehmungen aller Art mit dem über Jahre hinweg erworbenen Hintergrundwissen in Zusammenhang bringen, einordnen und deuten. Es kann anhand von Informationen überlegen, was zu tun ist, auch wenn es einer völlig unerwarteten oder neuartigen Situation gegenübersteht.

Laser statt Nerven

Nach Ansicht vieler Wissenschaftler sollen die intelligenten Maschinen der Zukunft so konstruiert werden, daß sie ähnlich wie das menschliche Gehirn in der Lage sind, zu üben und zu lernen. Jedesmal, wenn sie eine Aufgabe erfüllen, sollen sie diese Erfahrung in ihrem elektronischen „Nervensystem" speichern und sie im Idealfall beim nächsten Problem, das es zu lösen gilt, wieder einbringen.

Allerdings sind die technischen Hürden, die sich dem Bau eines solchen Computers in den Weg stellen, nur mit größten An-

strengungen zu überwinden, denn das menschliche Gehirn ist das komplizierteste System, das die Wissenschaft kennt. Da von seinen mehr als 10–100 Mrd. Neuronen jedes mit 10 000 anderen Neuronen verbunden ist, ließe sich die elektronische Version eines solchen Netzwerks kaum aus Schaltkreisen nachbilden. Man hofft jedoch, daß Laserstrahlen die Verbindungen herstellen können.

Neurocomputer sind aber keineswegs nur Zukunftsmusik. Schon Ende der 80er Jahre waren auf kalifornischen Flughäfen Prototypen im Einsatz, die versteckten Sprengstoff in Gepäckstücken aufspüren sollten. Durch Ausprobieren hatten sie gelernt, zwischen einer Bombe aus Plastiksprengstoff und einem vergleichbaren, aber harmlosen Gegenstand zu unterscheiden. Und tatsächlich stieg ihre Trefferquote mit wachsender Erfahrung – ein erster, kleiner Schritt auf einem noch langen Weg.

HIGH-TECH IM OHR

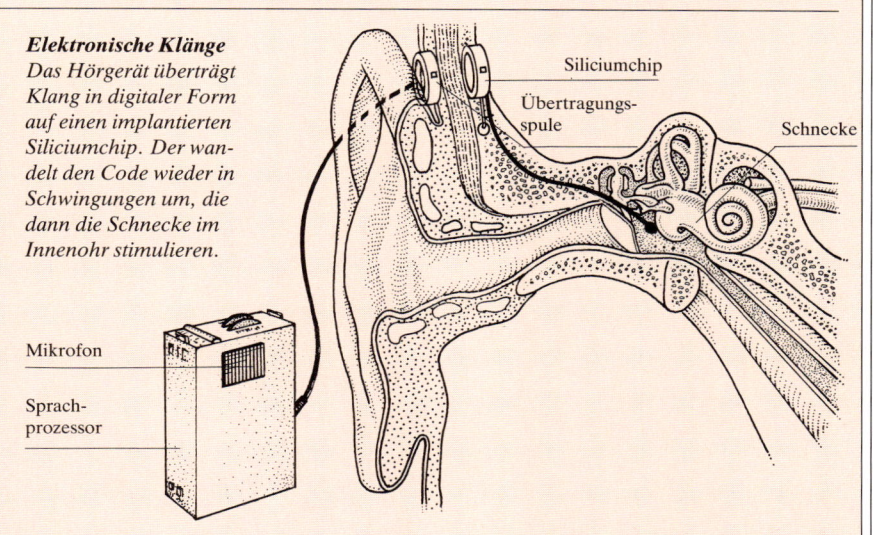

Elektronische Klänge
Das Hörgerät überträgt Klang in digitaler Form auf einen implantierten Siliciumchip. Der wandelt den Code wieder in Schwingungen um, die dann die Schnecke im Innenohr stimulieren.

Siliciumchip
Übertragungsspule
Schnecke
Mikrofon
Sprachprozessor

Bis vor kurzem gab es für vollkommen gehörlose Menschen keine Hoffnung auf Hilfe. Erst seit neuerer Zeit bietet sich zumindest für manche von ihnen die Möglichkeit, doch etwas zu hören, und zwar dank modernster Technologie. Das Herzstück des neuartigen Hörapparats ist ein kleiner, mit einer Titanschicht überzogener Siliciumchip, der in den Knochen hinter dem Ohr eingepflanzt wird.

Die Schallwellen, die etwa ein Gesprächspartner erzeugt, werden von einem mitgeführten Sprachprozessor aufgefangen, der mit einer hinter dem Ohr angebrachten Übertragungsspule verbunden ist. Der Prozessor wandelt den Klang in einen Digitalcode um, den die Spule auf den implantierten Siliciumchip überträgt. Der Chip verwandelt dann die digitale Nachricht wieder in Schwingungen zurück und leitet diese an mehrere Elektroden weiter, die an die Schnecke im Zentrum des Innenohrs angeschlossen sind. Hier werden normalerweise die Schallwellen in elektrische Impulse umgewandelt und dann über die Fasern des Gehörnervs an das Gehirn wei-

tergeleitet. Die Elektroden stimulieren nun die Nervenenden in der Schnecke ebenso, wie es vom Gehör aufgenommenes Geräusch tut. Mit den einfacheren Versionen der neuen Hörhilfen kann ein Tauber nur

seine eigene Stimme hören, mit den komplizierteren, die bis zu 16 Elektroden besitzen, vernehmen die Träger eine Art Computerstimme, wie man sie aus Science-fiction-Filmen kennt.

Viren und Würmer
Die heimtückischen Computerinfektionen

Im Jahr 1972 schrieb der amerikanische Science-fiction-Autor David Gerrold über ein bösartiges Computerprogramm, das sich genau wie eine ansteckende Krankheit von einem Computer auf den andern übertrug. Er nannte es deshalb Virus. Wie so oft in der Geschichte des Computers wurde die Phantasie aber bald schon von der Wirklichkeit eingeholt, und seit den 80er Jahren verbreiten Computerviren nun bei Firmen und Behörden Angst und Schrecken.

Hätten Sie's gewußt?

Roland Zapp und Galen Brown, zwei Forscher an der University of Michigan, stellten 1988 erstmals einen Computer her, der die Größe und Form eines Apfels hatte. Man legte ihn zusammen mit einer Ladung echter Früchte auf die Ladefläche eines Lkw, wo er alle Stöße und Schläge während der Fahrt aufzeichnete und damit detaillierte Informationen darüber gab, wann und wo das Obst auf der Fahrt beschädigt wurde.

Hinter der biologisch-medizinischen Bezeichnung verbirgt sich ein Programm, das ein Computerfreak ausgearbeitet und heimlich in ein anderes Programm eingeschleust hat. Das Virus überträgt sich immer dann, wenn das Wirtsprogramm auf einer Diskette gespeichert und in einen anderen Computer eingegeben wird. Viele Viren schlummern, bis sie durch irgendeinen Auslöser aktiviert werden, etwa durch eine bestimmte Uhrzeit oder ein bestimmtes Datum. Manche Viren schlagen z. B. immer dann zu, wenn der 13. eines Monats auf einen Freitag fällt. Ein harmloses Virus namens Pingpong läßt täglich um 12 Uhr einen kleinen Ball über den Bildschirm hüpfen.

Genaugenommen gibt es verschiedene Arten von Computerinfektionen, obwohl man im allgemeinen nur von Viren spricht. Eine besonders heimtückische Art ist der „Wurm", der das gesamte Computernetz befällt und sich so rasant vermehrt, daß er in kürzester Zeit das System unbrauchbar macht. So wurde am 2. November 1988 das große amerikanische System Internet, das die Computer von Universitäten, dem Pentagon und anderen Regie-

rungsbehörden verbindet, von einem Wurm befallen und für 36 Stunden lahmgelegt.

Moderne Trojaner
Ebenfalls ein Kreuz für Computerbesitzer sind die sogenannten Trojaner, die nach dem antiken hölzernen Pferd benannt sind, in dessen hohlem Leib der Sage nach griechische Krieger in die Stadt Troja geschmuggelt wurden. Bei ihnen handelt es sich um meisterhafte Täuschungsprogramme, die völlig andere Dinge tun, als sie vorgeben. Gibt man das tückische Programm ahnungslos in den Computer ein, so kann es von dem ganzen Gerät Besitz ergreifen. Die harmloseren Trojaner drucken nur eine Friedensbotschaft oder eine Nachricht aus, andere aber können auch sämtliche gespeicherten Daten löschen.

Um sich vor solchen kostspieligen Attacken zu schützen, schaffen sich viele Firmen „Impfprogramme" an, die ihre Computer gegen Infektionen immun machen. Doch sicherlich fühlen sich dadurch die Hersteller von Computerviren herausgefordert und suchen nach Mitteln und Wegen, um solche Maßnahmen zu untergraben.

213

Kybernetische Sekretärinnen

Die Maschinen der Zukunft können hören und verstehen

Sicher hat jeder im Film schon einmal eine Maschine wie z. B. einen Roboter sprechen hören. Das klingt für den Laien zwar wie Zauberei, ist aber für entsprechend ausgerüstete Computer kein Hexenwerk: Sie können synthetische Klänge produzieren, die wir als Worte verstehen.

Viel größere Schwierigkeiten als das Reden bereitet indes das Hören, genauer gesagt: das Zuhören. Computern fällt es ausgesprochen schwer, die Silben und Worte der gesprochenen Sprache zu unterscheiden, geschweige denn zu verstehen. Gerade die deutsche Sprache mit ihrer komplizierten Grammatik und den zahlreichen gleichklingenden Bezeichnungen für verschiedene Begriffe wie Bank für ein Sitzmöbel und ein Geldinstitut erweist sich als tückisch für Computer, so daß wir wohl noch lange Zeit auf einen elektronischen Gesprächspartner verzichten müssen. Auf einzelne Wörter allerdings, normalerweise Befehle, reagieren entsprechend programmierte Computer so gut, daß sie schon in mehreren Firmen ihr Können unter Beweis stellen.

Doch der ansprechbare Computer der Zukunft soll sich nicht mit nur einem Wort begnügen müssen, sondern zur „kybernetischen Sekretärin" heranreifen, d. h., er soll schriftliche Ausdrucke von gesprochenen Diktaten liefern können. Bis vor kurzem war man

Künstliche Sinne Dieses Labor arbeitet an Computersystemen, die Sprache verstehen und außerdem elektronisch sehen können.

noch der Meinung, daß solche Programme auf die individuelle Aussprache und Sprechgewohnheiten des Chefs zugeschnitten sein müßten und daß dieser sich keinerlei sprachliche Entgleisungen oder gar Heiserkeit erlauben dürfte. Tatsächlich jedoch werden die elektronischen Sekretärinnen wohl flexibler sein, als man es sich heute vorstellt, denn die wissenschaftliche Forschung macht gute Fortschritte mit Systemen, die darauf programmiert sind,

Aufs Wort gehorchen Dieser Prototyp eines IBM-Computers reagiert auf verbale Anweisungen, die ihm durch ein Mikrofon eingegeben werden.

sich schnell auf wechselnde Sprecher einzustellen.

Bei IBM wird seit Ende der 80er Jahre eine Computeranlage konstruiert, die angeblich 20 000 gesprochene Wörter mit 95%iger Genauigkeit erkennen kann. Allerdings muß der Sprecher noch immer zwischen den Worten eine kurze Pause einlegen und sich an bestimmte Betonungsmuster halten. Zur Hilfestellung hat man den Computer mit Grammatikregeln und im Geschäftsleben häufig verwendeten bürokratischen Floskeln gefüttert, so daß er die Wahrscheinlichkeit berechnen kann, mit der eine bestimmte Wortfolge auftritt.

Hätten Sie's gewußt?

Es ist noch nicht lange her, daß man höchstens 1 Mio. Bits (1 Megabit) auf einem Siliciumchip speichern konnte, was etwa 20 000 Wörtern entspricht. Heute allerdings sind schon 4-Megabit-Chips in der Serienproduktion, 16-Megabit-Chips existieren als Prototypen, und an der Entwicklung von 64-Megabit-Chips wird bereits gearbeitet.

Kapitel acht

STÄDTE UND KULTUREN

Immer noch wird die Braut von ihrem frischgebackenen Ehemann über die Türschwelle des ersten gemeinsamen Heimes getragen. Wer weiß heute noch, daß durch diesen Brauch böse Geister an der Nase herumgeführt werden sollten, die nach altem Aberglauben in der Schwelle wohnten (siehe Seite 243)? Woher solche Sitten ursprünglich kommen, spielt heute keine Rolle mehr. Jetzt ist es nur noch ein Brauch, der einen wichtigen Tag im Leben markiert. Bestimmte Riten, alte Traditionen, unterschiedliche Weltanschauungen und Regierungsformen, ja sogar die Art, wie Menschen Häuser bauen und einrichten: eine kleine Reise rund um die Welt zeigt eine wahrhaft eindrucksvolle Vielfalt möglicher Lebensweisen – in der Frühzeit des Menschen genauso wie in der Gegenwart.

Die ersten Städte der Welt

Aus Nomaden werden Stadtbewohner

Vor ungefähr 10 000 Jahren zeichnete sich eine Veränderung des Weltklimas ab. Die letzte Eiszeit war zu Ende. Durch die steigenden Temperaturen schmolzen auf der Nordhalbkugel die Gletscher, und die Eismassen zogen sich ins Polargebiet zurück. Mit dem Zurückweichen der Gletscher änderte sich auch das Klima im Vorderen Orient: Weite Gebiete trockneten aus und wurden unfruchtbar. Nur das Land an den großen Strömen wie Nil, Jordan oder Euphrat und Tigris blieb grün.

Bis dahin hatten die Menschen als umherstreifende Jäger und Sammler gelebt. Nun wurden diese Nomaden seßhaft, denn in den Schwemmlandebenen der Flüsse gediehen Wildformen von Weizen und Gerste, aus deren Korn sich nahrhaftes Mehl gewinnen ließ. Die Menschen fingen an, dieses Getreide gezielt anzubauen. Freilebende Tiere wurden gezähmt und als Haustiere gehalten. Man nützte natürliche Wasserläufe zur Bewässerung und entwickelte künstliche Kanalsysteme, um auch während der Trockenzeit die Ernte zu sichern.

Damit hatten die Menschen ab etwa 8000 v. Chr. in diesem als Fruchtbarer Halbmond bezeichneten Gebiet, das von Palästina über Syrien bis nach Mesopotamien reicht, den Schritt von der Kulturstufe des Sammlers und Jägers zum Bauern vollzogen.

Durch die bessere Versorgung mit Nahrungsmitteln wuchs die Bevölkerungszahl, und aus kleinen Siedlungen wurden Dörfer. Nahrungsmittel, die als Überschüsse erwirtschaftet wurden, konnten als Vorräte gespeichert oder als Tauschmittel für einen bescheidenen Handel eingesetzt werden.

Aus den Dörfern entwickelten sich schließlich zwischen 5000 und 3000 v. Chr. die ersten Städte.

Unsterbliches Wissen

Warum die Schrift im Orient erfunden wurde

Wichtige Erfindungen, wie die Dampfmaschine, das Auto oder der Computer, haben immer weitreichende Folgen für unser Leben. Eine der bahnbrechendsten Erfindungen war sicher die der Schrift. Erst durch sie wurde es möglich, überliefertes Wissen und religiöse Vorstellungen an spätere Generationen weiterzugeben. Außerdem entstand eine völlig neuartige Form der Kommunikation. Wie kam es dazu?

Entwickelt wurde die Kunst des Schreibens von den Sumerern. Sie besiedelten vor mehr als 5000 Jahren den Süden Mesopotamiens, wo sie als Bauern das Schwemmland von Euphrat und Tigris bewirtschafteten. Getreideüberschüsse bewahrten sie in Speichern auf, denn ihre Ernten waren stets durch Dürre, Überschwemmungen und Heuschreckenplagen gefährdet. Nach dem Glauben der Sumerer zeigte sich in solchen Katastrophen der Zorn der

Fruchtbares Schwemmland Am Unterlauf von Euphrat und Tigris lebten die Sumerer. Ihre Siedlungen wuchsen früh zu Städten heran.

Götter, den es durch die Rituale der Priester zu beschwichtigen galt.

Das Reich Sumer bestand aus einer Anzahl von Stadtstaaten, wie z. B. Ur oder Lagasch, die jeweils einer bestimmten Gottheit geweiht waren und von einem König regiert wurden. Die Stadtkönige fühlten sich als irdische Stellvertreter ihrer Götter.

Das Land, das die Menschen bewirtschafteten, gehörte der weltlichen und geistlichen Macht. Priester und Beamte verwalteten den Grundbesitz. Die Bauern mußten einen Teil ihrer Überschüsse als eine Art Steuer abliefern.

Mit dem Wachstum der Städte kam es auch zum Aufbau einer geordneten Verwaltung. Um den Überblick über die Besitztümer des Königs zu behalten, erfanden die Priester und Beamten ein Zeichensystem. Und schließlich entwickelten sie aus den Zahlen und Zeichen für die Bestände in den Speichern Symbole für verschiedene Dinge und Tätigkeiten. Mit einem Rohrgriffel ritzten sie keilförmige Zeichen in weiche Tontafeln, die sie in der Sonne härteten. Die frühesten Tafeln, die man fand, stammen aus der Zeit um 2900 v. Chr. Aus den einfachen Anfängen einer Bilderschrift entwickelte sich dann die Keilschrift, in der man die Zeichen abstrakt gebrauchte. Durch die Kunst des Schreibens wurden die Mythen und Gesetzesvorschriften der Sumerer bis heute erhalten, obwohl eindringende Amoriter und Elamiter die sumerische Kultur zu Beginn des 2. Jahrtausends v. Chr. zerstörten. Die Keilschrift verbreitete sich schließlich in ganz Vorderasien und wurde im Lauf der Zeit für viele Sprachen übernommen, darunter die der Babylonier und der Perser.

Hätten Sie's gewußt?

Die Sumerer erfanden die Schrift, bauten die ersten Städte – und erfanden bereits vor 3000 v. Chr. das Rad.

Die Mauern von Jericho

Eine Stadt gibt nicht auf

Durch ein Ereignis aus der Bibel ist diese Stadt allgemein bekannt. „Josua schlug die Schlacht um Jericho", heißt es dazu in einem alten Spiritual, „und die Mauern stürzten ein." Die Eroberung der ersten kanaanäischen Stadt durch die Israeliten nach ihrem Einzug ins Land ihrer Väter wird in der Heiligen Schrift genau beschrieben. Das Volk sei unter Kriegsgeschrei einige Male um die Stadt gezogen, und die Priester hätten dabei ins Horn geblasen. Als die Mauern der Stadt schließlich einstürzten, seien sie hineingezogen. „Sie töteten nach dem Befehl des Herrn Männer und Frauen, Kinder und Alte, Rinder, Schafe und Esel." Vermutlich fand diese Schlacht etwa um 1400 v. Chr. statt. Um diese Zeit konnte Jericho bereits auf eine über 7000jährige Vergangenheit zurückblicken.

Die Zerstörung Jerichos unter Josua war weder die erste noch die letzte in der langen Geschichte dieser Stadt. Denn durch ihren Reichtum lockte sie immer wieder Eroberer an.

Eine grüne Oase

Die Palmenstadt, wie Jericho in der Bibel genannt wurde, besaß eine üppige Vegetation. Mit dem kostbaren Naß wurde die Stadt durch eine bis heute sprudelnde Quelle gut versorgt.

Darüber hinaus lag Jericho am Rand des Fruchtbaren Halbmonds, eines Gebiets, in dem schon vor über 10 000 Jahren seßhafte Bauern siedelten und reiche Erträge einbrachten.

Erst wenn genügend Nahrung für eine größere Anzahl Menschen in einem begrenzten Raum ständig vorhanden ist, kann eine Stadt überhaupt entstehen. Archäologische Ausgrabungen beweisen, daß diese Voraussetzung im Fall Jerichos schon sehr früh gegeben war. Ein Hinweis darauf: Bereits um 7000 v. Chr. umgaben die Bewohner ihre Siedlung mit einer schützenden Mauer. Ein Teil davon, ein etwa 9 m hoher Turm, wurde bei Ausgrabungen freigelegt.

Jericho war damals mit etwa 3000 Einwohnern für heutige Begriffe recht klein, und dennoch kann es als älteste befestigte Stadt der Welt bezeichnet werden. Es entstand sogar etwa 5000 Jahre früher als die – allerdings etwas

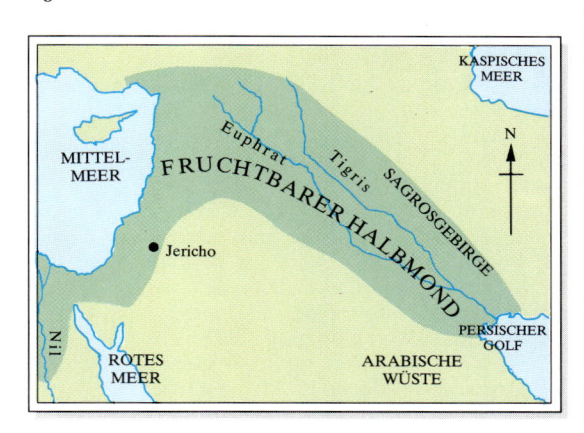

Anziehende Lage Jericho befand sich als wohlhabende Stadt am Rand des Fruchtbaren Halbmonds in der Nähe von Wüstengebieten. Kein Wunder, daß es oft angegriffen wurde.

größeren und höher entwickelten – Städte Mesopotamiens!

Trotz seiner wehrhaften Befestigung war Jericho immer wieder massiven Angriffen ausgesetzt. Bereits um 6000 v. Chr., nur einige Jahrhunderte nach dem Bau der ersten Mauern, wurde die Stadt bis auf die Grundmauern zerstört. Und im vierten vorchristlichen Jahrtausend war Jericho sogar lange Zeit völlig unbesiedelt.

Wie Phönix aus der Asche

Einige Jahrhunderte vor der Eroberung Jerichos durch die Israeliten hatten sich dort Kanaanäer angesiedelt. Sie errichteten eine starke Befestigung, die auch die lebenspendende Quelle am Fuß eines Hügels einschloß.

Auch diese Mauern hielten nicht stand, wie wir aus der Bibel wissen. Trotzdem wurde die Stadt immer wieder neu aufgebaut. Oft verlegte man dabei ihren Standort, wie Ausgrabungen der jüngeren Zeit beweisen.

Jericho existiert noch heute: als 10 000 Einwohner zählende Stadt inmitten einer intensiv bewässerten, landwirtschaftlich stark genutzten Gegend. Übrigens kann Jericho nicht nur in Anspruch nehmen, die älteste Stadt zu sein, sie ist auch die am tiefsten gelegene Stadt der Welt. Sie liegt im Jordangraben 259 m unter dem Meeresspiegel.

Hörnerschall und Kriegsgeschrei Die Mauern Jerichos stürzten zusammen, als die Israeliten mit der Bundeslade siebenmal um die Stadt gezogen waren.

Geheimnisvolle Kultur am Indus

Ein ganzes Reich geriet in Vergessenheit

Die über 4500 Jahre alten Ruinen der im heutigen Pakistan wiederentdeckten Städte Mohenjo Daro oder Harappa wirken mit ihrem regelmäßigen Straßennetz erstaunlich modern – planmäßiger erbaut als so manche heutige Stadt des indischen Subkontinents. Und sie waren offensichtlich hoch entwickelt und bestens organisiert: Es gab bereits ein Abwassersystem, Getreidespeicher, öffentliche Bäder und Versammlungsgebäude. Um 1750 v. Chr. ging die Harappakultur – so benannt nach der ersten am Indus gefundenen Stadt – unter. Man vermutet, daß schwere Überschwemmungen der Bevölkerung sehr stark zugesetzt hatten. Daraufhin muß ihre geschwächte Kultur dem Ansturm der von Nordwesten her eindringenden Arier endgültig zum Opfer gefallen sein.

Als Archäologen zu Beginn des 20. Jh. die Ruinen ausgruben, fiel ihnen auf, daß die Blütezeit dieser Kultur um die gleiche Zeit – etwa 2500 v. Chr. – wie die von Mesopotamien lag. Und tatsächlich bestanden sogar Handelsverbindungen zu den Akkadern, den Nachfolgern der Sumerer.

Ein einheitliches Reich?

Wer durch die engen Gassen der Ruinenstädte am Indus gegangen ist, dem fällt auf, daß hier ein durchdachtes städtebauliches Prinzip zugrunde liegt. Straßen kreuzen sich im rechten Winkel, die Bauwerke aus gebrannten Ziegeln waren alle zweistöckig, und überdeckte Rinnen dienten als Abwasserkanäle. Überall wird ein Streben nach Ordnung und Planung sichtbar. Neben den beiden wichtigsten Stadtanlagen Mohenjo Daro und Harappa hat man noch über 100 ähnliche Siedlungen gefunden, die ebenso planmäßig angelegt waren. Sie liegen in einem riesigen Gebiet, die

Seltsame Zitadelle Nicht als Festung, sondern als Kultstätte und Verwaltungszentrum hat dieses auf dem Hügel über Mohenjo Daro gelegene Gebäude gedient (oben). Eine solche Anlage findet sich ebenfalls in Harappa, das am Ravi, einem Nebenfluß des Indus, liegt. Die Harappa- oder Induskultur erstreckte sich über ein riesiges Gebiet (rechts).

meisten davon im heutigen Pakistan. So liegt der Gedanke nahe, daß es einst ein einheitliches, möglicherweise sogar zentral regiertes Reich gab: das Indusreich, wie es einige Wissenschaftler bezeichnen.

Vage Vorstellungen

Aufschluß über die damalige Art zu leben erhält man durch Alltagsgegenstände wie Tongefäße, Spielzeug oder Gewichte für den Handel. Kleine Tonfigürchen wurden gefunden, die z. B. Hinweise auf die Mode jener Zeit geben. Die Frauen trugen vermutlich kurze, von einem breiten Gürtel gehaltene rockartige Kleidungsstücke. Abbildungen von Menschen sind recht spärlich, die von Tieren und Pflanzen hingegen tauchen öfter auf. So bleibt das Bild vom Leben der Menschen dieser Kultur bisher sehr verschwommen und verschwindet hinter der strengen, nüchternen Architektur ihrer Bauten. Schuld daran ist sicherlich auch, daß es außer einigen eingeritzten Inschriften auf Siegeln keine schriftlichen Dokumente aus der Zeit gibt, die uns darüber Aufschluß geben könnten.

WAS IST EINE STADT?

Sicherlich hat jeder eine bestimmte Vorstellung davon, wie eine Stadt aussieht. Dazu gehören z. B. eine gewisse Größe, eine dichtere Bebauung und zentrale Aufgaben in Verwaltung und Handel. Diese Funktionen entfalteten sich im Zug der historischen Entwicklung. Städtische Siedlungen entstanden in Europa im Mittelalter an Handelsplätzen, an Orten mit Marktrecht, um Burgen und Klöster. Mit der Verleihung des Stadtrechts war eine rechtliche Sonderstellung verbunden. Zum Schutz der Bürger baute man Stadtmauern.

Die Größe eines Ortes ist übrigens nicht das ausschlaggebende Kriterium. Als kleinste deutsche Stadt gilt Arnis an der Schlei in Schleswig-Holstein. Nach der letzten Volkszählung hat es nur 333 Einwohner! In Großbritannien gilt jeder Ort mit einer Kathedrale als Stadt. London besteht eigentlich aus zwei Städten: London selbst und Westminster, denn beide Stadtteile besitzen eine Kathedrale.

In Australien, wo Städte nur durch die Größe des Verwaltungsbezirks als solche bestimmt werden, liegt nach dieser Definition die flächenmäßig größte Stadt der Erde. Mount Isa in Queensland erstreckt sich über fast 41 000 km², hat aber nur 22 000 Einwohner. Die bevölkerungsreichste städtische Ballungszone ist das Gebiet Keihin, das Tokio, Kawasaki und Yokohama einschließt. Laut einer UNO-Veröffentlichung von 1988 wohnen dort über 19 Mio. Menschen.

Das Goldene Zeitalter Athens

Die bleibenden Errungenschaften eines halben Jahrhunderts

Fast 2500 Jahre sind vergangen, seit auf einer felsigen Anhöhe in Athen der prächtige Parthenon, der Tempel der Göttin Athene, erbaut wurde. Heute strömen jedes Jahr Tausende von Touristen auf die Akropolis, den ehemaligen Tempelbezirk, um die zerfallenden

Aus weißem Marmor *Der Parthenon in Athen*

Heiligtümer zu bestaunen. Man fragt sich unwillkürlich, wie lang die Blütezeit des antiken Stadtstaats Athen, die derart grandiose Bauwerke hinterließ, wohl gedauert haben mag. Die Antwort ist erstaunlich: Die Periode, die heute als das Goldene Zeitalter Athens bezeichnet wird, währte nicht einmal ein halbes Jahrhundert.

Der strahlende Marmorbau des Parthenons war Ausdruck des athenischen Bürgerstolzes. Athen mit seinem Hafen Piräus war als Mittelpunkt des attischen Reichs nach dem Friedensschluß mit Sparta 445 v. Chr. zur Großmacht im Mittelmeerraum aufgestiegen. Die fortschrittliche Staatsform der Demokratie, in der alle

Macht vom Volk ausgeht, war bereits weitgehend verwirklicht. Als führender Staatsmann wurde Perikles gefeiert. Er war es auch, der den Wiederaufbau der im Krieg mit den Persern zerstörten Heiligtümer auf der Akropolis durchsetzte.

Der Säulenbau des Parthenons wurde 432 v. Chr. nach 15jähriger Bauzeit fertiggestellt. Ein Heer von Bildhauern, Architekten, Handwerkern und Sklaven war im Einsatz. Der Bildhauer Phidias schuf den Skulpturenschmuck sowie ein prächtiges, über 10 m hohes Standbild der Stadtgöttin Athene aus Gold und Elfenbein. Aber kurz nach der Fertigstellung begann ein neuer Krieg mit Sparta, der fast 30 Jahre dauerte und mit dem Sieg der Spartaner endete. Damit war die politische Macht Athens gebrochen.

Säulen der Weisheit *Die großen Athener Philosophen Platon (Mitte, links) und Aristoteles (Mitte, rechts) verewigte Raffael in seinem Gemälde* Schule von Athen.

Die Wiege der Demokratie

Gleiches Recht für alle Bürger

Wir sind es gewohnt, das antike Athen als Wiege der Demokratie zu betrachten. Was wir heute allerdings unter dem Begriff Demokratie verstehen, wäre den Athenern des 5. Jh. v. Chr. eher fremd gewesen. Denn in ihrem Staat gab es weder politische Parteien noch ein allgemeines Wahlrecht.

Jeder Bürger des Stadtstaats hatte das Recht, an der mindestens einmal im Monat stattfindenden Volksversammlung, dem *demos,* teilzunehmen. Dort wurden die anstehenden Probleme diskutiert und Entscheidungen durch Mehrheitsbeschluß getroffen.

Allerdings besaß bei weitem nicht jeder Einwohner die vollen Bürgerrechte. Frauen, Sklaven, Zugewanderte und junge Männer waren davon ausgenommen. In Zahlen ausgedrückt: Geht man davon aus, daß Athen damals zwischen 200 000 und 250 000 Einwohner hatte, so waren darunter etwa 20 000–40 000 stimmberechtigte Bürger.

Die Verwaltung Athens

Aus dem Kreis der Bürger wurde durch das Los ein Rat bestimmt. Diese sogenannte *bule* bestand aus 500 jährlich wechselnden Mitgliedern, die im Auftrag der Volksversammlung die Geschäfte führten. Den Vorsitz hatte wiederum ein Ausschuß aus 50 wechselnden Mitgliedern inne, der *prytaneia* genannt wurde. Auch der Vorsitz dieses Kreises änderte sich ständig. Ziel war es, möglichst viele Bürger des Stadtstaats an der Regierung zu beteiligen.

Neben seinen politischen Aufgaben mußte jeder wehrfähige Bürger einen Teil des Jahres im Heer dienen. Die z. T. sehr kostspielige Ausrüstung mußten die Soldaten selbst stellen. Auch bei den Streitkräften hatten die demokratischen Grundprinzipien Geltung. Die Befehlshaber von Heer und Flotte wurden jedes Jahr neu gewählt. So bestand die Möglichkeit, einen unbeliebten oder erfolglosen Befehlshaber rasch wieder loszuwerden.

Obwohl die demokratische Regierungsorganisation geradezu vorbildlich gelöst war, darf eines nicht vergessen werden: Der Großteil der Bevölkerung, vor allem Frauen und Sklaven, war davon ausgeschlossen.

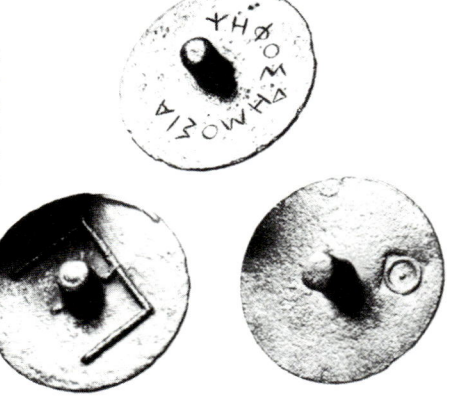

Stimmzettel *Die Athener nahmen ihre Bürgerpflichten selbstbewußt wahr. Dazu gehörte es, über Gesetze oder Verwaltungsfragen abzustimmen. Solche kleinen Bronzescheiben dienten ihnen als Stimmzettel.*

WARUM HEISST ATHEN ATHEN?

Es ist schwer vorstellbar, daß die griechische Hauptstadt nicht Athen heißen könnte. Doch nach einer alten Legende wäre die Stadt um ein Haar nicht nach Athene, sondern nach dem Meeresgott Poseidon benannt worden.

Die Götter des Olymp teilten sich zwar die Herrschaft über die Erde, aber sie wachten eifersüchtig darüber, daß keiner zu oft als Schutzgott eines bestimmten Gebiets anerkannt wurde. Poseidon, der ungestüme Meeresgott, war am häufigsten in solche Streitigkeiten verwickelt. Eines Tages brach zwischen ihm und Athene eine Auseinandersetzung um die

Halbinsel Attika und deren Hauptstadt aus. Um dem Streit ein Ende zu machen, beschlossen die anderen Götter, demjenigen die Provinz zuzusprechen, der ihr das wertvollere Geschenk machte. Poseidon schlug mit seinem Dreizack auf die Erde, worauf eine Salzwasserquelle zu sprudeln begann. Athene aber ließ neben der Quelle den allerersten Olivenbaum wachsen.

Mit nur einer Stimme Mehrheit entschieden die Götter, daß der Olivenbaum das bessere Geschenk sei. Damit wurde Athene das Land zugesprochen, und die Stadt erhielt ihren Namen.

Scherbengericht

Wie man mit zu mächtigen Politikern umging

Die Bürger – d. h. die freien Männer des alten Athen – waren auf ihre Gleichheit stolz. Aber was geschah, wenn einige „gleicher" zu werden drohten als andere?

Die Demokratie war häufig durch Cliquenbildung in der Volksversammlung gefährdet. Ein führender Politiker, *demagogos* genannt, war meist ein guter Redner und hatte eine charismatische Ausstrahlung, die ihm eine ergebene Anhängerschar verschaffte. Die Folge davon war, daß es zwischen rivalisierenden Gruppen mitunter zu schweren Auseinandersetzungen kam. Wenn solche Streitigkeiten ausarteten oder ein Politiker zu viel Macht bekam und dadurch eine Tyrannenherrschaft drohte, setzte dies die Demokratie aufs Spiel. Deshalb wurde um 500 v. Chr. das sogenannte Scherbengericht, der *ostrakismos,* eingeführt. Durch dessen Beschluß konnte ein Angeklagter für zehn Jahre aus der Stadt verbannt werden.

Das Volk entscheidet

Jeder Bürger konnte beantragen, daß ein Scherbengericht abgehalten werden sollte. Stimmte die Volksversammlung dem Vorschlag zu, wurde die *agora* – der Marktplatz, der als Versammlungsort diente – abgesperrt. Die Teilnehmer der Versammlung schrieben dann den Namen desjenigen, den sie in der Verbannung sehen wollten, auf eine Tonscherbe, die *ostrakon* genannt wurde. Papier war kostbar, deshalb wurden Kalksteinsplitter oder eben Topfscherben zum Beschreiben benutzt.

Es mußten mindestens 6000 Stimmen abgegeben werden, bevor der Bürger, auf den die meisten Stimmen entfielen, verbannt werden konnte. Der Betroffene büßte aber weder seine Ehre noch seine Bürgerrechte oder sein Vermögen dabei ein.

Abschiebung *Mit diesem in eine Tonscherbe gekratzten Namen wurde eine zehnjährige Verbannung für den Schriftsteller Aristides gefordert.*

ALS DIE KRÄHEN NOCH WEISS WAREN

Krähen sind bekannt für ihr tiefschwarzes Gefieder; doch nach der griechischen Mythologie war das keineswegs immer so.

Der Gott des Feuers und der Schmiedekunst, Hephaistos, war in wilder Leidenschaft für die Göttin Athene entbrannt. Eines Tages lockte er sie in seine Werkstatt und versuchte ihr Gewalt anzutun. Athene wehrte sich mit Erfolg. Doch sein Samen fiel auf die Erde und befruchtete diese, worauf ihm die Erde einen Sohn gebar.

Der kleine Erichthonios war außerordentlich häßlich und hatte statt Beinen einen Schlangenschwanz. Aber Athene

fühlte sich verpflichtet, für ihn zu sorgen. Sie vertraute ihn den Töchtern des damaligen Königs von Athen, Kekrops, an. Die Truhe, in der der Kleine lag, durfte jedoch nicht geöffnet werden.

Die Mädchen konnten natürlich der Versuchung nicht widerstehen. Als sie Erichthonios erblickten, wurden sie vor Schreck wahnsinnig und stürzten sich von einer Mauer zu Tode.

Und an dieser Stelle kommt nun die Krähe – bis dahin Lieblingsvogel der Göttin Athene – ins Spiel. Einer der Vögel flog zu Athene, um ihr die traurige Botschaft zu überbringen. Diese war gerade beim Bau

des Akropolishügels. Die Nachricht versetzte sie so in Aufregung, daß sie den gewaltigen Kalkstein in ihren Händen, in die attische Ebene warf. So entstand der 277 m hohe Felsen Lykabettos. Der Zorn der Göttin traf dann die Überbringerin der schrecklichen Botschaft, die unglückliche Krähe. Athene verbannte alle Krähen für immer von der Akropolis und ließ deren bis dahin wunderschönes weißes Gefieder schwarz werden. Den Beweis für die Wahrheit der Geschichte liefert die Nebelkrähe: Ein Teil ihres Gefieders ist grauweiß – Erinnerung an jene Tage, bevor eine Krähe den Zorn der Athene erregte.

Zu Hause im alten Athen
Das Alltagsleben der Stadtbürger

Wer heute als Tourist die Überreste der herrlichen öffentlichen Gebäude und Tempel Athens betrachtet, meint vielleicht, daß die alten Athener auch privat ein Leben in Luxus führten. Aber weit gefehlt: Nicht nur der ärmere Athener, auch der begüterte Bürger des 5. Jh. v. Chr. bewohnte ein schlichtes Haus. Es war aus Lehmziegeln gebaut und spärlich mit einfachen Liegen, Truhen, Tischen und Stühlen möbliert.

Nur einige wenige Fensteröffnungen zeigten zur Straßenseite; das Leben spielte sich überwiegend im Innenhof ab, der mit Pflanzen, Statuen und Sitzgelegenheiten ausgestattet war. Von hier aus erhielten die Zimmer Licht und Luft.

Eine typische Mahlzeit von damals setzte sich aus selbstgebackenem Brot, Eiern und in Olivenöl gebratenem Geflügel oder Fisch zusammen.

Wertvolle Sklaven
Sklaven wurden als wertvolle Mitglieder des Haushalts angesehen. Sie bekamen zwar nur ein geringes Entgelt, aber sie konnten dieses sparen, um sich nach einigen Jahren freizukaufen und Bürger zu werden. Die meisten Sklaven kamen von den Sklavenmärkten des Orients. Zu ihren Tätigkeiten gehörte nicht nur die Hausarbeit. Viele waren gebildet und betätigten sich als Sekretäre, Ärzte oder Lehrer.

Zeit der Muße Dieses Gefäß aus dem 5. Jh. v. Chr. zeigt einen Jungen, der in einem Athener Symposion *auf der Flöte musiziert. Bei solchen Treffen wurden auch politische Debatten geführt.*

Der Tag eines Bürgers begann schon im Morgengrauen. In der Frühe machte er sich an seine Arbeit – beispielsweise als Steinmetz oder Töpfer, als Verwalter in den staatlichen Silberminen in Laurion oder als Landbesitzer, der in den Weinbergen oder Olivenhainen die Arbeit überwachte. Die Handwerksbetriebe und Landgüter beschäftigten z. T. eine stattliche Anzahl von Sklaven. Die Geschäfte gingen so gut, daß ein Teil der Waren sogar exportiert wurde. Besonders Athener Keramik, Wein und Olivenöl waren im Ausland gefragt.

Da die meisten Bürger Sklaven besaßen, fanden sie auch Muße, den eigenen Interessen nachzugehen. Am Nachmittag konnten sie sich dem Sport, der Philosophie und ihren politischen Aufgaben widmen. Viele Bürger besuchten jeden Tag für einige Stunden das *Gymnasion* – eine Mischung aus Sportzentrum und Debattierklub. Unterhaltung

bis tief in die Nacht bot das *Symposion*, wo man in geselliger Runde trank, sang oder sich durch den Vortrag von Gedichten, Tanz und Liedern unterhalten ließ.

Hätten Sie's gewußt?

Recht wurde im demokratischen Athen vom Volk gesprochen. Kläger und Beklagte vertraten in eigener Person ihre Sache vor Richtern, die jedes Jahr neu ausgelost wurden. Die Verhandlung verlief nach einer festen Ordnung. Beide Parteien erhielten nach festgesetzter Redezeit das Wort. Dann hielten die Richter ihre Beratung ab und entschieden in geheimer Abstimmung zunächst die Schuldfrage. Nun mußte der Angeklagte eine Strafe für sich beantragen, über die die Richter anschließend befanden.

◆◆◆

Platon meinte, daß der ideale demokratische Stadtstaat nur aus 5040 Bürgern und ihren Familien bestehen sollte. Aristoteles dagegen glaubte, daß sich alle Bürger zumindest vom Sehen her kennen sollten.

◆◆◆

In Athen gab es zunächst keine Steuern, sondern jeder Bürger leistete unentgeltlich Dienst für das Gemeinwohl. Dazu gehörte es z. B. nicht nur, ein politisches Amt zu übernehmen, sondern auch – für die Reicheren – ein Kriegsschiff zu unterhalten oder eine Theateraufführung zu finanzieren.

New York, New York!

Vom Kolonistendorf zum Big Apple

Der berühmteste Handel der amerikanischen Geschichte war wohl der Verkauf Manhattans durch dort siedelnde Indianer an die Westindische Kompanie im Jahr 1626. Die Niederländer erhielten die Insel für ein Butterbrot, genauer gesagt für einen Sack voller Perlen, Kleider und Metallwaren im Wert von damals 60 Gulden oder 24 Dollar. Heute wird die 58 km² große Insel auf 945 Mrd. Dollar geschätzt.

Die Niederländer waren zwar die ersten Kolonisten, die auf Manhattan Fuß faßten, aber nicht die ersten Europäer, die Anspruch darauf erhoben. Ein italienischer Entdecker, Giovanni da Verrazano, drang 1524 als erster in die New Yorker Bucht vor. Er stand im Dienst des Königs von Frankreich, für den er auch das Land in Besitz nahm. 100 Jahre später eigneten sich die Niederländer Manhattan an. Sie hatten sich mit den dort ansässigen Indianern gegen die Franzosen verbündet und gemeinsam deren Siedlungspläne vereitelt. Die niederländischen Kolonisten nannten ihre Niederlassung Neu-Amsterdam. Erst die Engländer, die 1664 die Siedlung besetzten, gaben ihr den heutigen Namen: New York.

Heute trägt die Stadt den witzigen Beinamen Big Apple, zu deutsch dicker Apfel. Die Bezeichnung geht auf die Niederländer zurück. 1647 ließ Petrus Stuyvesant, der damalige Gouverneur, hier Apfelplantagen anlegen. Die Früchte gediehen so gut, daß der Staat New York für seine Äpfel berühmt wurde.

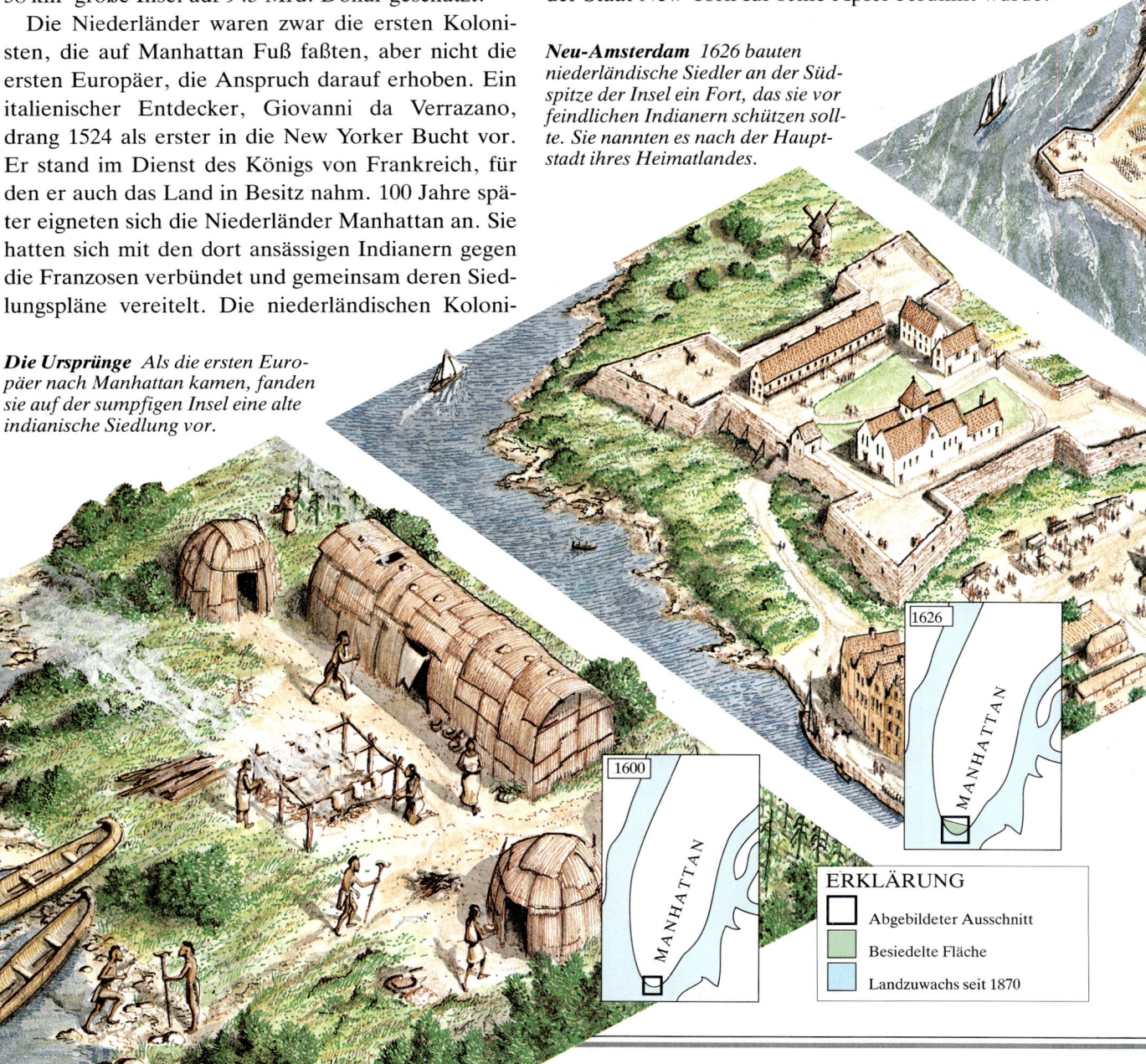

Neu-Amsterdam *1626 bauten niederländische Siedler an der Südspitze der Insel ein Fort, das sie vor feindlichen Indianern schützen sollte. Sie nannten es nach der Hauptstadt ihres Heimatlandes.*

Die Ursprünge *Als die ersten Europäer nach Manhattan kamen, fanden sie auf der sumpfigen Insel eine alte indianische Siedlung vor.*

1600

MANHATTAN

1626

MANHATTAN

ERKLÄRUNG

- Abgebildeter Ausschnitt
- Besiedelte Fläche
- Landzuwachs seit 1870

Modernes Manhattan *Heute ist Manhattan der am dichtesten besiedelte Teil von New York City. Die durchschnittliche Bebauungsdichte ist mehr als dreimal so hoch wie in der restlichen Stadt.*

1990

CENTRAL PARK

MANHATTAN

1773

MANHATTAN

Wechselhaftes Schicksal *1664 besetzten die Engländer die Siedlung. Sie tauften sie in New York um und machten sie zur Hauptstadt ihrer Kolonien. Etwas mehr als ein Jahrhundert später war New York so bedeutend geworden, daß es vorübergehend Regierungssitz des gleichnamigen Bundesstaates wurde.*

Kosmopolis

Der große Schmelztiegel

Noch heute ist ein großer Teil der in New York City lebenden 8 Mio. Einwohner nicht in den USA geboren. Unter der Bevölkerung der Stadt befinden sich Italiener, Deutsche, Russen, Chinesen, Griechen, Iren, Kanadier und Puertoricaner. In Astoria im Bezirk Queens unterrichten die Lehrer an den weiterführenden Schulen Kinder aus mehr als 20 Ländern. Da sich Einwanderer gleicher Herkunft zusammenschlossen, entstanden große Nationalitätenviertel, die z. T. mehr Einwohner haben als die Hauptstädte ihrer Heimat.

Jahrhundertelang war der Hafen von New York für zahllose Einwanderer aus vielen Nationen das Tor zur Neuen Welt. Die Einwanderungswellen, vor allem die aus Europa im 19. Jh., ließen die Stadt rapide wachsen. Der Vorort Brooklyn z. B. hatte 1810 nur 4000 Einwohner, 100 Jahre später war die Bevölkerung schon auf 1,6 Mio. angewachsen.

Etwas zu verzollen?

Die erste Anlaufstation für die Einwanderer war das staatliche Aufnahmelager Ellis Island in der oberen New Yorker Bucht. In den 54 Jahren seines Bestehens wurden hier über 12 Mio. Menschen durchgeschleust. Im Rekordjahr 1907 waren es allein über 1 Mio., wobei das Lager gerade für halb so viele Menschen ausgelegt war. Nur bei 2% der Neuankömmlinge wurde der Einreiseantrag abgelehnt. Zwei der Gründe lassen uns heute schmunzeln: Vielweiberei und das Bekenntnis zur Anarchie.

Die schwarze Hauptstadt

Ein Beispiel für die wechselvolle Geschichte New Yorks ist der Stadtteil Harlem auf Manhattan. Die Gegend war zunächst landwirtschaftlich geprägt. Als Harlem 1837 an das Eisenbahnnetz angeschlossen wurde, setzte ein rascher wirtschaftlicher Aufschwung ein. Neben Tausenden von Einwanderern aus Europa ließen sich in Harlem auch sehr viele Neger nieder. Eine große Zuwanderungswelle schwarzer Amerikaner erlebte der Stadtteil nach dem Sezessionskrieg (1861–1865) und der Abschaffung der Sklaverei – auch sie kamen auf der Suche nach einem besseren Leben.

DIE UREINWOHNER MANHATTANS

Heute wohnen in New York City etwa 14 000 Indianer aus den gesamten USA. Was ist aber aus den ursprünglich im Stadtgebiet siedelnden Stämmen geworden?

Es gibt noch zwei Gruppen der Indianer, die ursprünglich auf Manhattan lebten. Die einen sind die Delaware, die nach einer erzwungenen Umsiedlung heute in Oklahoma, Wisconsin und Ontario leben. Die anderen sind die Ramapough. Ihre Nachfahren leben an der Grenze zwischen New York und New Jersey.

Durch die im 18. Jh. immer stärker vordringenden europäischen Siedler, durch Kriege und eingeschleppte Krankheiten verschwanden die Ureinwohner Manhattans schließlich von der Insel. Mit der beginnenden Industrialisierung und dem wirtschaftlichen Aufschwung New Yorks ließen sich allerdings Nachfahren der Irokesen hier nieder. Sie galten als besonders fähige Arbeitskräfte in der Stahlindustrie. Und Stahl war eines der wichtigsten Konstruktionsmittel für die Wolkenkratzer der berühmten Skyline Manhattans.

Westwärts in Fernost

Mit einer neuen Metropole öffnete sich Japan dem Westen

Im Jahr 1873 bekam die japanische Schriftstellerin Hasegawa Shigure eines Tages einen großen Schreck, als ihre Mutter plötzlich „mit einem anderen Gesicht" vor ihr stand. Sie hatte sich die Augenbrauen nicht mehr abrasiert, trug ihre Haare offen, und ihre Zähne, die wie bei jeder japanischen Frau sonst immer künstlich geschwärzt gewesen waren, strahlten nun in makellosem Weiß.

Was Hasegawa damals erlebte, war nur eine von zahllosen Veränderungen, die den Beginn einer neuen Zeit in Japan dokumentierten. Die japanische Nation, einst Inbegriff des fernöstlichen Traditionalismus, begann sich dem Westen zu öffnen und beendete damit eine jahrhundertelang währende Isolation.

Eingeleitet wurde diese Entwicklung 1869 durch den Umzug der kaiserlichen Residenz und des Regierungssitzes von Kyoto nach Edo, das man in Tokio, auf deutsch: östliche Hauptstadt, umbenannte. Schon im 18. Jh. war Edo mit mehr als 1 Mio. Einwohnern die größte Stadt der Welt gewesen, und nun gewann der Hafen von Tokio als Tor zum Pazifik und zum Westen Bedeutung.

Es folgte eine Modernisierungskampagne, bei der die westliche Lebensweise oft sklavisch imitiert wurde. Vom Morgenmantel über den Stehkragen bis hin zum westlichen Sitzmöbel, dem Stuhl, übernahmen die fortschrittsbesessenen Japaner alles, was der Westen anzubieten hatte. In den 80er Jahren des letzten Jahrhunderts galt es in der politischen Führungsschicht sogar als patriotische Pflicht, westliche Gesellschaftstänze zu lernen. Doch als auf einem Kostümball im Jahr 1887 honorige Japaner als Insekten verkleidet herumtanzten, war für einige Konservative das Maß voll. Auch die japanische Öffentlichkeit reagierte empört über diese Entgleisungen, so daß das „Verwestlichungsprogramm" gebremst werden mußte.

Bis heute jedoch lautet das Wort für modisch *haikaru* (Stehkragen), und viele andere, meist englische Begriffe sind in jener Modernisierungsphase in die japanische Sprache eingeflossen. Weibliche Büroangestellte heißen heutzutage immer noch *O-eru* (von den Anfangsbuchstaben O. L. für *office lady,* Bürodame), und ihre männlichen Kollegen werden als *sararimen* (von *salary men,* Lohnarbeiter) bezeichnet.

Kleider machen Leute *Diese jungen Japaner, die um 1870 ihr Studium im Ausland antraten, übernahmen die zeitgenössische westliche Kleidung.*

UNTERHALTUNG MIT NIVEAU

Hierzulande glauben viele, die Bezeichnung Geisha sei ein beschönigender Ausdruck für Prostituierte; in Wirklichkeit bedeutet das Wort jedoch Artistin. Geishas sind Gesellschafterinnen, die in Gesang, Tanz und dem Spiel auf der Samisen, der dreisaitigen japanischen Gitarre, ausgebildet sind und in Japan hohes Ansehen genießen.

Ursprünglich war es ihre Aufgabe, Männer am frühen Abend zu unterhalten, bevor diese sich für die Nacht zu einer Prostituierten zurückzogen. Die Prostitution wurde 1958 in Japan offiziell verboten, doch die kultivierte Privatunterhaltung durch Geishas ist immer noch sehr beliebt. Da sich Normalbürger gewöhnlich diese exklusiven Dienste nicht leisten können, tun sich oft mehrere Männer zusammen, um gemeinsam eine Geisha zu engagieren.

Heute beginnt eine Geisha ihre Laufbahn in jugendlichen Jahren als *maiko* oder Tanzmädchen. Sie singt und tanzt für wohlhabende Männer oder serviert ihnen schweigend bei Tisch Speisen und Getränke. Geht aber eine angehende Geisha mit einem ihrer Kunden eine Beziehung ein, muß der Mann sie mit teurem Essen und luxuriöser Kleidung verwöhnen und ihr eine angemessene Unterkunft zur Verfügung stellen. Doch eine Geisha darf sie dann nicht mehr werden.

Heutzutage gibt es immer weniger Geishas in Japan. Denn die Aussicht darauf, jahrelang die Kunst des Blumensteckens und der alten Tänze zu erlernen, bewegungslos auf Holzkissen zu schlafen, um die kunstvolle Frisur nicht zu beschädigen, unbequeme Kimonos zu tragen und die meiste Zeit in Gesellschaft älterer Herren zu verbringen, ist nicht gerade attraktiv. Die jungen Mädchen ziehen den Besuch von Diskotheken in Begleitung eines Freunds und in westlicher Kleidung vor.

EIN WAHRHAFT KAISERLICHES BEGRÄBNIS

Am 24. Februar 1989 wurde in Anwesenheit von Würdenträgern aus 163 Ländern der japanische Kaiser Hirohito nahe dem Grab seines Vaters in den Kaiserlichen Gärten von Shinjuku, einem Stadtteil im Westen von Tokio, beigesetzt. Dieses Staatsbegräbnis kostete 80 Mio. Dollar und war damit die teuerste Trauerfeier aller Zeiten. Mit dem prunkvollen Zeremoniell wurde der Schlußstrich unter einen langen, leidvollen Abschnitt der japanischen Geschichte gezogen.

Hirohito hatte 1926 den Chrysanthementhron bestiegen. Wie alle Nachfahren des sagenumwobenen ersten Kaisers Jimmu Tenno, der ab 660 v. Chr. regierte und nach alter Überlieferung von der Sonnengöttin Amaterasu-Omikami abstammte, erhielt auch Hirohito den Titel Tenno, auf deutsch himmlischer Kaiser. Sogar die erste japa-

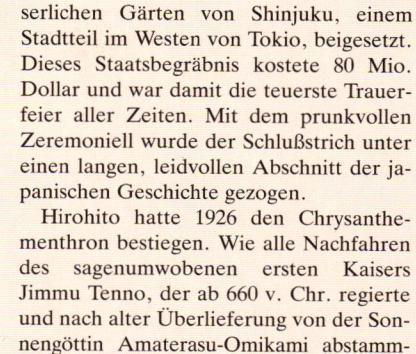

Sterbliche Überreste *Eine Ehrengarde geleitet die Sänfte mit dem toten Kaiser zu dessen letzter Ruhestätte.*

nische Verfassung von 1889 enthielt noch an hervorgehobener Stelle den Grundsatz, der Kaiser sei heilig und unantastbar.

Genau 100 Jahre später aber wurde in Tokio nur noch ein sterblicher Mensch zur letzten Ruhe gebettet. Die Verfassung, die Japan nach der Niederlage im Zweiten Weltkrieg auf Druck der USA verabschiedet hatte, hob den göttlichen Status des Kaisers auf und bezeichnete ihn statt dessen nur noch als „Symbol des Staates und der Einheit des Volkes". Die Amerikaner wollten damit eine klare Trennung zwischen Staat und Religion herstellen, um den früher militaristischen Einfluß des Schintoismus auf die Politik des Landes einzudämmen.

Trotzdem hielten viele Japaner an den alten Traditionen fest, und bei Hirohitos Beisetzung wurden auch zwei verschiedene Zeremonien abgehalten: ein weltlicher Staatsakt und die traditionelle Schinto-Zeremonie. Nach Hirohitos Tod begingen sogar zwei alte Soldaten Selbstmord, um ihrer Treue gegenüber dem einstigen Gottkaiser Ausdruck zu verleihen.

Rund um den Tee

Hinter Japans Nationalgetränk steckt eine ganze Philosophie

Für die Japaner ist Tee mehr als nur ein Getränk. Er ist ein wichtiger Bestandteil ihres täglichen Lebens, nahezu ein Symbol ihrer Philosophie. Ihn zu servieren und zu trinken kommt einem kunstvollen, feierlichen Ritual gleich.

Der Tee gelangte im 12. Jh. zusammen mit dem Zen-Buddhismus nach Japan, wo ihn zuerst die Mönche tranken, um während ihrer langen Meditationsphasen die Müdigkeit zu vertreiben. Allmählich wurde dann die Sitte des Teetrinkens auch von der Oberschicht übernommen. Man servierte den Tee in winzigen Teehäusern, wobei die erlauchten Gäste durch die komplizierten Rituale in einen Zustand innerer Ruhe und Harmonie versetzt werden sollten.

Heute ist der Tee zum Getränk für jedermann geworden, doch die Teezeremonie hat nach wie vor ihren festen Platz in der Gesellschaft. Die hoch angesehenen

Teemeister richten während der dreistündigen Zeremonie auch auf das kleinste Detail ihre Aufmerksamkeit: die Raumgestaltung, den Blumenschmuck, die Gerätschaften, die Speisen, die Teesorte und auch auf die Konversation. Tee spielt eine so wichtige Rolle in der Gesellschaft, daß viele Mädchen erst heiraten, wenn sie alle Schritte der Teezeremonie erlernt haben.

Kunstvolle Zubereitung *Vor allem die Geishas müssen jede Einzelheit der Teezeremonie beherrschen.*

Auf schwankendem Boden

Wie sich die Japaner vor den Folgen von Erdbeben schützen

Diejenigen, die am 1. September 1923 das große Erdbeben in der Kantoebene miterlebten, werden wohl nie diesen schrecklichen Tag vergessen, an dem in Tokio und Yokohama 150 000 Menschen ihr Leben verloren und über eine halbe Million Gebäude einstürzten oder in Flammen aufgingen.

Erdbeben sind in Japan an der Tagesordnung, denn seine Inseln liegen an der Nahtstelle zwischen drei Großplatten der Erdkruste, die ständig in Bewegung sind. In Tokio z. B. werden jeden Monat mindestens drei stärkere Erschütterungen registriert. Nach 1923 hat jedoch nur noch das Erdbeben vom 8. August 1983, bei dem ein Mensch ums Leben kam, größere Schäden angerichtet. Damals waren beinahe 1 Mio. Haushalte ohne Strom, doch innerhalb weniger Stunden konnte die Elektrizitätsversorgung wiederhergestellt werden.

Auf dem Gebiet der Erdbebenvorsorge haben die Japaner inzwischen weltweit die Führung übernommen. Die Seismologen glauben, mittlerweile ein schweres Beben so früh vorhersagen zu können, daß man sämtliche Rettungsdienste rechtzeitig in Alarmbereitschaft versetzt.

Ungewisse Zukunft

Auch dem Bau erdbebensicherer Gebäude wird größte Aufmerksamkeit geschenkt. Seit der Katastrophe von 1923 hat man viele Hochhäuser auf Felsfundamenten gebaut und durch tiefreichende Pfähle zusätzlich verankert. Da Erdbeben oft auch seismische Flutwellen, sogenannte Tsunamis, auslösen, sind Wellenbrecher und Kaianlagen erhöht und verstärkt worden. Niemand kann allerdings sagen, wie Tokio heute das Erdbeben von 1923 überstehen würde. Erst wenn die Erde wieder so heftig bebt, wird man sehen, wie wirkungsvoll die Vorsichtsmaßnahmen waren.

Raub der Flammen Das Großfeuer nach dem Erdbeben im Jahr 1923 legte Tokios Holzhäuser mit ihren Papierwänden und Strohmatten in Schutt und Asche.

LEBENDE FUNDAMENTE

Als nach dem Erdbeben von 1923 beim Wiederaufbau der Burg von Edo die Fundamente angehoben wurden, fand man mehrere menschliche Skelette darunter. Die Hände waren wie zum Gebet gefaltet, und auf den Schädeln und Schultern lagen Goldmünzen. Bei den Toten handelte es sich um Bedienstete der Tokugawa-Shogune, einer mächtigen Herrscherfamilie Japans. Sie hatten sich, als die Burg zu Beginn des 17. Jh. gebaut wurde, freiwillig lebendig begraben lassen, in dem Glauben, eine auf lebenden Menschen errichtete Festung sei uneinnehmbar.

Wie der Franzose François Caron im 17. Jh. berichtete, „begaben sie sich freudig an den vorgesehenen Platz, legten sich nieder und ließen die Grundsteine auf sich herabsenken". Ähnliche Steine findet man auch am Hirakawa-Tor der Edo-Burg, aber noch weiß niemand, wie viele Tote unter diesen und unter den Fundamenten anderer japanischer Burgen begraben liegen.

Sardinenbüchse Tokio

Japans Hauptstadt platzt aus allen Nähten

Tokio ist das teuerste Pflaster der Welt. Die Preise für Grundstücke sind dort so hoch, daß der britischen Zeitschrift *The Economist* zufolge das Stadtgebiet von Tokio während des Immobilienbooms im Jahr 1987 angeblich mehr gekostet hätte als das gesamte Land in den USA. Japans Hauptstadt gehört daher auch zu den Städten der Welt, die am dichtesten besiedelt und bevölkert sind. Und zu dieser drangvollen Enge kommt noch der tägliche Pendlerstrom, der so gewaltig ist, daß auf den Bahnhöfen „Schieber" beschäftigt werden, die die Menschen in die überfüllten Züge zwängen. Mittlerweile sind die Probleme mit der Übervölkerung so erdrückend geworden, daß es ernsthafte Überlegungen gibt, die Hauptstadt an einen anderen Ort zu verlegen.

Drehscheibe der Nation

Da sich die Verwaltungen aller wichtigen Unternehmen und auch die angesehenste Universität des Landes in Tokio befinden, möchte jeder ehrgeizige Japaner natürlich auch hier leben. Die meisten Menschen in der Metropole arbeiten noch immer sechs Tage in der Woche, und weil es im Jahr zwölf Nationalfeiertage gibt, halten sie es für illoyal ihrem Arbeitgeber gegenüber, mehr als fünf zusätzliche Urlaubstage im Jahr zu beanspruchen. Der typische Arbeitstag eines japanischen Geschäftsmannes beginnt mit einer langen Anfahrt aus einem der zahlreichen Vororte, der viele Stunden am Schreibtisch folgen. Abends besucht er dann vielleicht mit einigen Kollegen eines der 500 000 Restaurants der Stadt, um dort weiter über die Arbeit zu diskutieren. Zu Hause verbringt er nur wenig Zeit.

Sogar die Freizeitgestaltung kann in Tokio zum Problem werden. So sind die Japaner begeisterte Golfspieler, doch es gibt nur wenige Golfplätze, und die Mitgliedschaft in einem Club ist fast unerschwinglich. Aber man hat auch dafür eine Lösung gefunden: mehrstöckige Übungsplätze für diejenigen, die sich eine Runde auf einem echten Golfplatz wohl nie leisten werden können.

Golf für jedermann *Da sich im dicht besiedelten Ballungsraum Tokio kaum weitläufige Golfplätze anlegen lassen, schwingen die meisten japanischen Golfspieler ihre Schläger in mehrstöckigen Gebäuden.*

Hätten Sie's gewußt?

Japaner haben die höchste Lebenserwartung auf der Welt. Männer werden im Durchschnitt 75 und Frauen 81 Jahre alt.

Beengte Verhältnisse

Ein Blick durch japanische Schlüssellöcher

Japan ist eine der reichsten Industrienationen der Welt, doch weil sich der Großteil der Bevölkerung in wenigen Ballungsräumen zusammendrängt, wohnt der Durchschnittsjapaner in äußerst beengten Verhältnissen. Vor allem in Tokio, wo jeder zehnte Japaner lebt, haben 90 % der Häuser weniger als 100 m² Grundfläche.

Die Innenwände eines traditionellen japanischen Hauses bestehen aus Papier, das auf Holzrahmen gespannt ist. Im Sommer ist es darin angenehm kühl, doch im Winter oft ausgesprochen kalt. Solche Häuser halten kaum länger als 40 Jahre, haben aber einen großen Vorteil: Sie können nach einem Erdbeben relativ rasch wieder aufgebaut werden.

Heute sind viele japanische Häuser mit westlichen Möbeln eingerichtet, doch in fast allen gibt es noch ein oder zwei Räume, in denen die traditionellen Tatamimatten den Boden bedecken. Diese Matten sind 1,8 × 1 m groß und fast 7 cm dick. Sie bestehen aus Reisstroh und Schilf und sind mit Baumwolle oder Seide eingefaßt. Die Größe eines Raumes wird nach der Zahl der Matten berechnet, die darin Platz haben. Ein Raum mit sechs oder acht Matten wird tagsüber als Wohnzimmer benutzt und dient nachts einer sechsköpfigen Familie, die Großeltern eingeschlossen, als Schlafzimmer. Mehr als ein Drittel der Heime in Tokio erhalten niemals direkte Sonnenbestrahlung, und in vielen sind die sanitären Anlagen, gemessen am europäischen Standard, äußerst einfach.

Vor dem Bau eines neuen Hauses geht es auch heute noch meist ausgesprochen traditionell zu: Man stellt in der Baustelle kleine Salzkegel mit Räucherstäbchen auf, ein Schintopriester reinigt symbolisch das Grundstück, und der für das Baugelände zuständige Gott wird angefleht, jegliches Unheil vom Bau abzuwenden.

Zwischen Traum und Wirklichkeit

Die vollkommenen Staaten großer Denker

Man stelle sich einen Staat vor, in dem für jeden gesorgt wird. Einen Staat, in dem alle mit Nahrung, Kleidung, Wohnraum ausgestattet und medizinisch versorgt werden, wo niemand mehr als sechs Stunden am Tag arbeiten muß und jeder ein Höchstmaß an Bildung genießt. Das Bild dieses idealen Staats hat der englische Staatsmann Sir Thomas More bereits Anfang des 16. Jh. in einem phantastischen Reisebericht entworfen. Er nannte ihn Utopia (griechisch: Land, das nirgends ist) und begründete mit dem Werk eine neue literarische Gattung.

Ganz so ideale Verhältnisse schienen allerdings auch im Inselstaat Utopia nicht zu herrschen. Wer z. B. keinen grünen Daumen besitzt, würde sich dort vermutlich nicht besonders wohl fühlen, denn jeder hat einen Garten zu bestellen und muß zwei Jahre auf dem Land arbeiten. Die Menschen leben in 54 vollkommen gleich angelegten Städten. In der Freizeit bildet man sich mit privaten Studien oder in öffentlichen Vorlesungen weiter, Müßiggang hingegen ist verpönt. Es gibt weder Privateigentum noch Konsumgüter, und jeder, ob Mann oder Frau, trägt die gleiche schwarze Kleidung. Einmal im Monat müssen die Ehefrauen vor ihren Männern niederknien und um Vergebung bitten. Vorehelicher Geschlechtsverkehr wird mit lebenslangem Zölibat bestraft und Ehebruch mit Versklavung. Und damit sich niemand unsittlich verhält, stehen alle, ähnlich wie in George Orwells *1984,* unter ständiger Überwachung.

Fast zwei Jahrtausende zuvor hatte sich bereits ein anderer Gedanken über das ideale Gemeinwesen gemacht: der griechische Philosoph Platon. In seiner Schrift *Der*

Inselparadies *In Thomas Mores Staatsroman* Utopia *liegen die Städte nicht weiter als einen Tagesmarsch auseinander.*

Staat bilden weise Philosophenkönige die Führungsschicht. Der zweite Stand besteht aus Kriegern und Beamten, die für den Schutz des Staates zuständig sind, und ganz unten stehen die Bauern und Handwerker. Ein Auf- und Abstieg innerhalb dieser gesellschaftlichen Rangordnung ist nicht möglich, denn wer geistige Arbeit leistet, sollte nicht mit den Händen arbeiten, und wer Handwerker ist, der bleibt auch Handwerker. Ehe und Familie sind abgeschafft, statt dessen sind die Kinder quasi Allgemeinbesitz und werden in staatlichen Kinderhorten großgezogen.

Doch glaubten More und Platon tatsächlich, daß ihre Ideen zu verwirklichen waren? Mores *Utopia* war wohl vor allem eine Kritik an den sozialen Mißständen und der Sittenlosigkeit der Tudorzeit und richtete sich gegen habsüchtige Herrscher und religiöse Heuchelei. Und Platons Idealgesellschaft ist ein abstraktes Gebilde, eine Welt, in der jeder Mensch gerecht und zufrieden ist, weil er den Platz hat, der seinen Fähigkeiten zukommt.

DICHTER SUCHEN DAS PARADIES

Man sagt, Dichter seien Träumer, doch es gibt auch welche, die ihre Träume von der idealen Lebensgemeinschaft in die Tat umzusetzen versuchen. S. T. Coleridge z. B., ein englischer Romantiker des 19. Jh., wollte eine Gemeinschaft, in der jeder die gleichen Rechte haben, aber als Aufnahmegebühr erst einmal 125 Pfund zahlen sollte. Mit zwölf gebildeten, liberal gesinnten Männern und deren Frauen beabsichtigte er, sein Vorhaben in Amerika zu verwirklichen. Coleridge verfolgte seinen Plan mit großem Ernst, bis einer seiner Mitstreiter, der Hofdichter Robert Southey, plötzlich zu bedenken gab, die Auswanderung nach Amerika sei vorerst ein zu weitreichender Schritt, man solle statt dessen doch erst einmal etwas bescheide-

ner in Wales beginnen. Verärgert über diesen Vorschlag und über Southeys Vorhaben, Dienstboten anzustellen, gab Coleridge seine Idee schließlich auf.

D. H. Lawrence, der Verfasser des aufsehenerregenden erotischen Romans *Lady Chatterley*, träumte 100 Jahre nach Coleridge ebenfalls von einer idealen Gesellschaft ohne Konsum und Privatbesitz. Auch er wollte mit 20 Gleichgesinnten in Amerika eine Kolonie gründen, und zwar bei Fort Myers in Florida. Doch der mondäne Badeort für Millionäre war wohl nicht ganz der richtige Platz dafür. Schließlich verwirklichte Lawrence seine ideale Gesellschaft auf einer Ranch in New Mexico. Sie bestand freilich nur aus ihm, seiner Frau Frieda und gelegentlichen Besuchern.

Leben ohne Gier und Geld

Ein amerikanischer Architekt und seine Vorstellung einer perfekten Stadt

Ende der 20er Jahre begann einer der bedeutendsten amerikanischen Architekten Pläne für eine perfekte Stadt zu zeichnen, die er Broadacre City nannte, was übersetzt soviel bedeutet wie Stadt der weiten Äcker. Frank Lloyd Wright war zu diesem Zeitpunkt 60 Jahre alt und hatte schon in der Zeit während und nach dem Ersten Weltkrieg mit seinen Bauten internationale Bekanntheit erlangt. Doch als er mit den Zeichnungen für seine Traumstadt begann, hatte sein Leben einen absoluten Tiefpunkt erreicht. Wright hatte zwei gescheiterte Ehen hinter sich, und bei seinen Scheidungen war viel schmutzige Wäsche gewaschen worden. Seine Geliebte war bei einem Brand in seinem eigenen Traumhaus im amerikanischen Bundesstaat Wisconsin ums Leben gekommen. Und nun hatte er keine Arbeit und wegen seiner hohen Schulden obendrein auch noch sein Haus verloren. Broadacre war seine Antwort auf diese Schicksalsschläge und auf eine aus den Fugen geratene Welt.

Seine Stadt sollte aus zahllosen Farmhäusern bestehen, die einfach, aber praktisch waren und sich natürlich in die Landschaft einfügten. Doch Broadacre sollte mehr als ein Modell gelungener Architektur sein. Hier sollte auch eine neue Lebensweise verwirklicht werden.

Ein besseres Leben

Für die Bewohner der Stadt sollte es keine Entfremdung von ihrer Arbeit und keine Kluft zwischen Arbeit und Freizeit geben. Die Farmen waren als große Gärten und die Fabriken als Zentren eines blühenden Kunsthandwerks geplant. Die Regierung sollte nur mit der Verwaltung betraut sein.

Für Wright ließen sich alle Übel moderner Städte in zwei Begriffen zusammenfassen: Miete und Zinsen. Für alles, ob Ideen, Land, ja selbst geliehenes Geld, mußte Geld bezahlt werden, und Wright hielt dieses System für hochgradig ausbeuterisch. Seiner Meinung nach waren moderne Stadtbewohner keine schöpferischen Individuen mehr, sondern nur noch Sklaven ihrer Miete.

Hätten Sie's gewußt?

Kartoffeln sind verderblich und verlieren allmählich an Wert. Das ist – außer in Inflationszeiten – bei Geld nicht der Fall. Der amerikanische Architekt Frank Lloyd Wright war der Ansicht, daß Geldbesitzer dadurch gegenüber denjenigen, die Waren besitzen, im Vorteil seien, und schlug vor, auch Geld verderblich zu machen, so daß es auch an Wert verlöre und deshalb nicht gehortet werden könnte.

In Broadacre aber würde es eine solche Sklaverei nicht geben. Jeder Bewohner sollte selbst genug Land besitzen, um für sich und seine Familie genügend Nahrungsmittel produzieren zu können. Es würde keinen Zwischenhandel mehr geben, und Waren und Dienstleistungen sollten nicht für Geld angeboten, sondern getauscht werden. Profit wäre in dieser Welt also ein Fremdwort.

Leider blieb Broadacre ein Wunschtraum. Doch Wright erklomm im hohen Alter noch einmal die Erfolgsleiter und schuf mit dem Guggenheim-Museum in New York eines der spektakulärsten Bauwerke des 20. Jh.

Traumstadt *In diese Zeichnung von Broadacre City arbeitete Frank Lloyd Wright Bauwerke aus früheren Schaffensphasen ein. Tragflächenboote und futuristisch anmutende Flugobjekte wickeln den Verkehr ab.*

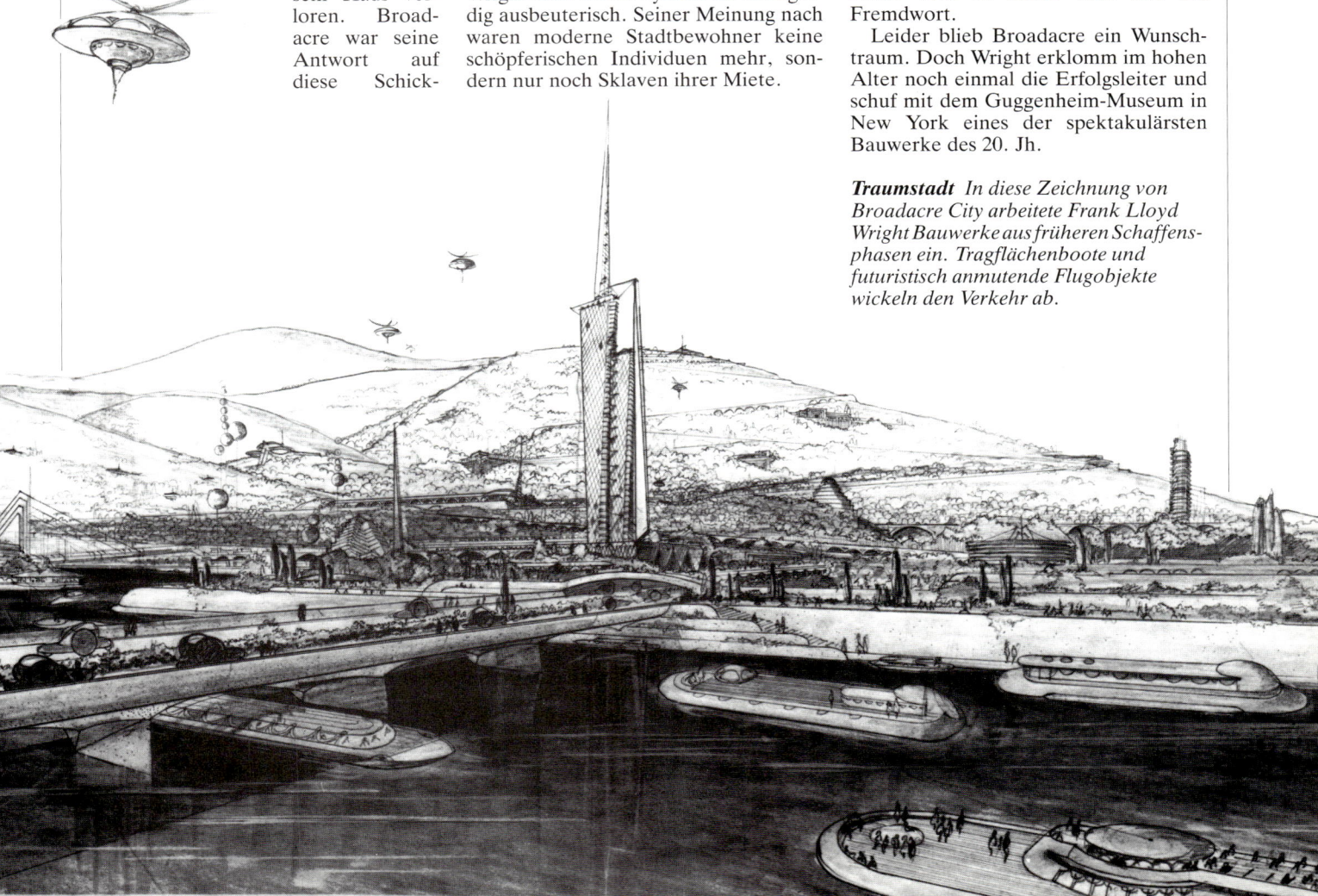

Feuer und Flamme für London

Christopher Wrens ehrgeizige Pläne zur Neugestaltung der Hauptstadt wurden nie verwirklicht

Am 2. September 1666 brach in einer der engen Gassen der Londoner Altstadt ein Brand aus, der sich zu einer solchen Feuersbrunst ausweitete, daß 80% der City of London in Schutt und Asche gelegt wurden. Doch schon neun Tage danach unterbreitete der Baumeister Christopher Wren König Karl II. Entwürfe für einen großzügigen Wiederaufbau der Metropole an der Themse.

Alle engen Straßen sollten eine von drei möglichen Standardbreiten erhalten (9, 18 bzw. 27 m); die für das alte London so typischen schmalen Gassen sollten verschwinden. Und auch Baupläne für eine große öffentliche Kaianlage am Themseufer zwischen Tower und Temple lieferte Wren gleich mit.

Seine Pläne fanden jedoch keine Zustimmung, denn ihre Verwirklichung hätte riesige Summen verschlungen. Und da nach dem Brand viele Familien kein Dach über dem Kopf mehr hatten, war ein rascher Wiederaufbau der Stadt das Gebot der Stunde.

Hätten Sie's gewußt?

Nach den Sterberegistern, die 1666 nach dem großen Feuer von London angelegt wurden, kamen in den Flammen nur sechs Menschen um.

Verpaßte Chancen

Doch als über 200 Jahre später in London die Cholera ausbrach, behaupteten die Gesundheitsexperten, daß möglicherweise ein Drittel weniger Opfer zu beklagen gewesen wären, hätte man damals Wrens Pläne verwirklicht und damit das Labyrinth der engen, dichtbevölkerten Gassen beseitigt.

Neben Wrens Entwürfen waren dem König noch mehrere andere, teilweise verrückt klingende Pläne vorgelegt worden. Ein Baumeister etwa wollte London in ein Schachbrett aus Planquadraten einteilen, und ein anderer Entwurf sah einen bogenförmigen Kanal durch die City of London vor. Doch auch an keinem dieser Vorschläge fand der König Gefallen.

Eine Kirche als Grabmal

So konnte Christopher Wren lediglich Flickwerk betreiben, als er die Restaurierung von 55 der 89 abgebrannten Kirchen in Angriff nahm. Im Jahr 1675 wurde mit dem Wiederaufbau der großen St Paul's Cathedral begonnen. Nach Wrens Plänen wurde die Kirche mit annähernd 100 000 t Bausteinen, Füllmaterial, Ziegeln und Marmor und einem Kostenaufwand von 750 000 Pfund neu errichtet. Es dauerte 35 Jahre, bis das prachtvolle Gotteshaus schließlich fertiggestellt war, und während dieser ganzen Zeit lag die Leitung der Bauarbeiten in den Händen von Christopher Wren. In Anerkennung seiner großen Leistungen lautet denn auch die Inschrift an der letzten Ruhestätte des Baumeisters im Innern von Saint Paul's: „Suchst du sein Grabmal, so schau dich nur um."

DAS GEHEIMNISVOLLE GOLDLAND

Gold ist der Schweiß der Sonne. Das glaubten jedenfalls die Muisca-Indianer, was die spanischen Konquistadoren im 16. Jh. zu der Annahme verleitete, daß die Edelmetallvorräte der Indianer unerschöpflich seien. Nachdem sie schon die riesigen Schätze der Azteken und Inka an sich gerafft hatten, gelangten sie zu der Überzeugung, daß sich tiefer im Innern Südamerikas noch mehr Reichtümer befinden mußten und ganze Städte, ja sogar ganze Länder aus Gold nur darauf warteten, ausgeplündert zu werden. Die Spanier nannten diesen legendären Ort El Dorado. Aber wahrscheinlich war El Dorado weder eine Stadt noch ein Land, sondern der jeweilige Herrscher eines Indianerstammes in der Nähe des heutigen Bogotá in Kolumbien.

Krönungsritual

Nach altem Brauch wurde jeder neue Häuptling bei seiner Amtseinsetzung mit einer Mischung aus klebrigem Harz und Goldstaub eingerieben, bis er strahlte wie die Sonne. Dann wurde er auf den kreisrunden Guatavitasee hinausgerudert, wo er in die Fluten tauchte und sich das Gold von seinem Körper wusch. Anschließend warfen seine Untertanen als Opfergaben für die Göttin des Sees noch mehr Gold ins Wasser.

Die Kunde vom sagenhaften El Dorado gelangte nach Europa, und neben Spaniern und Portugiesen unternahmen u. a. auch Sir Walter Raleigh, Günstling von Königin Elisabeth I., und der Deutsche Philipp von Hutten Expeditionen in die Urwälder Südamerikas. Ihrem Wagemut ist es zu verdanken, daß erstmals Karten des unbekannten Kontinents angefertigt werden konnten, doch die Abenteurer kehrten alle ohne das heißersehnte Gold zurück.

Seit dieser Zeit hat der Mythos vom sagenhaften Goldland nichts von seiner Faszination verloren. Doch alle bisherigen Versuche, den See trockenzulegen und das Gold zu bergen, sind fehlgeschlagen.

Möglicher Beweis? Dieses Modell des Goldfloßes, auf dem El Dorado aufs Wasser hinausfährt, wurde 1969 in der Nähe von Bogotá entdeckt.

So ruht der Schatz von El Dorado, dem Vergoldeten – wenn es ihn denn gibt –, immer noch auf dem Grund des Sees.

Seltsame Behausungen

Liegt die Wohnung der Zukunft unter der Erde?

Jeder Mensch braucht ein Dach über dem Kopf. Viele Erdenbürger müssen sich beim Bau ihrer Behausungen allerdings nach dem Angebot ihrer Umwelt richten. So wohnen manche in Häusern aus Eis, andere in Lehmhütten, Zelten oder auf engen Hausbooten. In den Industrieländern liegt das Problem weniger im Mangel an Baumaterial, sondern darin, daß der Platz begrenzt und Bauland in vielen Regionen fast unerschwinglich ist. Daher baut man heute in den meisten Städten in die Höhe statt in die Breite und errichtet Hochhäuser. Doch was macht man in einer übervölkerten Stadt wie Tokio, in der Grund und Boden so teuer ist wie sonst nirgendwo auf der Welt, wo aber die ständige Erdbebengefahr verhindert, daß der vorhandene Raum durch den Bau von Wolkenkratzern optimal genutzt wird?

Man erschließt den Untergrund. Die japanische Regierung fördert zwei aufwendige Projekte, die für 100 000 Menschen unterirdische Städte mit Büros, Theatern, Bibliotheken, Hotels, Sportzentren und einem voll ausgebauten Verkehrsnetz versehen. In Anlehnung an Lewis Carrolls Romanfigur Alice, die in einem Kaninchenbau ein „Wunderland" entdeckte, wurde eines der Projekte Alice City genannt. Der Bau dieser Stadt soll im nächsten Jahrhundert in Angriff genommen werden.

Technisch gesehen wirft die Gründung einer solchen unterirdischen Stadt keine unlösbaren Probleme auf, aber psychologisch, denn es stellt sich die Frage, ob Menschen überhaupt auf Dauer unter der Erde ohne den Anblick von Sonne und Himmel leben können. Bei den derzeitigen Planungen liegen die Wohngebäude jedenfalls noch oberirdisch, zur Arbeit und Freizeitgestaltung fährt man dann in die Tiefe hinab.

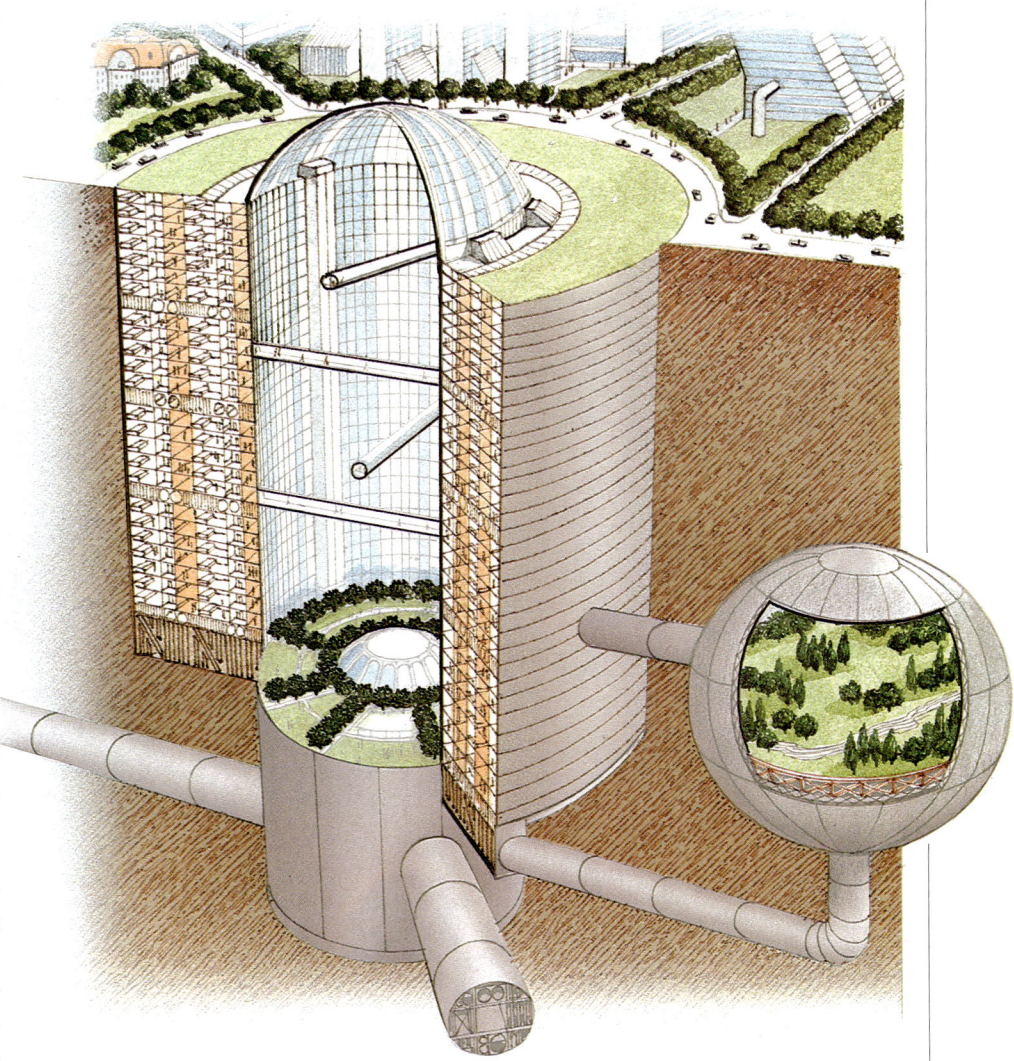

Japanische Zukunftsmusik *In 30 m Tiefe liegende Städte wären vor den Auswirkungen von Erdbeben besser geschützt als Städte an der Erdoberfläche.*

Im amerikanischen Minneapolis gibt es an der University of Minnesota bereits ein Gebäude, das zu 95 % unter der Erde liegt und rund 35 m in die Tiefe reicht. Mit Hilfe raffiniert angeordneter Spiegel erhalten dort die unterirdischen Stockwerke sogar etwas Sonne und eine Aussicht nach oben. Und auch den Angestellten des Tokioer Fernsehsenders Ahasi, die 20 m unter der Oberfläche arbeiten müssen, wird eine möglichst naturgetreue Umgebung geboten. Beispielsweise läßt man an regnerischen Tagen aus Sprinkleranlagen künstlichen Regen auf die Studiodecke prasseln.

Wolkenkuckucks-heim

Wo man in schwindelnder Höhe leben kann

Wer sich gern in höheren Sphären bewegt, dem würde eine Wohnung im 92. Stock des John Hancock Centers in Chicago sicherlich zusagen. Und wer sich darüber hinaus auf Dauer mit „frischer Luft" aus der Klimaanlage begnügt, der braucht kaum jemals das Gebäude zu verlassen, denn hier gibt es so ziemlich alles, was zum Leben nötig ist. Man fährt mit einem der Aufzüge hinunter ins Büro zur Arbeit oder zum Einkaufszentrum im 44. Stock, das mit einer Bank, einem Postamt, einer Reinigung und einem Supermarkt, der die Waren auf Wunsch auch an die Haustür liefert, ausgestattet ist. Und wenn alle Besorgungen gemacht sind, kann man sich auf derselben Etage im Schwimmbad erholen oder zum Abendessen ins Restaurant in den 95. Stock hinaufschweben. Ein Ausblick über die Skyline von Chicago und den Michigansee ist dort im Preis mit inbegriffen.

Langer Johann

Die Chicagoer haben das Hancock Center Big John getauft, und ein Blick in die Statistik zeigt, daß dieses Gebäude in der Tat in vieler Hinsicht mit großen Zahlen aufwarten kann. Mit 344 m Höhe war es 1968 der erste Wolkenkratzer mit 100 Stockwerken in der Stadt. In dem Gebäude wurden 2000 km Stromkabel verlegt, und 11 459 schwarz getönte Glasscheiben bedecken beinahe 3,2 ha der Außenfassade. Innen wohnen an die 2000 Menschen, weitere 5000 arbeiten dort. Sicherheit steht an erster Stelle. Wenn Big John bei heftigen Sturmböen auch manchmal schwankt und knarrt – ein neuartiges Trägergerüst sorgt auf jeden Fall für einen festen Stand.

Doch trotz allem Komfort könnte niemand sein ganzes Leben im Hancock Center verbringen, denn drei Dinge gibt es dort nicht: eine Kirche, eine Entbindungsstation und eine Leichenhalle.

Hätten Sie's gewußt?

Die Aufzüge im John Hancock Center in Chicago gehören zu den schnellsten der Welt. Bei einer Geschwindigkeit von 30 km/h brauchen sie vom Erdgeschoß bis zur Aussichtsplattform im 94. Stock nur 39 Sekunden.

DER LETZTE SCHREI

Wer in Paris heutzutage etwas auf sich hält, geht in den Untergrund. Allerdings nicht in die Résistance oder in die Metro, sondern in die Höhlen der Vorfahren. Erholungssuchende Städter zieht es seit neuestem in die hübschen kleinen Dörfer in der Beauce westlich von Orléans, deren Bewohner jahrhundertelang wie Höhlenmenschen in sogenannten *caforts* (Kurzform von *caves fortes*, Höhlenfestungen) lebten, die dort in den porösen Kalktuff gehauen wurden.

Das Zentrum dieser Region ist das kleine Städtchen Trôo. Hier liegen die Höhlenwohnungen mit ihren blumengeschmückten Terrassen etagenförmig übereinander, miteinander verbunden durch schmale Gassen, Treppen und geheime Tunnel. Jede Behausung hat einen Hauptraum mit einem Kamin. Von dort oder einem Seitenkorridor gehen weitere kleinere Räume ab. Viele dieser Höhlen dienen heute als Ferienwohnungen und sind mit einem Bad, Zentralheizung und einer Fernsehantenne im Freien ausgestattet worden. Die Steinwände sorgen das ganze Jahr hindurch für eine gleichbleibende Temperatur, und wenn man einmal die Tür verschlossen hat, sind die Wohnungen beinahe einbruchsicher.

Zeitgenossen aus der Steinzeit

Haben die primitiven Höhlenbewohner auf den Philippinen die Wissenschaftler hereingelegt?

Es ist wohl der Traum jedes Anthropologen, einmal einem primitiven Höhlenmenschen zu begegnen, der, unberührt von jeglicher Zivilisation, noch so lebt wie unsere Vorfahren vor 35 000 Jahren. Ein Steinzeitmensch aus Fleisch und Blut könnte ihm vielleicht brennende Fragen beantworten wie etwa die: Waren die Menschen von Natur aus friedlich, bevor sie von der modernen Zivilisation verdorben wurden?

Edle Wilde

1971 trat für die Wissenschaftler ein solcher Glücksfall ein, als ein philippinischer Jäger namens Dafal der Weltöffentlichkeit mitteilte, er habe in den Regenwäldern der Insel Mindanao einen Eingeborenenstamm entdeckt, der bis dahin völlig isoliert von der Außenwelt gelebt hatte. Die 27 Mitglieder des Tasaday-Stammes lebten in Höhlen und kannten weder Ackerbau noch Viehzucht. Sie konnten Feuer machen, besaßen aber keine Waffen und arbeiteten nur mit primitiven Steinwerkzeugen. Bei ihnen gab es weder einen Anführer noch eine soziale Rangordnung, sie lebten in vollkommener Eintracht.

Aus aller Welt reisten nun Anthropologen, Journalisten und Fernsehteams an, um diese Steinzeitmenschen zu erforschen und über sie zu berichten. Da die Heimat der Tasaday durch Holzfäller gefährdet war, die dort den Regenwald abholzen wollten, griff Manda Elizalde, Minister für Stammesangelegenheiten in der Regierung von Präsident Marcos, ein. Er erklärte das Terrain der Tasaday 1972 zum Schutzgebiet und verwehrte fast allen Fremden den Zugang. Danach ruhte die Angelegenheit 14 Jahre lang.

Nach dem Sturz der Regierung Marcos im Jahr 1986 veröffentlichte der Schweizer Journalist Oswald Iten eine aufsehenerregende Reportage, in der er die Tasaday-Geschichte als großen Schwindel bezeichnete. Er behauptete, die angeblichen Höhlenbewohner hätten ihm erzählt, sie seien eigentlich normale Eingeborene und von Elizalde überredet worden, die Steinzeitmenschen zu spielen. Angeblich hatte Elizalde dann die Regierungssubventionen, die für den neuentdeckten Stamm bewilligt worden waren, in die eigene Tasche gesteckt. In Wirklichkeit, so Iten, lebten die vermeintlichen Höhlenbewohner in Häusern und trugen unter ihren Lendenschurzen aus Blättern moderne Unterwäsche.

Nun entbrannte in der Fachwelt ein erbitterter Streit über die Frage: Waren die Tasaday echte Steinzeitmenschen oder nicht? Einige Experten vertraten die Ansicht, daß die Steinwerkzeuge völlig unbrauchbar und daher eine Fälschung seien. Andere ereiferten sich über die Sprache der Tasaday: War sie tatsächlich uralt oder einfach erfunden? Und wenn sie erfunden war, wie konnten dann sogar die Kinder darin so überzeugende Vorstellungen geben?

Inzwischen sind die Tasaday aus ihren Höhlen nach Manila umgezogen und in einen Rechtsstreit über ihre wahre Identität verwickelt worden. Doch auch wenn ihnen das Gericht nun bescheinigen sollte, daß sie wirklich wie in der Steinzeit gelebt haben, ist diese Lebensform für sie Vergangenheit, denn dorthin können sie nicht mehr zurück.

Handelsmacht auf Schlamm und Pfählen

Das einst so reiche Venedig entstand in einer sumpfigen Lagune

Denkt man an Venedig, so tauchen vor dem geistigen Auge romantische Bilder auf: eine Gondel, die den Canal Grande hintergleitet, verwitterte Renaissancepaläste, kleine und bogenförmige Brücken, die verschwiegene Plätze und Gassen miteinander verbinden.

Bei der Gründung Venedigs ging es allerdings sehr viel weniger romantisch zu, denn die Stadt wurde aus der Angst geboren. Vor etwa 1500 Jahren durchlebte die Apenninenhalbinsel schwere Zeiten, als das Weströmische Reich unter dem Ansturm wilder Barbaren aus dem Norden schließlich zusammenbrach. Das heutige Venedig war damals nicht mehr als eine Ansammlung von über 100 Inseln und Schlammbänken in einer Lagune, ein unwirtliches und ungesundes Ödland. Dennoch hatte es einen entscheidenden Vorteil: Es bot Schutz und Sicherheit. Als Attila mit seinen Hunnen im Jahr 452 die norditalienische Stadt Aquileia überrannte, flohen ihre Bewohner in die Lagunensümpfe, und die Invasion der Langobarden trieb ein Jahrhundert später noch mehr Menschen aus den brennenden Städten auf die abgelegenen Inseln. Die neuen Siedler paßten sich schnell dem Leben auf dem Wasser an. Sie rammten lange Pfähle in den schlammigen Untergrund, um ihre Häuser darauf zu errichten, und verbanden mehrere Inseln, indem sie schmale Wasserrinnen dazwischen zuschütteten.

Venedig nahm einen raschen Aufschwung, und im 8. Jh. war aus den einstigen Schlamminseln eine unabhängige Republik geworden, die zur führenden europäischen Handelsmacht aufstieg. Heute ist die Stadt eine der größten Touristenattraktionen der Welt, die allerdings langsam, aber sicher vom Meer zurückerobert wird.

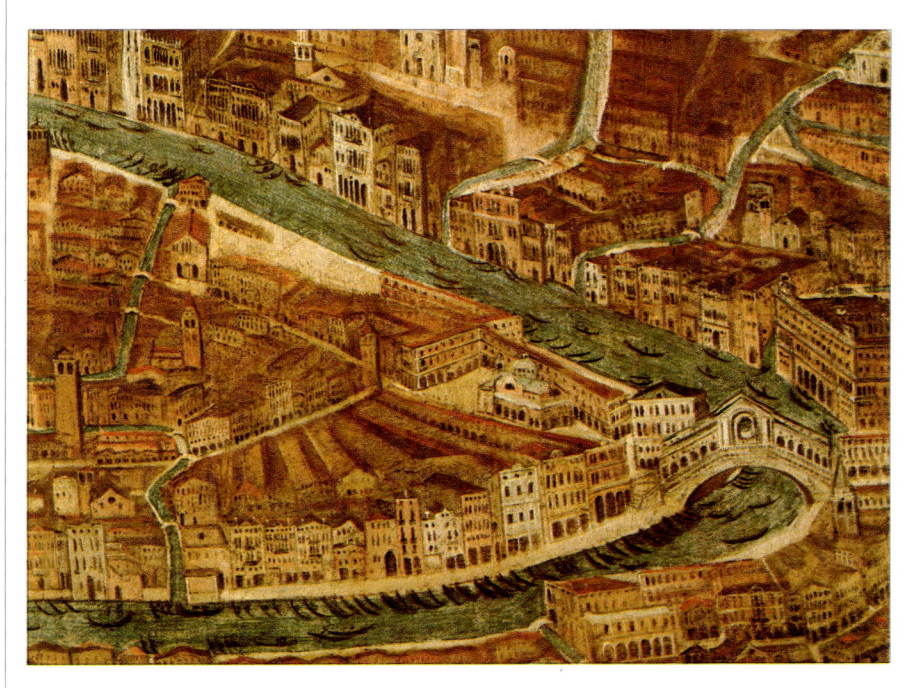

Perle der Adria *Ende des 18. Jh. standen auf Venedigs Inseln und Schlammbänken annähernd 200 Paläste.*

MATRATZENLAGER AUF JAPANISCH

Wer in Tokio eine saubere und preiswerte Unterkunft sucht, sollte vielleicht einmal eines jener „Kapselhotels" ausprobieren, die in den letzten Jahren in allen größeren Städten Japans eröffnet worden sind. Sie sind die typisch japanische Antwort auf den chronischen Platzmangel im Land und beherbergen auf gleichem Raum wie herkömmliche Hotels bis zu viermal so viele Gäste, allerdings meistens nur Männer.

Aber wie sieht es nun eigentlich in einem solchen Hotel aus? Auf dem Weg zu seinem „Zimmer" kommt der Hotelgast durch lange Korridore, die zu beiden Seiten von Kunststoffkapseln gesäumt sind. Diese Kabinen sind voll klimatisiert, aber nur 1,5 m hoch und breit sowie 2 m lang. Ist der Gast erst einmal in seine Kapsel hineingekrochen, kann er dort nicht mehr aufrecht stehen; die Matratze auf dem Boden dürfte für die meisten jedoch lang genug sein, so daß sie ausgestreckt darauf schlafen können. Trotz ihrer winzigen Ausmaße sind die Räume bemerkenswert gut ausgestattet. Es gibt Radio, Fernsehen, einen Klapptisch, Wecker und Telefon. Das große Gepäck muß allerdings an der Rezeption bleiben.

Aufgrund der vergleichsweise niedrigen Zimmerpreise sind die Kapselhotels immer gut besucht und erfreuen sich vor allem bei Geschäftsleuten großer Beliebtheit. Ob sie sich aber eines Tages auch bei uns durchsetzen werden, bleibt abzuwarten.

Beschränkter Luxus *Dieser junge Japaner genießt das Alleinsein in einem Kapselhotel in Osaka.*

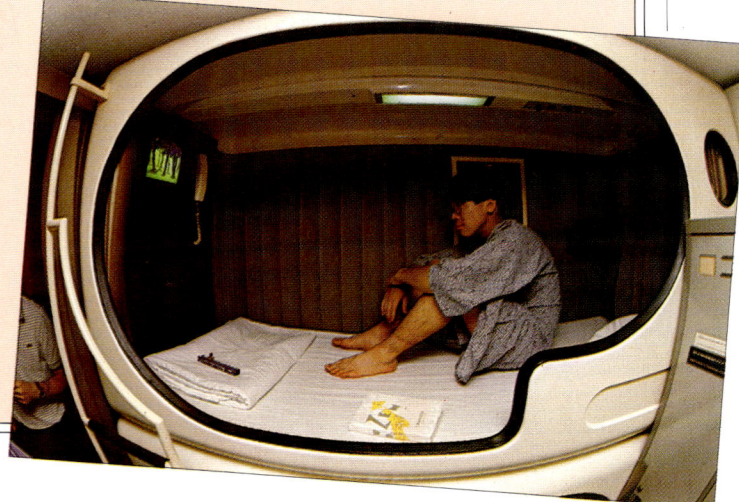

Im Reich der Toten zu Hause

In Kairo liegt der belebteste Friedhof der Welt

Auf dem Weg vom Flughafen in die Innenstadt von Kairo fährt man am Ostrand der ägyptischen Metropole durch einen Stadtteil, der wie ein großes Elendsviertel aussieht. Die armseligen Häuser aus Lehmziegeln sind braun und staubig, und in den engen Gassen wimmelt es von Menschen. Kinder spielen lärmend auf der Straße, Frauen tragen ihre Einkäufe auf dem Kopf nach Hause, Männer sitzen am Straßenrand und rauchen Wasserpfeife. Aber über all dem Durcheinander, Schmutz und Elend erheben sich die Kuppeln und Minarette prächtiger Gräber, in denen die Fatimiden und Mameluken, die mittelalterlichen Herrscher Ägyptens, ihre letzte Ruhestätte haben. Dieses dichtbewohnte Viertel ist nämlich ein riesiger Friedhof, Kairos berühmte Totenstadt.

Die bedeutenderen dieser Mausoleen stehen unter Denkmalschutz, doch die normalen Familiengräber, schachtelförmige Gebäude in der Größe eines kleinen Hauses, dienen schon seit langem nicht nur den Toten, sondern auch den Lebenden als Unterkunft. Manchmal bewohnen Familien ihre eigene Grabstätte und legen mitunter Innenhöfe und Dachterrassen an, um das Ganze wohnlicher zu machen. Andere haben sich ein Grab gesucht, das nicht mehr gepflegt wird, oder leben dort sogar zur Miete. Dabei wird dann gewöhnlich vereinbart, daß die Mieter ihr „Wohngrab" verlassen, wenn der Eigentümer kommt, um seine toten Angehörigen zu besuchen. Auch nach einer Bestattung müssen sie für einige Wochen ausziehen.

Diese Zweckentfremdung der Gräber ist beinahe schon so alt wie der 900 Jahre alte Friedhof selbst, und seit einigen Jahrzehnten gibt es dort sogar Strom und Wasser. Die Bevölkerungsexplosion in Ägypten treibt immer mehr Wohnungssuchende in die Totenstadt. Heute sollen dort über 300 000 Menschen leben, von denen sich viele aber eigene Hütten bauen mußten, weil die meisten Gräber schon besetzt sind.

Hätten Sie's gewußt?

In einigen Teilen von Kairo und seinen Vororten leben auf 1 km^2 über 100 000 Menschen. Damit ist die ägyptische Hauptstadt beinahe viermal so dicht besiedelt wie der New Yorker Stadtteil Manhattan und annähernd siebenmal so dicht wie Singapur.

HEILIGE IM SALZ

In den Tiefen des polnischen Bergwerks Wieliczka, mehr als 60 m unter der Erde, steht die prächtige Kapelle der seligen Kinga mit einem Altar aus dem 19. Jh. In dem Tunnellabyrinth, das diesen Altar umgibt, finden sich noch weitere Altäre, Heiligenstatuen und religiöse Darstellungen, die teilweise sogar schon im 16. Jh. entstanden sind. Noch erstaunlicher als der Standort dieser religiösen Kunstwerke ist jedoch das Material, aus dem sie gefertigt wurden: Kapelle, Altäre und Statuen sind aus Steinsalz herausgemeißelt worden.

Seit dem 11. Jh. wird in Wieliczka schon Salz abgebaut, und seit dieser Zeit haben Generationen von Bergleuten 150 km Stollen in die Erde getrieben. Die Bildwerke im Salz sind Ausdruck ihrer Frömmigkeit und sollten ihnen bei ihrer gefährlichen Arbeit den Beistand der Heiligen sichern.

Heute gibt es in diesem unterirdischen Labyrinth auch noch eine Imbißstube, eine Sporthalle, ein Postamt und sogar ein Sanatorium, in dem Asthmakranke in der heilsamen Salzluft Linderung finden.

Verehrung unter Tage
Das Mittelschiff der Kapelle, die zu Ehren der seligen Kinga aus dem Steinsalz gehauen wurde, ist 54 m lang. Kinga war die Tochter eines ungarischen Königs, die sich im 13. Jh. in Polen der Armen annahm.

Wie die Maulwürfe

Warum manche Menschen freiwillig unter der Erde leben

In einigen Hotels der südaustralischen Stadt Coober Pedy fragt man vergebens nach einem Zimmer mit Aussicht. So etwas gibt es dort nämlich nicht, weil die Zimmer unter der Erde liegen.

Coober Pedy ist eine Bergbaustadt in der Wüste, in der seit 1915 Opale gewonnen werden. Schon von Anfang an buddelten sich die Schürfer und Glücksritter ihre Unterkünfte in den rosafarbenen Boden, weshalb die Eingeborenen diesen Ort *kupa piti*, weißer Mann in einem Loch, nannten.

Vorteile des Höhlenlebens

Die in den weichen Sandstein gegrabenen Wohnungen sind aber heutzutage keineswegs schäbige Löcher. Sie sind mit allem modernen Komfort ausgestattet und haben darüber hinaus noch einen Vorteil aufzuweisen: Wer seine Wohnung vergrößern will, braucht den Steinwänden lediglich mit einer Spitzhacke zu Leibe zu rücken.

Einer der Gründe, warum man sich in den Boden zurückzog, war wohl der Mangel an Bauholz, denn in Coober Pedy gibt es seit Jahrzehnten keine Bäume mehr. Von größerer Bedeutung ist aber sicherlich die Tatsache, daß die unterirdischen Quartiere während der heißen Sommermonate, in denen die Temperaturen in der Wüste auf über 50°C klettern können, mit 25°C angenehm kühl bleiben. Und so lebt etwa ein Drittel der 4000 Einwohner von Coober Pedy unter der Erde.

Auch in anderen heißen Gegenden der Welt wohnen Menschen in unterirdischen Behausungen, allerdings nicht immer besonders komfortabel. In und um das Städtchen Matmata im Süden von Tunesien z. B. haben die einheimischen Berber bis zu 12 m tiefe Schächte in den Boden graben. Um den Schachtgrund,

Berberwohnsitz
Im tunesischen Matmata gibt es noch rund 500 solcher Wohnschächte.

eine Art Innenhof, in dem sich das Gemeinschaftsleben abspielt, gruppieren sich die aus dem weichen Stein gehauenen Wohnungen. Die Räume, die in zwei bis drei Stockwerken übereinanderliegen, schützen ihre Bewohner vor der brütenden Hitze, den Sandstürmen und der winterlichen Kälte der Sahara.

Die Stollen von Cu Chi

Die Widerstandsnester des Vietcongs lagen im Untergrund

Eines der größten Probleme für die Amerikaner im Vietnamkrieg war die Tatsache, daß sie ihren Gegner nicht stellen konnten. Im Januar 1966 wurden beispielsweise 8000 amerikanische Soldaten in den Bezirk Cu Chi, 30 km nordwestlich von Saigon, eingeflogen – ein Gebiet, in dem es von Vietcongsoldaten nur so wimmelte. Doch obwohl diese Operation außerordentlich schnell vonstatten ging, bekamen die Amerikaner fast keine feindlichen Truppen zu Gesicht. Die Kämpfer des Vietcongs waren im wahrsten Sinn des Wortes wie vom Erdboden verschluckt.

Guerillafestungen

Unter dem Gebiet von Cu Chi hatten die Guerillakämpfer ein weitverzweigtes Tunnelnetz gegraben, das rund 200 km lang war. Viele der Stollen waren nur 1 m hoch und breit und damit gerade groß genug, daß ein Mann hindurchkriechen konnte. An manchen Stellen erweiterten sie sich zu kleinen Kammern, in denen Waffen hergestellt oder repariert, Flugblätter gedruckt und Versammlungen abgehalten wurden. Dort unten war es heiß, die Luft war stickig und verbraucht, vor allem an den Stellen, wo die Tunnel vier Stockwerke tief in die Erde hinabreichten. Auch die Versorgung mit Nahrungsmitteln kam in den weitläufigen Stollen oft ins Stocken, so daß die Untergrundkämpfer essen mußten, was gerade zu finden war. Der Kommentar eines Vietcongs zu seiner Tunnelkost spricht für sich selbst: „Ich stellte fest, daß gebratene Ratte besser schmeckte als Hühnchen oder Ente."

Während oben der Krieg tobte, versuchte man unten, den Soldaten, die oft monatelang nicht ans Tageslicht kamen, Zerstreuung zu bieten. Es gab sogar eine Theatertruppe, die durch das Netz der Gänge tingelte, um die Truppenmoral zu stärken.

Erfolglose Tunnelratten

Zehn Jahre lang trotzten die Stollen von Cu Chi dem Ansturm der weit besser ausgerüsteten amerikanischen Truppen, die sich der wahren Ausmaße des Widerstandsnestes nicht bewußt waren. Zwar starben viele Vietcong unter der Erde, doch ihre Untergrundfestung konnte weder durch Bombardements noch durch Gasangriffe oder den Einsatz amerikanischer Spezialeinheiten, der sogenannten Tunnelratten, zerstört werden. Aus diesem Grund erhielt das Gebiet von Cu Chi nach dem Sieg der Kommunisten im Jahr 1975 den Namen „das eiserne Dreieck".

Willkommen auf der Welt

Seltsame Bräuche rund um die Geburt

Überall auf der Welt sieht man in der Geburt eines Kindes ein denkwürdiges und anrührendes Ereignis, das je nach Kulturkreis mit guten Wünschen, Gebeten oder traditionellen Riten begleitet wird. Während es in westlichen Ländern üblich ist, daß die Hebamme ein neugeborenes Kind sofort der Mutter in die Arme legt, würde ein solches Vorgehen beim Stamm der Akha in Thailand helles Entsetzen auslösen. Bei ihnen muß ein Neugeborenes erst dreimal schreien, bevor irgend jemand es berühren darf. Mit diesen Schreien bittet der Säugling den Gott Apoe Miyeh lautstark, ihm seinen Segen, eine Seele und ein langes Leben zu schenken. Erst dann nimmt die Hebamme ihn auf und gibt ihm einen vorläufigen Namen, um böse Geister fernzuhalten. Denn die könnten glauben, ein namenloses Kind sei unerwünscht, und Anspruch darauf erheben. Sobald feststeht, daß der Säugling lebensfähig ist, bekommt er in einer Zeremonie seinen endgültigen Namen.

In manchen europäischen Ländern war es früher Sitte, daß die Hebamme alle im Haus vorhandenen Knoten löste, damit sich die Mutter besser entspannen konnte, und alle Türen und Fenster verriegelte, um jegliches Übel auszusperren.

Neben solchen Vorsorgemaßnahmen für eine leichte Entbindung war aber auch der Zeitpunkt der Geburt wichtig und gab Anlaß zu vielen Spekulationen über das Schicksal des Kindes. In Indien galt es als böses Omen, wenn ein Kind während einer Sonnen- oder Mondfinsternis geboren wurde, und sein Vater durfte es erst sehen, wenn er bestimmte Riten vollzogen hatte. Eine deutsche Überlieferung besagte, daß einem Menschen das Glück hold sein würde, wenn bei seiner Geburt Schäfchenwolken am Himmel zu sehen waren. In vielen Ländern galten auch an einem Sonntag Geborene als Glückskinder. In Großbritannien war dagegen der Aberglaube verbreitet, daß ein Kind, das Schlag 3, 6, 9 oder 12 Uhr das Licht der Welt erblickte, in der Lage sein würde, Geister zu sehen. Doch dieser fragwürdigen Gabe konnte man mit Zaubersprüchen und Amuletten begegnen.

In vielen Kulturen gibt es auch Reinigungsriten für Mutter und Kind gleich nach der Geburt. Einem recht seltsamen philippinischen Brauch folgend, muß sich die Mutter neben glühendheiße Steine legen. Dann wird Wasser darauf gegossen, und der aufsteigende Dampf reinigt die Frau.

Dämonenvertreibung *Eine walisische Legendensammlung aus dem 19. Jh. erzählt von Jennet Francis, die nach einem verzweifelten Kampf ihren neugeborenen Sohn aus den Klauen von Kobolden und bösen Geistern erretten konnte.*

Hätten Sie's gewußt?

Einem walisischen Volksglauben des vorigen Jahrhunderts zufolge konnte man mit Hilfe eines Hammelschulterknochens das Geschlecht eines ungeborenen Kindes voraussagen. Man ließ den Knochen im Feuer verkohlen und hängte ihn über die Haustür. Angeblich sollte das Kind dann das gleiche Geschlecht haben wie die Person (allerdings kein Familienmitglied), die danach als erste durch die Tür trat.

Von Jungfrauen und Göttersöhnen

Was Jesus, Buddha und Zarathustra gemeinsam haben

Für die Christen in aller Welt bildet wohl die Menschwerdung Jesu den Kernpunkt ihres Glaubens. Als Beweis für seine göttliche Herkunft gilt, daß Maria ihn ohne geschlechtliche Zeugung empfing und auch nach seiner Geburt noch Jungfrau war. Doch die Lehre von der Jungfrauengeburt findet sich nicht nur im christlichen Glauben, sondern auch in anderen Religionen auf der ganzen Welt.

So wird berichtet, daß Buddha unzählige Wiedergeburten durchlebt haben soll, bevor er die Gestalt eines kleinen weißen Elefanten annahm, durch die rechte Seite seiner Mutter drang und in ihren Schoß schlüpfte. Bei diesem wundersamen Ereignis begannen Musikinstrumente von allein zu spielen, Flüsse hörten auf zu fließen, und Bäume und Blumen erblühten plötzlich.

Auch der persische Prophet Zarathustra, der die Glaubenslehre des Parsismus begründete, soll vor seiner Geburt im 7. Jh. v. Chr. schon als Geistwesen existiert haben. Sein Vater war der höchste Gott Ahura Masda, seine Mutter ein 15jähriges Mädchen namens Dughda.

Geburt des Krischna *Als der Hindugott Krischna das Licht der Welt erblickte, versuchten Astrologen das Schicksal des Kindes vorherzusagen. Der Name Krischna bedeutet der Dunkle, und auf bildlichen Darstellungen erscheint der Gott – wie auch hier – immer mit blauer Hautfarbe.*

Nachdem sie schwanger geworden war, leuchtete ein göttliches Licht aus ihrem Körper, das die Menschen blendete. Um einen Skandal zu vermeiden, verheirateten ihre Eltern sie schleunigst mit einem Mann aus einem Nachbardorf.

Ein überirdisch anmutender Glanz ging auch von der indischen Jungfrau Dewaki aus, nachdem der Hindugott Wischnu in ihren Schoß eingedrungen war. Er wurde in der menschlichen Gestalt des Krischna geboren, der als Krieger und Philosoph lebte, bevor er als eigenständiger Hindugott in die geistigen Sphären zurückkehrte.

Die Mutter des südamerikanischen Aztekengottes Quetzalcoatl war ebenfalls noch Jungfrau, als eine Gottheit in furcherregender Gestalt der Morgendämmerung ihr ins Gesicht hauchte und sie so schwängerte, damit Quetzalcoatl als menschliches Wesen geboren werden konnte.

Göttlicher Schürzenjäger

Zeus, der höchste der antiken griechischen Götter, verwandelte sich in einen Goldregen, um Danae zu schwängern, die daraufhin Perseus, dem späteren

Kostbare Liebe *Der griechische Gott Zeus verwandelte sich in einen Goldregen, um sich der keuschen Jungfrau Danae zu nähern. Eine Dienerin fängt die verhängnisvollen Münzen auf.*

Bezwinger der Medusa, das Leben schenkte. Und bevor der Göttervater Leda schändete, nahm er die Gestalt eines Schwanes an. Aus dieser Beziehung ging die schöne Helena hervor, die später der Anlaß zum Trojanischen Krieg war.

Am dreistesten gebärdete sich Zeus aber wohl, als er sich in den Feldherrn Amphitryon verwandelte, gerade in jener Nacht, als dieser endlich die Ehe mit Alkmene vollziehen wollte. Alkmene hatte sich ihm bis dahin verweigert und von ihm verlangt, er müsse zuerst den Tod ihrer Brüder rächen. Zeus beobachtete die entscheidende Schlacht dieses Rachefeldzuges und begab sich dann in Gestalt Amphitryons zu Alkmene, um ihr von „seinen" Heldentaten zu berichten. Gleichzeitig befahl er dem Sonnengott Helios, einen Tag auszulassen, um die Nacht, und damit sein Schäferstündchen mit Alkmene, zu verlängern.

Als dann der echte Amphitryon siegreich nach Hause zurückkehrte, war er zutiefst enttäuscht über Alkmenes kühlen Empfang. Alkmene wiederum fand ihren Ehemann recht ermüdend, weil sie sich den Bericht seiner Heldentaten noch einmal anhören mußte. Der Seher Teiresias konnte das Paar jedoch bald wieder versöhnen, indem er sie über das göttliche Betrugsmanöver aufklärte. Auch diese Eskapade des Zeus hatte Folgen, denn daraus entsprang der berühmte griechische Sagenheld Herakles.

Retter der Mütter

Der verzögerte Sieg über das Kindbettfieber

Jede Frau, die in Europa Mitte des 19. Jh. zur Entbindung in ein Krankenhaus ging, riskierte den Tod durch Kindbettfieber. Dieser Krankheit, die – wie man heute weiß – durch Bakterien im Geburtskanal der Mutter verursacht wird, der nach der Entbindung wund und besonders anfällig für Infektionen ist, fiel damals ein Drittel der Wöchnerinnen zum Opfer. Dennoch wurde der Mann, der schließlich die Ursache dieser Infektion entdeckte, nicht ernst genommen.

Der ungarische Gynäkologe Ignaz Semmelweis trat 1846 eine Stelle als Assistenzarzt in der Entbindungsstation des Wiener Allgemeinen Krankenhauses an, in dem, wie anderswo auch, das Kindbettfieber grassierte. Ihm fiel bald auf, daß die Wöchnerinnen in einer Krankenhausabteilung, in der Medizinstudenten ausgebildet wurden, zwei- bis dreimal häufiger erkrankten als in der Abteilung, wo Hebammen tätig waren. Die Studenten untersuchten die Frauen während der Wehen und kamen dabei oft direkt aus dem Sezierraum. Semmelweis zog daraus den Schluß, daß die Studenten die Erreger der Krankheit von Frauen, die gerade an Kindbettfieber gestorben waren, auf die Wöchnerinnen übertrugen.

Eine einfache Lösung

Er wies die Studenten an, ihre Hände mit gechlortem Kalkwasser zu desinfizieren, bevor sie in die Entbindungsstation gingen. Daraufhin sank die Krankheitsrate auf dieser Station rapide ab, und es starb nicht mehr wie vorher jede fünfte Patientin, sondern nur noch jede 100. Doch all das beeindruckte die Vorgesetzten von Semmelweis wenig. Zum einen konnten sie seinen Gedankengängen nicht folgen, da Bakterien als Krankheitserreger damals noch nicht bekannt waren, und blieben bei ihrer Überzeugung, daß man nichts gegen die Krankheit tun konnte. Zum anderen

waren ihnen auch seine liberalen politischen Ansichten suspekt, und das verstärkte ihre Abneigung gegen ihn und seine Theorie noch mehr. 1850 kehrte Semmelweis deshalb verbittert in seine Heimat Ungarn zurück.

Dort wurde seine Arbeit zwar anerkannt, doch im übrigen Europa wollten die Ärzte nichts davon wissen. Semmelweis kämpfte noch 15 Jahre lang gegen die Ignoranz der Schulmedizin, dann war sein Wille gebrochen. Im Juli 1865 wurde er in eine Nervenheilanstalt eingeliefert und starb dort einen Monat später. Kurz

zuvor hatte er sich beim Sezieren einer Frau, die an Kindbettfieber gestorben war, in die Hand geschnitten. Die Wunde infizierte sich, und so starb Semmelweis an genau der Krankheit, die er sein ganzes Leben lang bekämpft hatte.

Zu dieser Zeit legte aber der britische Chirurg Joseph Lister die Grundlagen zur modernen Antisepsis, und in Frankreich entdeckte Louis Pasteur die Bakterien. Wäre Semmelweis nicht so früh gestorben, dann hätte er die Würdigung seiner bahnbrechenden Arbeit noch miterleben können.

Hätten Sie's gewußt?

Früher wurden die sogenannten Glückshauben (Überreste der Eihäute, die Neugeborene manchmal auf dem Kopf haben) als Glücksbringer betrachtet. Sie waren vor allem unter Seeleuten begehrt, weil sie angeblich vor dem Ertrinken bewahrten.

WENN MÄNNER IN DEN WEHEN LIEGEN

Schon lange vor der Erfindung moderner Narkosemittel konnten werdende Mütter in der schottischen Stadt Dumfries völlig ohne Schmerzen gebären, denn nach einem Bericht aus dem Jahr 1772 besaßen die dortigen Hebammen die Fähigkeit, die Wehen auf die Ehemänner zu übertragen. Wie sie das machten, bleibt ein Geheimnis, doch „die Kinder kamen zur Welt, ohne der Mutter irgendwelche Beschwerden zu bereiten, während der arme Vater von rasenden Schmerzen gepeinigt wurde".

Echtes Mitleid *Diese Holzschnitzerei aus Zaire zeigt ein Männerkindbett, bei dem der Mann mit seiner Frau die Wehen durchleidet.*

Doch nicht nur aus Schottland wird berichtet, daß Ehemänner unter einer Schwangerschaft und Geburt mehr leiden als ihre Frauen. Dieses Phänomen kommt auf der ganzen Welt vor und wird *Couvade* (abgeleitet von dem französischen Wort für Brüten) oder Männerkindbett genannt.

Bei einigen afrikanischen Stämmen bleiben die Männer während der gesamten Schwangerschaft ihrer Frauen im Bett. Die Schwangeren hingegen arbeiten wie gewohnt bis wenige Stunden vor der Geburt. Hier werden die Rollen vertauscht, weil Männer angeblich klüger und kräftiger sind als Frauen und daher die ungeborenen Kinder besser vor bösen Geistern schützen können.

Ganz so weit geht der Rollentausch auf einigen Inseln im Pazifik nicht. Dort dürfen die Väter während und nach der Geburt gewisse Tätigkeiten nicht ausüben, die als „Männerarbeit" angesehen werden.

In manchen Gegenden Europas zog im Mittelalter eine werdende Mutter beim Einsetzen der Wehen die Kleider ihres Mannes an, in der Hoffnung, so die Qualen der Geburt auf ihn zu übertragen. Der Glaube, daß Väter die Wehen ebenfalls spüren, hatte aber auch einen praktischen Nutzen. In den Dörfern Nordenglands fand man die Väter unehelicher Kinder angeblich dadurch, daß man die Wehen der Mutter abwartete und dann das ganze Dorf nach dem Mann absuchte, der krank im Bett lag.

Reifeprüfungen

Die Bedeutung von Initiationsriten

In wenigen Kulturen gibt es eine so strenge Sozialordnung wie bei den in Ostafrika beheimateten Massai. Schon ihr Äußeres zeigt die jeweilige gesellschaftliche Stellung an. Am einfachsten ist ein Massaikrieger zu erkennen. Er trägt ein schlichtes rotes Tuch und farbenprächtigen Perlenschmuck, und genauso wie sein langes Haar, das er zu kunstvollen Zöpfen geflochten hat, sind auch Gesicht und Körper mit Ocker rot gefärbt. Seine Aufgabe ist es, das Dorf vor Viehdieben und herumstreunenden Raubtieren zu schützen.

Jeder Massai gehört einer Altersklasse an, die seine Aufgaben und Rechte bestimmt. Das Erwachsenenle-

Neue Altersklasse Einem Massaimann werden am Ende seines Kriegerdaseins die langen Haare abgeschoren. Jetzt darf er heiraten.

ben beginnt mit einem Akt, den die Ethnologen Initiation (Einführung) nennen. Die Jungen zwischen 14 und 18 Jahren treten nun in eine neue Lebensphase ein und werden *moran*, Krieger. Dieser Schritt wird mit einem Fest begangen, dessen Höhepunkt die öffentliche Beschneidung der Jungkrieger ist. Nach dieser schmerzhaften Prozedur lassen sich die jungen Krieger als Zeichen für den neuerlangten Status ihre Haare wachsen und färben sie wie auch ihren Körper mit Ocker. Dann baut sich die neue Gruppe der Krieger ihr eigenes Lager, in dem sie zusammen mit den gleichaltrigen Mädchen des Dorfes leben und von ihren Müttern versorgt werden.

Gleichzeitig mit der Aufnahme der Jungen in die Klasse der Krieger wechselt die bisherige Moran-Gruppe in die nächste Altersklasse. Auch dieses Ereignis wird mit einer Zeremonie begangen, bei der den bisherigen Kriegern, die jetzt zwischen 25 und 30 Jahre alt sind, die langen Haare abrasiert werden. Außerdem wird die Ockerbemalung abgewaschen. Die jungen Männer verlassen nun das Kriegerlager und dürfen anschließend heiraten. Damit haben sie zudem den untersten Rang des Ältestenrates erreicht. Zu gegebener Zeit werden sie in der Dorfgemeinschaft die Funktion von Richtern und Beratern übernehmen, bis sie schließlich erfahren und weise genug sind, um in den mächtigen Inneren Rat der Ältesten aufgenommen zu werden.

Der gesellschaftliche Werdegang eines Massai beginnt also mit der Initiation, die einen klaren Schlußstrich unter seine Kindheit setzt. Sie bindet ihn mit seinen Altersgenossen in eine Gruppe ein, die bestimmte Aufgaben zu erfüllen und Verantwortung zu tragen hat. Jeder Massai weiß, wohin er gehört, und möglicherweise ist das auch der Grund dafür, daß es innerhalb seines Stammes kaum soziale Spannungen gibt.

Hätten Sie's gewußt?

Beim Stamm der Kubata in Australien ist es Sitte, daß die Jungen durch ein Feuer laufen müssen, damit sie ihre Furcht verlieren. Bei anderen Eingeborenenstämmen halten die Frauen die Jungen über das Feuer.

Keine Furcht vor Schmerzen

Wenn Taulipáng-Indianer erwachsen werden

Eigentlich ist es schwer genug, erwachsen zu werden, da sollte man nicht auch noch Peitschenhiebe, Messerschnitte an Kinn, Armen und Brust und beißende Ameisen auf dem Körper ertragen müssen.

Aber genau das sind die Initiationsriten, mit denen die Taulipáng-Indianer im südamerikanischen Guyana ihre Jungen in die Welt der Erwachsenen aufnehmen. Läßt einer der Jungen dabei Anzeichen von Furcht oder Schmerz erkennen, so muß er diese Prüfungen noch einmal über sich ergehen lassen. Jeder Teil des Rituals hat seine eigene Bedeutung. Das Auspeitschen dient der Reinigung und Stärkung. Die Schnitte am Kinn sollen den zukünftigen Jäger zu einem Meister des Blasrohrs machen, die Schnitte an den Armen zu einem guten Bogenschützen. Die Schmerzen, die durch die Ameisenbisse verursacht werden, sollen ihn aufmerksam und hellwach halten.

Die Ameisenmarter wird nicht nur bei der Initiation praktiziert. Viele Stammesangehörige nehmen diese Qualen mehrmals in ihrem Leben freiwillig auf sich, denn sie sollen angeblich stärken und vor Krankheiten schützen.

Vom Kind zum Mann *Einem Taulipángjungen werden beißende Ameisen auf die Brust gesetzt – Teil eines schmerzhaften Rituals, aus dem er als Erwachsener hervorgehen wird.*

Eine bittere Lektion

Wie deutsche Studenten einst ihr Studium begannen

Wer zwischen dem 15. und dem späten 17. Jh. an einer deutschen Universität sein Studium beginnen wollte, hatte eine besondere Aufnahmeprüfung abzulegen, in der er allerdings keineswegs sein Wissen und seine Intelligenz unter Beweis stellen mußte.

In einer demütigenden Zeremonie, *depositio cornuum* (Ablegung der Hörner) genannt, wurden dem *Beanus* oder Grünschnabel die Hörner der Unwissenheit abgeschlagen. Dabei mußten sich die künftigen Studenten als Tiere verkleiden, einen Hut mit Hörnern und Eselsohren aufsetzen und hölzerne Hauer tragen. Die älteren Studenten trieben die bedauernswerten Anfänger dann wie Vieh vor sich her, schlugen auf sie ein, sägten ihnen die Hörner ab und rissen ihnen mit Zangen die Eselsohren und Holzzähne ab. Anschließend wurden die Neulinge am ganzen Körper mit einer ekelerregenden Salbe eingerieben und mit Pillen aus Kuhmist gefüttert. Zu allem hin beschuldigte man sie, faule, rohe und zügellose Menschen zu sein. Ein als Priester verkleideter Student nahm ihnen die Beichte ab und erteilte die Absolution. Die Prozedur endete damit, daß man dem Neuling als Symbol für die Weisheit, die er an der Universität erlangen sollte, ein Salzkorn auf die Zunge legte und Wein auf den Kopf träufelte. Damit war der *Beanus* in die Studentenschaft aufgenommen. Und um seine Prüfer für ihre Arbeit zu entlohnen, mußte er sie zusammen mit seinen Leidensgenossen zu einem Festmahl einladen.

Hätten Sie's gewußt?

Beim Stamm der Maue-Indianer in Südamerika müssen die jungen Männer bis zu ihrer Heirat mehrere Male ein Tanzritual überstehen, bei dem ihr Arm in einer Flechtmanschette voller Ameisen steckt.

◆◆◆

Die Mädchen des Omagua-Stammes in Peru wurden früher zu Beginn ihrer Pubertät in eine Hängematte eingenäht und an die Decke ihrer Hütte gehängt. Dort mußten sie acht Tage lang bewegungslos und ohne Nahrung verharren.

Verschwiegenheit ist unabdingbar

Die geheimnisumwitterten Aufnahmeriten der Freimaurer

An der Tür des Tempels nimmt ein Mann seine Geldbörse heraus, legt seine Uhr und alle anderen Metallgegenstände ab. Dann werden ihm die Augen verbunden. Nun steht er in Hemd und Hose da, seine linke Brust ist entblößt, sein linker Ärmel und sein linkes Hosenbein sind hochgekrempelt. Am rechten Fuß trägt er einen Schuh, am linken einen Pantoffel, so daß er beim Gehen hinkt. Er klopft dreimal an die Tür des Tempels und wird drinnen vom Tempelhüter als „armer Kandidat im Zustand der Finsternis" angekündigt, der „Zugang zu den Mysterien der Freimaurerei" sucht.

Humanität und Toleranz

Die Bruderschaft der Freimaurer entwickelte sich im 14. Jh. aus der Zunft der Steinmetze, die im Mittelalter die großen Kathedralen bauten. Die heutigen Freimaurer, in sogenannten Logen zusammengeschlossen, treten für Brüderlichkeit und Toleranz zwischen den Menschen ein und wollen dem Wohl der gesamten Menschheit dienen. An-

gesichts dieser hohen Ziele muten ihre Aufnahmeriten aber eher seltsam an.

Im Kreis der Logenmitglieder begibt sich der Kandidat auf drei symbolische Reisen. Dabei wird er durch einen fensterlosen, nur von Kerzen erleuchteten Raum geführt. Dann legt er, einen Zirkel – das Sinnbild der Freimaurer – auf die Brust gerichtet, den Eid ab, der ihn auch zur Verschwiegenheit über die Rituale der Bruderschaft verpflichtet. In älteren Schwurformeln drohte bei Übertretung des Schweigegebots „keine geringere Strafe . . ., als daß mir der Hals durchgeschnitten, meine Zunge bei der Wurzel ausgerissen und ich im Sande des Meeres zur Zeit der Ebbe verscharrt werde".

Danach ist der Kandidat zum Lehrling geworden und hat den ersten Grad erreicht. Nach wenigen Monaten wird er zum Gesellen und schließlich zum Meister erhoben. Bei dieser Zeremonie geht es sehr symbolträchtig zu. Der Kandidat tritt über seinen eigenen Sarg, wird symbolisch getötet und anschließend wieder zum Leben erweckt.

Neuanfang *Dieses französische Gemälde aus dem 19. Jh. zeigt die „Lichterteilung", mit der ein neuer Bruder in die Freimaurerloge aufgenommen wird.*

Hätten Sie's gewußt?

Bei den nordamerikanischen Hopi-Indianern muß ein Mädchen beim Übergang ins Erwachsenenalter vier Tage allein im Haus einer Tante verbringen und Maiskörner mahlen. Während dieser Zeit darf es sich nicht mit der Hand kratzen, sondern nur mit einem Stock. Danach trägt es sein Haar anders, als Zeichen dafür, daß es nun heiratsfähig ist.

◆◆◆

In England war lange der Aberglaube verbreitet, daß einem Kind, das während der Taufe nicht schrie, dabei der Teufel nicht ausgetrieben worden war. In Deutschland hingegen hieß es, daß ein Kind, das dabei weinte, früh sterben würde.

In guten wie in schlechten Tagen

Der richtige Zeitpunkt für die Gründung einer glücklichen Ehe

Für viele Menschen ist der Hochzeitstag der wichtigste Tag in ihrem Leben. Kein Wunder also, daß der richtige Zeitpunkt für das Ja-wort von jeher mit großer Sorgfalt festgelegt wird. Bei den alten Griechen und Römern heirateten die Paare am liebsten bei Vollmond, weil dieser sich günstig auf die Fruchtbarkeit auswirken sollte. In manchen Küstengegenden der Niederlande und im Osten Schottlands wurden Hochzeiten früher nur bei Flut gefeiert, denn mit ihr, so glaubte man, werde auch das Glück das Eheleben des Paares durchfluten.

Manchmal spielten neben mystischen Vorstellungen durchaus praktische Erwägungen eine Rolle. Die Römer bevorzugten für Hochzeiten den Monat Juni, welcher Juno, der Göttin der Ehe, geweiht war. Dieser Termin hatte außerdem den Vorteil, daß die junge Ehefrau bei der Ernte helfen konnte, bevor ihre erste Schwangerschaft zu weit fortgeschritten war. Wenn sie dann im Frühling des folgenden Jahres ihr Kind zur Welt brachte, blieb ihr noch genug Zeit, um sich bis zur nächsten Ernte vom Kindbett zu erholen. Bis in die heutige Zeit nehmen Heiratswillige bei der Festlegung ihres Hochzeitstermins Rücksicht auf die Jahreszeit. In den Schweizer Alpen und im ländlichen Irland ist es heute noch Brauch, Hochzeiten vor der Ernte abzuhalten. Im Süden Finnlands heiratet man nicht während der Erntezeit, sondern erst später im Jahr, wenn die Arbeit auf dem Feld ruht. Und weil im Frühjahr die Natur zu neuem Leben erwacht, war und ist dies wiederum in anderen Kulturkreisen die beliebteste Zeit, um den Bund fürs Leben zu schließen.

Doch nicht nur die Jahreszeit, auch der Wochentag soll Einfluß auf das Eheglück haben. Während man heutzutage meist am Samstag heiratet, war das bei unseren Vorfahren unüblich. Nach einem in England verbreiteten Aberglauben brachte dieser Tag Unglück und verhieß den frühen Tod eines Ehepartners. Dagegen galten Montag, Dienstag und Donnerstag als ideale Hochzeitstage. In Italien glaubte man allerdings, daß Kinder aus Montagsehen schwachsinnig würden und Kinder aus Dienstagsehen oft mit einem Klumpfuß zur Welt kämen. Auf keinen Fall aber durfte man am 28. Dezember heiraten, jenem Tag, an dem Herodes nach der Geburt Jesu die Kinder von Bethlehem umbringen ließ.

Ein Fest für alle *Im 19. Jh. feierte bei Hochzeiten auf dem Land das ganze Dorf mit.*

ETWAS ALTES, ETWAS NEUES ...

Wenn in Amerika und Großbritannien eine Braut zum Traualtar schreitet, dann trägt sie normalerweise nach altem Brauch „etwas Altes, etwas Neues, etwas Geliehenes und etwas Blaues". Doch kaum jemand weiß, welche Symbolik sich hinter diesem Brauch verbirgt.

Das „Alte" soll an die glücklichen Tage vor der Hochzeit erinnern, als der Verlobte ihr den Hof machte, und dieses Glück mit in die Ehe bringen. Meist entscheidet sich die Braut hier für etwas aus Spitze, wie eine Rüsche, ein Taschentuch oder einen Schleier.

Das „Neue" soll den erhofften Erfolg der Ehe symbolisieren. In vielen Ländern ist es Sitte, daß sich die Braut, manchmal auch der Bräutigam, am Hochzeitstag völlig neu einkleidet. Und mitunter werden sogar einige Fäden am Hochzeitskleid erst im letzten Augenblick vernäht, damit es noch so neu wie möglich ist.

Als „Geliehenes" dient oft ein Schleier, den sich die Braut bei einer glücklich verheirateten Frau ausborgt. Er soll verdeutlichen, daß die Freunde der Braut auch in ihrer neuen Lebensphase zu ihr stehen werden.

Die Farbe Blau schließlich steht für Beständigkeit und Treue. Die Bräute tragen meist ein blaues Strumpfband, das sie sich gewöhnlich ebenfalls ausleihen. Man glaubte nämlich früher, daß sich die Heiratschancen einer ledigen Frau erhöhten, wenn ihr Strumpfband von einer Braut bei der Trauung getragen wurde. Und so kommt es vor, daß manch eine Braut ihre Beine von oben bis unten mit den Strumpfbändern ihrer unverheirateten Freundinnen geschmückt hat.

Hier kommt die Braut

Gute und schlechte Vorzeichen zu Beginn einer Ehe

Wenn eine Braut am Hochzeitstag ihr Heim verläßt, sollte sie nie mit dem linken Fuß zuerst aus der Tür treten, um Unglück zu vermeiden. Auch auf dem Weg zur Trauung können ihr jede Menge guter und schlechter Omen begegnen. Während Sonnenschein als positives Zeichen gewertet wird, deutet Regen auf Unglück hin, das nur dann nicht eintrifft, wenn die Braut einen Regenbogen sieht. Pferdekutschen oder Autos dürfen beim Anfahren keine Probleme haben, sonst wird die Ehe ein Fehlschlag. Wenn eine schwarze Katze, ein Schornsteinfeger oder ein Elefant den Weg der Braut kreuzt, ist dies ein gutes Zeichen – obgleich Elefanten hierzulande eher rar sind. Dagegen darf ihr kein Schwein über den Weg laufen, denn dann stünde ihre Ehe unter einem schlechten Stern. Sollte sie aber einem Leichenzug begegnen, kann sie die Hochzeit gleich absagen, denn das ist so ziemlich das schlimmste Vorzeichen, das es für eine Eheschließung gibt.

Weit verbreitet war der Aberglaube, daß der Braut auf der Schwelle ihres neuen Heimes böse Geister auflauerten. Das mag der Grund für den alten Brauch sein, daß ein frischgebackener Ehemann seine Frau durch die Tür trägt. Heutzutage will der Bräutigam seiner Angetrauten damit wohl nur beweisen, daß er bereit ist, sie ein Leben lang auf Händen zu tragen.

Wenn bei den südafrikanischen Zulu ein Mann vor seiner Hochzeit stirbt, heiratet seine Braut einen seiner Verwandten. Kam im alten China hingegen ein Bräutigam plötzlich zu Tode, fand die Hochzeit trotzdem statt. Die Braut heiratete seinen Geist und wohnte fortan bei den Eltern ihres verstorbenen Ehemannes. Die Hopi-Indianer im Südwesten der USA glauben, daß Ehe und Tod eng miteinander verknüpft sind. Deshalb bewahrt die Braut sogar ihr Hochzeitskleid auf, um es später als Leichenhemd zu tragen.

Nackt und schuldenfrei

Ein alter Brauch, der in den USA verbreitet war, besagte, daß ein Ehemann nicht für die Schulden seiner Frau aus einer früheren Ehe aufkommen mußte, wenn sie bei der Heirat nur einen Arbeitskittel trug. Dies galt als Beweis, daß sie praktisch nichts in die Ehe mitbrachte, und folglich war für die Gläubiger auch nichts zu holen. Einige Bräute nahmen dies allzu wörtlich und heirateten splitternackt. Ein solcher Fall trug sich 1789 in Vermont zu. Die nackte Braut verbarg sich vor den Blicken der Anwesenden in einem Wandschrank und mußte ihre Hand durch ein Loch in der Tür strecken, damit ihr der Bräutigam den Ring anstecken konnte. Nach der Trauung legte sie dann Hochzeitskleid und Brautschmuck an und verließ schuldenfrei die Kirche.

Mit diesem Ring

Symbolisiert der Ehering Liebe oder Besitzanspruch?

Der Ehering wird noch nicht allzu lang als Symbol der Liebe betrachtet. Ursprünglich sah man im Ehering eine Anzahlung für die Braut, die gleichzeitig anderen Männern zu verstehen geben sollte, daß die Frau nicht mehr zu haben war – wie ein Etikett mit der Aufschrift „verkauft". Die Hindu im alten Indien zählten zu den ersten, die zu diesem Zweck Eheringe anlegten. Griechen und Römer übernahmen den Brauch in der Antike. Bis zum 9. Jh. behielt der Ring diese Bedeutung, dann übernahm ihn die christliche Kirche als Sinnbild für eheliche Treue.

Natürlich erwartete man Unheil, wenn dieses Symbol verlorenging, zerbrach oder vom Finger gezogen wurde. So glaubte man in einigen Gegenden Schottlands, daß eine Frau, die ihren Ehering verlor, auch ihren Mann verlieren würde. Fällt bei der Trauung einer der Ringe zu Boden und rollt vom Altar weg, ist das ein böses Omen. Und bleibt er dann gar auf einer Grabplatte liegen, wird einer der Jungvermählten früh sterben – wer, das bestimmt das Geschlecht des Menschen, der unter der Platte begraben liegt.

Auch um den Finger, an den der Ring gesteckt wird, ranken sich verschiedene Mythen. Schon die alten Griechen trugen den Ring am vierten Finger der linken Hand, weil sie glaubten, von dort führe eine Ader direkt zum Herzen. Die Sitte, daß Frauen ihren Ehering an der linken Hand tragen, entsprang dem Glauben, dies sei die schwache Hand und sollte den Gehorsam der Frau gegenüber ihrem Mann andeuten.

Hätten Sie's gewußt?

Bei den Tiwi auf Melville Island, einer Insel vor der Nordküste Australiens, werden Mädchen schon vor ihrer Zeugung verheiratet. Der Ehevertrag für die erstgeborene Tochter wird bei der Hochzeit der Mutter geschlossen. Ist das erste Kind ein Junge, erfüllt man den Vertrag später.

◆◆◆

In manchen Gegenden Deutschlands sägen die Brautleute auch heute noch gemeinsam einen Baumstamm durch, um zu beweisen, daß sie gut zusammenarbeiten können.

HIMMLISCHE HOCHZEIT

Eine recht ausgefallene Hochzeitszeremonie fand 1972 auf einem Flug von Tokio nach Bangkok statt. Dabei handelte es sich um einen Reklamegag der Deutschen Lufthansa, die damals als erste europäische Fluggesellschaft einen Jumbo-Jet in Dienst stellte.

Als die Lufthansa japanische Paare einlud, an einer „Jumbohochzeit" teilzunehmen, konnte sie sich vor Heiratswilligen kaum retten. Aus der Flut der Bewerber wählte man 20 Paare aus, die in Tokio zusammen mit einem Schintopriester den Jumbo bestiegen. Nach dem Start wurden die Paare in traditioneller japanischer Kleidung nacheinander vor einem Schintoaltar getraut, der in der Kabine aufgebaut worden war. Über die Bordsprechanlage steuerte der Pilot seinen Teil zu der Zeremonie bei, die Brauchtum und Kommerz auf ungewöhnliche Weise verquickte. Beim Hochzeitsmahl wurde der rituelle Reiswein in Tassen gereicht, auf denen ein Kranich abgebildet war – das japanische Symbol für Glück und gleichzeitig das Emblem der Lufthansa.

Nach einer Zwischenlandung in Bangkok, wo die Brautpaare von einem buddhistischen Mönch gesegnet wurden, flogen sie weiter nach Deutschland, wo sie kostenlose Flitterwochen im Schwarzwald verbrachten. Eines der Brautpaare zeigte sich seinen deutschen Gastgebern dadurch erkenntlich, daß es seinem neun Monate später geborenen Sohn den Namen Lufthansa gab.

Wenn es gute Wünsche regnet
Schuhe und Konfetti verheißen Fruchtbarkeit

Im angelsächsischen Raum schenkt der Brautvater dem Bräutigam bei der Hochzeit einen Schuh seiner Tochter, mit dem die Übergabe von ihrem Hab und Gut angedeutet werden soll. Dann klopft der junge Ehemann seiner Frau mit dem Schuh auf den Kopf, um kundzutun, daß er nun ihr neuer Herr und Meister ist. Manchmal werfen die Brauteltern ihrer jungvermählten Tochter auch einen alten Schuh hinterher, um zu zeigen, daß sie für sie nun keine Verantwortung mehr tragen.

Auch bei den Eskimo werfen die Hochzeitsgäste der Braut Schuhe hinterher. Hier hat der Brauch jedoch eine andere Bedeutung, denn die Eskimo betrachten den Schuh als Zeichen für Fruchtbarkeit. Jede Frau, die viele Kinder haben will, trägt ein Stück von einem alten Schuh bei sich. Wesentlich verbreiteter ist jedoch die Sitte, Konfetti zu werfen. Dabei haben die bunten Papierschnitzel manchmal die Form von Hufeisen, Schuhen oder Herzen. Das Wort „Konfetti" leitet sich vom italienischen Begriff für Konfekt ab, und der Brauch entsprang einer alten Tradition der Römer, die als Fruchtbarkeitssymbole Mandeln und Nüsse verstreuten. In vielen Ländern schütten die Hochzeitsgäste auch Reis oder anderes Getreide über die Frischvermählten. Dabei verkörpert das Hochzeitspaar einen Acker, auf dem Samen ausgesät werden, damit er reichen Kindersegen hervorbringt.

Ähnliche Ursprünge hat der Brauch, über dem Kopf der Ehefrau den Hochzeitskuchen zu zerbrechen. Das Werfen von Süßigkeiten in Marokko hat jedoch andere Gründe. Die ausgestreuten Rosinen, Feigen und Datteln sollen den Ablauf des Festes „versüßen" und dafür sorgen, daß die Braut „süßer" zu ihrem Ehemann ist.

Hätten Sie's gewußt?

Bei Zigeunerhochzeiten müssen Braut und Bräutigam über einen Besen springen. Wenn der Rock der Braut den Besenstiel streift, ist sie angeblich keine Jungfrau mehr. Berührt der Mann den Besen, wird er seiner zukünftigen Frau untreu werden.

Tonnenweise Glück
Schon Ende des 19. Jh. zerkleinerten die Maschinen einer Konfettifabrik große Papierbögen zu den beliebten bunten Glücksbringern.

Schutz vor bösen Geistern

Warum Männer Bäume heiraten und sich Bräute in Kisten verstecken

Viele Riten und Gebräuche, die heute noch bei Hochzeiten üblich sind, sollten ursprünglich das Brautpaar vor den Mächten des Bösen schützen. Das ist auch die Funktion des Schleiers. Er soll die Braut vor bösen Geistern verstecken und den bösen Blick abwehren. Bei den Chinesen ist der Glaube verbreitet, daß die Braut vor allem auf dem Weg von ihrem Heim zur Hochzeitszeremonie durch Geister bedroht wird. Deshalb wird sie in einer geschlossenen Sänfte dorthin getragen. Besonders ängstliche Bräute verstecken sich in der Sänfte außerdem noch in einer Kiste. Bei traditionellen russischen Hochzeiten werden unheilbringende Kräfte sogar regelrecht ausgesperrt. Man verschließt alle Fenster, Türen und Kamine, damit keine Hexen zur Trauung erscheinen.

Rollentausch

Besonders raffiniert ist es, die Aufmerksamkeit der bösen Geister auf eine falsche Braut zu lenken. Manchmal nimmt dabei der Bruder der Braut ihren Platz ein – ein Täuschungsmanöver, das in der Baltenrepublik Estland sehr beliebt ist und auf das zur Erheiterung der beteiligten Familien auch schon mancher Bräutigam hereinfiel. In der marokkanischen Stadt Fes ist der Bräutigam wie ein Mädchen gekleidet, und im Süden Indiens zieht sich die Braut selbst wie ein Junge an.

Die seltsamste Methode, die unheilbringenden Kräfte irrezuführen, ist jedoch aus Nordindien bekannt, wo die Menschen zum Schein Bäume oder Gegenstände heiraten. Wenn beispielsweise ein Witwer zum drittenmal heiraten will, könnten die eifersüchtigen Geister seiner verstorbenen Ehefrauen die neue Braut verfluchen. Um diesem Unheil vorzubeugen, „heiratet" der Mann zunächst einen Baum, auf den die Angriffe der Geister gelenkt werden sollen. Auch wenn das Horoskop der Braut eine frühe Witwenschaft prophezeit, ehelicht sie zum Schein erst einen großen Wasserkrug, dem sie die Kleider ihres zukünftigen Mannes angezogen hat. Danach kann dann endlich die eigentliche Hochzeit stattfinden.

Manchmal wird aber bei der Bekämpfung des Bösen auch zu recht lautstarken Methoden gegriffen. In Teilen Süddeutschlands werden Hochzeiten immer noch mit Böllerschüssen angekündigt. Und in Marokko dürfte die arme Braut am Ende ihres Hochzeitstages beinahe taub sein, denn zuerst werden Gewehrsalven über dem Hochzeitszug abgefeuert, dann direkt neben ihr und schließlich auch noch in der Brautkammer. Der Rauch des Gewehrfeuers soll die Braut reinigen und der Lärm die bösen Geister vertreiben.

Doch das Spektakel ist für die Braut auch dann noch nicht beendet, wenn sie mit ihrem Ehemann allein ist. Der schlägt sie dann nämlich mit der flachen Schwertklinge auf Stirn und Schulter und legt vorsichtshalber eine Pistole un-

Tragbares Versteck
In einer rotverkleideten Sänfte verbirgt sich eine chinesische Braut vor dem bösen Blick.

Hätten Sie's gewußt?

Um sich vor dem bösen Blick zu schützen, müssen Bräute in Marokko während der Hochzeitszeremonie die Augen schließen.

ter das Kopfkissen, falls doch noch irgendwo ein paar besonders hartnäckige Geister auf der Lauer liegen sollten. Doch wenigstens muß sie nicht jenen slawischen Brauch erdulden, bei dem sich die Hochzeitsgäste vor der Schlafzimmertür versammeln und möglichst viel Lärm veranstalten, während die Ehe vollzogen wird.

BLUMEN FÜR DIE BRAUT

Im Mittelmeerraum gehören bei Hochzeiten seit Jahrhunderten die Blüten und Früchte des Orangenbaums zum Brautschmuck. Sie symbolisieren all jene Tugenden und Qualitäten, die die Männer schon immer bei einer Frau zu finden hofften – Reinheit, Schönheit und Mütterlichkeit. Während die hübschen weißen Blüten Unschuld und Jungfräulichkeit bedeuten, sind die Früchte des Orangenbaums ein Symbol für Fruchtbarkeit.

Eine alte Legende erzählt, daß die erste

Braut, die Orangenblüten trug, die Tochter eines Gärtners am Hof des Königs von Spanien war. Sie hatte sich verliebt und wollte heiraten, doch da ihr Vater zu arm war, um ihr eine Mitgift geben zu können, konnte die Hochzeit nicht stattfinden. Nun hatte der König gerade zu dieser Zeit den ersten Orangenbaum im Land bekommen – eine kostbare Rarität, über die er eifersüchtig wachte. Als ihn der französische Botschafter um einen Steckling bat, schlug ihm der König diese Bitte ab.

Doch sobald die Tochter des Gärtners davon hörte, schlüpfte diese des Nachts heimlich in den Garten und holte sich einen Zweig von dem Baum. Am nächsten Tag verkaufte sie ihn an den Botschafter und erhielt dafür von ihm genügend Geld für ihre Mitgift. Sie vergaß jedoch nicht, daß sie ihr Glück einem Orangenbaum verdankte. Deshalb steckte sie sich an ihrem Hochzeitstag seine Blüten ins Haar, nicht ahnend, daß sie damit einen neuen Brauch aus der Taufe hob.

Die letzte Ruhestätte

Totenkulte in aller Welt

Gewöhnlich trägt man hierzulande bei einer Beerdigung schwarze Kleider. Das zurückhaltende Schwarz soll dabei die Trauer der Hinterbliebenen und den Ernst des leidvollen Ereignisses widerspiegeln. Dennoch hat dieser Brauch eine ganz andere Wurzel. Hinter ihm verbarg sich ursprünglich die nackte Angst vor dem Toten. Unsere Vorfahren glaubten nämlich, daß der Geist eines Verstorbenen noch bei dem Leichnam verweile und, weil er sich einsam fühle, auf eine Gelegenheit warte, einen Lebenden zu sich zu holen, der ihm Gesellschaft leistet. Dieser Gefahr wollten sich die Menschen aber nicht unbedingt aussetzen und hüllten sich deshalb in dunkle eintönige Farben, um möglichst nicht aufzufallen.

Die Furcht vor den Geistern Verstorbener ließ auch in vielen anderen Kulturen seltsame Gebräuche entstehen. Wenn ein Stammesangehöriger der nordamerikanischen Menomini-Indianer bestattet wurde, schlich sich der nächste Verwandte des Toten davon, solange der Geist noch durch die Zeremonie abgelenkt war und ihn nicht holen konnte. Bei den Bestattungen der Sac- und Fox-Indianer warfen alle Angehörigen eine Speise oder ein Kleidungsstück ins Grab, damit der Tote nicht bei Nacht als Geist zurückkehren würde, um sich diese Dinge zu holen. In manchen Kulturkreisen trug man eine Leiche niemals durch die Tür, sondern hob sie zum Fenster hinaus, um die spukende Seele des Verstorbenen so zu verwirren, daß

Tarnung der Lebenden
Schwarze Kleidung ist ein Zeichen der Trauer, doch ursprünglich sollte sie verhindern, daß der Geist des Toten auf die Lebenden aufmerksam wird.

sie nicht mehr in das Haus zurückfand. Und in China brennen die Trauergäste auf dem Heimweg von einer Beerdigung Feuerwerksknaller ab, um den Geist des Verstorbenen abzuwehren. Auch die alten Griechen versuchten der Rückkehr ihrer verstorbenen Mitbürger vorzubeugen. Als „Fahrgeld" für die Reise in den Hades legte man den Leichen Goldmünzen unter die Zunge, damit Charon, der Fährmann der Toten, sie auf jeden Fall zur Unterwelt übersetzte. Zu welch ungewöhnlichen Riten diese Geisterfurcht im Extremfall führte, zeigt ein Brauch bei den Jakuten in Sibirien. Bei ihnen nahm der Sterbende an seinem eigenen Leichenschmaus teil, bei dem ihm das leckerste Essen und der beste Platz zustanden. Danach wurde er zu seinem Grab getragen und lebendig begraben. Mit ihm wurden weitere Speisen und seine Besitztümer bestattet, damit er ganz sicher keinen Grund mehr hatte, nach Hause zurückzukehren.

Und wenn heutzutage so manche Grabrede den Verstorbenen in einem allzu strahlenden Licht erscheinen läßt, dann steckt vielleicht noch immer die Furcht dahinter, daß der Tote jedes Wort, das gesprochen wird, genau registrieren könnte.

Hätten Sie's gewußt?

Nach dem Tod des britischen Admirals Nelson 1805 in der Seeschlacht von Trafalgar brachte man seinen Leichnam konserviert in einem Faß Branntwein nach England zurück.

Totenstädte im Untergrund

In den Katakomben von Rom und Paris ruhen die Gebeine von Millionen

Rund um die einstigen Stadtgrenzen des alten Rom liegt ein riesiges unterirdisches Totenreich: das Labyrinth der Katakomben – ein System von Gängen, das insgesamt 250 km lang ist und in dem zwischen 500 000 und 750 000 Menschen beigesetzt wurden. Der Großteil der römischen Katakomben entstand zwischen dem 2. und 4. Jh. Doch aus welchem Grund wurden sie angelegt, und warum außerhalb der Mauern Roms?

Mehrere Stockwerke

Die Römer äscherten ihre Toten normalerweise ein. Doch die ersten Christen, die an die Auferstehung des Leibes glaubten, erfüllte dieser Brauch mit Abscheu. Gleichzeitig war es ihnen aber verboten, ihre Toten innerhalb der Stadtmauern zu begraben, und der Grund und Boden in der Umgebung von Rom war teuer. Deshalb legten die Christen unterirdische Friedhöfe an. Von Brunnen, Steinbrüchen und manchmal auch von privaten Grabgewölben aus gruben sie Gänge und Kammern in das weiche Tuffgestein im Umkreis. Auf beiden Seiten der mannshohen Gänge wurden Nischen für die Leichname aus dem Stein gehauen. Mit der Zeit erweiterte man diese Grüfte durch tiefer liegende und verzweigtere Gänge und Grabkammern, so daß manche Katakomben bis zu sechs Stockwerke tief in die Erde reichen.

Katakomben gibt es jedoch nicht nur in Rom. Sie sind im ganzen Mittelmeerraum zu finden, wie beispielsweise in Tunesien, im Libanon, in Ägypten, auf Malta und Sizilien, in der Toskana und in Neapel. Einige davon wurden bereits in vorchristlicher Zeit gegründet. Die Katakomben mit den meisten Gebeinen liegen unter den Straßen von Paris. Dort können sich Touristen, die sich gerne gruseln, einer Führung durch die Kammern und Galerien anschließen, die von Schädel- und Knochenstapeln gesäumt sind. Der „Höhepunkt" dieser

Schauder und Grusel *Diese zeitgenössische Karikatur zeigt, daß die sauber aufgestapelten Gebeine und Schädel in den Katakomben von Paris schon im 19. Jh. zu einer Touristenattraktion wurden.*

Tour ist ein riesiges Beinhaus, in dem die Skelette von etwa 3 Mio. Menschen ruhen. Die Pariser Katakomben waren ursprünglich unterirdische Steinbrüche und wurden erst 1787 in eine Grabstätte umgewandelt. Im Zweiten Weltkrieg dienten sie dann der Résistance als Unterschlupf.

DIE TÜRME DES SCHWEIGENS

Die in Indien und im Iran lebenden Anhänger der von Zarathustra begründeten Religion, Parsen oder Zoroastrier genannt, glauben, daß die Erde, die ihnen heilig ist, und das Feuer, das sie als Symbol Gottes betrachten, durch die Berührung mit einer Leiche entweiht werden. Dieser Glaubensgrundsatz stellt sie jedoch vor ein Problem: Was macht man mit Toten, wenn man sie weder begraben noch verbrennen darf? Die Lösung findet sich in den Türmen des Schweigens.

Nach dem Tod eines Zoroastriers wird sein Körper von den Leichenträgern, den Totenbrüdern, gewaschen, angekleidet und dann zu einem Turm des Schweigens gebracht. Diese Türme sind kreisrunde Bauwerke aus Stein oder Ziegeln von etwa 90 m Umfang. Der dicke Mauerring umgibt eine eingefaßte Grube in der Mitte.

Die Bestattungstürme dürfen nur von den Totenbrüdern betreten werden, die die Leichen auf drei konzentrischen Plattformen ablegen – Männer auf dem äußeren Ring, Frauen auf dem mittleren und Kinder auf dem inneren. Dort sind die Leichname der sengenden Sonne und den Geiern ausgeliefert. Innerhalb weniger Stunden fressen die Vögel alles Fleisch von den Gebeinen, und schon einige Tage

Verbotene Tradition *Der Turm des Schweigens im iranischen Jesd liegt über modernen Grabbauten, die den Zoroastriern vom letzten Schah von Persien aufgezwungen wurden.*

später können die Totenbrüder die blanken Knochen in die Beingrube werfen. Somit sind die zoroastrischen Bestattungsgebote erfüllt: Die Leiche ist beseitigt, ohne mit Erde oder Feuer in Berührung gekommen zu sein.

Konserviert für die Ewigkeit

Die Kunst der Mumifizierung

Für die alten Ägypter endete das Leben nicht mit dem Tod, sondern fand im Jenseits eine Fortsetzung. Doch um in der jenseitigen Welt bestehen zu können, brauchte jeder seinen Körper. Für die Ägypter war es eine entsetzliche Vorstellung, daß ihre sterbliche Hülle womöglich verwesen könnte und ihnen dadurch der Zutritt ins Totenreich verwehrt bliebe. Deshalb konservierten sie ihre Toten.

Zunächst entfernten die Einbalsamierer alle Eingeweide außer dem Herzen. Die wichtigsten Organe wurden einbalsamiert und in kostbaren Steinkrügen aufbewahrt. Der Körper wurde anschließend in Natron gelegt. Nach 70 Tagen wurde er herausgenommen, einbalsamiert, ausgestopft und in mehrere hundert Meter Leinenbinden gewickelt, die mit Harz und Wachs getränkt waren (das Wort Mumie leitet sich von dem persischen Wort für Wachs ab).

Zum Trocknen aufgehängt

Diese Art der Mumifizierung wurde von etwa 2800 v. Chr. bis zum Ende des 4. Jh. n. Chr. praktiziert. Doch nicht nur die alten Ägypter schützten ihre Leichen vor Verwesung. Auch peruanische Indianer und die Guanchen auf den Kanarischen Inseln bedienten sich ähnlicher Methoden. Die Eskimo auf den Aleuten ließen ihre Toten einfach trocknen, indem sie sie an Pfähle hängten oder in luftige Höhlen legten.

Die Ägypter legten den Toten alles, was sie für das Leben im Jenseits brauchten, ins Grab. Doch der Großteil dieser Kostbarkeiten wurde von Grabräubern gestohlen, und sogar die zu Pulver zerriebenen Mumien wurden bis ins 17. Jh. als Heilmittel verkauft.

Hätten Sie's gewußt?

Unser Wissen über die Einrichtung eines altägyptischen Hauses verdanken wir den Bestattungsriten der Ägypter. Für ihr Leben im Jenseits wurden den Toten Kleider, Möbel und Geschirr mit ins Grab gelegt.

◆◆◆

Im Kongo verzieren ausgebildete Leichenmaler Tote mit kunstvollen Bildern, deren Besichtigung allerdings etwas kostet.

EIN FEST FÜR DIE TOTEN

Die Kinder bekommen Schokoladensärge geschenkt, Totenköpfe aus Backwerk und Zuckerguß grinsen fröhlich aus den Auslagen der Bäckereien, und auf dem Friedhof tummeln sich ganze Familien beim Picknick, singen und schwatzen mit den Toten.

So wird in Mexiko *El Día de los Muertos*, der Tag der Toten, gefeiert. Die Mexikaner glauben, daß die Toten an diesem Tag für kurze Zeit ins Land der Lebenden zurückkehren, und bereiten ihnen deshalb einen herzlichen Empfang. Der Tag der Toten ist eine heitere Mahnung, daß das Leben eigentlich kurz und bedeutungslos ist. Der mexikanische Schriftsteller Octavio Paz sagt sogar: „Der Mexikaner geht mit dem Tod um, er verspottet ihn, schmeichelt ihm, schläft mit ihm und feiert ihn."

Diese besondere Haltung wurzelt in der mexikanischen Geschichte. Zwischen dem 3. und 8. Jh., also lange vor dem Aufstieg der Azteken, lebten in Mexiko die Totonaken. Nach ihren Vorstellungen vom Jenseits wiederholte sich in der Unterwelt das irdische Leben, und man heiratete dort sogar denselben Ehepartner wie im Diesseits. Furcht vor dem Tod war also nicht angebracht. Deshalb stellten die Totonaken ihren Totengott auch immer als breit grinsendes Skelett dar.

Ende auf dem Scheiterhaufen

Der grausame Brauch der Witwenverbrennung

In ganz Indien zeugen zahlreiche Denkmale von der Treue, die manche Hinduwitwen ihren Ehemännern entgegenbrachten. Jede dieser Frauen wollte ihrem verstorbenen Mann ins Jenseits folgen und ließ sich zusammen mit ihm bei lebendigem Leib auf dem Scheiterhaufen verbrennen.

Ob sich diese Frauen alle freiwillig und aus Liebe opferten, ist fraglich. Manch einer Hindufrau erschien der Tod vermutlich erträglicher als das harte Los einer Ausgestoßenen, das jede Witwe erwartete, wenn sie ihre „Pflicht" als treue Ehefrau nicht erfüllte.

Witwenverbrennungen sind in Indien schon seit dem 4. Jh. v. Chr. bekannt.

Erst im 19. Jh. trat eine fortschrittliche Hindusekte gegen diese grausame Praxis ein und veranlaßte 1829 die britische Kolonialverwaltung, diesen grausamen Brauch offiziell zu verbieten. Trotzdem wurde er in einigen unabhängigen Fürstentümern noch weitere 30 Jahre lang praktiziert. Und sogar heute noch soll es Fälle geben, in denen sich Frauen für die Ehre ihrer Familie auf dem Scheiterhaufen opfern.

Feuertod *Der hinduistische Brauch, Frauen mit ihren verstorbenen Ehemännern bei lebendigem Leib zu verbrennen, wird vereinzelt sogar heute noch praktiziert.*

Lebende Tote

Zur Strafe oder als Experiment wurden Menschen eingemauert oder lebendig begraben

Als am 20. Juni 1756 über Kalkutta die Nacht hereinbrach, lastete die schwüle Hitze noch immer erstickend auf der Stadt. Dies bereitete aber den wenigen Dutzend britischen Soldaten in Fort William noch die geringsten Sorgen. Denn vor dem Fort stand eine feindliche Übermacht aus 50 000 Reitern und Fußsoldaten mit 400 Elefanten und 80 Kanonen unter der Führung des Fürsten von Bengalen.

Als die bengalischen Truppen das Fort schließlich stürmten, töteten sie die Europäer nicht, sondern warfen sie in die Arrestzelle des Forts, die gerade 6 × 4 m groß war und nur zwei kleine vergitterte Fenster hatte. Im Fort nannte man die Zelle „Schwarzes Loch", und nun waren nicht weniger als

64 Menschen ohne Wasser in diesen stickigen Raum gepfercht. Um 6 Uhr am nächsten Morgen waren nur noch 21 von ihnen am Leben.

Dieser Vorfall mußte lange als Beispiel für die britische Heldenhaftigkeit und für die Brutalität barbarischer „Eingeborener" herhalten. In Wirklichkeit aber war das Ganze wohl eher Dummheit oder ein Versehen als eine absichtliche Grausamkeit des Fürsten.

Eine alte Strafe

Wenn das „Schwarze Loch von Kalkutta" nur aus Fahrlässigkeit zum Grab für so viele wurde, so war das eine Ausnahme, denn im Mittelalter war es durchaus eine gängige Praxis, Menschen, die gegen geltendes Recht verstoßen hatten, zur Strafe lebendig zu begraben. So wurden Mönche, Nonnen und Mädchen adliger Herkunft häufig eingemauert, um ihnen die Schande einer öffentlichen Hinrichtung zu ersparen. Das war damals aber keineswegs neu. Schon im alten Rom ereilte genau die-

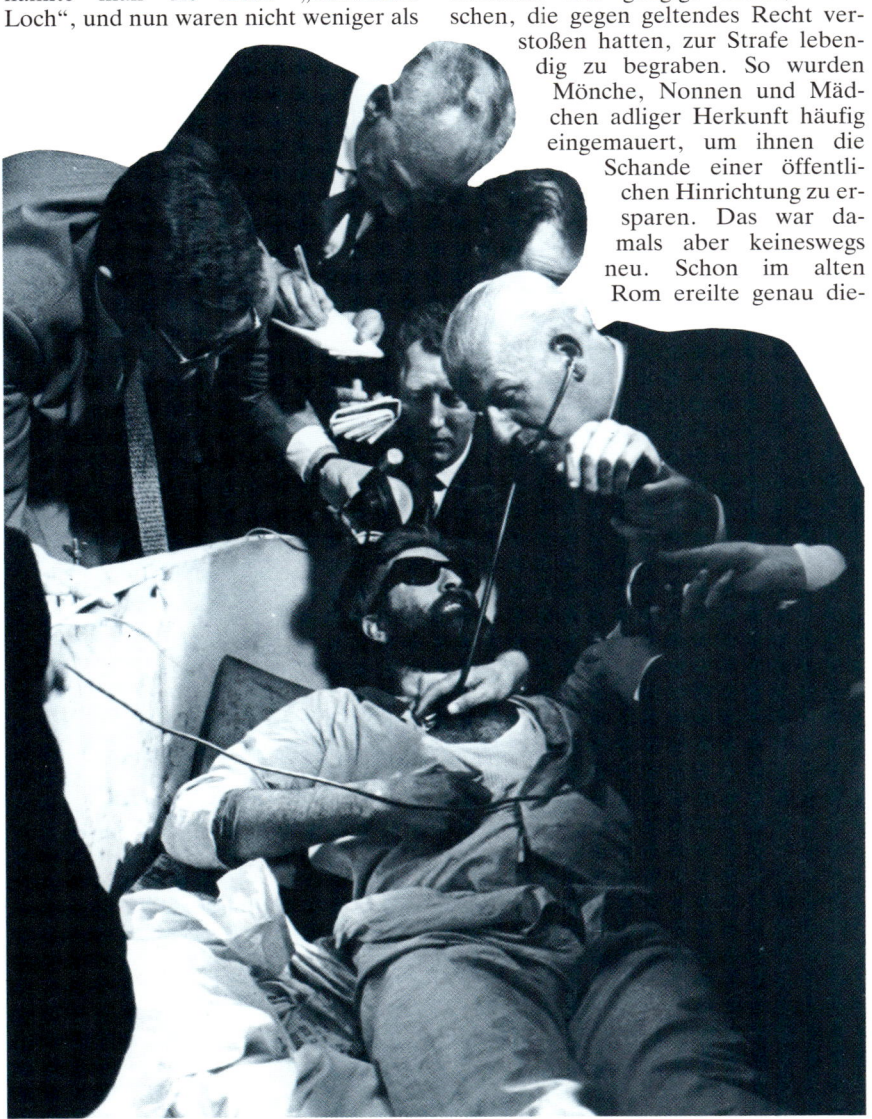

ses Schicksal auch die Vestalinnen, die jungfräulichen Hüterinnen des heiligen Feuers der Göttin Vesta, wenn sie ihren Keuschheitsschwur brachen. Und in vielen Kulturen wurde die Ehefrau oder sogar der ganze Hofstaat eines verstorbenen Herrschers mit ihm im gleichen Grab bestattet.

So makaber es klingen mag: Es ist anscheinend möglich, ein Begräbnis zu überleben. Es gibt Berichte über indische Fakire, die als Beweis für die Überlegenheit des Geistes über den Körper ihren Herzschlag verlangsamten und ihre Atmung auf ein kaum noch wahrnehmbares Maß absenkten, so daß sie mehrere Tage unter der Erde verbringen konnten.

„Tod" durch Trance

Im Jahr 1835 ließ sich der Fakir Haridas im Palast des Maharadschas von Lahore in einer versiegelten Truhe begraben. Nach einem Bericht der *Calcutta Medical Times* hatte er zuerst tagelang gefastet und dann meterweise Leinenbinden verschluckt und wieder herausgewürgt, um seinen Magen zu reinigen. Als Schutz vor Insekten verstopfte er Nase und Ohren mit Wachs, anschließend rollte er seine Zunge zurück und verschloß so seinen Hals. Dann entspannte er sich und war, dem Bericht eines Augenzeugen zufolge, innerhalb von Sekunden „tot".

Als man Haridas nach 40 Tagen wieder ans Tageslicht holte, war sein Körper zwar ausgemergelt und steif, doch nach einer belebenden Massage war er bald wieder wohlauf und wurde vom Maharadscha mit Diamanten beschenkt.

Überlebenskünstler Ein Team von Ärzten untersuchte den Iren Mike Meaney, nachdem dieser 1968 in London 61 Tage lang in einem Sarg unter der Erde verbracht hatte, wo er mit Luft, Nahrung und Wasser versorgt worden war.

Die Stimme des Volkes

Vom revolutionären Geist zur demokratischen Praxis

Im Jahr 1614 erklärte König Jakob I. von England ungehalten: „Ich wundere mich, wie meine Vorfahren jemals die Entstehung einer solchen Einrichtung zulassen konnten." Mit der „Einrichtung" meinte Jakob das im 13. Jh. entstandene Parlament, das häufig seine Absichten durchkreuzte und dem er als Herrscher von Gottes Gnaden, wie er meinte, keinerlei Rechenschaft schuldig war.

Doch nur 35 Jahre später wagte man in England trotzdem einen weiteren wichtigen Schritt auf dem langen Weg zur Demokratie moderner Prägung. 1649 wurde König Karl I. enthauptet, weil er versucht hatte, die Machtbefugnisse des Parlaments an sich zu reißen. Und nach weiteren vier Jahrzehnten legte man gesetzlich fest, daß der Monarch grundsätzlich nicht gegen den Willen des Parlaments regieren, also auch keine Steuern erheben durfte.

„Keine Steuern ohne parlamentarische Vertretung" lautete daher auch die Parole der amerikanischen Freiheitskämpfer, die sich vom Mutterland England lossagten. Darüber hinaus verkündete die Unabhängigkeitserklärung der Vereinigten Staaten von Amerika 1776 die Gleichheit aller Menschen, und ein Jahr später nahmen die jungen USA das allgemeine Wahlrecht in die Verfassung auf. Auch in Frankreich wehte der fortschrittliche Geist der Zeit. Als 1789 König Ludwig XVI. zum erstenmal nach 175 Jahren wieder die Generalstände – die Versammlung des Adels, der Geistlichkeit und des Bürgertums – einberief, um den drohenden Staatsbankrott abzuwenden, war das Ergebnis nicht die geplante Steuerreform, sondern eine Revolution. Sie hatte „Freiheit, Gleichheit, Brüderlichkeit" auf ihre Fahnen geschrieben und kostete dem König das Leben.

Diese Revolutionen in England, Amerika und Frankreich ließen schließlich in ganz Europa die Forderung nach Demokratie laut werden, und bis zum Ende des 19. Jh. hatten ihr die meisten Herrscher mehr oder weniger freiwillig nachgegeben.

Das Kreuz mit den Kreuzchen

Wenn die Macht mißbraucht wird

General Alfredo Stroessner, der Paraguay 34 Jahre lang diktatorisch regierte, bevor er 1989 gestürzt wurde, war dafür bekannt, daß er Naziverbrechern Unterschlupf gewährte und politische Gegner foltern ließ. Dennoch bestand er darauf, daß alle fünf Jahre Präsidentschaftswahlen abgehalten wurden, um sein autoritäres Regime formal zu legitimieren.

Die Wahlen selbst waren eine reine Farce. Die manipulierten Wählerverzeichnisse blieben ein sorgfältig gehütetes Staatsgeheimnis. Nach Stroessners Sturz stellte man fest, daß in den Listen die Namen zahlreicher längst verstorbener Personen aufgeführt waren. Selbst nicht wahlberechtigte Minderjährige stimmten zu seinen Gunsten. Und die sogenannten Oppositionsparteien gewannen – unabhängig von der Zahl der Stimmen, die sie auf sich vereinigten – regelmäßig ein Drittel der Sitze in beiden Kammern des paraguayischen Parlaments.

In Stroessners Regierungsära machte daher der folgende politische Witz die Runde: „Unser Wahlsystem ist fortschrittlicher als das der Vereinigten Staaten. In den USA haben Computer nur zwei Stunden nach Schließung der Wahllokale die Ergebnisse einer Wahl ermittelt. Aber wir in Paraguay kennen die Wahlergebnisse, schon zwei Stunden bevor die Wahllokale öffnen."

So haltlos Stroessners Behauptung, demokratisch gewählt worden zu sein, aber auch war, so zeigt sie doch, wie gern Diktatoren ihre Machtfülle vom Volk bestätigen lassen.

Wundersame Mehrheiten

Selbst Großbritannien, die „Wiege der Demokratie", war bis zu den Reformen von 1832 von einer demokratisch gewählten Volksvertretung weit entfernt.

> ### Hätten Sie's gewußt?
>
> *Die wohl eindeutigste Wahl aller Zeiten fand am 8. Oktober 1962 in Nordkorea statt. Nach offiziellen Angaben stimmten 100 % der Wahlberechtigten für die Kommunisten.*

Eines der Übel des britischen Wahlsystems war eine Reihe von *pocket boroughs*, winzigen Wahlbezirken, in denen der adlige Grundbesitzer, der ohnehin schon einen Sitz im Oberhaus hatte, einen eigenen Kandidaten nach Belieben aufstellen konnte. Diese *boroughs* waren wegen ihrer politischen Einflußmöglichkeiten so begehrt, daß mit ihnen ein schwunghafter Handel getrieben wurde.

Am merkwürdigsten waren die *rotten boroughs*, die sogenannten verdorbenen Wahlbezirke, in denen es nur eine Handvoll Wähler gab. Kuriosestes Beispiel ist Old Sarum in Wiltshire, in dem über Jahrhunderte hinweg eine nicht existierende Bevölkerung immer wieder einen Vertreter ins Parlament schickte, der vom auswärts lebenden Grundbesitzer ausgesucht worden war.

Eine demokratische Glanzleistung ganz besonderer Art schaffte Charles D. B. King 1927 im westafrikanischen Staat Liberia. Er wurde mit 234 000 Stimmen Vorsprung zum Präsidenten gewählt, obwohl es insgesamt nur etwa 15 000 Wahlberechtigte im Land gab.

Hindernisrennen zur Wahlurne

Noch immer besitzen Millionen Frauen kein Stimmrecht

Mit Verwunderung nahm die Weltöffentlichkeit 1984 zur Kenntnis, daß das winzige Fürstentum Liechtenstein all seinen weiblichen Bürgern, die älter als 20 Jahre waren, das Wahlrecht zusprach. Wie war es denn möglich, fragten sich viele erstaunt, daß man den Frauen ein solch elementares Recht so lange vorenthalten konnte? Sie wären wohl noch erstaunter, wenn sie hörten, daß im Schweizer Kanton Appenzell Außerrhoden das Wählen sogar bis 1991 reine Männersache war.

Offensichtlich hatten also sogar in Ländern mit demokratischer Tradition die Frauen lange Zeit wenig politisches Mitspracherecht. So durften etwa in Griechenland Frauen erstmals 1952 ihre Stimme bei nationalen Wahlen abge-

ben. In Großbritannien, das bereits seit 1265 ein Parlament besitzt, bekamen sie das Wahlrecht erst 1918, doch mußten sie über 30 Jahre alt sein, während Männer bereits mit 21 Jahren wählen durften. In den USA dauerte es immerhin 144 Jahre, bis der Grundsatz von der Gleichheit aller Menschen in die Tat umgesetzt wurde: Erst 1920 erhielten die Frauen das allgemeine Wahlrecht. In Deutschland durften sie bereits ein Jahr früher zu den Wahlurnen gehen. Die Französinnen mußten allerdings noch bis 1944 darauf warten.

Große Politikerinnen

Weder der gesunde Menschenverstand noch die Geschichte liefert den Männern plausible Gründe dafür, den Frauen in politischer Hinsicht so wenig zuzutrauen. So waren etwa die ägyptische Königin Kleopatra, die englische Königin Elisabeth I., die russische Zarin Katharina die Große oder Kaiserin Maria Theresia erfolgreiche, ja rücksichtslose Herrscherinnen, die ihren männlichen Rivalen in keinem Punkt nachstanden.

Auch unsere Zeit hat durchsetzungsfähige Politikerinnen hervorgebracht: Indira Gandhi in Indien, Golda Meir in Israel und Margaret Thatcher in Großbritannien. Zwei Frauen, deren Popularität entscheidend zum Sturz autoritärer Regime beitrug, sind die Philippinin Corazón Aquino und die Pakistanerin Benazir Bhutto. Letztere war auch die erste Frau, die Premierministerin eines moslemischen Landes wurde, obwohl in vielen Teilen der islamischen Welt Frauen immer noch nicht wählen und schon gar nicht ein politisches Amt bekleiden dürfen. Auch die Verfassung des

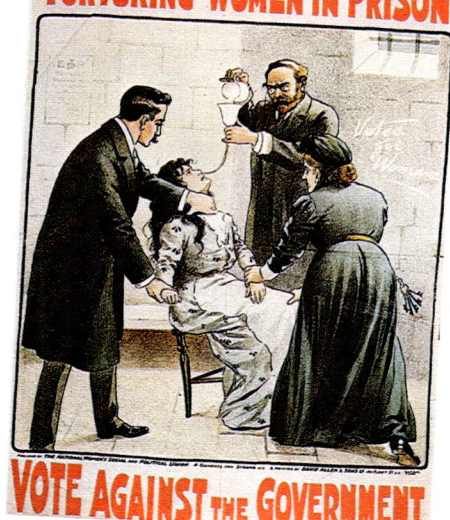

Zwangsernährung Dieses Plakat aus dem Jahr 1909 zeigt, wie britische Behörden mit Frauen verfuhren, die für ihr Wahlrecht in den Hungerstreik traten.

Himalajastaats Bhutan begünstigt indirekt die Männer. Dort darf jede Familie bei Wahlen nur eine Stimme abgeben. Ganz anders verhält es sich in Island. Dort gründeten 1982 politisch engagierte Frauen eine reine Frauenpartei, die bei den letzten Parlamentswahlen immerhin über 10 % der Stimmen erhielt.

Doch trotz aller Fortschritte auf diesem Gebiet gibt es immer noch zahlreiche Staaten, vor allem in Afrika und Asien, in denen gar kein Wahlrecht existiert, weder für Männer, geschweige denn für Frauen.

Hätten Sie's gewußt?

Eine Vorkämpferin auf dem Gebiet der politischen Emanzipation der Frauen war die Russin Alexandra Kollontaj: 1917 wurde sie in Lenins Regierung als Volkskommissarin für soziale Angelegenheiten die erste weibliche Ministerin. Sieben Jahre später ging sie dann als erste Botschafterin der Welt für ihr Land nach Norwegen.

Steiniger Weg Amerikas Frauen mußten lange um ihr Wahlrecht kämpfen. Selbst Präsident Wilson stand auf ihrer Seite.

WAHLNACHRICHTEN BRANDAKTUELL

Alle vier Jahre lauschen die Amerikaner am Wahlabend im November gespannt den Nachrichten in Fernsehen und Radio, um zu erfahren, wer ihr nächster Präsident werden wird. Die Wahlergebnisse, die dort Bezirk für Bezirk und Staat für Staat bekanntgegeben werden, sind allerdings erst vorläufig. Das endgültige Auszählungsresultat liegt in der Regel erst zwei bis drei Wochen nach der Wahl vor. Verantwortlich dafür sind die Briefwähler, deren Stimmen – obwohl sie selten den endgültigen Ausgang einer Wahl beeinflussen – noch in die offizielle Zählung aufgenommen und sorgfältig überprüft werden müssen.

Aber wie kommt es dann, daß die amerikanische Öffentlichkeit schon am Wahlabend ein genaues Wahlergebnis erfährt? Dafür gibt es zwei Gründe: Zum einen beginnt die Auszählung der abgegebenen Stimmen sofort, nachdem die Wahllokale in allen 181 000 Wahlbezirken geschlossen haben. Und zum anderen schufen 1964 die drei größten Rundfunkstationen des Landes – ABC, CBS und NBC – den *News Election Service*, einen Wahlnachrichtenservice, um die zahlreichen Einzelergebnisse sofort nach ihrer Bekanntgabe vor Ort zu sammeln und so rasch wie möglich zusammenzuzählen. 1988 mußten immerhin fast 250 Mio. Stimmen ausgewertet werden. Diese gewaltige Arbeit kann man heute nur mit Hilfe modernster Großrechner bewältigen.

Amerikanische Methoden

Wie wählt man einen Präsidenten?

In den USA wird der Präsident nicht direkt vom Volk, sondern von einem Wahlmännergremium gewählt. Dieses indirekte Wahlverfahren macht zwei getrennte Wahlgänge notwendig: zunächst die Wahl der Wahlmänner, später dann die eigentliche Wahl des Präsidenten.

Die wahlberechtigte Bevölkerung der USA bestimmt zunächst in den sogenannten Vorwahlen *(primaries)* die insgesamt 538 Wahlmänner. Jedem Bundesstaat stehen dabei so viele Wahlmänner zu, wie er Repräsentanten und Senatoren in den Kongreß entsendet. Einen Sonderfall bildet der District of Columbia mit dem Regierungssitz Washington, der generell drei Wahlmänner stellt. Bereits vor dem Urnengang der Bevölkerung hat sich das Gremium auf einen Präsidentschaftskandidaten festgelegt, so daß jeder Wähler weiß, für welchen Bewerber um das höchste Amt der Wahlmann später stimmen wird.

Die Vorwahlen haben allerdings eine Besonderheit. Die in den Bundesstaaten jeweils siegreiche Partei erhält im nachhinein die Stimmen aller Wahlmänner zugesprochen, so daß ein Bundesstaat nur geschlossen seine Stimmen an einen der Präsidentschaftskandidaten abgeben kann. Dieses Mehrheitsprinzip kann dazu führen, daß ein Präsident von der Mehrheit der Wahlmänner gewählt wird, obwohl die Mehrheit der wahlberechtigten Bevölkerung in der Vorwahl gegen ihn gestimmt hat. Dreimal in der amerikanischen Geschichte hat der Wahlsieger weniger Wählerstimmen als sein Gegner bekommen. Zuletzt 1888, als der republikanische Kandidat Benjamin Harrison seinen demokratischen Gegner Grover Cleveland schlug. Harrison erhielt damals nur 47,9 % der Wählerstimmen, während der unterlegene Cleveland immerhin auf stolze 48,6 % kam.

George Bush Der 41. Präsident der USA erhielt bei seiner Wahl im Jahr 1988 426 der 538 Wahlmännerstimmen. Er siegte in 38 Staaten und konnte 54 % der Wählerstimmen auf sich vereinigen.

Stimme oder Geld
Mit Zwang zur Urne

In zahlreichen westlichen Demokratien sinkt in den letzten Jahren das Interesse der Bevölkerung an der Politik, und die Menschen nehmen einfach ihr Wahlrecht nicht mehr wahr. Es gibt jedoch auch Länder, in denen Wahlpflicht herrscht und jeder zur Wahlurne gehen muß. Wer nicht wählt, verstößt gegen das Gesetz und kann bestraft werden.

Wahlpflicht gibt es beispielsweise in Belgien, den Niederlanden, einigen Bundesländern von Österreich und in Australien. In Australien liegt die Wahlbeteiligung selten unter 92 %, denn wer seinen Stimmzettel nicht abgibt, wird zur Kasse gebeten. In anderen Ländern hat die Wahlverweigerung ganz praktische Konsequenzen. In Griechenland können Pässe eingezogen oder erst gar nicht bewilligt werden, und in Bolivien wird Nichtwählern mitunter für drei Monate der Zutritt zu Banken und Schulen verwehrt. Da es in Bolivien seit der Unabhängigkeitserklärung im Jahr 1825 fast 200 Staatsstreiche gab, ist es nicht verwunderlich, daß die Bürger die Wahlpflicht mit einem gewissen Zynismus betrachten. Entgegen einer weitverbreiteten Ansicht hatten nur einige der bisher kommunistisch regierten Staaten Osteuropas, wie etwa Rumänien und die Tschechoslowakei, einen gesetzlich verordneten Wahlzwang; die übrigen Länder erreichten ihre extrem hohe Wahlbeteiligung durch massive Nötigung der Bevölkerung.

Hätten Sie's gewußt?

Als erstes Land verlieh Neuseeland 1893 den Frauen das Wahlrecht.

◆◆◆

Obwohl die Indianer in Amerika während des Ersten Weltkriegs in der amerikanischen Armee dienten, erhielten sie erst 1924 das Wahlrecht.

◆◆◆

In Bolivien erhält man das Wahlrecht mit 21 Jahren – es sei denn, man ist verheiratet. Dann kann man bereits mit 18 Jahren wählen.

◆◆◆

In Preußen waren die Wahlberechtigten nach der Höhe ihres Steueraufkommens in drei Klassen aufgeteilt, von denen jede die gleiche Anzahl von Abgeordneten wählen durfte. Die Minderheit der Besitzenden bestimmte die Mehrheit der Abgeordneten.

Tradition geht über alles

Im britischen Parlament ist die Vergangenheit noch lebendig

Zahlreiche seltsame Sitten und Gebräuche kennzeichnen den britischen Parlamentarismus. Das merkwürdigste Ritual ereignet sich jeweils bei der Parlamentseröffnung, zu der sich die Mitglieder des Ober- und Unterhauses vor dem im Oberhaus erschienenen Monarchen versammeln sollen. Die Lords des Oberhauses schicken einen Boten – den *Black Rod,* der als Zeichen seiner Würde einen Stab *(rod)* trägt – zu den Abgeordneten des Unterhauses. Er muß sie auffordern, sich zum König oder zur Königin ins Oberhaus zu begeben. Aber bevor der *Black Rod* das Unterhaus betreten kann, schlägt ihm der *Serjeant at Arms,* ein Ordnungsbeamter des Parlaments, erst einmal die Tür vor der Nase zu. Der *Black Rod* muß nun dreimal klopfen, worauf der *Serjeant at Arms* durch ein Gitter späht, bevor er ihm Einlaß gewährt. Auf diese Weise demonstriert das Unterhaus symbolisch seine Unabhängigkeit vom Oberhaus.

Auch am Abend eines jeden Sitzungstages spielt sich ein merkwürdiges

Hätten Sie's gewußt?

Zur Gründungszeit setzte sich das britische Unterhaus aus je zwei Vertretern jeder Grafschaft, jeder Stadt und auch jedes Wahlbezirks zusammen.

Ritual ab. Wenn sich die Mitglieder des Unterhauses erheben, ruft ein Beamter: „Wer geht heim?" Der Ruf wird von Polizisten rund um das Gebäude wiederholt. Diese Sitte geht auf frühere Zeiten zurück, in denen sich Abgeordnete nur gemeinsam trauten, die einstmals gefährliche Gegend zwischen Westminster und der Londoner Innenstadt zu durchqueren, oder die sich den Preis für ein Boot über die Themse teilen wollten.

Auf Distanz

Zwischen den Bänken von Regierung und Opposition verlaufen im Unterhaus zwei rote Linien. Dazwischen dürfen Abgeordnete nicht zum Parlament spre-

chen. Dies soll ihrer eigenen Sicherheit dienen. Die Linien stammen aus weniger friedlichen Zeiten und liegen genau zwei Schwertlängen auseinander.

Will ein männlicher Abgeordneter des Unterhauses während der Abstimmung nach einer Debatte etwas zur Geschäftsordnung sagen, muß er einen Hut aufsetzen. Damit zeigt er an, daß er die Debatte nicht wieder in Gang bringen will, denn mit Hut darf man nicht debattieren. Da aber heutzutage die wenigsten Abgeordneten einen Hut bei sich haben, werden im Parlament für solche Fälle Zylinder bereitgehalten.

Auffällig am britischen Parlament ist auch die Tatsache, daß nicht etwa der Premierminister der offizielle Vertreter des Unterhauses gegenüber dem Monarchen ist, sondern der von den Abgeordneten gewählte *Speaker,* also Sprecher.

Gegen den König Im Jahr 1642 widersetzte sich das Unterhaus erfolgreich dem König, und aus dieser Machtdemonstration erstand das merkwürdige Zeremoniell der Parlamentseröffnung.

Auf in den Kampf

Kriege aus nichtigem Anlaß

Nationen nehmen manchmal die merkwürdigsten Ereignisse zum Vorwand, um einen Krieg zu beginnen. So löste beispielsweise im 18. Jh. das Ohr eines britischen Seemanns einen Krieg zwischen Großbritannien und Spanien aus. Die Feindseligkeiten begannen 1731, nachdem in Havanna einem gewissen Robert Jenkins von einem spanischen Kapitän namens Fandino angeblich das Ohr abgeschnitten worden war. Der Konflikt ging in den Österreichischen Erbfolgekrieg über, der ganz Europa erfaßte und sich bis 1748 hinzog.

Der „Schweinekrieg", der 1906 zwischen Österreich-Ungarn und Serbien wegen Einfuhrbeschränkungen von serbischem Schweinefleisch ausbrach, verstärkte die bestehenden Spannungen auf dem Balkan und trug letztlich mit zum Ausbruch des Ersten Weltkriegs bei.

1974 kam es auf Papua-Neuguinea zu einer Stammesfehde über den Besitzanspruch an einem Schwein, das dort als Symbol für Reichtum und Ansehen gilt. Vier Tage tobten die Kämpfe, die mit vier Toten, 60 Verwundeten, 70 Gefangenen und 200 zerstörten Häusern endeten.

Als sich El Salvador und Honduras 1969 in einem wichtigen Qualifikationsspiel für die Fußball-Weltmeisterschaft gegenüberstanden, schäumte die Fußballeidenschaft der Lateinamerikaner über. Ausschreitungen nach dem Spiel führten zu einem fünftägigen Krieg zwischen den Armeen beider Länder, bei dem über 1000 Menschen starben und ein Teil der honduranischen Luftwaffe zerstört wurde.

Krieg um ein Ohr 1739 erklärten die Briten Spanien offiziell den Krieg, nachdem Robert Jenkins dem Parlament berichtet hatte, wie sein Schiff von Spaniern geentert worden war, man ihm sein Ohr abgeschnitten und den König beleidigt hatte.

Hätten Sie's gewußt?

Der Legende nach führten die kriegerischen Amazonen einst ein Leben ganz ohne Männer und suchten sie nur auf, um den Fortbestand ihres Volkes zu sichern. Jungen wurden nach der Geburt erdrosselt oder ihren Vätern übergeben; Mädchen blieben dagegen bei den Müttern.

Kriegerische Frauen

Weibliche Soldaten in vorderster Linie

Die alten Griechen hatten zwar nie eine Amazone zu Gesicht bekommen, doch waren diese Frauen für sie ein Sinnbild des Schrekkens. Schon ihr Name weckte grauenvolle Vorstellungen, denn er bedeutet „brustlos". Der Legende nach ließen sich die Frauen dieses furchterregenden, kriegerischen Volks eine Brust abschneiden, um besser mit Pfeil und Bogen schießen zu können.

Legende und Wirklichkeit

Auch Homer erwähnt diese sagenumwobenen Kriegerinnen, die sich auf die Seite Trojas gestellt und die Stadt im Kampf gegen den griechischen Helden Achilles unterstützt hatten. Die Königinnen der Amazonen, Hippolyte, Antiope und Penthesilea, werden mit zahlreichen griechischen Mythen in Verbindung gebracht. Hippolyte wurde von Herakles besiegt. Er tötete sie und raubte ihr den Gürtel, wie es König Eurythenes von ihm verlangt hatte. Theseus, der den griechischen Helden auf seinem Feldzug begleitete, ent-

führte Antiope, die Schwester der Königin, und brachte sie nach Athen, wo sie ihm einen Sohn, Hippolytos, gebar. Achilles tötete Penthesilea im Zweikampf und verliebte sich in ihren Leichnam.

Archäologen und Historiker glauben, daß sich die griechischen Erzählungen von den furchtlosen Amazonen möglicherweise auf die Sarmaten, ein altes Reitervolk aus Asien, beziehen. Bei ihnen kämpften die Frauen zu Pferde und wurden mit ihren Waffen begraben.

Dahomey in Westafrika, das heutige Benin, besaß um die Mitte des 19. Jh. eine Amazonenarmee. Der damalige König Gezo befahl, daß jedes Mädchen in seinem Königreich ab einem bestimmten Alter gemustert werden sollte. Diejenigen, die für den Kriegsdienst tauglich waren, erhielten eine harte Ausbildung. Unter anderem mußten sie nackt ein 5 m großes Hindernis aus Dornengestrüpp und

Afrikanische Amazonen Die Soldatinnen von Dahomey standen in dem Ruf, furchtlose Kämpferinnen zu sein.

eine Grube voller glühender Holzstücke überwinden. Diese Elitetruppe kämpfte ausdauernder und härter als die meisten männlichen Soldaten. Die Amazonen galten offiziell als Ehefrauen des Königs, um andere Männer von ihnen fernzuhalten und ihren Kampfeswillen zu erhalten.

Der letzte Kampf

Ihre größte Schlacht war zugleich auch ihre letzte. 1851 griff Gezo den rivalisierenden Stamm der Egba an. Dabei schlug eine Abteilung von einigen hundert Amazonen 3000 Egba-Krieger in die Flucht. Doch die Übermacht des Feindes war letztlich zu groß. Die gegnerischen Truppen überstiegen um das 15fache die eigenen Kräfte. Trotz tapferer Gegenwehr verloren die Amazonen die blutige Schlacht. Fast 5000 Frauen kamen dabei ums Leben.

Dieser Aderlaß hat die Amazonenarmee derart geschwächt, daß sie an Bedeutung verlor. Zu ihrer Auflösung trug auch der wachsende Unmut der männlichen Bevölkerung von Dahomey über die Tatsache bei, daß die besten Frauen des Landes erst heiraten durften, wenn sie im Alter von 35 Jahren die Armee verließen.

Zum letztenmal traten Amazonen um die Jahrhundertwende im Burenkrieg in Südafrika in Erscheinung. Von 1899 bis 1902 kämpfte eine Fraueneinheit mit dem Namen Burenamazonen Seite an Seite mit ihren männlichen Kameraden gegen die Briten, meist in gewagten Guerillaaktionen.

DAS MÄDCHEN VON ZARAGOZA

Während des spanisch-französischen Kriegs belagerten Napoleons Truppen 1808 Zaragoza, die Hauptstadt Aragoniens. Die von den ständigen Angriffen zermürbten Soldaten in der Stadt verließen nach und nach ihre Posten, doch dann trat die 22jährige Spanierin Augustina Domonech an eines der Geschütze und begann das Feuer zu erwidern. Dabei schwor sie auszuharren, solange sie lebte. Augustinas Entschlossenheit ermutigte die spanischen Soldaten. Sie kehrten auf ihre Posten zurück, und die Schlacht tobte weiter. Trotz des erbitterten Widerstands konnte Zaragoza acht Monate später den Angriffen der Franzosen auf Dauer nicht standhalten und mußte kapitulieren. Augustina gelang es jedoch zu entkommen und weiter für die Unabhängigkeit Spaniens einzutreten. Im Partisanenkampf gegen die Franzosen stellte das tapfere Mädchen noch oft ihren Heldenmut unter Beweis. Als sie 1813 von drei Banditen überfallen wurde, tötete sie

zwei von ihnen und trug selbst nur eine Wunde an der Wange davon. Nach ihren Worten war es weiter nichts als „eine schwere Rauferei" gewesen.

Spanische Heldin Augustina Domonech wurden für ihre mutigen Taten drei Orden verliehen und ein Sold bewilligt.

WEIBLICHE ELITETRUPPE

Ein wenig bekannter Aspekt des Vietnamkriegs waren die weiblichen Soldaten in der südvietnamesischen Armee. Diese 3000 Frauen starke Truppe entstand in den ersten Kriegsjahren und kämpfte mit einer unerhörten Grausamkeit. Die Frauen waren verwegen und für den Dschungelkrieg hervorragend ausgebildet.

Dschungelkrieg

Die vom Vietcong am meisten gefürchtete Einheit dieser Truppe bildeten die sogenannten Großen Frauen von Min Top. Dabei handelte es sich um auffallend hochgewachsene und hellhäutige Vietnamesinnen. Sie waren Nachfahren schwedischer Bergleute und Ingenieure, die in der Gegend von Min Top drei Generationen davor gearbeitet hatten. Diese Frauen galten als ausgezeichnete Kämpferinnen und verfügten über eine hervorragende Kondition. Eine der Soldatinnen soll einmal 70 km weit durch den Dschungel gelaufen sein, um nicht in Gefangenschaft zu geraten. Die Min Top waren vor allem dafür bekannt, daß sie keine Gefangenen machten.

Frauen in Uniform
Der Kampf um die Gleichberechtigung

Während der Herzog von Marlborough 1706 seine Truppen in der Schlacht von Ramillies zum Sieg führte, war für den schwerverwundeten Kavalleristen Cavanagh der Kampf bereits vorbei. Fieberhaft versuchten die Ärzte im Feldlazarett seine Blutungen zu stillen. Dabei machten sie eine unerwartete Entdeckung: Der Dragoner war eine Frau.

Auf der Suche nach einem Mann

1693 hatte sich Kit Cavanagh als Mann verkleidet und war Soldat geworden, um ihren Ehemann zu suchen, der in der britischen Armee seinen Dienst versah. Im Lauf ihrer Militärzeit war sie zweimal verwundet worden und einmal in Kriegsgefangenschaft geraten. Zwei Jahre vor der Schlacht bei Ramillies war sie dann tatsächlich auch ihrem Mann begegnet, hatte aber ihre wahre Identität nicht preisgegeben.

Nachdem Kit Cavanagh von ihrer Verwundung genesen war, erhielt die mutige Frau eine Anstellung als Offiziersköchin in der Armee. Aber ihr wurde es bald langweilig, und so zog sie wieder mit in den Kampf. Diesmal trug sie jedoch Frauenkleider, was ihr 1709 in der Schlacht von Malplaquet in Nordfrankreich das Leben rettete, als eine Kugel in ihrem Korsett steckenblieb. Sie starb 30 Jahre später einen friedlichen Tod und wurde in Großbritannien mit militärischen Ehren beigesetzt.

Ähnlich erging es Hannah Snell, der Ehefrau eines niederländischen Seemanns, der in britischen Diensten stand. Sie trat 1744 als James Gray in die britische Armee ein, um ihren Mann zu suchen. Sie kämpfte gegen schottische Rebellen und nahm an Gefechten gegen die Franzosen in Indien teil. Dabei wurde sie verwundet, doch um der Aufdeckung ihrer wahren Identität zu entgehen, entfernte sie die Kugel selbst. Als sie nach fünf Jahren erfuhr, daß ihr Mann tot war, quittierte sie 1750 den Militärdienst und schrieb ihre Memoiren.

Sarah Edmonds dagegen trat in die Armee Napoleons ein, um ihrem tyrannischen Vater zu entfliehen. Im amerikanischen Bürgerkrieg kämpfte sie unter dem Namen Franklin Thompson auf seiten der Unionstruppen gegen die Konföderierten, die sieben Südstaaten, doch nach zwei Jahren hatte sie vom Leben in der Armee genug. Auch ihre Geschichte nahm ein gutes Ende. Nach dem Krieg heiratete sie 1867 ihre Jugendliebe.

Ein Doppelagent

Bei den Konföderierten gab es ebenfalls eine heimliche Heldin. Als sich der Mann von Loreta Velasquez beim Ausbruch des Bürgerkriegs 1861 der Südstaatenarmee anschloß, schlüpfte sie in die Rolle des Haudegens Harry T. Buford. Sie stellte ihr eigenes Regiment auf, schlug erfolgreich mehrere Gefechte, wurde verwundet und arbeitete schließlich als Spionin. Einmal gelang es ihr sogar, ihren eigenen Mann in Erstaunen zu versetzen. Sie erschien in seinem Lager als Harry T. Buford, wobei er sie wegen ihrer perfekten Verkleidung beinahe nicht erkannt hätte.

In damaliger Zeit waren Geschichten von solch unerschrockenen Frauen recht ungewöhnlich, heutzutage ist es jedoch keine Seltenheit mehr, wenn Frauen in den Streitkräften ihren Mann stehen.

Piratenposse
Ein Krieg ohne Opfer

Der längste Krieg in der Geschichte endete im April 1986, als der niederländische Botschafter in London nach St. Mary auf den Scilly-Inseln flog. In seinem Gepäck befand sich ein Friedensvertrag, der formal den Kriegszustand zwischen den Niederlanden und den kleinen Inseln vor der Südwestküste Großbritanniens beendete, der zumindest theoretisch 335 Jahre gedauert hatte.

Während dieser Zeit war aber nicht ein einziger Schuß abgefeuert und kein einziger Tropfen Blut vergossen worden. Dieser seltsame Konflikt hatte 1651 begonnen, als die englischen Royalisten den Inselbewohnern das Recht auf Freibeuterei zugestanden, um ihre leeren Kassen im Kampf gegen die Republikaner aufzubessern.

Lauernde Gefahr

Unter dieser Piraterie litten vor allem die Niederländer, deren Schiffe auf dem Weg nach Ostindien dicht an den Inseln vorbeifuhren. Daher forderte 1651 der niederländische Admiral Maarten Tromp die Inselbewohner auf, ihre Angriffe zu unterlassen. Als sie dazu nicht bereit waren, erklärte er ihnen den Krieg. Kurz darauf erhielt er von der britischen Marine die schroffe Antwort, daß man sich selbst um die eigenen Probleme kümmern könnte.

Erst 1985 stellte irgendjemand fest, daß dieser Krieg offiziell nie beendet worden war. Böse Zungen behaupten, daß der Konflikt nur deshalb ein Ende fand, weil die Inselbewohner damit weitere niederländische Touristen anzulocken hofften.

Hätten Sie's gewußt?

Während des 100jährigen Krieges zwischen England und Frankreich – er dauerte mit Unterbrechungen von 1339 bis 1453 – schlug sich das unter französischer Herrschaft stehende Flandern auf die Seite Englands, weil man die englische Wolle für die einheimische Textilindustrie brauchte.

❖❖❖

Der kürzeste Krieg der Geschichte fand am 27. August 1896 zwischen Großbritannien und Sansibar statt. Damals nahm die britische Flotte den Palast eines aufständischen Sultans unter Beschuß, der sich nach nur 38 Minuten ergab.

Armee der Ausgestoßenen

Die Fremdenlegion – eine Heimat für Heimatlose

Furchtlos, unerschrocken, tapfer und erfolgreich – so etwa lautet die gängige Vorstellung von der französischen Fremdenlegion. Aber entspricht dieses Bild der Realität?

Als die Legion im Jahr 1831 auf Veranlassung des französischen Königs Louis-Philippe gegründet wurde, war sie alles andere als ein Schrecken für den Feind. Die vorwiegend aus Ausländern und aus Deserteuren bestehende Truppe sollte den französischen Kolonialbesitz in Algerien sichern und der regulären Armee den Rücken freihalten, die zum Schutz des unsicheren Throns in Frankreich bleiben mußte.

Unrühmlicher Fehlstart

Als das erste Bataillon dieser ungewöhnlichen Truppe in Algerien eintraf, erinnerte es eher an eine bunt zusammengewürfelte Zirkustruppe als an disziplinierte Soldaten. Die Männer waren zwischen 16 und 60 Jahre alt und trugen veraltete Uniformen. Als wenige Monate später ein zweites Bataillon ankam, desertierten sogleich 35 Männer, und eine Kompanie betrank sich dermaßen, daß sie schließlich meuterte. Die Rädelsführer wurden auf der Stelle hingerichtet. Bei ihrem ersten Einsatz sollten 28 Legionäre eine Stel-

Der Legion verpflichtet *Heute verfügt die vor 160 Jahren gegründete Fremdenlegion über rund 8500 ausgebildete Kämpfer.*

lung direkt außerhalb von Algier verteidigen, doch nur einer von ihnen überlebte.

Und dennoch entstand aus diesen wenig hoffnungsvollen Anfängen ein Mythos. Offizielle Stellen priesen die toten Legionäre als Helden. Gleichzeitig entsandte man Offiziere der französischen Armee, um der Legion Disziplin und Kampfgeist beizubringen.

Aussichtslose Missionen

Politische Flüchtlinge, Abenteurer, Kriminelle und Söldner fanden bei der Fremdenlegion ein neues Zuhause. Zeitweise bot sie ihren Rekruten sogar offiziell eine neue Identität an. Und wenn auch die meisten Fremdenlegionäre ihren eigenen Namen behielten, so ist es bis heute immer noch üblich, daß ein Soldat den anderen nie nach seiner Vergangenheit fragt.

Die Legionäre lernten während ihrer Ausbildung, daß sie sich nur auf sich selbst verlassen konnten. Sie erhielten stets die aussichtslosesten Missionen übertragen, aber da sie ohnehin nichts zu verlieren hatten, kämpften sie bis zum letzten Mann.

Einen solchen Einsatzbefehl bekam die Fremdenlegion im Jahr 1863, als sie von Napoleon III. nach Mexiko entsandt wurde, um an der Seite des neu ernannten Kaisers von Mexiko, Maximilian von Habsburg, bei Camerone zu kämpfen. Hier hielten ganze 65 Mann dem Ansturm von 2000 Mexikanern

stand, bis nur noch drei Legionäre am Leben waren. Doch auf seiten der Mexikaner gab es 300 Tote und mehr als 500 Verletzte.

Nicht viel besser erging es der Fremdenlegion in Indochina. Von den 16 500 französischen Soldaten, die 1954 Dien Bien Phu gegen die kommunistischen Unabhängigkeitskämpfer verteidigten, waren über 10 000 Fremdenlegionäre. Sie kämpften teilweise nur mit dem Bajonett gegen die vietnamesische Übermacht. Nur 70 überlebten die Schlacht. Dien Bien Phu kapitulierte.

Die Fremdenlegion machte aus dieser bitteren Niederlage jedoch noch einen Erfolg. Die Männer waren ihrem Ruf gerecht geworden und lieber in den Tod gegangen, als sich zu ergeben. Andererseits hatten sie vom Leben nicht viel anderes mehr zu erwarten, als tapfer zu sterben.

Abenteuer Algerien

In die Schlagzeilen geriet die Fremdenlegion abermals während des verlustreichen Algerienkonflikts 1954–1962. Den mit zunehmender Brutalität geführten Freiheitskampf der Algerischen Befreiungsfront FLN beantworteten französische Fallschirmjägereinheiten und Fremdenlegionäre mit Terrormaßnahmen. Französische Nationalisten propagierten ein *Algérie française*, und 1961 rebellierten Truppen der Legion gegen die Entscheidung der französischen Regierung, die nordafrikanische Kolonie aufzugeben. Die Unabhängigkeit Algeriens 1962 führte fast zur Auflösung der Fremdenlegion, die dort immerhin über 130 Jahre ihr Hauptquartier gehabt hatte. Die Zentrale wurde nach Korsika verlegt, und es dauerte Jahre, bis die Moral der Legion wiederhergestellt war.

Inzwischen ist die Legion eine straff organisierte und schlagkräftige Berufsarmee, in der Männer aus über 100 Nationen ihren Dienst tun. Neben Infanterietruppen verfügt sie heute auch über Fallschirmjäger und Panzereinheiten, die vor allem bei Konflikten in Übersee zum Einsatz kommen.

Hätten Sie's gewußt?

Neue Rekruten der Fremdenlegion werden auf Herz und Nieren geprüft, um sicherzustellen, daß niemand eintritt, um sich der Strafverfolgung wegen eines schweren Verbrechens zu entziehen. Bei Bagatellvergehen wird jedoch oft ein Auge zugedrückt. Nach dem französischen Gesetz muß die Fremdenlegion die Namen ihrer Angehörigen nicht preisgeben.

◆◆◆

Um Sprachschwierigkeiten in der Fremdenlegion zu überwinden, erhält jeder Ausländer einen französischsprachigen „Kameraden" als Betreuer.

Strafe muß sein

Gleiches mit Gleichem vergelten – das Recht in der Antike

Auge um Auge, Zahn um Zahn. Nach diesem Rechtsgrundsatz ließ der babylonische König Hammurapi im 18. Jh. v. Chr. in seinem Reich Verbrechen ahnden. Die Vergeltung von Gleichem mit Gleichem spielt auch im Alten Testament eine zentrale Rolle. Bei den Babyloniern gab es eine ganze Reihe von Bestrafungen, die man heutzutage als grausam empfindet, die in Wirklichkeit jedoch den persönlichen Racheakt mäßigen sollten. So hackte man Söhnen, die ihren Vater geschlagen hatten, die Finger ab oder ließ Männer, die anderen das Auge ausgestochen hatten, blenden. Aber es gab auch eine rühmliche Ausnahme. Um 2040 v. Chr. formulierte der sumerische König Urnammu Gesetze, deren

Altes Recht Diese aus dem 18. Jh. v. Chr. stammende Steintafel gehört zu der ältesten noch existierenden Gesetzessammlung. Sie zeigt den babylonischen Herrscher Hammurapi, der von dem Gott Marduk Rechtsratschläge erhält.

Auffassung von Schuld und Sühne heute verblüffend modern erscheint. Die Paragraphen regeln im einzelnen die Schadenersatzzahlungen der Täter an ihre Opfer. So mußte ein Mann, der jemandem den Fuß verstümmelte, seinem Opfer zehn Silberschekel bezahlen. Die Buße für einen gebrochenen Knochen betrug einen Schekel, und eine abgeschnittene Nase kostete zwei Drittel einer Silbermine; dies entspricht etwa 700 g reinen Silbers. Der *Kodex Urnammu* ist die erste bekannte Gesetzessammlung, die Geldbußen vorsah.

MISSETÄTER IM DIENST DER KÖNIGIN

Eine bis ins 18. Jh. hinein weitverbreitete Form der Bestrafung war die Zwangsarbeit auf einer Galeere. Vor allem Kriegsgefangene ereilte häufig ein solch hartes Schicksal.

Im Jahr 1602 setzte die englische Königin Elisabeth I. eine Kommission ein, die dafür sorgen sollte, daß Verbrecher – sofern sie nicht einen Mord, eine Vergewaltigung oder einen Diebstahl begangen hatten – nicht hingerichtet, sondern auf Galeeren geschickt wurden. Nach Ansicht der Monarchin erwiesen die Missetäter ihrem Land auf diese Weise noch einen guten Dienst.

Die Zustände an Bord einer Galeere waren schrecklich. Die Häftlinge wurden aneinandergekettet und mußten bei jedem Wetter an ihren Rudern bleiben. Auch die Verpflegung war völlig unzulänglich. Gewöhnlich überlebten die Sträflinge diese unmenschlichen Bedingungen nicht länger als drei Jahre.

Zwangsarbeit Jahrhundertelang war es in Europa üblich, Verbrecher und Kriegsgefangene auf Galeeren einzusetzen.

Hätten Sie's gewußt?

Zwei Drittel aller Juristen auf der Welt leben in den USA. Allein in Los Angeles gibt es mehr Richter als in ganz Frankreich, und in Washington, D. C., kommt auf 25 Einwohner ein Jurist.

◆◆◆

Pranger und Stock waren einst auf den Marktplätzen ganz Europas ein vertrauter Anblick. Bei Bagatellvergehen wurden die Missetäter verspottet und mit Obst und Gemüse beworfen. Wer schwerere Verbrechen beging – etwa politische Flugschriften herausgab –, wurde an den Ohren festgenagelt, die man später abschnitt und am Pranger hängenließ. Der berühmte Schriftsteller Daniel Defoe, Autor des Romans Robinson Crusoe, *hatte allerdings Glück. Er wurde mehrmals an den Pranger gestellt, weil er eine Schrift verfaßt hatte, in der er die Rechte der Andersgläubigen gegenüber der anglikanischen Staatskirche vertrat. Doch das Volk war auf seiner Seite – statt mit faulem Obst bewarf es ihn mit Blumen.*

Treppe zur Hölle

Schlimme Qualen auf der Tretmühle

Erst eine Stufe, dann zwei, drei ... 500, 600. Den Häftlingen im viktorianischen England schien die Strafe, in einer Tretmühle tagein, tagaus – mit viertelstündlichen Pausen von fünf Minuten und einer Stunde Mittagszeit – bis zu acht Stunden laufen zu müssen, endlos zu sein.

Die Mühlen bestanden aus riesigen, 2 m hohen Trommeln, an deren Außenwänden sich Trittbretter befanden und die sich unter dem Gewicht der Häftlinge drehten. Je nach Trommelbreite hatten auf einer Tretmühle bis zu 36 Gefangene Platz. Zwischen ihnen befanden sich hölzerne Trennwände, und jedes Abteil war nur 60 cm breit.

Die erste dieser „ewigen Treppen" wurde 1818 von William Cubitt konstruiert. Sie sollte die Häftlinge durch das ermüdende, monotone Treppentreten körperlich und seelisch so zugrunde richten, daß sie kein zweites Mal auf die Idee kämen, gegen das Gesetz zu verstoßen. Selbst schwangere Frauen und Kinder wurden dieser unbarmherzigen Tortur ausgesetzt.

Die Häftlinge waren den Wärtern auf Gedeih und Verderb ausgeliefert. Diese konnten die Pein der armen Opfer noch vergrößern, indem sie die Blätter des riesigen Flügelrads verstellten, das von der Tretmühle gedreht wurde. Durch die Veränderung des Anstellwinkels der Blätter ließ sich der Luftwiderstand ent-

weder verringern oder vergrößern. Waren die Wärter der Meinung, daß sich die Tretmühle zu rasch drehte, erhöhten sie einfach den Widerstand, so daß die Häftlinge schwerer treten mußten, um die Trommel in Schwung zu halten.

Noch schlimmer als die Tretmühlen war die Handkurbel, die man 1846 im Gefängnis von Pentonville bei Einzelhaft einsetzte. Wurden die Tretmühlen wenigstens noch zum Kornmahlen und Wasserpumpen eingesetzt, diente die

Unglücksrad Die Aufsichtsbeamten der Tretmühlen konnten je nach Belieben die Geschwindigkeit der Trommeln erhöhen und die Tortur für die Gefangenen damit verschärfen.

Handkurbel einzig und allein der Bestrafung. Wer von den Häftlingen ein karges Frühstück wollte, mußte 1800 Umdrehungen schaffen. Mittagessen gab es bei 4500 und Abendessen bei 5400 Trommeldrehungen. Erwachsene mußten nach der letzten Mahlzeit die Kurbel nochmals 2700mal drehen. Oft war auch das Zählwerk an der Handkurbel beschädigt, so daß die Häftlinge die geforderte Zahl an Drehungen nicht erreichen konnten. Auf diese Weise wurden zahlreiche Gefangene zum Wahnsinn getrieben, einige begingen sogar Selbstmord. Die Humanisierung des Strafrechts in Großbritannien führte Ende des 19. Jh. zum Verbot der unmenschlichen Geräte.

Gefährliche Laster

Warum Rauchen den Füßen schadet

Es gab Zeiten, da galten Rauchen und Trinken als Verbrechen. Und wer seine Schulden nicht begleichen konnte, hatte ebenfalls nichts zu lachen.

Öffentliche Schande

Im 17. Jh. mußten beispielsweise in England betrügerische Bankrotteure eine gelbbraune Uniform tragen, bis sie ihre Schulden beglichen hatten. Damit wollte man verhindern, daß ihnen arglose Geschäftsleute weiterhin Kredite gaben. Trunkenbolden erging es in England und manchen Staaten Nordeuropas kaum besser. Sie mußten sich ein Holzfaß über den Körper stülpen, in dem sich oben ein Loch für den Kopf und an den Seiten zwei Öffnungen für

die Hände befanden. Diese öffentliche Schande sollte das Opfer vom Alkohol abbringen.

Russische Sitten

Das schlimmste Schicksal aber ereilte im 17. Jh. Raucher in Osteuropa. Dem russischen Zaren Michael war dieses Laster so zuwider, daß er Raucher, die ertappt wurden, beim erstenmal mit der Bastonade (Stockschläge auf die Fußsohlen) bestrafte, beim zweitenmal die Nase abschneiden ließ und beim drittenmal zum Tode verurteilte. Ähnlich verfuhr auch der osmanische Sultan. In seinem Land wurden Tabakschnupfern die Lippen aufgeschlitzt und Raucher an einer Pfeife, die durch die Nase gestoßen wurde, aufgehängt.

Hätten Sie's gewußt?

Um 1685 wurde in La Rochelle in Frankreich die Glocke der Hugenottenkirche dafür ausgepeitscht, daß sie Ketzer unterstützt hatte. Nach französischem Gesetz konnten sich nämlich auch Gegenstände eines Verbrechens schuldig machen. Die Glocke wurde beerdigt und wieder ausgegraben, womit ihre Wiedergeburt im Dienst der katholischen Kirche symbolisiert werden sollte.

DER TÄTER – EINE LOKOMOTIVE

Als 1838 in Großbritannien zwei Lokomotiven zusammenstießen und dabei einer der Lokführer starb, stand für die britische Justiz der Verantwortliche schnell fest. Nach einem alten angelsächsischen Rechtsgrundsatz – dem sogenannten *deodand* – wurde die schuldige Lokomotive beschlagnahmt und zur Begleichung der Buße verwendet. *Deodand* bedeutet soviel wie „Gabe an Gott" und bezeichnete bei den Angelsachsen früher ein Ding oder ein Tier, das den Tod eines Menschen verursacht hatte und zu wohltätigen Zwecken der Krone verfiel. So erhielt etwa eine Witwe, deren Mann von einer Kutsche überfahren worden war, das Gefährt als finanziellen Ausgleich. Oder als 1218 ein Bauer in seine Sense stürzte und starb, wurde die Sense für mildtätige Zwecke verwendet. 1846 wurde dieses nicht mehr zeitgemäße Gesetz abgeschafft.

Seltsame Rechtsprechung
Tiere auf der Anklagebank

Im mittelalterlichen Europa geschah es nicht selten, daß Tiere eines Verbrechens beschuldigt und auch verurteilt wurden.

Der Angeklagte, der im Jahr 1314 in der französischen Grafschaft Valois vor Gericht stand, war ein Stier. Er hatte vorsätzlich einen Mann getötet, und es gab mehrere Zeugen dieses äußerst blutigen Zwischenfalls. Und so wurde er zum Tod verurteilt und kurze Zeit später gehängt.

Die häufigsten Opfer dieser heute doch etwas seltsam anmutenden Rechtsprechung waren Rinder und Schweine, aber es kamen auch andere Kreaturen vor Gericht. So klagte man beispielsweise in der Schweiz oft Würmer wegen der Vernichtung von Ernten an, und 1487 machten die Behörden im französischen Savoyen einigen Käfern den Prozeß, die die örtlichen Weinberge verwüstet hatten. Fast ein Jahrhundert später wurden in der französischen Stadt Autun Ratten vor den Richter zitiert, die über Häuser und Scheunen hergefallen waren. Als sie nicht erschienen, erklärte ihr Anwalt voller Ernst, ihr Leben werde durch eine Reihe von Katzen in der Umgebung bedroht, und forderte, daß das Gericht die Sicherheit jedes einzelnen seiner Klienten auf dem Hin- und Rückweg zum Prozeß gewährleisten müsse. Der Fall wurde auf unbestimmte Zeit vertagt.

Weniger Glück hatte im 15. Jh. ein Hahn in der Stadt Basel. Ihn beschuldigte man, ein Ei gelegt zu haben, worin die abergläubischen Basler einen Beweis sahen, daß er ein Zauberer war. Nach einem vorschriftsmäßigen Prozeß wurde der Hahn an einen Pfahl gebunden und zusammen mit dem Ei verbrannt.

Schweinerei *Ein beliebtes Thema der Karikaturisten im 19. Jh. war die mittelalterliche Rechtsauffassung, wonach Tiere für ihre Vergehen vor Gericht gestellt werden konnten, wie dieses Schwein mit seinen Ferkeln.*

Griff nach den Kronjuwelen
Freispruch für den Dieb

Am 9. Mai 1671 um 7 Uhr morgens klopften bei Talbot Edwards, dem Hüter der Kronjuwelen im Tower von London, vier Männer an die Tür. Da Edwards sie kannte und glaubte, sie seien gekommen, um die Ehe seiner Tochter zu vermitteln, ließ er sie ohne Zögern ein. Doch die Männer hatten ganz anderes im Sinn. Sie wollten die Kronjuwelen rauben. Die Räuber stopften Edwards einen Knebel in den Mund und stülpten ihm einen Mantel über den Kopf. Als er dennoch versuchte, um Hilfe zu schreien, schlugen sie ihn mit einem Hammer nieder und stachen auf ihn ein.

Auf frischer Tat ertappt
Der Anführer der Bande war ein Ire namens Colonel Thomas Blood. Er ließ Edwards, den er für tot hielt, liegen, packte die Königskrone und versteckte sie unter seinem Mantel. Einer seiner Begleiter stopfte den Reichsapfel in seine Reithose, während ein dritter nach dem Zepter griff.

In diesem Moment kam unerwartet Edwards' Sohn mit einigen Freunden nach Hause. Blood und seine Kumpane wurden nach einem kurzen Handgemenge überwältigt und in den Tower geworfen. Noch bei seiner Verhaftung brüstete sich Blood mit seiner Tat: „Es war ein kühner Versuch, aber es ging um eine Krone."

Dreister Räuber
Bei seiner Vernehmung weigerte sich Blood, jemand anderem als dem König selbst Antwort zu geben. Neugierig ließ ihn Karl II. zu sich kommen. Blood erzählte, daß er im Krieg zwischen Krone und Parlament gegen den König gekämpft hatte und mit irischen Ländereien belohnt worden war, die er jedoch zurückgeben mußte, als Karl 1660 den Thron bestieg.

Aus Rache hatte er daraufhin beschlossen, die Kronjuwelen zu rauben. Dazu hatte er sich als Pfarrer verkleidet und mit dem Hüter der Juwelen Freundschaft geschlossen. Der Vorschlag, Edwards' Tochter und Bloods angebliche Neffen miteinander zu verheiraten, war Teil seines Plans gewesen. Der König war über Bloods Dreistigkeit so belustigt, daß er ihm die Freiheit schenkte und sogar seine Ländereien zurückgab.

Blutrichter Jeffreys
Loyal bis zur Ungerechtigkeit

Alice Lisle war eine liebenswürdige und freundliche Dame von 70 Jahren, die jeder, der sie kannte, gern hatte und respektierte. Doch nachdem 1685 die Rebellion des Herzogs von Monmouth gegen Englands König Jakob II. gescheitert war, wurde sie enthauptet, weil sie einen verwundeten Rebellen versteckt hatte.

Zwar war das Beweismaterial, das dem Gericht vorgelegt wurde, ziemlich dürftig, aber Alice Lisle geriet an den berüchtigten Richter George Jeffreys, der dafür bekannt war, daß er mit den Angeklagten kurzen Prozeß zu machen pflegte. Jeffreys war eigens vom katholischen König Jakob II. eingesetzt worden, um die Prozesse gegen die Aufständischen zu führen. Er tat dies mit gnadenloser Härte. Um seinem König zu gefallen, schüchterte Jeffreys Zeugen ein und hielt sich nicht an die Gesetze. Während seiner Amtsperiode verurteilte er 200 Aufständische zum Tod durch den Strang, verkaufte 800 als Sklaven und ließ unzählige andere auspeitschen und einsperren.

Zahlen oder hängen

Nicht alle Urteile wurden jedoch vollstreckt. Mancher Delinquent wurde auch begnadigt, denn mit Begnadigungen verdiente sich Jeffreys ein beträchtliches Vermögen. Doch obwohl er in seinen Prozessen gegen die Rebellen kalt und grausam war, galt er unter Kollegen allgemein als fähiger Richter. Er war intelligent, kannte das Gesetz wie kaum ein anderer und konnte sehr humorvoll sein.

Jeffreys' großer Fehler war seine bedingungslose Loyalität gegenüber seinem Monarchen. Er hatte sich mit Herz und Seele Jakob II. verschrieben und trat unnachgiebig für die Sache seines Herrn ein. Als Lohn für seinen übertriebenen Einsatz ernannte ihn der König zum Lordkanzler, zum Präsidenten des Oberhauses. Doch sein Glück war nicht von Dauer. Als Jakob 1688 abgesetzt wurde, mußte auch Jeffreys gehen. Er rasierte sich seine buschigen Augenbrauen ab und verkleidete sich als Seemann, um nach

Ohne Gnade *Richter Jeffreys kannte kein Erbarmen mit den Angeklagten. Wer nicht für König Jakob II. und die katholische Sache eintrat, den verfolgte er unerbittlich.*

Frankreich zu fliehen. Aber er wurde auf der Straße erkannt, verhaftet und, begleitet von einer aufgebrachten Menschenmenge, in den Tower gebracht. Vier Monate später starb er im Gefängnis.

RICHTER VON EIGENEN GNADEN

Als Richter Roy Bean in der texanischen Stadt Langtry ein Mann wegen Mordes an einem chinesischen Arbeiter vorgeführt wurde, war für ihn die Sachlage völlig klar. „Hier gibt's nirgendwo eine verdammte Zeile, die es verbietet, einen Chinesen zu töten", polterte er los. „Der Angeklagte ist freigesprochen." Auch Mexikanern erging es nicht viel besser: „Geschah dem Verstorbenen recht, daß er vor das Gewehr gekommen ist." Und den glücklichen Paaren, die von ihm getraut worden waren, gab er ironisch den Satz mit auf den Weg: „Möge Gott eurer Seele gnädig sein."

Bean war kein gewöhnlicher Richter. Er wurde um 1825 geboren und hatte in seiner Jugend mehrere Menschen umgebracht. Dann versuchte er sich im Sklavenhandel, bevor er im Sezessionskrieg auf seiten der Konföderierten kämpfte. Er stellte eine Partisanentruppe auf, die unter dem Namen Die vierzig Räuber allgemein bekannt und berüchtigt war.

Nach dem Krieg betätigte er sich unter anderem als Schmuggler, Metzger, Stallknecht und kleiner Schwindler, bevor er schließlich in das Städtchen Langtry kam. Dort eröffnete er einen Saloon, der gleichzeitig als Gerichtssaal diente.

Seine Kandidatur für das Amt des Friedensrichters begründete er mit dem Argument, er sei schon so oft im Gefängnis gewesen, daß er das Gesetz nunmehr in- und auswendig kenne und wisse, wie man Recht und Ordnung durchzusetzen habe. Seine eigenwillige Rechtsprechung bereitete in den folgenden Jahren so manchem Bürger von Langtry viel Verdruß.

Einer für alle
Vom Sündenbock zum Prügelknaben

Ungerechtigkeit *Der Prügelknabe von Eduard VI. knöpft sein Hemd auf, um sich anstelle des Prinzen züchtigen zu lassen.*

Wenn das Volk der Yoruba in Westafrika Probleme hatte, dann brachte es seinen Göttern ein Menschenopfer dar. Allerdings sorgten die Dorfbewohner auch dafür, daß ihr auserwähltes Opfer, *oluwo* genannt, bis zu seinem Tod alles bekam, wonach ihm begehrte.

Am festgesetzten Tag wurde der *oluwo* bis zur Unkenntlichkeit mit Kreide und Asche überschüttet. Anschließend führte man ihn durch das Dorf, so daß ihn alle Bewohner berühren konnten. Nur auf diese Weise, meinten sie, könne man seine persönlichen Schwierigkeiten und Sünden auf den *oluwo* abwälzen. Dann enthaupteten sie ihn im festen Glauben, mit ihm seien auch alle anderen Probleme der Dorfgemeinschaft gestorben.

Die Idee vom Sündenbock, der die Schuld aller auf sich nimmt, ist vermutlich so alt wie die Zivilisation. Der Begriff selbst hat seinen Ursprung jedoch in einem alten jüdischen Brauch. Jedes Jahr am Jom Kippur, dem Versöhnungstag, legte ein Hoherpriester seine Hände auf den Kopf einer lebenden Ziege und beichtete die Sünden der Kinder Israels. Dann wurde das Tier in die Wildnis getrieben, wo es sich selbst überlassen blieb.

In Europa bedienten sich früher die Fürstensöhne, die etwas ausgefressen hatten, einer anderen Methode. Sie hatten Prügelknaben, die an ihrer Stelle gezüchtigt wurden. Anders verhielt sich dagegen George Buchanan, der Erzieher von Jakob I. Er dachte nicht daran, den Prügelknaben zu züchtigen, wenn seinem königlichen Zögling im Lateinunterricht ein Fehler unterlaufen war. Vielmehr bestrafte er den Prinzen selbst und schwor, es wieder zu tun, wenn dieser nicht fleißiger sei.

König Heinrich IV. von Frankreich beschäftigte selbst als Erwachsener noch Prügelknaben. Als er 1593 zum katholischen Glauben übertrat, schickte er zwei Botschafter nach Rom, die der Papst dann als Strafe für Heinrichs frühere Ketzerei symbolisch auspeitschen ließ.

Hätten Sie's gewußt?

Einst stießen die Bewohner der griechischen Insel Lefkas jedes Jahr einen zum Tod verurteilten Verbrecher von einer hohen Klippe, um ihn den Göttern zu opfern. Um seinen Fall abzubremsen, banden sie Federn und lebendige Vögel an ihm fest. Überlebte er den Sturz, gaben sie ihm die Freiheit wieder.

VERHÄNGNISVOLLE ÄHNLICHKEIT

Ende des vorigen Jahrhunderts ging Ottilie Meissonier eines Abends eine Straße in London entlang, als sie im Licht der Laternen einem Mann mittleren Alters begegnete. Sofort erkannte sie in ihm jenen Trickdieb, der ihr einige Wochen zuvor zwei Uhren und wertvollen Schmuck gestohlen hatte.

Der Mann bestritt diese Anschuldigung und beteuerte, daß er ein Norweger namens Adolph Beck sei und die Dame nie zuvor gesehen habe. Doch als ihn noch zehn weitere Frauen identifizierten, stand für die Polizei bald fest, daß er der langgesuchte Verbrecher John Smith war. Er wurde zu sieben Jahren Haft verurteilt.

Auch im Gefängnis beteuerte er seine Unschuld, doch keine seiner Eingaben an den Innenminister hatte Erfolg. Nachdem er drei Jahre seiner Strafe verbüßt hatte, beschuldigte ihn eine weitere Frau, ihr Geld und Schmuck gestohlen zu haben. Beck kam erneut vor Gericht. Doch während der Verhandlung ereignete sich ein merkwürdiger Vorfall. Bei dem Versuch, einige gestohlene Ringe zu versetzen, wurde ein Mann verhaftet, der Wilhelm Meyer hieß und Beck verblüffend ähnlich sah. Der Betrüger stammte aus Österreich und hatte sich in der Vergangenheit manchmal John Smith genannt. Die Ringe hatte er verschiedenen Frauen gestohlen und dabei genau die gleiche Methode angewandt wie bei den früheren Diebstählen.

Und damit nicht genug. Meyer war Jude und wie alle Juden beschnitten – genau wie nach den Polizeiakten auch John Smith. Auf Beck hingegen traf dies nicht zu, wie er während seines Prozesses immer wieder betont hatte. Darüber hinaus stimmte Becks Handschrift nicht mit Schriftmustern von Smith überein, was Experten jedoch als Täuschungsmanöver abgetan hatten. Nun aber war klar, daß hier ein Justizirrtum vorlag. Meyer bekannte sich schließlich aller Verbrechen schuldig, und Beck wurde 1904 offiziell rehabilitiert. Er verließ das Gericht als freier Mann und erhielt eine Entschädigung von 5000 Pfund.

Aber die jahrelange Haft hatte seine Gesundheit und seine Psyche ruiniert. Er verschleuderte das Geld innerhalb kurzer Zeit und starb wenig später in Armut. Immerhin entstand aufgrund dieser verhängnisvollen Verwechslung bald nach Becks Tod der *Court of Criminal Appeal*, eine Berufungsinstanz, die weitere Irrtümer dieser Art verhindern sollte.

Geheimnisvoller Zauber

Die Macht des Glaubens

Fußballfans haben Stofftiere mit den Trikots in den jeweiligen Vereinsfarben, Hausbesitzer hängen Hufeisen über ihre Eingangstüren, und Verliebte tragen Glücksbringer um den Hals. Bei all diesen Gegenständen handelt es sich um Maskottchen, ein Begriff, der sich vom provenzalischen Wort *mascoto* für Zauber ableitet. Nur mit Zauberei glauben viele Menschen das Böse abwehren und das Glück beschwören zu können.

Ursprünglich gab es zwei Arten von Maskottchen: Talismane und Amulette. Der Begriff Talisman stammt vom griechischen *telesma* ab, was soviel heißt wie „geweihter Gegenstand". Er sollte seinem Träger ausschließlich Glück bringen. Das Amulett – ein Wort aus dem Lateinischen – hatte hingegen vor allem die Aufgabe, Unheil, Krankheiten und Gefahren abzuwehren. Beide Worte werden heutzutage ohne Unterschied gebraucht. Talismane und Amulette gab und gibt es noch heute in allen Kulturen. Abweichungen finden sich lediglich in der Auswahl und dem Symbolgehalt der Gegenstände, die man verwendet. Während Katzen beispielsweise im alten Ägypten als heilig galten und angebetet wurden, glaubte man im Europa des Mittelalters, daß Hexen die Gestalt von Katzen annehmen konnten. Die widersprüchlichen Deutungen mancher Symbole lassen vermuten, daß die geheimnisvollen Kräfte nicht unbedingt dem Talisman selbst innewohnen, sondern einzig und allein auf dem Glauben seines Besitzers beruhen.

Das Christentum wandte sich schon früh gegen das heidnische Amulettwesen. Doch auch die Christen verwendeten Glückszeichen, wie z. B. das Kreuz und den Fisch. Letzteres ist übrigens ein altes Symbol für Jesus Christus, das die frühen Christen, die im Römischen Reich verfolgt wurden, als geheimes Erkennungszeichen benutzten.

Bei Talismanen und Amuletten muß es sich nicht immer um Schmuckstücke handeln. Mitunter werden auch Gliedmaßen und Organe von Tieren verwendet. So pflegten die Eskimo Grönlands ihren Söhnen einen Falkenkopf an die Kleidung zu nähen, was sie angeblich zu besseren Jägern machte.

Es kann aber auch passieren, daß sich im Lauf der Zeit die Bedeutung eines Symbols ins Gegenteil verkehrt. Ein Beispiel dafür ist das Hakenkreuz. In einigen Kulturen, vor allem in Indien, galt es früher als ein Glücksbringer, doch nachdem es die Nationalsozialisten zu ihrem Emblem erklärt hatten, verlor es seine ursprünglich positive Bedeutung und wird heute mit den schrecklichen Verbrechen des NS-Regimes gleichgesetzt.

Ungebrochener Glaube *Dieses 3500 Jahre alte ägyptische Elfenbeinamulett schützte angeblich vor gefährlichen Tieren.*

BEREDSAME IREN

Wer in früheren Zeiten Blarney Castle in Irland besuchte, ließ es sich nicht nehmen, den berühmten Blarney Stone zu küssen. Dies war ein gefährliches Unterfangen. Man stieg auf den 37 m hohen Hauptturm der Burg und ließ sich dann kopfüber von der Brüstung herab. Und während Freunde den waghalsigen Besucher an den Fußgelenken festhielten, versuchte dieser, einen Stein zu küssen, von dem es hieß, er verleihe die Gabe der Beredsamkeit.

Es gibt mehrere Legenden darüber, warum gerade dieser Stein solch magische Kraft besessen haben soll. Eine erzählt davon, daß sich Cormac MacCarthy, der Erbauer der Burg, im 15. Jh. wegen einer anstehenden Gerichtsverhandlung Sorgen machte. Eines Nachts aber träumte er, wenn er am nächsten Morgen den ersten Stein küßte, den er sah, dann würden die Worte nur so aus ihm heraussprudeln und er könnte sich erfolgreich vor Gericht verteidigen. Cormac küßte also einen Stein und gewann, wie im Traum prophezeit, den Prozeß. Aber da er fürchtete, daß nun ganz Irland den Stein werde küssen wollen, ließ er das kostbare Stück außer Reichweite hoch oben am Turm einmauern.

Im 16. Jh. versuchte Königin Elisabeth I. Cormacs Nachfahren, Dermot MacCarthy, zu überreden, ihr als Beweis seiner Loyalität die Burg zu überlassen. Doch Dermot, der offenbar die Gabe der Beredsamkeit besaß, zog sich geschickt aus der Affäre und fand immer neue und phantasievollere Argumente gegen eine Herausgabe der Burg.

Die Königin gab ihren Vorsatz schließlich entnervt auf: „Das ist typisch von Blarney. Nie meint er, was er sagt." Und so ging das Wort Blarney als Synonym für einen wortgewandten Schmeichler in die englische Sprache ein.

Guten Appetit!

Über Geschmack läßt sich nicht streiten

Eine Spezialität auf der Speisekarte eines der ältesten und berühmtesten Restaurants in London ist Steak mit Austernpaste. Traditionell wird dazu ein Glas dunkles Starkbier gereicht. Dennoch würden die Angehörigen von nicht weniger als vier großen Weltreligionen diese so harmlos erscheinende Mahlzeit als ungenießbar einstufen. So essen beispielsweise gläubige Hindu niemals Rindfleisch und orthodoxe Juden keine Schalentiere. Moslems ist der Genuß von Alkohol streng verboten, und Buddhisten lehnen Fleisch vollkommen ab.

Würde man einem Deutschen oder Franzosen gebratenen Hund servieren, wäre er empört und angewidert. In China hingegen gelten Hunde ebenso als Delikatesse wie einst schon bei den Römern, Griechen und Azteken. Und die Bewohner der Südseeinsel Tahiti hielten sich eine besondere Hunderasse für die Küche, die im 18. Jh. dem Entdecker James Cook so köstlich wie englisches Lamm mundete. In allen Kulturen gelten nur ganz bestimmte Lebensmittel als genießbar. Kaum ein Europäer oder Nordamerikaner fände Geschmack an einem Gericht aus Ameisen, Heuschrekken, Raupen oder gar Libellenlarven. Doch all diese „Köstlichkeiten" stehen bei vielen Völkern auf dem täglichen Speiseplan: Ameisen ißt man in Lateinamerika, Asien und Afrika, Raupen bei den australischen Ureinwohnern, Heuschrecken bei den Navajo-Indianern Nordamerikas und bei einigen Eingeborenenstämmen in Nordafrika, rohe Entenfüße in China und Libellenlarven in Laos.

Schnapsidee *Dieser thailändische Reislikör wurde mit einem riesigen Tausendfüßer aromatisiert.*

Ausgefallener Geschmack *Für ein südostasiatisches Gericht werden Wasserkäfer zu einer Paste zerrieben.*

Heilige Kühe

Kein Fleisch für die Inder

Ein Drittel aller Kühe der Welt lebt in Indien, einem Land, in dem es regelmäßig zu Hungersnöten kommt. Und dennoch würde es auf dem indischen Subkontinent niemand wagen, einer Kuh etwas zuleide zu tun, geschweige denn sie zu töten oder gar zu essen. Die Kuh ist für die Hindu in Indien heilig und deshalb geschützt.

Umhegt und verehrt

Im Hinduismus sind Kühe ein Symbol für Fruchtbarkeit und Mütterlichkeit. Sie werden verehrt, geliebt und angebetet, und wenn sie krank sind, betet man für sie. Sie laufen frei herum, und es ist schon vorgekommen, daß Kühe ganze Züge aufhielten, weil sie stundenlang auf den Gleisen lagen, bevor sie sich bequemten, den Weg freizugeben. Zu Festtagen hängen die Hindu den Kühen Girlanden um den Hals und schmücken sie festlich.

Dies allein mag einem Fremden schon merkwürdig erscheinen, doch noch seltsamer mutet es einen an, wenn man weiß, daß einstmals die Brahmanen, hinduistische Priester, das Schlachten der Rinder sogar beaufsichtigten. Ein allmählicher Sinneswandel vollzog sich erst ab dem 5. Jh. v. Chr., als sich der Buddhismus in Indien ausbreitete, dessen Anhängern das Töten von Tieren zutiefst verhaßt war. Nach jahrhundertelangen Auseinandersetzungen um die religiöse Vorherrschaft in Indien änderten die Hindu schließlich ihre Glaubensauffassung. Im 4. Jh. erklärten sie Kühe zu heiligen Tieren.

Geschützte Art *Inder führen ihre buntgeschmückte Kuh zu einem Fest.*

Auch den Hindu-Weisen war es nicht entgangen, daß Kühe lebend nützlicher waren als tot. Sie gaben nahrhafte Milch, warfen Kälber, die man für gutes Geld verkaufen konnte, und konnten vor den Pflug gespannt werden. Darüber hinaus lieferten sie Mist als Dünger, Brennstoff und wertvolles Baumaterial, und wenn sie an Altersschwäche starben, ließ sich ihre Haut noch zu Leder verarbeiten.

Schwein gehabt

Wenn das Borstenvieh Freundschaften stiftet

In vielen Teilen Papua-Neuguineas spielt das Schwein als Symbol für Reichtum und Macht eine wichtige Rolle. Einige Stämme haben Schweine so groß wie Shetlandponys, die sie mästen und pflegen, um ihren Wohlstand unter Beweis zu stellen. Die Eingeborenen des Hochlands feiern ihre traditionellen Feste, bei denen ein üppiger Schweineschmaus die Freundschaft und den Zusammenhalt der einzelnen Stämme besiegelt. Da diese Großereignisse jedoch gewaltige Vorbereitungen erforderlich machen, hält jeder Stamm nur etwa alle zehn Jahre ein solches Fest ab.

Von langer Hand geplant

Ein solches Schweinefest beginnt damit, daß die Gastgeber bereits Jahre vorher einige Häuser zur Unterbringung der zahlreich zu erwartenden Gäste bauen. Sind diese Arbeiten abgeschlossen, werden entsprechende Einladungen an die Nachbardörfer geschickt. In der Zwischenzeit haben die Mitglieder des gastgebenden Klans Geschenke für die Gäste – Perlmuscheln und Geld – gesammelt. Nun werden die Schweine gemästet. Falls die Gastgeber selbst nicht über genügend Tiere verfügen, können sie bei den benachbarten Stämmen weitere Tiere auf Kredit erhalten. Erst wenn alle Schweine genug Fett angesetzt haben, kommen die Gäste.

Ein Fest mit 2000 Schweinen

Der Festtag selbst verläuft nach einem festgelegten Ritual. Zuerst führen die Gastgeber voller Stolz ihre Geschenke und Schweine vor. Dann werden die Tiere – bis zu 2000 Stück – geschlachtet, zerlegt und zum Zählen auf Pfähle gespießt. Erst danach wird das Schweine-

Friedenssymbol Ein Eingeborener in Papua-Neuguinea zerlegt das gegarte Schweinefleisch und reicht es den Gästen als Zeichen der Freundschaft.

Hätten Sie's gewußt?

Bei dörflichen Schützenfesten erhielt der schlechteste Schütze früher als Trostpreis ein Schwein.

◆◆◆

Obwohl es im alten China sehr viele Schweine gab, durfte der Kaiser nur während einer bestimmten Zeit Schweinefleisch essen.

Garvorbereitungen Bei den Schweinefesten auf Papua-Neuguinea wird das Fleisch traditionell in tiefen Gruben gegart, die mit heißen Steinen gefüllt und mit Blätter- und Erdschichten bedeckt sind.

fleisch in gemeinsamer Runde mehrere Stunden lang in riesigen Erdöfen gebraten. Die Männer des Dorfes verteilen das Fleisch unter den Verwandten und Gästen, wobei diejenigen Besucher die größten Stücke bekommen, die dem Gastgeber beim letzten Schweinefest selbst reichlich Fleisch haben zukommen lassen.

Unvergeßliche Freundschaft

Viele Gäste nehmen ihre Fleischportionen mit nach Hause und verteilen sie unter ihren Familienmitgliedern und Freunden. Danach veranstalten Nachbardörfer oft eigene kleine Schweinefeste, um ihre Freundschaft mit dem gastgebenden Klan zu zeigen.

Durch solch eine Großveranstaltung gestärkt, kann nun jeder in großer Erwartung dem nächsten Schweinefest entgegensehen und sicher sein, daß solche hervorragenden Gastgeber auch zuverlässige Verbündete sind. Und der Hausherr kann sich darauf verlassen, daß seine Großzügigkeit in schlechten Zeiten gewiß nicht vergessen wird.

Ungeliebtes Schwein

Warum sein Fleisch im Orient verpönt ist

Unsere Ernährungsgewohnheiten unterscheiden sich in wesentlichen Punkten von denen orientalischer Völker. So ist beispielsweise Schweinefleisch ein Hauptbestandteil unseres Essens, während bei den Juden und Mohammedanern Schweine als unreine Tiere gelten. Was ist der Grund dafür?

Unreine Nahrungsmittel

Fällt in der Bibel das Wort „unrein", so bedeutet dies gewöhnlich nicht, daß jemand schmutzig, sondern daß er nicht heilig ist, und um heilig zu bleiben, muß man Unreinheit vermeiden. Auf bestimmte Speisen und Getränke bezogen, kann dies das völlige Enthalten bedeuten.

So heißt es denn auch im 3. Buch Mose klar und deutlich: „Und der Herr gab den Israeliten durch Mose und Aaron die Anweisung: ‚Folgende Tiere dürft ihr essen: Von den großen Landtieren sind euch alle erlaubt, die deutlich gespaltene Klauen haben und zugleich ihre Nahrung wiederkäuen. Dagegen sollt ihr Kamele, Hasen und Klippdachse meiden. Sie sind zwar Wiederkäuer, haben aber keine gespaltenen Klauen. Auch das Schwein ist euch verboten. Es hat zwar gespaltene Klauen, ist aber kein Wiederkäuer.'"

Dieses Gebot der Bibel respektieren orthodoxe Juden noch heute ohne jede Einschränkung. Und auch den Moslems, die eine Reihe von Gesetzen und Ritualen von den Juden übernommen haben, verbietet der Koran das Essen von Schweinefleisch.

Fehlendes Wasser

Einige Anthropologen erklären den Ursprung dieses Tabus damit, daß Schweine bei der Bevölkerung im allgemeinen als unsaubere Tiere galten, und man glaubte, ihr Verzehr führe zu gesundheitlichen Schäden. Schweine, so ist heute die allgemein verbreitete Ansicht, suhlen sich im Schlamm und fressen allen möglichen Unrat, durch den

sie sich Würmer zuziehen, die bei den Menschen Krankheiten verursachen können.

Andere Wissenschaftler vermuten indessen, daß der wirkliche Grund auf andere Weise mit den Freßgewohnheiten der Schweine zu tun hat. Rinder, Ziegen und Schafe sind anspruchslose Nutztiere, die sich mit Gras und Wildkräutern begnügen. Anders die Schweine. Sie ernähren sich kaum von Gras, sondern fressen oft die gleichen Gemüsepflanzen wie der Mensch. Und die Nomaden des Vorderen Orients konnten sich früher keinesfalls die Haltung von Tieren leisten, die ihnen die wenige Nahrung, die sie dem kargen Land abgewannen, streitig machten.

Darüber hinaus benötigen Schweine, die keinen Schlamm zum Suhlen haben, reichlich Wasser zur Abkühlung, da sie nicht schwitzen können. Normalerweise leitet der kühle Schlamm die Körperwärme ab, und tatsächlich ist ein erfrischendes Schlammbad für die Schweine in diesen heißen Regionen wirkungsvoller als jedes Wasserbad, bei dem das kühle Naß gleich wieder verdunstet. Die Hebräer und Araber lebten jedoch in regenarmen, trockenen Gegenden und besaßen kaum geeignete Möglichkeit, den wasserliebenden Schweinen gerecht zu werden.

Hätten Sie's gewußt?

Die Karaiben-Indianer in Südamerika fürchteten einst, von Schweinefleisch schweineähnliche Augen zu bekommen, während Zulumädchen glaubten, daß ihre Kinder wie Schweine aussehen würden.

ZWEI WELTEN FÜR SICH

Im Frühjahr jagen die Eskimo in Alaska vornehmlich Karibus, im Winter dagegen Wale. Da ihrer Meinung nach Land- und Wassertiere von Natur aus sehr verschieden sind, beseitigen die Eskimo mit aller Sorgfalt erst alle Spuren der letzten Jagd, bevor sie die neue Jagdsaison eröffnen.

Bevor ein Eskimo im Frühjahr den Karibus nachstellt, reinigt er seinen Körper vollständig von allen Waltranspuren. Und bevor er im Winter auf Walfang geht, sorgt er dafür, daß ihm nicht mehr der Duft der Karibus anhaftet. Auch die Waffen, die er für die Karibujagd verwendet, nimmt er erst mit aufs Meer, nachdem er sie einer rituellen Reinigung unterzogen hat. Denn nach den Vorstellungen der Eskimo gefährdet ein Verstoß

gegen diese überlieferten Regeln das Jagdglück.

So wie die Jahreszeiten bestimmen, was die Eskimo jagen, so sind auch ihre Eßgewohnheiten von bestimmten Ereignissen abhängig. Eine junge Mutter darf beispielsweise nach der Niederkunft kein rohes Fleisch essen. Statt dessen nimmt sie nur Nahrung zu sich, die gesund für das heranwachsende Kind ist – wie etwa Entenflügel, die aus ihm angeblich einen ausgezeichneten Läufer oder Ruderer machen sollen.

Tödliche Tarnung *In der Einöde Nordwestgrönlands schiebt dieser Eskimo sein Jagdgewehr auf einem Schlitten über das Eis, in der Hoffnung, von seinen Beutetieren nicht wahrgenommen zu werden.*

Zeitmesser

Auch Kalender können nachgehen

Die Menschheit verdankt der Französischen Revolution nicht nur eine neue, freiheitliche Gesellschaftsordnung, sondern darüber hinaus auch ein einheitliches Maßsystem, nämlich das metrische System. Es basiert auf der Zahl Zehn und entstand in dem Wunsch, mit unpraktischen Traditionen zu brechen. Um deutlich den Beginn einer neuen Zeit zu dokumentieren, entschloß man sich im revolutionären Frankreich ebenfalls, eine neue Zeitrechnung einzuführen, die einfachheitshalber auch so weit wie möglich die Zehn zur Grundlage hatte. Also schaffte man den Gregorianischen Kalender ab und verkündete am 22. September 1792 nicht nur die Republik, sondern auch den ersten Tag des Jahres 1 des neuen Republikanischen Kalenders.

Zwar teilte man das Jahr noch immer in zwölf Monate ein, aber jeder Monat hatte nun 30 Tage, jede Woche zehn Tage oder eine Dekade. Um die Differenz zum rund 365 Tage dauernden Sonnenjahr auszugleichen, führte man fünf – in Schaltjahren sechs – Feiertage ein, die zu keinem der Monate gehörten. Obwohl die Menschen innerhalb von Frankreich mit dem Kalender gut zurechtkamen, wurde er nach 13 Jahren wieder abgeschafft. Er hatte sich beim Handel und bei diplomatischen Kontakten mit anderen Ländern häufig als hinderlich erwiesen, weil man ständig die Daten umrechnen mußte. Folglich führte Napoleon wieder den Gregorianischen Kalender ein, der in den meisten europäischen Ländern verwendet wurde.

Das gilt bis heute. Der Gregorianische Kalender geht auf Papst Gregor XIII. zurück, der Ende des 16. Jh. den von Julius Cäsar im Jahr 46 v. Chr. einge-

Revolutionskalender *Dieses Schaubild sollte den französischen Bürgern helfen, die Daten ihres neuen Kalenders in die des Gregorianischen Kalenders umzurechnen.*

führten Julianischen Kalender reformierte. Das war nötig geworden, weil das Jahr des Julianischen Kalenders um 0,0076 Tage zu lang dauerte und diese winzige Ungenauigkeit sich bis zum Jahr 1582 auf immerhin zehn Tage summiert hatte. Man korrigierte diese Abweichung, indem man auf den 4. Oktober 1582 gleich den 15. Oktober folgen ließ, und verfeinerte für die Zukunft das System der Schaltjahre. Trotzdem ist auch dieser Kalender nicht ganz präzise. Das ist auch kaum möglich, denn das Jahr – die Dauer eines Umlaufs der Erde um die Sonne – beträgt nach der üblichen astronomischen Messung 365,2422 Tage.

Es gab immer wieder Vorschläge für eine neue Kalenderreform. Internationale Institutionen wie beispielsweise die World Calendar Association bereiten entsprechende Entwürfe vor. Einer davon ist der sogenannte Weltkalender. Er gliedert das Jahr in vier Quartale zu jeweils 91 Tagen. Jedes Vierteljahr beginnt mit einem Sonntag, besteht aus drei Monaten und endet mit einem Feiertag. Bei einem anderen Kalendermodell wird das Jahr in 13 Monate mit jeweils 28 Tagen unterteilt. Am Jahresende kommt ein zusätzlicher Tag hinzu.

Es ist jedoch wenig wahrscheinlich, daß ein solcher Vorschlag in nächster Zeit verwirklicht wird, denn der Gregorianische Kalender hat sich im großen und ganzen doch bewährt. Zwar sind trotz besserer Schaltregeln noch nicht alle Abweichungen beseitigt, aber die verbleibenden Ungenauigkeiten wachsen erst nach 3333 Jahren auf einen Tag an. Bis dahin wird noch viel Zeit vergehen.

Erinnerung an einen langen Weg

Das Laubhüttenfest der Juden

Auch heute noch errichten manche Juden im Herbst in ihrem Garten, im Hof vor ihrem Haus oder auf dem Balkon eine Hütte, die sie *sukkah* nennen. Sie benutzen dazu einfache Materialien wie Zweige und Blätter. Der Bau dieser Hütten gehört zum Brauchtum des eine Woche dauernden Laubhüttenfestes – hebräisch *Sukkoth*. In ihnen nimmt man während der Feiertage die Mahlzeiten ein.

Gläubiges Gedenken

Das Laubhüttenfest ist das letzte der drei großen Wallfahrtsfeste im jüdischen Jahresablauf. Früher pilgerten aus diesem Anlaß die gläubigen Juden zum Tempel in Jerusalem. Die anderen Wallfahrtsfeste waren im Frühjahr das Passahfest und das Wochenfest, das man 50 Tage danach feierte.

Die tiefere Bedeutung des Laubhüttenfests ist in Israels wechselvoller Geschichte zu suchen. Es erinnert an die lange Wanderung durch die Wüste nach dem Auszug aus Ägypten. Damals lebten die Israeliten in einfachen Hütten und Zelten. Sie erfuhren dankbar die Zuwendung und den Beistand Gottes. Deshalb ist das Laubhüttenfest vor allem ein Fest der Besinnung und des Dankes. Es wird dabei all jener gedacht, die noch immer heimat- und schutzlos sind. Aber das Fest ist auch ein Anlaß, fröhlich und ausgelassen zu sein, denn in seinem Ursprung war es ein Erntedankfest. Man feierte um diese Zeit das Einbringen der Oliven- und der Traubenernte.

Die Gebräuche des Fests sind sehr symbolträchtig. Die Hütten werden z. B. so gebaut, daß man durch das Dach die Sterne am Nachthimmel sehen kann, das Sinnbild der Allmacht Gottes und der Unermeßlichkeit seiner Schöpfung. Besondere Bedeutung kommt dem Feststrauß zu, den man aus Zweigen von vier Pflanzen bindet: Etrog, einer Zitrusart, Palme, Myrte und Weide. Diese sind Symbole für die Verschiedenartigkeit der Menschen. So erinnert die Etrogpflanze, deren Früchte Geschmack und Duft in sich vereinigen, an Menschen, die geistvoll sind und gute Taten vollbringen. Die Myrte, die nur duftet, repräsentiert jene, die zwar unwissend sind, aber trotzdem Gutes tun.

Das Ende als Neubeginn

Auf das Laubhüttenfest folgt gleich ein weiterer Feiertag, *Simchat Thora* oder Thorafreude genannt. Die Lesung aus der Thora, den fünf Büchern Mose, steht im Mittelpunkt jedes Gottesdienstes am Sabbat. Dabei werden die Abschnitte der Schriftlesung so aufgeteilt, daß im Lauf des Jahres der ganze Text einmal vorgetragen wird. Am Fest *Simchat Thora* nun findet dieser Zyklus sein Ende und gleichzeitig einen neuen Beginn, denn nach den letzten Versen des 5. Buchs, Deuteronomium, schließen sich unmittelbar die ersten des Buchs Genesis an. Auch dies ist eine symbolische Handlung: Gottes Wort und sein Gesetz wirken ohne Anfang und Ende.

Ostern feiern – aber wann?

Noch bestimmt der erste Frühlingsvollmond das Datum

Obwohl Ostern das älteste Fest und der Höhepunkt des christlichen Jahres ist, wird es nicht an einem festen Datum gefeiert. Es kann auf jedes Wochenende zwischen dem 22. März und dem 25. April fallen.

An Ostern wird der Auferstehung Jesu Christi gedacht. Dieses Ereignis fand an einem Sonntag während des einwöchigen Passahfests statt. Der Passahtermin wurde nach dem Mondkalender bestimmt und immer zur Zeit des ersten Vollmonds nach Frühlingsbeginn – der 21. März – begangen. Deshalb feierten die in Kleinasien beheimateten frühen Christen Ostern am Tag des Frühlingsvollmonds, egal um welchen Wochentag es sich handelte.

Immer wieder sonntags

Der größere Teil der frühchristlichen Gemeinden um Rom feierte Ostern dagegen am Sonntag, dem Wochentag der Auferstehung. Im 2. Jh. brach ein heftiger Streit darüber aus, welcher Termin der richtige sei. Schließlich einigte man sich im Jahr 325 auf dem Konzil von Nizäa auf eine einheitliche Regelung: Ostern sollte stets an einem

Heilige Flamme *Eine Pilgerin in Israel mit brennenden Passahkerzen.*

Sonntag und immer nach dem Passahfest gefeiert werden. Damit gewann man auch im übertragenen Sinn einen gewissen Abstand von den jüdischen Feierlichkeiten.

Seither fällt in den Ländern, in denen die Kirche den Gregorianischen Kalender vollständig übernommen hat, Ostern immer auf den ersten Sonntag nach dem ersten Vollmond am oder nach dem 21. März. Obwohl die Länder Osteuropas – wenn auch recht spät wie z. B. die Sowjetunion 1917 – ebenfalls vom Julianischen Kalender zum Gregorianischen übergegangen sind, legen einige der orthodoxen Kirchen den Ostertermin noch nach dem alten Kalender fest. Deshalb feiern sie das Fest zu einem anderen Zeitpunkt.

In diesem Jahrhundert wurden mehrere Versuche unternommen, einen einheitlichen Ostertermin zu finden. Eine Möglichkeit bestand darin, ein bestimmtes Datum festzulegen wie bei Weihnachten. Auf dem II. Vatikanischen Konzil 1963 machte die römisch-katholische Kirche diesen Vorschlag, aber unter der Bedingung, daß alle christlichen Kirchen der Welt damit einverstanden seien. Allerdings kam es nicht zu einer Einigung.

Fazit: Man muß also weiterhin jedes Jahr im Kalender nachschauen, wann es Zeit zum Färben der Ostereier wird.

Orientalische Astronomie

Die steinernen Observatorien eines Maharadschas

Im Park des Palastes von Jaipur, der Hauptstadt des indischen Bundesstaates Rajasthan, schlendern Touristen heute durch eine futuristisch anmutende Anlage aus imposanten Steinbauten, die verschiedene geometrische Formen haben. Kaum einer würde auf den ersten Blick erkennen, daß es sich dabei um ein Observatorium handelt. Die steinernen Objekte dienten einst der Beobachtung von Sonne, Mond und Sternen.

Wie in vielen anderen Religionen werden auch im Hinduismus religiöse Zeremonien und Feste nach dem Stand der Gestirne festgelegt. Dabei spielen auffällige Konstellationen wie eine Sonnenfinsternis für die Gläubigen eine besondere Rolle und sollten deshalb rechtzeitig vorausgesagt werden können. Zu Beginn des 18. Jh. beschloß daher der Gründer der Stadt Jaipur, der Maharadscha Sawai Jai Singh II., bessere astronomische Instrumente zu entwickeln, damit man genauere Beobachtungen der Sterne durchführen konnte.

Größenwahn

Jai Singh II. hatte vor, die hinduistische Astronomie neu zu beleben. Er war ein außergewöhnlich tüchtiger Mann, was sein Beiname Sawai verrät, der soviel wie „einer und ein Viertel mehr" be-

deutet. Aber er hatte auch seine Eigenheiten. Eine davon war, daß er ein tiefes Mißtrauen gegen die Meßinstrumente aus Kupfer oder Messing hegte, die die Astronomen seiner Zeit gewöhnlich benutzten. Er glaubte, daß die Meßergebnisse wesentlich genauer ausfielen, wenn die Meßstäbe größer waren, und ließ daher ein riesiges astronomisches Instrumentarium aus Stein errichten.

Nicht nur in seiner Residenzstadt Jaipur ließ der Maharadscha solche Observatorien bauen. Auch in Delhi und in Ujjain im Bundesstaat Madhya Pradesh befinden sich ähnliche Anlagen. In der von Jaipur beeindruckt besonders eine riesige Sonnenuhr, die größte der Welt. Der Zeigerstab ist 27 m hoch, 100 Stufen führen hinauf.

Zurück in die Zukunft *Diese wie ein futuristisches Gebäude anmutende Sonnenuhr in Delhi wurde um 1725 von Maharadscha Sawai Jai Singh II. erbaut. Am Schatten der geraden Mauern in der Mitte, der auf Markierungen an den gebogenen inneren Wänden fällt, kann man die Tageszeit ablesen.*

Sein Schatten zeigt die Ortszeit auf wenige Minuten genau an.

Indischer Newton

Durch die Daten, die man in diesen monumentalen Observatorien gewann, konnte man die Bewegungen der Himmelskörper vorausberechnen. Solche Vorhersagen erschienen als sogenannte astronomische Tafeln, die in Kalendern veröffentlicht wurden. Eine der Tafeln, die unter der Bezeichnung *Zij Muhammad Shahi* bekannt wurde, muß recht verbreitet gewesen sein, denn sie wurde nicht nur in Sanskrit, der indischen Wissenschaftssprache – vergleichbar unserem Latein –, sondern auch in Persisch veröffentlicht.

Kein Wunder, daß Jai Singh II. und seine Observatorien einen legendären Ruf genossen. Ujjain ist unter orthodoxen Hindu heute noch als das „Greenwich von Indien" bekannt, und Jai Singh II. selbst gilt als der „Newton des Orients".

Ungewöhnliche Zahlungsmittel

Wo man die Rechnung mit Tigerzungen beglich

Im Jahr 1642 verabschiedete die englische Kolonie Virginia feierlich ein Gesetz, das Tabak zur einzig gültigen Währung erklärte. Damit die Menschen aber nicht große Bündel von Blättern mit sich herumschleppen mußten, wurden bald Geldscheine ausgegeben, die man Tabaknoten nannte. Dennoch blieb die virginische Währung mehr als 1 Jh. lang an den Tabak gebunden.

Tabakgeld ist gar nicht so ungewöhnlich, wie es vielleicht scheinen mag. Im Lauf der Zeit wurde von den Menschen praktisch alles als Zahlungsmittel benutzt, was beständig, knapp oder begehrt war.

Den Höhlenbewohnern der Steinzeit dienten z.B. polierte Axtklingen als Währung. Das ist verständlich, denn die Axt war zu dieser Zeit vermutlich der nützlichste Gegenstand, den es gab. Die alten Chinesen dachten sich etwas anderes aus: Statt Ware gegen Ware zu tauschen, verwendeten sie Nachbildungen der Güter, mit denen sie handelten. Aus Bronze fertigten sie kleine Spaten, Hacken, Messer oder Hemden und gaben diesen Gegenständen den Wert der Dinge, die sie darstellten. Mit einem kleinen Bronzehemd konnte man also ein Hemd kaufen – oder etwas anderes, das genauso teuer war.

Auch in neuerer Zeit dienten die unterschiedlichsten Dinge als Zahlungsmittel. In Neuguinea benutzte man Hundezähne, auf einigen Inseln im Pazifik Walzähne, in

Glitzerkram *In manchen Gebieten Schwarzafrikas wird bei privaten Geschäften mit allem möglichen Tand bezahlt.*

Afrika Speerspitzen und in Birma sowie auf den indonesischen Alor-Inseln Trommeln. In Thailand konnten die meisten Körperteile eines Tigers, wie z.B. Zähne, Zunge, Schwanz und Krallen, als Zahlungsmittel verwendet werden, doch mit der Zeit ersetzte man die wirklichen Gegenstände wie in China durch Nachbildungen. Noch vor wenigen Jahren wechselten in Thailand Silberstücke in Form einer Tigerzunge den Besitzer.

In China und Tibet diente etwa 900 Jahre lang Tee als Währung. Dazu wurden Tee und Sägespäne zu etwa 1 kg schweren Teeziegeln gepreßt. Brauchte man Wechselgeld, brach man einfach

Geldersatz *Dieser kleine Bronzespaten wurde einst in China als Zahlungsmittel benutzt.*

ein paar Stücke von dem Block ab. Noch bis vor 100 Jahren gaben asiatische Banken dieses Teegeld aus.

Am längsten währte zweifellos der Erfolg der Kaurischnecke, die viele Jahrhunderte lang in weiten Gebieten Afrikas und Asiens als Zahlungsmittel akzeptiert wurde. 50 Kaurischnecken hatten etwa den Wert eines britischen Penny. Noch bis 1907 konnte man z.B. in der französischen Kolonie Soudan mit diesen Schnecken seine Steuern bezahlen.

Gewaltige Schulden *Die größten Münzen, die es je gab, waren Kalksteinscheiben, die man auf den Yap-Inseln im Pazifik benutzte. Je nach Wert hatten sie einen Durchmesser von bis zu 3 m.*

KLEIDERGELD

Im 1. Jh. v. Chr. regierte in China der Kaiser Wu Ti. Als eines Tages die Staatskasse leer war, ersann sein gerissener Premierminister einen raffinierten Plan. Mit einer List sollte den reichen Adligen im Land das Geld aus der Tasche gezogen werden. Um die Staatsfinanzen aufzubessern, wurden zunächst alle weißen Hirsche im Reich eingefangen und in den kaiserlichen Jagdgarten gebracht. Dann verfügte Wu Ti, daß Adlige, die bei ihm zur Audienz vorgelassen werden wollten, ein Gewand aus weißem Hirschleder tragen mußten – aus protokollarischen

Gründen, wie es hieß. Die Hirschhaut, die sie dazu benötigten, konnten sie natürlich nur beim Kaiser kaufen – und zwar zu einem astronomischen Preis.

Um durch den neuen Erlaß des Herrschers nicht in den Ruin getrieben zu werden, begann ein Adliger, der eine der teuren Häute erworben hatte, seine Maskierung zu verleihen. Als Gegenleistung verlangte er Waren oder Gefälligkeiten. Und so wurde aus den Häuten bald ein Zahlungsmittel und gleichzeitig eines der bekanntesten Beispiele für Kleidergeld in der Geschichte.

Als der Wert der Mark verfiel

Bei Inflation ist Zeit Geld

Zu Beginn der 20er Jahre bestellte sich ein Berliner in einem Lokal eine Tasse Kaffee. Sie kostete 5000 Mark. Als der Gast bezahlte, war der Preis auf 8000 Mark gestiegen, denn es herrschte Inflation, und die Preise erhöhten sich stündlich um 60 %.

Während man Ende 1922 einen amerikanischen Dollar noch für 18000 Mark erhielt, wurde er im November 1923 bereits mit 130 Mrd. Mark gehandelt.

Auf dem Höhepunkt der Krise war das Geld nicht einmal mehr das Papier wert, auf dem es gedruckt war, und Metallmünzen waren völlig aus dem Umlauf verschwunden. Die Menschen horteten sie, weil der Wert des Metalls ihren Nennwert weit überstieg. Die Regierung ließ deshalb preiswert Münzen aus Porzellan herstellen. Banknoten wurden schließlich auf beinahe jedes verfügbare Material gedruckt, darunter Pappe, Stoff, Schuhleder und sogar alte Zeitungen.

Die Inflation erschwerte das Leben beträchtlich. Arbeitern wurde ihr Lohn täglich in Form riesiger Notenbündel ausbezahlt. Sie gaben das Geld dann so schnell wie möglich wieder aus, bevor es wertlos geworden war. Und

in den Straßen sah man Menschen, die während des Einkaufs Schubkarren mit Geld vor sich herschoben.

Der Verfall der deutschen Währung nach dem Ersten Weltkrieg ist das bekannteste Beispiel einer Geldentwertung. Doch es hat noch schlimmere Inflationen gegeben. Nach dem Zweiten Weltkrieg waren z. B. in Ungarn Banknoten mit einem Nennwert von 100 Trillionen Pengö im Umlauf. Als 1946 der Forint als neue Währung eingeführt wurde, war er 200 Quadrilliarden Pengö wert – eine astronomische Zahl mit 29 Nullen.

Kleingeld *Zu Beginn der 20er Jahre gab es in Deutschland eine galoppierende Inflation. Die Preise waren so hoch, daß selbst Zeitungskioske für ihre Tageseinnahmen große Körbe benötigten.*

Teures Geld

Hohe Zinsen sind nichts Neues

Unsere heutigen Banken haben sich aus jenem Tisch (*banca*) entwickelt, an dem auf italienischen Marktplätzen im Mittelalter der Geldwechsler saß. Es ist aber erwiesen, daß Banken bereits vor etwa 4000 Jahren in Ägypten existierten. Als Zahlungsmittel dienten Kupfer- und Silberbarren von unterschiedlichem Gewicht. Erstaunlicherweise gab es zu dieser Zeit auch schon den bargeldlosen Zahlungsverkehr, der durch Last- und Gutschriften auf Konten erfolgte, die Grundbesitzer und Kaufleute bei sogenannten Staatsspeichern unterhielten.

Und wahrscheinlich haben die Bankkunden auch schon damals über zu hohe Zinsen geklagt. Eine Tontafel aus dem alten Babylon verrät, daß die Bankiers Egibi und Sohn zwei Drittel eines Silbermanna zu einem monatlichen Zins von einem Schekel verliehen. Da ein Manna 60 Schekel wert war, entspricht dies einem Jahreszins von immerhin 30 %.

Hätten Sie's gewußt?

Noch in den 30er Jahren bezahlte man in vielen Teilen Westafrikas mit dem Gizzi-Penny – einem dünnen, etwa armlangen Eisenstab. Für zwei Gizzi-Pennys erhielt man z. B. 20 Orangen oder eine Staude Bananen. Über seinen eigentlichen Nutzen hinaus hatte das Stangengeld jedoch noch einen weiteren Wert: Wer genug Pennys gespart hatte, konnte zum örtlichen Schmied gehen und sich daraus einen Speer oder ein Werkzeug schmieden lassen.

◆◆◆

Im Jahr 1810 gab die walisische Bank of the Black Sheep – die Aberystwyth and Tregaron Bank – Banknoten aus, auf denen Schafe abgebildet waren, so daß die ungebildeten Schäfer sofort ihren Wert erkennen konnten. Die 10-Schilling-Note zeigte ein Lamm, die 1-Pfund-Note ein Schaf und die 2-Pfund-Note zwei Mutterschafe. Die Geldscheine waren aber nicht beliebt und wurden nach einigen Jahren wieder eingezogen.

◆◆◆

Im Jahr 1700 führte Rußland als erster Staat der Neuzeit für seine Währung das Dezimalsystem ein. Großbritannien ging erst 1971 dazu über.

Wert-Papiere

Wann dienten Spielkarten als Währung, und in welchem Land gab es Geld, das man essen konnte?

Das Papier wurde im 1. Jh. von den Chinesen erfunden, und so verwundert es nicht, daß es in China bereits im 13. Jh. auch Papiergeld gab. Die Chinesen nannten es „fliegendes Geld", weil sie sich über die Geschwindigkeit wunderten, mit der die Noten zirkulierten. Das Papiergeld war schließlich so verbreitet, daß sogar der berühmte italienische Reisende Marco Polo, der China zwischen 1275 und 1292 erkundete, in seinen Aufzeichnungen davon berichtete. Zu dieser Zeit herrschte übrigens der mongolische Groß-Khan Khubilai, der Enkel des berüchtigten Dschingis-Khan, im Reich der Mitte.

Europa konnte es erst spät mit Chinas fortschrittlichem Währungssystem aufnehmen. Ab etwa 1400 akzeptierten einige Bankiers in Barcelona, Genua und Florenz „Wechsel", die bereits eine Art privates Papiergeld waren. Doch die ersten echten Banknoten Europas kamen wohl in Schweden in Umlauf. 1661 begann der Stockholmer Bankier Johan Palmstruch, Geldnoten zu drukken. Er ging jedoch nach sechs Jahren bankrott.

Mehr Erfolg hatte die 1695 gegründete Bank von England. Im Auftrag der Regierung brachte sie verschiedene Noten im Wert zwischen 10 und 100 Pfund in Umlauf – und hat diese Aufgabe seither beibehalten.

Verspielte Alternativen

Als Rohmaterial für Geldscheine benutzte man nicht immer Papier. Lange vor den ersten chinesischen Papiernoten kannten Ägypter, Römer und auch die Chinesen selbst Geldscheine aus Papyrus und Tierhaut.

Eine der seltsamsten Papiernoten kam 1685 im französischen Teil Kanadas in Umlauf. Als Jacques de Meulles, ein Verwaltungsbeamter, der in der Garnison von Quebec den Sold auszahlte, einmal kein Geld mehr in der Kasse hatte, stellte er einfach Schuldscheine aus – und zwar auf der Rückseite von Spielkarten. Diese Notlösung bewährte sich so gut. daß in Kanada noch über 100 Jahre später Spielkartengeld im Umlauf war.

Aber auch anderswo machte man Spielkarten zu Geld. So verfiel z. B. die Regierung in Frankreich nach der Revolution im Jahr 1790 auf diesen Trick.

Nichts für Feinschmecker

Auf die erste eßbare Banknote mußte die Welt dagegen bis zum 20. Jh. warten. Feinschmecker dürften den tibetischen Srang, den man von Hand auf Reispapier druckte, allerdings nicht geschätzt haben, denn die Druckfarbe wurde aus Pflanzenteilen und Yakdung hergestellt.

Was die kurzlebigste Papierwährung betrifft, so hält den Rekord zweifellos Panama. Landeswährung war der amerikanische Dollar, bis Präsident Arnulfo Arias im Oktober 1941 beschloß, eine eigene Währung, den Balboa, einzuführen. Doch schon kurz darauf übernahm Ernesto de la Guardia die Macht. Der Dollar kehrte zurück, und der Balboa erhielt den Status einer Münzwährung. Der Papierbalboa war gerade eine Woche gültig gewesen.

Hätten Sie's gewußt?

Als erste Münze der USA wurde 1787 der Fugio-Cent in Umlauf gebracht. Das Metall für die Cents stammte von den Kupferreifen der Pulverfässer aus dem Unabhängigkeitskrieg. Benannt wurde die Münze nach dem lateinischen Wort fugio *auf ihrer Rückseite. Es bedeutet: „ich eile", womit die Zeit gemeint ist. Auf der Vorderseite stand: „Kümmere dich um deine Geschäfte" – ein Ausspruch, der Benjamin Franklin zugeschrieben wird.*

◆◆◆

Der erste englische Silberflorin kam 1848 heraus. Weil er nicht die traditionellen Inschriften „D. G." (Dei Gratia – von Gottes Gnaden) und „F. D." (Fidei Defensor – Verteidiger des Glaubens) trug, wurde er auch als gottloser Florin bezeichnet und für eine Choleraepidemie verantwortlich gemacht, die in jenem Jahr in Großbritannien wütete. Unter dem Druck der Öffentlichkeit trat daraufhin der Obermünzmeister zurück, und der Silberflorin wurde wieder aus dem Verkehr gezogen.

◆◆◆

Mitte des 19. Jh. begann man in Thailand Porzellanchips aus Spielkasinos als Zahlungsmittel zu benutzen. Schon bald ersetzten diese Ersatzmünzen das normale Geld. Sie blieben mehrere Jahre im Umlauf.

Spielgeld *In Kanada gab es seit 1685 eine Spielkartenwährung. Später verwendete man auch unbedruckte Karten (links). In Frankreich wurde Spielkartengeld (unten, links und rechts) nach der Revolution 1790 benutzt.*

Kapitel neun

ENTDECKUNGEN, REISEN, ABENTEUER

Während des Zweiten Weltkriegs trieb der chinesische Seemann Poon Lim als Schiffbrüchiger 133 Tage lang allein auf einem Floß im Atlantik (siehe Seite 278). Er ernährte sich von Regenwasser und dem rohen Fleisch von Fischen und Möwen – und er überlebte. Seine Geschichte veranschaulicht die wichtigsten Merkmale vieler abenteuerlicher Reisen, seien sie nun die von Forschern, Entdeckern oder Überlebenskünstlern. Sie führen in unbekannte Gefilde, und sie fordern den Menschen heraus, unvorstellbar schwierige Situationen zu meistern und dabei Fähigkeiten und Charaktereigenschaften zu entwickeln, die weit über die Anforderungen des Alltags hinausgehen.

Pfeilschnelle Segler

Wie der Teehandel die Schiffahrt beflügelte

Anfang Oktober 1869 – zwei Wochen früher als erwartet – tauchte vor der Südwestspitze von England die Silhouette der *Sir Lancelot* aus dem Nebel auf. Der elegante Klipper hatte die gut 26 000 km lange Reise von Fuzhou in Südchina bis England in der Rekordzeit von 85 Tagen zurückgelegt und damit das große Wettrennen, wer den ersten Tee aus der neuen Ernte nach Europa bringt, gewonnen.

„*Time is money* – Zeit ist Geld", hieß es schon damals im Teegeschäft; die Großhändler zahlten hohe Preise für den ersten Tee der Saison. Mancher Schiffseigner hatte auf diese Weise schon mit einer einzigen Fahrt die gesamten Kosten für den Bau eines Schiffs erwirtschaftet.

Die Klipper des 19. Jh., die für den schnellen Transport hochwertiger Waren wie Tee und Gewürze vorgesehen waren, wurden nach völlig anderen Plänen gebaut als traditionelle Schiffe. Sie waren nicht mehr schwer und gedrungen wie die alten Handelsschiffe, sondern leichte, etwa 70 m lange, schlanke Flitzer mit schnittig geformtem Rumpf und spitzem Bug, der das Wasser elegant durchschnitt. Ihre hohen Masten trugen bis zu 5500 m² Segelfläche, die dafür sorgte, daß die Klipper auch bei schwacher Brise in Fahrt blieben.

Die neuen Segelschiffe, deren Name von dem englischen Wort *to clipp off* – abschneiden, also Zeit ab-

Wertvolle Fracht *1849 brachten Klipper wie die* Flying Cloud *Goldsucher, Ausrüstung und Lebensmittel von der Ostküste Amerikas um das Kap Hoorn nach Kalifornien.*

schneiden, herrührt, erreichten eine Geschwindigkeit von 18 Knoten oder 34 km/h und waren damit doppelt so schnell wie ein herkömmlicher Windjammer. Sie bestanden ihre größte Bewährungsprobe während des kalifornischen Goldrauschs 1849, als die Seereise von New York nach San Francisco schneller und gefahrloser war als der Landweg durch den Wilden Westen. Kurz danach, Mitte des vorigen Jahrhunderts, brachen die Klipper einen Geschwindigkeitsrekord nach dem andern. So schaffte 1851 die *Flying Cloud* die Reise von New York nach San Francisco in 89 Tagen, und die *Cutty Sark*, der berühmteste Klipper der Welt, legte 1887/88 die Strecke Sydney–London in der unvorstellbar kurzen Zeit von nur 71 Tagen zurück.

Mit der Eröffnung des Sueskanals im Jahr 1869 verkürzte sich die Entfernung nach Asien und Ostafrika so stark, daß die Dampfschiffe, die ständig Kohle bunkern mußten und dadurch viel Zeit verloren, über Nacht konkurrenzfähig wurden. Die Zeit der Segelschiffe war vorbei.

Alle packen an *Seeleute an Bord des Klippers* Garthsnaid *bergen während eines Sturms ein Segel – getreu der Devise „Eine Hand für das Schiff, eine für sich selbst."*

Die Reise der Pilgerväter

Das beschwerliche Leben unter Deck der Mayflower

Rund 100 Männer, Frauen und Kinder stehen oder hocken zusammengepfercht in einem einzigen engen Raum, in dem kaum Platz zum Hinsetzen bleibt. Die Decke hängt so niedrig, daß jeder, der größer als 1,50 m ist, den Kopf einziehen muß. Keine sanitären Einrichtungen, kein Tageslicht, heiße, verbrauchte Luft – so sah das Leben unter Deck der *Mayflower* aus, jenem Schiff, mit dem die Pilgerväter 1620 von England nach Nordamerika aufbrachen.

Die Pilgerväter waren eine kleine Gruppe von Puritanern, die in England ihrer religiösen Anschauung wegen verfolgt wurden und daher das Land verlassen wollten. Nach einem mehrjährigen Aufenthalt in Holland kehrten sie von Plymouth aus endgültig der Alten Welt den Rücken, um in der Neuen Welt ungehindert nach ihrem Glauben leben zu können.

Navigieren war Glückssache

Die *Mayflower*, der sich die frommen Leute anvertrauten, war mit 27 m Länge und 180 t Gewicht nach modernen Maßstäben eine Nußschale. Auch die Navigation damals war alles andere als sicher. Das Schiff besaß zwar zwei brauchbare Kompasse, doch die Seekarten waren noch äußerst unzuverlässig. War ein Schiff einmal vom Kurs abgekommen, dann konnte der Navigator kaum mehr feststellen, wo es sich befand.

Als die Pilgerväter am 16. September 1620 in See stachen, waren die äußeren Bedingungen hervorragend. Doch schon bald schlug das Wetter um, und sie hatten mit heftigen Stürmen und schwerer See zu kämpfen. Die Luken wurden dichtgemacht, und die Menschen drängten sich, frierend, naß und seekrank, in dem stinkenden Laderaum zusammen. Dort aßen sie, hielten ihre Gottesdienste ab und versuchten zu schlafen. In diesem Elend brachte Elizabeth Hopkins ihr viertes Kind zur Welt.

55 Tage war die *Mayflower* unterwegs, als endlich aus dem Ausguck der Ruf „Land in Sicht!" erscholl: Die Pilgerväter hatten die nördliche Spitze von Cape Cod im heutigen Massachusetts erreicht. Am nächsten Tag umrundeten sie das Kap und gingen in der weiten Bucht an der Stelle vor Anker, wo heute die Stadt Provincetown liegt. Aber damit waren die Schwierigkeiten noch nicht überwunden. Länger als einen Monat suchten sie nach einem geeigneten Platz, wo sie sich niederlassen konnten. Nachdem sie schließlich fündig geworden waren, errichteten sie unter der Führung von John Carver und William Bradford eine Siedlung, die sie Plymouth nannten.

Der erste Winter in Amerika war hart und entbehrungsreich, so daß schon in wenigen Wochen 44 der von der Reise geschwächten Pilgerväter starben. Den übriggebliebenen erschien die Neue Welt als ein abweisendes, ja feindseliges Stück Erde. William Bradford berichtete: „Sie hatten jetzt weder Freunde, die sie willkommen hießen, noch ein Wirtshaus, wo sie sich erfrischen konnten, keine Häuser und keine Städte, wo sie Hilfe und Zuflucht fanden ... Rundherum gab es nichts anderes als trostlose Wildnis, Wälder und Dickicht und wilde Tiere."

Dazu kam noch, daß die Pilgerväter Stadtbewohner gewesen waren und kaum etwas von der Landwirtschaft verstanden. Nur mit Hilfe freundlich gesinnter Indianer, die ihnen das Fischen und den Anbau von Mais beibrachten, überlebten sie. Nach der ersten Ernte feierten Indianer und Pilgerväter gemeinsam ein Erntedankfest – ein Feiertag, der in den USA noch heute mit Inbrunst begangen wird.

DER SEEKRANKE ADMIRAL

Admiral Horatio Nelson, der größte britische Seeheld, der seinem Vaterland auf Korsika ein Auge, auf Teneriffa einen Arm und bei Trafalgar sein Leben opferte, litt bei aller Tapferkeit an der für Seeleute besonders unangenehmen Seekrankheit. Zeit seines Lebens kämpfte er erfolglos gegen das Übel an, ließ sich aber dadurch dennoch nicht von einer glänzenden Karriere bei der Marine abhalten.

Wie alle anderen Seeleute war auch Nelson auf seinen Fahrten ständig Entbehrungen, ungesunder Ernährung und der Gefahr von Infektionskrankheiten ausgesetzt. 1780 beispielsweise, auf einer Reise zu den Karibischen Inseln, erkrankten er und 87 Mann der Besatzung an Gelbfieber. Weniger als zehn überlebten.

Zu den anderen Krankheiten, die Nelson wiederholt durchmachte, gehörten Malaria, Skorbut, zeitweilige Lähmungen und wahrscheinlich auch Tuberkulose. Außerdem litt er an Depressionen – bei seiner Krankheitsgeschichte kein Wunder!

Tod eines Helden In der Seeschlacht von Trafalgar 1805 wurde Nelson in der Stunde des Sieges über die französische und spanische Flotte tödlich verletzt.

Am Ende der Sintflut

Auf der Suche nach dem Landeplatz der Arche Noah

Der Sturm blies sechs Tage und Nächte lang, Winde und Fluten begruben die Welt unter sich." Diese Worte, die an die Geschichte der Sintflut erinnern, stammen nicht aus der Bibel, sondern dem Gilgamesch-Epos, einer bedeutenden sumerischen Dichtung vom Ende des zweiten vorchristlichen Jahrtausends. Viele alte Mythen erzählen eine ähnliche Geschichte: Eine ungeheure Flut drohte das Leben auf der Erde zur Strafe für die Schlechtigkeit des Menschengeschlechts auszulöschen, doch ein gottesfürchtiger Held, der in der Bibel Noah genannt wird, vermochte den Fortbestand der Menschheit zu sichern.

Wurde die Arche verheizt?

Lange schon haben interessierte Menschen nach den Überresten der Arche Noah gesucht, nicht zuletzt, um zu beweisen, daß die Heilige Schrift wörtlich zu nehmen ist. Ihre Suche konzentrierte sich auf den Berg Ararat in der heutigen Türkei, einen erloschenen Vulkan, wo die Arche laut Bibel gelandet sein soll. 1876 behauptete der Engländer James Bryce, dort ein großes Stück Holz, eine Planke der Arche, gefunden zu haben. Doch niemand außer ihm glaubte an die Echtheit des Fundes, denn auf dem seit Jahrhunderten baumlosen Berg wäre jedes kleinste Stück Holz von Schäfern bemerkt und zum Heizen verwendet worden.

Gut 100 Jahre später, im August 1984, verkündete der amerikanische Forscher Marvin Steffins, er habe die Arche in 1500 m Höhe am Berg Ararat entdeckt; seiner Ansicht nach seien die Überreste des riesigen Schiffsrumpfes aus der Luft deutlich zu erkennen und entsprächen genau den in der Bibel angegebenen Maßen. Er suchte die Stelle auf und fand Stücke einer zementartigen Masse, mit der Noah den hölzernen Schiffsrahmen bestrichen haben soll. Obwohl die wissenschaftliche Analyse ergab, daß die gefundenen Brocken Kalkstein waren, setzt Steffins seine Hoffnung auf weitere Ausgrabungsfunde.

Andere Historiker glauben dagegen, daß Noahs Arche ein Floß aus Papyrusschilf mit Aufbauten aus Holz gewesen und deshalb im Lauf der Jahrhunderte völlig verrottet sei.

In Windeseile

Renaissance der großen Segler?

Futuristische Takelage *Die drei 14 m hohen, mit extrem belastbarem Kunststoff bespannten Flügel auf dem Frachter* Ashington *dienen als Segel.*

Steigende Ölpreise und die wachsende Sorge um den Erhalt der Umwelt haben eine – vorerst noch zögerliche – Wiedergeburt der professionellen Segelschiffahrt eingeleitet. Im Jahr 1984 lief in Großbritannien der 33 m lange Zweimastsegelfrachter *Atlantic Clipper* vom Stapel, der mit seinen 420 m² Segelfläche eine Durchschnittsgeschwindigkeit von acht Knoten pro Stunde erreicht. Das ist zwar wesentlich weniger als die 12–23 Knoten, die dieselgetriebene Schiffe im Durchschnitt schaffen. Aber wenn das Öl wieder teurer wird, dann können Segelschiffe, deren Dieselmotoren nur kurzzeitig laufen, auf alle Fälle wirtschaftlich betrieben werden, auch wenn die Fahrt länger dauert und deshalb höhere Lohnkosten für die Besatzung einzukalkulieren sind.

Die Segeleinrichtungen eines modernen Frachtseglers werden allerdings mit der Takelage eines alten Windjammers wahrscheinlich kaum mehr etwas gemein haben. Die „Segel" der *Ashington* beispielsweise, die von einer britischen Firma konstruiert wurden, bestehen aus drei 14 m hohen, senkrecht stehenden, an Windmühlenflügel erinnernden Gebilden, die nach neuesten aerodynamischen Erkenntnissen hergestellt sind. Ihre Steuerung übernimmt ein Computer, der die Informationen von Wind- und Schiffsgeschwindigkeit sowie Windrichtung und Kurs verarbeitet und daraus die ideale Winkelstellung berechnet. Die Bespannung der Windflügel besteht aus leichtem, aber extrem belastbarem Kunststoff, der auch in der Flugzeugindustrie verwendet wird.

Des einen Leid . . .

Gestrandete Schiffe – an vielen Küsten willkommen

Friedlich lauscht eine Dorfgemeinde an der Küste von Cornwall beim Gottesdienst der Predigt ihres Pfarrers. Da ertönt vor der Kirchentür der Schrei: „Schiffbruch!" Sofort springen die Leute auf, wollen zum Strand laufen, vielleicht ein paar unglückliche Seeleute retten. Doch der Pfarrer beschwört sie eindringlich zu warten – er will nicht etwa noch ein Gebet für die Seelen der Schiffbrüchigen sprechen, sondern sich nur schnell umziehen und dann mit allen zusammen losziehen, um seinen Anteil zu sichern. Er weiß so gut wie alle Einheimischen, daß es äußerst lohnend sein kann, die Ladung eines Wracks – womöglich Edelmetalle und allerlei Luxusgüter – zu bergen.

Gefährliche Felsküste

Diese Geschichte, die sich mit manchen Abwandlungen angeblich in vielen Küstenorten – nicht nur in England – abgespielt hat, gehört hoffentlich ins Reich der Legende. Tatsache aber ist, daß vor der Erfindung der modernen Navigationshilfen unzählige Schiffe an gefährlichen Felsküsten Schiffbruch erlitten und daß die Wracks in aller Regel gründlich ausgeplündert wurden. Auf den Scilly-Inseln vor der Südwestspitze Englands sprach man im 18. Jh. beispielsweise folgendes Gebet: „Wir bitten dich, o Herr, nicht darum, daß Schiffe Schiffbruch erleiden mögen, aber wenn es doch geschehen sollte, dann leite sie zu den Scilly-Inseln zum Wohle ihrer Bewohner."

Sobald man ein Schiff in Seenot ausgemacht hatte, liefen Männer und Frauen in Scharen zusammen, bewaffnet mit Äxten, Brechstangen, Säcken und Handwagen, und folgten dem Schiff die Küste entlang – manchmal mehrere Tage. Dieser Eifer war so manchem Seemann nicht geheuer, denn es ging das Gerücht, daß die Einwohner von Cornwall oft Schiffe absichtlich auf die Felsen zusteuern ließen, indem sie die bekannten Leuchtfeuer auslöschten und statt dessen irreführende entzündeten. Im Dezember 1680 hatte sich ein solcher Fall tatsächlich ereignet, als ein verbrecherischer Leuchtturmwärter ein Handelsschiff aus Virginia irreleitete und, nachdem es zerschellt war, ausplünderte. Die meisten Strandräuber aber warteten wohl einfach auf ihre Chance. Waren sie irgendwie in Reichweite des gestrandeten Schiffs gelangt, dann machten sie sich unverzüglich über die Ladung her und schleppten alles, was nicht niet- und nagelfest und für sie von Wert war, fort. Um ihre Beute vor dem Zugriff der gestrengen Zollbeamten zu schützen, versteckten sie sie in Gruben, Höhlen oder Mühlteichen.

Gelegentlich kam es vor, daß einige Plünderer auch noch die überlebenden

Schiffbruch Skrupellose Räuber reißen einem Gestrandeten, dessen Schiff an der felsigen Küste zerschellt ist, die Kleider vom Leib.

Seeleute ausraubten und ihnen buchstäblich das Hemd vom Leib rissen. Aber zur Ehrenrettung aller Küstenbewohner ist es verbürgt, daß viele von ihnen in ihren kleinen Booten auch heldenhafte Rettungsaktionen unternahmen, um Schiffbrüchige zu bergen.

PRÄHISTORISCHER EINBAUM

Die ältesten Boote, mit denen die frühen Menschen Wasserstraßen befuhren und auf Fischfang gingen, waren wahrscheinlich aus Baumstämmen hergestellt. Diese schwimmen von Natur aus und können durch Schnitzen oder Ausbrennen ausgehöhlt und in die gewünschte Form gebracht werden. Die Angehörigen mancher Völker versahen die Stämme mit Auslegern, formten Bug und Heck und statteten das Innere mit Ruderbank oder Sitzen aus. Einige Einbäume hatten sogar schon Bugfiguren, etwa in Form von bemalten Tierköpfen.

Das älteste bekannte Boot, der sogenannte Pesser Einbaum, befindet sich im Provinciaal-Museum von Drenthe in Assen, Niederlande, und stammt aus dem 7. Jahrtausend v. Chr. Er wurde kaum bearbeitet und ist außerordentlich schmal. Aus diesem Grund zweifeln viele Experten daran, ob der Stamm überhaupt ein Boot war und nicht womöglich einfach als Sarg, Backtrog oder schweres Schlaggerät diente.

Das älteste Boot? Dieser ausgehöhlte Kiefernstamm, der 1955 in einem Torfmoor bei Pesse in den Niederlanden gefunden wurde, ist etwa 3 m lang.

ALLEIN IN DER ENDLOSEN WASSERWÜSTE

Poon Lim, ein junger chinesischer Seemann bei der britischen Handelsmarine, dessen Schiff am 23. November 1942 von einem deutschen U-Boot im Atlantik torpediert worden war, schaffte es mit Glück und Geschick, 133 Tage allein auf einem Floß zu überleben.

Kurz nach der Vernichtung seines Schiffs stieß der junge Chinese, im Wasser treibend, auf ein Rettungsfloß mit Lebensmittelvorräten für 50 Tage. Er verließ sich aber nicht allein darauf, sondern wollte seinen Speiseplan zusätzlich mit frischen Fischen anreichern. Also zog er ein vorbeitreibendes Stück Holz aus dem Wasser, riß den Nagel, der darin steckte, heraus und bog ihn mit seinen Zähnen zu einem Angelhaken.

Eine Zeitlang benutzte er eine Brotaufstrichpaste als Köder. Später lockte er die Fische mit der Feder einer Taschenlampe an. Fast drei Monate lang ernährte er sich nur von rohem Fisch, gelegentlich auch einer getrockneten Möwe und von Regenwasser, das er in Kanistern sammelte.

Nach viereinhalb Monaten entdeckte ihn am 5. April 1943 die Mannschaft eines Fischerboots vor der brasilianischen Küste und nahm ihn an Bord. Poon Lim war zwar schwach, konnte aber laufen und hatte, wie ein Arzt feststellte, lediglich einen verdorbenen Magen. Als Anerkennung erhielt er noch im gleichen Jahr den Orden des Britischen Empire. Als er sich jedoch später um die Aufnahme in die US-Marine bewarb, wurde er abgewiesen – wegen seiner Plattfüße.

Überlebenskünstler Dank seiner Findigkeit und Ausdauer überlebte Poon Lim 133 Tage auf einem kleinen Floß im Atlantik.

Eine technische Episode

In der Schiffahrt blieb der Durchbruch der Atomenergie aus

Der US-Frachter *Savannah*, der 1959 vom Stapel lief, war das erste Handelsschiff, dessen Turbinen mit von Kernenergie erzeugtem Dampf angetrieben wurden. Als es 1970 ausrangiert wurde, pries man es als Symbol für den erfolgreichen Einsatz der Atomenergie in der Schiffahrt. Tatsächlich zeigten danach zahlreiche Schiffseigner Interesse an dieser bahnbrechenden Neuerung: Die Bundesrepublik Deutschland stellte 1968 das Frachtschiff *Otto Hahn* in Dienst, und Japan baute 1973 die *Mutsu*. Auch der griechische „Tankerkönig" Aristoteles Onassis plante, den Supertanker *Manhattan* mit Kernenergieantrieb auszustatten. Aber dann änderte nicht nur er, sondern nahezu alle Schiffseigner ihre Ansicht, so daß 1982 außer der Sowjetunion und Japan alle ihre Schiffe wieder mit Dieselöl fahren ließen. Was war die Ursache für diesen Meinungsumschwung?

Es gab zwei Gründe. Zum einen waren die Bau- und Entwicklungskosten einfach zu hoch. Im Fall der *Manhattan*, des damals größten Schiffs der Welt, ergaben die Berechnungen, daß ein konventioneller Antrieb billiger sein würde. Zum anderen wuchs weltweit die Sorge vor den Gefahren der Kernenergie, und die dadurch steigenden Sicherheitsanforderungen ließen den Einsatz von atomgetriebenen Schiffen bis zu einem gewissen Grad als riskant erscheinen.

Nur auf militärischem Gebiet, wo Geld und Umweltschutz eine untergeordnete Rolle spielen, setzt man weiter auf Atomenergie, da Schiffe mit einem solchen Antrieb nur sehr selten bunkern müssen. Atom-U-Boote z. B. können mehr als 600 000 km zurücklegen, ohne daß die Brennelemente erneuert werden müssen.

Kernkraft Das erste mit Atomkraft betriebene Frachtschiff, die Savannah, wurde 1959 auf einer Werft in New York gebaut.

Das Schlachtschiff der alten Griechen

Zwei Briten haben eine antike Triere nachgebaut

Im Jahr 1987 glitt vor der Silhouette von Piräus, dem Hafen von Athen, ein elegantes, 37 m langes Holzschiff aufs Meer hinaus. Angetrieben wurde es von 170 schwitzenden Ruderern. Diese vertrauten voll auf die Seetüchtigkeit ihres außergewöhnlichen Gefährts, der naturgetreuen Nachbildung einer altgriechischen Triere. Schließlich hatten Schiffe wie dieses 480 v. Chr. die dreimal stärkere persische Flotte bei Salamis vernichtend geschlagen und den Athenern den Sieg gebracht. Genau wie ihre antiken Leidensgenossen saßen die Ruderer in drei Decks übereinander und erreichten, wenn sie sich tüchtig in die Riemen legten und die Ruderschläge geschickt koordinierten, eine Stundengeschwindigkeit von sieben Knoten.

Vasen und Münzen als Vorlage

Ausgelöst wurde der denkwürdige Stapellauf der *Olympias* genannten Schiffskopie 1975 durch eine Diskussion unter den Lesern der Londoner Zeitung *The Times*, in der es um die äußere Form und die Leistungsfähigkeit einer Triere ging. Die beiden britischen Experten John Morrison, Altphilologe, und John Coates, Schiffsbauer, nahmen die Herausforderung an, für die griechische Marine nach der Vorlage antiker Vasen und Münzen den genauen Bauplan einer Triere auszuarbeiten und das fertige Schiff schließlich mit Hilfe einer britisch-griechischen Besatzung flottzumachen.

In der Antike gewann diejenige Partei eine Seeschlacht, die es schaffte, die

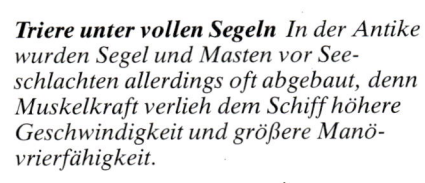

gegnerischen Schiffe zu rammen und damit außer Gefecht zu setzen oder gar zu versenken. Sollte das gelingen, mußte die Besatzung einer Triere einerseits außerordentlich kraftvoll rudern können, andererseits aber auch in der Lage sein, die Fahrgeschwindigkeit genau zu dosieren: Bei einem zu schnellen Angriff verkeilte sich die Bronzeramme womöglich im Schiffsrumpf des Gegners, bei einem zu langsamen Angriff konnte der Feind fliehen. Aus diesem Grund war die Anordnung der Ruderbänke und Ruder auf einer Triere ganz entscheidend – eine Frage, die unter den Schiffsbauern und ihren Helfern für Diskussionsstoff sorgte. Manche meinten, es habe nur eine Ruderbank gegeben und jeweils drei Männer hätten ein Ruder betätigt. Aber Morrison setzte

Optimale Raumnutzung *Die Koordination der Ruderbewegungen erforderte viel Übung, zumal nur die Ruderer der oberen Bank sehen konnten, wie ihre Ruderblätter ins Wasser tauchten.*

Triere unter vollen Segeln *In der Antike wurden Segel und Masten vor Seeschlachten allerdings oft abgebaut, denn Muskelkraft verlieh dem Schiff höhere Geschwindigkeit und größere Manövrierfähigkeit.*

sich mit seiner Auffassung durch, daß eine Triere drei Ruderbänke hatte, daß jedes Ruder von nur einem Ruderer bedient wurde und daß außerdem, anders als man erwarten würde, die Ruder der mittleren und oberen Bank die gleiche Länge hatten wie die Ruder der unteren Bank.

Die Mannschaft der *Olympias* machte bald die Erfahrung, wie anstrengend es war, die schweren Ruder aller drei Ruderbänke im gleichen Rhythmus zu bewegen, wobei die 62 Ruderer der oberen Bank in der Antike die schwierigste Aufgabe hatten. Hin und wieder gab es für die ganze Besatzung eine Ruhepause: Bei günstigem Wind konnte die Triere ihre beiden Segel setzen.

279

Das letzte SOS

Seenotrufe – bald ohne Morsezeichen

Im März 1899 lief der Dampfer *Elbe* vor der Südostküste von England auf Grund. Da sich der Unfall außer Sicht- und Hörweite anderer Schiffe ereignete, hätte er für die Besatzung sehr böse enden können, denn die einzige Verständigungsmöglichkeit von Schiff zu Schiff bestand damals aus Signalen mit Hilfe von Flaggen, Lampen und Nebelhörnern. Aber die Mannschaft der *Elbe* hatte Glück im Unglück, denn ein Feuerschiff in der Nähe verfügte über die modernste Technik der Zeit, nämlich ein Funkgerät, mit dem Hilfe herbeigerufen werden konnte.

Diese aufsehenerregende neue Erfindung, die drahtlose Nachrichtenübermittlung, war das Werk des italienischen Technikers Guglielmo Marconi. Sie erwies sich als ein Segen für die Schiffahrt, zumal in Verbindung mit dem von Samuel Morse 1838 entwickelten Alphabet, das aus Punkten und Strichen (kurzen und langen Zeichen) besteht und sich mühelos per Funk übertragen läßt. Ungezählte Schiffe und Seeleute konnten seither durch den gefunkten Morse-Seenotruf SOS vor dem Untergang gerettet werden.

Zwar bleibt der Funk in der Seefahrt weiterhin unentbehrlich, aber das Zeitalter des Morsens geht zu Ende, denn die Internationale Organisation für Schiffahrt bemüht sich intensiv um die Einführung eines globalen Funk- und Sicherheitssystems (*Global Maritime Distress and Safety System* – GMDSS). Entsprechend ausgerüstete Schiffe können sich dann über Funkfernschreiber verständigen, der über Satellit mit anderen Schiffen und Küstenstationen verbunden ist. Digital verschlüsselte Seenotrufe, die über die Position des Schiffes und Art und Zeitpunkt der Notlage informieren, können dann mit einem Druck auf den Knopf oder durch eine Zahlenkombination ausgelöst werden, bei der einzelne Ziffern für jeweils verschiedene Notsituationen wie z. B. Feuer an Bord oder Kollision stehen. Die letzte offizielle Nachricht in Morseschrift wird 1999 übersandt werden, da ab diesem Jahr das GMDSS für alle Schiffe obligatorisch wird.

Viele Schiffe sind bereits heute mit Notfunkbojen ausgestattet, die die Position anzeigen. Falls das Schiff sinkt, schwimmen sie im Wasser und senden automatisch Seenotsignale, die von Satelliten auf polarer Umlaufbahn empfangen werden.

Vom Schiff zur Küste *Über* INMARSAT*-Satelliten können Schiffe mit anderen Schiffen oder mit Funkstationen auf dem Festland Verbindung aufnehmen. Die zwei* COSPAS-SARSAT*-Satelliten, beide auf polaren Umlaufbahnen, empfangen Signale von Notfunkbojen sinkender Schiffe.*

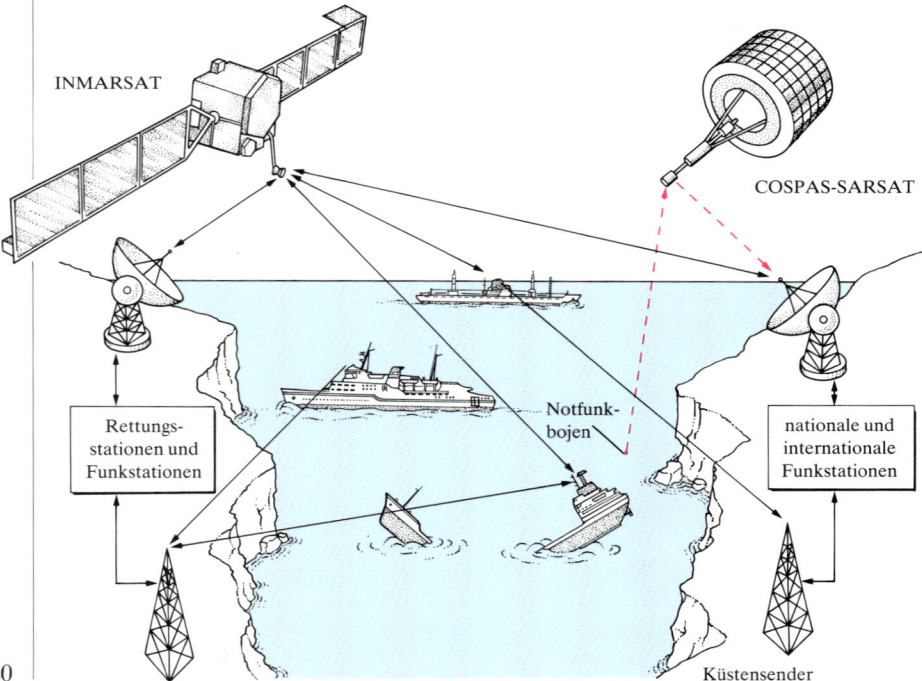

INMARSAT

COSPAS-SARSAT

Rettungs-
stationen und
Funkstationen

Notfunk-
bojen

nationale und
internationale
Funkstationen

Küstensender

Wie ein Lauffeuer

Schnelligkeit ist alles

Die Feindschaft zwischen Königin Elisabeth I. von England und König Philipp II. von Spanien erreichte ihren Höhepunkt, als Philipp 1588 eine Flotte von 130 Schiffen, die gefürchtete Armada, gen England schickte mit dem Befehl, das Land zu überfallen. Die Engländer waren zwar gut auf den Angriff vorbereitet, aber sie wußten natürlich nicht, an welcher Stelle der langen Südküste die Spanier landen wollten. Im Fall einer Invasion würde daher alles davon abhängen, wie schnell die Meldung übermittelt und die Verteidigung mobilisiert werden konnte.

Schreckensmeldung

Die damals übliche Nachrichtenübermittlung – Boten zu Pferde – war in dem Fall viel zu langsam. Also griff man auf eine ältere und schnellere Methode zurück, die in Kriegszeiten schon oft von Nutzen gewesen war: ein Netz von Leuchtfeuern auf Bergen und Hügeln, das sich über das ganze Land erstreckte.

Am 29. Juli wurde die Armada im Ärmelkanal gesichtet, und sofort entzündeten die Späher das erste Feuer an der Küste von Cornwall. Die weithin sichtbaren Flammen alarmierten die Bewohner der umliegenden Dörfer, und unverzüglich wurde das nächste Feuer entfacht.

So folgte ein Feuer dem andern, und sie verbreiteten die Nachricht bis weit in den Norden und Osten, untermalt von dem Geläute der Kirchenglocken. Am nächsten Morgen war die alarmierende Botschaft bereits bis in die 450 km entfernte Stadt Durham vorgedrungen, und überall standen die örtlichen Bürgerwehren mit ihren Waffen bereit. Allerdings umsonst – denn die Armada wurde auf See geschlagen, und kein einziger spanischer Soldat setzte seinen Fuß auf englischen Boden.

Hätten Sie's gewußt?

Der berühmte Seenotruf SOS ist keineswegs die Abkürzung von Save our Souls *– Rettet unsere Seelen! –, sondern setzt sich ganz einfach aus drei Buchstaben im Morsealphabet zusammen, die leicht zu senden und auch bei verzerrter Übertragung noch klar zu erkennen sind, nämlich dreimal kurz, dreimal lang, dreimal kurz:* · · · − − − · · ·

Wegmarken der Geschichte

Landkarten haben den Lauf der Dinge beeinflußt

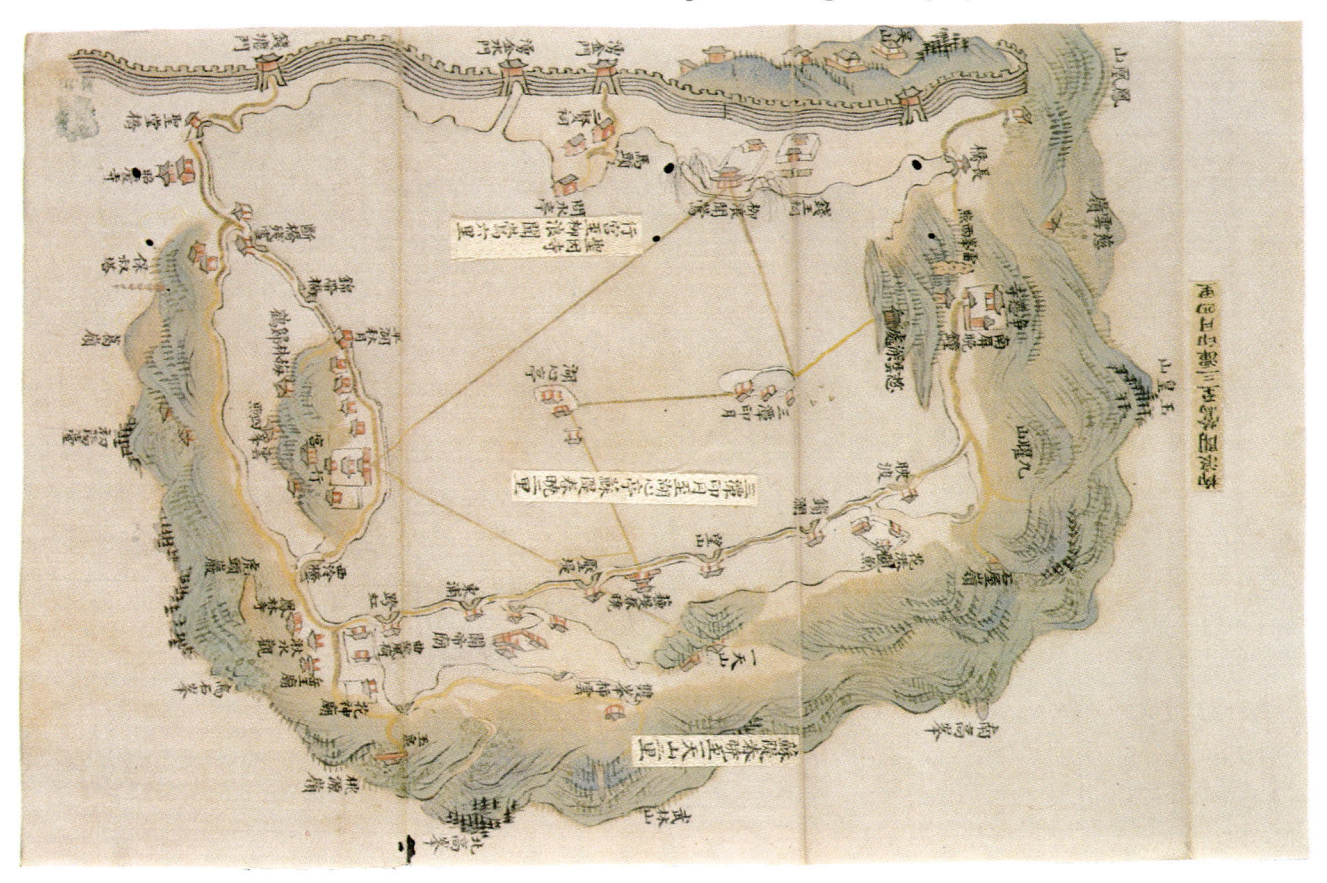

I m Jahr 227 v. Chr. erhielt Zheng, König des Landes Qin im Norden des späteren China, Besuch von einem Mann, der ein außergewöhnlich wertvolles Geschenk überreichte: eine Landkarte aus Seide. Doch die kostbare Gabe war ein Danaergeschenk, denn darin befand sich ein vergifteter Dolch, mit dem der König ermordet werden sollte.

Der Mordanschlag mißlang, und 221 v. Chr. konnte König Zheng sechs rivalisierende Staaten unter seiner Führung vereinen. Er gab dem neuen Reich nach seinem Volk, das Ch'in hieß, den Namen China und sich selbst den Titel Qin Shi Huangdi, was soviel wie Erster Erhabener Herrscher bedeutete.

Aus der Zeit Shis sind keine Landkarten erhalten, aber 1973 fand man in einem Grab in der Provinz Hunan drei seidene Karten aus dem Jahr 168 v. Chr. Zwei davon wurden fachmännisch restauriert. Auf der einen sind topographische Merkmale wie Flüsse und Berge, auf der anderen Standorte und Stärke der Militärposten eingezeichnet. Auch nach der Erfindung des Papiers, um 100 n. Chr., verwendete man in China für Landkar-

Orientierungshilfe *Diese chinesische Seidenkarte aus dem 18. Jh., die hier fast in Originalgröße abgebildet ist, zeigt Städte im chinesischen Kernland. Oben erkennt man die Große Mauer mit einigen Wachtürmen.*

ten weiterhin Seide, da sie besonders fest ist und nahtlos in beliebiger Länge gewoben werden kann.

In Europa, wo man Seide und Papier erst viel später kennenlernte, wurden Landkarten aus Pergament, also der präparierten Haut von Kälbern, Schafen oder Ziegen, hergestellt. Das älteste erhaltene Fragment einer solchen Karte, rund 18×45 cm groß, stammt aus der Zeit um 260 n. Chr. und zeigt einen Teil des Römischen Reiches, nämlich den Lauf der Donau und die Nordküste des Schwarzen Meers. Stilisierte Ziegelmauern deuten die Lage der Städte an.

Alte Landkarten weisen manchen Fehler und viele weiße Flecken auf; oft stehen die eingezeichneten Landmarken, Verkehrswege, Orte usw. in völlig falschem räumlichen Verhältnis zueinander. Und dennoch konnten die Chinesen und Römer mit ihrer Hilfe zwei der größten Reiche regieren, die die Welt je gesehen hat.

DIE DRITTE DIMENSION

Wie kann man von unzugänglichen Gebieten des Erdballs, die nie ein Mensch betreten hat, genaue Landkarten herstellen? Die Antwort lautet: mit Hilfe der Photogrammetrie, eines Meßverfahrens, bei dem Serien von Luftaufnahmen ausgewertet werden.

Zwischen der Photogrammetrie und der Funktionsweise des menschlichen Auges gibt es Parallelen. Da die Augen in unserem Gesicht etwas Abstand voneinander haben, sieht jedes Auge einen bestimmten Gegenstand aus einem etwas anderen Winkel und vermittelt daher dem Gehirn ein anderes Bild. Je näher die Augen am betrachteten Objekt sind, desto stärker unterscheidet sich das Bild des rechten Auges von dem des linken. Durch Zusammenführen der beiden Bilder erhält das Gehirn eine Vorstellung von der Raumtiefe und gewinnt somit ein dreidimensionales Bild.

In der Photogrammetrie übernimmt nun ein Fotoapparat die Aufgabe der Augen. Er ist senkrecht nach unten an ein Flugzeug oder einen Satelliten montiert und macht von dem überflogenen Landstrich eine Serie von Luftaufnahmen. Dabei wird die Landschaft, die kartiert werden soll, in parallelen Streifen überflogen. Die so aus verschiedenen Blickwinkeln gewonnenen Fotos können dann mit Hilfe eines Stereoskops zu einem dreidimensionalen Bild mit äußerst genauen Höhenangaben vereinigt werden. Auf diese Weise werden topographische Karten hergestellt, die das Gelände wirklichkeitsgetreu und in einem bestimmten Maßstabsverhältnis wiedergeben.

Früher erforderte die photogrammetrische Erstellung von Karten viele zeitraubende Berechnungen und den Einsatz komplizierter optischer Geräte, heute dagegen übernimmt der Computer den größten Teil der Arbeit.

Im Land der Einfüßer und Hundsköpfigen

Frühere Kartographen bevölkerten die Welt mit merkwürdigen Fabelwesen

Vor dem 19. Jh., ehe das Dampfschiff und die Eisenbahn vielen Menschen auch weite Reisen ermöglichten, begaben sich nur wenige wagemutige Abenteurer, Forscher, Seefahrer und Handelsleute auf große Fahrt. Auf ihren Reiseberichten und einigen spärlichen antiken Quellen gründete die damalige Kenntnis ferner Länder – auch die der Kartenzeichner jener Zeit. Da sie kaum zu befürchten brauchten, daß ihnen Ungenauigkeiten oder gar Fehler nachgewiesen werden konnten, füllten sie die zahlreichen Wissenslücken mit Hilfe ihrer Phantasie. Sie beschränkten sich dabei nicht nur auf den vermeintlichen Verlauf von Küstenlinien, Flüssen und Gebirgen, sondern bevölkerten ihre Weltkarten zur Erbauung und Belehrung der Kartenbenutzer auch noch mit Fabelwesen. Nach der 1493 erschienenen illustrierten *Weltchronik* des Nürnberger Arztes und Historikers Hartmann Schedel beispielsweise lebten in Asien so merkwürdige Geschöpfe wie Menschen mit Hörnern, Vogelköpfen und Flügeln oder kahle, aber bärtige Frauen.

Antike Quellen

Hauptquelle für die Kartographen der Renaissance war die achtbändige *Anleitung zur Erdbeschreibung* von Ptole-

Fabelwesen Viel Phantasie bewies Sebastian Münster mit seiner Asienkarte aus dem 16. Jh.

mäus aus dem 2. Jh. n. Chr., in der die Lage vieler Orte der damals bekannten Weltgegenden nach Längen- und Breitengraden angegeben war. Als ergiebig erwiesen sich auch die teilweise äußerst phantasievollen Beschreibungen in der *Naturalis Historia* von Plinius dem Älteren, einem römischen Schriftsteller aus dem 1. Jh. n. Chr. Auf sie bezog sich der 1489 in Ingelheim geborene Kosmograph und Theologe Sebastian Münster, als er Landkarten mit grotesken Figuren illustrierte. So zeichnete er z. B. an den Rand der Karte von Indien Menschen mit nur einem, dafür aber riesengroßen Fuß und an anderer Stelle Menschen mit Hundeköpfen, die angeblich bellten, anstatt zu sprechen.

Manche Illustrationen auf alten Landkarten sind so bizarr, daß es zwei-

felhaft erscheint, ob wirklich jemand früher solche Hirngespinste für bare Münze nahm. Oder schenkten etwa die Chinesen des Jahres 350 v. Chr. einer Landkarte Glauben, auf der Menschen mit einem großen Loch in Magenhöhe dargestellt waren, durch das man eine Stange hindurchstecken und so den „aufgefädelten" Körper transportieren konnte? Und waren die Kartenmacher des 17. Jh. wirklich davon überzeugt, daß es im Pazifischen Ozean nur so wimmelte von Seejungfrauen, die in den Wellen herumtollten?

Manche phantastisch anmutenden Abbildungen aber stellten sich später tatsächlich als wahrheitsgetreu heraus. Auf vielen Karten des 16. und des 17. Jh. ist ein fremdartiges, gehörntes Tier zu sehen, das manchmal ein Horn, manchmal zwei Hörner aufweist. Unter den frühen Forschern, von denen viele noch nie ein Nashorn in natura gesehen hatten, entbrannte eine Diskussion darüber, ob die Rasse mit dem einen Horn nicht in Wirklichkeit das legendäre Einhorn sei. Der Streit wurde erst beigelegt, als man Ende des 18. Jh. entdeckte, daß einige Nashornarten zwei Hörner haben und andere nur eins.

Insel oder Festland?

Niederkalifornien gab Rätsel auf

Im Jahr 1540 startete eine spanische Flotte von Mexiko aus nordwärts, um die Westküste von Amerika zu erkunden. Andere Seeleute, die einige Jahre zuvor eine ähnliche Route gesegelt waren, hatten berichtet, daß dem Festland weiter nördlich eine riesige, langgezogene Insel vorgelagert sei. Und diese Insel, die California bezeichnet wurde, wollten die Spanier nun umrunden. Doch zu ihrer größten Überraschung vereinte sich die vermeintliche Meeresstraße nicht, wie in den Karten angegeben, mit dem offenen Meer, sondern endete nach rund 1100 km. Es handelte sich also um nichts anderes als eine langgestreckte Bucht. Was die Männer für die Insel California gehalten hatten, war in Wirklichkeit eine Halbinsel – das heutige Niederkalifornien, das zu Mexiko gehört.

Ungenaue Landkarten

Solche Fehler und Ungenauigkeiten auf Landkarten waren in früheren Zeiten an der Tagesordnung. Die Frage Insel oder Halbinsel stellte sich beispielsweise auch bei Florida. Zunächst hielt man es für eine Insel, bis einige Seefahrer die Verbindung mit dem amerikanischen Festland entdeckten und die Landkarten entsprechend abgeändert wurden.

Niederkalifornien gab den Kartographen allerdings die größten Rätsel auf.

Irrtum Auf einer holländischen Karte von 1686 ist Niederkalifornien als Insel mit mehreren vorgelagerten kleinen Inseln eingezeichnet.

Noch im Jahr 1625 veröffentlichte der Engländer Henry Briggs eine Karte, auf der die Halbinsel vom Festland abgetrennt eingezeichnet war. Dem Kartographen war aber offenbar dabei nicht ganz wohl in seiner Haut, denn er vermerkte den Zusatz: „Manchmal nimmt man an, California sei Teil des westlichen Kontinents, aber auf einer spanischen Karte ... ist es als schönes Eiland zu finden."

Inseln, die es nicht gab

Auch der Kartenmacher Pieter Goos aus Amsterdam erlag diesem Irrtum und stellte California in seinem *Zee Atlas*, der um 1660 erstmals erschien, als große keilförmige Insel dar. Er war sogar so von der Insellage überzeugt, daß er zwischen Niederkalifornien und dem Küstengebiet, das damals Neugranada hieß, eine Reihe kleinerer Eilande einzeichnete.

Erst zu Anfang des 18. Jh. korrigierte man die Landkarten endgültig und wies der Halbinsel Niederkalifornien, dem vermeintlichen „schönen Eiland", ihren rechten Platz als Teil des amerikanischen Festlands zu.

Reiseführer für Pilger

Eine Weltkarte aus der Sicht des Mittelalters

Ende der 80er Jahre schickten sich der Dekan und das Domkapitel der Kathedrale von Hereford in England an, eine Landkarte aus dem Kirchenbesitz auf einer Auktion zu verkaufen. Es handelte sich um keine gewöhnliche Landkarte, sondern um eine *Mappa mundi*, eine Weltkarte aus dem Jahr 1290. Damals glaubten die Europäer noch, die Erde sei eine flache Scheibe, und von Amerika und Australien hatte man noch nie etwas gehört. Doch solche geographischen Irrtümer taten der Kostbarkeit des 1,63 × 1,37 m großen Pergamentpapiers, das mit schwarzer Tinte bemalt, mit Rot und Blau koloriert und mit Blattgold verziert war, keinen Abbruch. Im Gegenteil – man erhoffte sich einen Erlös von mehreren Millionen Pfund.

Wundersame Geschöpfe

Betrachtet man die *Mappa mundi* aus geschichtlicher Sicht, dann gewährt sie tiefe Einblicke in die Denkweise der mittelalterlichen Menschen. In Übereinstimmung mit der christlichen Lehre war Jerusalem der Mittelpunkt der bewohnten Welt. Andere Städte und Orte in Europa und im Nahen Osten wurden oft nur eingezeichnet, weil sie an den Pilgerstraßen ins Heilige Land lagen. Über den Karteninhalt hinaus erläutern Zeichnungen und kurze Beschreibungen die Menschheitsgeschichte und die Wunder der Natur. Am oberen Rand der Karte sind die Auserwählten abgebildet, die zum Himmel aufsteigen, während die Verdammten in die Hölle fahren. An den Enden der Erde leben seltsame Menschen mit großen Ohren und gespaltenen Füßen, und die Menschen in Skandinavien scheinen ihr Land mit Affen zu teilen.

Die *Mappa mundi*, von der niemand weiß, wie sie in das Archiv der Kathedrale von Hereford kam, ist sehr gut erhalten – im Gegensatz zur Kathedrale selbst. Der Erlös des Kartenverkaufs sollte der Restaurierung des Gebäudes dienen. Doch geschichtsbewußte Menschen in Großbritannien protestierten dagegen, daß ein so bedeutendes Kulturgut womöglich außer Landes gebracht werden könnte, und überzeugten die Kirchenverwaltung schließlich davon, vom Verkauf abzusehen und die nötigen Gelder anders zu beschaffen.

EIN FALSCHER KAPITÄN ERZÄHLT

In einer Sommernacht des Jahres 1726 fand der Londoner Verleger Benjamin Motte vor seiner Haustür ein Paket. Es enthielt das Buchmanuskript eines gewissen „Lemuel Gulliver, zuerst Wundarzt und später Kapitän mehrerer Schiffe". Sein Titel lautete: *Reisen in verschiedene ferne Länder der Welt*. In dem Buch erzählt der geheimnisvolle Verfasser, über den im Vorwort nur einige dürre Lebensdaten angegeben sind, ausführlich und anschaulich von den Menschen in damals unbekannten Ländern. In einem davon beispielsweise, in Brobdingnag, einer gewaltigen Insel nicht weit von Madagaskar, lebten kirchturmgroße Riesen, und ein anderes, die Insel Liliput in ostindischen Gewässern, war bewohnt von einem Volk daumengroßer Zwerge.

Motte gefiel das Buch so gut, daß er es bald herausgab, ohne sich je mit dem Autor getroffen zu haben und obwohl jener über einen Mittelsmann den damals horrenden Preis von 200 Pfund forderte. *Gullivers Reisen*, wie es bald darauf genannt wurde, war eine Woche nach der Veröffentlichung bereits vergriffen.

Schon bald gab es die aberwitzigsten Spekulationen darüber, wer wohl dieser Lemuel Gulliver sein könnte und wo er lebte. Aber der, der es wissen mußte, nämlich der Autor, äußerte sich nicht dazu, sondern ging in seiner Heimat Irland auf Tauchstation, voller Sorge darüber, wie sein Buch wohl aufgenommen werden würde. Denn *Gullivers Reisen* war alles andere als ein harmloser Reisebericht, sondern enthielt eine zum Teil beißende Kritik am politischen und sozialen Klima im England des frühen 18. Jh. Und der Verfasser war Jonathan Swift, der hervorragendste politische Satiriker seiner Zeit.

1727, also nur ein Jahr nach der Erstveröffentlichung in Großbritannien, erschienen die phantastischen Erlebnisse des Gulliver auch in deutscher Sprache, und zwar unter dem Titel: *Des Capitains Lemuel Gulliver Reisen in unterschiedliche, entfernte und unbekannte Laender*. Teile des Buchs sind noch heute eine beliebte Lektüre für die Kinder.

Verborgene Tiefen

Seasat-A *erforscht vom Weltraum aus die Meere*

Jahrhundertelang hat der Mensch gewissenhaft Hügel und Berge, jeden Fluß und jede Straße vermessen, um genaue Karten von der Erde herzustellen. Und dennoch ließ sich der größte Teil seiner Welt nicht völlig erfassen: die Meere.

Dies änderte sich erst am 26. Juni 1978, als die amerikanische Weltraumbehörde NASA einen *Seasat-A* genannten Satelliten zur Erforschung der Weltmeere in seine Umlaufbahn schoß. Er umkreiste die Erde in 800 km Höhe auf sich überschneidenden Umlaufbahnen, deren Abfolge sich alle drei Tage wiederholte, und ermittelte dabei die Entfernung zwischen Meeresboden und -oberfläche auf 10 cm genau.

Der Meeresspiegel krümmt sich nicht gleichmäßig um die Erde, sondern weist merkwürdige Hügel und Mulden auf. Starke Winde, Meeresströmungen und die Gezeiten bewirken, daß sich die Wassermassen an manchen Stellen auftürmen und von anderswo abgezogen werden. Um solche Unterschiede möglichst exakt zu erfassen, nahm *Seasat-A* alle 3 km eine Messung vor. Aus den Millionen von Meßwerten ließ sich eine umfassende Karte von der Oberfläche der Weltmeere erstellen.

Darüber hinaus gaben die Daten von *Seasat-A* neue Aufschlüsse über den Meeresboden. Sie enthüllten, daß sich die unterseeischen Gebirgszüge und Gräben, die durch die Bewegungen der Erdkruste entstehen, unterschiedlich auf die Stärke der Gravitation auswirken und damit den Wasserstand beeinflussen. Wo sich auf dem Grund des Meeres eine Vertiefung befindet, hat auch die Meeresoberfläche darüber eine flache Delle, und umgekehrt läßt ein Gebirgszug am Meeresboden die Wassermassen darüber anschwellen.

Leider brach schon nach 100 Tagen Flug das Stromversorgungssystem von *Seasat-A* zusammen, so daß keine Daten mehr übertragen wurden und die Pionierarbeit des Satelliten ein vorzeitiges Ende fand.

Höhenflug Mit Hilfe der Peilstation (siehe Zeichnung unten links) ermittelte *Seasat-A seine genaue Höhe – erst dadurch konnte der Satellit (unten) auch kleinste Schwankungen der Meeresoberfläche zentimetergenau ermitteln.*

Umlaufbahn von *Seasat-A*

Peilstation

284

Mittel und Wege

Auf den Spuren frühgeschichtlicher Pfade

Seit Jahrhunderten wird bei Glastonbury im Südwesten Englands Torf gestochen. 1970 fanden die Torfstecher etwas, was sie nicht erwartet hatten: guterhaltene Reste des ältesten von Menschen erbauten Straßennetzes der Welt, entstanden um 3800 v. Chr.

Die uralten Pfade bestanden aus Reisig und Ästen. Sie liefen über das Sumpfland und stellten Verbindungen zwischen einzelnen Siedlungen her, die man an trockenen Stellen errichtet hatte. Es gibt weltweit viele Wege, die auf diese Art angelegt wurden, so z. B. frühgeschichtliche Knüppelpfade am Bieler See in der Schweiz und eine mittelalterliche Straße aus Holz durch ein ungarisches Sumpfgebiet.

Straßen aus Holz mögen im Vergleich mit modernen Straßen primitiv erscheinen, doch auch 1942 verwendete man dieses Material beim Bau des Alaska Highway, der Alaska mit dem Nordwesten der USA verbindet. Überbrückungen aus Holz waren die einfachste und wirkungsvollste Methode, die Straße über trügerischen sumpfigen Grund zu führen.

Dennoch, mit Holz belegte Wege waren die Ausnahme im frühen Straßenbau. Die meisten alten Stra-

Gut bewacht Festungen entlang der Seidenstraße sorgten für den Schutz der Reisenden. Hier führt die Straße an den Ruinen der Jiaohe-Zitadelle östlich von Turfan in China vorbei.

ßen waren einfache Trampelpfade, die sich im Lauf der Zeit sozusagen von selbst herausbildeten, weil Mensch und Tier sie ständig benutzten. Infolge des zunehmenden Handels über große Entfernungen entwickelten sich derartige Pfade manchmal zu wichtigen Fernhandelswegen.

Die längste dieser Straßen war die Seidenstraße von Shanghai nach Istanbul. Sie verband das entfernte chinesische Reich quer durch die Wüsten und Hochgebirge Zentralasiens mit der abendländischen Welt. Vom 1. Jh. v. Chr., als chinesische Seide zum erstenmal nach Europa kam, bis zum späten Mittelalter – ein Zeitraum von etwa 1500 Jahren – zogen Karawanen diese Straße entlang und wurden dabei immer wieder von eisiger Kälte, glühendheißen Sandstürmen und Räuberbanden heimgesucht.

Holzpfad Bei Glastonbury fällten Menschen vor Tausenden von Jahren unzählige Bäume, um Wege anzulegen.

Hätten Sie's gewußt?

Als die Seide im 1. Jh. v. Chr. von China nach Europa kam, wurde sie schnell so beliebt, daß der römische Kaiser Augustus den Männern das Tragen von Seide untersagte – Seide galt als unmännlich.

Die Inka und ihr Netz der Macht

Auf ihren Straßen rollte nie ein Rad

Den 180 spanischen Konquistadoren, die 1531 das Inkareich überfielen, kamen die Inka in vielerlei Hinsicht primitiv vor. Sie hatten keine Schrift, keine Pferde, kein Schießpulver und kannten nicht einmal das Rad. Dennoch hatte dieses Volk ein hochentwickeltes Straßennetz gebaut, das mit den Leistungen der Römer auf diesem Gebiet konkurrieren konnte.

Die Straßen durchzogen das Inkareich in der ganzen Länge, vom heutigen Peru im Norden bis nach Chile im Süden. Zwei parallel zueinander verlaufende Hauptstraßen bildeten das Rückgrat des Netzes: die 4000 km lange Küstenstraße und die wahrhaft gewaltige Große Königliche Straße, 4800 km lang und bis ins späte 18. Jh. die längste geplante Straße der Welt.

Bautechnische Wunder

Die Große Königliche Straße war nicht nur im Hinblick auf ihre Länge eine Meisterleistung – sie verlief auch mitten durch die Anden, ein wild zerklüftetes Hochgebirge. Die Inka überwanden jedoch alle damit verbundenen Probleme. Anstatt die steilsten Anstiege durch Kehren zu umgehen, schlugen sie

Hätten Sie's gewußt?

Der assyrische König Sanherib war sehr stolz auf die heilige Straße, die er um 700 v. Chr. in Ninive bauen ließ. Sie war etwa sechsmal so breit wie eine heutige dreispurige Fahrstraße, gepflastert und von hohen Säulen gesäumt. Sanherib ordnete deshalb an: Sollte jemand so bauen, daß auch nur ein Balkon in die Straße hineinreichte, würde dieser hingerichtet.

Stufen in die nackten Felswände, auf denen ihre Lasttiere, die Lamas, bequem hinaufsteigen konnten; sie trieben Tunnel durch die Felsen, und sie konstruierten spektakuläre Hängebrükken, die tiefe Schluchten und tobende Gebirgsbäche überspannten. Derartige Brücken sind in Ecuador, Bolivien und Peru auch heute noch in Gebrauch. Sie bestehen aus zu Seilen geflochtenen Pflanzenfasern und besitzen mit Knüppeln belegte Laufflächen. Die tragenden Seile sind teilweise so dick wie der Oberschenkel eines Mannes.

Die Benutzer der Straßen waren meist Soldaten und *chasqui* – die Boten der Regierung. Die *chasqui* waren trainierte Läufer, die an Posten im Abstand von etwa 3 km entlang der Hauptroute stationiert waren und Botschaften vom und zum Herrscherhof in Cuzco transportierten. Die Inka übermittelten Informationen mit Hilfe von *quipus* – verschiedenfarbigen Schnüren, in die Knoten gebunden wurden. Eine Läuferstaffel konnte angeblich bis zu 320 km am Tag zurücklegen. So gelangte frischer Fisch in zwei Tagen von der Küste in die Inkahauptstadt, die 400 km im Landesinnern im Hochland lag.

Die Inka bauten ihre Straßen aber nicht nur, um Nahrung oder Botschaften zu transportieren. Auch Soldaten benutzten sie. Das Straßennetz war eine Art Netz der Macht, das über weite Teile Südamerikas gelegt worden war – letztendlich half es aber auch den Konquistadoren, das Inkareich zu erobern.

Keine Räder Noch heute erinnert manches daran, daß die Inka das Rad nicht kannten. Bei dieser modernen Prozession wird der Darsteller eines christlichen Heiligen in einer Sänfte getragen.

DEN SCHWARZEN HUNDEN AUF DER SPUR

In Großbritannien berichten zahllose vom Volksmund überlieferte Geschichten von alten Pfaden, die von Schwarzen Hunden heimgesucht werden – diese Geisterwesen sollen manchmal nicht einmal einen Kopf haben. Sie scheinen insbesondere auf bestimmten alten, grasüberwachsenen Wegen, die auf der Grenze von kirchlichen Besitztümern oder Landsitzen verlaufen, ihr Unwesen zu treiben. Es wird erzählt, daß die Schwarzen Hunde oft in einer Hecke, unter einer Brücke oder in einer Toreinfahrt verschwinden – Orte, die traditionell als Punkte des Übergangs zwischen der Geisterwelt und unserer Welt angesehen werden.

Der Schwarze Hund ist in allen Beschreibungen immer so groß wie ein Kalb, dunkel und zottig und hat glühende Augen. In den Grafschaften Suffolk und Norfolk im Osten Englands gibt es besonders viele Geschichten über Schwarze Hunde. Einer Sage nach soll irgendwann im 19. Jh. ein Mann namens Finch aus Neatishead in Norfolk einmal einen jener berüchtigten Wege entlanggegangen sein. Dabei schnappte ein großer Hund, den er für den Hund eines Freundes hielt, nach ihm. Er

Geisterzeichen Stammen diese Kratzer an der Seitentür einer Kirche in Suffolk von den Klauen eines Schwarzen Hundes?

wollte nach dem Tier treten – doch sein Fuß fuhr durch den Geist hindurch.

In einer zeitgenössischen Schrift wird von einem Schwarzen Hund berichtet, der angeblich am Sonntag, dem 4. August 1577, während eines Sturms die St.-Mary's-Kirche von Bungay in Suffolk heimsuchte. Das Geistertier drehte zwei Kirchenbesuchern die Hälse um, und ein dritter „schrumpfte zusammen wie von Feuer versengtes Leder". Ein anderer Schwarzer Hund sprengte während des gleichen Sturms einen Gottesdienst im benachbarten Blythburgh. Er tötete drei Menschen und hinterließ Kratzspuren an der Kirchentür, die heute noch zu sehen sind.

Manche Menschen glauben, der Schwarze Hund sei der Geist eines vorgeschichtlichen Hundes, der die Aufgabe habe, heilige Plätze und Wegstellen zu bewachen. Wieder andere sind sogar der Meinung, es sei der Teufel persönlich. In Essex jedoch ist man der festen Überzeugung, der Schwarze Hund beschütze verirrte Wanderer.

Das Rätsel von Malta

Merkwürdige Furchen durchschneiden die Felslandschaft der Insel

Bestimmte Gebiete der Mittelmeerinsel Malta bieten ein seltsames Bild: Bis zu 60 cm tiefe, paarweise nebeneinander verlaufende Furchen im nackten Fels bilden eine Art Schienennetz mit einzelnen Knotenpunkten. Diese Schienen enden

schließlich meist irgendwo in einem Feld, an einer Straße oder einem Haus. Manchmal hören sie aber auch unmittelbar an einer Steilküste auf oder verschwinden einfach im Meer. Könnten diese Furchen die Überreste eines uralten Transportsystems sein?

Archäologen haben zumindest die Entstehungszeit der Furchen mit großer Wahrscheinlichkeit festlegen können. Die Furchen häufen sich nämlich in der Nähe von bronzezeitlichen Siedlungen, und viele führen sogar durch deren Tore. Daraus läßt sich leicht schließen, daß

Zerfurchtes Land
Sind die tiefen, V-förmigen Furchen, die den Felsboden auf Malta durchziehen, Schleifspuren eines primitiven Gleitkarrens?

das Schienensystem in der Bronzezeit, etwa 2000 v. Chr., entstand. Aber noch ist nicht geklärt, wie und warum die Furchen angelegt wurden.

Nach einer älteren Theorie handelte es sich hierbei um ein Bewässerungssystem. Experten weisen diese Theorie heute zurück, da in den Furchen keine Anzeichen von Erosion durch Wasser zu erkennen sind. Überzeugender erscheint dagegen die Ansicht, die Furchen seien die sichtbaren Folgen eines alten Transportverfahrens. Wagen mit Rädern scheiden als Verursacher jedoch aus, da die Spurweite der beiden Furchen nie exakt gleich bleibt.

Des Rätsels Lösung könnte eine Art Gleitkarren sein, eine primitive Schleppvorrichtung aus zwei Stangen, zwischen die man das Transportgut band. Vorne wurden die Stangen gezogen, hinten schliffen sie mit der Zeit die Furchen in das Gestein. Doch wer hat diese Gleitkarren gezogen? Tierhufe hätten den Fels abgewetzt und nackte Füße die Oberfläche glattpoliert. Solche Spuren sind allerdings nirgendwo zu finden. So bleibt das faszinierende Rätsel von Malta weiterhin ungelöst.

Wegbereiter eines Imperiums
Römerstraßen überdauerten Jahrtausende

Mit dem rund 210 km langen ersten Abschnitt der Via Appia von Rom nach Capua im Jahr 312 v. Chr. begann der römische Straßenbau im großen Stil. Parallel zur Ausdehnung des Reichs über Europa, Nordafrika und den Nahen Osten wuchs auch das Straßennetz. Bis zum Jahr 200 n. Chr. hatten die Römer mehr als 80 000 km Straßen fertiggestellt.

Die Konstrukteure dieser Straßen waren erfahrene Fachleute: Der *architectus* ist in etwa mit einem heutigen Bauingenieur gleichzusetzen, der *agrimensor* einem Geometer und der *librator* einem Wasserbauingenieur. Die eigentlichen Bauarbeiten wurden von Soldaten ausgeführt.

Eine gute Grundlage
Das Fundament der Straßen wurde den jeweiligen Gegebenheiten angepaßt. Man richtete sich nach den Boden- und Geländeverhältnissen sowie dem erwarteten Verkehrsaufkommen. Beim Bau einer Hauptstraße grub man in der Regel so tief, bis man auf festes Gestein stieß. Zunächst legte man ein Fundament aus hochkant gestellten Steinen. Darauf liegende flache Steine bildeten die Basis für eine oder mehrere Schotterschichten. Danach folgte eine Schüttung aus Kies und Lehm oder aus Ziegelsplitt und Kalk und zuletzt eine Lage von viereckigen oder polygonalen Steinplatten. Außerhalb der großen Städte waren – wenn überhaupt – nur Ausfallstraßen und Kreuzungen gepflastert. Ansonsten bestand die Straßenoberfläche nur aus Schotter, Holz oder festgetrampeltem Lehm. Die Straßen waren zwischen 1,5 und 7,5 m breit und verliefen oft schnurgerade. Es gab Streckenabschnitte, die 40 km lang geradeaus verliefen. Häufig auch paßten sich die Straßen Geländeformen an, folgten z. B. einem Fluß bis zur nächsten Furt.

Mit den einfachsten Werkzeugen – Hacke, Hammer und Spaten – vollbrachten die Römer bauliche Höchstleistungen. Sie errichteten grandiose Brük-

Robustes Pflaster *Viele der großen schwarzen Steine, mit denen die Via Appia gepflastert wurde, sind auch nach mehr als 2000 Jahren noch erhalten.*

Hätten Sie's gewußt?

Die Leistungen der Römer im Straßenbau erscheinen noch beeindruckender, wenn man bedenkt, daß sie ohne den Schubkarren durchgeführt wurden. Diese chinesische Erfindung kam erst im Mittelalter nach Europa.

---

ken, gruben Tunnel, legten Sümpfe trocken und bearbeiteten massiven Fels. Bei Terracina südöstlich von Rom trugen sie z. B. eine 38 m hohe Felsschicht ab, damit die Via Appia geradlinig entlang der Küste verlaufen konnte.

Das Ende der Straßen
Römerstraßen waren darauf angelegt, lange Zeiträume zu überstehen, und überdauerten schließlich auch das Römische Reich – doch einer einfachen mittelalterlichen Erfindung waren sie nicht gewachsen: dem Pferdegeschirr. Darin eingespannt, konnten Pferde wesentlich schwerere Lasten ziehen als je zuvor. Nun wurden die alten Römer-

straßen mit einem Gewicht belastet, für das sie nicht gebaut waren. Nach und nach zerstörten die schwerbeladenen Wagen die Straßendecke.

Doch noch heute existieren Römerstraßen, und die Streckenführung vieler Fernstraßen in Europa orientiert sich an alten römischen Routen. Die moderne Straße von Rom nach Rimini führt sogar durch einen Tunnel, der vor mehr als 1900 Jahren gebaut wurde – im Jahr 77 n. Chr.

Über Stock und Stein

Jahrhundertelang war die Postkutsche das schnellste Beförderungsmittel

Auf der Fahrt über eine steile, gewundene Paßstraße in den Alpen verlor eine Postkutsche in der Kurve die Balance und kippte um, blieb aber zum Glück an einem Baumstumpf oben am Abhang hängen. Zitternd kletterten die Passagiere aus der Kabine und brachten sich in Sicherheit, während das Gepäck polternd in die Tiefe stürzte.

Solche Ereignisse waren im Postkutschenzeitalter nichts Außergewöhnliches. Das Reisen war damals eine unbequeme, wenn nicht gefährliche Angelegenheit, und Berichte von sich überschlagenden Kutschen und durchgehenden Pferden waren an der Tagesordnung. Die ohnehin miserablen Verkehrswege verwandelten sich nach starken Regenfällen in Rutschbahnen, auf denen Pferde und Kutschen tief im Schlamm versanken und häufig steckenblieben.

Dazu kamen noch ganz andere Unannehmlichkeiten: Räuberbanden und Wegelagerer, die den Kutschen wohlhabender Adliger und Bürger auflauerten, sowie merkwürdige, oft genug bedrohlich wirkende Mitreisende. So wurde von Passagieren berichtet, die zusammen mit in Ketten liegenden Sträflingen, mit Leichen und selbst mit einem dressierten Bären auf die Reise gehen mußten.

Auch die Kutscher, die zwar gutes Geld für ihre Arbeit erhielten und im allgemeinen respektierliche

Alles einsteigen *Nach einer Erfrischungspause und einem kleinen Schwatz geht die Fahrt mit der Postkutsche weiter.*

Abfahrt täglich *Mitte des 19. Jh. konnte man mit der Postkutsche quer durch den weiten Westen Nordamerikas reisen.*

Leute waren, trugen nicht immer zur Verkehrssicherheit bei. Es kam vor, daß ihnen eine Tour zu anstrengend erschien und sie ihr Gefährt und die ihnen anvertrauten Reisenden einfach im Stich ließen; es wurde aber auch von Wettrennen mit anderen Kutschen berichtet, bei denen es zu Verletzten kam.

Doch wer reisen wollte oder mußte, durfte sich von solchen Widrigkeiten nicht abschrecken lassen, denn die Postkutsche bot einen großen Vorteil: Sie war eindeutig das schnellste Beförderungsmittel ihrer Zeit. Ihr Netz von Haltestationen, an denen die Pferde gewechselt wurden, und die angebotenen Nachtfahrten erlaubten eine Durchschnittsgeschwindigkeit von immerhin 16 km/h.

Das Zeitalter der Postkutsche dauerte in Mitteleuropa mehrere Jahrhunderte – von 1516, als dem „Speditionsunternehmen" derer von Thurn und Taxis die allgemeine Personenbeförderung gestattet wurde, bis zur Mitte des 19. Jh., als die Eisenbahn ihren Siegeszug antrat. Geschichten rund um die Postkutsche, erheiternd oder gruselig, werden aber noch lange die Erinnerung an die gar nicht immer so gute alte Zeit wachhalten.

Magisches Geflüster

Über die Kunst, mit störrischen Pferden umzugehen

Ratlos und ängstlich starrten die Umstehenden auf das verschlossene Tor, während drinnen im Stall ein wild gewordenes Pferd sich aufbäumte, wütend ausschlug, tobte und wieherte. Endlich kam der herbeigerufene alte Bauer. Er hörte nicht auf die Warnungen, die man ihm zurief, öffnete die Stalltür und warf seine Mütze hinein, wobei er auf lateinisch flüsterte: „Sic iubeo" – „So befehle ich." Und tatsächlich – das Pferd kam ruhig heraus und ließ sich das Zaumzeug anlegen.

Solche und ähnliche Geschichten erzählt man sich überall in Großbritannien schon seit dem 6. Jh. n. Chr. Menschen, die Macht über Pferde haben, nannte man dort *Horse-whisperers*. Angeblich gehörten diese „Pferdeflüsterer" einer geheimen Bruderschaft an, und ihre Fähigkeiten beruhten, so wurde vermutet, auf bestimmten Zaubermitteln, die den empfindlichen Geruchssinn der Pferde ansprechen. In dem geschilderten Fall sei die Mütze des Bauern mit einem derartigen Zaubermittel getränkt gewesen und habe den Geist des Pferdes beherrscht.

Mit Öl und Knochen

Während manche Substanzen für ein Pferd angenehm riechen, stoßen es andere ab. Das beste Lockmittel, dem an-

geblich – zumindest früher – kein Pferd widerstehen konnte, war ein Stück Milz, durchtränkt mit den ätherischen Ölen von Farn, Rosmarin und Zimt.

Abstoßende bzw. lähmende Mittel, die ein Pferd regungslos verharren ließen, entstanden auf weit geheimnisvollere Weise: Der Pferdeflüsterer mußte die Knochen eines Froschs um Mitternacht bei Vollmond in einen Fluß werfen, und der Knochen, der dann oben schwamm, besaß magische Kräfte. Ließ sich kein geeigneter Knochen auftreiben, dann konnte er zur Not auch noch mit Hilfe der Leber von ein paar Wieseln und mit etwas Pferdeharn zaubern.

Verzauberte Pferde *Auf den jährlich abgehaltenen Pferdemärkten wie hier in Schottland konnten die sogenannten Pferdeflüsterer einst ihre magischen Fähigkeiten zur Schau stellen.*

Heutzutage hat es den Anschein, als ob solcherart wundersame Fähigkeiten – wenn es sie je gab – den Menschen abhanden gekommen seien – auch in Großbritannien. Geblieben ist allerdings die Liebe der Briten zu Pferden. Viele von ihnen sind ausgesprochen pferdenärrisch, und deshalb hat eine große Zahl berühmter Reitställe für die Pflege der Pferde fast immer englische Mädchen verpflichtet.

RISKANTE TRANSPORTE

Als in der zweiten Hälfte des 19. Jh. der amerikanische Westen besiedelt wurde, blieben die Begriffe Gesetz und Ordnung noch lange Fremdwörter. Raubüberfälle waren an der Tagesordnung, und vor allem die Firma Wells Fargo, deren Kutschen das Edelmetall aus den Goldminen in Kalifornien zu den Banken im

Osten transportierten, hatte ständig damit zu kämpfen. Allein zwischen 1870 und 1884 wurden ihr Waren im Wert von über 400 000 Dollar geraubt und 16 ihrer Fahrer und Bewacher erschossen.

Um die Räuber hinter Gitter zu bringen, stellte das Unternehmen Detektive ein, beispielsweise J. B. Hume. Humes berühmtester Fall war die Verfolgung von Black Bart, für dessen Festnahme die Geschäftsleitung 800 Dollar Belohnung ausgesetzt hatte. Hume fahndete nach ihm mit

Hilfe eines am Tatort gefundenen Taschentuchs, in dem sich das Registrierzeichen einer Wäscherei befand. Nachdem er ungefähr 90 Wäschereien abgeklappert hatte, konnte er endlich den Übeltäter dingfest machen, der zum Erstaunen aller im bürgerlichen Leben ein wohlhabender Minenarbeiter war.

Abschreckung *Um Räuber abzuschrecken, trugen Fahrer und Bewacher der amerikanischen Kutschen ihre Waffen meist deutlich sichtbar.*

Im Eiltempo durch den Wilden Westen

Der kurzlebige Erfolg des Pony Express

Ab 3. April verkehrt der Pony Express nach Sacramento – Reisezeit 10 Tage." So hieß es lakonisch in dem Telegramm, mit dem William Russel im Januar 1860 seinen Ponypostdienst ankündigte, der die über 3000 km lange Strecke von St. Joseph, Missouri, bis Sacramento, Kalifornien, durch einige der wildesten Landschaften Nordamerikas in 240 Stunden bewältigen sollte. Gut zwei Monate später schon waren entlang der ganzen Strecke Haltestationen eingerichtet, wo die Pferde gewechselt werden konnten.

Von überall her strömten wagemutige junge Männer herbei, um die berühmt gewordenen Ponys zu reiten. Was sie reizte, war nicht zuletzt die Aussicht auf freie Kost und Logis. Die Kandidaten mußten gute Reiter und in Topform sein, denn die einzelnen Etappen gingen bis über 100 km, mit nur kurzen Haltepausen etwa alle 25 km, um die Pferde zu wechseln. Zu dieser verwegenen Truppe gehörten so legendäre Gestalten wie „Buffalo Bill" Cody und „Wild Bill" Hickok. Sie alle gaben ihr Bestes, und trotz mancher Gefahren und Zwischenfälle schafften sie es so gut wie immer, die Post pünktlich binnen zehn Tagen zuzustellen.

Schon einen Monat nach dem Beginn des Postdiensts hatte der Pony Express seine schwerste Prüfung zu bestehen: Pah-Ute-Indianer in Nevada griffen abgelegene Haltestationen an, brannten sie nieder und attackierten die Reiter. Der Schaden war

groß: Sieben Stationen wurden zerstört, 150 Pferde gingen verloren, und 16 Männer kamen ums Leben. Die Post aber erreichte dennoch ihr Ziel.

Trotzdem mußte der Pony Express, ungeachtet seiner Zuverlässigkeit und Leistungsfähigkeit, für die die fast 1 Mio. zurückgelegten Kilometer sprechen, nach nur 18 Monaten seinen Betrieb einstellen. Schuld daran

waren weder die Indianer noch der harte Winter 1860/61, sondern das Geld: Die 80 Reiter und 500 Pferde, die man benötigte, waren einfach zu teuer.

Harte Burschen *Eiserne Entschlossenheit, Mut und manchmal Rücksichtslosigkeit mußten die Reiter des Pony Express mitbringen, wenn sie zwischen Missouri und Kalifornien die Post transportierten.*

Hätten Sie's gewußt?

Der Wilde Westen brachte eine Reihe von Originalen hervor, unter ihnen der einäugige Charlie Pankhurst, ein hartgesottener Kutscher, der Tabak kaute, Whiskey trank und lauthals fluchte. Als er 1879 starb, entdeckten seine Freunde, die ein feierliches Begräbnis veranstalteten, daß Charlie eine Frau gewesen war.

Am Ziel der Reise

Näher, mein Gott, zu dir!

Obwohl das Reisen früher mühselig und mit Gefahren verbunden war, begaben sich unzählige Christen im Mittelalter, getrieben von der Sorge um ihr Seelenheil, auf den langen Weg zu den heiligen Stätten ihres Glaubens. Drei Ziele waren es vor allem, die sie anzogen: das Heilige Grab in Jerusalem, die Apostelgräber in Rom und das 812 entdeckte Grab des heiligen Jakobus in Santiago de Compostela im Nordwesten von Spanien. Meist zu Fuß, seltener zu Pferd – so zogen die frommen Pilger jedes Frühjahr über die unbefestigten Straßen, übernachteten dicht gedrängt in Herbergen, die an den Routen errichtet worden waren, und sahen in den Beschwernissen der Reise eine Buße für ihre Sünden. Sie erwarteten keinerlei Annehmlichkeiten, denn den Lohn für ihre Mühsal suchten sie im ewigen Leben nach dem Tod. Um in fremden Städten, die mit Vagabunden oft kurzen Prozeß machten, als Wallfahrer versorgt zu werden, trugen viele von den Kirchenbehörden ausgestellte Dokumente bei sich. Doch häufig nützten solche Schutzbriefe nichts, und mancher Pilger erlag entkräftet den Strapazen der Reise.

Neben den drei wichtigsten heiligen Stätten

Herz des Islam *Rund 2 Mio. gläubige Moslems pilgern jedes Jahr zur Kaaba in Mekka, um dort gemeinsam zu beten.*

gab es viele andere Wallfahrerziele. Eines davon war das sogenannte Fegefeuer des heiligen Patrick im Nordwesten von Irland, eine Höhle auf einer Insel, wo der Heilige im 5. Jh. 40 Tage lang gefastet haben soll. Die Wallfahrer verbrachten in der Umgebung des Heiligtums, ebenfalls fastend und betend, einige Tage, um dann in der Höhle mit Visionen vom Fegefeuer und der Hölle belohnt zu werden.

Einer der bekanntesten Pilgerorte der Christenheit ist die französische Stadt Lourdes am Fuß der Pyrenäen, wo im 19. Jh. der jungen Bernadette Soubirous die Jungfrau Maria erschienen sein soll. Noch heute begeben sich jeden Monat Tausende von Menschen auf die Reise dorthin, die meisten in dem Wunsch, dadurch von einer Krankheit geheilt zu werden. Andere Wallfahrtsstätten, die meist Orte der Marienverehrung sind und von vielen katholischen Christen aufgesucht werden, sind beispielsweise Altötting in Oberbayern und Kevelaer am Niederrhein.

Während in den letzten Jahrhunderten die Pilgerfahrten der Christen stark zurückgegangen sind, blüht diese Sitte in der außerchristlichen Welt. So versammeln sich jedes Jahr etwa 2 Mio. Moslems in der heiligen Stadt Mekka in Saudi-Arabien, um an der Kaaba, der heiligsten Stätte des Islam, zu beten. In Indien legen die Hindus weite Strecken zurück, um sich in den heiligen Wassern des Ganges zu waschen, und für die Schintoisten in Japan ist der heilige Berg Fudschijama das wichtigste Ziel.

Wallfahrt *Jedes Jahr pilgern Tausende frommer Hindus im Himalaja zur Höhle von Amarnath und beten dort zur Göttin Schiva.*

Inselspringer

Steinzeitmenschen entdecken Australien

Australien, die im Mittelalter irgendwo im Süden vermutete *terra australis incognita*, war anscheinend lange Zeit ein unbeachtetes Stück Erde. Zwar wurde es schon 1605 von dem Niederländer W. Janszoon entdeckt, doch ließen sich spätere Expeditionen von der Unwirtlichkeit der Westküste abschrecken und verließen, ohne den entlegenen Kontinent betreten zu haben, diesen Teil der Welt wieder. Erst 1770 lenkte der berühmte britische Forschungsreisende Kapitän James Cook sein Schiff in die Botanybucht an der Ostküste, nahe dem heutigen Sydney, und hieß seine Männer an Land gehen und die Umgebung erkunden. Sie waren damit die ersten Europäer, die ihren Fuß auf australischen Boden setzten, aber keineswegs die ersten Menschen, denn etwa 60 000 Jahre früher war das riesige Land bereits von ganz anderen Reisenden entdeckt und sogar besiedelt worden: von den Vorfahren der heutigen Aborigines.

Furchtlose Abenteurer

Diese Steinzeitmenschen, die sich von Asien aus in Richtung Süden aufmachten und das unwirtliche Land zu besiedeln begannen, waren nicht nur ganz besonders mutige Seefahrer, sondern auch die frühesten, die man heute kennt. Sie müssen entweder von China über die Philippinen gekommen sein oder von Südostasien über Indonesien, das sie, von Insel zu Insel „springend", durchquerten, bis sie schließlich die Nordküste von Neuguinea oder Australien erreichten. Auf diesem Weg hatten sie mit ihren Booten bis zu 400 km lange Etappen auf offener See zurückzulegen.

Kanubau Eine Gruppe von Aborigines, deren Vorfahren einst von Asien nach Australien kamen, heftet die Enden eines aus Baumrinde hergestellten Kanus mit einem starken Tau zusammen.

Da zu damaliger Zeit der Meeresspiegel wesentlich niedriger als heute lag, bildeten Neuguinea und Australien eine einzige große Landmasse, auf der sich die Aborigines nun im Lauf von Jahrhunderten bis hinunter zur Südküste ausbreiteten.

Es wird wohl immer ein Geheimnis bleiben, wie Menschen, die nur primitive Steinwerkzeuge kannten, ein seefestes Kanu oder Floß bauen konnten und was sie dazu gebracht hatte, sich auf ein solch riskantes Abenteuer einzulassen und die engen Grenzen ihrer Welt zu überschreiten.

WALLFAHRT NACH MEKKA

Einer der „Fünf Pfeiler des Islam" ist der Hadsch, die heilige Wallfahrt, die jeder Moslem, wenn es ihm irgendwie möglich ist, einmal in seinem Leben unternehmen muß. Also begeben sich jedes Jahr nach Ablauf des Fastenmonats Ramadan rund 2 Mio. Gläubige auf die Pilgerreise in die Wüste von Saudi-Arabien. Ihr Ziel ist die heilige Stadt Mekka, der Geburtsort des Propheten Mohammed, der im 6. Jh. den islamischen Glauben stiftete. Er selbst hatte die alte Stadt, die schon vor seiner Zeit ein heidnisches religiöses Zentrum war, zur Wallfahrtsstätte bestimmt, deren wichtigster Schrein die Kaaba ist. Dieser würfelförmige, von einem kostbar bestickten schwarzen Tuch umhüllte Bau, der nach moslemischem Glauben von Abraham als Gotteshaus errichtet wurde, birgt in seiner Südostecke den heiligen Schwarzen Stein, einen Meteoriten, den einst der Erzengel Gabriel in seinen Händen gehalten haben soll.

Zum Auftakt ihrer Wallfahrt begeben sich die Pilger zur Kaaba und wandern siebenmal – dreimal schnell und viermal langsam – um sie herum. Diejenigen, die nahe genug an den Schwarzen Stein herankommen, küssen oder berühren ihn im Vorübergehen. Aber wegen des großen Andrangs müssen sich die meisten damit zufrieden geben, in die entsprechende Richtung zu winken.

Nach Beendigung der mit vielen verschiedenen Riten verbundenen Wallfahrt kehren die Pilger aus aller Herren Länder, die sich nun den ehrenvollen Beinamen Hadschi zulegen dürfen, nach Hause zurück. Sie sind glücklich darüber, eine der heiligsten Pflichten ihres Glaubens erfüllt zu haben. Ebenfalls zufrieden sind die Organisatoren des jährlichen Hadsch, die die enormen Probleme mit der Unterbringung, der Hygiene und dem Transport so gewaltiger Menschenmengen gelöst und damit eine Meisterleistung vollbracht haben.

Hätten Sie's gewußt?

Der islamische Kalender beginnt im Jahr 622 n. Chr., dem Zeitpunkt der Hedschra, Mohammeds Flucht von Mekka nach Medina. Die Jahre dieses Mondkalenders sind in zwölf Monate mit je 29 oder 30 Tagen eingeteilt, haben also nur 354 oder 355 Tage. Deshalb findet der Hadsch nicht immer in der gleichen Jahreszeit statt, obwohl die Wallfahrer immer im selben Monat des islamischen Jahres aufbrechen. 1991 z. B. fiel die Pilgerzeit in das Frühjahr, 15 Jahre später wird sie im Herbst sein.

Die Jagd nach dem Gold

Am Ende blieb oft genug nur blanke Not

Am 24. Januar 1848 fand James Marshall beim Bau einer Sägemühle im Tal des American River in Kalifornien einige Goldklümpchen. Trotz aller Geheimhaltungsversuche verbreitete sich die Nachricht bald wie ein Lauffeuer und löste den größten Goldrausch aller Zeiten aus.

Zehntausende von Glücksrittern machten sich auf in den goldenen Westen. Amerikaner aus den Städten an der Ostküste und am Golf von Mexiko prügelten sich um einen Platz auf einem der Seelenverkäufer, die die gefährliche Schiffsreise um Kap Hoorn antraten. Andere schlossen sich einem Treck aus klapprigen Planwagen an, der sich über die Rocky Mountains oder durch die Wüsten von Arizona kämpfte. Viele kamen auf der Reise um, ertranken auf hoher See, starben an Krankheiten oder verdursteten auf der Fahrt über Land. Dennoch hatten bis 1849 rund 80 000 Menschen Kalifornien erreicht und

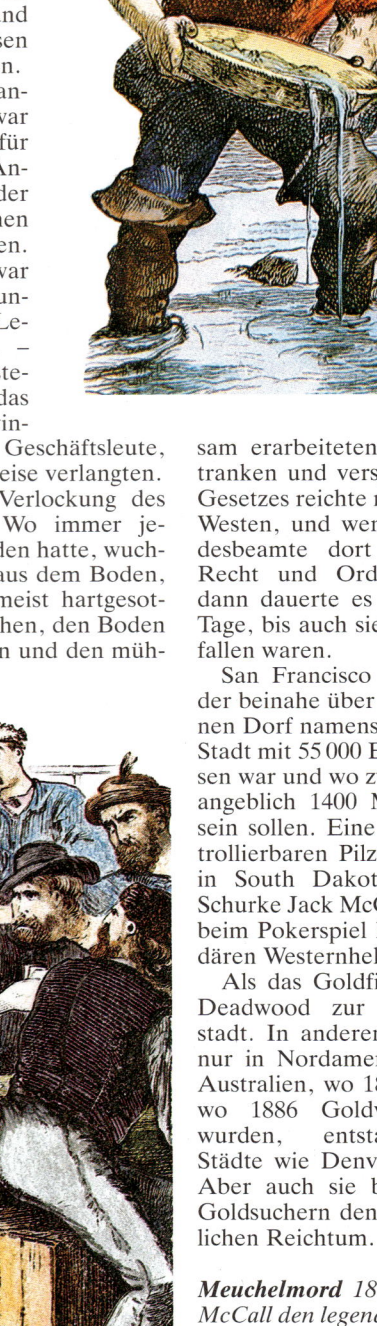

Goldene Träume In der Hoffnung, fündig zu werden, durchsiebten die Goldsucher mit ihren Pfannen den Sand.

schwärmten in die Bergtäler aus, um nach Gold zu graben und das Wasser und den Sand in den Flüssen nach Gold durchzusieben.

Manche der Neuankömmlinge machten zwar das große Geld, aber für die meisten der später Angekommenen reichte der Erlös aus ihren spärlichen Funden kaum fürs Leben. Was sie verdienten, war schnell wieder für die unerhört überteuerten Lebensmittel ausgegeben – Eier beispielsweise kosteten einen Dollar das Stück. Die wahren Gewinner waren skrupellose Geschäftsleute, die solche horrenden Preise verlangten.

Dennoch blieb die Verlockung des Goldes ungebrochen. Wo immer jemand ein Nugget gefunden hatte, wuchsen über Nacht Städte aus dem Boden, in denen die Digger, meist hartgesottene, rauhbeinige Burschen, den Boden nach Gold durchwühlten und den müh-

Hätten Sie's gewußt?

Der größte reine Goldklumpen, der je gefunden wurde, war der 70,92 kg schwere Welcome Stranger. *Er wurde 1869 im Staat Victoria in Australien in einer Wagenspur entdeckt.*

sam erarbeiteten Gewinn abends vertranken und verspielten. Der Arm des Gesetzes reichte nicht bis in den Wilden Westen, und wenn einmal einige Bundesbeamte dort erschienen, die für Recht und Ordnung sorgen sollten, dann dauerte es zumeist nur ein paar Tage, bis auch sie dem Goldrausch verfallen waren.

San Francisco war ein solcher Ort, der beinahe über Nacht von einem kleinen Dorf namens Yerba Buena zu einer Stadt mit 55 000 Einwohnern angewachsen war und wo zwischen 1850 und 1856 angeblich 1400 Morde verübt worden sein sollen. Eine andere dieser unkontrollierbaren Pilzstädte war Deadwood in South Dakota. Hier erschoß der Schurke Jack McCall am 2. August 1876 beim Pokerspiel hinterrücks den legendären Westernheld Wild Bill Hickok.

Als das Goldfieber verebbte, wurde Deadwood zur verlassenen Geisterstadt. In anderen Fällen jedoch, nicht nur in Nordamerika, sondern auch in Australien, wo 1851, und in Südafrika, wo 1886 Goldvorkommen entdeckt wurden, entstanden aufstrebende Städte wie Denver und Johannesburg. Aber auch sie brachten nur wenigen Goldsuchern den erträumten unermeßlichen Reichtum.

Meuchelmord 1876 erschoß Jack McCall den legendären Wild Bill Hickok, einen der berühmtesten Revolverhelden seiner Zeit.

Eine gemeinsame Wurzel

Wo lebte das geheimnisvolle Volk der Indoeuropäer?

Ein Italiener nennt seine Mutter *madre*, ein Engländer *mother*, ein Pole *matka*, ein Iraner und ein Hindu sagen *madar*. Wie kommt es, daß dieses Wort in den unterschiedlichsten Sprachen rund um den halben Globus so ähnlich klingt?

Diese Frage interessierte im späten 18. Jh. einige Gelehrte in Europa, denen die Verwandtschaft zwischen Sanskrit, der alten indischen Literatursprache, und dem klassischen Griechisch und Lateinisch aufgefallen war. Sie vermuteten, daß es in vorgeschichtlicher Zeit – um 3000 v. Chr. – ein Volk gegeben haben muß, aus dessen Sprache sich schließlich so unterschiedliche Sprachen wie Russisch, Persisch, Hindi und Englisch, also alle sogenannten indoeuropäischen Sprachen, entwickelt haben. Seitdem haben immer wieder Linguisten und Archäologen in detektivischer Kleinarbeit versucht, dem rätselhaften Volk nachzuspüren.

Bei vergleichenden Sprachuntersuchungen stießen Linguisten auf die gemeinsame Wurzel vieler Wörter. Diese Begriffe, so schlußfolgerten sie, gehörten zur indoeuropäischen Ursprache und gaben damit auch einen Hinweis auf die Kultur der Menschen, die diese Sprache gesprochen hatten. Beispielsweise besaßen die Indoeuropäer Bezeichnungen für Schnee und Baum, Wolf und Bär. Dies ließ darauf schließen, daß sie in relativ kaltem Klima in dunklen Wäldern gelebt hatten. Auf ähnliche Weise gelangte man zu der Vorstellung, daß sie Viehzucht betrieben und ein kriegerisches Volk waren, das womöglich mit Pferdewagen in die Schlacht fuhr.

Allgemeine Ratlosigkeit

Leider führten die so gewonnenen Erkenntnisse zu keinem deutlichen Hinweis auf ein bestimmtes Volk, ja nicht einmal zur Eingrenzung eines eindeutigen Herkunftsgebiets. Manche Wissenschaftler siedeln die Indoeuropäer in Innerasien, manche in den Wäldern Mittel-, Ost- oder Nordeuropas an. Eine Zeitlang mehrten sich die Stimmen, die Urheimat habe in Westsibirien gelegen und von dort aus seien die Indoeuropäer um 3000 v. Chr. nach Europa und möglicherweise auch in den Iran und nach Indien eingewandert, wobei sich ihre Sprache ausgebreitet hätte.

Andere Forscher, wie der Engländer Colin Renfrew, halten die Vorstellung von einem indoeuropäischen Kriegervolk für einen Mythos. Seiner – 1987 veröffentlichten – Meinung nach lag der Ausgangspunkt der indoeuropäischen Sprache in der Türkei, von wo aus sie sich nach und nach durch Kontakte zu anderen Völkern ausbreitete.

Vielleicht kommt den ratlosen Altertumsforschern bald ein moderner Wissenschaftszweig zu Hilfe: die Genforschung, dank deren man die Verwandtschaft zwischen Völkern feststellen und nachzeichnen und bald wohl auch die genetischen Merkmale der Überreste von Toten in alten Grabstätten analysieren kann.

BLAUES GOLD

Im Jahr 1850 traf der 20 Jahre alte Levi Strauss aus Bayern in San Francisco ein. Er wollte wie viele andere auch vom Goldrausch profitieren, und zwar durch den Verkauf von Zelten und Wagenplanen aus Segeltuch. Schon bald aber stellte er fest, daß den Goldsuchern vor allem robuste Hosen fehlten, und er rechnete sich aus, daß sein Vorrat an Segeltuch wahrscheinlich mehr Geld einbrächte, wenn er daraus Hosen und andere Kleidungsstücke herstellte. Es dauerte nicht lange, und „Levi's Hosen" wurden geradezu zu einem Symbol für Unverwüstlichkeit.

Einige Jahre später verarbeitete Strauss statt Segeltuch Baumwolldrillich. Waren die ersten strapazierfähigen Overalls noch braun gewesen, entstanden bald durch die Beimischung von Indigo die original Blue jeans, die den letzten Schliff allerdings erst durch den Schneider Jacob Davis aus Nevada erhielten. Er kam auf die geniale Idee, die Taschen der Hosen bzw. Overalls, in denen die Goldsucher Steinbrocken transportierten, mit Kupfernieten zu verstärken, weil er es angeblich leid war, sie wieder und wieder zu flicken.

Jedenfalls kam Levi Strauss zu einem millionenschweren Vermögen und jung und alt wie reich und arm zu einem bequemen Kleidungsstück, das sich auch heute noch größter Beliebtheit erfreut.

Original Levi's Die ersten Jeans von Levi's wurden nicht als Hosen, sondern als Overalls verkauft.

Bis ans Ende der Welt

Der Papst teilte die Erde in zwei Hälften

Woher kommt es eigentlich, daß man in Brasilien Portugiesisch und im übrigen Lateinamerika Spanisch spricht? War Spanien etwa im Zeitalter der Entdeckungen die aktivere Kolonialmacht?

Nicht im geringsten! Portugal war dank Heinrich dem Seefahrer vor allem in der ersten Hälfte des 15. Jh. die führende Seemacht. Die Portugiesen entdeckten 1432 die Azoren und 1488 das Kap der Guten Hoffnung, drangen damit als erste bis zum Indischen Ozean vor. Doch auch die Spanier blieben nicht untätig. 1492 segelte Christoph Kolumbus unter spanischer Flagge nach Westen in dem Glauben, er werde Indien erreichen – und entdeckte die Neue Welt. Auf der Heimfahrt zwang ihn schlechtes Wetter, einen portugiesischen Hafen anzulaufen, wo er dem portugiesischen König als erstem von seiner Entdeckung berichtete.

Natürlich ergaben sich daraus Spannungen zwischen Portugal und Spanien über die Rechte an dem fernen Land. Spanien wandte sich mit der Bitte um einen Schiedsspruch an Papst Alexander VI., und dieser erließ das Dekret, daß alles von niemandem beanspruchte Land westlich einer vom Nordpol zum Südpol verlaufenden Linie 100 Leagues (rund 500 km) westlich der Azoren an Spanien, östlich davon an Portugal falle. Gegen diese Trennungslinie erhoben die Portugiesen Einspruch, und nach zähen Verhandlungen wurde die neue Grenze zugunsten Portugals 270 Leagues nach Westen verschoben und 1494 im Vertrag von Tordesillas besiegelt.

Im nachhinein betrachtet, ging der Handel trotzdem für die Portugiesen sehr ungünstig aus. Aber zu jener Zeit ahnte noch niemand, wie riesig Amerika war, während östlich von dieser Linie – und das wußten die Portugiesen genau – Afrika lag, das jetzt theoretisch ihnen gehörte. Doch, wie gesagt, das war nur Theorie, denn in der Praxis konnte der päpstliche Spruch die Engländer, Holländer und Franzosen nicht davon abhalten, auch um die Welt zu segeln und Kolonien in Besitz zu nehmen.

Das Recht, die Erde aufzuteilen, leitete der Papst von der Konstantinischen Schenkung ab, einem Dokument aus dem 8. Jh., in dem der Kaiser dem damaligen Papst die Herrschaft über die Westhälfte des Römischen Reichs übertrug. Ironie der Geschichte: Die Urkunde war eine Fälschung.

Geteilte Welt *Die auf dieser portugiesischen Karte von 1535 eingezeichnete Strichellinie grenzte die Interessensphären von Spanien und Portugal in der Neuen Welt ab.*

Geheimnisvolles Reich im Osten

Der Bericht des Venezianers Marco Polo über das alte China

Im dämmrigen Licht des Prunksaals sah Marco Polo, wie die Magier des kaiserlichen Hofes über einer Reihe goldener Trinkbecher, die auf dem Fußboden standen, leise Beschwörungen murmelten. Von einer erhöhten Plattform, zehn Schritt entfernt, beobachtete Khubilai Khan, Kaiser von China und Herrscher über Hinterindien, die Szene. Plötzlich füllten sich auf geheimnisvolle Weise die Becher mit Wein und Milch, erhoben sich in die Luft, schwebten zum Tisch von Khubilai Khan hinüber und senkten sich sanft vor ihm auf die Tischplatte. Wie die Zauberer zuvor versichert hatten, kam kein einziges gewöhnliches menschliches Wesen mit dem Becher in Berührung, aus dem der Kaiser trinken würde.

Die Reise nach Kathai

Dies ist nur eines der Wunder, die der Venezianer Marco Polo, der im 13. Jh. mit seinem Vater Niccolò und seinem Onkel Maffeo gen Osten reiste, in China – damals Kathai genannt – erlebte. Die schwebenden Becher waren wahrscheinlich in Wirklichkeit eine raffiniert hervorgerufene Sinnestäuschung, die den Zuschauern nach dem Genuß von Kumys, einem Getränk aus vergorener Stutenmilch, vermutlich ganz einleuchtend erschien. Aber die Zauberer vermochten noch mehr: An-

Geschenke für den Kaiser Auf dieser Miniatur von 1400 überreichen die Brüder Niccolò und Maffeo Polo sowie der 17jährige Marco (im grünen Gewand) dem Herrscher Khubilai Khan (in blauer, hermelinbesetzter Robe) geweihtes Öl und einen Brief des Papstes.

geblich bestimmten sie auch das Wetter und konnten alle Wolken über dem Palast des Khans vertreiben, selbst wenn ringsherum Regengüsse niedergingen.

So beeindruckt Marco Polo auch von den Zauberkunststücken war, noch faszinierender erschienen ihm die Wirtschaft und Verwaltung dieses erstaunlich modernen riesigen Staates. So gab es in China beispielsweise schon seit dem 7. Jh. n. Chr. Papiergeld, das nahezu im ganzen Reich gültig war. Es wurde aus der Rinde des Maulbeerbaums hergestellt, die man zu Brei zermahlte und zu dünnen Bogen auswalzte. Diese wurden je nach Wert in rechteckige Streifen unterschiedlicher Größe zerschnitten. Um die Echtheit zu garantieren, stempelte der oberste Münzmeister die Banknoten mit seinem roten Siegel. Jeder Fälschungsversuch wurde mit der Hinrichtung des Übeltäters und seiner Familie geahndet.

Damit der Khan stets über die Vorkommnisse in seinem Riesenreich informiert war, hatte man ein höchst bemerkenswertes Postsystem entwickelt. An allen Hauptstraßen standen im Abstand von 30–50 km komfortable Unterkünfte und Ställe mit bis zu 400 Pferden für die reitenden Boten. Insgesamt gehörten zu dem Nachrichtennetz an die 10 000 Stationen und mehr als 200 000

Pferde, dazu noch eine große Anzahl von Läufern. Nach Marco Polos Meinung erhielt Khubilai Khan auf diese Weise „innerhalb von 48 Stunden Nachrichten aus Entfernungen, für deren Überwindung man normalerweise zwölf Tage benötigt". Und in einer besonders wichtigen Mission konnte ein Reiter 400 km pro Tag zurücklegen – ein Tempo, das erst sehr viel später von der Eisenbahn unterboten wurde.

Drei Jahre nach seiner Rückkehr aus Asien geriet Marco Polo als Befehlshaber einer Galeere in die Hände der mit den Venezianern verfeindeten Genuesen und landete im Gefängnis. Dort diktierte er einem Mithäftling seine Reiseerlebnisse. Die meisten seiner Zeitgenossen hielten seine Berichte für Lügenmärchen, aber es gab keinen plausiblen Grund, warum er die Unwahrheit hätte sagen sollen. Noch auf dem Sterbebett erklärte er: „Ich habe noch nicht einmal die Hälfte von dem erzählt, was ich gesehen habe."

„Dr. Livingstone, nehme ich an?"

Die Verdienste des Reporters Stanley

Henry Morton Stanley starrte auf den kranken älteren Mann, der im Kreise vieler Stammesangehöriger des Dorfes Ujiji im heutigen Tansania vor ihm stand. Überwältigt von dem, was er sah, fehlten ihm für ein paar Sekunden die Worte. Dann nahm er seinen Hut ab und sagte ruhig: „Dr. Livingstone, nehme ich an?" Der andere zögerte und antwortete schließlich lächelnd: „Ja."

Mit diesem berühmten Dialog ging am 10. November 1871 die schwierige Suche nach David Livingstone zu Ende, einem schottischen Missionar und Forscher, der fünf Jahre zuvor ausgezogen war, um die Quelle des Nils zu suchen. In der Gegend um den Tanganjikasee hatte sich seine Spur verloren. Im Oktober 1869 schickte die amerikanische Zeitung *New York Herald* den jungen ehrgeizigen Reporter H. M. Stanley nach Afrika, um den Verschollenen zu suchen und einen Exklusivbericht über dessen Erlebnisse zu schreiben. Mehrere Monate später, im Frühjahr 1871, startete Stanleys Expedition in der Hafenstadt Bagamoyo an der afrikanischen Ostküste auf der Höhe von Sansi-

bar. Die kleine Gruppe von Trägern, Soldaten und Packtieren machte sich auf in Richtung Westen. Der Marsch war gefährlich, denn es ging durch Gebiete, in denen Stammesfehden ausgetragen wurden. Einige von Stanleys Männern setzten sich ab, andere wurden getötet oder starben an einer Krankheit. Auch Stanley selbst fühlte sich sehr schlecht, und er war fast entschlossen, wieder umzukehren, als ihm die Nachricht von einem weißen Mann in Ujiji neue Kraft verlieh. Schon wenige Tage später erreichte er das Ziel seiner Reise.

Abschied für immer

Livingstone freute sich sehr über Stanleys Ankunft und wollte alle Neuigkeiten aus der Heimat erfahren. Anschließend erkundeten die zwei Männer, die sich mit der Zeit anfreundeten, einige Monate lang den Tanganjikasee und den Fluß Ruzizi. Als Stanley im März 1872 die Heimreise antrat, beschwor er den kranken Livingstone, mit ihm heimzureisen, aber der lehnte ab.

Vor seiner Rückkehr in die USA machte Stanley in England Station, wo

Freudige Begrüßung Stanley, dessen Expedition von der Regierung der USA unterstützt wurde, bringt im November 1871 dringend benötigte Medikamente und Nahrungsmittel in das Quartier von Livingstone am Tanganjikasee.

man ihm keinen allzu triumphalen Empfang bereitete. Einige feierten ihn zwar, aber die Royal Geographical Society machte ihn lächerlich, da man die Wahrheit seiner Geschichte bezweifelte. Er wurde jedoch rehabilitiert, als die Familie Livingstones die Echtheit der Briefe und Papiere, die Stanley aus dem Busch mitgebracht hatte, bestätigte. Und nachdem Königin Viktoria ihm persönlich für seine Dienste gedankt hatte, erkannte schließlich auch die Royal Geographical Society seine Leistung an.

Nach Livingstones Tod 1873 kehrte Stanley nach Afrika zurück, um das Werk des Freundes zu vollenden und die Quelle des Nils zu finden. Das gelang ihm zwar nicht, doch dafür entdeckte er später den Kongo und folgte dessen Lauf 2400 km weit durch dichten Urwald bis zur Mündung.

298

Die forsche Mary

Als weiße Frau unter Kannibalen

Westafrika 1893 – „das Grab des weißen Mannes", ein riesiges unerforschtes Gebiet mit Mangrovensümpfen und tropischem Regenwald, wo tödliche Krankheiten wie Malaria und Gelbfieber grassierten. In dieses Land, in dem Kannibalen und wilde Tiere lebten, drang kaum ein Europäer vor, und wenn doch einer den Mut dazu fand, dann nur in Begleitung einer großen, gut ausgerüsteten Truppe von Eingeborenen.

Anders die Forscherin Mary Henrietta Kingsley: Die 30jährige Engländerin, deren verstorbener Vater bereits Forschungsreisender gewesen war und die nach Angola und weiter nördlich bis zum damaligen Belgisch-Kongo vordringen wollte, durchquerte den Urwald ohne großes, waffenstarrendes Gefolge. Nur begleitet von drei oder vier afrikanischen Helfern, bahnte sie sich in ihren langen viktorianischen Kleidern zu Fuß durch den nahezu undurchdringlichen Urwald oder mit dem Kanu auf morastigen, schwarzen Gewässern ihren Weg.

Unerschrocken bestand sie die gefährlichsten Situationen. Wenn Krokodile ihr Kanu umkippen wollten, stieß sie diese mit dem Paddel weg; einen Leoparden, der in ihr Zelt eingedrungen war, vertrieb sie, indem sie einen Wasserkrug nach ihm schleuderte, und als sie einmal bis zum Kopf in einem Sumpf eingesunken war, trug sie anschließend

Handlungsreisende *Mary Kingsley (links von der Fahne sitzend) in einem Boot auf dem Kongo.*

ihre „Halskrause aus Blutegeln" sogar mit einem gewissen Humor.

Ihre zweite Expedition führte sie 1894 vom Niger in das damalige Protektorat Französisch-Kongo und nach Gabun, wo sie auf einer langen und gefährlichen Fahrt durch Stromschnellen und Strudel den Ogooué erforschte und dabei viele unbekannte Pflanzen und Tiere – darunter 65 verschiedene Fisch- und 18 verschiedene Reptilienarten – sammelte.

Bei den Kopfjägern

Hauptzweck dieser Reise war – allen Warnungen zum Trotz – die Erforschung der Fang, eines Bantuvolks in Gabun. Die Fang waren gefürchtete Kannibalen, von denen wenige je einen weißen Menschen gesehen hatten, und nicht einmal Missionare wagten sich in ihre Nähe. Mary Kingsley aber vertraute auf ihre natürliche Ausstrahlungskraft und die Tatsache, daß sie nicht als Belehrende, sondern als Händlerin bei ihnen auftrat, mit begehrten Tauschobjekten wie Messern, Tabak und bunten Taschentüchern. Tatsächlich gelang es ihr, schon bald ein vertrauensvolles Verhältnis zu den Eingeborenen aufzubauen. Hart gegen sich selbst, verzehrte sie die angebotenen Speisen, einmal z. B. zerquetschte Schlange auf einem Bananenblatt oder die wie dicke Maden aussehenden Larven einer bestimmten Käferart. Noch abstoßender waren oft die Unterkünfte. Eines Nachts sollte sie in einer Hütte schlafen, die von einem ekelerregenden Verwesungsgeruch erfüllt war. Nach einigem Suchen entdeckte sie einen

Gut gekleidet *Nie tauschte Mary Kingsley ihre viktorianischen Kleider gegen praktischere Männerhosen, denn einmal bewahrten die dicken Röcke sie vor Verletzungen, als sie in eine mit Elefantenzähnen gespickte Fallgrube stürzte.*

Beutel an der Wand, in dem sie zu ihrem Entsetzen Überreste von Menschenleibern fand: Zehen, Ohren, Augen – sozusagen Erinnerungen an die Verspeisten.

Trotz solcher abstoßenden Sitten verbrachte Mary Kingsley einige Zeit bei den Fang und verfaßte eine genaue Studie über ihre Lebensweise. Sie entwickelte viel Verständnis für die Eingeborenen und vertrat die damals keineswegs übliche Ansicht, daß „ein Schwarzer ebensowenig ein unterentwickelter Weißer wie ein Kaninchen ein unterentwickelter Hase" sei. Sie war überzeugt, daß „diese Neger eine große Weltrasse sind, die nicht flüchtig über die Bühne der menschlichen Gesellschaft huscht, sondern noch eine riesige Rolle in der Geschichte vor sich hat".

Nach ihrer Rückkehr in die Heimat schrieb Mary Kingsley Bücher und hielt Vorträge über ihre Reiseerlebnisse. Am 3. Juni 1900 starb sie im Alter von nur 37 Jahren in Südafrika, wo sie im Burenkrieg Gefangene pflegte, an Typhus. Wie sie es sich gewünscht hatte, wurde ihre Leiche im Meer beigesetzt.

Tiefgefrorene Seemänner

Warum Antibiotika unwirksam werden können

Im Herbst 1984 – bei eisigen Temperaturen und stürmischem Wind – exhumierte eine kleine Gruppe kanadischer Wissenschaftler unter der Leitung des Anthropologen Dr. Owen Beattie sorgfältig die sterblichen Überreste des 20 Jahre alten Maats John Torrington aus seinem Grab auf der Insel Beechey im arktischen Norden von Kanada. Der Tote ruhte dort seit 1846, aber im eisigen Dauerfrost war sein Leichnam 138 Jahre lang nahezu unversehrt geblieben. Nach einer gründlichen Autopsie bestattete man ihn wieder pietätvoll am selben Platz.

Doch Torrington war nicht der einzige, dem dieses Schicksal widerfuhr. Beattie kehrte zwei Jahre später nach Beechey zurück und grub noch zwei weitere Leichen aus, nämlich die der Seeleute John Hartnell und William Braine, die ebenfalls 1846 gestorben waren. Alle drei hatten zu den ersten Opfern der unglückseligen Expedition des britischen Forschers Sir John Franklin gehört, der die Nordwestpassage vom Atlantik zum Pazifik suchte. Diese vermutete man damals irgendwo jenseits der ungastlichen Nordküste Kanadas. Franklin war am 18. Mai 1845 mit den zwei Schiffen *Erebus* und *Terror*

von England aus gestartet und hatte mit einer Reise von drei bis fünf Jahren gerechnet. Doch weder er noch einer seiner Männer kehrten je zurück – warum die Reise zur Katastrophe wurde und was der Besatzung der beiden Schiffe zustieß, wird man vielleicht nie genau erfahren.

Verhängnisvolle Büchsen

Die Erkenntnisse aus der Autopsie der drei Seemänner tragen vielleicht dazu bei, ein Rätsel der modernen Medizin zu lösen: die Frage, warum Menschen und Tiere unempfindlich gegen Antibiotika werden können. Nach der üblichen Erklärung töten einige Antibiotika nur die schwächeren Erreger, so daß sich die stärkeren Bakterien vermehren können. Viele Wissenschaftler machen deshalb den weitverbreiteten Einsatz von Antibiotika in der Viehzucht dafür verantwortlich, daß sich widerstandsfähigere Bakterienstämme entwickelt haben.

Dr. Kinga Kowalewska-Grochowska, ebenfalls eine kanadische Wissenschaftlerin, entdeckte, daß einige der Bakterien aus dem Zellgewebe der exhumierten Seeleute resistent gegen Antibiotika waren – und das nach fast 140 Jahre langem Tiefschlaf in der Kälte. Antibiotika sind indes erst seit dem Zweiten Weltkrieg in Gebrauch. Ebenfalls aufgrund der Obduktionen stellten Beattie und sein Team in den Körpern der Männer extrem hohe Bleikonzentrationen fest. Sie schlossen daraus, daß die Besatzungsmitglieder an Bleivergiftung gestorben sein könnten, wobei das Blei aus dem

Lötmittel stammte, mit dem damals die Konservendosen verschlossen worden waren.

Durch ihre Untersuchungen gelangte Frau Kowalewska-Grochowska schließlich zu der Überzeugung, daß der hohe Bleigehalt die Bakterien dazu veranlaßt hat, sich auf eine Art und Weise zu entwickeln, daß sie resistent gegen Antibiotika wurden.

Mahnende Botschaft

Nach dieser These ist die Unempfindlichkeit mancher heutiger Bakterien gegen Antibiotika also die Folge des hohen Gehalts an Blei – größtenteils aus den Auspuffgasen der Autos, die verbleites Benzin verbrennen – und anderen Schwermetallen in unserer Umwelt. Ursache ist also nicht die übermäßige Einnahme von Antibiotika. Sollte sich diese Annahme bewahrheiten, dann könnte die Botschaft aus der Eiswüste lauten: Verbannt die gefährlichen Schwermetalle aus unserer Umwelt, und erhaltet so die Wirksamkeit der oft lebensrettenden Antibiotika.

Expedition ohne Wiederkehr *Die drei exhumierten Seeleute starben im ersten Winter der von Franklin 1845 gestarteten Forschungsreise in die Arktis. Die übrigen Teilnehmer suchten weiter nach der Nordwestpassage, bis ihre Schiffe schließlich im Eis feststeckten. Sie versuchten dann, sich zu Fuß zu retten, kamen aber alle in der Eiswüste um.*

Hätten Sie's gewußt?

Der Brite John Ross, der im 19. Jh. die Arktis erforschte, stieß auf Unglauben, als er nach seiner Rückkehr von großen Flächen voll mit rotem Schnee erzählte. Doch tatsächlich bedecken dort blutrot leuchtende Kolonien einer einzelligen Alge ausgedehnte Gebiete.

◆◆◆

Die meisten Arktisreisenden kommen mit dem Flugzeug. Doch es geht auch anders: 1987 fuhr der Japaner Fukashi Kazami mit einem Motorrad zum Nordpol, und der Brite Robert Swan war der erste Mensch, der beide Pole zu Fuß erwanderte: 1986 den Südpol und drei Jahre später den Nordpol.

◆◆◆

Die Nordwestpassage – Ziel zahlloser Expeditionen seit dem späten 15. Jh. – wurde 1903–1906 von dem norwegischen Forscher Roald Amundsen erstmals von Ost nach West durchfahren.

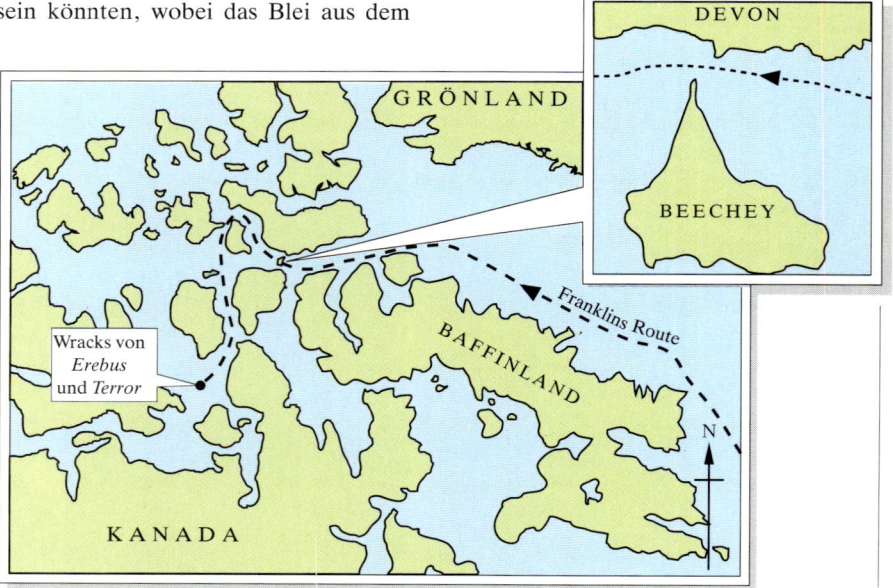

Widersprüchliches aus Forschermund

Wer war zuerst am Nordpol?

Mit packenden Worten erzählte Dr. Frederick A. Cook, ein Arzt aus New York, auf einem festlichen Bankett 1909 von seiner abenteuerlichen und langwierigen Reise zum Nordpol, den er angeblich als erster Mensch am 21. April 1908 erreicht habe. Doch gleich darauf wurde er der Lüge bezichtigt, und zwar von dem amerikanischen Fregattenkapitän Robert Peary, der behauptete, er selbst sei als erster am Nordpol gestanden – am 6. April 1909.

Peary war ein berühmter und erfahrener Polarforscher, der allerdings seine Feinde hatte; Cook dagegen war ein charismatischer Mann, eine Art Volksheld, der 1906 die Expedition zur Besteigung des Mount McKinley in Alaska geführt hatte. Beider Wort stand nun gegeneinander.

Duell der Entdecker

Die bittere Kontroverse, die nun folgte, teilte Amerika in zwei Lager. Viele Kritiker zogen das Tempo in Zweifel, das Peary auf seiner Reise an den Tag gelegt haben mußte. Aber auch für Cook entwickelten sich die Dinge keineswegs zum besten. Zwei Kameraden seiner Expedition, Eskimo, bezeugten im Ok-

Bohrende Fragen *Sicherlich erreichte Peary den nördlichen Polarkreis, aber kam er auch wirklich bis zum Nordpol?*

tober 1909, daß sie unterwegs nie das Land aus den Augen verloren hätten. Folglich konnten sie nicht den Nordpol erreicht haben, der auf einer vom Meer getragenen Packeisschicht liegt. Cook wies die Behauptungen der Eskimo zurück, konnte aber sein Reisetagebuch nicht zum Beweis vorlegen, da er es in der Arktis zurückgelassen hatte. Seine Glaubwürdigkeit litt noch mehr, als ein Mitglied der McKinley-Seilschaft eidesstattlich erklärte, Cook sei nur bis auf einige Kilometer an den Gipfel herangekommen. Cook legte Fotos vor, um dies zu widerlegen, aber man wies nach, daß sie gefälscht waren.

Peary ging damit als Sieger aus diesem Zweikampf hervor und galt von nun an als der Mann, der als erster den Nordpol erreicht hat – wenigstens bis 1985. Da nämlich machte sich der britische Forscher Wally Herbert daran, Pearys entscheidendes Beweismittel, nämlich das Tagebuch, in das ein Forscher normalerweise täglich seine Beobachtungen über Stand und Fortschritt des Unternehmens einträgt, genau zu untersuchen. Als er die Aufzeichnungen über den Aufenthalt am und um den Pol nachlesen wollte, fand er nur neun leere Seiten und dann einen Eintrag über den glücklichen Erfolg auf einem losen Blatt, das möglicherweise später eingelegt worden war. Gleichermaßen unbefriedigend waren Pearys nachlässige Positionsbestimmungen.

Damit man feststellen kann, in welche Richtung das Eis am Pol driftet – wohin man also laufen muß, um trotz der Eisbewegung Kurs zu halten –, müssen regelmäßig genaue Messungen des Sonnenstands vorgenommen werden, um Längen- und Breitengrad zu bestimmen. Peary aber ließ bei seiner Art der Navigation die Eisbewegung völlig außer acht. Er orientierte sich am Kompaß, bestimmte einige Male wegen der noch zurückzulegenden Entfernung den Breitengrad und marschierte in gerader Linie auf den Pol zu. Da er sich um die Bestimmung des Längengrads nicht kümmerte, konnte er niemals genau feststellen, wo er sich befand. Als die nach seiner Einschätzung richtige Entfernung zurückgelegt war, schlugen er

Titelkampf *Auf einer französischen Karikatur von 1909 ringen Frederick Cook und Robert Peary um das Recht, als erster die amerikanische Flagge am Nordpol aufrichten zu dürfen.*

und seine Leute ihr Lager auf, und Peary machte sich daran, die erforderlichen Sonnenstandsmessungen vorzunehmen. Diese sollten bestätigen, daß sie tatsächlich am Nordpol waren. Wally Herbert fand heraus, daß die eingeschlagene Richtung falsch war und Peary sich etwa 80 km westlich des Pols befand. Weiter nahm er an, daß Peary es nicht übers Herz brachte, seinen völlig erschöpften Kameraden die schmerzliche Wahrheit zu sagen, und deshalb sein Tagebuch fälschte.

Doch damit ist der Fall noch keineswegs abgeschlossen, denn ein im Dezember 1989 veröffentlichter Bericht der National Geographic Society erbrachte neue Beweise, die wiederum für Peary sprachen: einmal Pearys Fotografien, die einer erneuten Überprüfung standhielten, und dann auch Messungen der Meerestiefe, die Peary in der Nähe des Pols vorgenommen hat und die nahe an die Werte aktueller Messungen herankommen.

Mit Volldampf in die Zukunft

Eisenbahnpionier Stephenson – einer von vielen

Gespannt warteten am 13. Oktober 1829 die Zuschauer bei Rainhill im Nordwesten Englands auf den Beginn eines denkwürdigen Wettrennens: Drei Lokomotiven, plump und unförmig anzusehen, doch technisch auf der Höhe ihrer Zeit, sollten 20mal eine 3,2 km lange Teststrecke entlangdampfen. Der schnellsten winkte als Preis der Einsatz auf der neuen Linie Liverpool–Manchester.

Nach dem Startsignal ging als erste Lok die *Novelty*, die Neuheit, auf die Reise, eine Konstruktion, die einer Dampfspritze ähnelte. Doch schon nach kurzer Fahrt setzte ein Rohrbruch allen Siegesträumen ein Ende. Auch die *Sans Pareil*, die Unvergleichliche des britischen Ingenieurs Timothy Hackworth, konnte wegen einer Maschinenpanne keine Lorbeeren erringen. Nur die Dritte im Bunde, die elegant wirkende *Rocket*, erfüllte voll die gestellten Bedingungen und erreichte bei dem Wettbewerb die sensationelle Geschwindigkeit von 47 km/h.

Begeistert feierte die Menge den Erbauer, den Briten George Stephenson. Mit seiner „Rakete" hatte er eine Art Prototyp für Dampfloks geschaffen, der zum Vorbild für alle kommenden Modelle wurde. Aufgrund dieses Erfolgs nennt man Stephenson häufig den Vater der Eisenbahn, aber tatsächlich ist er nur einer ihrer Väter, denn trotz aller Originalität basiert seine Maschine lediglich auf den Ideen und Entwicklungen früherer Erfinder.

So verdient namentlich der walisische Ingenieur Richard Trevithick diesen ehrenden Beinamen. Schon ein gutes Vierteljahrhundert vor dem spektakulären Wettrennen hatte er eine mit Hochdruck arbeitende Dampfmaschine konstruiert, die stark genug war, um ein Gewicht von 10 t zu ziehen. Die solide gebaute Lok funktionierte, aber die Gleise von damals waren zu schwach und gingen unter dem Gewicht zu Bruch. Enttäuscht gab Trevithick den Lokomotivbau auf.

Anders der Minendirektor John Blenkinsop aus Yorkshire. Er tüftelte im Jahr 1812 eine raffinierte Konstruktion aus: eine Art Zahnradbahn, deren Zacken in eine neben dem Gleis verlaufende Zahnstange eingriffen. Diese Methode ermöglichte natürlich keine nennenswerten Geschwindigkeiten. Auch die 1823 von William Hedley konstruierte *Puffing Billy*, die ohne Zahngestänge und mit glatten Antriebsrädern fuhr, brachte wegen ihrer zu komplizierten Kraftübertragung auf die Treibachse noch nicht den großen Durchbruch. Der gelang erst George Stephenson – unter anderem mit der Idee, die Räder an der Innenseite mit einer Kante zu versehen, die einen Teil der Belastung von den Schienen wegnahm.

Auch der Kessel der *Rocket* war ein technisches Meisterstück. Sein gewundenes stählernes Röhrensystem konnte optimal die Hitze der Feuerungsabgase für die Dampfbildung nutzen und erzielte so einen bis dahin unerreichten Heizeffekt – ein Vorbild, das Schule machte.

Dampfroß *Diese schmucke Lokomotive ist eine originalgetreue Nachbildung der von George Stephenson 1829 konstruierten* Rocket.

Zug der Zeit

In Konkurrenz mit dem Flugzeug

Zeit ist Geld – um diesem Trend Rechnung zu tragen, bemüht man sich in Westeuropa, Japan und den USA, Züge zu konstruieren, die Geschwindigkeiten bis zu 500 km/h erreichen. Die physikalische Voraussetzung dafür ist, daß sie die Schienen gar nicht berühren – sie fliegen buchstäblich durch die Luft. Der französische Einschienenzug *Aérotrain* z. B., der bei Testfahrten schon 400 km/h schnell war, wird durch Düsen angetrieben und gleitet praktisch ohne jede Reibung auf einem Luftkissen.

Magnetische Kraft

Eine noch wirkungsvollere Methode, den Zug anzuheben und dadurch die Reibung auszuschalten, ist das Magnetschwebeverfahren. Diese Technik beruht auf der simplen Erkenntnis, daß Magnete sich abstoßen oder anziehen. Und wenn sie stark genug sind, dann heben sie sogar einen Hunderte von Tonnen schweren vollbesetzten Personenzug in die Luft.

Die japanische Magnetschwebebahn *HSST* funktioniert nach diesem altbekannten Prinzip. Der eine Satz Magnete

Zug im Trend *Japans Magnetschwebebahnen bestechen nicht nur durch ihr hohes Tempo, sondern auch durch formschönes Design.*

befindet sich in den Schienen, der andere an der Unterseite des Zugs. Beide erzeugen gleiche Magnetfelder, die die zwei Magnetsätze auseinanderdrücken und den Zug anheben. Dazu ist allerdings eine Mindestgeschwindigkeit von 100 km/h vonnöten, so daß der Zug für Abfahrt und Ankunft normale Räder braucht.

Auch in Deutschland hat man eine Magnetschwebebahn entwickelt, nämlich den *Transrapid 06*, der auf einer ungefähr 32 km langen Strecke im Emsland getestet wird und der ebenfalls Geschwindigkeiten bis zu 400 km/h erreicht. Anders als die japanischen Bahnen funktioniert er nach dem anziehenden Prinzip. Dabei befinden sich die gegensätzlich gepolten Magnete in der breiten Führungsschiene und in den beiden Klammern, mit denen der Zug diese Schiene umgreift. Sind die Magnete eingeschaltet, ziehen sie das Fahrgestell bis auf 1 cm an die Schiene

heran, und der Zug „hebt ab". Bei beiden Prinzipien werden die Magnetfelder von einem Elektromotor erzeugt.

Die erste kommerzielle *Transrapid*-Strecke der Welt soll ab 1992 in Florida gebaut werden.

Umweltfreundlich

Trotz der großen Entwicklungskosten bieten die Magnetschwebebahnen gegenüber herkömmlichen Zügen große Vorteile, vor allem für die Umwelt: Sie fahren geräuscharm, die hochleistungsfähigen Elektromotoren verbrauchen relativ wenig Energie und stoßen keine schädlichen Abgase aus.

Tempo aus dem Nichts

Eine Modeerscheinung von einst: die Luftdruckbahn

In den 40er Jahren des vorigen Jahrhunderts machten sich viele Verkehrstechniker, unter ihnen der britische Ingenieur Isambard Kingdom Brunel, für eine neue Art von Transportmittel stark: die Luftdruckbahn. Sie sollte schnelles, ruhiges und vor allem rauchloses Reisen gewährleisten und funktionierte nach einem einfachen Prinzip: Zwischen die Schienen der Bahn wurde ein Eisenrohr verlegt, das der Länge nach oben einen Spaltbreit geöffnet war. Vom Zugwagen führte nun ein Verbindungsstück durch den Spalt, der mit einer Ledermanschette luftdicht abgeschlossen war, bis zu einem Kolben im Rohr. Entlang der Strecke sogen in regelmäßigen Abständen mit Dampfdruck betriebene Pumpen vor der Bahn die Luft aus dem Rohr. Der Luftdruck hinter dem Kolben schob dann den Kolben und damit auch den Zug vorwärts.

1845 wurde in der englischen Grafschaft Devon – unter der Schirmherrschaft von Isambard Kingdom Brunel –

eine solche Luftdruckbahn in Betrieb genommen. Aber schon bald tauchten verschiedene technische Probleme auf, so daß die Passagiere des öfteren gezwungen waren, auszusteigen und zu schieben. Beispielsweise gelang es nie, das Vakuum an Einmündungsstellen und Kreuzungen aufrechtzuerhalten, und auch die Pumpen waren äußerst störanfällig.

Am schlimmsten aber war, daß die Ledermanschetten durch Witterungseinflüsse sehr schnell verrotteten und außerdem von Ratten als Nahrungsquelle geschätzt wurden. Und schon eine einzige undichte Manschette schwächte das Vakuum, das für den Antrieb der Bahn nötig war. Als man 1848 feststellte, daß die Lederstücke auf der gesamten Strecke erneuert werden mußten, gab Brunel das Projekt schweren Herzens auf.

Damit behielt der Eisenbahnpionier George Stephenson recht, der die Luftdruckbahn von Anfang an als „großen Humbug" bezeichnet hatte.

Hätten Sie's gewußt?

Die Einschienenbahn ist keine moderne Erfindung. 1888 eröffnete der französische Ingenieur Charles Lartigue eine mit Dampf betriebene Einschienenbahn im Südwesten von Irland. Die Schiene der 14 km langen Strecke war auf ein dreieckiges Gestell montiert, und die Züge bestanden aus Doppelwagen, die rechts und links vom Schienenstrang hingen.

◆◆◆

Die meisten Eisenbahnen der Schweiz fahren dank Wasserkraft, da der Strom, der sie antreibt, aus den großen Wasserkraftwerken in den Alpentälern stammt.

König der Züge

Der Orientexpreß *ist wieder unterwegs*

Seit der erste *Orientexpreß* 1883 aus dem Pariser Bahnhof Gare de l'Est hinausdampfte, hat sein Flair von Luxus und großer weiter Welt immer wieder Schriftsteller dazu inspiriert, ihn zum Schauplatz ihrer Erzählungen zu machen – wie z. B. Graham Greene in dem Roman *Orientexpress* und Agatha Christie in ihrem Krimi *Mord im Orientexpreß*. Doch auch das wirkliche Leben hat sich hier von seiner farbigsten Seite gezeigt: Im Ersten Weltkrieg durchquerte Mata Hari, verführerische Tänzerin und angebliche Spionin für Deutschland, in diesem Zug Europa, und im Zweiten Weltkrieg flohen in ihm König Carol von Rumänien und seine Frau mit zwei Waggons voll Schmuck und Wertgegenständen ins Exil. Damit so erlauchte Fahrgäste sich wohl fühlen konnten, bot die Internationale Schlafwagen- und Touristik-Gesellschaft einen geradezu sprichwörtlich gewordenen Luxus auf: Eine prachtvolle Innenausstattung sorgte für vornehme Atmosphäre, aufmerksames Personal las den Reisenden jeden Wunsch von den Augen ab, und die feine Küche stellte auch den verwöhntesten Gaumen zufrieden.

In den Anfangsjahren war die Reise nach Osten noch eine kombinierte Zug-Schiff-Fahrt: Die Passagiere mußten in Giurgiu in Rumänien den Zug verlassen, mit einem Boot die Donau überqueren und anschließend wieder per Bahn in die bulgarische Hafenstadt Varna am Schwarzen Meer reisen. Es folgte noch eine kurze Dampferfahrt bis zum Zielort Istanbul. 1919 nahm dann der *Simplon-Orient-Expreß*, der auf südlicherer Route durch die Schweiz und Italien fuhr, seine täglichen Fahrten auf, und zwar nun ganz auf dem Landweg.

20 Jahre später, als der Zweite Weltkrieg bevorstand, ging es mit dem Luxus des *Orientexpresses* rapide abwärts. In den 70er Jahren schließlich verkehrten auf seiner Strecke nur noch Schnellzüge, die jeweils einen Abschnitt befuhren. Doch vor rund zehn Jahren kam die Wende: Der betuchte britische Schiffsmagnat James Sherwood, ein begeisterter *Orientexpreß*-Fan, hatte gut zwei Dutzend Originalwaggons aufgekauft und für Unsummen detailgetreu restaurieren lassen. Und dieser neuerstandene *Simplon-Orient-Expreß* kreuzt nun wieder – jetzt allerdings als Sonderzug für Eisenbahnromantiker – durch viele Länder Europas.

VON GEISTERHAND BEWEGT

Im Jahr 1910 wurde in München die erste vollautomatische führerlose Untergrundbahn in Betrieb genommen, die allerdings keine Passagiere, sondern nur Postgut zum Postamt beförderte. Die Zeitungen bejubelten sie als wichtigen Meilenstein auf dem Weg in die Zukunft des Eisenbahnverkehrs. Und dennoch gibt es heutzutage auf der ganzen Welt nur ganz wenige Passagierzüge, die vollautomatisch oder sogar völlig führerlos fahren – und das trotz modernster Technologie, trotz Monitorüberwachung der Fahrgäste im Zug und auf den Bahnsteigen und trotz Mikroprozessoren, die

alle Aufgaben erfüllen, die sonst das Bedienungspersonal erledigt. In der Regel fährt nur ein Schaffner mit, der die Türen überwacht und in Notfällen hilft.

Woher kommt es, daß ein so wirtschaftliches System kaum Erfolg hatte? Der Grund ist einfach zu erraten und sehr menschlich. Die Fahrgäste fühlen sich in Zügen ohne Zugführer nicht sicher – auch wenn das objektiv keineswegs zutrifft. In Lille in Frankreich, wo solche Züge seit dem Jahr 1983 verkehren, hat sich klar gezeigt, daß sie fast sicherer sind als Züge mit Fahrer. Liegt z. B. ein Gegenstand auf den Schienen, dann betätigt der Bordcomputer die Notbremse viel schneller als der aufmerksamste Zugführer.

Führerlos Seit 1987 verkehrt in London eine Bahn, die eine 12 km lange Strecke ohne Zugführer zurücklegt. Zur Beruhigung der Passagiere fahren allerdings einige Schaffner mit, die das Ein- und Aussteigen an den Haltestellen überwachen.

Perfektion im kleinen

Die detailgetreue Welt der Modelleisenbahnen

Für die Hersteller von Modelleisenbahnen ist Detailtreue oberstes Gebot. Die deutsche Firma Märklin z. B. baute während des Burenkriegs zu Anfang dieses Jahrhunderts nicht nur gepanzerte Modellzüge mit Schnellfeuergeschützen und automatischen Granatwerfern mit Zündkapselmechanismus, sondern auch einen Lazarettwagen, komplett mit Operationsabteil und den Miniaturfiguren von Krankenschwestern und verwundeten Soldaten, die auf Tragbahren lagen.

In den 90er Jahren des vorigen Jahrhunderts brachte eine französische Firma einen Gepäckwagen heraus, der entzweibrach, wenn er entgleiste, und 1901 glänzte Märklin mit einer Modelleisenbahn, die mit Hilfe eingebauter Federn regelrecht explodieren konnte. Damit Kinder und Väter fachgerecht Hilfsdienste leisten konnten, bevor sie den Zug wieder zusammenbauten, stellte die Firma gleich noch Krane und Pannenwagen her.

Keine Werbung für Alkohol

In einem Fall reichte sogar der Arm des Gesetzes bis in die Miniaturwelt. Im Amerika der 20er Jahre mußte man, entsprechend dem Gesetz der Prohibition, das Wort Bier von einem Getränkewagen entfernen. Lokomotiven, die Ende des vorigen Jahrhunderts gebaut wurden, stießen richtigen Rauch aus, der von einer brennenden Zigarette im Schornstein stammte. Außerdem pfiffen sie oft sehr überzeugend.

Auch das winzigste Format war kein Hindernis für Genauigkeit. Die kleinste funktionierende Modelleisenbahn, die der Franzose Jean Damery nach dem Zweiten Weltkrieg baute, besaß eine 8 mm lange Lok – sie hatte auf dem Nagel eines kleinen Fingers Platz.

Rekordstrecken

Manche Modelleisenbahnen können erstaunlich lange fahren. Der Rekord einer Modelldampflok, gehalten von der kohlegefeuerten *Winifred* mit Spurweite 184 mm, beträgt 232 km in 27 Stunden und 18 Minuten. Elektrische Modelleisenbahnen fahren noch weiter: 1981 schaffte eine Lokomotive mit sechs Wagen in 50 Tagen nonstop eine Strecke von 720 km.

Reise durch Sibirien

Erst die Transsibirische Eisenbahn erschloß den Osten der Sowjetunion

Die Transsibirische Eisenbahn – kurz Transsib genannt – erscheint auch dem modernen, mit dem technischen Fortschritt vertrauten Reisenden als ein Wunderwerk von Menschenhand. Die von Moskau im Westen bis nach Wladiwostok am Pazifik verlaufende Strecke beträgt 9297 km und durchkreuzt in sieben Tagen acht Zeitzonen. Sie passiert wilde, urwüchsige Landschaften, überquert die ungezähmten Gewässer von Ob und Amur und folgt ein Stück dem Ufer des Baikalsees, des mit 1940 m tiefsten Sees der Erde. Sie führt durch den riesigen Waldgürtel Sibiriens, die endlose Taiga, kämpft sich durch Sümpfe und über Hochplateaus. Unterwegs macht die Transsib halt in großen Industriestädten wie Nowosibirsk und Irkutsk, aber auch an den malerischen Holzbahnhöfen Sibiriens, wo der Reisende einen fesselnden Einblick in das bäuerliche Leben dieser Region erhält. Die Bahn ist für die Sowjetunion eine lebenswichtige Handelsader, die nicht nur das eigene unermeßliche Land zugänglich macht, sondern es auch über den Seeweg von Nachodka aus mit Japan und über eine Zweiglinie durch die Mandschurei mit China verbindet.

Am Ende des vorigen Jahrhunderts war Sibirien ein fernes, unterentwickeltes, großenteils unbekanntes Land, für dessen Durchquerung man – je nach Jahreszeit in der Kutsche oder im Schlitten – viele Wochen, ja Monate benötigte. Um die Erschließung dieses riesigen, an Rohstoffen reichen Gebietes voranzutreiben, eröffnete Zar Nikolaus II. im Jahr 1891 feierlich den Bahnbau. Zu den Arbeiten, die sich in acht Hauptabschnitten vollzogen, setzte man im wesentlichen russische Sträflinge und Verbannte ein, aber auch Chinesen, Türken, Perser, Italiener und Koreaner. Viele von ihnen fanden in sumpfigen Urwäldern, bei Dauerfrost und katastrophalen Überschwemmungen, durch Überfälle, Angriffe von wilden Tieren sowie Seuchen wie Beulenpest und Cholera den Tod. Dennoch machte der Bau insgesamt relativ schnelle Fortschritte, da für die eingleisige Bahnlinie über weite Strecken keine großen Erdbewegungen vonnöten waren.

Bergetappe

Als schwierigstes Hindernis erwies sich die gebirgige Waldlandschaft um den Baikalsee, wo die Transsib mit 1025 m

Gleise über das Eis Im Jahr 1904 verlegten russische Truppen ein Schienenstück von 40 km über den zugefrorenen Baikalsee, um Soldaten und Munition im Russisch-Japanischen Krieg an die Front zu transportieren.

ihren höchsten Punkt erreicht. Bis die Trasse um das Südende des Sees fertiggestellt war, verlegte man im Winter Schienen über das Eis des zugefrorenen Sees und transportierte im Sommer Zug und Passagiere auf einer großen Fähre, die in England konstruiert worden war, von Ufer zu Ufer.

Die letzte, rund 2000 km lange Etappe, die teilweise parallel zum Amur verläuft und einen Bogen um die chinesische Grenze macht, wurde 1914 eröffnet. Seit 1939 ist die gesamte Strecke von Moskau bis Wladiwostok zweigleisig befahrbar.

Die Kosten für den Bau der Transsibirischen Eisenbahn waren natürlich gewaltig – allein bis 1915 angeblich rund 600 Mio. Dollar. Aber für die Sowjetunion hat sich das Mammutwerk, das heute als ganz besondere Touristenattraktion immer beliebter wird, in Kriegs- und Friedenszeiten bezahlt gemacht.

New York Hauptbahnhof!

Auf der Grand Central Station *gibt es nicht nur Züge*

Die *Grand Central Station*, der Hauptbahnhof von New York, wurde als eine Art Stadt innerhalb der Stadt geplant: ein weitverzweigtes Gelände, rund 20 ha groß, mit Friseursalons, Bade- und Umkleideräumen, Dutzenden von Läden, Restaurants, einem Postamt, einem Kino, einer Krankenstation für Notfälle und sogar einem Polizeiposten.

Dabei hatte auch dieser größte Bahnhof der Welt einmal klein angefangen, als nämlich 1871 der Eisenbahnkönig Cornelius Vanderbilt an der 42. Straße einen Bahnhof eröffnete, der allerdings bald aus allen Nähten platzte. Also wurde er 1903 wieder abgerissen und an seiner Stelle der Grundstein für die heutige *Grand Central Station* gelegt, die zehn Jahre später schließlich in Betrieb genommen werden konnte.

Man sprengte einen riesigen Hohlraum in den Fels, in dem auf zwei Ebenen gut 60 Gleise verliefen. Ihr Ziel war die Haupthalle des Bahnhofs. Dieser gewaltige, prachtvolle Raum im Stil der Neorenaissance, 114 m lang und 38 m hoch, steht heute unter Denkmalschutz. 30000 Menschen sollen sich darin aufhalten können. Er wurde schon als Vortragssaal, Ausstellungsraum, Konzerthalle und Ballsaal benützt.

Vollendete Ingenieurkunst

Unter der Haupthalle und der darunterliegenden Bahnhofshalle schlägt das eigentliche Herz der Anlage, das schon zu seiner Entstehungszeit eine Meisterleistung der Ingenieurkunst war. Hier befindet sich ein kompliziertes System von Tunnels und Gleisanlagen, die auf verschiedenen Ebenen liegen und einen reibungslosen Ablauf des Schienenverkehrs gewährleisten. Gleisschleifen sorgen dafür, daß die Bahnen wenden können, ohne rückwärts fahren zu müssen. Die genaue Position eines jeden Zugs wird in Kontrollräumen der Station elektronisch registriert, sobald er im Bereich der 96. Straße in den Tunnel einfährt.

Ebenfalls unterhalb der tiefer gelegenen Bahnhofshalle befindet sich das riesige Kraftwerk, das den Strom für den

Schalterhalle im Riesenformat *Die Haupthalle der* Grand Central Station *in New York könnte gleichzeitig 30 000 Menschen Platz bieten.*

Antrieb der Züge liefert und den ganzen Komplex samt dem ausgedehnten Netz von Versorgungstunnels erleuchtet und beheizt.

In dem sechsstöckigen Bahnhofsgebäude haben sich u. a. ein Radiosender, ein Sportzentrum, eine Kunstgalerie und eine stadtbekannte Austernbar eingemietet, in der täglich rund 12 000 dieser delikaten Tiere serviert werden.

Trotz aller Noblesse ist die *Grand Central Station* heute nur noch ein großer Pendlerbahnhof, durch den jeden Tag etwa 150 000 Fahrgäste geschleust werden. Aber wer sich trotz aller Hast die Zeit nimmt und das riesige blaue Deckengewölbe mit den Sternbildern oder die großen Kandelaber betrachtet, kann noch die Glanzzeit dieses architektonischen Monuments, die Gründerjahre der amerikanischen Eisenbahn, erahnen.

Paläste auf Rädern
Salonwagen für Könige und Päpste

Miesmacher
Die merkwürdigen Ansichten des Dionys Lardner

Nicht nur das gemeine Volk wurde Mitte des 19. Jh. vom Eisenbahnfieber ergriffen, auch die Herrschenden waren fasziniert von der neugewonnenen Mobilität und benutzten für ihre Reisen die Bahn – aber selbstverständlich standesgemäß. Ihre Salonwagen waren so komfortabel und prächtig wie ihre Paläste.

Dabei war natürlich immer der persönliche Geschmack des erlauchten Reisenden ausschlaggebend. König Ludwig II. von Bayern beispielsweise ließ sich Waggons anfertigen, die mobilen Versionen seiner Märchenschlösser glichen und deren raffinierte Ausstattung in Toilettensitzen mit einer Polsterung aus Schwanendaunen gipfelte. Noch weitaus prächtiger war der Zug des türkischen Vizekönigs von Ägypten, Said Pascha. Seine Lok war purpurrot und silbern verkleidet und mit kunstvollen goldenen Verzierungen geschmückt. Der Salonwagen bot Platz für die persönlichen Gemächer und für den gesamten Harem des hohen Herrn.

Samt und Seide
1842 unternahm Königin Viktoria von England mit großem Pomp ihre erste Eisenbahnfahrt. Ein Wagen des königlichen Zuges, der vorsichtshalber nicht schneller als 70 km/h fahren durfte, war mit karmesinroten und weißen Wand-

Königlicher Sonderzug Königin Viktoria und ihr Gatte, Prinz Albert (links), empfangen in ihrem Salonwagen Louis Philippe von Frankreich (rechts).

behängen aus Seide und kunstvoll geschnitzten Sofas im französischen Prunkstil des 18. Jh. ausgestattet.

Auch andere Staatsoberhäupter erfreuten sich an ähnlichem Luxus. Zum Zug des österreichischen Kaisers Franz Joseph I. gehörte ein prunkvoller Speisesaal für 16 Personen. Und der letzte große königliche Zug, 1930 für Viktor Emanuel III. von Italien gebaut, glich einem kleinen Renaissancepalast mit rotgoldenem Festsaal und anderen Räumen, die mit vergoldetem Leder, Seide und exotischen Hölzern ausgeschmückt waren.

Prunkvolle Privatwagen waren aber keineswegs nur Königsfamilien vorbehalten. Der 1859 erbaute Eisenbahnwagen von Papst Pius IX. verfügte über einen mit weißem Samt bezogenen Thronsaal, dessen Kuppel feingemeißelte Säulen trugen. Und um die Jahrhundertwende gehörte es für sehr reiche Amerikaner zum guten Ton, mindestens einen üppig ausgestatteten Salonwagen mit Marmorbädern, goldenen Wasserhähnen, silbernem Geschirr und kostbaren Gemälden ihr eigen zu nennen.

Der bekannte britische Ingenieur Isambard Kingdom Brunel, ein Vorreiter auf dem Gebiet des Eisenbahn- und Dampfschiffbaus, hatte jahrelang seine liebe Not mit einem wissenschaftlichen Kollegen, einem gewissen Dionys Lardner aus Dublin. Dieser hochdekorierte Mathematiker und Physiker machte dem Engländer die Arbeit schwer, wo immer er konnte. Beispielsweise 1834, als Brunel den Bau eines Eisenbahntunnels in der Nähe von Bath im Südwesten von England plante. Lardner behauptete, ausführliche Berechnungen angestellt zu haben, nach denen der Zug, sollten die Bremsen versagen, auf der Gefällstrecke durch den Tunnel eine Geschwindigkeit von 215 km/h erreichen würde. Das aber – so Lardner – würden die Passagiere nicht überleben, denn bei einem solchen Tempo müsse man ersticken.

Brunel wies in einer scharf formulierten Antwort darauf hin, daß Lardner bei seinen Berechnungen vergessen habe, Reibung und Luftwiderstand zu berücksichtigen, die die Geschwindigkeit des Zuges auf 100 km/h verringern würden, und baute unverdrossen weiter. Die Praxis gab ihm später recht – der Tunnel ist noch heute in Betrieb.

Falscher Alarm
Schon zwei Jahre danach kam es zur nächsten Kontroverse. Brunel hatte bereits seinen Überseedampfer *Great Western* auf Kiel gelegt, als Lardner ihm erneut „unwiderlegbare" Berechnungen präsentierte. Und zwar bewiesen sie nach seiner Meinung, daß eine rund 6000 km lange Atlantiküberquerung nicht möglich sei. Die maximale Entfernung, die ein Dampfschiff, ohne Kohle zu bunkern, zurücklegen könne, betrage 3600 km. Seine Skepsis, die von vielen durchaus gebildeten Menschen geteilt wurde, gipfelte in der Feststellung: „Der Mensch kann ebensogut eine Reise zum Mond planen wie versuchen, mit Hilfe von Dampfkraft den stürmischen Nordatlantik zu überqueren."

Wiederum bewies Brunel seinem Widersacher anhand der Praxis das Gegenteil, was ihm vor allem mit einem seiner später konstruierten Schiffe, der eleganten *Great Eastern*, glänzend gelang. Sie dampfte mit einer Durchschnittsgeschwindigkeit von 14 Seemeilen pro Stunde über den Atlantik und wurde in New York triumphal empfangen.

Zu Land und in der Luft

Erstaunliche Fahrzeuge und Flugapparate

s gibt Menschen, die sich ständig beklagen, wie anstrengend die tägliche Fahrt zur Arbeit ist. Kaum naht das Wochenende, können es dieselben Leute kaum erwarten, wieder unterwegs zu sein – aber nicht etwa mit dem Auto oder Zug, sondern mit Rennrad, Motorboot, Gleitdrachen oder Heißluftballon. Der Unterschied: Die Fortbewegung mit solchen unkonventionellen Transportmitteln macht einfach mehr Spaß und vermittelt ein Gefühl von Freiheit – was man von einer Fahrt auf der verstopften Autobahn oder im überfüllten Zug nicht behaupten kann. Immer wieder verlassen Erfinder die Pfade überkommener Vorstellungen und experimentieren mit völlig neuen Formen von Autos, Flugapparaten und Fahrrädern. Diese technischen Errungenschaften – ein paar Beispiele sind auf diesen beiden Seiten abgebildet – sind keine revolutionären Erneuerungen des Transportwesens. Aber sie können vielen Menschen ungeahnte Betätigungsmöglichkeiten und Momente der Herausforderung in der Freizeit verschaffen.

Keine Ersatzteilprobleme *Das* Africar *wurde von dem britischen Fotojournalisten Anthony Howarth konstruiert. Es ist preiswert, stabil, sehr einfach gebaut und für Länder mit schlechten oder gar keinen Straßen bestens geeignet. Trotz einer erfolgreichen Testfahrt über 16 000 km von der Arktis bis zum Äquator im Jahr 1984 hat sich noch kein Land der dritten Welt für eine Übernahme interessiert.*

Wüstensegler *Die Idee von einem windgetriebenen Fahrzeug hatten schon die alten Ägypter und die Chinesen – und auch der niederländische Mathematiker Simon Stevin, der im 16. Jh. lebte. Ein Landsegler – hier ein französisches Modell – kann auf festem Untergrund Geschwindigkeiten bis zu 130 km/h erreichen. In vielen Ländern ist Landsegeln bereits ein beliebter Freizeitsport.*

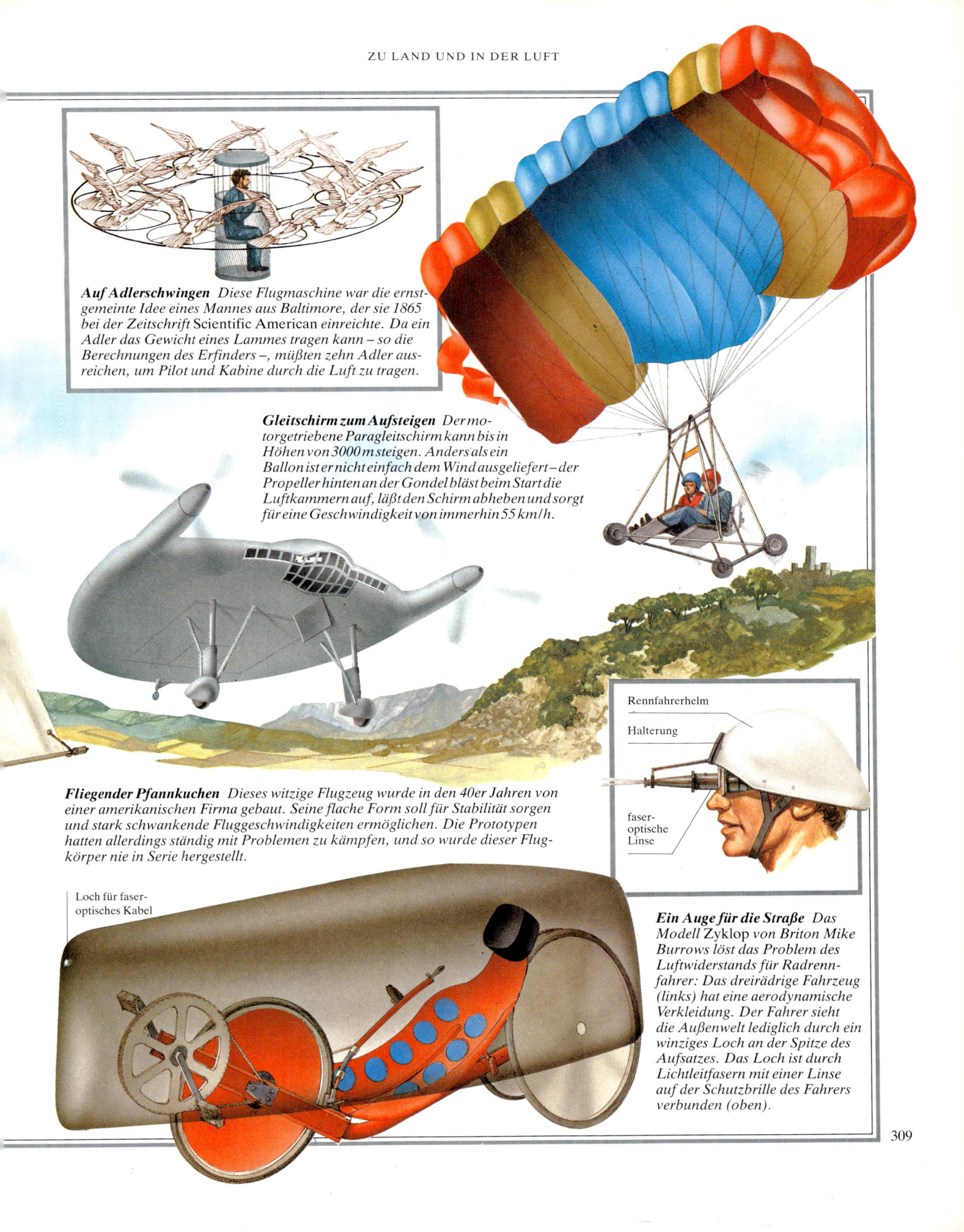

Auf Adlerschwingen *Diese Flugmaschine war die ernstgemeinte Idee eines Mannes aus Baltimore, der sie 1865 bei der Zeitschrift* Scientific American *einreichte. Da ein Adler das Gewicht eines Lammes tragen kann – so die Berechnungen des Erfinders –, müßten zehn Adler ausreichen, um Pilot und Kabine durch die Luft zu tragen.*

Gleitschirm zum Aufsteigen *Der motorgetriebene Paragleitschirm kann bis in Höhen von 3000 m steigen. Anders als ein Ballon ist er nicht einfach dem Wind ausgeliefert – der Propeller hinten an der Gondel bläst beim Start die Luftkammern auf, läßt den Schirm abheben und sorgt für eine Geschwindigkeit von immerhin 55 km/h.*

Fliegender Pfannkuchen *Dieses witzige Flugzeug wurde in den 40er Jahren von einer amerikanischen Firma gebaut. Seine flache Form soll für Stabilität sorgen und stark schwankende Fluggeschwindigkeiten ermöglichen. Die Prototypen hatten allerdings ständig mit Problemen zu kämpfen, und so wurde dieser Flugkörper nie in Serie hergestellt.*

Rennfahrerhelm

Halterung

faseroptische Linse

Loch für faseroptisches Kabel

Ein Auge für die Straße *Das Modell Zyklop von Briton Mike Burrows löst das Problem des Luftwiderstands für Radrennfahrer: Das dreirädrige Fahrzeug (links) hat eine aerodynamische Verkleidung. Der Fahrer sieht die Außenwelt lediglich durch ein winziges Loch an der Spitze des Aufsatzes. Das Loch ist durch Lichtleitfasern mit einer Linse auf der Schutzbrille des Fahrers verbunden (oben).*

309

Die den Tod nicht fürchten

Aus Abenteuerlust setzen manche Menschen ihr Leben aufs Spiel

Die Vergangenheit ist reich an selbstlosen Menschen, die aus vielerlei Motiven ihr Leben aufs Spiel setzten: als Soldaten aus Gehorsam oder Vaterlandsliebe, als Märtyrer aus Liebe zu Gott oder aus moralischer Verpflichtung, als mutige Samariter oder Pioniere im Dienst des Nächsten. Doch es gibt noch ein ganz anderes Motiv, das manche dazu veranlaßt, dem Tod freiwillig ins Auge zu blicken: schiere Abenteuerlust. Vor allem in unserer hochtechnisierten, geordneten Welt sehnen sich Menschen nach Nervenkitzel, und um diesem Mangel abzuhelfen, sind schon etliche Zeitgenossen auf die gewagtesten Ideen gekommen. Beispielsweise ließ sich 1929 der Zirkusartist Hugo Zacchini von der Rohrmündung einer Kanone wegkatapultieren und flog über 40 m weit mit einer Geschwindigkeit von 130 km/h. Oder 1977 erkletterte George Willig die Fassade des 412 m hohen World Trade Centers in New York. Der Tscheche Jaromír Wagner gar überflog 1980, angebunden an ein Kleinflugzeug, den Atlantik.

Allerdings zog der Todesmutige gelegentlich auch den kürzeren. Der Entfesselungskünstler Houdini etwa forderte regelmäßig Leute aus dem Publikum auf, ihm mit aller Kraft in den Magen zu boxen. Normalerweise hielt er, nachdem er die Muskeln angespannt hatte, dem Schlag stand. Doch am 22. Oktober 1926 traf ihn der Hieb eines Studenten unvorbereitet, und er starb einige Tage darauf an einem Blinddarmdurchbruch.

Damit die verwegenen Abenteurer nicht auf sich allein gestellt sind, gründeten sie einen Verein, den Club für gefährliche Sportarten, mit Sitz im britischen Oxford. Eines der Gründungsmitglieder, David Kirke, gab einen spektakulären Einstand: Er stürzte sich 1982 von einer 320 m hohen Brücke in die Tiefe, nur von einem um den Knöchel gewundenen Elastikband festgehalten. Doch Kirke hatte die Dehnbarkeit des Gummis überschätzt und hing zwei Stunden in 60 m Höhe kopfüber in der Luft, bevor ihn seine Kameraden hochziehen konnten.

Lebende Kanonenkugeln *1934 ließen sich die Brüder Zacchini in New York gleichzeitig aus einer Kanone katapultieren.*

Traumstraße der Welt

Wo Schweine gefährlicher sind als Jaguare

Am 9. Juni 1972 erreichte eine völlig erschöpfte Mannschaft mit ihren zwei Geländewagen den südlichsten Punkt von Südamerika auf der Insel Feuerland und beendete damit erfolgreich eine der schwierigsten Expeditionen, die die britische Armee in Friedenszeiten je unternommen hatte. 188 Tage lang waren die Männer von Anchorage in Alaska aus auf dem 22 000 km langen Panamerican Highway unterwegs gewesen und hatten dabei – und das war die eigentliche Großtat – auch erstmals die 400 km lange Teilstrecke zwischen Panama und Kolumbien durch das unwegsame Darién-Gebiet nicht ausgespart. Normalerweise wird diese von Flüssen und Sümpfen durchzogene Urwaldlandschaft mit dem Flugzeug überquert, denn die Straßenbauer waren damals überzeugt, sie sei unpassierbar – warum, das sollten die Briten am eigenen Leib erfahren.

Grüne Hölle

Nachdem das sechs Mann starke Team den Nordabschnitt der sogenannten Traumstraße der Welt in 40 Tagen bewältigt hatte, traf es in Canitas in Panama mit Ingenieuren, Ärzten, Urwaldexperten und Wissenschaftlern, die Pflanzen, Tiere und Menschen im Darién-Gebiet studieren wollten, zusammen. Getrennt machten sich dann am 17. Januar die Begleitmannschaft und das eigentliche Team mit seinen zwei Geländewagen auf den Weg. Die Autos waren mit Motorwinden, Wassertanks, Aluminiumleitern zur Überbrückung

Unsichere Autobrücke *Die Geländewagen wurden auf einem behelfsmäßigen Floß über die Flüsse transportiert.*

von Schluchten, schnorchelähnlichem Auspuff für niedrige Wasserläufe und einem aufblasbaren Floß für tiefere Gewässer ausgerüstet. Mühsam kämpften sich die Männer durch Schluchten, Sümpfe und Hochwasser führende Flüsse und schlugen sich einen Pfad durch das nahezu undurchdringliche Dickicht, auf dem sie die Wagen vorwärts schaffen konnten. Dabei wurden sie in der feuchten Hitze unentwegt von Hornissen, beißenden Ameisen, Skorpionen, Moskitos und Giftschlangen, ja sogar giftigen Pflanzen geplagt und mußten auf der Hut sein vor Wildschweinen, die in großen jagenden Rudeln umherzogen und gefährlicher waren als die einzeln auftretenden Jaguare.

Versorgt wurden die Männer von Flugzeugen, die Proviant abwarfen. Ansonsten jedoch waren sie ganz auf sich und ihren Durchhaltewillen angewiesen, der ih-

Riskante Aktion *Bei der Durchquerung des Darién-Gebiets 1972 mußte die Mannschaft Flüsse durchqueren, an denen Alligatoren auf der Lauer lagen.*

nen immer wieder neue Kraft verlieh. Ihr ausgeprägter Teamgeist sorgte dafür, daß keiner schlappmachte. Nur die Technik führte immer wieder zu Problemen. Kleinere Pannen waren geradezu an der Tagesordnung, und einmal mußten die Männer sogar einen Wagen mit der Winde aus einem reißenden Fluß ziehen, in dem er zu versinken drohte.

Am 23. April schließlich erreichte die Mannschaft triumphierend das Ende des Darién-Gebiets, das sich noch abweisender gezeigt hatte als befürchtet. 98 Tage hatte die Durchquerung der grünen Hölle gedauert, und nun lag vor ihnen nur noch der Südabschnitt der Traumstraße, auf dem sie in sieben Wochen bis fast ans Kap Hoorn gelangten.

In schwindelnden Höhen
Auf dem Drahtseil über die Niagarafälle

Aufgeregt schauten Tausende von Neugierigen zu, als sich der 35jährige Franzose Jean-François Gravelet, besser bekannt als Charles Blondin, am 30. Juni 1859 anschickte, erstmals auf einem 76 mm dicken Drahtseil den amerikanischen Arm des Niagara zu überqueren. 20 spannungsgeladene Minuten balancierte der Artist über die 335 m lange Strecke von Ufer zu Ufer, während knapp 50 m unter ihm die gewaltigen Niagarafälle tosten. Als er endlich wohlbehalten am anderen Seilende anlangte, belohnte dröhnender Beifall seine mutige Tat.

Nach diesem Erfolg wurde der Weg über den Niagara für Blondin, der schon im fünften Lebensjahr von seinem Vater – ebenfalls einem Akrobaten – das erste Kunststück gelernt hatte, fast zur Routine. Um sich und sein Publikum herauszufordern, dachte er sich immer neue und kühnere Kunststücke aus: Mal legte er die Strecke mit verbundenen Augen zu-

rück, mal auf Stelzen, mal einen Schubkarren vor sich herschiebend, mal mit den Füßen in einem Sack. Einmal gönnte er sich unterwegs sogar eine Pause, um sich auf einem mitgeführten kleinen Kocher ein Omelett zu backen und in aller Ruhe zu verspeisen. Der spektakulärste Balanceakt hoch über den Niagarafällen fand jedoch im September 1860 statt, als Blondin seinen vor Angst zitternden Agenten huckepack mit auf den Weg nahm und sechsmal beinahe die Balance dabei verlor.

Blondin vollbrachte noch viele andere akrobatische Großtaten – beispielsweise schlug er in 52 m Höhe, auf Stelzen und ohne Netz, im Crystal Palace in London Purzelbäume, und er balancierte bei Sturm über ein Seil, das zwischen zwei Schiffsmasten gespannt war –, bevor er mit 73 Jahren in London starb: im Bett.

Huckepack Am 15. September 1860 trug der Artist Blondin seinen Agenten über die Niagarafälle.

Hätten Sie's gewußt?

Schon zu Zeiten der alten Römer ließen sich die Menschen gerne mit Seilakrobatik unterhalten. Ein antiker Seiltänzer wurde funambulus *genannt – nach den lateinischen Wörtern* funis *für Seil und* ambulare *für gehen. Auch im Mittelalter erfreuten Seiltänzer Zuschauer aus allen Gesellschaftsschichten.*

Einsamer Gipfelstürmer
Reinhold Messner bezwingt allein den Mount Everest

Im August 1980 sollte der Südtiroler Bergsteiger Reinhold Messner einen seiner größten Siege erringen, indem er allein den höchsten Berg der Erde erstürmt, den Mount Everest, der die Hauptkette des östlichen Himalaja im Grenzgebiet zwischen Tibet und Nepal überragt.

Nachdem sich Messner von seinen drei Kameraden im letzten Basislager in rund 6500 m Höhe verabschiedet hatte, kämpfte er sich allein weiter durch Schnee und Fels zum Gipfel des 8848 m hohen Giganten, den er zwei Jahre zuvor schon einmal mit seinem Seilgefährten Peter Habeler bezwungen hatte. In seinem Rucksack befand sich nur das Allernötigste, und seine Ausrüstung bestand lediglich aus einem leichten Eispickel, zwei Skistöcken, Schlafsack, Zelt, Lebensmitteln und Kamera – alles zusammen 18 kg Gewicht, in der dünnen Luft eine kräftezehrende Last. Er nahm kein Seil mit, das ihn bei einem Sturz in eine Gletscherspalte hätte halten können, kein Funkgerät, mit dem er im Notfall Hilfe hätte herbeirufen können, und – wie auch beim erstenmal – kein Sauerstoffgerät.

Beinahe wären schon fast zu Beginn des Alleingangs alle sorgfältigen Vorbereitungen hinfällig gewesen, denn Messner rutschte in der Dunkelheit in eine Gletscherspalte, wurde aber glücklicherweise von einem 8 m tiefer liegenden Vorsprung aufgefangen. Mühsam kletterte er wieder heraus und arbeitete sich dann stetig, streckenweise auf allen vieren, aufwärts.

Eiserner Wille
Das Wetter wurde immer schlechter. In der dünnen Luft verursachte selbst die kleinste körperliche Anstrengung Atemnot, und das Zelt für die Nacht aufzubauen glich einer Herkulestat. Der Sauerstoffmangel rief zudem Halluzinationen hervor: eingebildete Stimmen inmitten der gefrorenen Einsamkeit. Einzig seine unbändige Willenskraft ließ Reinhold Messner weitersteigen, bis er nach zwei Tagen den Gipfel erreicht hatte.

Welche Macht ihn zu einer solchen Höchstleistung trieb, vermochte Messner hinterher nicht zu sagen, doch seiner Meinung nach „gibt das Unerklärliche dem Leben einen Sinn".

Winterschlaf am Himmel

Ein blinder Passagier überlebt einen ungewöhnlichen Höhenflug

Am 4. Juni 1969 flogen die zwei kubanischen Studenten Armando Socarras Ramírez und Jorge Pérez Blanco mit dem Flugzeug von Kuba nach Spanien – allerdings nicht, wie es sich gehört, im Fluggastraum, sondern als blinde Passagiere versteckt im Radkasten einer DC 8 der Iberia Airlines.

Als die Mechaniker bei der routinemäßigen Wartung in Madrid den Radkasten öffneten, fiel nur einer der beiden jungen Männer, nämlich Socarras, auf das Rollfeld; der andere war unglücklicherweise schon beim Landeanflug abgestürzt. Unverzüglich brachte man Socarras, der wie durch ein Wunder noch lebte, in ein Krankenhaus, wo er gegen Schock und Unterkühlung behandelt wurde.

Nur mit Hemd und Hose bekleidet, war der Student einer Temperatur von −40 °C, stundenlangem Sauerstoffmangel und einem viermal schwächeren Luftdruck als in Meereshöhe ausgesetzt gewesen. Der Flug in 8800 m Höhe hatte ihn in Regionen getragen, wie sie sonst nur die erfolgreichsten Bergsteiger im Himalaja erleben; aber diese klettern langsam bergan, so daß sie sich allmählich anpassen können, während Socarras' Flugzeug rund 500–600 Höhenmeter pro Minute bewältigt hatte.

Die Wissenschaftler hatten für das wundersame Überleben von Socarras nur eine Erklärung: Er mußte während des Flugs in eine Art Winterschlaf verfallen sein. Wenn die Körpertemperatur sinkt, nimmt auch der Sauerstoffbedarf ab, und bei dem jungen Mann hatte sich der Körper offenbar genau in der richtigen Geschwindigkeit und im richtigen Ausmaß abgekühlt, so daß er nicht erfror, sondern dank des gesunkenen Sauerstoffbedarfs überlebte.

Glück gehabt *Der blinde Passagier erlitt während seines Flugs im Radkasten eines Düsenjets außer einem Schock und Unterkühlung keinerlei Schäden.*

EINE UNGEMÜTLICHE GEBURTSTAGSFEIER

Mehrere tausend Menschen schauten zu, als am Nachmittag des 24. Oktober 1901 ein großes Holzfaß über schäumende Stromschnellen auf den Hufeisenfall, den kanadischen Teil der Niagarafälle, zutrieb. Die Strömung riß das Faß bis an den Rand des Wasserfalls, und schon verschwand es über dem Absturz in der Gischt. Sekunden später tauchte es 54 m tiefer an der Oberfläche des ruhigeren Wassers wieder auf. Es hatte den Aufprall mehr oder weniger heil überstanden – und mit ihm seine Insassin, die damit den Reigen der tollkühnen Niagarahelden einleitete: Miß Anna Edson Taylor, die, in dem Faß angebunden und gut abgepolstert, anläßlich ihres 43. Geburtstages diesen verwegenen Trip unternommen hatte, trug zwar eine Kopfwunde, einen Schock und Verstauchungen davon, sicherte sich aber dafür einen Platz in manchen Büchern.

Leider brachte die Heldentat Anna Taylor nicht den erhofften Reichtum, und sie starb 1921 völlig mittellos. Ihr Grab auf einem Friedhof in der Nähe der Wasserfälle hält die Erinnerung wach an die bisher einzige Frau, die je einen Absturz über die Niagarafälle überlebte.

Tollkühn *Anna Edson Taylor stürzte sich mit den tosenden Wassermassen der Niagarafälle in die Tiefe.*

Himmelsstürmer

Der alte Traum vom Fliegen

Am Abend des 25. April 1937 sprang der Amerikaner Clem Sohn in 3000 m Höhe über einem Flughafen bei Paris aus einem Sportflugzeug. Während die Menge atemlos in den Himmel starrte, glitt der „Vogelmensch", dessen Stoffflügel sich zwischen Armen, Beinen und Körper wie bei einem Flughund spannten, in weiten Kehren bis auf 300 m Höhe hinab. Dann plötzlich stürzte er jedoch wie ein Stein vom Himmel – und aus war sein Traum, wie ein Vogel fliegen zu können.

Bevor Ballons und Flugzeuge erfunden worden waren, glaubte man, daß nur die auf und ab schwingenden Vogelflügel in der Lage seien, das Reich der Lüfte zu erobern. Also beobachteten frühe Naturforscher wie Leonardo da Vinci den Flug von Vögeln und Fleder-

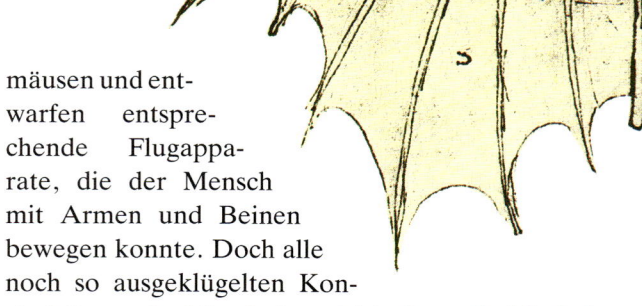

Von Leonardo da Vinci gezeichnete Skizze eines künstlichen Flügels

mäusen und entwarfen entsprechende Flugapparate, die der Mensch mit Armen und Beinen bewegen konnte. Doch alle noch so ausgeklügelten Konstruktionen funktionierten nicht, denn die Muskulatur des Menschen ist dafür zu schwach. Hätten sich die Tüftler weniger mit dem Flügelschlag und mehr mit der Fertigkeit des Gleitens befaßt, dann hätten sie vielleicht schon Jahrhunderte früher ihren Traum vom Fliegen erfüllen können, denn die Materialien, um einen Segler mit festsitzenden Flügeln zu bauen, gab es bereits zu Leonardos Zeiten.

Doch auch heute, wo Flugzeuge den Luftraum beherrschen, weckt der leichte, lautlose Vogelflug in vielen Menschen die Sehnsucht, es den Schwalben nachzumachen. Und ganz Mutige tun es auch, wenigstens fast: als Drachenflieger.

Tödliche Illusion *Minuten vor seinem verhängnisvollen Flug breitet Clem Sohn zuversichtlich seine Flügel aus.*

Hätten Sie's gewußt?

Im Jahr 1875 stellte der Engländer Thomas Moy im Crystal Palace in London ein Flugzeug mit zwei großen, dampfgetriebenen Propellern vor. Es flog nie richtig, erhob sich aber – ohne Pilot – auf einer kreisförmigen Flugbahn etwa 15 cm über den Boden.

Die Kräfte der Luft

Das Staustrahltriebwerk leistet ganze Schubarbeit

Bei normaler Reisegeschwindigkeit wird in dem Turbo-Luft-Strahltriebwerk eines Düsenjets Luft angesaugt, verdichtet und in eine Brennkammer geleitet, in die der Treibstoff eingespritzt und entzündet wird. Der dabei entstehende heiße Gasstrahl strömt durch eine Düse nach hinten aus und erzeugt so die notwendige Schubkraft. Beschleunigt ein Flugzeug nun aber über Schallgeschwindigkeit, dann bewirkt immer weniger das Triebwerk den Schub, sondern in erster Linie der Luftstrom, der mit hoher Geschwindigkeit eintritt, in die Brennkammer gedrückt und durch die Düsen wieder herausgepreßt wird. Diese Antriebsart nennt man Ram-Jet oder Staustrahltriebwerk.

Ein Beispiel dafür ist die *Concorde*. Beim Start erzeugt jedes ihrer Triebwerke etwa 17 500 kg Schubkraft. Die Einströmöffnungen und Düsen leisten zunächst nur einen geringen Beitrag. Doch mit zunehmender Fluggeschwindigkeit beschleunigt sich auch der erfaßte Luftstrom, so daß schließlich bei einem Tempo von 2 Ma (doppelte Schallgeschwindigkeit) die Triebwerke nur noch 30 % der Schubkraft erzeugen. Den Rest besorgt der gewaltige Luftdruck, der durch den superschnellen Luftstrom in den Einlaßöffnungen entsteht.

Bei dem amerikanischen Aufklärungsflugzeug vom Typ *Lockheed SR 71*, das mit 3509 km/h den Geschwindigkeitsweltrekord hält, erweist sich der Ram-Jet als noch effektiver. Hier liefern die zwei Strahltriebwerke nur noch 17,6 % der Schubkraft.

Auf und davon Bei dreifacher Schallgeschwindigkeit sind die Umrisse der Lockheed SR 71 bereits am Horizont verschunden, wenn die Schallwellen das Ohr erreichen.

Hätten Sie's gewußt?

Am 14. Dezember 1986 startete die von Dick Rutan und Jeana Yeager konstruierte und geflogene Voyager *von Kalifornien aus zu dem ersten Nonstopflug um die Welt. Weil dabei keine Zwischenlandungen zum Auftanken gestattet waren, mußte das dreirumpfige Flugzeug für die lange Strecke rund 4 t Treibstoff mitnehmen. Trotz einer Zusatzmaschine, die beim Starten half und dann abgeschaltet wurde, brauchte das Flugzeug eine 4300 m lange Startbahn.*

Nach neun Tagen und einem 40 212 km langen Flug landete es am 23. Dezember wieder in Kalifornien.

FLUGPLÄNE EINES PHILOSOPHEN

Der schwedische Philosoph, Theologe, Mathematiker und Naturforscher Emanuel von Swedenborg, der von 1688 bis 1772 lebte, hörte einmal von einem denkwürdigen Ereignis: Ein junger Student war in der Stadt Skara bei starkem Sturm von einem Kirchturm gestürzt, hatte aber keine Verletzungen davongetragen, da sich sein Mantel wie ein Fallschirm aufgebläht und ihn sicher zu Boden getragen hatte. Dieses kleine Wunder veranlaßte Swedenborg, im Jahr 1714 erst-mals den Plan für eine Flugmaschine, die schwerer als Luft war, zu entwerfen. Und zwar ging er davon aus, daß eine genügend große Segelfläche ein solches Gewicht in der Luft tragen könnte. Er stellte sich seinen Flugapparat als eine Art Gleiter vor: ein Segel, das über einen Wagen mit einem Piloten darin gespannt war, und dazu paddelförmige Flügel, die das Gefährt steuern sollten. Es müßte von einem Dach oder Turm starten oder vom Wind in die Luft gehoben werden.

Das Besondere an diesem Entwurf lag in Swedenborgs Erkenntnis, wie wichtig leichte Materialien – Kork oder Baumrinde – waren und daß es nötig war, den Flugapparat auszubalancieren.

Obwohl der Schwede genaue Berechnungen über Flugbahn und Flughöhe seines Gleiters angestellt und Zeichnungen angefertigt hatte, baute er nie ein Modell, denn er war davon überzeugt, daß sich seine theoretischen Überlegungen nicht verwirklichen ließen.

Der fliegende Kutscher

Die langwierige Geburt des Segelflugzeugs

Sir George Cayley, ein wohlsituierter Gentleman im England des 19. Jh., war zeit seines langen Lebens von dem Gedanken an die Fliegerei besessen. Schon früh betrieb er Studien auf dem Gebiet der Aerodynamik, und 1804, mit 31 Jahren, zeichnete er die erste Skizze eines modern anmutenden Flugzeugs mit Tragfläche, Höhenleitwerk und Heckflosse. Eine Zeitlang spielte er sogar mit dem Gedanken, daß ein solcher Flugapparat von einem Motor angetrieben werden könnte, doch unglücklicherweise kamen damals dafür nur Dampfmaschinen in Frage, und die waren nach seinen eigenen Berechnungen zu schwer fürs Fliegen.

Also beschränkte sich Cayley darauf, das erste bemannte Segelflugzeug zu konstruieren. Er zeichnete Skizzen, fertigte Modelle an, und nachdem ein Junge mit einem kleinen Prototyp über ein Tal in Yorkshire geflogen war, machte er sich daran, einen größeren Segler für einen ausgewachsenen Menschen herzustellen. Doch als dieser endlich fertig war, hatte Cayley schon das stattliche Alter von 80 Jahren erreicht und konnte folglich nicht mehr als Pilot seine Erfindung testen, obwohl er es brennend gern getan hätte.

Voll Vertrauen in sein Werk, übertrug er die Aufgabe seinem ängstlichen Kutscher. Und tatsächlich trug der Segler den zitternden Mann hoch in die Lüfte und kehrte auch, obwohl er sich nicht steuern ließ, wieder heil auf den Boden zurück. Aber es blieb bei diesem einmaligen Höhenflug, denn der Kutscher verweigerte kategorisch jeden weiteren Einsatz in der Luft. „Sir George", erklärte er, „ich bin bei Ihnen zum Fahren und nicht zum Fliegen angestellt."

Huckepack in der Luft

Starthilfe für Langstreckenflugzeuge

Heute kann ein Jumbo-Jet Hunderte von Personen nonstop von Kalifornien nach Australien bringen, aber vor dem Zweiten Weltkrieg schaffte es selbst ein leichter beladenes Linienflugzeug nicht, auch nur den Nordatlantik zu überqueren – der nötige Treibstoff hätte zuviel Ladekapazität beansprucht.

Dieses Dilemma brachte den britischen Luftfahrtexperten Robert Mayo auf eine verrückt klingende Idee, nämlich ein kleines, mit Passagieren und Fracht schwer beladenes Wasserflugzeug huckepack auf ein großes, aber allenfalls leicht beladenes Flugboot zu setzen. Das Flugboot besaß starke Motoren und hatte eine große Flügelspannweite, so daß es auch mit seiner Traglast auf dem Rücken aufsteigen konnte. Aber es verbrauchte riesige Mengen an Treibstoff und konnte daher keine weiten Strecken fliegen.

Anders das kleine Wasserflugzeug: Seine geringere Spannweite und die schwächeren Motoren sorgten dafür, daß es, wenn es einmal in der Luft war, mit relativ wenig Treibstoff große Entfernungen zurücklegen konnte.

Anfang 1938 wurde Mayos Technik erprobt: Das kräftige Flugboot *Maia* und das kleinere Wasserflugzeug *Mercury* starteten gemeinsam und trennten sich dann in der Luft. Später stellte das Wasserflugzeug sogar einen Langstreckenrekord auf, als es nonstop von Schottland nach Südafrika flog. Doch solcher Triumphe zum Trotz ließ man von dieser Lösung wieder ab, da sie einfach zu teuer war.

Auch andere, ähnliche Techniken bewährten sich nicht. Nach dem Zweiten Weltkrieg z. B. konstruierte die US-Luftwaffe ein nur 4,6 m langes Düsenkampfflugzeug, die *Goblin XF-85*. Sie ließ sich teilweise zusammenklappen und paßte in den Bombenschacht eines großen Bombers. Theoretisch sollte sie sich, nachdem sie aus dem Schacht herausgeglitten war, die Flügel ausgeklappt und ihren Flug absolviert hatte, für den Heimweg wieder an ihr Mutterflugzeug ankoppeln, aber das klappte in der Praxis nicht.

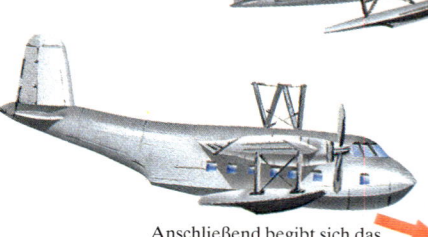

Ungewöhnliches Gespann Vor 1940 waren die meisten Rollbahnen zu kurz für den Start von Langstreckenflugzeugen, und man setzte statt dessen Wasserflugzeuge ein. Mayo entwickelte daher ein Flugboot, das ein Wasserflugzeug auf seinem Rücken trägt. Sobald beide sich in der Luft befinden, wird das Wasserflugzeug hochkatapultiert.

Ein Wasserflugzeug mit Passagieren (links) wartet auf dem Rücken des Flugbootes auf den Start.

Dann löst sich das Wasserflugzeug (oben) von dem fliegenden Mutterschiff.

Anschließend begibt sich das Wasserflugzeug allein auf seinen Langstreckenflug.

QUER DURCH AMERIKA – AUF BIEGEN UND BRECHEN

Der erste Flug quer durch die USA war eine Strapaze für Mensch und Flugzeug. Als der Doppeldecker, der im September 1911 an der Ostküste abgehoben hatte, endlich in Kalifornien landete, waren von der Originalmaschine nur noch das Ruder und die Ölwanne übriggeblieben.

Angeregt hatte den Rekordflug der amerikanische Zeitungsverleger William Randolph Hearst. Er bot demjenigen, der als erster den Kontinent in 30 Tagen überfliegen würde, 50 000 Dollar. Ein gewisser Calbraith Rodgers fühlte sich dazu aufgerufen, kaufte sich ein Flugzeug und startete am 17. September 1911.

Die USA müssen dem mutigen Piloten beängstigend groß vorgekommen sein, als er sich mit seinem zerbrechlichen Doppeldecker aus Holz, Draht und Segeltuch auf die weite Reise begab. Unterwegs lauerte eine Reihe von Gefahren: Wiederholt kam Rodgers vom Kurs ab, Stürme beschädigten seine ohnehin schon schwer in Mitleidenschaft gezogene Maschine, und einmal machte sogar ein Adler Jagd auf ihn. In den Rocky Mountains flog er beinahe gegen eine Felswand, und ein paar Tage später barst sein Motor.

Doch die größte Gefahr drohte dem Unternehmen von einer völlig unerwarteten Seite: Jedesmal, wenn Rodgers auf einem Acker landen mußte, überschlug sich sein Flugzeug, und sofort stürzten Andenkenjäger herbei und entwendeten Bruchstücke der Maschine. Glücklicherweise hatte er einen Sonderzug mit Ersatzteilen im Schlepptau, den sein Sponsor zur Verfügung gestellt hatte.

Nach 50 Tagen landete ein stark verändertes Flugzeug schließlich an der verabredeten Stelle nahe bei Los Angeles. Rodgers wurde in einem Meer von Blumen triumphal gefeiert, aber das Geld bekam er nicht, denn der Flug hatte 20 Tage zu lang gedauert.

Vom Winde verweht

Ballonwettflüge mit überraschendem Ausgang

Zeitungsverleger brauchen Publicity, und deshalb stiftete der Amerikaner James Gordon Bennett, dessen Vater den *New York Herald* ins Leben gerufen hatte, zu Anfang dieses Jahrhunderts den Gordon-Bennett-Cup für eine jährlich auszutragende Ballonwettfahrt. Sieger sollte derjenige Teilnehmer sein, der am weitesten vom Startpunkt entfernt landete, und gestartet sollte jeweils im Land des Vorjahressiegers werden.

Feuchte Landung

Beim ersten Gordon-Bennett-Cup starteten am 30. September 1906 in Paris 16 Ballons. Alle wurden sie vom Wind nach Nordwesten Richtung England getragen. Den Sieg errang mit einer 647 km langen Reise nach Yorkshire ein Leutnant aus den USA. Da insgesamt nur drei der Teilnehmer den Ärmelkanal ganz überquert hatten, verlegte man beim zweitenmal den Start nach St. Louis im amerikanischen Bundesstaat Missouri, damit den Ballonfahrern nasse Füße erspart blieben.

Einige Ballonfahrten des Gordon-Bennett-Cups, der mit einer mehrjährigen Unterbrechung während des Ersten Weltkriegs bis zum Jahr 1938 ausgetragen wurde, nahmen durch die Launen von Wind und Wetter ein überraschendes, manchmal sogar tragisches Ende. 1923 starteten die Ballons während eines heftigen Unwetters. Fünf Teilnehmer wurden getötet, fünf weitere verletzt. 1925 kollidierte ein Ballon mit einem Zug, während es einem anderen immerhin gelang, auf der Brücke eines Schiffs auf See zu landen. Und 1935, als Warschau der Startplatz war, trieb der

Wind mehrere Ballons in ein abgelegenes Gebiet in der Sowjetunion, und es dauerte 14 Tage, bis man die Verschollenen wiedergefunden hatte.

Langstreckenrekorde

Den Rekord für den längsten Flug des Gordon-Bennett-Cups hielt der Franzose A. Bienaimé, der 1912 von Stuttgart bis in ein Dorf nahe Moskau flog. Er schaffte damit eine Strecke von

Ballon auf Abwegen Beim Gordon-Bennett-Cup von 1925 kollidierte ein Ballon in Frankreich mit einem Zug. Zum Glück wurde niemand ernstlich verletzt.

knapp 2200 km – ein gutes Viertel des heutigen Langstreckenrekords, den der Gasballon *Double Eagle V* 1981 mit dem 8383 km langen Flug von Nagashima in Japan bis Covello in Kalifornien aufstellte.

Radfahrer der Lüfte

Fliegen – nur mit Muskelkraft

Im Jahr 1960 setzte der britische Industrielle Henry Kremer einen Preis für ein mit Muskelkraft betriebenes Flugzeug aus, das in einer Achterschleife um zwei mindestens 800 m voneinander entfernte Pfosten fliegen könne. 17 Jahre lang tüftelten und konstruierten viele Ingenieure erfolglos an einem solchen Flugapparat, bis sich endlich der amerikanische Luftfahrttechniker Paul MacCready anschickte, den mittlerweile auf 50 000 Pfund dotierten Preis zu erringen: Am 23. August 1977 überflog die von ihm und seinem Team konstruierte *Gossamer Condor* in 9 m Höhe den rund 2000 m langen Parcours. Das 9 m lange Flugzeug, dessen Spannweite 29 m betrug, war mit 32 kg ein ausgesprochenes Leichtgewicht. Sein Propeller wurde von Pedalen angetrieben, in die der Radrennfahrer Bryan Allen in seiner Eigenschaft als Pilot mit höchster Kraft trat.

Nach diesem Erfolg setzte Kremer einen weiteren, diesmal mit 100 000 Pfund dotierten Preis aus, und zwar für den ersten muskelbetriebenen Flug über den Ärmelkanal. Wieder waren MacCready und Allen erfolgreich. Ihre *Gossamer Albatross*, die aus modernsten Kunststoffen hergestellt war, startete am 12. Juni 1979 kurz vor 6 Uhr in Folkstone an der Südküste Englands und landete nach knapp drei für den Piloten äußerst anstrengenden Stunden in Nordfrankreich. Das „fliegende Fahrrad" hatte eine Strecke von 37 km zurückgelegt.

Doch auch damit gaben sich die Flugpioniere der Neuzeit noch nicht zufrieden. Die Flugleistung ihres „Luftfahrrads" schien ihnen noch verbesserungswürdig und -fähig. Dafür machten sie sich eine weitere natürliche Kraft zunutze: die Sonne. Das Ergebnis ihrer Entwicklungsarbeit war die *Solar Challenger*, die ihre Energie nicht nur vom Piloten, sondern hauptsächlich von den 12 128 Solarzellen auf ihren Tragflächen erhielt. Am 7. Juli 1981 flog sie 262 km weit von Vexin bei Paris nach Manston in Südengland.

Radrennfahrer und Pilot Am 12. Juni 1979 flog der Amerikaner Bryan Allen, kräftig in die Pedale tretend, mit der Gossamer Albatross über den Ärmelkanal. Er brauchte für den Flug knapp drei Stunden und gewann damit den hochdotierten zweiten Kremer-Preis.

PILOTENSCHEIN FÜR EINE FLIEGE

Am 24. Juli 1977 startete in Kirkland im amerikanischen Bundesstaat Washington das kleinste Flugzeug, das je gebaut wurde, zu einem Demonstrationsflug. Das winzige Gerät aus Balsaholz, dessen Flügel mit einer transparenten Haut bespannt waren, wog nur 0,1 g. Eine weitere Besonderheit: Pilot und Motor waren eins. Deren Arbeit verrichtete eine ordinäre Stubenfliege.

Der Konstrukteur des Miniaturfliegers war der Amerikaner Don Emmick, der als Ingenieur bei einem Flugzeughersteller arbeitet. Aber er war keineswegs der Erfinder des Fliegenmobils, denn schon im 19. Jh. hatte der gebürtige Kroate Nikola Tesla mit Insektenmotoren experimentiert.

Die größte Schwierigkeit dabei war wohl, sich die Mithilfe einer Fliege zu sichern. Man fing ein Exemplar unter einem Glasgefäß ein, betäubte es mit etwas Äther und klebte es mit der Bauchseite an das Flugzeuggestell. Nachdem die Fliege aus ihrer kurzen Betäubung erwacht war, breitete sie ohne weitere Ermunterung ihre Flügel aus und startete. Der längste Flug eines solchen „Insektonauten" dauerte ganze fünf Minuten und führte um allerlei Hindernisse herum. Da Emmick damit rechnen mußte, daß man ihn womöglich der Tierquälerei bezichtigte, befreite er seine kleinen Testpiloten immer unmittelbar nach getaner Arbeit.

Lebendiger Motor Mit einer Spannweite von nur 76 mm ist dieses von einer Stubenfliege angetriebene Gerät das kleinste „Motorflugzeug" der Welt.

Dädalus der Neuzeit

Eine moderne Version des antiken Vogelmenschen

Der Sage nach wurde vor langer Zeit der griechische Erfinder Dädalus mit seinem Sohn Ikarus von König Minos auf Kreta gefangengehalten. Um dem Herrscher zu entkommen, ersann Dädalus einen kühnen Fluchtplan: Er fertigte für sich und seinen Sohn Flügel aus Vogelfedern an und verklebte sie mit geschmolzenem Wachs. Mit diesen Schwingen erhoben sich die beiden in die Lüfte und flogen davon; doch der unvorsichtige Ikarus kam bald der Sonne zu nahe, so daß das Wachs schmolz. Die Schwingen lösten sich auf, und er stürzte ins Meer. Dädalus hingegen gelang die Flucht.

1984 kamen Wissenschaftler des Massachusetts Institute of Technology in den USA auf die Idee, die sagenumwobene Flucht mit modernen Mitteln nachzuvollziehen. Der Startpunkt des Flugexperiments war klar: Kreta. Aber wo Dädalus gelandet war, das weiß man nicht genau, und deshalb entschied sich das Team nach Gutdünken für die 117 km entfernte Insel Santorin.

Da Dädalus die Strecke nur mit der Kraft seiner Arme und Beine bewältigt haben soll, mußte man auch für die Neuauflage des Fluges einen Flugapparat herstellen, der sich mit Muskelkraft in der Luft halten ließ. Um die beste Aerodynamik zu erreichen, erstellte man den Konstruktionsplan per Com-

puter. Als Baumaterial wurden modernste Leichtbaustoffe wie Kohlenstoffaser und Kevlar verwendet. Als das Fluggerät, das man auf den Namen *Dädalus 88* taufte, fertig war, wog es knapp 32 kg und hatte eine Flügelspannweite von 34 m.

Nach vier Jahren Arbeit und dem Einsatz von 1 Mio. Dollar war es dann endlich soweit: Am 23. April 1988 kurz nach 7 Uhr hob das zerbrechlich wirkende Flugzeug wie eine rosasilbrige Riesenlibelle geräuschlos von der Startbahn des Flughafens in Heraklion ab und schwebte in 6 m Höhe hinaus auf das Meer. Am Steuer saß, kräftig in die Pedale tretend, der griechische Radrennfahrer Kanellos Kanellopoulos, dem dieser Einsatz soviel Kraft wie zwei Marathonläufe hintereinander abverlangte.

Harmloses Mißgeschick

Der Flug verlief ohne Zwischenfall und schneller als erwartet, da der Rückenwind kräftig mithalf. Nach nur drei Stunden und 55 Minuten näherte sich Kanellopoulos dem Strand der Insel Santorin – doch da ereilte ihn in letzter Sekunde ein Mißgeschick. Als er zur Landung ansetzte, erfaßte eine Bö das Flugzeug. Flügel und Schwanz brachen ab, und *Dädalus 88* stürzte ins Meer. Doch wie der griechische Sagenheld blieb auch Kanellopoulos unversehrt

Legende und Wirklichkeit *Mit seinem zerbrechlich aussehenden Flugzeug flog Kanellos Kanellopoulos im April 1988 nur mit Muskelkraft, wie einst sein Vorbild Dädalus, über das Mittelmeer.*

und schwamm an Land: Er hatte den Mythos von Dädalus wiederaufleben lassen und außerdem einen neuen Rekord aufgestellt.

Hätten Sie's gewußt?

Als das erste Düsenkampfflugzeug, das von einem Flugzeugträger aus starten konnte – die McDonnell XFD-1 Phantom –, im Januar 1945 getestet werden sollte, war eines der beiden Triebwerke noch nicht geliefert worden. Der Testpilot scherte sich jedoch nicht darum und flog die Maschine mit nur einem Triebwerk.

◆◆◆

Das Flugzeug mit den meisten Motoren baute Dornier im Jahr 1929: die Do X. *Damals konnten nur wenige Flugzeuge mehr als 10 Passagiere transportieren, aber die* Do X *mit ihren 12 Motoren startete mit 169 Personen an Bord: 10 Mann Besatzung, 150 regulären und 9 blinden Passagieren.*

Reiz der Geschwindigkeit

Parade der schnellsten Landfahrzeuge

Stolz präsentierte 1886 der deutsche Ingenieur Carl Benz in Mannheim seine epochemachende Erfindung, den ersten von einem Benzinmotor angetriebenen Kraftwagen, der mit einer Spitzengeschwindigkeit von 15 km/h die Teststrecke entlangknatterte. Benz konnte nicht ahnen, daß kaum 100 Jahre später der Geschwindigkeitsrekord für Autos auf das nahezu 70fache angestiegen war: Am 4. Oktober 1983 erreichte der Brite Richard Noble im US-Bundesstaat Nevada mit dem düsengetriebenen Automobil *Thrust 2* das wahnwitzige Tempo von 1019 km/h.

Futuristischer Flitzer *Die* Thrust 2 *von Richard Noble wird von einem Rolls-Royce-Avon-302-Düsentriebwerk beschleunigt, das rund 7700 kg Schubkraft erzeugen kann.*

Zwischen diesen beiden Geschwindigkeitsmarken liegt die relativ kurze Geschichte der jeweils schnellsten Autos und ihrer Piloten. Einer der berühmtesten von ihnen war wohl der Brite Malcolm Campbell, der von 1924 bis 1935 mit seinen *Bluebird*-Autos neun Geschwindigkeitsrekorde aufstellte und sein Fahrtempo von 235 auf 485 km/h steigerte. Sein Sohn Donald raste im Jahr 1964 sogar mit 690 km/h über eine australische Piste.

Erst zu Beginn der 70er Jahre fiel die magische 1000-km/h-Hürde: Am 23. Oktober 1970 jagte Gary Gabelich aus den USA seine mit Raketenantrieb versehene *Blue Flame* – Blaue Flamme – mit einem Tempo von 1002 km/h über die Bonneville-Rennstrecke im amerikanischen Bundesstaat Utah – ein Rekord, der immerhin 13 Jahre Bestand hatte und schon deshalb einen Rekord darstellte.

Vom Weg zur Straße

Ein Schotte revolutioniert den Straßenbau

Als der Ingenieur John L. McAdam 1783 als frisch ernannter Straßenbevollmächtigter in Ayr in Schottland erstmals sein Arbeitsgebiet inspizierte, war er entsetzt über den Zustand der Wege. Er beschloß, unverzüglich nach Verbesserungsmöglichkeiten zu suchen. Aber dann dauerte es doch 30 Jahre, bis er genug experimentiert hatte und endlich mit dem Ergebnis zufrieden war.

Bei seiner Straßenbaumethode, die sich inzwischen weltweit durchgesetzt hat, mußte ein gut 25 cm starkes Fundament aus durchschnittlich 5 cm langen und breiten` Steinen gelegt werden. Darauf folgte eine Schicht aus kleineren, kantigen Schottersteinen, die plattgewalzt wurde und sich mit der Unterlage verband. Die oberste Lage schließlich bestand aus Splitt oder sehr kleinen Kieselsteinen, die durch das Gewicht der Fahrzeuge zerrieben wurden und als Grobsand die noch verbliebenen Zwischenräume ausfüllten. Die Räder der Kutschen und Karren sorgten dann dafür, daß sich die Deckschicht mit der Zeit immer mehr verfestigte.

Der moderne Straßenverkehr erfordert allerdings noch eine zusätzliche Auflage, für die als Bindemittel Bitumen oder Teer verwendet wird. Dieser Straßenbelag wurde jedoch nicht von John L. McAdam entwickelt, sondern rein zufällig 18 Jahre nach dessen Tod entdeckt. Damals, 1854, soll angeblich der Landvermesser E. P. Hooley beobachtet haben, wie versehentlich verschütteter Teer auf einer rauhen Oberfläche zu einer glatten, harten und wasserdichten Schicht erstarrte. Hooley ließ daraufhin eine Teerauflage auf McAdams Straßen aufbringen und bereitete damit im wahrsten Sinn des Wortes den Boden für unseren heutigen Straßenverkehr.

Hätten Sie's gewußt?

Am 17. Dezember 1979 erreichte Stan Barrett auf dem Luftwaffenstützpunkt Edwards in Kalifornien mit der Budweiser Rocket *die Geschwindigkeit von 1190 km/h – und durchbrach damit die Schallmauer. Da die Rakete auf Rädern dieses Tempo aber nicht lang genug halten konnte, wurde die Fahrt nicht als neuer Weltrekord anerkannt.*

Die kleine Blechliese

Henry Ford machte das Automobil zur Massenware

Nur acht Jahre nach der Jahrhundertwende, als viele Menschen in Deutschland den Kraftwagen nur vom Hörensagen kannten, ließ in den USA der Automobilhersteller Henry Ford die kühnen Worte vernehmen: „Ich werde ein Auto für die große Mehrheit der Bevölkerung bauen."

Mit seinem einzigartigen Pioniergeist – in wirtschaftlicher wie in technischer Hinsicht – machte sich Ford daran, dieses Versprechen einzulösen. Er widerlegte die bis dahin geltende Ansicht, das Auto sei ein Spielzeug der Reichen, und entwickelte ein schlichtes, aber funktionstüchtiges Kraftfahrzeug: das Modell T, liebevoll *Tin Lizzie* – Blechliese – genannt. Im Gegensatz zu den oft prunkvoll gestalteten Autos anderer Firmen stellte Lizzie äußerlich wenig dar, aber sie war für den Durchschnittsbürger erschwinglich und ließ sich leicht fahren – trotz einiger technischer Eigenheiten, mit denen man zurechtkommen mußte. Beispielsweise hatte der Wagen separate Pedale für Vorwärts- und Rückwärtsgänge, eine Handbremse, die auch die Kupplung bediente, und eine Anlasserkurbel, mit der man sich das Handgelenk verrenken konnte.

Die Nachfrage nach *Tin Lizzie* war groß, und Ford konnte sie nur durch die Einführung der von ihm erfundenen Fließbandarbeit befriedigen, dank der die Herstellungszeit eines Modell-T-Fahrgestells von zwölfeinhalb auf anderthalb Stunden gesenkt wurde. In Spitzenzeiten kam alle 24 Sekunden ein Chassis vom Band. Außerdem machte Ford keinerlei Zugeständnisse an Sonderwünsche, etwa was die Farbe betraf. Sein berühmter Ausspruch lautete: „Sie können das Auto in jeder Farbe haben, vorausgesetzt, sie ist schwarz."

Auch die Herstellungskosten sanken durch die rationale Produktionsweise. 1925 kostete *Lizzie* nur noch ganze 260 Dollar, das waren zwei oder drei Monatsgehälter eines Fordarbeiters.

Am Fließband *1913 führte Ford in seiner Autofabrik das Montageband ein. Hier überwachen Arbeiter, wie die Karosserie auf das Fahrgestell aufgesetzt wird.*

Im Jahr 1927, als *Lizzie* ihren Abschied nehmen mußte, hatte Ford nach 19 Jahren Modell-T-Produktion insgesamt weit über 15 Mio. Stück verkauft. Er hatte damit nicht nur sein Versprechen eingelöst, sondern das Leben späterer Generationen grundlegend gewandelt und geprägt. Was er vielen an individueller Freiheit durch das Auto beschert hatte, nahm er freilich fast ebenso vielen durch die Normierung und die eingetretene Entfremdung der Arbeit.

DRANGVOLLE ENGE

Ein verkehrstechnisches Rechenexempel: Wie eng würde es wohl auf den Straßen zugehen, wenn alle Autos eines Landes gleichzeitig unterwegs wären? Man teile die Straßenkilometer eines Landes durch die Anzahl der zugelassenen Kraftfahrzeuge – und erhält das erschreckende Ergebnis.

In Europa kommt Italien die zweifelhafte Ehre zu, Spitzenreiter zu sein. Hier hätte jeder Fahrer nur 13 m freie Strecke vor sich, bevor er die Stoßstange des nächsten Autos berührte. Auf dem zweiten Platz rangieren die alten Bundesländer Deutschlands mit 17 m Abstand von Auto zu Auto. Eine rühmliche Ausnahme auf unserem Kontinent bildet Irland. Die irischen Autofahrer könnten jeweils 111 m des nationalen Straßennetzes für sich in Anspruch nehmen.

Sogar in der Weite der USA ist es mit dem Freiraum für Autos nicht weit her: Jedes amerikanische Kraftfahrzeug hat knapp 30 m Highway zur Verfügung.

Das königliche Automobil
Bemerkenswertes über den Rolls-Royce

Früh schon präsentierte sich der Rolls-Royce als ein Auto der Superlative. 1907, nur drei Jahre nachdem er mit einem bescheidenen Zweizylindermotor mit 1,8 l Hubraum aus der Taufe gehoben worden war, mauserte er sich zu einem exklusiven Sechszylinder mit 7 l Hubraum. Er galt als ein Muster an Belastbarkeit und Zuverlässigkeit – nicht zu Unrecht, wie er anläßlich einer Werbeveranstaltung bewies, als er am Stück und ohne jede Panne 23 127 km fuhr. Auch im Preis ist der Rolls-Royce kaum zu schlagen. Das Modell *Phantom VI* kostet in der Grundausstattung, also ohne Extras, über 550 000 Dollar.

Die fliegende Lady

Die berühmte Kühlerfigur des Rolls-Royce ist seit 1911 ein unverwechselbares Markenzeichen. Damals versahen viele Rolls-Royce-Besitzer ihre teure Limousine mit einem Talisman, und um diesem Bedürfnis nach exklusiver Kennzeichnung entgegenzukommen, zierte man das Auto schon in der Fabrik mit der fliegenden Lady oder dem Geist der Ekstase. Entgegen anderslautenden Behauptungen bestand die Figur jedoch nie aus massivem Silber. Bei dem *Phantom* von 1910 war sie zwar versilbert, aber später verwendete man nur noch eine Kupfer-Zink-Nickel-Legierung und dann rostfreien Stahl.

Die Ruhe selbst

Im Jahr 1910 machten die holprigen Straßen und wenig verfeinerten Motoren normalerweise jede Autofahrt zur Schüttelpartie. Nur die Motoren von Rolls-Royce liefen schon mit einer unglaublichen Ruhe, wie ein Experiment bewies. Man stellte drei bis zum Rand mit Tinte gefüllte Gläser auf die Kühlerhaube eines Rolls-Royce und legte ein Blatt Papier darunter. Vier Minuten lang lief nun der Motor mit 1150 Umdrehungen pro Minute, aber kein einziger Tropfen Tinte wurde verschüttet. Zusätzlich war eine Kamera so installiert worden, daß sie die ganzen vier Minuten die Gläser im Visier hatte, und ein gestochen

Dame mit Sicherheitsbedürfnis Die neueren Rolls-Royce-Modelle Silver Spirit und Silver Spur *verfügen über einen Spezialmechanismus, der dafür sorgt, daß die Kühlerfigur beim kleinsten Stoß in der Karosserie versenkt wird.*

scharfes Foto bewies, daß es nicht die geringste Erschütterung gegeben hatte. Denselben Beweis erbrachte ein Penny, den man hochkant auf den Kühlerdeckel stellte und der trotz laufendem Motor nicht die Balance verlor.

Auch in den folgenden Jahrzehnten blieb der Fahrkomfort der wichtigste Pluspunkt für den Rolls-Royce. Der berühmteste Werbeslogan der Firma, der um 1960 Furore machte, hieß dementsprechend: „Das lauteste Geräusch im neuen Rolls-Royce *(Silver Cloud)* ist bei Tempo 100 das Ticken der elektrischen Uhr."

Auto-Verschnitt

Sogar in den exklusiven Kreisen der Rolls-Royce-Liebhaber gibt es schwarze Schafe, wie z. B. den exzentrischen Geschäftsmann John Dodd. Er ließ sich Ende der 70er Jahre einen Kraftwagen maßschneidern, unter dessen 4,3 m langer Kühlerhaube als Herz ein 27-l-Rolls-Royce-Merlin-Flugmotor arbeitet. Außerdem fügte er dem *Beast* genannten Phantasiemodell noch zwei so bekannte Markenzeichen wie den Kühlergrill und die fliegende Lady zu und nahm damit das Recht für sich in Anspruch, dieses zwar äußerst schnelle, aber erschreckend unzuverlässige Gefährt Rolls-Royce zu nennen.

Indigniert zog die Firma vor Gericht, und Dodd verlor prompt den Prozeß. Er setzte sich nach Spanien ab, zwar mit dem *Beast,* aber ohne die Insignien von Rolls-Royce.

Rolls in einem Royce Der Autohersteller Charles Rolls am Steuerrad eines von Henry Royce 1904 konstruierten Modells. Rolls war so beeindruckt von dem Auto, daß er die ganze Produktion von Royce abnahm und von da an unter dem Namen Rolls-Royce vertrieb.

… und läuft und läuft und läuft …

Die Geschichte eines fast legendären Autos

Vorkriegskäfer *Im Mai 1938 besichtigte Adolf Hitler einen der ersten Volkswagen. Das Auto sollte als „Kraft-durch-Freude"-Wagen für jeden Arbeiter erschwinglich sein.*

Das Auto entspricht nicht den fundamentalen technischen Erfordernissen … Leistung und Qualität sind für den Käufer nicht attraktiv. Es ist zu häßlich und zu laut und kann sich höchstens zwei bis drei Jahre halten." So lautete die Meinung einer britischen Kommission, die nach dem Zweiten Weltkrieg die wirtschaftliche Situation des Volkswagens, des Hauptprodukts der deutschen Automobilindustrie, beurteilen sollte. Die amerikanischen Fachleute stimmten dem zu. Sie alle ahnten nicht, daß nur gut ein viertel Jahrhundert später das häßliche Auto mit dem Kosenamen Käfer Triumphe ohnegleichen feiern sollte.

Begonnen hat die Geschichte des Volkswagens schon vor fast 60 Jahren, als bei einem Treffen zwischen Adolf Hitler und dem Automobilkonstrukteur Ferdinand Porsche 1934 die Idee eines Autos für die Durchschnittsfamilie geboren wurde. Hitler, der sich sehr für Autos begeisterte, sah in einem erschwinglichen Gefährt ein wirksames Propagandamittel und verfügte, daß es Eltern mit drei Kindern Platz bieten

müsse, nur 8 l auf 100 km verbrauchen dürfe, 100 km/h schnell sein solle und vor allem nur 1000 Reichsmark kosten dürfe – ein höchst unrealistischer Preis, der nur durch „freiwillige" Zugeständnisse der Automobilindustrie zu erreichen war.

Obwohl die Deutschen gemäß dem Slogan „Fünf Mark die Woche mußt du sparen, willst du im eigenen Wagen fahren" eifrig über die Sparkarte Geld einbrachten, gelangten sie nicht in den erhofften Besitz eines Volkswagens, denn in der Fabrik wurden während des Krieges nur Militärfahrzeuge gebaut. Und am Ende des Krieges lag auch das Volkswagenwerk großenteils in Trümmern.

Phönix aus der Asche

Dennoch begann nun der Siegeszug des VW, dessen Produktion bald wieder in deutschen Händen lag, da die Alliierten nicht viel in dieses Fahrzeug investieren wollten. Der Erfolg des Wagens im Inland trug zur Wiederbelebung der deutschen Wirtschaft bei, ja, der Käfer wurde geradezu ein Symbol des deutschen Wirtschaftswunders.

Hätten Sie's gewußt?

Das langlebigste Auto der Welt ist ein Mercedes 180 D, Baujahr 1954. Der Wagen, der einem Griechen gehörte, legte bis 1980 insgesamt 2 170 000 km zurück – das entspricht der 5,6fachen Entfernung zum Mond.

Nur mit dem Export haperte es noch eine Weile, einmal wegen der unkonventionellen Form des Wagens, aber auch, weil er Erinnerungen an Nazideutschland weckte. Das änderte sich erst 1959, als eine großangelegte Werbekampagne den Käfer in den USA salonfähig machte.

Insgesamt wurden in über 50 Jahren Produktionszeit mehr als 20 Mio. Volkswagen verkauft. Manch einer, der dank guter Pflege dem Zahn der Zeit standgehalten hat oder der aus dem jetzt noch produzierenden Werk in Mexiko stammt, läßt heute nach wie vor das Herz jedes nostalgischen Käferfreunds höher schlagen.

KAPITÄNE DER LANDSTRASSE

Ob im Truck, im *poids lourd* oder im Brummi – überall auf der Welt, von Australien bis Europa, sind die Fernfahrer die ungekrönten Könige der Autobahnen und Landstraßen. Wenn verderbliche Güter befördert werden sollen, wenn Menschen in entlegenen Gebieten versorgt werden müssen, ist auf den Lastzug nach wie vor voll Verlaß.

Die Fahrer der Lastwagen, Herren über viele Tonnen Material, führen auf ihren Touren oft ein abenteuerliches, unabhängiges Leben, aber sie zahlen einen hohen Preis dafür. Die Verantwortung für Wagen und Ladung, die Strapazen der Fahrt, die lange Trennung von der Familie zehren an den Nerven. Als Ausgleich dazu bemühen sie sich um einen engen Zusammenhalt untereinander. Sie tun sich zu Gemeinschaften zusammen, sprechen über Funk miteinander, treffen sich in Gaststätten, die für ihre guten und reichhaltigen Speisen bekannt sind.

In manchen Gegenden, wie beispielsweise im Mittleren Westen der USA, sind Fernfahrer meist zu zweit unterwegs, damit sie sich beim Fahren abwechseln können. Die Entfernungen sind einfach zu groß, die Strecke von Küste zu Küste etwa beträgt 5000 km. Geschlafen wird unterwegs in einer Kabine hinter dem Fahrerhaus, in der sich eine Liegestatt befindet und oft auch eine Dusche, eine Toilette und ein Fernsehapparat.

Motorisierte Lindwürmer

Maßgeschneiderte Luxuskarossen auf mehreren Achsen

Wenn Sie Geld im Überfluß besitzen und zu Ihrem Glück noch eine maßgeschneiderte Luxuslimousine fehlt, dann wenden Sie sich vertrauensvoll an eine der Firmen nahe Los Angeles, die sich darauf spezialisiert haben, Autos zu verlängern. Geben Sie dort Ihre genauen Wünsche an, und Sie erhalten gegen gutes Geld eine rollende Suite, komplett mit Swimmingpool.

Besitz ist alles

Während normale Autonarren danach streben, ihre Autos schneller und sportlicher wirken zu lassen, haben sich manche Superreiche in den USA in den Kopf gesetzt, ein möglichst langes Auto ihr eigen zu nennen. Es schert sie nicht, daß sie damit nicht auf öffentlichen Straßen fahren dürfen, weil die Gesetzgeber der USA die Lindwürmer nicht für verkehrstauglich halten. Ihnen geht es nur darum, als Besitzer der luxuriösesten Autos der Welt zu gelten.

Früher gebührte diese Ehre dem *American Dream* – dem amerikanischen Traum –, einem Cadillac, der auf 18 m verlängert worden war und 50 Fahrgästen Platz bot.

Doch selbst der *American Dream* schrumpft zu einem Kleinwagen, wenn er mit dem *Hollywood Dream* verglichen wird. Diesen ebenfalls 50sitzigen Cadillac sah der Japaner Kenji Kawamuda, Inhaber eines Sport- und Fitneßzentrums bei Tokio, im Jahr 1982 in Australien. Ihm kam die Idee, damit Kunden anzulocken. Er erwarb den auf 22 Rädern rollenden Palast und ließ ihn nach Japan verschiffen. Hier stellte er ihn in seinem Sportzentrum auf und gab ihn gegen Eintrittsgeld zur Besichtigung frei. Seine Rechnung ging auf: Viele Neugierige strömten herbei, um das 20 m lange Fahrzeug mit Kino, Fernsehraum, Cocktailbar und Schlafzimmer im Innern und Swimmingpool, Warmbad und Ein-Loch-Golfplatz auf dem Dach zu besichtigen.

Inzwischen wurde jedoch der *Hollywood Dream* schon wieder übertroffen. Die zur Zeit längste Luxuslimousine erreicht stolze 30,48 m.

Luxus auf Rädern Der American Dream *bietet auf seinen 16 Rädern viel Komfort, wie z.B. Parabolantenne für Satellitenempfang, Schlafraum, Bar und Whirlpool.*

Teurer Tucker

Die leeren Versprechungen eines Automobilherstellers

Im Juni 1947 verkündete der frühere Rennwagenhersteller Preston Tucker aus dem amerikanischen Bundesstaat Michigan seinen Landsleuten lautstark, er werde das erste wirklich neue Auto seit 50 Jahren auf den Markt bringen, den Tucker 48. Das supermoderne Automobil, das nur 1,5 m hoch und 30 cm länger als der damals längste Cadillac sein würde, sollte ein extravagantes Design und viele technische Neuheiten aufweisen. So hätte es – laut Tucker – z. B. weder Kupplung, herkömmliches Getriebe noch Differential, vielmehr sollte ein Heckmotor die Räder direkt über ein völlig neuartiges Automatikgetriebe antreiben. Das garantiere eine unvergleichlich ruhige Fahrweise. Wie aus dem Prospekt zu ersehen war, hatte man auch an äußerst bemerkenswerte Sicherheitsvorkehrungen gedacht: an Scheibenbremsen, die erst nach 1950 gebräuchlich wurden, eine abgerundete Windschutzscheibe, ein gepolstertes Armaturenbrett, eine verstärkte Fahrgastzelle und an drei Scheinwerfer, die automatisch abblendeten, wenn ein Auto entgegenkam. Der Tucker 48 sollte die Höchstgeschwindigkeit von 160 km/h erreichen können und dabei nur 8,3 l Benzin ver-

brauchen. Und das wichtigste: Er sollte nur 1800 Dollar kosten. Kein Wunder, daß die Amerikaner beeindruckt waren und schnell zugriffen. Bald schon waren 300 000 Bestellungen eingegangen.

Tucker verhandelte mit Banken und privaten Geldgebern und verfügte schon nach kurzer Zeit über ein Kapital von 25 Mio. Dollar. Hoffnungsfroh sahen die Anwärter auf einen Wagen dem Tag der Auslieferung entgegen.

Doch dann kam alles ganz anders als erwartet. Es stellte sich heraus, daß Tucker nur leere Versprechungen abge-

Traumauto *Der klassisch formschöne Tucker 48, der mit vielen neuen Sicherheitseinrichtungen wie z. B. einem dritten Scheinwerfer ausgestattet war, wurde nur 50mal angefertigt.*

geben hatte, daß er in Wirklichkeit gar keine Autos produzierte. Die Untersuchung einer staatlichen Kommission ergab, daß Ende 1948 das gerade investierte Geld lediglich 2 Mio. Dollar betrug und daß in den Fabrikhallen nur einige halbfertige Autos herumstanden. Und die waren keineswegs so neuartig wie angekündigt, sondern aus Fahrzeugteilen anderer Herstellerfirmen wie beispielsweise Oldsmobile zusammengebastelt.

Preston Tucker machte Pleite und wurde, da seine Autos nicht den im Prospekt dargestellten Vorbildern entsprachen, wegen Betrugs verurteilt, später allerdings wieder freigesprochen.

Von den 50 Autos seines Namens, die je hergestellt wurden, fahren heute nur noch wenige. Aber wenn einmal eins auf der Straße zu sehen ist, dann drehen sich die Leute danach um. Und das zu Recht, denn diese Tucker gehören zu den teuersten Autos, die es gibt. Auf jeden Wagen, der 1948 gebaut wurde, entfiel ein Kostenanteil von 510 000 Dollar.

MUTIGES COMEBACK

Im März 1977 gewann der österreichische Rennfahrer Niki Lauda den Großen Preis von Südafrika in der Formel 1. Gerade acht Monate waren seit seinem schweren Unfall vergangen, bei dem er als amtierender Weltmeister im Kampf um den Grand Prix von Deutschland 1976 auf dem Nürburgring aus seinem explodierenden Wagen herausgeschleudert worden war. Er hatte damals zahlreiche Verletzungen und schwere Verbrennungen erlitten, und kaum einer glaubte, daß er überleben, geschweige denn wieder

Rennen fahren würde. Doch Niki Lauda gab nicht auf. Sechs Wochen nach dem Unfall saß er wieder hinter dem Steuer eines Rennwagens und erreichte wider Erwarten bald darauf sogar den vierten Platz beim Großen Preis von Italien. Nachdem er auch 1977 den Weltmeistertitel errungen hatte, zog er sich zwei Jahre später vom Rennsport zurück – doch nicht für immer. Schon 1982 war er wieder dabei. 1984 krönte er seine Laufbahn mit einem Hattrick, indem er zum drittenmal Weltmeister wurde.

Der Straßenverkehr von morgen

Hat das Benzin bald ausgedient?

Erstaunt verfolgten die Einwohner von Darwin an der Nordküste von Australien am 1. November 1987 eine Parade der seltsamsten Vehikel, die sie je gesehen hatten. 25 Fahrzeuge mit Solarantrieb waren auf dem Weg zum Startpunkt, um am ersten transkontinentalen Rennen von Solarmobilen teilzunehmen. Als nach fünf Tagen und 3060 km Fahrt der *Sunraycer,* ein windschlüpfriges Gefährt der Firma General Motors, in Adelaide an der Südküste die Ziellinie überquerte, wurde diese Leistung als ein möglicher Wendepunkt bei der bis dahin wenig erfolgreichen Erprobung alternativer Energiearten gewürdigt.

General Motors hatte sich die Entwicklung des *Sunraycers* 15 Mio. Dollar kosten lassen – ein Beweis dafür, wie ernsthaft man nach neuen Energiequellen als Ersatz für Benzin sucht. Und das aus gutem Grund, denn die Erdölreserven der Erde nehmen ab und die Umweltschäden durch die Verbrennung fossiler Stoffe immer stärker zu.

Auf den ersten Blick scheint die Sonnenenergie die ideale Alternative zu sein. Sie ist billig, sauber und strömt aus einer nahezu unerschöpflichen Quelle, die zumindest in südlichen Gefilden stundenlang am Tag angezapft werden kann. Doch für den Durchschnittsautofahrer ist die Solartechnik bisher einfach zu teuer. Allein die 27 kg schwere Batterie des *Sunraycers* kostet 10000 Dollar.

Eine andere saubere Energieform ist der elektrische Strom, der allerdings häufig in wenig umweltfreundlichen Kraftwerken gewonnen wird. Obwohl schon im April 1899 ein gewisser Camille Jenatzy mit einem Elektromobil die Geschwindigkeit von 105 km/h erreichte, hat diese Technologie dem normalen Autofahrer noch nicht allzuviel zu bieten. Nur wenige Elektroautos schaffen mehr als 80 km Fahrstrecke, ohne die Batterie nachzuladen, und es wird noch Jahre dauern, bis leistungsfähigere Batterien zur Verfügung stehen. Zur Zeit versucht man Fahrzeuge zu entwickeln, die teils mit Batteriestrom, teils mit Sonnenenergie betrieben werden.

Weiterhin werden natürlich auch andere brennbare Treibstoffe als Ersatz für Benzin erwogen. Wasserstoff beispielsweise ist reichlich vorhanden, aber nur mit viel Aufwand aus Erdgas, Kohle und Wasser zu gewinnen. Außerdem ist der Umgang damit nicht ungefährlich, da Wasserstoff in Verbindung mit Luft hochexplosiv ist. Auch Sauerstoff enthaltende Brennstoffe wie Methanol sind keine überzeugende Alternativen. Verglichen mit fossilen Brennstoffen, tragen sie zwar weniger zur Entstehung des sauren Regens bei, setzen aber Gase frei, die den Treibhauseffekt, die allmähliche Erwärmung der Erdatmosphäre, verstärken.

So betrachtet, wird das Benzin, trotz aller Nachteile für die Natur, wohl noch einige Zeit dafür sorgen, daß wir uns bequem, aber umweltbelastend fortbewegen.

Federleichter Rahmen *Das äußerst stabile Fahrgestell des* Sunraycers *besteht aus Aluminium und wiegt weniger als 7 kg.*

Mit der Kraft der Sonne *Die 9500 Solarzellen des* Sunraycers *bedecken 27 m² der Fahrzeugoberfläche.*

Jeder Liter zählt

Fahrzeuge mit großem und kleinem Treibstoffverbrauch

Der amerikanische *Space Shuttle,* eine Kombination aus Flugzeug, Rakete und Raumfahrzeug, ist das leistungsstärkste Gefährt der Erde. Die Schubkraft seiner drei Triebwerke, deren Treibstoff aus flüssigem Sauerstoff und Wasserstoff sich in einem riesigen 2-Mio.-l-Tank befindet, würde ausreichen, um siebeneinhalb Jumbo-Jets anzutreiben. Jedes einzelne Triebwerk ist stärker als die gesamte *Atlas*-Rakete, mit der John Glenn 1962 als erster amerikanischer Astronaut die Erde im All umrundete.

Beim Start katapultieren die drei Triebwerke, unterstützt von zwei großen Trägerraketen, die Raumfähre binnen zwei Minuten auf 45 km Höhe. In dieser Zeit erreicht der *Shuttle* eine Geschwindigkeit von 4800 km/h und verbraucht pro Minute 234 000 l Treibstoff. Nach acht Minuten ist der größte Teil des Starttreibstoffs verbrannt. Der Außentank wird abgeworfen und verglüht, wenn er wieder in die Erdatmosphäre eintritt.

Sparsame Königin

Verglichen mit dem *Space Shuttle,* ist die Boeing 747 ein bescheidener Konsument. Die unbestrittene Königin der Lüfte, die bei voller Besetzung mit annähernd 500 Passagieren 350 t wiegt, ist ungefähr so groß wie der *Shuttle;* doch ihre Tanks fassen nur 203 900 l Treibstoff, rund ein Zehntel vom Tankinhalt des Raumtransporters. Auch der Verbrauch des Jumbo-Jets ist deutlich geringer. Er schluckt bei der Höchstgeschwindigkeit von 920 km/h nur 207 l pro Minute.

Nur ein winziger Schluck

Unvergleichlich anspruchsloser im Verbrauch sind die am Erdboden verkehrenden Fahrzeuge, selbst wenn es sich um gigantische Lastzüge handelt. Amerikanische Trucks etwa schleppen mit nur 30 l Treibstoff auf 100 km Lasten, die ein Drittel einer vollbeladenen Boeing 747 wiegen. Rühmliches Schlußlicht unter den bescheidenen Fahrzeugen ist der VW-Prototyp Ökopolo, der vom Diesel in seinem Tank nur nippt. Der sparsame kleine Wagen stellt selbsttätig seinen Motor ab, wenn der Fahrer den Fuß vom Gaspedal nimmt oder wenn die Fahrsituation es erlaubt, und schaltet ihn automatisch wieder an, wenn der Fahrer erneut Gas gibt. Auf diese Weise genügen dem umweltfreundlichen Ökopolo für 100 km ganze 1,7 l Dieselöl.

Dampf ablassen Ein Space Shuttle *startet, riesige Abgaswolken hinter sich lassend, von Cape Canaveral in Florida ins Weltall.*

DIE HÄRTESTE RALLYE DER WELT

Am Neujahrstag 1988 versammelten sich vor dem Schloß von Versailles südwestlich von Paris mehr als 600 Autos, Motorräder und Lastwagen am Start des jährlich stattfindenden schwierigsten Autorennens der Welt: der Rallye Paris–Dakar. Vor den Teilnehmern lag eine etwa 14 000 km lange Strecke, die sie durch Frankreich und Spanien und weiter unter sengender Sonne durch die endlose hitzeflirrende Einöde der Sahara bis in den Nordwesten von Afrika nach Dakar, der Hauptstadt von Senegal, führen sollte.

In dem Jahr feierte die Tour ihr zehnjähriges Jubiläum, und die Organisatoren nahmen das zum Anlaß, die ohnehin schon berüchtigte Strecke noch dramatischer zu gestalten. Offenbar mit Erfolg, wie der tragische Ausgang des Rennens beweist. Als drei Wochen nach dem Start der Sieger Juha Kankkunen über die Ziellinie rollte, hatten bei der Rallye sechs Menschen ihr Leben verloren und viele Teilnehmer und Zuschauer ernsthafte Verletzungen davongetragen.

In den letzten Jahren hat man die Sicherheitsmaßnahmen deutlich verstärkt. Rettungsmannschaften stehen bereit, die Autos sind mit Notfunk ausgerüstet, Ärzte fliegen zu ihren Einsätzen. Und dennoch wird die Tour ihre Tücken behalten, denn die Fahrer haben weiterhin mit 20 m hohen Sanddünen, schweren Sandstürmen und Tagestemperaturen von über 30 °C zu kämpfen. Besonders gefährlich ist die Fahrt über *fech-fech,* wie die Einheimischen sagen, eine dünne harte Sandkruste, unter der tiefer weicher Sand lauert.

Auch die Navigation in der Wüste ist schwierig. Oft findet man in der eintönigen Landschaft keinen Punkt, den man anvisieren kann. Ein Teilnehmer berichtete, daß er einige Minuten lang mit geschlossenen Augen bei Tempo 190 einfach geradeaus gefahren sei. Die Technik ist ebenfalls den Unbilden der Natur ausgeliefert. Viele Autos bleiben auf der Strecke, weil der Kühler mit feinstem Sand verstopft ist und der Motor heißläuft. Doch allen Gefahren zum Trotz finden sich jedes Jahr wieder Hunderte Wagemutiger ein, um sich und ihre Fahrzeuge der ungeheuren Belastungsprobe zu unterziehen.

Sender, Baken und Computer

Verkehrsleitsysteme weisen den Weg

Verkehrsinfarkt der Großstädte – das ist keine Horrorvision mehr, sondern beinahe schon alltägliche Wirklichkeit, an die wir uns allmählich gewöhnen müssen. Was – außer dem Verzicht aufs Auto – kann den völligen Zusammenbruch des Straßenverkehrs noch verhindern?

Eine der modernsten Waffen im Kampf gegen den Kollaps auf unseren Straßen ist ALI, das Autofahrer-Leit- und Informationssystem, das seit Herbst 1988 in Berlin getestet wird. Damit dieses Versuchsprogramm zustande kam, mußte man Autofahrer zur Mithilfe gewinnen, die bereit waren, ihre Wagen entsprechend ausrüsten zu lassen. Außerdem hat man an 240 Verkehrsampeln der Stadt Infrarotsender, sogenannte Informationsbaken, angebracht, die mit einer Verkehrsleitzentrale und über Infrarotsignale mit

den Fahrzeugen der Teilnehmer verbunden sind. Will nun einer der ALI-Tester zu einem bestimmten Ziel fahren, dann gibt er dieses über eine Tastatur in den installierten Bordcomputer ein. Unterwegs übermittelt ein Infrarotsender im Wagen über die nächste Bake laufend die Position des Autos, die durch einen Magnetsensor festgestellt wird, an die Leitzentrale. Umgekehrt bekommt der Bordcomputer vom Kontrollzentrum über die Baken Informationen über Staus, Unfälle, Baustellen usw. und an jeder Abzweigung Daten über die günstigste Fahrtroute. Diese Angaben verwandelt er dann auf einem Sichtfeld am Armaturenbrett optisch in klare Anweisungen wie z.B. Richtungspfeile. Hält sich der Fahrer dann an die Anweisungen seines elektronischen Beifahrers, spart er sich eine Menge Benzin, Zeit und Ärger.

Lotsendienst Wenn ein Fahrer das Leitsystem in Anspruch nehmen will, muß er nur sein Fahrziel in den Bordcomputer eintippen. Ein Sendegerät übermittelt dann den jeweiligen Standort des Autos, den ein Magnetsensor bestimmt, an In-

formationsbaken in den Ampelanlagen, die umgekehrt dem Bordcomputer Informationen über die Verkehrslage geben. Diese setzt der Rechner in optische Anweisungen um.

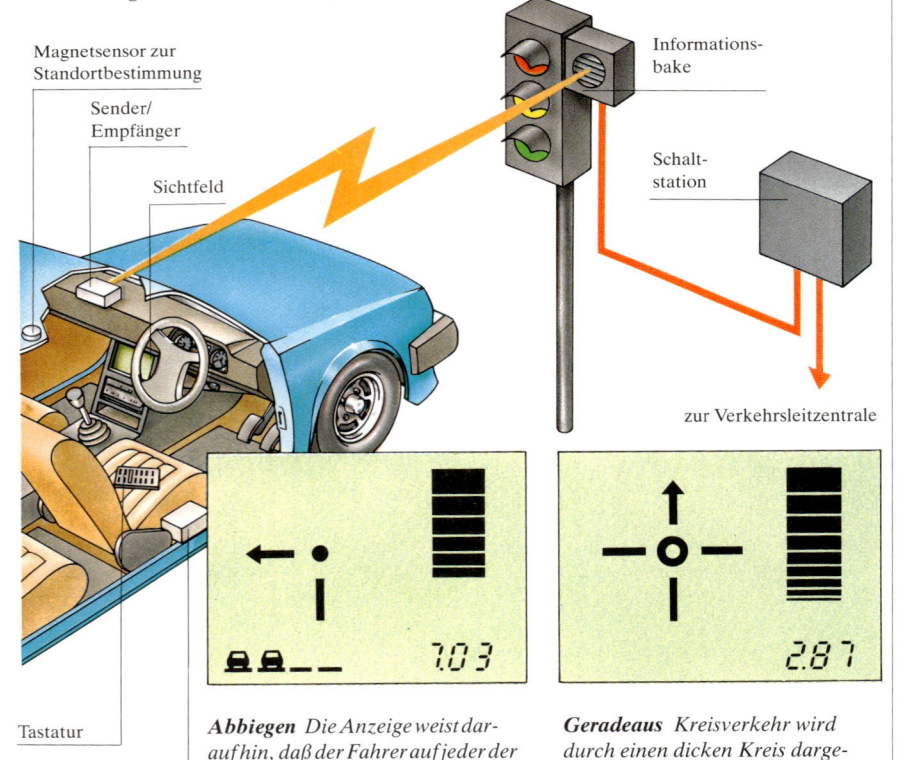

Magnetsensor zur Standortbestimmung

Sender/ Empfänger

Sichtfeld

Informations- bake

Schalt- station

zur Verkehrsleitzentrale

Tastatur

Bord- computer

Abbiegen Die Anzeige weist darauf hin, daß der Fahrer auf jeder der beiden Spuren nach links abbiegen kann. Die Digitalanzeige gibt die Entfernung bis zum Fahrziel an.

Geradeaus Kreisverkehr wird durch einen dicken Kreis dargestellt. Die Balken geben die Entfernung zum Kreisverkehr an, wo der Fahrer geradeaus fahren soll.

Verwegene Verbindungen

Moderne Hängebrücken brechen alle Rekorde

Seit Menschengedenken hat man Brücken geschlagen. Der Baumstamm quer über einen Bach und der primitive, an Lianen aufgehängte Holzsteg quer über eine Schlucht sind und bleiben die einfachen Vorbilder vieler moderner Brückenbauten, die heute allerdings aus anderen Materialien und in anderen Ausmaßen errichtet werden.

Die Hängebrücke beispielsweise hat sich seit ihren Anfängen vor vielen Jahrzehntausenden auf beachtliche Längen gesteigert. Den Rekord hält die 1988 fertiggestellte Akashi-Kaikyo-Brücke in Japan, deren Spannweite 1780 m beträgt. Sie verbindet die Inseln Honshu und Shikoku miteinander. In Europa führt die Brücke über den Humber in Hull, England, die Liste der großen Brücken an. Sie bringt es immerhin auf eine Spannweite von 1410 m. Außerdem gibt es Pläne, noch in diesem Jahrtausend eine Brücke über die Straße von Messina, die Sizilien vom italienischen Festland trennt, zu schlagen. Ihre Pfeiler würden 3320 m voneinander entfernt stehen und ein mächtiges Drahtseil von mehr als 1,5 m Durchmesser tragen.

Erdteile rücken zusammen

Auch vor der Verbindung von Kontinenten schrecken Brückenbauer nicht zurück. So wie schon vor fast 20 Jahren in Istanbul die Brücke über den Bosporus entstand, die Asien und Europa zusammenführt, so nimmt auf dem Reißbrett des Schweizer Ingenieurs Urs Meier eine Brücke über die Straße von Gibraltar – von Europa nach Afrika – allmählich Gestalt an. Ihre Spannweite würde alle bisher vorstellbaren Maße sprengen: 8400 m.

Hätten Sie's gewußt?

Der längste Eisenbahntunnel der Welt ist der 54 km lange Seikan-Tunnel in Japan, der 100 m unter dem Meeresboden verläuft und die Inseln Honshu und Hokkaido verbindet. Der längste Straßentunnel ist der 16,9 km lange Gotthardtunnel in der Schweiz, der am 5. September 1980 eröffnet wurde.

Kapitel zehn

MEISTER IHRER KUNST

Der italienische Maler Andrea Mantegna hätte sich zu seinen Lebzeiten im 15. Jh. wohl nicht träumen lassen, daß mehr als 500 Jahre später die Menschen vor dem Schloß in Mantua Schlange stehen würden, um sein berühmtes Hochzeitszimmer, die *Camera degli Sposi,* zu besichtigen (siehe Seite 367). Die Wände des Raums schmückte der Künstler mit Fresken, die typisch für den Stil der Renaissance sind. Die Menschen und Gegenstände sind naturgetreu dargestellt, und auch die Proportionen entsprechen der Wirklichkeit. In den Werken Mantegnas, ebenso wie in den Schöpfungen und Leistungen anderer bildender Künstler, Schriftsteller, Musiker, Tänzer und Sportler vor und nach ihm, kommt der Wunsch zum Ausdruck, das Publikum zu unterhalten und immer wieder aufs neue zu überraschen.

Die Bretter, die die Welt bedeuten

Wie sich das Theater über die Jahrhunderte veränderte

Im Zuschauerraum wird es still. Der Vorhang hebt sich und enthüllt ein prächtiges Bühnenbild: eine Straße voller Menschen im Venedig der Renaissance oder vielleicht den Salon in einem englischen Landhaus. Wenn das Stück beginnt, fühlt sich das Publikum durch die naturgetreue und lebensnahe Ausstattung der Bühne schnell an den Ort des Geschehens versetzt.

Schon im antiken Griechenland und Rom vor 2500 Jahren war das Theater eine wichtige Einrichtung. Die Aufführungen fanden im Freien auf einem runden Platz meist vor einer massiven Steinfassade statt. Diese wurde manchmal in den Spielverlauf einbezogen, wenn z. B. die Schauspieler durch Öffnungen in der Mauer auf die vorgebauten Balustraden traten. Erst im 16. Jh. gab es dann das Bühnenbild, das für jedes Stück speziell entworfen war. Die Schauspiele wurden in einem Innenraum aufgeführt, bei dem eine Wand fehlte, was der konventionellen, heute üblichen Bühne entsprach.

In anderen Ländern hingegen blieb die Theaterauf-

Dionysostheater *Es wurde vor fast 2500 Jahren zu Füßen der Akropolis in Athen hauptsächlich aus Holz erbaut. Ein halbrunder Platz – im Griechischen* orchestra *genannt – trennte die Zuschauertribüne vom Schauplatz der Handlung.*

Dialog mit dem Publikum *Mit seinen modernen Inszenierungen möchte das Young Vic Theatre in London einen Kontakt zwischen Darstellern und Zuschauern herstellen, wie es zu Shakespeares Zeiten üblich war.*

führung auch in der Neuzeit eine Freiluftveranstaltung. Die Bühne von Shakespeares Welttheater Ende des 16. Jh. beispielsweise ragte in den offenen Zuschauerhof hinaus. Im Gegensatz zur Renaissancebühne war hier die Ausstattung auf ein Minimum beschränkt, und statt einer aufwendigen Kulisse wurde der Schauplatz mit spärlichen Requisiten ausgestaltet. Erst etwa 50 Jahre nach Shakespeares Tod folgte das englische Theater dann der italienischen Tradition mit ihren verschwenderisch gestalteten Bühnenbildern.

Hätten Sie's gewußt?

Dem ältesten überlieferten Drama, das vor mehr als 5000 Jahren im alten Ägypten geschrieben wurde, liegt ein Mythos zugrunde: Der ägyptische Gott Osiris wird von seinem Bruder Seth ermordet und zerstückelt. Seth versteckt die Leichenteile in den Sümpfen, doch Osiris' Frau Isis findet die sterblichen Überreste und macht Osiris durch bestimmte Riten wieder lebendig. Bald darauf empfängt sie von ihm einen Sohn, den sie Horus nennen. Das Drama endet mit Horus' Krönung zum König von Ägypten.

Der Kasper ist international

Die Ursprünge der britischen Punch and Judy Show

Wenn der deutsche Kasper vor begeistertem Publikum seine Possen treibt, fragt man sich manchmal verwundert, ob es für Kinder denn die geeignete Unterhaltung ist: Der Held drischt auf den Polizisten ein,

schlägt seine Frau oder verjagt gar den Teufel höchstpersönlich. Doch auch in vielen anderen Ländern und Kulturen kennt man die Figur des Kaspers. Bei den Briten z. B. heißt der rauhbeinige Spaßmacher Punch und hat als Pendant zur deutschen Gretel eine Judy an seiner Seite. Wahrscheinlich ist Punchs Ahne die italienische Gestalt der Pulcinella aus dem 17. Jh., die als lustige Person in den Stücken des neapolitanischen Volkstheaters eine wichtige Rolle spielte. Pulcinella kam dann bald, zur buckligen Handpuppe Punchinello abgewandelt, nach England, wo man sie kurz Punch nannte.

Der englische Schriftsteller Samuel Pepys sah den Punch 1662 zum erstenmal in Londons berühmtem Opernhaus Covent Garden und war hellauf begeistert. Viele andere Menschen fanden den Schelm wohl ebenso amüsant, denn noch im selben Jahr wurde eine *Punch and Judy Show* am Hof von König Karl II. aufgeführt.

Die Frage, warum sich Punch und die verschiedenen Kasperfiguren in anderen Ländern auch heute noch so großer Beliebtheit erfreuen, drängt sich geradezu auf. Denn die Späße, die man da sieht, sind oft etwas einfallslos und folgen meist demselben einfachen Strickmuster. Möglicherweise macht es den Zuschauern ganz einfach Spaß, daß sich der Held so unerschrocken durchs Leben schlägt und sich auch von Autoritäten wie dem Polizisten nicht einschüchtern läßt.

Spaßvogel *Pulcinella, der Schelm mit der Hakennase, war eine der Hauptfiguren des italienischen Komödientheaters aus dem 17. Jh.*

Hätten Sie's gewußt?

Das Wort Tragödie kommt aus dem Griechischen und bedeutet wörtlich übersetzt Bocksgesang. Diese Bezeichnung für das Trauerspiel geht auf seine klassische Form zurück, als man auf dem Höhepunkt der Handlung eine Ziege auf der Bühne opferte. Auch bei den Kultfesten zu Ehren des griechischen Weingotts Dionysos trugen die Satyrn Ziegenhäute.

Nicht mehr wiederzuerkennen

Die Verwandlungskunst der Maskenbildner

Am Abend des 16. Januar 1967 findet in einem Londoner Theater die Premiere von Roy Dotrices Einmannstück *Kurzes Leben* statt. Dotrice ist auch der einzige Schauspieler, und die schwierige Aufgabe ist es, ihn um fast 30 Jahre altern zu lassen: Aus dem 44jährigen Mann mit dem glatten Gesicht soll ein runzliger 70jähriger werden, bei dessen Anblick die Zuschauer keinen Augenblick zweifeln, daß ein Greis auf der Bühne steht. Solche Kunststücke vollbringen die Maskenbildner, die in eine prall gefüllte Kiste von Verwandlungstricks greifen können.

Meist braucht man eine große Menge von Latex, um die Gesichtszüge zur Unkenntlichkeit zu verändern. Die Maskenbildner formen Dotrice eine neue Nase, schwärzen seine Zähne und verpassen ihm einen kahlen Schädel, indem sie ihm eine sogenannte Glatzenkappe überziehen. Drei Stunden dauert die Prozedur – dann ist die Verwandlung perfekt, und nicht einmal die eigene Frau würde ihren Mann wiedererkennen.

Doch nach den Maßstäben der Filmindustrie ist das noch lange keine Spitzenleistung. 20 Stunden waren z. B. nötig, um Rod Steiger 1969 für seine Hauptrolle in *Der Tätowierte* von Kopf bis Fuß mit Tätowierungen zu bemalen.

Von 1967–1974 stand Dotrice 1700mal als alter Mann auf der Bühne, womit er einen Rekord aufstellte: Kein anderes Einpersonenstück wurde so oft gespielt wie *Kurzes Leben*.

KAUM ZEIT ZUM ATEMHOLEN

Beim kürzesten Theaterstück der Welt kann man kaum Platz nehmen, dann ist die Vorstellung nämlich schon wieder zu Ende: Samuel Becketts *Atem* dauert gerade 35 Sekunden.

Die Inszenierung von *Atem* bricht mit mehreren Theaterkonventionen: Es gibt weder eine Handlung noch Dialoge, und außerdem wirken keine Schauspieler mit. Dafür ist die Bühnenanweisung aber immerhin 120 Wörter lang. Der Vorhang hebt sich über einer Bühne voller Müll, und das einzige, was sich dort abspielt, sind seltsame Lichteffekte, die von einer Geräuschkulisse auf Tonband begleitet werden. Man hört den Schrei eines Neugeborenen, darauf folgen ein Ein- und ein Ausatmen von jeweils zehn Sekunden. Der Schrei eines sterbenden Menschen setzt dann den Schlußpunkt.

Beckett schrieb das Stück 1969 als Beitrag zu Kenneth Tynans umstrittener Revue *Oh! Calcutta*. Aber Tynan brachte es mit Schauspielern auf die Bühne, worauf Beckett ihn einen Betrüger schimpfte.

Tatsachen über Shakespeare

Ein Genie gibt der Nachwelt Rätsel auf

Bei jeder Aufführung von Shakespeares Tragödie *Hamlet* staunen die Zuschauer darüber, welche Gedächtnisleistung der Prinz von Dänemark bewältigen muß. *Hamlet* ist Shakespeares umfangreichstes Stück, und der Text des Helden ist nicht weniger als 1530 Zeilen lang, insgesamt 11 610 Wörter. Die *Komödie der Irrungen* hingegen, Shakespeares kürzestes Stück, hat alles in allem nur 1778 Zeilen, ist also nur geringfügig länger als Hamlets Rolle und hat nicht einmal den halben Umfang des Trauerspiels.

In seiner Schaffensperiode zwischen 1590 und 1610 schrieb Shakespeare über 100 000 Dramenzeilen und schuf 1277 Charaktere. Der Umfang seines Wortschatzes blieb unter den englischen Dichtern unerreicht und ist mit rund 30 000 Wörtern doppelt so groß wie das durchschnittliche Vokabular eines gebildeten Engländers in der heutigen Zeit.

Viele Komödien und Tragödien Shakespeares wurden schon zu Lebzeiten des Dichters veröffentlicht, wobei diese Texte oft hastig und fehlerhaft von Unbefugten während der Aufführungen niedergeschrieben wurden. Glücklicherweise stellten Shakespeares Freunde seine Dramen im richtigen Wortlaut zusammen und verlegten bald nach seinem Tod das sogenannte *First Folio*, eine Gesamtausgabe, auf der die meisten späteren Shakespeare-Ausgaben beruhten.

Wer war der Autor?

Auch heute noch bezweifeln einige Kritiker, daß Shakespeare, ein Schauspieler, der nur eine mittelmäßige Schulbildung genossen hatte, so großartige Dramen schreiben konnte. Manche von Shakespeares Werken wurden immer wieder anderen Verfassern wie dem englischen Philosophen Francis Bacon zugeschrieben.

Trotz ihres hohen literarischen Werts stecken Shakespeares Dra-

Der Rest ist Schweigen Hamlet, hier dargestellt vom englischen Schauspieler Sir Laurence Olivier, sinnt über den Tod nach.

Ghostwriter Manche glauben, daß Francis Bacon der Verfasser der Shakespeare-Dramen war. Diese Karikatur zeigt, wie Bacon Shakespeare die Manuskriptrollen zusteckt.

men voller kleiner Fehler: Im alten Rom schlägt z. B. eine Uhr, Kleopatra spielt eine Art Billard, und in *König Lear* spricht der Herzog von Gloucester, ein Adliger aus vorchristlicher Zeit, von einer Brille, obwohl Augengläser erst im 15. Jh. gebräuchlich wurden. Doch dem literarischen Rang von Shakespeares Werk können diese Ungereimtheiten keinen Abbruch tun. Seine Stücke werden häufiger aufgeführt als die jedes anderen Autors und sind heute noch genauso beliebt wie vor 400 Jahren. Für Shakespeares Stellenwert in der Literatur bewahrheitete sich, was sein Zeitgenosse, der englische Dichter Ben Jonson, nach dessen Tod über ihn schrieb: „Er gehörte keinem Zeitalter an. Er war zeitlos."

SHAKESPEARES NACHLASS

Als Shakespeare am 23. April 1616 im Alter von 52 Jahren starb, war er ein wohlhabender Mann. Die älteste Tochter des Dichters z. B. erbte alle Ländereien.

Seine Frau Anne Hathaway bedachte Shakespeare in seinem Letzten Willen nur mit einem einzigen Satz: „Ich vermache meiner Frau das zweitbeste Bett mit den Möbeln." Doch als die Witwe hatte Shakespeares Frau ohnehin das Recht auf einen beträchtlichen Teil der Hinterlassenschaft. Und das „zweitbeste Bett" war das Ehebett, denn das beste Bett war Gästen vorbehalten. Eine letzte Liebesbezeigung an die treue Gattin?

Shakespeares Testament enthielt keinerlei Angaben zum Vermächtnis seiner Bühnenstücke und Dichtungen. Da es damals jedoch noch keine gesetzliche Regelung des Urheberrechts gab, gehörten Shakespeares Werke niemandem und hatten somit auch keinen finanziellen Wert.

Hätten Sie's gewußt?

Es heißt, das Drama Macbeth *bringe Unglück, weil der Text richtige Hexensprüche enthält. Manche Schauspieler hüten sich deshalb davor, das Stück beim Namen zu nennen; statt dessen sprechen sie von dem „schottischen Stück".*

Berühmte Bühnen

Londons reges Theaterleben zur Zeit Shakespeares

Im Jahr 1599, gegen Ende der Regierungszeit von Königin Elisabeth I., berichtete ein deutscher Besucher, ganz angetan von der blühenden Kulturszene, die London zu bieten hatte: „Jeden Mittag um zwei Uhr gibt es hier an verschiedenen Theatern zwei, manchmal sogar drei Aufführungen zu sehen. Die Schauspielhäuser konkurrieren miteinander, und oft sind die Vorstellungen ausverkauft." Es gab damals jede Menge Theaterinteressierte. Pro Woche gingen etwa 21 000 bühnenbegeisterte Londoner ins Theater – damals immerhin 10 % der Bevölkerung.

Das Publikum der Elisabethanischen Zeit wollte immer neue Stücke sehen, so daß der Bedarf an Dramen ungeheuer groß war. William Shakespeare war einer der erfolgreichsten Dramatiker seiner Zeit, und heute staunt man darüber, wieviel er geschrieben hat. Doch die Anzahl von 37 Stücken, die er in rund 20 Jahren verfaßte, verblaßt neben dem Schaffensdrang mancher seiner Zeitgenossen; Thomas Heywood z. B. brachte nicht weniger als 220 Schauspiele zu Papier.

Ende des 16. Jh. hatte es zwischen den Theatern und der Stadtverwaltung von London Mißstimmigkeiten gegeben, woraufhin man beschloß, die Schauspielhäuser außerhalb der Stadtgrenzen zu bauen. Am Südufer der Themse entstand eine Kulturmeile mit mehreren Theatern.

Sitz- oder Stehplatz?

Für damalige Begriffe waren die Theater gewaltige Bauwerke – das Globe-Theater z. B. bot etwa 2000 Besuchern Platz. Der größte Teil der Bühne war unter freiem Himmel, so daß die Vorstellungen bei Regen unterbrochen werden mußten. Die Zuschauer saßen ent-

weder auf den drei halbrunden, ansteigenden Galerien, oder standen direkt vor der Bühne, je nachdem, was sie sich den Theaterbesuch kosten ließen. Um bequem zu sitzen, mußte man zwei Pennies investieren, ein Stehplatz war schon für die Hälfte zu haben. Das Gros der Zuschauer drängte sich meist unruhig vor der Bühne, während die feine Gesellschaft auf den Galerien plauderte. Um dieses bunt zusammengewürfelte Publikum zu fesseln, stand den Schauspielern nur ein begrenztes Repertoire an Mitteln zur Verfügung: Auf der Bühne gab es fast keine Requisiten, so daß der Erfolg eines Stücks entscheidend von den Dialogen abhing. Die meisten Zuschauer konnten zwar weder lesen noch schreiben, doch sie hatten ein gutes Gespür für Wortspiele und für eine treffende Ausdrucksweise.

Obwohl die Rede der Schauspieler im Vordergrund stand, versuchten die Dramaturgen doch manchmal, ihr Publikum durch ausgefallene Effekte und Einlagen zu unterhalten. Doch die hatten zuweilen ihre Tücken. 1613 brannte das Globe-Theater bis auf die Grundmauern ab, nachdem eine Kanonenkugel, die auf der Bühne abgefeuert worden war, das strohgedeckte Dach darüber in Flammen gesetzt hatte. Die Hosen eines Zuschauers fingen Feuer, doch geistesgegenwärtig löschte er es mit Bier, so daß das Unglück, abgesehen von dem abgebrannten Schauspielhaus, noch einmal glimpflich abging.

Hätten Sie's gewußt?

1787 wurde Hamlet *im Richmond-Theater bei London ohne Hamlet aufgeführt: Der Schauspieler, der die Rolle spielen wollte, war zu nervös, um aufzutreten. Im Publikum saß der schottische Dichter Sir Walter Scott, der glaubte, daß das Stück mehr Anklang gefunden hatte, weil der melancholische Held nicht dabei war.*

◆◆◆

Der Sommernachtstraum wurde 1900 vom Theaterdirektor Herbert Beerbohm Tree in London ganz realistisch auf die Bühne gebracht: Zur Ausstattung gehörten blühende Sträucher und lebende Kaninchen.

Modellskizze So hat das berühmte Globe-Theater wohl ausgesehen, und nach dieser Vorlage wird es zur Zeit in London am Ufer der Themse auch wieder aufgebaut: Die Bühne war nur teilweise überdacht, die Zuschauer hingegen saßen geschützt auf ihren Galerien.

Exotisches Spiel der Masken

Der Zauber des japanischen Theaters

Die bedeutendsten klassischen Theaterformen der japanischen Kultur sind das No und das Kabuki. Die älteren No-Spiele entstanden vor etwa 600 Jahren und haben sich seit damals kaum verändert. Die Begründer dieser Tradition, Kanami Kijotsugu und sein Sohn Seami Motokijo, veränderten den bestehenden Theaterstil, um ihn dem Geschmack der anspruchsvollen Aristokratie Japans anzupassen: Alltägliche Aktivitäten wie Teetrinken und Blumenstecken werden ritualisiert und zu edlen, künstlerischen Handlungen aufgewertet.

Die No-Spiele enthalten ein Minimum an Geschehen und schauspielerischer Ausführung, bei der allerdings jede Bewegung und jeder Laut genau festgelegt ist. Es gibt nur wenige Dialoge und weder Bühnenbild noch besondere Effekte. Durch verschiedene Bewegungen mit einem Fächer versinnbildlicht der Darsteller z. B. herabprasselnden Regen. Nur Männer wirken mit, und sie tragen Masken, um ihre Rolle als Frau, Krieger, Gott oder Teufel zu verdeutlichen. Pantomimisch führt der Darsteller die feierlichen, rituellen Tanzbewegungen aus, während ein Chor den Text dazu singt.

Das Kabuki ist mit seiner fortlaufen-

Ausdrucksvolle Maske *Im traditionellen Kabuki werden die Darsteller so stark geschminkt, daß ihre Charakterzüge und ihr Geschlecht eindeutig zu erkennen sind.*

den Handlung, anders als das No, stärker dem Drama verpflichtet. Es geht auf Marionettenspiele zurück und diente überwiegend der Unterhaltung der breiten Masse. 1603 entwickelte sich das Kabuki aus den Zeremonien der Tänzerin Okuni, die in einem ausgetrockneten Flußbett bei Kyoto sinnliche Stücke und Tänze vorführte. Wegen seiner erotischen Anklänge wurde das Theater dann jedoch mit der Prostitution in Verbindung gebracht, woraufhin man 1629

Frauen das Auftreten auf der Bühne verbot.

Der Beruf des Kabuki-Schauspielers vererbte sich vom Vater auf den Sohn, wodurch sich die Kabuki-Tradition weiter fortsetzte. Die Aufführungen waren fast tagfüllend; ursprünglich dauerte ein Stück zwölf Stunden, heute zieht es sich etwa über fünf Stunden hin. Die Darsteller sind stark geschminkt, und die Handlung ist im Gegensatz zum westlichen Theater einfach und bruchstückhaft. Wie bei den No-Spielen stehen auch beim Kabuki Tanz, Bewegung und Gesang im Vordergrund, und der Dialog spielt nur eine untergeordnete Rolle.

Eine Kabuki-Aufführung gliedert sich in der Regel in vier Abschnitte. Einem historischen Teil folgt ein oder zwei Tanzstücke. Danach kommt ein Stück über den häuslichen Alltag, und die Vorstellung endet mit einem eindrucksvollen Tanzdrama.

Beide Theaterformen – das No und das Kabuki – haben inzwischen auch auf westliche Bühnenkonventionen eingewirkt. Doch das japanische Theater ist für den Zuschauer am Broadway oder im Londoner West End heute so fremdartig und exotisch wie eh und je.

Farbenprächtige Verkleidung *Die aufwendigen Kostüme der No-Darsteller schaffen einen Ausgleich zur spartanisch gestalteten Bühne.*

Ein unschlagbarer Dauerbrenner

Die Mausefalle, in die Millionen Menschen gingen

Bei der 1000. Vorstellung von Agatha Christies Kriminalstück *Die Mausefalle* im Ambassador-Theater im April 1955 in London war nur ein Zeitungskritiker anwesend. „Das größte Geheimnis dieses Abends", schrieb er, „ist die Frage, warum das Stück schon seit fast drei Jahren ununterbrochen läuft." Im Dezember 1970 stellte *Die Mausefalle* dann schließlich einen neuen Rekord auf: Sie war genau 7511mal gespielt worden – häufiger als jedes Theaterstück zuvor. 1988 feierte der Bühnenthriller dann seine 15 000. Aufführung und hatte bis dahin sage und schreibe 8 Mio. Menschen im Londoner West End in Spannung versetzt. Am meisten verblüfft war Agatha Christie selbst. Als das Stück im November 1952 im Ambassador-Theater Premiere hatte, war es zwar ein Erfolg, doch die Autorin rechnete mit einer Spielzeit von höchstens sechs Monaten.

Seit 1952 haben zwar die Darsteller mehrfach gewechselt, aber das Bühnenbild sieht immer noch gleich aus. Die Möbel und die anderen Requisiten werden ersetzt, wenn sie verschlissen sind, doch immerhin haben eine Uhr und ein Ledersessel seit der ersten Aufführung überlebt.

Angesichts des Publikumserfolgs der *Mausefalle* ist es beinahe schon ein Sport, ihre Langlebigkeit in Zahlen auszudrücken: Bis 1988 wurden mehr als 106 km Hemden für die Kostüme gebügelt, und die Besucher haben in den Pausen 220 000 l alkoholfreie Getränke und über 269 t Speiseeis zu sich genommen. 1985 wurde der Originalrevolver auf einer Auktion versteigert und brachte 700 amerikanische Dollar ein, das Sechsfache seines normalen Werts.

Das Geheimnis des Erfolgs

Liegt es möglicherweise an einer besonders wirkungsvollen Werbung, daß *Die Mausefalle* Abend für Abend ausverkauft ist? In den ersten Jahren ihrer Aufführung war die Reklame äußerst zurückhaltend. Doch schon zum zehnjährigen Jubiläum wurde eine Torte gebacken, die über eine halbe Tonne wog. Eine der Schauspielerinnen des Ensembles ließ sich sogar dazu überreden, unter einem Bogengang von Mausefallen zu heiraten.

Mit jedem Geburtstag wird die *Mausefalle* mehr zur Legende, und die Leute reißen sich unvermindert um die Karten. Ungelöst ist auch immer noch die Frage, wer der Mörder ist. Diejenigen, die es wissen, sind darauf bedacht, dieses Geheimnis wie ihren Augapfel zu hüten. Von einer Ausnahme wird allerdings berichtet: ein ums Trinkgeld geprellter Taxifahrer. Als er seine geizigen Fahrgäste vor dem Theater absetzte, rief er ihnen wütend hinterher: „Der Butler war's!"

Wechselndes Ensemble *Bei der ersten Aufführung der* Mausefalle *1952 spielten Richard Attenborough und Sheila Sim die Hauptrollen. Über die Jahre haben in dem Stück 230 Schauspieler und 180 Ersatzdarsteller mitgewirkt.*

Doch so schlimm war sein Verrat nicht – im Stück *Die Mausefalle* kommt nämlich gar kein Butler vor.

Mord in der Loge

Wie ein junger Schauspieler Geschichte machte

Ford's-Theater in Washington, 14. April 1865: Der junge Schauspieler John Wilkes Booth ist bereit für den größten Auftritt seines Lebens. Er hat vor, Abraham Lincoln, den Präsidenten der Vereinigten Staaten, zu ermorden.

Ungehindert erreichte Booth die Loge, in der Lincoln und seine Frau saßen und dem letzten Akt von *Unsere amerikanische Kusine* zuschauten. Booth wartete auf eine bestimmte Textzeile, bei der das ganze Theater in Lachstürme ausbrechen würde. In diesem Augenblick öffnete er leise die Logentür, zielte mit seinem Revolver von hinten auf den Kopf des Präsidenten und drückte ab. In Windeseile entkam Booth über den Hinterausgang des Theaters und jagte auf seinem Pferd, das draußen auf ihn wartete, davon.

Am nächsten Morgen erlag Präsident Lincoln seinen Verletzungen, und man fragte sich erschüttert, welches Motiv Booth gehabt hatte, den Präsidenten zu töten. Booth kam aus dem feindlichen Lager der Konföderierten, der Südstaaten, die mit den von Lincoln geführten Nordstaaten wegen der Sklavenfrage im Bürgerkrieg gelegen hatten.

Ursprünglich wollte Booth Lincoln nur entführen und ihn als Geisel der Südstaatenregierung, den Konföderierten, ausliefern. Booth sammelte mehrere Komplizen um sich, die ihm bei der Tat helfen sollten. Am 17. März 1865 starteten sie ihren ersten Versuch, der jedoch scheiterte. Daraufhin beschloß Booth, den Präsidenten aus dem Ford's-Theater zu entführen. Inzwischen waren die Konföderierten jedoch besiegt, und ihre Regierung hatte sich aufgelöst, so daß Booth drastischere Maßnahmen für klüger hielt. Wenn er Lincoln tötete, so glaubte er, könnte es im Norden zu einer Revolution kommen, die dem Süden nützen würde.

Zunächst befürchtete man, daß der Mörder, der über den Potomac-Fluß geflohen war, entkommen sei. Doch am 26. April 1865 spürten die Truppen der Nordstaaten Booth in einer Tabakscheune im Staat Virginia auf. Als er sich nicht ergab, setzten die Soldaten die Scheune in Brand. Booth wurde von ihnen erschossen, als er sich aus den Flammen retten wollte.

Die Traumfabrik

Hollywoods Weg vom Orangenhain zur Filmmetropole

Wenn es eine Stadt gibt, die vom Film und Filmemachen lebt, dann ist es Hollywood. Jeder kennt auch das Wahrzeichen der Stadt, den Schriftzug HOLLYWOOD in den nahe gelegenen Hügeln, aus Buchstaben in der Höhe eines fünfstöckigen Hauses. Doch dort, wo heute riesige Filmstudios stehen, gab es ursprünglich nur einige staubige Orangenhaine, die man vor den Toren von Los Angeles angelegt hatte.

Am 1. Februar 1887 – so will es zumindest der Fremdenverkehrsverein von Los Angeles herausgefunden haben – hatte der Makler Horace H. Wilcox das gesamte Gelände unter dem Namen Hollywood für sich beim Katasteramt eintragen lassen. Angeblich stammt der Name von seiner Frau Deida, die das Gebiet nach dem Haus eines Freundes in Chicago benannte. Wilcox und seine Frau waren sehr gottesfürchtig und wollten Hollywood zu einer sittenstrengen, alkoholfreien Gemeinde machen. Doch es sollte anders kommen.

Als Hollywood 1910 Teil der Großstadt Los Angeles wurde, hatten sich schon die ersten Filmemacher dort niedergelassen. Sie waren von geradezu idealen Bedingungen nach Kalifornien gelockt worden: 355 Sonnentage im Jahr, ständig gutes Licht und eine Vielzahl phantastischer Landschaften – Pazifik-Küste, Wüste, Berge und Wälder – in der Umgebung.

1913 kam Cecil B. DeMilles *The Squaw Man* in die Kinos. Es war einer der ersten abendfüllenden Hollywoodfilme und ein Kassenknüller. Mit DeMille als Hausregisseur blühte die kurz darauf gegründete Filmgesellschaft Paramount Pictures auf. Mitte der 20er Jahre gab es bereits eine Vielzahl weiterer Filmgesellschaften, darunter sechs, die Filmgeschichte machten: Universal Pictures, Fox Film Company, Metro-Goldwyn-Mayer, Warner Brothers Pictures, United Artists Corporation und Columbia Pictures. Hollywood war zur unumstrittenen Filmhauptstadt der Welt geworden.

Meisterregisseur Cecil B. DeMille (sitzend) drehte 1913 den Kassenerfolg The Squaw Man, *der die Aufmerksamkeit anderer Regisseure auf Hollywood lenkte.*

FILMARCHÄOLOGIE

Der Dokumentarfilmer Peter Brosnan und der Anthropologe Dr. Brian Fagan planen eine ganz besondere Ausgrabung: Nicht etwa eine antike Stadt soll wieder ans Tageslicht gebracht werden, sondern eine Filmkulisse.

Sobald sie genügend Geld beisammen haben, wird sich ein Team von Wissenschaftlern auf den Weg in das nordwestlich von Los Angeles gelegene Guadalupe machen und die dort liegenden Sanddünen durchwühlen. Man hofft, dabei auf den riesigen Szenenaufbau für Cecil B. DeMilles 1923 entstandenes Stummfilmepos *The Ten Commandments* zu stoßen, das die biblische Geschichte um die Zehn Gebote zum Thema hatte.

Damals legten der Regisseur und 2500 Handwerker, Statisten und Schauspieler das Camp DeMille an. Es diente als Basislager für den Nachbau der antiken Stadt des ägyptischen Königs Ramses im großen Stil. Ein 1000köpfiger Bautrupp machte sich dann daran, vier Ramsesstatuen, jede drei Stockwerke hoch, zahlreiche Sphinxe, teilweise mehr als 30 m hoch, und eine breite Prachtstraße zu errichten.

Anstatt die Kulisse nach den Dreharbeiten wieder abzureißen, überließ sie DeMille einfach den wandernden Sanddünen. In seiner Autobiographie machte er sich auch schon Gedanken über zukünftige Ausgrabungen: „Wenn in 1000 Jahren Archäologen im Sand von Guadalupe graben sollten, werden sie hoffentlich nicht die erstaunliche Neuigkeit veröffentlichen, daß die ägyptische Zivilisation bis zur Pazifikküste reichte."

Künstliche Welten

Wenn Filmkulissen den Stars die Schau stehlen

Von allen Kostümfilmen, die der Schauspieler Douglas Fairbanks gedreht hat, ist *Robin Hood* (1922) vielleicht der eindrucksvollste – nicht zuletzt wegen seiner grandiosen Ausstattung. Das Herzstück des Films bildet das Schloß von Nottingham, das man in Pasadena, nahe Hollywood, nachgebaut hatte. Bis heute ist dieses Schloß das größte Einzelbauwerk, das je für einen Film errichtet wurde. 500 Arbeiter bauten zwei Monate lang Tag und Nacht, um das 140 m lange und 30 m hohe Schloß rechtzeitig fertigzustellen.

Mit der Kulisse konkurrieren

Als Fairbanks das fertige Schloß besichtigte, war er zunächst beeindruckt. Doch schnell wurde aus seiner Bewunderung Unbehagen: „Damit kann ich nicht konkurrieren", erklärte er und war nahe daran, das Projekt abzubrechen. Glücklicherweise konnte ihn das Produktionsteam davon abbringen. *Robin Hood* wurde ein großer Erfolg, dessen kühne Fechtszenen dem Publikum lange in Erinnerung blieben.

In dem 1989 fertiggestellten Film *Batman* wurde ein anderer Kämpfer für die Gerechtigkeit vor einer überwältigenden Filmkulisse zum Zwerg. Der Filmarchitekt Anton Furst mußte für diesen Film eine ganze Stadt entwerfen: Gotham City, eine düstere futuristische Metropole, die alle negativen Eigenschaften von New York in sich vereint. Die Straßenschluchten von Gotham City wurden dann in zwei Ausführungen gebaut: in einer Miniaturversion mit bis zu 6 m hohen Hochhausmodellen und in einer originalgetreuen Version, jedoch nur vier Stockwerke hoch. Mehr als 90 km Stahlrohrgerüste waren notwendig, nur um die Außenmauern der Kulisse abzustützen. Schließlich beanspruchten die von 250 Männern errichteten Filmbauten zusammen den größten Teil des 38 ha großen Filmgeländes der Pinewood Studios in England.

Die größte Filmkulisse aller Zeiten blieb aber bis heute jene, die man für Anthony Manns Film *Der Untergang des römischen Reiches* (1964) erstellte. In sieben Monaten bauten 1100 Hand-

Unübertroffen Das von Veniero Colosanti für Der Untergang des römischen Reiches *entworfene Forum Romanum war die bisher größte Filmkulisse.*

werker auf einem 9 ha großen Gelände bei Madrid das Forum Romanum nach. Dabei entstanden u. a. 350 Statuen, 6700 m Treppen und 27 Gebäude.

Hätten Sie's gewußt?

Seit 1963 Elizabeth Taylor für die Hauptrolle in Cleopatra *1 Mio. Dollar Gage erhielt, forderten Stars immer größere Summen. Marlon Brando bekam für seine kleine Rolle in* Superman *1979 bereits 3,7 Mio. Dollar. Sylvester Stallone zahlte man 1987 für seine Arbeit an* Rocky IV *(Hauptrolle, Drehbuch, Regie) 18 Mio. Dollar. Seine Rolle in* Batman *(1989) ließ sich Jack Nicholson mit einer Umsatzbeteiligung honorieren. Sein Anteil: rund 60 Mio. Dollar.*

EINE VERFOLGUNGSJAGD DER SUPERLATIVE

Angesichts der großen Liebe der Amerikaner zum Auto überrascht es kaum, daß in vielen Hollywoodfilmen eine wilde Verfolgungsjagd zu sehen ist. 1968 entstand an Originalschauplätzen in San Francisco der Kriminalfilm *Bullitt*. Einer der Höhepunkte des Streifens wurde eine in dieser Form noch nie im Kino gezeigte Verfolgungsjagd quer durch die im hügeligen Gelände erbaute Stadt. Der Regisseur

Peter Yates konnte sich dabei auf die Erfahrung des Stuntman Carey Loftin und die Fahrkünste seines Hauptdarstellers Steve McQueen verlassen. McQueen saß während des größten Teils der Verfolgungsjagd selbst am Steuer.

Um die zwölf Minuten lange Sequenz so realistisch wie möglich zu gestalten, wurden die Kameras für einige Einstellungen sogar auf die Fahrzeuge montiert. An den

Fahrzeugen selbst verstärkte man die Karosserie, denn durch das ständige Auf und Ab der steilen Straßen hoben die Autos manchmal ab, flogen meterweit durch die Luft und prallten hart wieder auf der Straße auf.

Am Ende der Verfolgungsjagd rast das Auto der Gangster in eine Tankstelle und explodiert. Diese Szene drehte man ohne Stuntmen: Im Wagen saßen zwei Puppen.

Die Stellvertreter der Stars

Stuntmen hassen das Risiko

Aktionsgeladene Szenen – von der Schlägerei im Westernsaloon bis zur verwegenen Verfolgungsjagd – waren schon immer ein packender Bestandteil vieler Filme. An derartigen Szenen sind nur in den seltensten Fällen die Filmstars selbst beteiligt. Sie werden dabei meist von Stuntmen oder Stuntwomen gedoubelt, den wagemutigsten Männern und Frauen im Filmgeschäft.

Das war nicht immer so. In den frühen Jahren des Hollywoodfilms führten Schauspieler wie Buster Keaton oder Harold Lloyd solche gefährlichen Aktionen, die sogenannten Stunts, selbst aus. Erst als im Lauf der 20er Jahre die Stars immer berühmter wurden, setzten die Filmstudios mehr und mehr Stuntmen bei gefährlichen Szenen ein, da sie ihre Hauptdarsteller nicht gefährden wollten.

Beulen und Knochenbrüche

Schwere oder gar tödliche Unfälle bei Stunts sind selten; meist sind blaue Flecken, Beulen und gebrochene Knochen die schwersten Verletzungen, die sich ein Stuntman zuzieht. Stuntmen tun zwar alles, um ihre Stunts möglichst halsbrecherisch aussehen zu lassen, sorgen aber gleichzeitig dafür, daß ihre eigene Sicherheit nicht gefährdet wird.

Einige Stunts sind zur Legende geworden. So auch die Bruchlandung eines B-17-Bombers in dem 1948 gedrehten Film *Der Kommandeur*, durchgeführt von dem Stunt-Piloten Paul Mantz. Mantz, der dabei für Gregory Peck einsprang, erhielt dafür die beachtliche Summe von 6000 Dollar. 17 Jahre später, bei den Dreharbeiten zu *Der Flug des Phoenix*, sollte Mantz ein Flugzeug über einem heißen Wüstengebiet fliegen. Doch unvorhergesehene Turbulenzen ließen den *Phoenix* abstürzen: Mantz kam ums Leben.

Auch der 1986 bei einem Motorradunfall, jedoch nicht während der Arbeit, getötete Stuntman Dar Robinson hat in seinem Leben zahlreiche spektakuläre Stunts durchgeführt. Für den Film *Am Highpoint flippt die Meute aus,* der 1979 in die Kinos kam, sprang er vom Fernsehturm in Toronto aus 360 m Höhe in die Tiefe. Sein Fallschirm, den er versteckt unter der Kleidung trug, öffnete sich erst rund 90 m über dem Boden.

Robinson erhielt für diesen gefährlichen Stunt, den er zuvor mit Sprüngen aus tiefffliegenden Flugzeugen geübt hatte, angeblich 150000 Dollar.

Gefährliche Arbeit *Frühe Stars wie Monty Banks (am Auto hängend) hatten noch keine Stuntmen.*

Erfolg mit spektakulären Stürzen

Der Stuntman, dem Sicherheit über alles ging

Der berühmte Stuntman Yakima Canutt, der in vielen Filmen selbst Stunts durchgeführt und dabei u. a. auch John Wayne gedoubelt hatte, beendete seine gefährliche Arbeit 1945. Fortan war er als sogenannter *Second-unit*-Regisseur tätig, d. h., er leitete ein zweites Aufnahmeteam, das komplizierte Action-Szenen, die später in den Film eingebaut wurden, ausarbeitete und drehte.

In seiner Zeit als Stuntman hatte Canutt eine Reihe von Stunts entwickelt, die heute zum Standardrepertoire der Stuntmen gehören. Seine Spezialität waren Stürze von galoppierenden Pferden oder von einer fahrenden Kutsche. Sein wohl berühmtester Stunt entstand 1938. In dem Film *Riders of the Dawn* stürzte sich Canutt vom Kutschbock nach vorn zwischen die Pferde. Die Kutsche rollte dann über ihn hinweg, er griff nach ihrer Hinterachse, ließ sich

ein Stück mitschleifen und kletterte wieder auf die Kutsche hinauf.

Auch als *Second-unit*-Regisseur erarbeitete Canutt spektakuläre Szenen. So drehte er 1959 mit 8000 Statisten das berühmte Pferderennen im Film *Ben Hur*. Dafür kaufte Canutt 78 Pferde und brachte dem Hauptdarsteller Charlton Heston und den anderen Wagenlenkern den Umgang mit den Kampfwagen bei. Am Höhepunkt des Rennens mußte Ben Hur mit seinem Wagen die Trümmer von zwei Fahrzeugen überspringen. Hier übernahm Canutts Sohn Joe die Rolle Hestons. Obwohl der Stunt nicht ganz so gelang wie geplant – Joe Canutt stürzte aus dem Wagen und verletzte sich am Kinn –, konnte die Szene im Film verwendet werden.

Canutt erhielt 1967 einen Ehrenoscar für seine Verdienste um den Film und die Entwicklung von Sicherheitsvorrichtungen für Stuntmen.

Unvergeßliche Szene Im Wagenrennen aus Ben Hur *führte Charlton Heston die Stunts selbst aus – abgesehen vom Sprung über zwei zusammengebrochene Wagen.*

Hätten Sie's gewußt?

Der Film, in dem die meisten Fahrzeuge – nämlich über 150 – zerstört werden, ist Firebird-Tornado *(1982). In der gesamten Fernsehserie* Ein Duke kommt selten allein *werden sogar mehr als 300 Autos zu Schrott gefahren.*

◆◆◆

Der erste Stuntman – Frank Hanaway – wurde 1903 nur deshalb für den Western The Great Train Robbery *engagiert, weil er, ohne sich zu verletzen, vom Pferd fallen konnte.*

Mißerfolg nicht ausgeschlossen

Wenn teure Filme die Kosten nicht einspielen

Manchmal sind die Geschichten, die sich während der Produktion eines kostspieligen Films abspielen, interessanter als der Film selbst – besonders dann, wenn der Erfolg in den Kinos später ausbleibt. Der Film *Cleopatra* (1963) sollte ursprünglich 2 Mio. Dollar kosten. Bekannte Schauspieler sollten die Hauptrollen übernehmen, Tausende von Statisten die großen, den historischen Schauplätzen angemessenen Kulissen bevölkern. Aber gleich zu Beginn der Produktion stiegen die Kosten weit über den vorgesehenen Betrag. Nicht zuletzt deshalb, weil die Hauptdarstellerin Elizabeth Taylor eine Gage von 1 Mio. Dollar, zwei luxuriöse Penthouse-Suiten und einen Rolls-Royce für die Fahrten zwischen Hotel und Filmstudio verlangte. Hinzu kamen 130 000 Dollar für die 65 Kostüme, die sie im Film tragen sollte.

Hohe Kosten, wenig Zuschauer

Die äußerst aufwendigen Dreharbeiten des Films trieben die Ausgaben weiter in die Höhe. Darsteller und Regisseure wurden engagiert und dann wieder entlassen, der Drehort wurde von Kalifornien nach Rom und London verlegt, worauf die Kulissen wieder neu aufgebaut werden mußten – nach acht Monaten Produktionszeit waren nur zehn Minuten des Films fertiggestellt. Am Ende kostete *Cleopatra* 44 Mio. Dollar: eine astronomische Summe für die frühen 60er Jahre.

Bis heute hat der Film etwa die Hälfte seiner Kosten wieder eingespielt und wird sich irgendwann sicher auch bezahlt machen – was man von Michael Ciminos Western *Heaven's Gate* (1980) allerdings nicht behaupten kann. Der Film gilt als größter Flop der Filmgeschichte. Die Produktion des Films kostete angeblich 57 Mio. Dollar; doch in den USA und Kanada spielte er bis heute nur 1,5 Mio. Dollar ein. Nach dem Desaster von *Heaven's Gate* waren die United-Artists-Filmstudios, die den Film produziert hatten, ruiniert.

So echt wie möglich

Cimino wollte den Film so authentisch wie möglich machen – koste es, was es wolle. Er ließ eine komplette Kleinstadt errichten und aufwendige Recherchen durchführen, um die historischen Kostüme so originalgetreu wie möglich gestalten zu können. Hunderte von Komparsen mußten lernen, wie man Schlittschuh läuft, Walzer tanzt und historische Waffen benutzt. Schließlich waren 400 000 m Film gedreht, Material für 200 Stunden. Nur mit großen Problemen gelang es Cimino, daraus eine zweieinhalbstündige Kinofassung herzustellen. Doch alle Bemühungen waren vergeblich. Jahrelang galt Cimino nun als der „Mann, der den Western umbrachte".

Aber nicht jeder hat aus den Erfahrungen von *Heaven's Gate* etwas gelernt. Mit *Die Abenteuer des Baron von Münchhausen* (1989) wollte der Regisseur Terry Gilliam seine Version der Geschichten um den deutschen Lügenbaron auf die Leinwand bringen. Differenzen hinter den Kulissen, kostspielige Ortswechsel und das Ausscheiden wichtiger Schauspieler erschwerten die Herstellung des mit teuren Spezialeffekten und aufwendigen Kulissen ausgestatteten Streifens. Fast 60 Mio. Dollar soll das Spektakel, das kaum jemand sehen wollte, gekostet haben.

Kostspieliger Tanz Aufwendige Szenen wie diese prachtvolle, bis ins kleinste Detail ausgetüftelte Tanzveranstaltung verteuerten den Film* Heaven's Gate.

Das totale Sehvergnügen

Die Kinos mit der Riesenleinwand

Obwohl Hollywood das Zentrum der Filmindustrie ist, kommen von dort nicht alle filmtechnischen Neuerungen. Eine der aufsehenerregendsten Entwicklungen der letzten Jahre entstand in einem kleinen Unternehmen im kanadischen Toronto: der sogenannte IMAX-Film (IMAX ist abgeleitet von *Maximum Image*). Dabei sitzen die Zuschauer bequem in steil aufsteigenden Stuhlreihen und bewundern spannende, etwa halbstündige Dokumentationen wie z. B. *Nomads of the Deep* (1979), wo sie mit Buckelwalen auf Unterwasserreise gehen, oder den Film *The Dream is Alive* (1985), bei dem sie zusammen mit Astronauten einen Flug mit dem Raumtransporter *Space Shuttle* erleben. Das Besondere an diesen Filmen: Sie werden durch eine Weitwinkellinse auf eine riesige, flache Leinwand projiziert. Bei den Spezialverfahren OMNIMAX verwendet man eine Fischaugenlinse und eine kuppelförmige Leinwand.

Riesiges Bild

Diese Leinwand kann so hoch wie sieben Stockwerke sein – zehnmal so groß wie die meisten normalen Kinoleinwände. Dadurch wird das projizierte Bild so riesig, daß es das Blickfeld der Zuschauer fast ganz ausfüllt. Nun kann sich dieser den Bildern kaum mehr entziehen, das Gezeigte erscheint beinahe dreidimensional und dementsprechend realistisch. Kein Wunder, daß IMAX- und OMNIMAX-Filme vom Publikum begeistert aufgenommen

werden. 1987 besuchten z. B. 25 Mio. Menschen einen solchen Film. Bisher wurde jedoch noch kein Spielfilm im IMAX-Format gedreht – die Kosten würden die eines konventionellen Films um ein Vielfaches übertreffen.

Beim IMAX-System wird ein 70-mm-Film verwendet – das breiteste existierende Filmmaterial. Die Bildfläche ist aber dreimal so groß wie beim normalen 70-mm-Format. Nur deshalb kann die IMAX-Leinwand so riesig sein. Damit das Bild möglichst ruhig ist, hat der IMAX-Film mehr Randperforationen als ein normaler Film, nämlich 15 Lochungen pro Bild statt der sonst üblichen fünf. Während der Film durch den Projektor läuft, wird er mit Hilfe eines Vakuums fest gegen die Projektionslinse gepreßt, was die Bildqualität zusätzlich verbessert. Ein digitales Tonsystem mit sechs Kanälen sorgt für beste Tonqualität.

Überwältigend *Im IMAX-Kino erstreckt sich die flache Leinwand über das gesamte Blickfeld der rund 500 Zuschauer. Beim OMNIMAX-Kino (kleines Bild) ist die Leinwand dagegen kuppelförmig.*

Die Anfänge dieses Kinos der Superlative gehen auf die Weltausstellung in Montreal 1967 zurück, wo auf mehrere Leinwände projizierte Filme ein großer Erfolg waren. Einige Filmemacher, die mit diesen Experimenten zu tun hatten, wollten ihre Ideen weiterentwickeln und konnten auf der Weltausstellung in Osaka 1970 ein völlig neuartiges Leinwandformat vorstellen.

IMAX-Filme können nur in Spezialkinos gezeigt werden. 1990 gab es weltweit 90 von ihnen. Die ersten OMNIMAX- und IMAX-Kinos in Deutschland sollen 1992 und 1993 in Frankfurt und München eröffnet werden.

Hätten Sie's gewußt?

Mit 6214 Plätzen war das New Yorker Roxy das größte Filmtheater, das jemals gebaut wurde. In seiner Blütezeit in den 30er Jahren arbeiteten dort rund 300 Angestellte.

Das kleinste Kino, das damals kommerziell betrieben wurde, war das Miramar in Colón auf Kuba mit nur 25 Plätzen.

Sport und Spiel

Dabeisein ist alles: Die Idee der Olympiade

Es begann 776 v. Chr. in der Antike mit einem einfachen Wettlauf, der im griechischen Olympia stattfand. Von da an trafen sich dort alle vier Jahre Sportler und Künstler, um gemeinsam und in gutem Einvernehmen ein Fest zu Ehren des Zeus zu feiern. Später kamen zum Laufen andere Disziplinen wie Ringen, Boxen, Diskuswerfen und Speerwerfen hinzu, und das Ereignis wurde auf fünf Tage ausgedehnt. Die Sieger der sportlichen Wettkämpfe wurden als Helden gefeiert und verehrt. Bald schon waren die Spiele aus dem Leben der Griechen nicht mehr wegzudenken.

Fast 1200 Jahre lang fanden die Wettspiele regelmäßig statt, bis 393 n. Chr. der römische Kaiser Theodosius I. diese von ihm als heidnisch verpönten Feste verbot. Fast eineinhalb Jahrtausende später setzte es sich dann der französische Baron Pierre de Coubertin zum Ziel, die antike Idee aufzugreifen und die Olympischen Spiele wiederaufleben zu lassen.

Coubertin glaubte, daß es dem Frieden in der Welt

Hätten Sie's gewußt?

Für die alten Griechen waren die Olympischen Spiele ein bedeutendes Sport- und Friedensfest. Die Städte, die miteinander im Krieg lagen, hielten in dieser Zeit einen bis zu drei Monate dauernden Waffenstillstand ein. Danach gingen die Kämpfe weiter.

---

dienen würde, wenn Sportamateure aller Nationen regelmäßig zusammenkommen würden, um ihre Leistungen im Wettkampf zu messen. In die Verwirklichung dieses seines Traums setzte Coubertin nun seine ganze Kraft. Er reiste von einer internationalen Sportvereinigung zur andern, um die Verantwortlichen von seinem Vorhaben zu überzeugen. Sein unermüdlicher Einsatz zahlte sich schließlich aus: In Athen wurden 1896 die ersten Olympischen Spiele der Neuzeit eröffnet.

Bedauerlicherweise erfüllte sich Coubertins Ziel, mit den sportlichen Wettkämpfen der Völkerverständigung zu dienen, nur bedingt. Während des Zweiten Weltkriegs z. B. fanden die Spiele nicht statt. Aber dank Coubertin wurde die olympische Goldmedaille heute wieder eine der höchsten Auszeichnungen, die Amateursportler für ihre Leistungen erringen können.

Als Erster ins Ziel *Bei der ersten Olympiade der Neuzeit 1896 gewann der Grieche Spiridon Louis mit einer Zeit von knapp drei Stunden den Marathonlauf.*

Bahnbrechende Rekorde

Wie würden die Sportler der Antike heute abschneiden?

Über 2600 Jahre ist es her, seit zwei griechische Wettkämpfer in ihrer jeweiligen Disziplin Rekorde aufstellten, die erst im 20. Jh. gebrochen wurden: Es handelte sich dabei um den Diskuswerfer Protiselaus und den Weitspringer Chionis, die beide bei der Olympiade 656 v. Chr. ihre Glanzleistung erbrachten. Erst 1928 wurde Protiselaus' Wurf von 46,32 m von dem Amerikaner Clarence Houser übertroffen, der den Diskus 47,32 m weit schleuderte. Und Alvin C. Kraenzlein – auch ein Amerikaner – sprang 1900 um 11,5 cm weiter als Chionis, der mit 7,05 m über zweieinhalb Jahrtausende den Rekord im Weitsprung gehalten hatte. Daß die Erfolge der antiken Sportler auch damals als überragend galten, sieht man daran, daß sie überhaupt überliefert sind. Ansonsten wurden nämlich nur die Ergebnisse der Wettläufe schriftlich festgehalten.

Hätten Sie's gewußt?

Die Athleten der Antike waren bei den olympischen Wettkämpfen völlig unbekleidet. Es ist überliefert, daß sie bei den ersten Olympiaden Lendentücher trugen, bis 720 v. Chr. einem der Läufer bei einem Wettlauf ein solches Tuch abhanden kam. Unbeirrt lief er jedoch weiter und kam als erster durchs Ziel. Damit war das Kleidungsproblem gelöst: Die Wettkämpfer traten von da an ohne jegliche Gewandung an.

Die ersten Olympischen Spiele umfaßten nur wenige Disziplinen. Am wichtigsten waren die Wettläufe, die in drei verschiedenen Distanzen ausgetragen wurden: eine Strecke von etwa 200 m, die doppelte Distanz und eine Langstrecke über knapp 5 km. Darüber hinaus gab es nur noch Weitsprung, Diskuswerfen und Speerwerfen. Damals legten die Sportler keinen Wert darauf, neue Rekorde aufzustellen. Wichtig war nur, die anderen Wettkämpfer zu besiegen.

Ihrer Zeit voraus

Könnten die beiden Sportler der Antike, Protiselaus und Chionis, in einem Olympiastadion der Neuzeit antreten, würden sie sich heute noch wacker schlagen und eine nicht zu unterschätzende Konkurrenz für die Sportler der Gegenwart darstellen. Protiselaus hätte sich wahrscheinlich schon deshalb gesteigert, weil die modernen Diskusscheiben eine wesentlich bessere Aerodynamik haben. Durch die Funde alter Schriften weiß man, daß der Diskus, den er warf, wohl schwerer war als der heute verwendete 2-kg-Standarddiskus. Protiselaus führte seinen Wurf aus dem Stand durch, während die Sportler heutzutage aus einer Drehbewegung heraus werfen. Mit einer modernen Diskusscheibe und einer verbesserten Wurftechnik hätte Protiselaus also zweifellos leicht seinen eigenen Rekord brechen können.

In Chionis' Fall sind solche Spekulationen jedoch problematischer. Wahrscheinlich hielt er beim Sprung hantelartige Gewichte in den Händen. Diese Hanteln schwang er im richtigen Augenblick während des Sprungs nach vorn und erhöhte so seinen Vorwärtsschwung. Doch auch diese Hilfsmittel außer acht gelassen, war Chionis' Sprung eine beeindruckende Leistung, und die meisten Weitspringer des 20. Jh. hätten Chionis als ernstzunehmenden Rivalen gefürchtet.

Rekordsprung Mit einer Weite von 8,13 m übersprang Jesse Owens 1935 als erster die 8-m-Marke. Doch zunächst wurde nur sein 8,05-m-Sprung bei der Olympiade 1936 anerkannt.

Lange unerreicht Bei der Olympiade 1968 in Mexiko-Stadt stellte Bob Beamon einen Weitsprungrekord von 8,9 m auf. Dieser Rekord blieb bis zum August 1991 bestehen.

Drei Rekordhalter der Neuzeit würden jedoch wahrscheinlich jeden Wettkämpfer der Antike weit übertreffen: die amerikanischen Weitspringer Jesse Owens, Bob Beamon und Mike Powell. Am 25. Mai 1935 sprang der legendäre Jesse Owens die Weite von 8,13 m, die 33 Jahre, 4 Monate und 18 Tage unerreicht blieb – was an sich schon einen Rekord in der modernen Leichtathletik darstellt. Bob Beamon übertraf diese Spitzenleistung dann am 13. Oktober 1968 bei der Olympiade in Mexiko-Stadt mit einem sensationellen Sprung von 8,9 m. Da dieser Weltrekord in der dünnen Luft der 2250 m hoch gelegenen Stadt aufgestellt wurde, hielten manche Experten diese Weite für unübertreffbar. Doch 8351 Tage später wurden sie überraschend eines Besseren belehrt: Am 30. August 1991 sprang Mike Powell während der Leichtathletik-Weltmeisterschaft in Tokio 8,95 m weit.

Mit Bällen und Kegeln?

Die Ursprünge von Nationalsportarten

Die weitverbreitete Annahme, Baseball sei so amerikanisch wie *apple pie* (Apfelkuchen), müßte eigentlich Widerspruch erregen – wie fast immer, wenn ein Land für sich in Anspruch nimmt, einen bestimmten Sport erfunden zu haben. Genauso fragwürdig ist es, wenn z. B. die Deutschen das Kegeln für ihre Errungenschaft halten oder die Schotten darauf beharren, das Golfspiel hervorgebracht zu haben.

Der erste Hinweis auf das Golfspiel in Schottland ist ein Erlaß aus dem Jahr 1457, in dem das schottische Parlament das Spiel verbot. Die Menschen hatten zugunsten dieser Sportart das Bogenschießen vernachlässigt, was aber für die Verteidigung des Landes sehr wichtig war. Doch das Golfspiel ist vermutlich nicht schottischen, sondern niederländischen Ursprungs, denn das Wort Golf könnte aus dem Niederländischen stammen, wo *kolf* früher soviel wie Keule oder Prügel bedeutete. Aus dem 17. Jh. gibt es dann auch Abbildungen, die zeigen, wie Holländer mit einem pampelmusengroßen Ball Golf spielen.

Ein Korb für Kanada

Häufig heißt es, Basketball sei ein kanadisches Spiel. Trotzdem wäre es für die Olmeken, die 1000 v. Chr. im Gebiet des heutigen Mexiko lebten, wahrscheinlich kein Problem gewesen, die Basketballregeln zu verstehen. Für dieses Indianervolk hatte das mit Basketball verwandte Spiel jedoch einen kultischen Hintergrund: Es war ein Fruchtbarkeitsritual, das sie bei ihren religiösen Festen zelebrierten.

Auch die Azteken und die Maya kannten eine frühe Spielart des Basket-

balls. Man spielte mit einem Kautschukball auf einem Feld, das von hohen Mauern begrenzt war. An den Längsmauern waren in der Mitte zwei Steinringe angebracht, durch die man den Ball werfen mußte. Dies war ein schwieriges Unterfangen, denn die Ringe waren klein und befanden sich 6 m über der Erde. Auch durfte der Ball nicht mit den Händen berührt werden. Die Spieler mußten sich ziemlich verrenken, um den Ball mit den Knien, Ellbogen und Hüften in die Ringe zu befördern. Doch die Belohnung für einen Treffer war fürstlich: Der Torschütze durfte zu den Zuschauern gehen und von ihnen Kleider und Schmuck fordern.

Symbolhaftes Spiel *Eine Gruppe von Kegelbrüdern aus dem 17. Jh. frönt dem Kegelspiel, dem die Kirche damals eine wichtige Rolle im Kampf gegen das Böse beimaß.*

Ausgleichssport *Das Bild von 1862 zeigt Soldaten der Nordstaaten, die sich in einem Kriegsgefangenenlager im Südstaat North Carolina mit Baseball die Zeit vertreiben. Schon vor dem amerikanischen Bürgerkrieg gab es Baseball-Clubs, doch im Krieg betrieb man diesen Sport allenfalls in Feldlagern.*

Man fragt sich, warum das Basketballspiel oft als kanadische Sportart gehandelt wird. Das rührt lediglich daher, daß der Kanadier James Naismith 1891 die Regeln entwickelte, nach denen es heute ausgetragen wird. Aber sein Debüt als Hallensport hatte es nicht in Kanada, sondern im amerikanischen Bundesstaat Massachusetts.

Der früheste Fund eines Kegelspiels

Hätten Sie's gewußt?

Im Mittelalter entstand in Deutschland das Kegelspiel mit neun Kegeln. Die Kegelversessenen trugen ihre Kegel ständig zur Selbstverteidigung mit sich und nahmen sie sogar in die Kirche mit. Da wurde den Geistlichen wahrscheinlich die große Beliebtheit der Holzkeulen bewußt, und sie nutzten sie für ihre religiös-moralische Sache: Die Kegel wurden zu heidnischen Symbolen erklärt, und sie umzuwerfen galt als ein vernichtender Schlag gegen das Böse. Viele Deutsche gingen mit Begeisterung dem Spiel nach, das sich, nachdem seine symbolische Bedeutung längst vergessen war, als gesellige Freizeitbeschäftigung immer weiter ausbreitete.

stammt aus einem ägyptischen Kindergrab, das auf 3200 v. Chr. datiert wird. 1157 erwähnt in Deutschland erstmals die Rothenburger Chronik das Kegeln. Darin wird es auf das Steinstoßen der Germanen zurückgeführt. Im 17. Jh. erreichte das Kegelspiel dann Nordamerika und wurde 1819 in Washington Irvings bekannter Kurzgeschichte *Rip Van Winkle* zum erstenmal in der Literatur erwähnt. Die Kegelbegeisterten spielten oft um beachtliche Geldsummen, und bald schon schlugen Ganoven ihren Profit aus den Wetten. 1840 wurde in mehreren Bundesstaaten ein Spielverbot verhängt, was findige Kegelanhänger einfach umgingen: Sie erhöhten die Zahl der Kegel von neun auf zehn, so daß dieses „neue" Spiel nicht mehr unter das Gesetz fiel.

Der Baseball-Bluff

Auch bei der Suche nach den Ursprüngen des Baseballspiels ging es nicht ganz mit rechten Dingen zu: Sie endete in einem Riesenschwindel. 1907 setzte ein Sportartikelfabrikant eine Kommission ein, die sich dieser Frage annehmen sollte. Sie kam zu dem Schluß, daß der Soldat Abner Doubleday das Spiel 1839 in Cooperstown, New York, erfunden hatte. Auf diese Erkenntnis reagierte die Stadtverwaltung von Cooperstown umgehend und baute ein Baseballstadion und ein Museum, um Touristen anzuziehen. Bei der Jubiläumsfeier zum 100. Geburtstag des Baseballspiels stellte sich jedoch heraus, daß die Ergebnisse des Ausschusses eine reine Erfindung seines Vorsitzenden Abraham Mills waren, der wiederum ein enger Freund von Abner Doubleday gewesen war und diesem ein Denkmal setzen wollte.

Tatsächlich findet man ein Spiel namens *base-ball* erstmalig in den Schriften eines Vikars in der englischen Grafschaft Kent, der sich 1700 mißbilligend darüber äußerte, daß die Leute sogar am geheiligten Sonntag diesem Sport nachgingen.

Neben Kricket, das als typisch englischer Nationalsport gilt, ist Fußball der zweite Sport, dem die Engländer leidenschaftlich verfallen sind. Eine frühe Form dieser Sportart gab es schon im alten China 200 Jahre v. Chr.

Die ersten englischen Fußballspiele im 14. Jh. waren wilde, ungeordnete Wettkämpfe zwischen vielköpfigen Mannschaften, bei denen es oft zu wüsten Ausschreitungen kam. Bis zu 500 Spieler versuchten, den Ball ins gegnerische Tor zu kicken oder im Freistil dorthinein zu befördern, wobei das Tor meist 5–6 km vom eigenen entfernt lag. In manchen Gegenden Englands werden noch heute solche Fußballgefechte ausgetragen.

Gewichtige Kämpfer
Das Ritual des Sumoringens

Wenn zwei massige japanische Sumoringer mit voller Wucht zusammenprallen, fragt sich der erschrockene Zuschauer unwillkürlich, ob die beiden den Kampf wohl überleben. In den Anfängen des Sumosports beendete tatsächlich oft erst der Tod eines Ringers den Kampf. Heute jedoch ist das Ziel der rund 800 Berufssumokämpfer – der Sumotori – in Japan, den höchsten Rang des *yokozuna* zu erreichen.

Die Geschichte des Sports reicht etwa 2000 Jahre zurück, und in dieser Zeit gab es nur 62 Yokozunas. Seit ihrer Entstehung hat sich diese älteste Kampfsportart, die ihren Ursprung im Schintokult hat, kaum verändert. Nur ausgewählte Männer, die eine disziplinierte und demütige Geisteshaltung und darüber hinaus den richtigen Körperbau haben, dürfen Sumoringer werden.

Wenn der Sumotori den Ring betritt, klatscht er laut in die Hände, um die Aufmerksamkeit der Götter auf sich zu lenken und zu zeigen, daß sein Herz rein ist. Dann hebt er kurz sein knielanges Tuch, klatscht noch einmal und verbeugt sich. Nun folgt die ausdrucksvollste Geste des Sumorituals: Die linke Hand auf der Brust und den rechten Arm gen Osten ausgestreckt, hebt der Ringer sein rechtes Bein so hoch wie möglich und stampft mit aller Kraft auf den Boden. Danach findet das Reinigungszeremoniell statt: Der Sumotori spült sich den Mund mit Wasser aus und streut Salz – das Symbol der Reinheit – auf die Kampfstätte. Schließlich stehen sich die Kämpfer mehrere Minuten lang gegenüber und versuchen sich gegenseitig durch abschätzende, lauernde Blicke und Drohgebärden einzuschüchtern.

Blitzsieg

Der eigentliche Kampf ist kurz, aber heftig. Verboten sind nur Faustschläge, an den Haaren ziehen, in die Augen greifen, Fußtritte in den Magen und das Berühren des Gürtelteils, der die Geschlechtsteile bedeckt. Ansonsten ist alles erlaubt. Der Kampf gipfelt in einem donnernden Zusammenprall der Ringer, was meist schon nach ein paar Sekunden der Fall ist. Die Sumotori müssen innerhalb eines Rings kämpfen, der einen Durchmesser von 4,60 m hat. Die Entscheidung fällt, wenn einer der Sumotori zu Boden geht.

Trotz ihrer Korpulenz müssen die Ringer schnell und wendig sein. Doch das Kampfgewicht ist ein entscheidender Faktor für ihren Erfolg. Sumotori essen große Portionen proteinreicher Nahrung und machen spezielle Körperübungen. Im Durchschnitt wiegt ein Sumotori stolze 135 kg. Der schwerste Sumokämpfer aller Zeiten brachte sage und schreibe 252 kg auf die Waage.

Kämpferische Geste Ein Sumotori stampft mit voller Wucht auf den Boden, um den Gegner einzuschüchtern und böse Geister zu vertreiben.

Hätten Sie's gewußt?

Die unverheirateten Sumotori sind dazu verpflichtet, in einer sogenannten heya, *einer einfachen Holzhütte, zu wohnen. Nur verheiratete Männer dürfen leben, wo sie wollen.*

◆◆◆

Wenn ihre Berufskarriere zu Ende ist, nehmen die Sumoringer sehr schnell ab und erreichen schon bald ein normales Gewicht. Die vielen Jahre mit dem enormen Übergewicht fordern jedoch ihren Preis: Die durchschnittliche Lebenserwartung eines Sumotori ist nur 64 Jahre.

Der Zauber des Tanzes

Kontaktaufnahme mit Göttern und Geistern

Tänze gibt es in allen Kulturen, in den verschiedensten Spielarten und mit der unterschiedlichsten Bedeutung. Bei einigen Völkern spielen rituelle Tänze eine ganz zentrale, häufig religiöse Rolle, weil sie der Verständigung mit den Göttern dienen: Die Menschen tanzen, um eine gute Ernte, eine große Jagdbeute oder Regen für ihr ausgedörrtes Land zu erbitten und um Schutz vor Krankheiten und Feinden zu erflehen.

Weit verbreitet sind Tänze, bei denen die Bewegungen von Tieren imitiert werden. Die Kemmirai etwa, ein Stamm der australischen Ureinwohner, kennen einen Tanz, bei dem die Knaben umherspringen und die Hände vor der Brust halten wie Känguruhs, die diesen Menschen als Jagdbeute dienen. Mit dem Tanz sollen die Geister der getöteten Tiere beschwichtigt und versöhnlich gestimmt werden.

Die Sioux-Indianer in den Great Plains Nordamerikas haben ein festes Ritual, mit dem sie die Götter um Regen anrufen. Viermal tanzen sie um eine wassergefüllte Schüssel herum, um sich dann zu Boden zu werfen und das Wasser zu trinken.

Die Eskimo der Arktis und Indianer Amazoniens haben Schamanen oder Medizinmänner, die stellvertretend für den ganzen Stamm oder die Sippe bis zur Ekstase tanzen. Ihrem Glauben nach gelangen sie so in die Welt der Geister und können diesen die Seele eines Kranken entreißen und diesen ins Leben zurückholen. Die Irokesen im amerikanischen Bundesstaat New York vertrauen bei Krankheiten ebenfalls auf Geisterkräfte: Zunächst

Tanz mit dem Dolch *Um sich in Ekstase zu versetzen, tanzen rituelle Tänzer auf der Insel Bali bis zum Umfallen. Dabei drücken sie sich die Spitzen ihrer Dolche gegen die Brust.*

stellt der Medizinmann die Ursache der Krankheit fest, wobei er häufig den Geist eines Tieres dafür verantwortlich macht. Danach ordnet er einen rituellen Tanz an, um das gekränkte Tier zu besänftigen. Wiederum ahmt der Medizinmann dabei das Tier nach, und der Tanz endet damit, daß alle Stammesbrüder den Kranken mit lebhaften Zurufen aufzumuntern versuchen.

Bei vielen Völkern finden die wichtigsten Lebensabschnitte – Geburt, Geschlechtsreife, Heirat und Tod – im Tanz einen künstlerischen Ausdruck. Alle Schritte und Bewegungen sind dabei genau festgelegt und müssen exakt eingehalten werden. Diese Vorschriften werden zuweilen mit größter Strenge überwacht: Auf einer Insel der Neuen Hebriden gibt es einen Volksstamm, bei dem die Greise alle rituellen Tänze mit Argusaugen beobachten und angeblich sofort Pfeile auf diejenigen Tänzer abschießen, die einen Fehler machen.

Hätten Sie's gewußt?

In Italien waren die Menschen zwischen dem 14. und dem 18. Jh. von dem Aberglauben beherrscht, daß Tanzen zu leidenschaftlicher Musik ein wirksames Gegenmittel gegen den Biß der giftigen Tarantel sei. Aus der entsprechenden Musik entwickelte sich der bekannte Volkstanz Tarantella.

Tanz der Besessenen

Eine Massenhysterie erfaßt Europa

Wie jedes Jahr waren die Menschen auch im Juni 1374 von überall her nach Aachen gekommen, um die Sommersonnenwende zu feiern. Doch dieses Mal nahm das Fest einen seltsamen Gang: Aus heiterem Himmel begannen die Leute wild zu tanzen, und sie hörten nicht mehr auf, bis sie völlig entkräftet und mit Schaum vor dem Mund zu Boden fielen. Wo immer diese Tanzwütigen auch auftauchten, steckten sie andere mit ihrer Besessenheit an. Bald war die ganze Stadt voll tanzender Menschen.

Vom Tanzfieber ergriffen

Als das Fest zu Ende war, zogen die ausdauerndsten Tänzer weiter. Wie in Aachen sprang auch in anderen Städten der Funke auf andere Menschen über. Wenn sie ungestüm durch die Gassen tobten, wurden bis dahin völlig ruhig erscheinende Zuschauer urplötzlich von dem geheimnisvollen Wahn angesteckt

und schlossen sich der tanzenden Menschenmenge an.

Bis zu Beginn des 15. Jh. kam es dann in ganz Europa zu derartigen Ausbrüchen von Tanzhysterie, der man schließlich 1418 nach dem heiligen Veit den Namen Veitstanz gab. Der heilige Veit war ein Märtyrer des 4. Jh., dem heilende Kräfte für an Krämpfen leidende Kranke zugeschrieben wurden. Heute bezeichnet der Begriff Veitstanz eine schwere Krankheit, die bis zum Schwachsinn führen kann. Bis ins 18. Jh. hinein trat die Tanzhysterie wiederholt auf – insbesondere in Belgien, Holland, Italien, Frankreich und Schottland.

Die Historiker und Psychologen der Neuzeit zerbrachen sich die Köpfe darüber, was es wohl mit diesen eigenartigen Massenhysterien auf sich hatte. Möglicherweise entlud sich darin ursprünglich das grenzenlose Leid, das die Menschen ertragen mußten, als 1374

die letzte Pestwelle über Europa hereinbrach und etwa ein Drittel der Bevölkerung dahinraffte.

Gefährlicher Roggen

Es gibt auch ganz sachliche medizinische Erklärungen für die Erscheinung des Veitstanzes. Die Tänzer könnten z. B. an einer Nervenkrankheit gelitten haben, oder sie waren vielleicht Opfer der Mutterkornvergiftung. Das Mutterkorn ist ein Pilz, der besonders in feuchten Roggenähren wächst. Die Symptome dieser Lebensmittelvergiftung sind Krämpfe, die mit den auch für den Veitstanz typischen Zuckungen einhergehen. Wahrscheinlich wurde in dem regenreichen Sommer 1374 in Aachen Brot verkauft das aus feuchtem Roggen gebacken worden war. Offen bleibt jedoch die Frage, warum sich die Tanzhysterie so lange halten konnte und über drei Jahrhunderte hinweg immer wieder zum Ausbruch kam.

Der größte Tänzer aller Zeiten

Ballett in höchster Vollendung

Eine kometenhafte Karriere begann, als der 16jährige Waslaw Nijinski 1907 in St. Petersburg seinen ersten öffentlichen Auftritt als Tänzer hatte.

Die Leichtigkeit und Ausdruckskraft von Nijinskis Tanz, seine vollkommenen Bewegungen, seine schauspielerischen Qualitäten und nicht zuletzt seine Schönheit bezauberten alle, die ihn auf der Bühne sahen. Besonders hingerissen war das Publikum von den Sprüngen des russischen Tänzers: Fast sah es aus, als bliebe er entgegen der Schwerkraft in der Luft stehen, bevor er sanft auf den Boden zurückschwebte.

Skandalumwitterte Karriere

Nirgends kam Nijinskis Genie eindrucksvoller zur Geltung als in der Hauptrolle im Ballett *Geist der Rose*, das 1911 eigens für ihn geschrieben wurde. Wenn der russische Tänzer in einem Kostüm, das ganz mit Rosenblütenblättern besetzt war, zu seinem spektakulären Sprung durch ein Fenster auf die Bühne ansetzte, stockte den Zuschauern der Atem. Es wirkte fast übernatürlich, mit welcher Grazie der Balletttänzer durch die Lüfte flog.

Doch gab es auch durchaus gemischte

Reaktionen auf Nijinskis Kunst. Seine zart-erotische Choreographie für das Ballett *Nachmittag eines Fauns* löste im Jahr 1912 heftige Kontroversen aus. Die Kritiker sprachen von einem wollüstigen Faun mit unsittlichen Bewegungen – doch das Ballett war ausverkauft.

Ein Jahr später führte die revolutionäre Inszenierung von *Das Frühlingsopfer* mit der nicht weniger avantgardistischen Musik von Igor Strawinski zu einem Skandal: Gebrüll, Pfiffe, Buhrufe und Raufereien unter den Zuschauern übertönten die Musik. Heute freilich gehört das Stück zu den Klassikern des modernen Balletts.

Nijinskis Karriere als Tänzer und Choreograph war jedoch nur von kurzer Dauer. 1917 diagnostizierten die Ärzte bei ihm die Geisteskrankheit Schizophrenie. Nach seinem letzten Auftritt im Jahr 1919 mußte Nijinski das Tanzen für immer aufgeben. Er starb 1950 in London.

Der Rosengeist *Mit Rosenblättern geschmückt, tanzt Waslaw Nijinski mit der Primaballerina Tamara Karsawina im* Geist der Rose.

Wer hält am längsten durch?

Tanzmarathons als fragwürdige Volksbelustigung

Im Jahr 1938 fiel ein junger Amerikaner tot um, nachdem er bei einem Tanzmarathon 48 Stunden am Stück getanzt hatte. Das erste Tanzmarathon, das allerdings nur neuneinhalb Stunden dauerte, fand 1923 in Großbritannien statt. In den 30er Jahren, der Zeit der wirtschaftlichen Depression, wurden diese Tanzmarathons in Amerika große Mode, weil man dabei die Chance hatte, eine beträchtliche Geldsumme zu gewinnen und darüber hinaus ein paar Mahlzeiten umsonst zu bekommen. Doch der Preis dafür war sehr hoch: Zum einen fanden die Wettbewerbe unter menschenunwürdigen Bedingungen statt; außerdem trugen die Dauertänzer oft gesundheitliche Schäden davon. Während dieser Veranstaltungen kam es oft auch zu den eigenartigsten Vorfällen: Zahnschmerzgeplagte Teilnehmer ließen sich Zähne ziehen, manche Paare gaben sich kurzerhand das Jawort.

Es herrschten strikte Regeln: Von je-

Tanzen bis zum Umfallen *Eine Tänzerin bricht erschöpft zusammen. Geradezu genüßlich verfolgte das Publikum den Kampf der Teilnehmer gegen die Müdigkeit.*

der Stunde mußten die Tänzer 45 Minuten in Bewegung sein. In der verbleibenden Viertelstunde durften sie ausruhen, sich verarzten lassen oder auf die Toilette gehen. Schlafen war jedoch strengstens verboten. Dieser mörderische Zeitplan galt rund um die Uhr, Tag und Nacht.

Zu Beginn eines Marathons wurde noch richtig getanzt – Tango, Foxtrott oder Walzer. Doch nach und nach erlahmten die Teilnehmer, und irgendwann schlurften sie gerade noch gequält übers Parkett. Zeuge dieser unmenschlichen Quälerei wurde das Publikum, das gegen ein geringes Eintrittsgeld alles – sogar das Verbinden wunder Füße und verstauchter Knöchel – genau mitverfolgen konnte. Bis zu 5000 Zuschauer waren im Saal und feuerten ihre Lieblingstänzer begeistert an.

Sobald die Spannung im Publikum nachließ, sorgten die Saalrichter dafür, daß die Stimmung wieder angeheizt wurde: Sie kündigten Ausscheidungstänze an und riefen besondere Einlagen wie Wettrennen, Sketche und Scheinhochzeiten aus. Schlimmstenfalls ordneten sie Ringkämpfe zwischen den völlig erschöpften Teilnehmern an.

Viele wurden Profis

Trotz der demütigenden Bedingungen machten viele junge Menschen diese Tanzmarathons zu ihrem Hauptbroterwerb. Der ehemalige Zeitungsjunge Stan West z. B., ein Steptänzer, kam 1933 in einem Einzeltanzwettbewerb auf 2000 Stunden Tanzzeit. Laut dem Guinness Buch der Rekorde dauerte das längste Tanzmarathon über 30 Wochen. Es fand 1930 in Pittsburgh im amerikanischen Bundesstaat Pennsylvania statt.

1933 wurden diese Veranstaltungen in Amerika verboten. Doch bis in die späten 40er Jahre fanden Tanzmarathons immer wieder heimlich statt.

Hätten Sie's gewußt?

Als die Polizei von New York bei einem Tanzmarathon eine Razzia vornahm, wurden die weitertanzenden Teilnehmer einfach auf ein Boot gebracht. Dieses fuhr so weit aufs Meer hinaus, bis es außerhalb der Hoheitsgewässer lag. Die Veranstaltung nahm jedoch ein abruptes Ende, weil die Tänzer seekrank wurden.

Ballettübungen am Computer

Choreographie – leicht gemacht

Welche Schrittfolgen machten die Tänzer 1877 bei der Premiere von Tschaikowskis *Schwanensee*? Nun – man weiß es nicht mehr, denn für die meisten Ballette, ob klassisch oder modern, gibt es keine schriftlich festgehaltene Choreographie. Von jeher übernehmen die Tänzer ihren Part entweder von anderen Kollegen, oder die Schrittfolgen werden unter der Regie des Choreographen festgelegt.

Wie für Musik gibt es zwar auch für Tanz Niederschriften mit genauen Angaben für die Ausführung, doch sie werden kaum gebraucht, denn die Aufzeichnung selbst eines kurzen Ballettstücks ist sehr aufwendig, weil die verschiedenen Körperbewegungen auf komplizierte Weise zusammenspielen.

Seit Anfang der 80er Jahre kann man jedoch mit Hilfe des Computers Bewegungsabläufe simulieren: Wie in einem Zeichentrickfilm lassen sich am Bildschirm die Position des Tänzers auf der Bühne und seine Bewegungen und Schrittfolgen veranschaulichen. Auf diese Weise kann man ein Ballettstück viel zeitsparender planen und auch einüben, da sich jeder Tänzer zunächst eigenständig am Computer auf seinen Part vorbereiten kann, bevor die gemeinsamen Proben beginnen.

Heute ist das elektronische Choreographieren jedoch noch eine Kostenfrage, da besonders leistungsfähige und entsprechend teure Großcomputer nötig sind. Eine solche Investition können sich die meisten Ensembles kaum leisten.

Doch sinken erst einmal die Kosten für die Technik und haben sich die Tänzer und Choreographen damit vertraut gemacht, wird man auch in der Ballettwelt bald nicht mehr auf den Computer verzichten wollen.

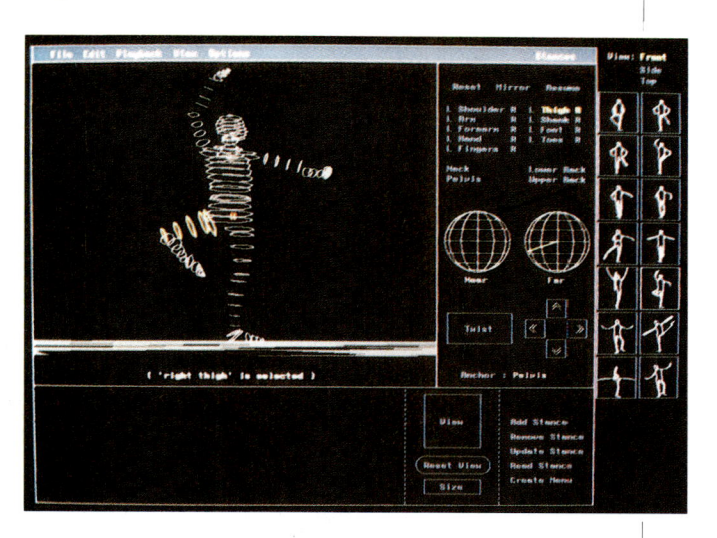

Pirouette am Bildschirm Auf dem Bildschirm des Computers werden die Bewegungsabläufe des Tänzers durch rasche Wiedergabe aufeinanderfolgender Einzelgrafiken sichtbar gemacht.

KRIEGERISCHE TÄNZE

Trommeln schlagen einen hypnotisierenden Rhythmus, Stimmen vereinen sich zu einem furchterregenden Gesang, und Flammen werfen bizarre Schatten auf die Schnitzereien eines Totempfahls, um den grell bemalte Krieger mit ihren Tomahawks wild herumtanzen. So zeigen bekannte Western aus den Filmstudios von Hollywood die Kriegstänze nordamerikanischer Indianerszenen, die zweifellos ein wenig überzeichnet, doch keineswegs völlig aus der Luft gegriffen sind.

Kriegstänze sind in der Tat leidenschaftlich und unbändig, denn ihr Zweck ist es, das Gemeinschaftsgefühl unter den Kriegern zu stärken und die Furcht vor dem Feind zu vertreiben.

Doch nicht nur die Indianer Nordamerikas tanzten, bevor sie auf den Kriegspfad gingen. Auch die Kopfjäger auf der Prince-of-Wales-Insel in der Torresstraße zwischen Australien und Neuguinea legten in dieser Situation Kriegsbemalung auf und tanzten unter dröhnendem Trommelwirbel um ein Feuer herum. Anschließend schnitten sie ihren Gefangenen mit Bambusmessern die Köpfe ab.

Ebenso gab es bei den Maori, den Ureinwohnern Neuseelands, einen ausdrucksvollen Kriegstanz, den Haka. Dieser wurde weltweit bekannt, weil die Rugby-Nationalmannschaft von Neuseeland vor jedem Spiel eine einfache Form dieses Tanzes tanzt. Zwar geht es beim Rugby nicht um Leben und Tod, doch ist die Anspannung der Spieler vor wichtigen Begegnungen so groß, daß es ihnen hilft, sich im Tanz ein wenig abzureagieren und den Teamgeist zu beschwören.

Kampfpose Rugbyspieler der neuseeländischen Nationalmannschaft tanzen vor dem Spiel den traditionellen Kriegstanz Haka.

Die Klänge der Erde

Musik für Außerirdische

In welcher Form könnte man den Bewohnern eines fernen Planeten am ehesten vermitteln, wie das Leben der Menschen auf der Erde aussieht? Diese Frage wurde 1977 einer Expertenkommission gestellt, als die Starts der amerikanischen Raumsonden *Voyager 1* und *Voyager 2* bevorstanden. Es war geplant, daß sie auf ihre lange Reise ins Weltall Botschaften für mögliche außerirdische Zivilisationen mitnehmen sollten. Überraschenderweise kamen die Fachleute zu der Ansicht, daß nicht etwa Worte oder Bilder die geeignetsten Mittel seien, um mit außerirdischen Wesen in Verbindung zu treten, sondern die Musik. Eine spezielle *Voyager*-Disc wurde mit einer bunten Auslese von Musikstücken bespielt und *Voyager 2* tatsächlich mit auf den Weg gegeben.

Wie kam man ausgerechnet auf Musik? Ein Argument dafür war, daß Musik nach mathematisch faßbaren Grundmustern aufgebaut ist und ihre Harmoniegesetze daher relativ einfach zu analysieren sind. Die Mathematik gilt als universell verständliche „Sprache", so daß die Bewohner eines fremden Sonnensystems möglicherweise über sie einen Zugang zu unserer Kultur und Denkweise bekommen würden. Für die Musik spricht außerdem, daß sie Gefühle sehr lebendig zum Ausdruck bringen kann.

Bei der Auswahl der Stücke wurde auf größtmögliche Vielfalt Wert gelegt. Da jede Kultur ihre eigene Art von Musik hat, sollten möglichst verschiedenartige Stile vertreten sein, um die ganze Bandbreite der menschlichen Zivilisation zu verdeutlichen. Die Kommission stellte ein buntes Potpourri zusammen: Lieder der Ureinwohner Australiens, Nachtgesänge der Navajo-Indianer, Gamelanmusik aus Java, Panflöten von den Salomoninseln, Ch'in-Musik aus dem alten China, Dudelsackmusik aus Aserbaidschan, Flötenstücke aus Japan und Trommelrhythmen aus Senegal. Aus dem Bereich der klassischen Musik wählte man Kompositionen von Bach, Beethoven und eine Arie aus Mozarts *Zauberflöte*. Das 20. Jh. ist vertreten durch Strawinskis *Le sacre du printemps*, Songs des Bluessängers Blind Willie Johnson und des Rock-'n'-Roll-Barden Chuck Berry. Natürlich durften auch Evergreens des legendären Louis Armstrong nicht fehlen.

Die Wahl fiel nicht leicht, doch unbestritten ist, daß uns diese Musikstücke überleben werden: Die Disc ist aus vergoldetem Kupfer und soll 1 Mrd. Jahre überdauern.

Goldene Melodien *Die* Klänge der Erde *sind auf eine vergoldete Kupferscheibe gepreßt (oben), die an der Raumsonde* Voyager 2 *befestigt wurde (links).*

Die Nachtigall mit Zahnschmerzen

Komponisten mit Sinn für Humor

Daß sich ernsthafte Musik und Humor nicht ausschließen, ist spätestens bekannt, seit der Film *Amadeus* Furore machte: Er zeigt Mozart als einen Menschen, der neben seinem musikalischen Genie ein überaus sonniges Gemüt hatte und häufig zu Scherzen aufgelegt war. Weniger bekannt, doch auch mit einer gehörigen Portion Humor ausgestattet, war der Franzose Erik Satie. Als Pianist verdiente er sich im ausgehenden 19. Jh. in einem Pariser Kabarett seinen Lebensunterhalt und widmete sich nebenher dem Komponieren. Dabei ließ er seiner Phantasie freien Lauf. Einer Komposition gab er z. B. den eigenwilligen Titel *Drei Stücke in Form einer Birne*, bei einem anderen Stück wies er den Pianisten an, er solle spielen wie „eine Nachtigall mit Zahnschmerzen".

Privat hatte Satie die Allüren eines Sonderlings. In den letzten 30 Jahren seines Lebens wohnte er in einem Zimmer in einem Pariser Vorort, wo er nie einen Besucher empfing. Als seine Freunde nach seinem Tod 1925 seine Bleibe betraten, fanden sie neben Bett, Stuhl und Tisch nur ein kaputtes Klavier, Hunderte von Regenschirmen und zwölf identische Samtanzüge in Grau vor, die alle ungetragen waren. Saties avantgardistische Musik, die heute hoch geschätzt wird, fand auch schon zu seiner Zeit Anerkennung und beeinflußte viele spätere Komponisten.

Im Gegensatz zu Satie war Charles Ives, ein amerikanischer Komponist des 20. Jh., nur in seiner Musik exzentrisch, ansonsten aber führte er das Leben eines Durchschnittsbürgers. Er war in der Versicherungsbranche tätig und brachte es sogar zu einem ansehnlichen Vermögen. Jede freie Minute, die ihm sein anstrengendes Arbeitsleben ließ, widmete er dem Komponieren, wobei er jedoch kaum an die Veröffentlichung oder Aufführung seiner Werke dachte.

Bei seiner Arbeit ließ sich Ives von den Geräuschen des Alltags inspirieren: Das Läuten von Kirchenglocken mischt sich mit schmetternden Blasinstrumenten, dem Pfeifen von Gassenjungen und gesungenen Chorälen zu einem unvergleichlichen Mißklang. Allerdings wurden die meisten von Ives' experimentellen Werken erst nach seinem Tod 1954 überhaupt bekannt.

Exzentrisches Genie *Diese Karikatur zeigt den französischen Komponisten Erik Satie vor einem Notenmanuskript seiner wohl schönsten Klavierkomposition* 1ère *Gymnopédie.*

Hätten Sie's gewußt?

Bei den Proben zu einer Don-Giovanni-Aufführung wollte es Mozart einfach nicht gelingen, der Sängerin der Zerline einen überzeugenden Schrei der Empörung auf Giovannis Avancen hin zu entlocken. So schlich er sich von hinten an sie heran und faßte sie im entsprechenden Moment um die Taille. Sie schrie entsetzt auf. Darauf Mozart: „So schreit ein unschuldiges Mädchen, dessen Tugend bedroht ist."

◆◆◆

Als Brahms noch ein mittelloser Student war, spielte er abends in einer Seemannskneipe Klavier. Um sich trotz des hohen Lärmpegels nicht ablenken zu lassen, stellte er einen Gedichtband aufs Klavier – denn die Stücke spielte er alle auswendig.

◆◆◆

Schubert komponierte in jungen Jahren unermüdlich. Nicht einmal zum Schlafen nahm er seine Brille ab, um musikalische Eingebungen gegebenenfalls sofort zu Papier bringen zu können.

Merkwürdige Instrumente

Musik mit Weingläsern und Scharnieren

In der Steinzeit knoteten die Menschen Schnüre um Knochen und ließen sie über ihren Köpfen durch die Luft sausen. Auf diese Weise erzeugten sie summende Töne. Diesen einfachen Musikinstrumenten folgten im Lauf der Menschheitsgeschichte noch viele andere. Eines der wohl eigenartigsten Instrumente überhaupt ist das Schlangenhorn aus dem 16. Jh., ein S-förmiges Rohr, das in seiner vollen Länge 2 m mißt.

In einer zeitgenössischen Beschreibung dieses Instruments heißt es, das Horn sehe aus wie die Gedärme eines Elefanten und höre sich an wie ein schnaubender Büffel. Als der Komponist Georg Friedrich Händel eine Kostprobe seines Klangs bekam, soll er ausgerufen haben: „Das ist nicht gerade die Schlange aus dem Paradies, die Eva verführt hat." Dennoch setzte er das ausgefallene Blasinstrument in seiner *Feuerwerksmusik* ein.

1761 entdeckte der amerikanische Erfinder Benjamin Franklin, daß ein heller, durchdringender Ton erklingt, wenn man mit einem angefeuchteten Finger über den Rand eines Weinglases streicht. Er nannte sein Instrument Glasharmonika. Selbst berühmte Komponisten interessierten sich bald dafür, und Mozart schrieb sogar ein Quintett für Glasharmonika, Streicher und Holzbläser. Seit 1980 sorgte der Amerikaner Jim Turner für ein Comeback der Glas-

harmonika: Mozarts Quintett und andere Stücke vertonte er mit einer Glasharmonika aus 60 Kognakgläsern.

Komponisten des 20. Jh. haben das Repertoire der traditionellen Instrumente häufig erweitert, indem sie die Klänge und Geräusche von Alltagsgegenständen in ihre Musik einbezogen. Der Franzose Erik Satie z. B. setzte in seinem Ballett *Parade* Schreibmaschinen, Pistolen und Fabriksirenen ein.

Schnarrende Schlange Das Schlangenhorn hat seinen Namen von dem langen S-förmigen Rohr. Noch zu Ende des 19. Jh. war es ein verbreitetes Instrument, dessen gedämpfter Ton in vielen Stücken zu hören war.

Der amerikanische Komponist George Antheil schrieb sein *Ballet mécanique* für acht Klaviere, ein Pianola, acht Xylophone, zwei elektrische Türklingeln und einen Flugzeugpropeller. Und Mauricio Kagel ließ in seinem Stück *Acustica* das Gerassel eines mit Scharnieren besetzten Brettes ertönen.

Auf das Publikum übt der Einsatz solch ungewöhnlicher Instrumente oft eine große Faszination aus. Schon Mitte der 50er Jahre waren die Konzerte des Musikers und Karikaturisten Gerard Hoffnung ausverkauft. Eine seiner erfolgreichsten Kompositionen trug den Titel *Große große Ouvertüre für Staubsauger, Gewehre, Kanone, Orgel und ein großes Orchester.*

DER KLANG DER STILLE

Am 29. August 1952 saß der Pianist David Tudor regungslos vor dem großen Flügel im Konzertsaal von Woodstock im amerikanischen Bundesstaat New York. Er machte keine Anstalten, die Tasten auch nur zu berühren. Nach genau 33 Minuten stand er auf und verließ die Bühne: Die Weltpremiere des Stücks *4' 33"* von dem eigenwilligen amerikanischen Komponisten John Cage war beendet.

Auch sein 1959 in New York uraufgeführtes *Fontana Mix* war eine außergewöhnliche Komposition. Die Musik bestand aus alltäglichen Geräuschen, wie husten, schlucken, eine Brille aufsetzen oder Asche in einen Aschenbecher abklopfen. Die Idee, die dahintersteckte, kleidete der Komponist in folgende Worte: „Ich gehe einfach zu einer Cocktailparty. Ich höre keine Geräusche, ich höre Musik."

Am bekanntesten sind Cages Stücke für *Präpariertes Klavier.* Das Instrument wird dabei mit allem möglichen – Schrauben und Muttern, Löffeln, Wäscheklammern, Papier und Holzstücken – versehen. Dann beginnt der Pianist ganz normal zu spielen, doch die Töne, die herauskommen, sind völlig ungewöhnlich. Der Klang ist seltsam exotisch, ähnlich wie von einem orientalischen Rhythmusinstrument.

Cage verarbeitet in seiner Musik sogar Radiopausen, das Rauschen von fließendem Wasser ebenso wie das Brüllen eines Löwen, aber auch Zufallstonfolgen, die er mit dem Würfel bestimmt.

Unter seinen Werken schätzt der Komponist selbst das tonlose *4' 33"* am meisten. „Mein Lieblingsstück", schrieb er, „ist das, was wir alle hören, wenn wir still sind."

Hätten Sie's gewußt?

Die Orgel im Gemeindesaal von Atlantic City an der Ostküste der USA ist das größte und lauteste Instrument der Welt. Die Orgel wurde von Senator Emerson L. Richards entworfen und 1930 fertiggestellt. Sie ist mit 33 112 Pfeifen ausgestattet, die zwischen 6 mm und 19,4 m lang sind.

Pfeifen des Kriegs

Woher kommt der Dudelsack?

Vor mehr als 400 Jahren zogen die Bewohner der Schottischen Hochlande in ihren Schottenröcken und auf ihren Dudelsäcken blasend in die Schlacht. Mit dem durchdringenden Ton aus ihren Blasinstrumenten wollten sie sich selbst Mut machen und ihren Feinden Furcht einflößen. Unter dem Pfeifen der Dudelsäcke rückten die bergerfahrenen Soldaten aus Schottland auch 1942 in der Wüste bei Al Alamain gegen Rommels Afrikakorps vor.

Der Dudelsack ist für Schottland genauso typisch wie der Whisky oder der Schottenrock, doch erfunden wurde das außergewöhnliche Instrument anderswo. Eine Art Dudelsack kannten sogar schon die alten Römer im 1. Jh. n. Chr. Angeblich spielte Nero, als Rom in Flammen stand, auf einem solchen Dudelsack und nicht – wie es oft heißt – auf einer Leier. Bereits um 1300 brummten und pfiffen dann die unterschiedlichsten Dudelsäcke von England bis Indien und von Schweden bis Tunesien – beinahe überall, außer in Schottland. Es verging noch ein Jahrhundert, bevor die Schotten den Dudelsack für sich entdeckten und ihn zu ihrem Nationalinstrument machten.

Dudelsäcke waren nicht zuletzt deshalb so verbreitet, weil sie sich aus Materialien herstellen ließen, die es überall gab. Alles, was man brauchte, war der Balg eines Schafs oder ein Kuhmagen für den Sack und ein paar Schilfrohre für die Pfeifen.

Das Instrument funktioniert nach einem einfachen Prinzip: Der Spieler bläst Luft in den Ledersack, die dann in gleichmäßigem Strom durch die Pfeifen fließt und diese zum Klingen bringt. Es gibt zwei Arten von Pfeifen – die Melodiepfeifen und die Baßpfeifen. Bei einem einfachen Dudelsack mit zwei Pfeifen wird die Melodie auf der Melodiepfeife geblasen, während die Baßpfeife durchgehend einen Baßton erzeugt, den sogenannten Bordun, der den unverwechselbaren Klang ausmacht.

In vielen Ländern ist der Dudelsack heute noch ein wichtiges Instrument der Volksmusik. Für die meisten Menschen freilich signalisiert das schnarrende Pfeifen der Dudelsäcke den Aufmarsch schottischer Regimenter. Doch nicht nur die Schotten können derartige Schlachtenklänge ihr kulturelles Eigentum nennen. Auch die Iren blasen seit Jahrhunderten den Dudelsack, wenn sie in den Krieg ziehen.

Ruhmesklänge *Während des Ersten Weltkriegs stärkte der schottische Soldat Laidlaw durch sein unerschrockenes Dudelsackblasen die Kampfmoral seiner Kameraden an der Westfront.*

Ein Juwel unter den Instrumenten

Das Geheimnis der Stradivari

Bis zu 1 Mio. Dollar werden heute geboten für eine Geige, die der Italiener Antonio Stradivari aus Cremona im 18. Jh. gebaut hat. Die „Stradivaris" werden deshalb so hoch gehandelt, weil sie als die besten Geigen der Welt gelten. Was die Einzigartigkeit einer Stradivari aber letztlich ausmacht, war den Experten lange Zeit ein Rätsel. Man glaubte, daß der Lack, mit dem die Instrumente behandelt wurden, dafür verantwortlich sei. Stradivari schrieb das Rezept für den Lack auf das Vorsatzblatt der Familienbibel, die jedoch unglücklicherweise verlorenging.

Löchriges Holz

Joseph Nagyvary, Professor für Biochemie und Biophysik an einer texanischen Universität, hat möglicherweise das Geheimnis der Stradivaris gelüftet. Er wies nach, daß das Fichtenholz, das der große Geigenbauer verarbeitete, aus Venedig kam, wo es zuvor im flachen Meer gelagert worden war. Dadurch entstanden in dem Holz winzige Löcher, die man in trocken gelagertem Holz nicht findet. Nagyvary entdeckte sie, als er das Holz der Stradivari-Geigen unter dem Elektronenmikroskop untersuchte. Seiner Meinung nach sind diese u. a. für den besonders vollen Klang des wertvollen Instruments verantwortlich.

Der Forscher machte noch eine weitere bemerkenswerte Entdeckung. Der Lack enthielt winzige Kristalle. Untersuchungen zeigten, daß sie von gemahlenen Edelsteinen stammen. Wahrscheinlich hatten die Alchimisten, die den Lack anrührten, diesem den Mineralstaub beigemengt, weil sie an

Königin der Geigen *Dieses Gemälde aus dem späten 19. Jh. zeigt Stradivari in seiner Werkstatt in Cremona beim Vorführen einer neuen Geige. Verzückt lauschen die Gehilfen dem herrlichen Klang.*

die magische Kraft von Edelsteinen glaubten. Auf der Geige bewirkt der Lack, daß Obertöne ausgefiltert werden und so ein reinerer Klang entsteht.

Nagyvary bewies seine Theorie, indem er selbst eine Geige aus naß gelagertem Holz baute und sie mit einem Lack überzog, dem pulverisierte Edelsteine beigegeben waren. Die Fachleute waren beeindruckt von seinem Ergebnis: Nagyvary hatte die beste Geige der Neuzeit geschaffen.

Dadurch kam der Mythos vom unerreichten Genie Stradivaris und anderer berühmter Geigenbauer wie Amati und Guarneri ins Wanken. Nagyvary ist ohnehin der Meinung, daß die modernen Geigenbauer nicht weniger von ihrer Kunst verstehen als diese großen alten Meister ihres Fachs: „Sie waren einfach die glücklichen Nutznießer eines historischen Zufalls." Den Rang der echten Stradivari wird diese Erkenntnis jedoch nicht schmälern – sie ist und bleibt das Instrument höchster Vollendung.

MEHR SCHLECHT ALS RECHT

Die meisten unserer Mitglieder wissen immer noch nicht, an welchem Ende man die Violine bläst." Mit dieser bewußt sinnwidrigen Aussage wirbt das englische Portsmouth-Sinfonia-Orchester für sein Image als schlechtestes Orchester der Welt. Es wurde 1969 von Musikstudenten gegründet und ist deshalb berühmt geworden, weil es sich ganz dem Dilettantismus verschrieben hat. Einige der Musiker sind zwar Profis, doch sie bemühen sich redlich, dies nicht zu zeigen.

1981 bangte das Orchester um seinen Ruf, weil auch andere britische Orchester mittlerweile sehr schlecht geworden waren. Doch das Sinfonia-Orchester reagierte prompt mit seiner *Classic Muddly*, einem wahrhaft schrecklichen und schlampigen Durcheinander von klassischen Stücken. Diese Gelegenheit nutzte dann auch der Dirigent der Sinfonia für seine eigenwillige Imagepflege: „Ich bin ein sehr schlechter Dirigent", sagte er zu einem Reporter, „doch das Orchester hat, was es verdient."

Hätten Sie's gewußt?

Der französische Komponist Jean-Baptiste Lully verletzte sich tödlich, als er sein Te Deum *dirigierte. Er schlug den Takt mit einem Stock auf den Boden. Dabei traf er mit voller Wucht eine seiner Zehen. Er bekam den Wundbrand und starb.*

◆◆◆

Der junge Schumann band seinen Mittelfinger mit einer Schnur hoch, um die anderen Finger zu trainieren. Das Ergebnis war ein versteifter Finger und das Ende seiner Karriere als Pianist.

Trends in der Musik

Gestern skandalös – heute klassisch

Am 15. Mai 1913 wurde in einem Pariser Theater Igor Strawinskis Ballett *Le sacre du printemps* uraufgeführt. Kaum hatte das Orchester zu spielen begonnen, da ertönten aus dem Publikum Pfiffe und Buhrufe. Unter den Zuschauern kam es zu erregten Auseinandersetzungen, und man mußte sogar die Polizei rufen. Der Anlaß für diesen Tumult war Strawinskis avantgardistische Musik, die viele Zuhörer als unharmonisch und geschmacklos empfanden. Heute hingegen gehört das berühmte Ballettstück zum Standardrepertoire der Orchester. Im Lauf der Zeit gewöhnte sich das Publikum an diese Art Musik und akzeptierte sie schließlich.

Wer heute den eigenwilligen Kompositionen der zeitgenössischen Musik-Avantgarde lauscht, kann sich vermutlich nur schwerlich vorstellen, daß diese möglicherweise bald zu den Lieblingsstücken der Konzertbesucher gehören sollen. In den letzten Jahren gab es in der Musik die verschiedensten Trends und Stilrichtungen. Als Gegenbewegung zur seriellen Musik, bei der Tonhöhe, Rhythmus und Umfang mathematisch bestimmt sind, entstand die aleatorische Musik, bei der alles dem Zufall überlassen bleibt. Manchmal sind die Interpreten dabei genauso überfordert wie die Zuhörer. So mutete ein Komponist einem Orchester zu, ein Stück zu spielen, bei dem die Notenlinien auf einem Aquarium aufgemalt waren und die Fische, die hinter dem Glas herumschwammen, die Noten darstellten.

Einige dieser experimentellen Trends haben bereits Eingang in die leichte Musik gefunden. Der britische Komponist David Bedford beispielsweise gibt in einem seiner Stücke den Sängern die Anweisung, zu einem beliebigen Zeitpunkt und in beliebigem Tempo zu singen. Bedford hat auch mit Rock- und Popmusikern wie z. B. Mike Oldfield zusammengearbeitet, die viele Anhänger haben. Auf diese Weise bedienen sich viele der populären Gruppen heute unter anderem auch elektronischer Klänge, die einst der Avantgarde vorbehalten waren. Sicher gehört auch die zeitgenössische Experimentalmusik eines Tages zum klassischen Repertoire und ist irgendwann einmal sogar hoffnungslos überholt.

DER SINGENDE SCHWAN

Im Jahr 1774 wurde in einem Londoner Museum erstmals der *Silberschwan* ausgestellt. Dabei handelt es sich um das lebensgroße Modell eines Schwans, der seinen langen Hals in einen „See" aus Glasstäben hinabbeugen kann und mit einem Fisch im Schnabel wieder auftaucht. Währenddessen erklingt ein Glockenspiel. Mit diesem kleinen technischen Wunderwerk kamen die Spieluhren in Mode, die sich dann im 19. Jh. in zahlreichen Ländern sehr großer Beliebtheit erfreuten.

Der Schweizer Uhrmacher Aristide Janvier war angeblich der Erfinder des komplizierten Spieluhrenmechanismus. Herzstück jeder Spieluhr ist ein mit Stahlstiften besetzter, rotierender Zylinder. Die Stifte

Stolzer Vogel Der mechanische Schwan aus dem 18. Jh. sitzt auf einem See aus Glasstäben, in dem sich künstliche Fische hin- und herbewegen. Die Musik, die die eleganten Bewegungen des Schwans begleitet, übertönt die mechanischen Geräusche der Spieluhr. Heute kann man den Schwan im Bowes Museum in der nordenglischen Stadt Durham besichtigen.

zupfen an den unterschiedlich langen Zähnen eines Stahlkamms. Dabei erklingt eine Melodie, deren Tonfolge von der Anordnung der Stahlstifte abhängt.

Im Lauf der Zeit wurden immer kunstvollere Spieluhren ausgetüftelt. Nicht wenige spielen sogar mehrere Melodien, die durch Drehen eines Knopfs gewählt werden können. Ein besonders luxuriöses Stück wurde 1901 für einen Gesandten des Schahs von Persien angefertigt. Es bestand aus 20 Zylindern für jeweils sechs verschiedene Melodien. Außerdem enthielt es einen Teil mit kleinen Trommeln, Glocken und Becken sowie ein mit Miniaturblasebälgen betriebenes Harmonium. Darüber hinaus war die Spieldose mit zwei singenden Vögeln geschmückt.

Trotz ihrer dekorativen Wirkung konnten die Musikdosen nicht mit dem Grammophon konkurrieren und wurden im 20. Jh. kaum mehr hergestellt. Als Sammlerstücke sind sie jedoch heute noch von erheblichem Wert.

Göttliches Genie

Paganinis Geigenspiel – wie von einer anderen Welt

Im Jahr 1829 schrieb ein Kritiker, daß der Geiger Niccolò Paganini mit seinem Spiel eine Klangwelt eröffne, die man sonst nur im Traum erlebe. Und auch der Künstler selbst habe eine ganz besondere Aura: „Seine Erscheinung hat etwas Dämonisches; im einen Augenblick suchen wir den versteckten Pferdefuß, im nächsten die Engelsflügel."

Auch Paganinis Kompositionen waren meisterhaft und vom Aufbau her so anspruchsvoll, daß sie eine ungeheure Kunstfertigkeit und ein überragendes Können erforderten. Die dargebotene Virtuosität brachte viele seiner Zuhörer auf die Idee, den Künstler mit überirdischen Kräften in Verbindung zu bringen. Aufgrund seiner bleichen, hageren Gesichtszüge wurde sogar das Gerücht in die Welt gesetzt, Paganini habe seine Seele dem Teufel verkauft. Er selbst gab sich keine Mühe, diese abergläubischen Mutma-

ßungen zu entkräften. Durch seine ausschweifende Lebensführung nährte er sie noch zusätzlich. Er war ein unverbesserlicher Frauenheld und ein leidenschaftlicher Spieler.

Erst als er die 40 längst überschritten hatte, bemühte er sich, sein Ansehen in der Öffentlichkeit zu verbessern. Er schrieb zahlreiche Briefe an verschiedene Musikzeitschriften, in denen er alle Unterstellungen von sich wies. Doch war sein Verhältnis zur Kirche damals schon grundlegend gestört. Als er mit 58 Jahren im Sterben lag, weigerte er sich standhaft, einen Priester zu empfangen. So lehnte es die Kirche auch ab, Paganini nach seinem Tod in geweihtem Boden zu beerdigen. Sein Leichnam wurde fünf Jahre lang in einem Keller verwahrt, bevor er endlich gebührend bestattet wurde.

Teufelsgeiger *Seine Genialität und sein ungewöhnliches Aussehen brachten Paganini den Ruf ein, mit dem Teufel zu paktieren.*

KLAVIERMUSIK WIE VON GEISTERHAND

In den 20er Jahren dieses Jahrhunderts war das automatische Klavier eines der beliebtesten Unterhaltungsinstrumente, und seine Musik erklang in schummrigen Bars wie in angesehenen Tanzcafés. Damals wurde allein in den USA eine halbe Million dieser sogenannten Pianolas hergestellt. Sie gerieten jedoch bald ins Hintertreffen, weil Radio und Grammophon

ihren Siegeszug antraten. Schon in den 30er Jahren waren sie fast überall wieder in Vergessenheit geraten.

Das erste elektrische Klavier war 1863 in Frankreich patentiert worden. Dem eigentlichen Klavier war ein Kasten vorgebaut, aus dem filzbezogene Finger ragten. Diese betätigten die Tastatur des Instruments. In dem Kasten befand sich eine Stange, die durch gelochte Papierbogen auf einer rotierenden Walze gesteuert wurde. Die Stange bewegte ihrerseits ein System von Blasebälgen, die jeweils den richtigen Finger die gewünschte Taste auf dem Klavier anschlagen ließen. Erst bei den später entwickelten Modellen wurde der gesamte Mechanismus gleich ins Klavier eingebaut.

Bei manchen Mo-

Hausmusik *In den 20er Jahren des 20. Jh. besaßen viele Familien ihr elektrisches Klavier.*

dellen mußte der „Spieler" auch ein Pedal betätigen, um über die Blasebälge Tonumfang und Tempo zu steuern. Dies erforderte allerhand Geschick und gelang nur selten wunschgemäß. Nur bei den modernsten Pianolas wurden die musikalischen Effekte über Lochkarten reguliert. Vielen berühmten Pianisten dieser Zeit – von Rachmaninow und Debussy bis George Gershwin – war es ein äußerst wichtiges Anliegen, daß ihre Stücke auf Pianowalzen genommen wurden. Nur so konnten sie vervielfältigt und verkauft werden wie heute Schallplatten oder Kassetten. Der große Vorteil bei diesem Verfahren bestand darin, daß die Stücke auf einem richtigen Klavier abgespielt wurden, so daß die Musik immer völlig frei von aufnahmebedingten Störungen ertönte.

Die heutige Computertechnologie hat mit dem elektrischen Klavier schon lange gleichgezogen. In den 70er Jahren entwickelte beispielsweise ein japanisches Unternehmen den sogenannten Pianocorder: Dieses Klavier enthält einen Computer und ein Magnetband, mit deren Hilfe der Pianist sein Spiel aufnehmen und es unmittelbar danach wieder abhören kann. So ist es ihm möglich, das Gespielte kritisch zu kontrollieren, ohne auf eine weitere Person angewiesen zu sein.

Zum Schreiben berufen

Schriftsteller und ihre Motive

Die Beweggründe, warum Menschen zur Feder greifen, können so unterschiedlich sein wie die Themen, die sie aufgreifen. Und es ist längst nicht das Ziel aller Schriftsteller, bleibende Kunstwerke zu schaffen. Viele schrieben und schreiben nur, um sich ihren Lebensunterhalt zu verdienen. Der britische Autor Anthony Trollope, der Ende des 19. Jh. wirkte, pflegte zu sagen, ein Schriftsteller sei wie ein Schuster: „In erster Linie geht es ums Geld." Seine Maxime war es, möglichst viel zu schreiben – was er auch in die Tat umsetzte, denn schon vor dem Frühstück brachte er oft an die 3000 Wörter zu Papier. Sein Schaffensdrang verhalf ihm dann auch zu einem beträchtlichen Vermögen. Der amerikanische Bestsellerautor Harold Robbins hatte ebenfalls immer eine glückliche Hand fürs Geldverdienen. Nachdem er 1939 als Geschäftsmann ein Millionenvermögen verloren hatte, versuchte er sich als Schriftsteller. Sein erster Roman wurde 1948 veröffentlicht, und heute verdient er mit seiner Prosa über eine halbe Million Dollar pro Jahr. Kritiker verhöhnen seine Werke als Wegwerf-

Zufluchtsort eines Künstlers *Um seine Romane zu schreiben, floh Thomas Wolfe aus dem betriebsamen New York in eine einfache Blockhütte in North Carolina.*

ware, doch die Verkaufszahlen sprechen für sich: Weltweit werden täglich 30 000 Buchexemplare verkauft. Robbins selbst hält sich für den besten Romancier der Welt. Und es ist ihm ein Rätsel, warum er noch nie einen Literaturpreis gewonnen hat.

Für viele Autoren ist das eigene Leben eine nicht versiegende Quelle der Inspiration. Der amerikanische Schriftsteller Thomas Wolfe nannte einmal seine 500 000 Wörter umfassende Autobiographie, die nicht einmal fertig war, „das bloße Skelett eines Buches". Und als sein Verleger ihn um Kürzungen bat, schrieb er sogar noch mehr dazu. Die Bedenken, daß sich das Werk wahrscheinlich schlecht verkaufen lasse, weil es zu lang sei, wies er weit von sich: „Jeder Dummkopf", so antwortete er verächtlich, „kann sehen, daß das Buch nicht wegen des Geldes geschrieben wurde."

Dem englischen Romantiker John Keats war es ein starkes inneres Bedürfnis, seine Empfindungen in Worte zu fassen. Er kritzelte seine Verse auf Papierschnipsel, die er anschließend versteckte. Ein Freund bemerkte diese Angewohnheit und durchforstete das ganze Haus nach diesen Zetteln. So gelang es ihm, einige der großartigsten Gedichte von Keats zu retten, u. a. auch die meisterhafte *Ode an eine Nachtigall.*

Das Ende vor Augen *Nur wenige Tage vor John Keats' Tod – er starb 1821 im Alter von 25 Jahren an Tuberkulose – entstand dieses Bild, das sein Freund Joseph Severn in einem Hotel in Rom von ihm malte.*

Am Abgrund des Lebens

Der Mann, der Schreiben aufregender fand als russisches Roulett

Als Wagnis mit einer Verlierchance von eins zu sechs bezeichnete der britische Autor Graham Greene seine frühen Spiele mit einem Trommelrevolver, der bis auf eine Patrone leer war. Der 20jährige Greene drehte die Trommel, hielt sich den Revolver an die Schläfe und drückte auf gut Glück ab. Doch lebensmüde war der erfolgreiche Oxfordstudent nach Berichten von Freunden aus dieser Zeit offensichtlich nicht: „Er spielte zwar russisches Roulett, aber es steckte keine Selbstmordabsicht dahinter. Vielmehr wollte er mehr Risiko und Nervenkitzel haben, als ihm der Alltag bieten konnte."

Auf der Suche nach heißen Themen

Die Angst vor der Eintönigkeit und die Faszination des Todes beeinflußten Greenes Leben nachhaltig. Kaum hatte er die waghalsigen Pistolenspiele aufgegeben, zog es ihn an die gefährlichsten Orte der Erde: Vom Bürgerkrieg in Spanien eilte er zum Unruheherd im damaligen Belgisch-Kongo, vom Krieg in Vietnam zu Bürgerkriegen in Mittelamerika und vom Sueskanal während des 6-Tage-Kriegs zu den Straßenkämpfen in Belfast.

Bei seinen Reisen um die ganze Welt begab sich Greene, wie er es selbst nannte, an den Abgrund des Lebens oder, anders ausgedrückt, bis an die Schwelle des Todes. Politische Wirren faszinierten ihn, und er erlebte den Sturz etlicher Regierungen vor Ort mit. Greene war jedoch alles andere als ein unparteiischer Beobachter, vielmehr bezog er immer auch Stellung: So versorgte er z. B. kubanische Revolutionäre mit Winterkleidung und nicaraguanische Guerilleros mit Munition. Und als 1966 alle Amerikaner aus Haiti zurückgerufen wurden, fuhr er hin, um sich das Gewaltregime von Papa Doc aus der Nähe anzuschauen. Damit zog er den erbitterten Zorn dieses Diktators auf sich.

Zu Papier gebrachte Erfahrungen

Viele von Greenes Romanen wären ohne dessen Reisen nie zustande gekommen. Manchmal fuhr Greene auch gezielt an bestimmte Orte, um Material zu sammeln. Für den Roman *Ein ausgebrannter Fall* z. B. verbrachte er drei Monate in einer Leprakolonie im Kongo. Seine Reisefreudigkeit war so groß wie sein Drang zu schreiben – beide Bedürfnisse waren für Greene lebenswichtige Formen des Handelns. Seine Schriftstellerei sah er als eine Möglichkeit, dem „Wahnsinn und der Melancholie" der menschlichen Existenz zu entgehen. Auch war es ihm unerklärlich, wie andere Menschen ihr Leben meisterten, ohne durch Schreiben, Komponieren oder Malen ihre Ängste lindern zu können.

Mit seinen Werken sprach Graham Greene Millionen von Lesern an, die daraus Spannung, Unterhaltung und neue Einsichten in die Welt gewannen.

Abenteurer Graham Greene, der 1932 im Alter von 28 Jahren mit seinem Roman Orientexpress *berühmt wurde, führte ein bewegtes und aufregendes Leben.*

Waffenschieber und Poet

Arthur Rimbaud – ein spät erkanntes Genie

Im März 1891 schleppte man den 37 Jahre alten Waffenhändler Arthur Rimbaud, der durch ein Krebsgeschwür am Bein stark geschwächt war, quer durch die Arabische Wüste. Er befand sich auf dem beschwerlichen Heimweg nach Frankreich. Ein Jahrzehnt war Rimbaud in Arabien und Afrika gewesen, wo er Handel mit kostbarem Elfenbein und Waffen getrieben hatte. Bei seinen Geschäften war er zu einer stattlichen Geldsumme gekommen.

Der abenteuerlustige Geschäftsmann Rimbaud ahnte zu diesem Zeitpunkt nicht, daß er bald schon als einer der größten Dichter Frankreichs gelten würde. Seit 1874 hatte er keine Zeile mehr geschrieben, und in Frankreich hielt man ihn damals längst für tot.

Berüchtigtes Dichterduo

Rimbaud schrieb alle seine Gedichte im Alter zwischen 15 und 20 Jahren. Von seiner Geburtsstadt Charleville war er nach Paris übergesiedelt, wo er mit dem Dichter Paul Verlaine zusammenlebte. Bald waren die beiden in etablierten Literaturkreisen als Enfants terribles bekannt, die immer für neue Skandale sorgten: Sie tranken große Mengen Absinth, rauchten Haschisch und machten sich öffentlich über prominente Mitglieder der Académie française lustig. Rimbauds Dichtung blieb indes unbeachtet.

Während eines Streits im Juli 1873 schoß Verlaine auf Rimbaud, verwundete ihn und kam dafür ins Gefängnis. Rimbauds Freunde warfen ihm vor, an Verlaines Verhaftung schuld zu sein, und sie schlossen ihn aus ihrem Kreis aus. Daraufhin verfaßte Rimbaud sein letztes Gedicht *Aufenthalt in der Hölle*, in dem er behauptete, er habe in seiner Lyrik versucht, „die Sprache neu zu erfinden", den Vokalen Farbe zu geben und die Wörter auf alle Sinne wirken zu lassen. Insgesamt hielt er sein Werk aber für verfehlt. Eines Nachts verbrannte er alle Manuskripte und verließ Frankreich.

Nur Verlaine ist es zu verdanken, daß Rimbauds z. T. visionäre Gedichte der Nachwelt erhalten blieben. Obwohl Verlaine sie schon vor Rimbauds Tod veröffentlichte, war es diesem nicht vergönnt, von seinem späten Ruhm zu erfahren. Im November 1891 erlag er in Frankreich seinem Krebsleiden.

Rauferei oder Verschwörung?

Das gewaltsame Ende des Poeten Christopher Marlowe

Eine klaffende Wunde über dem rechten Auge, 5 cm tief und 2,5 cm breit" – so stand es auf dem Totenschein des 29 Jahre alten Christopher Marlowe, der 1593 in einem Wirtshaus in der Nähe von London erstochen wurde. Nach Shakespeare war Marlowe mit seinen Dramen *Doctor Faust* und *Edward II.* der bedeutendste Dramatiker seiner Zeit. Doch er galt allgemein als unangenehmer Mensch, und so mancher Zeitgenosse mag ihm sogar den Tod gewünscht haben. Er war ein Trinker, dessen Großmäuligkeit und Hinterlistigkeit vielen zuwider waren. Berüchtigt war er auch für seine Gotteslästerungen, die damals als besonders frevelhaft empfunden wurden.

Neue Beweise

Mehr als 330 Jahre lang war so gut wie nichts über die Umstände von Marlowes Ende bekannt. Doch 1925 entdeckte man in einem Archiv den lange verschollenen Bericht einer Untersuchungskommission, der Licht ins Dunkel der Ereignisse brachte. Nach diesem Bericht muß man sich die letzten Stunden vor Marlowes Tod so vorstellen: Auf den ersten Blick sieht der Vorfall

aus wie das tragische Ende einer Wirtshausrauferei. Schauplatz ist Eleanor Bulls Schenke, wo Marlowe zusammen mit Robert Poley, Ingram Frizer und Nicholas Skeres den 30. Mai 1593 verbringt. Spätabends gibt es Streit zwischen Marlowe und Frizer. Marlowe greift nach Frizers Messer und schlägt ihn mit dem Griff. Frizer setzt sich zur Wehr, entreißt Marlowe das Messer und stößt es ihm über dem Auge in den Schädel. Marlowe stirbt qualvoll und stößt dabei wilde Flüche aus.

Am nächsten Morgen wird Frizer festgenommen, doch nach kurzer Haft wieder freigelassen, weil die Augenzeugen – außer den vier Männern war niemand am Tatort – aussagten, er habe in Notwehr gehandelt. In aller Eile wird der Dichter knapp 48 Stunden nach seinem Tod beerdigt.

Dieses außergewöhnlich schnelle Vorgehen gab dann 1925 Anlaß zu weiteren Nachforschungen. Die Historiker fanden heraus, daß Marlowe bis kurz vor seinem Tod für den königlichen Geheimdienst gearbeitet hatte – und auch seine drei Zechkumpane gehörten dieser Organisation an. Gab es da einen Zusammenhang mit Marlowes Tod?

Streit mit tödlichen Folgen *Ein viktorianischer Künstler stellte Christopher Marlowes Tod im Wirtshaus dar. Die Tatwaffe war in Wirklichkeit jedoch ein Messer und kein Degen.*

Königin Elisabeth I. hatte um 1559 die anglikanische Kirche neu etabliert, und alle Katholiken galten von da an als mögliche Staatsfeinde. Sie richtete deshalb einen Geheimdienst ein, der sie über antiprotestantische Aktivitäten in der Bevölkerung informieren sollte. Marlowe hatte zwar für diesen Geheimdienst gearbeitet, wurde aber kurz vor seinem Tod von einem ehemaligen Freund beschuldigt, Schmähbriefe gegen die Regierung verfaßt zu haben. War Marlowe also eine Gefahr für Elisabeth geworden – oder war auch diese Beschuldigung nur Teil eines Komplotts? Wußte Marlowe zuviel über die Machenschaften des Geheimdiensts und sollte deshalb aus dem Weg geräumt werden?

Wirtshausstreit oder politischer Mord – das Rätsel bleibt ungelöst. Sicher ist nur eines: Durch Christopher Marlowes frühen Tod blieben viele Meisterwerke ungeschrieben.

Poesie für die Ewigkeit

Ein Buch kehrt ins Leben zurück

Nur zwei Jahre hatte ihre Ehe mit dem englischen Maler und Dichter Dante Gabriel Rossetti gedauert, als Elizabeth Siddal 1862 an einer versehentlich eingenommenen Überdosis des Beruhigungsmittels Laudanum starb. In dieser kurzen Zeit hatte das in tiefer Zuneigung verbundene Paar vieles mitgemacht: 1861 wurde ihr einziges Kind tot geboren. Danach wurden Lizzies nervöse Beschwerden immer stärker, worauf ihr das Laudanum verschrieben wurde – als Schlafmittel und um ihren Appetit anzuregen.

Nach dem Tod von Elisabeth war Rossetti ein gebrochener Mann. Er verbrannte sämtliche Briefe der geliebten Ehefrau und vernichtete alle Porträts, weil sie seiner Meinung nach ihrer Schönheit sowieso nicht gerecht wurden. Bei ihrer Beerdigung legte der verzweifelte Mann das einzige Manuskript, das er von seinen Gedichten hatte, in den Sarg seiner toten Frau.

Seelenwanderung

Rossetti war in allererster Linie Maler, doch nach und nach kam er zu der Überzeugung, daß in der Poesie eine klarere Form des Ausdrucks möglich sei. Ein paar Jahre nach Lizzies Tod entschloß er sich, sein Werk zu veröf-

fentlichen, aber viele seiner besten Gedichte befanden sich im Sarg bei seiner geliebten Frau.

Rossetti war ein exzentrischer Mensch mit einer Vorliebe für das Übernatürliche. Vor allem nach Lizzies Tod befaßte er sich mit spiritistischem Gedankengut. Im Jahr 1869, während

Ertrunkene Schöne 1852 stand Elizabeth Siddal dem englischen Maler Millais Modell als Ophelia – die Heldin, die sich aus Liebeskummer um Hamlet ertränkte.

einer besonders intensiven Schaffensphase, hatte er ein Schlüsselerlebnis: Auf einem Spaziergang fand er einen außergewöhnlich zahmen Buchfinken. Er kam sogleich zu der Überzeugung, daß die Seele seiner Frau in diesem Vogel weiterlebte. Diese Begebenheit bestätigte ihn in seinem Entschluß, ihr Grab öffnen zu lassen und seine Gedichte wieder an sich zu nehmen.

Rossetti war nicht zugegen, als man Lizzies Sarg öffnete. Doch von einem Freund erfuhr er, daß ihr Haar noch länger war als zu ihren Lebzeiten und daß sie so schön war wie am Tag ihres Todes. Die Nachricht von der Exhumierung verbreitete sich wie ein Lauffeuer, und als Rossettis Gedichte veröffentlicht wurden, riß man sich geradezu um die Werke. So entstand die Legende von der Frau, deren Schönheit nicht einmal der Tod zerstören konnte.

SPIEGEL DES LEBENS

Wenn Charles Dickens an einem Roman schrieb, lief er zwischendurch immer wieder zum Spiegel und schnitt davor alle möglichen Grimassen. Dann kehrte er eilig an seinen Schreibtisch zurück und schrieb fieberhaft weiter.

In diesen Momenten schien es, als hätten die Figuren seiner Phantasie von ihm Besitz ergriffen. Dickens behauptete, er höre jedes Wort, das sie sprächen. Wie er sagte, erfand er seine Geschichten nicht, sondern sie liefen vor seinem inneren Auge ab. So fühlte Dickens auch mit seinen Romanfiguren mit: Er vergoß Tränen über das harte Los der Kinder, genauso aber freute er sich an ihrem Glück. Ebenso ließen ihn die Schicksale der Männer und Frauen, die seiner Phantasie entsprungen waren, nicht mehr los.

Imaginäre Gäste Da Dickens Angst hatte, seine Phantasie zu verlieren, fand er sich damit ab, daß ihm seine Romanfiguren nicht mehr aus dem Sinn gingen.

Hätten Sie's gewußt?

Die meistgelesene Autorin der Welt ist die Britin Barbara Cartland, die von ihren rund 540 Romanen über 500 Mio. Exemplare verkauft hat. Seit 1976 hält sie auch den Rekord im Schreiben neuer Bücher: Pro Jahr sind es 23.

Zensiert, verboten und verbrannt

James Joyces Ulysses hatte es nicht leicht

Obwohl James Joyces Roman *Ulysses* nur die Ereignisse eines einzigen Tages zum Inhalt hat, benötigte der Verfasser nicht weniger als 20000 Stunden, um das gewaltige, 700 Seiten starke Epos niederzuschreiben. Das entspricht 2500 regulären Arbeitstagen oder acht Berufsjahren mit einer 6-Tage-Woche und ohne Urlaub.

Mehr als 16 Jahre vergingen von der Veröffentlichung des ersten Buchteils im März 1918 bis zum freien Verkauf des ganzen Werks 1934. Dies lag aber nicht etwa daran, daß Joyce ein langsamer Schreiber war – er beendete *Ulysses* 1922 –, sondern weil der damals als zu freizügig empfundene Roman erst zensiert, verboten und von manchen sogar verbrannt wurde, ehe er als vollständige Ausgabe in die Buchläden kam.

1918 wurden erstmals Teile des Werks in der amerikanischen Zeitschrift *The Little Review* veröffentlicht. 1921 machte die amerikanische Post von ihrem Recht Gebrauch, denjenigen gerichtlich zu verfolgen, der obszöne Schriften durch die Post befördern ließ. Die Zeitschrift wurde auf den Index gesetzt, und die Herausgeber mußten jeweils 50 Dollar Strafe bezahlen.

In Schriftstellerkreisen jedoch hatte Joyce Freunde, die ihn unterstützen wollten. Virginia Woolf z. B., selber Autorin, und ihr Mann Leonard hätten *Ulysses* gerne veröffentlicht. Doch auf ihrer antiquierten Druckmaschine hätte dieses Unternehmen gut und gern zwei Jahre gedauert. Es fand sich trotz aller Bemühungen kein Verleger, der das Buch ohne Streichungen herausbringen wollte, und Joyce weigerte sich strikt, die heiklen Passagen herauszunehmen.

Limitierte Auflagen

1922 schließlich brachte ein kleiner Pariser Verlag immerhin eine Auflage von 1000 Exemplaren heraus. Im gleichen Jahr verlegte die *Egoist Press* in London 2000 Exemplare, von denen die Post in New York jedoch 500 konfiszierte. Die zweite Auflage fiel dann fast ganz dem britischen Zoll in die Hände, der die Verbrennung der Werke anordnete. Neue Schwierigkeiten traten auf, als der skrupellose Amerikaner Samuel Roth in seinem Magazin *Two Worlds* Texte ohne Einverständnis des Autors gekürzt

Keine Kompromisse *Nach* Dubliner *und* Ein Porträt des Künstlers als junger Mann *war* Ulysses *das dritte große Werk von James Joyce.*

abdruckte. Joyce reichte Klage gegen Roth ein, die von 167 berühmten Zeitgenossen unterschrieben war, darunter z. B. auch von Albert Einstein. Erst im Dezember 1933 wurde in einem spektakulären Gerichtsverfahren entschieden, daß *Ulysses* nicht obszön sei. Endlich war für den Verlag Random House in New York der Weg frei, eine vollständige Ausgabe des Meisterwerks herauszubringen.

Der große Wurf

Wie das umfangreichste Nachschlagewerk der Welt entstand

Die *Encyclopaedia Britannica* ist auf der ganzen Welt bekannt, doch britisch ist sie eigentlich nicht. Seit 1902 hat eine amerikanische Gesellschaft die Titelrechte, und heute wird das monumentale Werk von der *University of Chicago* herausgegeben. Die letzte Auflage umfaßt 30 Bände mit insgesamt 43 Mio. Stichwörtern.

Eine schottische Idee

Wesentlich bescheidener nahm die Encyclopaedia Britannica 1768 ihren Anfang, als sich der Drucker und Buchhändler Colin Macfarquhar und der Graveur Andrew Bell im schottischen Edinburgh zusammentaten. Die beiden wollten mit ihrem Unternehmen der äußerst erfolgreichen französischen *Encyclopédie* nacheifern, die der Schriftsteller Denis Diderot verfaßt und zwischen 1751 und 1765 veröffentlicht hatte. Macfarquhar und Bell warben für ihre Ausgabe mit dem Titel „Ein neues, vollständiges Lexikon der Künste und Wissenschaften" und engagierten den jungen Wissenschaftler William Smellie als Herausgeber. Im Dezember 1768 erschien der erste Teil der neuen Enzyklopädie. Weitere 100 Fortsetzungsteile folgten. 1771 wurde das dreibändige Werk, das mit 160 Stichen von Andrew Bell illustriert war, fertiggestellt. Es umfaßte 2659 Seiten.

Bunte Themenauswahl

Der Inhalt war in der Tat äußerst vielfältig: Unter dem Stichwort Zahnschmerzen konnte man beispielsweise nachlesen, daß sie durch „Abführmittel aus Manna und Kassiamark, aufgelöst in Molke oder Eselsmilch", zu bekämpfen seien. Auch fand der Leser ein Rezept zur Herstellung unechter Smaragde. „Frau" war einfach definiert als „Weib des Mannes" und „Sex" als „etwas im Körper, das das Männliche vom Weiblichen unterscheidet". Doch Smellie machte diese beiden Einträge wieder wett mit einem 40 Seiten langen, bebilderten Beitrag über Geburtshilfe, der vielen Lesern wiederum zu freizügig erschien.

Trotz ihrer Unzulänglichkeiten war die neue Enzyklopädie ein großer Erfolg. Von der ersten Auflage wurden 3000 Exemplare verkauft, genug, um bereits fünf Jahre später eine Neuauflage zu drucken.

Wettbewerb der Giganten

Die größten Monumente der Welt

Auf die Frage nach der größten Skulptur würden die meisten Menschen sicherlich antworten: die Freiheitsstatue in New York. Manche würden vielleicht auch auf den Sphinx bei Gise in Ägypten tippen. Beide Kunstwerke sind zwar weltberühmt, doch bei keinem handelt es sich um das mächtigste Monument überhaupt. Über 1250 Jahre lang nahm der Dafo Buddha in Leshan in China diesen Platz ein. Diese Buddha-statue wurde von 713 bis 803 erbaut und stellte alle anderen Statuen in den Schatten, bis 1967 in der Sowjetunion das gewaltige Denkmal Mutter Heimat errichtet wurde. Mit dem Schwert in der ausgestreckten Hand ist diese Frauengestalt über 12 m höher als die Buddhafigur. Die Freiheitsstatue ist nur etwa halb so groß wie die russische Skulptur, der auch der Sphinx nicht einmal bis zu den Knien reicht.

Freiheitsstatue
Höhe: 46 m
Diese weltberühmte Skulptur im Hafen von New York war ein Geschenk Frankreichs. Es wurde den USA anläßlich der 100-Jahr-Feier ihrer Unabhängigkeit 1876 verehrt. Vollendet wurde Miss Liberty jedoch erst 1884 in Paris, und weitere zwei Jahre vergingen, bis sie schließlich nach Amerika gebracht wurde.

Mount Rushmore National Memorial
Höhe der Köpfe: 20 m
Hätten die vier Präsidentenköpfe, die der Bildhauer Gutzon Borglum am Mount Rushmore im amerikanischen South Dakota aus dem Fels meißelte, auch noch Körper bekommen, wären sie über 150 m hoch geworden. 15 Jahre dauerte es, bis die Büsten von Washington, Jefferson, Roosevelt und Lincoln 1941 fertig waren.

Christusstatue auf dem Corcovado
Höhe: 38 m
Auf dem Gipfel des 710 m hohen Corcovado über Rio de Janeiro steht seit 1931 die größte Christusfigur der Welt. Mit einer Spannweite von 28 m breitet der Erlöser beschützend die Arme über der brasilianischen Großstadt aus. Vier Jahre lang arbeitete der französische Bildhauer Paul Landowski an dem imposanten Standbild.

Buddhas von Bamian
Höhe: 53 m
In einer steilen Felswand im afghanischen Hindukuschgebirge an der Grenze zu Indien befindet sich die zweitgrößte Buddhastatue der Welt. Sie wurde zwischen dem 2. und dem 7. Jh. in einer tiefen Felsnische aus dem Gestein gehauen. Unweit davon steht ein 17 m kleinerer Buddha, der im 3. Jh. aus dem Fels gemeißelt wurde.

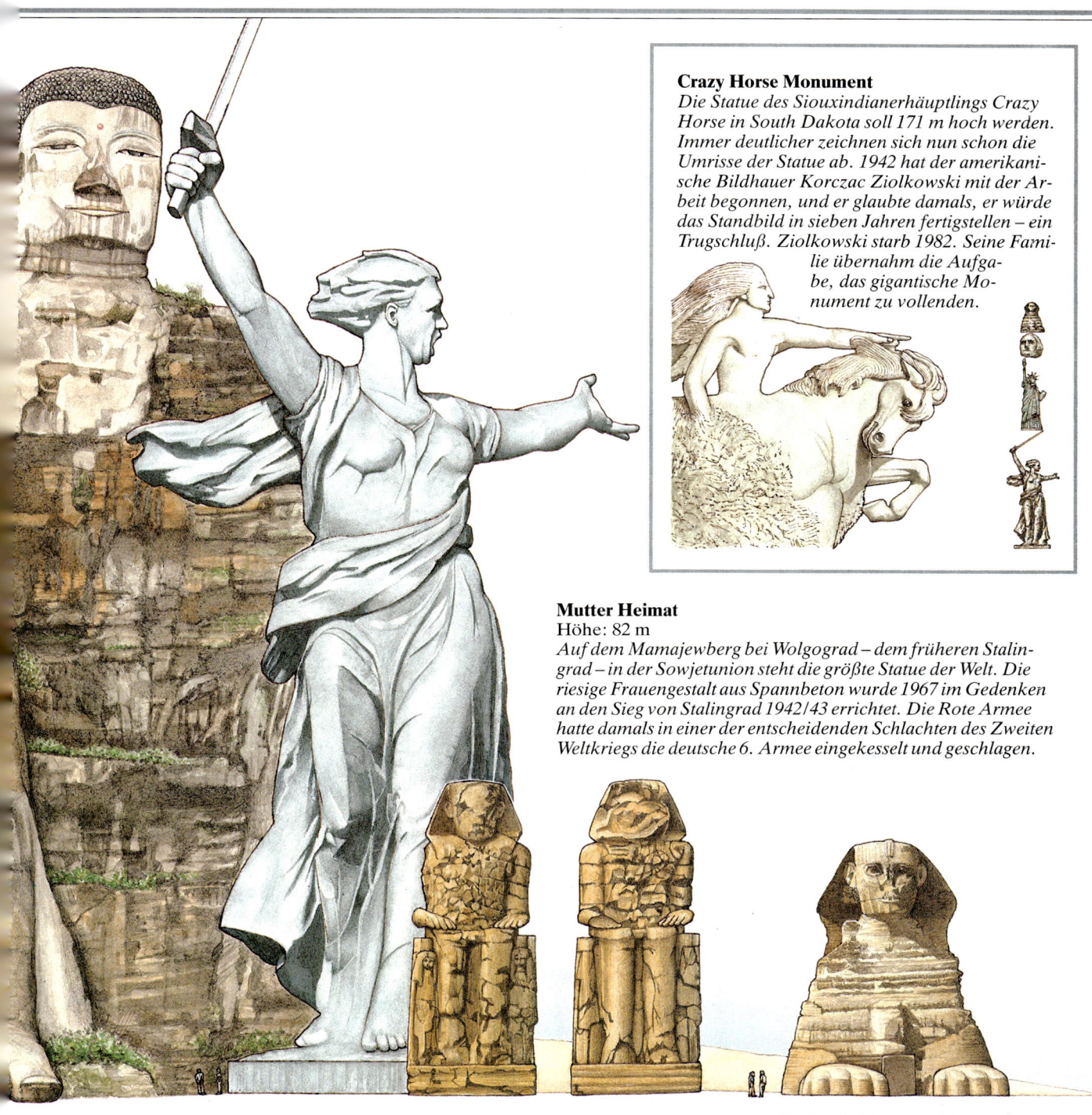

Crazy Horse Monument

Die Statue des Siouxindianerhäuptlings Crazy Horse in South Dakota soll 171 m hoch werden. Immer deutlicher zeichnen sich nun schon die Umrisse der Statue ab. 1942 hat der amerikanische Bildhauer Korczac Ziolkowski mit der Arbeit begonnen, und er glaubte damals, er würde das Standbild in sieben Jahren fertigstellen – ein Trugschluß. Ziolkowski starb 1982. Seine Familie übernahm die Aufgabe, das gigantische Monument zu vollenden.

Mutter Heimat

Höhe: 82 m

Auf dem Mamajewberg bei Wolgograd – dem früheren Stalingrad – in der Sowjetunion steht die größte Statue der Welt. Die riesige Frauengestalt aus Spannbeton wurde 1967 im Gedenken an den Sieg von Stalingrad 1942/43 errichtet. Die Rote Armee hatte damals in einer der entscheidenden Schlachten des Zweiten Weltkriegs die deutsche 6. Armee eingekesselt und geschlagen.

Buddha von Leshan

Höhe: 70 m

Allein der große Zeh des Buddhas im chinesischen Leshan ist über 8 m lang. Man könnte sich in der Tat bequem auf einem der Zehennägel des Buddhas ausstrecken. 90 Jahre lang – von 713 bis 803 – arbeiteten Mönche an der riesigen Statue, die aus einem steil aufragenden Felsen gemeißelt wurde und majestätisch am Ufer des Min-Flusses thront.

Memnonskolosse

Höhe: 19,5 m

Einst reisten die Menschen nach Theben, um einen der beiden Kolosse aus dem 14. Jh. v. Chr. bei Sonnenaufgang „singen" zu hören. Der Gesang rührte daher, daß die Statue im 1. Jh. v. Chr. beschädigt worden war: Durch die Wärme dehnte sich das Gestein geräuschvoll aus. Seit der Koloß um 200 restauriert wurde, ist er verstummt.

Großer Sphinx von Gise

Länge: 74 m. Höhe: 20 m

Der größte ägyptische Sphinx wurde vor annähernd 4500 Jahren aus einem Fels herausgemeißelt. Bis zum Beginn dieses Jahrhunderts war fast immer nur der Kopf der Statue zu sehen – der Rumpf war nämlich unter dem wandernden Wüstensand begraben. Erst 1920 kam der enorme Löwenleib wieder zum Vorschein.

Geschichte der bildenden Künste

Die frühesten Zeugnisse der Malerei

Es waren einmal zwei Liebende im antiken Griechenland, die voneinander Abschied nehmen mußten, weil der Geliebte auf eine lange Reise ging. Um ein bleibendes Andenken an ihn zu haben, zeichnete das Mädchen die Kontur des Schattens nach, den das Licht einer Fackel von seinem Gesicht auf eine Wand warf. So romantisch beschreibt der römische Schriftsteller Plinius der Ältere den Ursprung der Porträtmalerei im speziellen und der Kunst im allgemeinen. Ganz ähnliche Überlieferungen gibt es auch in Tibet und Indien. Doch wann und wo hat die bildende Kunst nun in Wirklichkeit ihren Anfang genommen?

Die frühesten bekannten Zeugnisse stammen aus der Altsteinzeit und wurden an Höhlenwänden in Spanien und Frankreich entdeckt. Die Archäologen schätzen das Alter dieser Malereien, die überwiegend Tiere darstellen, auf über 15 000 Jahre. Die Bilder wurden geritzt oder gemalt, und zwar mit warmen Erdfarben:

Jagdzauber Altsteinzeitliche Höhlenmalereien zeigen meist Wisente, Hirsche und Wildpferde. Dieses Bild eines verwundeten Wisents stammt aus einer Höhle in den französischen Pyrenäen und entstand um 12 000 v. Chr. Vielleicht sind die Bilder Zeugnisse eines Jagd- und Fruchtbarkeitszaubers.

Rot, Braun, Ocker und Schwarz. Diese wurden aus Eisenoxid und Manganerde gewonnen, die zu Pulver gemahlen und mit Wasser vermischt wurden. Ausgehöhlte Knochen und Schädel dienten als Farbtöpfe.

Man nimmt an, daß die Höhlenbilder symbolische und kultische Bedeutung hatten. Die Menschen der Altsteinzeit glaubten vermutlich, daß ihnen die Darstellung eines von Pfeilen durchbohrten Wisents zu Jagdglück verhelfen würde.

Im Lauf der Jahrtausende veränderten sich die Bedeutung und der Stellenwert der bildenden Kunst beträchtlich. Doch wird der Abbildung von Lebewesen in vielen Kulturen auch heute noch eine magische Kraft beigemessen, wie man z. B. am Voodoo-Zauber oder auch am weitverbreiteten Glauben an Glücksbringer und Maskottchen sehen kann.

PLASTIKEN AUS DER STEINZEIT

Ende des 19. Jh. wurden in einer Höhle in den französischen Pyrenäen zahlreiche kleine Steinfiguren gefunden. Aufgrund ihrer ausgeprägt weiblichen Formen wurden sie in Anlehnung an die römische Liebesgöttin Venusstatuetten genannt. Die Figuren haben breite, massige Körper und kleine Köpfe ohne Gesichter. Bei einzelnen ist auch ein kleiner zierlicher Mädchenkopf mit langem Haar zu erkennen, was dem heutigen Schönheitsideal schon näher kommt.

Welche Bedeutung hatten diese meist nicht gerade anmutigen Plastiken? In der Steinzeit schnitzten die Höhlenbewohner diese Figuren aus dem Elfenbein von Mammutzähnen. Heute sind die Wissenschaftler der Meinung, daß sie die Urmutter Natur darstellen sollten. Möglicherweise dienten sie als Fruchtbarkeitssymbole und wurden bei kultischen Handlungen verwendet. Die Fachleute glauben, daß diese Venusstatuetten, die man in vielen Höhlen Europas fand, vor über 30 000 Jahren von Steinzeitmenschen geschaffen wurden. Somit gehören sie zu den ältesten Plastiken, die man je gefunden hat.

Kleinkunst Diese Elfenbeinplastik wurde im Südwesten Frankreichs gefunden. Wie alle steinzeitlichen Venusstatuetten ist sie sehr klein – das Original ist gerade doppelt so groß wie diese Abbildung.

Arme und reiche Könner

Entspricht das Bild vom bedürftigen Kunstschaffenden der Wirklichkeit?

Als Gian Lorenzo Bernini, der berühmte italienische Barockbildhauer und -baumeister, 1665 von Rom nach Paris unterwegs war, reiste er hochherrschaftlich: Sein Gefolge bestand aus vier Dienern, zwei Gehilfen und einem Koch. In jeder Stadt wurde er von den örtlichen Würdenträgern begrüßt und in deren Adelspaläste eingeladen. Kurz vor Paris sandte man ihm eine Prachtkutsche entgegen, die den Künstler gebührend in die Stadt bringen sollte. Dort wurde er von Ludwig XIV.,

In besten Kreisen *Auf diesem Selbstporträt von 1609 stellte der flämische Maler Rubens sich und seine Frau als wohlsituiertes Paar der gehobenen Gesellschaft dar.*

Entbehrungsreiches Leben *Octave Tassaert malte 1845 einen armen Künstler, der vor einem Herdfeuer kauert. Im 19. Jh. hielt man künstlerisches Genie und Erfolg im allgemeinen für unvereinbar.*

dem Sonnenkönig, empfangen, und man ließ dem Künstler, der durch sein meisterhaftes Werk größten Ruhm erworben hatte, alle nur erdenklichen Ehren zuteil werden.

Damals konnte jeder erfolgreiche Künstler ein Leben im Luxus führen. Einer der wohlhabendsten war wohl der Maler Peter Paul Rubens (1577 bis 1640), der seine künstlerische Karriere mit dem lukrativen Amt eines Diplomaten verband. Neben einem beachtlichen Vermögen besaß er ein großes Stadthaus in Antwerpen und ein Schloß auf dem Land.

Doch Rubens war nicht nur reich, er war auch ein Mann von Welt, der sich in erlauchter Gesellschaft bewegte.

Aber es gibt auch einen ganz anderen Typ des Künstlers. Er tauchte im vorigen Jahrhundert auf, rebellierte gegen die Gesellschaft und mußte oft am Rand des Existenzminimums darben. Viele Künstler verbrachten fast ihr ganzes Leben in sehr großer Armut und wurden erst nach ihrem Tod berühmt. Einer von ihnen war Vincent van Gogh (1853–1890). Er hätte nicht einmal das Geld für Farben und Leinwand gehabt, wenn ihn sein Bruder Theo nicht unterstützt hätte. Während seines ganzen Lebens verkaufte van Gogh nur ein einziges Bild. Sicher hätte er sich nicht träumen lassen, daß man 100 Jahre nach seinem Selbstmord sein Porträt des Arztes Paul Gachet zum astronomischen Preis von 82,5 Mio. Dollar versteigern würde.

Doch nicht nur einzelne Künstler kämpften oft vergeblich um Anerkennung. Ganze Kunstrichtungen, die heute bewundert werden, waren zu ihrer Zeit angefeindet. Als eine Gruppe von Künstlern um den Maler Claude Monet 1874 ihre Werke zum erstenmal der Öffentlichkeit präsentierte, stieß sie in der gesamten Kunstwelt auf Ablehnung. Es dauerte Jahre, bis ihr Stil anerkannt wurde und die Maler als Impressionisten gefeiert wurden. Manche Künstler verdanken ihrem Erfolg einen enormen Reichtum. Es heißt z. B., daß Pablo Picasso, wenn er ein Haus haben wollte, es nur zu zeichnen brauchte – die Zeichnung war mehr wert als das Haus selbst.

Gespanntes Verhältnis

Der Zwist zwischen Leonardo da Vinci und Michelangelo

Im Jahr 1503 sollten Leonardo da Vinci und Michelangelo Buonarroti, zwei der größten Künstler ihrer Epoche, gemeinsam die Wände eines Raums im Palazzo Vecchio in Florenz mit Kriegsszenen bemalen. Daraus wäre vielleicht eine Sternstunde der Kunst geworden, doch es kam nicht dazu. Beide Künstler sträubten sich vehement gegen eine Zusammenarbeit.

Leonardo war bereits 52 Jahre alt, vermögend, elegant gekleidet, und er verkehrte in Adelskreisen, wo er wegen seines Charmes gern gesehen war. Der erst 28 Jahre alte Michelangelo war ganz anders: Er hatte rüde Umgangsformen und legte wenig Wert auf sein Äußeres. Er lebte wie ein Einsiedler, und sobald er mit Menschen zu tun hatte, eckte er häufig an. Mit seiner im ganzen derben Erscheinung unterschied er sich ebenfalls grundlegend von Leonardo, der elegant und feinnervig wirkte.

Auch in ihrer Art zu arbeiten lagen Welten zwischen den beiden Künstlern. Leonardo ging besonnen und systematisch ans Werk, während Michelangelo mit der gleichen Leidenschaft malte, wie er seinen Gefühlen Luft machte. Leonardos vornehmes Verhalten machte Michelangelo wütend, und so gerieten sie oft aneinander.

Einmal machte sich Michelangelo über Leonardo lustig, weil dieser ein Reiterstandbild für den Herzog von Mailand nicht vollendet hatte. Wenn dies auch nicht Leonardos Schuld war – der Herzog war aus Mailand vertrieben worden –, so kam es doch oft vor, daß er Arbeiten nicht zur Vollendung brachte. Angespornt von ungeheurem Wissensdurst, befaßte er sich nicht nur mit Kunst, sondern auch mit Anatomie, Zoologie, Botanik, Optik, Mechanik und Architektur – alles Gebiete, aus denen viele Erfindungen und Forschungs-

berichte von ihm überliefert sind. Doch die Malerei war seine unumstrittene Domäne, und seine vollendeten Werke, wie z. B. das Porträt der Mona Lisa, gehören zu den Meilensteinen der Kunst.

Wie Leonardo da Vinci war auch Michelangelo ein typischer Vertreter der Renaissance, der auf verschiedenen Gebieten Großartiges leistete. Doch trotz seiner ungestümen Arbeitsweise vollendete Michelangelo im Gegensatz zu Leonardo sehr viele seiner Schöpfungen – von der Statue des David in Florenz bis zu den Deckengemälden in der Sixtinischen Kapelle im Vatikan.

Bei den Wandgemälden im Palazzo Vecchio war es jedoch umgekehrt. Michelangelos Arbeit gedieh nie über einen Entwurf hinaus. Leonardo hingegen führte seine Malereien aus, verwendete aber ungeeignete Farben: Kaum war das Gemälde fertig, verblaßte es und verschwand allmählich völlig.

***Anatomische Studien** Michelangelo und Leonardo beschäftigten sich beide mit dem Bau des menschlichen Körpers. Leonardo sezierte Leichen und fertigte anatomische Skizzen an, die für ihre Genauigkeit berühmt sind (links). Michelangelo stellte seine Figuren bewußt athletisch und muskulös dar, so z. B. in dem Gemälde der Heiligen Familie (unten).*

TRÜGERISCHER SCHEIN

Beim *Trompe-l'œil* – der Täuschung des Auges – handelt es sich um einen besonderen Malstil, bei dem ein perspektivisches und möglichst naturgetreues Abbild der Wirklichkeit erzielt werden soll. Ein eindrucksvolles Beispiel für diesen Stil ist die *Camera degli Sposi*, das Hochzeitszimmer, im Herzogspalast von Mantua in Norditalien.

Etwa um 1465 wurde der Künstler Andrea Mantegna beauftragt, die Wände eines quadratischen Raums im Turm des Herzogspalasts auszumalen. Zehn Jahre lang dauerte Mantegnas Arbeit – dann hatte er das geschlossene Schlafgemach in eine Art Freiluftpavillon verwandelt.

Die Rundbogenöffnungen bieten Ausblick auf eine sonnenbeschienene Terrasse und über eine weite hügelige Landschaft, die von Mitgliedern der herzoglichen Familie bevölkert wird. An die Decke zauberte Mantegna eine geöffnete Kuppel, von der Frauen, um die Cherubinen herumtanzen, über eine Balustrade herabschauen.

Hochzeitszimmer Mantegnas realistische Gemälde im Camera degli Sposi *im Herzogspalast von Mantua sind Meisterwerke der Illusionsmalerei.*

Gift auf der Palette
Warum manche Maler gefährlich lebten

Nicht zuletzt wegen der ausgefallenen Farben seiner Bilder wurde Auguste Renoir zu einem der bekanntesten Maler überhaupt. Stimmungsvoll spielen zarte, lichte Rot-, Gelb- und Blautöne in seinen Werken zusammen und nehmen den Betrachter gefangen. Zwei dänische Wissenschaftler fanden vor einiger Zeit heraus, daß ebendiese leuchtenden Farben, die Renoirs Gemälde so lebendig erscheinen lassen, wahrscheinlich die Ursache dafür waren, daß der Künstler am Ende seines Lebens verkrüppelt war.

Die Farben auf Renoirs Palette enthielten allesamt giftige Elemente wie Cadmium, Quecksilber, Blei, Kobalt und Arsen. Da sich Renoir während der Arbeit seine Zigaretten selbst drehte und rauchte, gelangten Spuren dieser Metalle vermutlich von seinen farbverschmierten Händen in den Mund und dann in die Blutbahn. Die Folge dieser schleichenden Vergiftung war eine chronische rheumatoide Arthritis. Im Alter waren Renoirs Hände völlig versteift, und er konnte nur noch malen, indem er sich den Pinsel am Arm festband.

Den Untersuchungen der dänischen Forscher zufolge litten beispielsweise auch Peter Paul Rubens, Raoul Dufy und Paul Klee – alle Künstler, die für ihre leuchtenden Farben berühmt sind – unter rheumatischen Erkrankungen.

Risiko *Gerade die leuchtenden Farben enthalten Spuren giftiger Metalle: Quecksilber ist in Rot, Arsen und Cadmium in Gelb, Kobalt und Mangan in Blau und Violett enthalten.*

Gut verpackt
Christos eigenwillige Aktionen

Als der in Bulgarien gebürtige Künstler Christo Javacheff im September 1985 die letzten Handgriffe an seinem Werk *Pont Neuf* vornahm, benützte er weder Pinsel oder Spachtel noch Bildhauermeißel: Er hatte die berühmte Pariser Brücke vollständig in 41 800 m² goldfarbenen Nylonstoff eingepackt. Zehn Jahre lang hatte es gedauert, bis Christo bei der französischen Regierung die Zustimmung zu seinem Vorhaben erwirkt hatte. Außerdem mußte er für sein Unternehmen immerhin umgerechnet 3 Mio. Dollar aufbringen, was ihm auch gelang, indem er kleine Modelle seines geplanten Projekts verkaufte.

Schon in den 60er Jahren hatte Christo durch seine Verpackungskunst die Aufmerksamkeit auf sich gezogen – allerdings durch weniger spektakuläre Aktionen. Er verpackte sich selbst, Stühle und nackte Frauen. Bald wagte er sich jedoch an größere Objekte heran und verpackte Gebäude, Felsen und Berge. 1983 umhüllte er elf Inseln vor Miami mit 60 400 m² rosarotem Stoff.

Christo betätigte sich aber nicht nur als Verpacker. 1976 stellte er einen Zaun aus weißem Nylonstoff fertig, der sich 40 km weit durch Nordkalifornien zum Pazifik schlängelte. Alle seine Werke sind so ausgelegt, daß sie wieder abgebaut werden können, ohne daß der Umwelt Schaden zugefügt wird. Außerdem legt Christo Wert darauf, daß das Material wiederverwendet wird.

Projektkunst *Christo überwacht die 300 Arbeiter beim Aufbau seines* Running Fence *(rechts). 1969 verhüllte er eine Felsenküste in Australien auf 1,6 km Länge mit 93 000 m² Kunststoffolie.*

Hätten Sie's gewußt?

Das größte Gemälde, das je bei einer Auktion versteigert wurde, war die Wintersonnenwende *des schwedischen Malers Carl Larsson. Es stellt eine Szene aus der nordischen Mythologie dar und mißt nicht weniger als 6,4 × 13,5 m. 1987 ging es bei Sotheby's für 880 000 Pfund an einen japanischen Käufer. Anders das Stockholmer Nationalmuseum: Es hatte das Bild nach der Fertigstellung 1915 als unhistorisch zurückgewiesen.*

Kunst vor dem Kadi

Ein folgenschwerer Verriß

Als John Ruskin, der einfluß-reichste britische Kunstkritiker der viktorianischen Epoche, 1877 eine Londoner Galerie besuchte und die impressionistischen Bilder des Malers James McNeill Whistler betrachtete, wurde er wütend. Ein Bild machte ihn besonders zornig: Es sollte ein nächtliches Feuerwerk über der Themse darstellen und bestand einfach aus hingespritzter goldener Farbe auf dunkelblauem Hintergrund. Der Preis, den das Gemälde kosten sollte, war stattlich. Ruskin zögerte nicht lange, sondern verfaßte spontan einen Verriß. Darin prangerte er die Unverfrorenheit des Künstlers an, „der Öffentlichkeit einen Farbtopf ins Gesicht zu schleudern und dafür auch noch 200 Guineen zu verlangen."

Wie sein Freund Oscar Wilde war Whistler ein Dandy und Ästhet, dem die Situation nun ganz gelegen kam, eine öffentliche Diskussion zu entfachen. Er verklagte Ruskin wegen Beleidigung und forderte 1000 Pfund Schadenersatz. Als dann 1878 die Verhandlung begann, stand Whistler zunächst keiner seiner Künstlerkollegen zur Seite, und er mußte für seine Sache allein eintreten.

Schwacher Trost Diese zeitgenössische Karikatur nimmt den Ausgang des vielbeachteten Rechtsstreits aufs Korn. Der Richter überreicht Whistler eine Viertelpenny-Münze als symbolischen Schadenersatz.

Dies war besonders schwierig, weil weder der Richter noch die Geschworenen etwas für diese „seltsame moderne Kunst" übrig hatten und dem Maler nicht gerade wohlwollend gegenüberstanden. Als Ruskins Anwalt Whistler beschuldigte, für eine Arbeit von nur zwei Tagen – länger habe er für das Malen des Bildes sicher nicht gebraucht – den Wucherpreis von 200 Guineen zu verlangen, antwortete der Künstler: „Nein, ich fordere diesen Betrag für das Wissen eines ganzen Lebens."

Im Lauf der Verhandlung wurden führende Künstler der damaligen Zeit gehört. Was niemand erwartet hatte: Whistler gewann den Prozeß. Trotzdem war Ruskin der eigentliche Sieger. Whistler wurde nur ein symbolischer Schadenersatz von einem Viertelpenny zugestanden. Die Prozeßkosten mußten sich die Kontrahenten teilen. Um finanzielle Unterstützung zu bekommen, legten sie jeweils Spenderlisten aus. Ruskins Anhängerschaft war groß, so daß ihm keine Kosten entstanden. Doch Whistler mußte seinen Anteil nahezu allein tragen, was bei seinem bescheidenen Vermögen den Bankrott bedeutete.

BILDSCHÖNE SZENEN

Jedes Jahr im Sommer versammeln sich Maskenbildner, Kostümschneider, Beleuchtungstechniker, Bühnenbildner und Kulissenmaler in Laguna Beach in Kalifornien zu einer ganz besonderen Veranstaltung. Sie alle kommen zusammen, um die Gemälde großer Meister mit lebenden Modellen nachzustellen. Seit 1933 finden diese Darbietungen im Rahmen des *Laguna Festival of Arts* statt, das jedes Jahr etwa 140 000 Besucher anzieht. Die verschiedensten Meisterwerke wurden bisher schon in Szene gesetzt – von Leonardo da Vincis *Abendmahl* und japanischen Holzdrucken bis zu Art-deco-Plastiken und einem alten etruskischen Fries.

Männer, Frauen und Kinder posieren in entsprechender Kleidung und passendem Make-up, um genauso auszusehen wie die Figuren auf den Originalen. Auch eine spezielle Beleuchtung wird eingesetzt. Dadurch wirken die Szenen wie zweidimensionale Darstellungen. Das Ergebnis ist so täuschend echt, daß viele Zuschauer kaum glauben können, daß sie nicht ein Bild, sondern Menschen aus Fleisch und Blut sehen.

Lebendige Kunst Beim Laguna Festival of Arts *wird Winslow Homers Gemälde* Knall mit der Peitsche *detailgetreu nachgestellt.*

Die eigenen vier Wände

Der Präsident, der sich als Architekt betätigte

Als der britische Botschafter dem dritten amerikanischen Präsidenten Thomas Jefferson vorgestellt wurde, war er sehr schockiert über die zwanglose Aufmachung und die lässigen Umgangsformen des Präsidenten. Jefferson, der die amerikanische Unabhängigkeitserklärung von 1776 verfaßt hatte, brachte seinen Glauben an die Gleichheit auch in der Einrichtung des Präsidentenhauses, später Weißes Haus genannt, zum Ausdruck: Er ließ einen runden Tisch aufstellen, um bei seinen Einladungen eine Sitzordnung nach den gesellschaftlichen Rangunterschieden zu umgehen.

Jeffersons Interesse an Architektur und Inneneinrichtung ging so weit, daß er seinen Wohnsitz Monticello in Virginia selbst plante und gestaltete. Seine Ideen bezog er in erster Linie aus seinem Sinn fürs Praktische. Er ließ z. B. einen kleinen Aufzug einbauen, mit dem der Wein vom Weinkeller in den Speiseraum befördert wurde. Auch entwarf er tragbare Beistelltische, so daß sich die Gäste selbst bedienen konnten, ohne daß ihre Unterhaltung vom Servicepersonal gestört wurde. Für sein Arbeitszimmer entwickelte Jef-

Zweckmäßigkeit großgeschrieben Thomas Jeffersons Wohnsitz Monticello *war überaus praktisch ausgestattet. An diesem Liegesofa z. B. sind rechts und links Kerzenhalter befestigt, die Licht zum Lesen spenden.*

ferson einen Drehstuhl, auf dem er schnell und bequem seinen Schreibtisch und sein Lesepult erreichen konnte. Der wohl fortschrittlichste Einrichtungsgegenstand seines Büros war ein sogenannter Polygraph, den er jedoch nicht selbst erfunden hatte. Dieses Schreibgerät hatte zwei Federn, die durch eine Stange verbunden waren. Wenn Jefferson mit der einen Feder schrieb, bewegte sich die andere mit und fertigte eine Kopie seines Briefs an.

1792 reichte Jefferson anonym einen Entwurf für den Bau des Präsidentensitzes ein. Der Plan wurde jedoch abgelehnt, statt dessen wurde ein monumentales Bauwerk errichtet, das Jefferson gänzlich mißfiel. Er bezeichnete das Regierungsgebäude verächtlich als „groß genug für zwei Kaiser, den Papst und den großen Dalai-Lama".

Selbst entworfen Unter der Kuppel seines Hauses in Virginia richtete Jefferson einen Tanzsaal ein, wo er oft und ausgiebig Musik hörte.

MIT BRIEFMARKEN DEKORIERT

Der englische Akrobat, Clown, Erfinder und Komponist Albert Schafer legte sich in den letzten Jahren des 19. Jh. ein außergewöhnliches Hobby zu: Er begann, Gegenstände mit Briefmarken zu verzieren. Nachdem Schafer zunächst kleinere Dinge wie z. B. Tassen beklebt hatte, ging er bald zu größeren Objekten über. Ein Eßtisch mit Stühlen, ein Kamin und der Wandschmuck über dem Kaminsims wurden vollständig mit gestempelten Briefmarken verschiedener Größen, Formen und Farben bestückt. Als Schafer nach einem Unfall auf dem Hochseil längere Zeit aussetzen mußte, erwies sich dieses Hobby

als idealer Zeitvertreib. Er begann Porträts und Landschaften zu kleben, wofür er die Briefmarken manchmal zerschnitt oder zusammenknüllte. Freunde schickten ihm Briefmarken von überall her, und bald hatte er eine ganze Kollektion von skurrilen Briefmarkenkunstwerken zusammen, die 1951 sogar im Rahmen des *Festival of Britain* ausgestellt wurden.

Anfang der 80er Jahre, etwa 30 Jahre nach Schafers Tod, wurde seine Sammlung zweimal schwer in Mitleidenschaft gezogen. Bei einem Umzug lösten sich die Briefmarken an vielen Stellen ab und wurden vom Wind weggeweht. Ein paar Jahre

später ereignete sich ein Wasserrohrbruch, und bei mehreren Stücken löste sich die Dekoration daraufhin ab. Schafer hatte jedoch auch in und unter seine Objekte Briefmarken geklebt. Mit ihnen wurden die verlorengegangenen und zerstörten Briefmarken so gut es ging ersetzt.

Die ausgefallene Kollektion kann man heute in einem Museum in Great Yarmouth in der Grafschaft Norfolk bewundern. Vielen Briefmarkenliebhabern bricht es das Herz, wenn sie unter den mit Klebstoff und Lack überzogenen Stücken seltene Exemplare entdecken, die in unbeschädigtem Zustand ein Vermögen wert wären.

Schlichtes Design

Die Möbel einer Sekte: Aus der Schmucklosigkeit eine Tugend gemacht

Die religiöse Sekte der Shaker, die im 19. Jh. in Amerika ihre Blütezeit hatte, ist heute für die schlichte Schönheit der Möbel, die sie herstellte, bekannt. Es war jedoch nie die Absicht der Shaker, sich mit erlesenen Gegenständen zu umgeben – im Gegenteil: Alles Schöne betrachteten sie als widersinnig und unnormal. Ihr Glaube verbot ihnen jegliche Luxusartikel, und alle Gegenstände, ob Stühle, Tische oder Uhren, mußten schlicht, haltbar und klar in der Form sein.

Die Sekte der Shaker ging um 1747 in Großbritannien aus den Quäkern hervor. Nach Amerika kamen die asketischen Sektierer dann 1774 unter der Führung von „Mutter" Ann Lee, die von sich behauptete, sie verkörpere das „weibliche Prinzip in Christus". Mitte des 19. Jh. hatte die religiöse Gemeinschaft rund 4000 Mitglieder, die meist in abgeschiedenen Gemeinden im Osten lebten.

Strenge Regeln
Ihren Auftrag sahen die Shaker darin, das Königreich Gottes auf Erden zu errichten. Dabei ging ihnen Perfektion über alles. Ihr Alltagsleben war bis ins letzte Detail geregelt – von der Vorschrift, daß man morgens den rechten Schuh zuerst anziehen muß, bis zu der Auflage, daß Türknöpfe aus Holz und nicht aus Messing bestehen sollen. Die

Einfaches Leben Schlichtheit und Ordnung kennzeichnen das typische Shaker-Zimmer. Wenn geputzt wurde, hängte man die Stühle einfach an die Haken von Holzleisten, die an den Wänden befestigt waren.

einfachen funktionellen Möbel der Shaker standen in krassem Gegensatz zu den überreich verzierten, verschnörkelten Einrichtungsgegenständen, wie sie damals üblich waren. Der amerikanische Schriftsteller Nathaniel Hawthorne, der im 19. Jh. lebte, bezeichnete es als schrecklich und qualvoll, die Shaker-Möbel auch nur anzuschauen.

Heutzutage dagegen sind diese Stücke

sehr gefragt und werden auf Antiquitätenauktionen zu Höchstpreisen gehandelt. Insbesondere die Stühle der Shaker haben für die Liebhaber klarer Formen einen ganz besonderen Reiz.

Der amerikanische Schriftsteller Thomas Merton (1915–1968) fand für diesen ästhetischen Genuß äußerst blumige Worte: Die Stühle sähen so aus, als seien sie für Engel gemacht, die sich darauf niederlassen sollten.

Elegant und zweckmäßig

Das Besondere an Sheraton-Möbeln

Nach Chippendale ist Sheraton wahrscheinlich der berühmteste Begriff in der englischen Kunstschreinerei des ausgehenden 18. Jh. Heute werden in Antiquitätenläden auf der ganzen Welt Sheraton-Möbel zu Höchstpreisen angeboten. Bis heute hat man jedoch noch kein einziges Möbelstück gefunden, das der Kunstschreiner Thomas Sheraton tatsächlich selbst gebaut hat. Es spricht sogar einiges für die Annahme, daß er nie eine eigene Werkstatt besaß.

Zwischen 1791 und 1794 gab Sheraton eine umfangreiche Sammlung von Entwurfsskizzen für Einrichtungsgegenstände heraus. Dabei handelte es sich um „Möbelstücke im neuesten und elegantesten Stil", wie er sich ausdrückte. Es ist nicht erwiesen, daß sie alle seine eigenen Kreationen waren, doch sie hatten mit Sicherheit einen entscheidenden Einfluß auf das damalige Möbeldesign.

Sheratons Möbel bestachen durch kunstvolle Einlegearbeiten und ihre häufig schlanken, hohen Beine. Doch darüber hinaus konnte man sie meist auch umbauen und als Mehrzweckmöbel benutzen, was angesichts der damals beengten Wohnverhältnisse von großem Vorteil war. So bestand z. B. eine große Nachfrage nach Tischen, die sich durch das Drehen eines Schlüssels zu Trittstufen für die Bibliothek verwandeln ließen oder hochgeklappt zu Schreibtischen mit raffiniert eingebauten Schubladen, Geheimfächern und Zettelkästen wurden.

Manche der Entwürfe wurden von Sheratons Zeitgenossen als extravagant und verweichlicht eingestuft, und nur wenige Möbelstücke wurden letztlich genau nach seinen Plänen angefertigt. Doch trotzdem hat sich umgangssprachlich die Bezeichnung Sheraton für eine Stilrichtung im Kunstmöbelbau eingebürgert. Sheraton selbst starb völlig verarmt 1806.

Zierliches Stück *Dieser Sheraton-Damensekretär ist elegant und praktisch zugleich.*

ORIENTTEPPICHE SPRECHEN BÄNDE

Die exotischen Muster von Orientteppichen, besonders der chinesischen, haben ihre eigene geheimnisvolle Symbolsprache. Oft liegen diesen Motiven Homonyme aus dem Chinesischen zugrunde – Wörter, die gleich gesprochen und geschrieben werden, die aber eine unterschiedliche Bedeutung haben. Das chinesische Wort für Fledermaus *fu* klingt z. B. gleich wie die Bezeichnung für Glück, so

daß eine stilisierte Fledermaus in einem Teppich als Glückssymbol zu betrachten ist. Auch manche Zahlen und Farben haben einen bestimmten Symbolgehalt. So versinnbildlichen fünf rote Fledermäuse in einem Teppich die fünf höchsten Güter – Gesundheit, Wohlstand, Aufrichtigkeit, ein langes Leben und einen natürlichen Tod. Manche Muster erlauben auch Rückschlüsse auf den Besitzer des Teppichs.

Beim Drachenmotiv beispielsweise, das in chinesischen Teppichen häufig zu finden ist, gibt die Anzahl der Krallen den sozialen Rang des Teppichbesitzers an.

Auf persischen Teppichen sind viele Motive mit religiösem Hintergrund zu finden. Zwei ineinander verschlungene Bäume z. B. sind ein Symbol für die Heirat – ein Baum mit einem abgehauenen Ast zeigt an, daß einer der Partner schon die zweite Ehe eingeht. Oder wenn Zypressen, die Symbole der Erneuerung und des ewigen Lebens, eingewebt sind, ist das ein Indiz dafür, daß der Teppich als Sargüberwurf diente. Bei vielen traditionellen Mustern sind allerdings die Herkunft und ursprüngliche Bedeutung nicht mehr bekannt, so daß man sie heute nur noch ihres ästhetischen Reizes wegen schätzt.

Krallen zeigen *An der Anzahl der Krallen, die die Drachen auf alten chinesischen Teppichen hatten, ließ sich der soziale Status des Besitzers ablesen: Dem Kaiser gebührten fünf Krallen, jüngere Mitglieder des Herrscherhauses mußten sich mit vier, normale Bürger sogar mit nur drei Krallen zufriedengeben.*

Ein Zimmer verschwindet

Die Odyssee des Bernsteinkabinetts

Das prächtige Bernsteinkabinett der Zarin Elisabeth im Sommerpalast von St. Petersburg war ein Kunstschatz von einzigartiger Schönheit. Wände, Decken und Türen des Festsaals waren mit Paneelen aus geschnitztem und poliertem Bernstein

Hätten Sie's gewußt?

Das kleine längliche Kreuz, das in den Mustern vieler Orientteppiche zutage tritt, stellt eine Tarantel dar. In Zentralasien galt ein Bild der giftigen Tarantel als Glücksbringer: Man glaubte, die lebenden Taranteln fernhalten zu können.

ausgelegt, und in Vitrinen standen kunstvoll gefertigte Gegenstände, ebenfalls alle aus kostbarem Bernstein.

1716 hatte der Preußenkönig Friedrich Wilhelm I. den prunkvollen Saal seines Berliner Stadtschlosses dem russischen Zaren Peter dem Großen zum Geschenk gemacht, um ihr militärisches Bündnis gegen Schweden zu bekräftigen. Sorgfältig verpackt gelangte das Zimmer nach St. Petersburg. Rund 40 Jahre später wurde es im Sommerpalast der Zarin Elisabeth noch prächtiger als das Original zusammengebaut.

Unbeschadet überlebte das Bernsteinzimmer die Wirren und Unruhen der russischen Revolution. Doch als die Deutschen 1941 den Palast besetzten, wurde das Bernsteinkabinett auf Befehl Hitlers nach Königsberg transportiert

In voller Pracht Zur Zeit rekonstruieren erfahrene Bernsteinschneider im Prunkschloß von Puschkin das Bernsteinkabinett detailgenau.

und dort wieder errichtet. Im April 1945 marschierten die Russen in Königsberg ein – aber das Kabinett war spurlos verschwunden.

Seither ist man auf der Suche nach dem Zimmer. Hinweise führten zu einem Schloß in Sachsen, zu einem Salzbergwerk in Polen und zu einem baltischen Schiffswrack. Doch all diese Fährten entpuppten sich als falsch. Neuerdings vermutet man das Zimmer in einem in den letzten Tagen des Zweiten Weltkriegs angelegten, erst teilweise erforschten Stollensystem im thüringischen Jonastal.

REGISTER

Bildnachweis

Umschlagvorderseite

o. von l. nach r.: Hulton-Deutsch, H. Sochurek/ZEFA, Bettmann Archive/Hulton-Deutsch, Dick Hanley/ZEFA; u. von l. nach r.: Popperfoto, O. Langrand/BC, MEPL.

Innenteil

2 Herwarth Voigtmann/Planet Earth Pictures; 10 o. MEPL, u. Jean-Loup Charmet; 11 Victoria and Albert Museum; 12 Popperfoto; 14 MEPL; 15 o. Eddie Hironaka/The Image Bank, u. Alfred Pasieka/BC; 16 o. O. Langrand/BC, u. Dr. Tony Brain, David Parker/SPL; 18 o. David Parker/SPL, u. Dr. Frieder Sauer/BC; 19 Bodleian Library, MS Douce 72f. 15v; 20 o. Hans Reinhard/BC; 21 o. Haroldo Palo/NHPA, u. Gamma/FSP; 22 l. Frank Lane Picture Agency; 24 u. A. und J. Verkaik/ZEFA; 25 Ann Ronan Picture Library; 28 o. Spectrum Colour Library, u. Cecil Beaton/Camera Press; 29 Ivan Polunin/NHPA; 30 u. Ancient Art and Architecture Collection; 31 J-L Charmet; 33 l. Michael Freeman/BC, r. Science Museum; 34 David Parker/SPL; 35 o. NASA/SPL, u. Adam Hart-Davis/SPL; 36 r. Doug Allen/SPL; 37 u. Dr. Gary Settles/SPL; 38 Stephen Dalton/OSF; 39 u. Pete Turner/The Image Bank; 40 Cern, P. Loiez/SPL; 42, 44 Gamma/FSP; 45 NASA/SPL; 46 Gamma/FSP; 47 U. S. Geological Survey/SPL; 48 Ronald Royer/SPL; 49, 51 NASA/SPL; 56 MEPL; 57 o. Ronald Royer/SPL, u. David Hardy; 58 Dr. J. Bloemen/SPL; 59 o. NOAO/SPL, u. Ian Robson, Phil Appleton/SPL; 60 Prof. Lars Hernquist; 61 o. NOAD/SPL, u. David Parker/SPL; 62 Telegraph Colour Library; 64 o. Don und Pat Valenti/Tony Stone Picture Library, u. Geoff Renner/Robert Harding Picture Library; 65 o. Photri/Robert Harding Picture Library, u. M. P. Price/BC; 66 Stephen Krasemann/SPL; 67 Tony Stone Picture Library; 68 Simon Fraser/SPL; 70 Bob und Clara Calhoun/BC; 71 Spectrum Colour Library; 72 The Mansell Collection; 73 o. NASA/SPL, u. Dr. Ken Macdonald/SPL; 74 Heather Angel; 75 o. Peter Scoones/Planet Earth Pictures, u. Keith Gunnar/BC; 76 o. Ian Griffiths/Robert Harding Picture Library, u. R. J. Wilson/ZEFA; 80 o. J-L Charmet, u. Dr. Jeremy Burgess/SPL; 81 C. B. Frith/BC; 82 o. O. Langrand/BC, u. Anthony Healy/BC; 83 o. Jane Burton/BC, u. Heather Angel; 84 o. Popperfoto, u. Jeff Foott/BC; 85 Richard Revels; 86 o. Nick Woods/Oxford Scientific Films, u. David Thompson/Oxford Scientific Films; 87 Heather Angel; 88 John Shaw/NHPA; 89 o. Kim Taylor/BC, u. Donals Specker/Oxford Scientific Films; 90 Gerald Cubitt/BC; 91 o. Michel Viard/BC, u. Deni Brown/Oxford Scientific Films; 94 r. Gamma/FSP; 96 o. Martin Lockley, u. Gamma/FSP; 98 o. David Macdonald/Oxford Scientific Films; 101 o. ANT/NHPA, u. Des Bartlett/BC; 102 o. Heather Angel; 103 MEPL; 104 o. Ronald Toms/Oxford Scientific Films; 105 u. Heather Angel; 108 o. Brian Coates/BC, u. Frances Furlong/BC; 110 o. Gerald Cubitt/BC; 111 o. John Visser/BC, u. Herwarth Voigtmann/Planet Earth Pictures; 112 o. Peter Davey/BC, u. Alan Root/BC; 113 o. K. H. Switak/NHPA, u. G. Bernard/Oxford Scientific Films; 114 o. Stephen Dalton/NHPA, u. Haroldo Palo/NHPA; 115 o. Jeff Foott/BC, u. Jen und Des Bartlett/BC; 117 Chris Prior/Planet Earth Pictures; 118 Herwarth Voigtmann/Planet Earth Pictures; 120 o. Professoren Beatrix und Allen Gardner; 121 Konrad Wothe/BC; 125 Stephen Dalton/NHPA; 126 Herwarth Voigtmann/Planet Earth Pictures; 127 Jen und Des Bartlett/BC; 129 o. ANT/NHPA, u. Hans Reinhard/BC; 130 Masood Qureshi/BC; 133 Spectrum Colour Library; 134 Marc Henrie; 136 David Hughes/BC; 138 o. Dr. Tony Brain/SPL, u. MEPL; 139 J-L Charmet; 140 Hulton-Deutsch; 142, 143 MEPL; 144 Gary Retherford/BC; 145 Argentum/SPL; 149 MEPL; 150 o. H. Sochurek/ZEFA, u. Astrid und Hans Frieder Michler/SPL; 152 The Kobal Collection; 153 l. Stephen Hyde, r. Popperfoto; 154 o. CNRI/SPL, u. Eric Grave/SPL; 155 o. Robin Forbes/The Image Bank, u. MEPL; 157 o. Teasy/ZEFA, u. H. Sochurek/ZEFA; 158 o. CEA-ORSAY, CNRI/SPL, u. Ann Ronan Picture Library; 159 o. Gamma/FSP, u. Alexander Tsiaras/SPL; 160 Gamma/FSP; 161 Alexander Tsiaras/SPL; 164 MEPL; 165 Pete Turner/The Image Bank; 166 ZEFA; 167 Hulton-Deutsch; 169 Andre Singer/The Hutchison Library; 170 Rotherham Borough Council; 171 J-L Charmet; 172 Topham Picture Source; 174 Bridgeman Art Library; 176 l. Lowie Museum of Anthropology, University of California at Berkeley, r. Popperfoto; 177 The Kobal Collection; 180 u. Michael Holford; 181 Hutt/FSP; 182 o. MEPL; 183 l. MEPL, r. E. T. Archive; 184 British Library; 185 o. MEPL, u. J-L Charmet; 186 Hulton-Deutsch; 187 o. Gamma/FSP, u. The Kobal Collection; 188 A. Tully/The Hutchison Library; 189 o. Peter Newark's Pictures, u. Christine Pemserton/The Hutchison Library; 190 o. Frans Lanting/BC; 192 o. Ian Griffiths/Robert Harding Picture Library, u. M. Babey/Historisches Museum, Basel; 194 o. MEPL, u. Bettmann Archive/Hulton-Deutsch; 197 Iowa State University Photo Service; 199 o. Peter Newark's Pictures, M. Hulton-Deutsch, u. MEPL; 200 Musée d'Art et d'Histoire, Neuchâtel; 201 SIPA/Rex Features; 202 u. Labat, Lanceau, Jerrican/SPL, u. U. S. Army/TRH Pictures; 203 o. Photri; 206 MEPL; 208 Aixam Automobiles; 211 o. David Parker/SPL, u. Michael Holford; 212 Gamma/FSP; 214 o. Hank Morgan/SPL, u. Philippe Plailly/SPL; 218 Paolo Koch/ZEFA; 219 o. Sonia Halliday, u. Bridgeman Art Library; 220 American School of Classical Studies at Athens; 221 Bildarchiv Preußischer Kulturbesitz; 224 Japan Information Centre, London; 225 o. Reuters/Bettmann Newsphotos, u. R. Halin/ZEFA; 226 Popperfoto; 227 D. Cattani/ZEFA; 228 MEPL; 229 Frank Lloyd Wright Archives; 230 South American Pictures; 233 o. E. T. Archive, u. ZEFA; 234 Polish Cultural Institute; 235 Photoresources; 236 Fortean Picture Library; 237 o. Scala, u. Photographie Giraudon; 238 Werner Forman Archive; 239 Nadine Zuber/BC; 240 Dominique Darbois; 241 J-L Charmet/Musée de Grand Orient de France; 242 Fine Art Photographic Library Ltd.; 244 MEPL; 245 J. G. Fuller/The Hutchison Library; 246 MEPL; 247 o. J-L Charmet, u. F. Jackson/Robert Harding Picture Library; 248 India Office Library/British Library; 249 Popperfoto; 251 Peter Newark's Pictures; 252 Gamma/FSP; 253 Department of the Environment; 254 The Mansell Collection; 255 u. MEPL; 257 John Robert Young; 258 o. Photographie Giraudon, u. The Mansell Collection; 259 MEPL; 260 The Mansell Collection; 261 Sheffield City Art Galleries; 262 MEPL; 263 Michael Holford; 264 o. Michael Freeman (2), u. The Hutchison Library; 265 Brian Coates/BC; 266 Bryan and Cherry Alexander; 267 J-L Charmet; 268 ZEFA; 270 l. David Simpson/The Hutchison Library, o. r. Photosources, u. Popperfoto; 271 The Mansell Collection; 272 Intercol London: Yasha Beresiner/Derrick Witty; 274 o. The Mariners' Museum, Newport News, Virginia, u. Popperfoto; 275 Walker Art Gallery; 276 Walker Wingsail Systems; 277 o. Peter Newark's Pictures, u. Fotoarchief Drents Museum, Assen; 278 o. Ben Line Group, u. Popperfoto; 279 Paul Lipke/Trireme Trust; 281, 282, 283 British Library; 285 o. Christina Dedwell/The Hutchison Library, u. Somerset Levels Project; 286 Jan Oud/FSP; 287 o. Fortean Picture Library, u. Spectrum Colour Library; 288 Scala; 289 o. MEPL, u. Peter Newark's Pictures; 290 o. Bridgeman Art Library, u. Peter Newark's Pictures; 291 Peter Newark's Pictures; 292 o. ZEFA, u. Jaroslav Poncar/BC; 293 Axel Poignant Archive; 294, 295 Peter Newark's Pictures; 296 National Maritime Museum; 297 Bodleian Library; 298 MEPL; 299 o. The Mansell Collection, u. MEPL; 301 o. MEPL, u. The Mansell Collection; 302 Hugh Ballantyne/ZEFA; 303 FSP; 304 MEPL; 306 ZEFA; 307 Bridgeman Art Library; 310 MEPL; 311 Operation Raleigh; 312 Peter Newark's Pictures; 313 o. Associated Press, u. K. Ghani/Frank Lane Picture Agency; 314 o. MEPL, u. Popperfoto; 315 FSP; 317 MEPL; 318 u. Don Emmick; 319 FSP; 320 Gamma/FSP; 321 o. Camera Press, u. Dick Hanley/ZEFA; 322 Gamma/FSP; 323 Nick Wright/National Motor Museum, Beaulieu; 324 Rolls-Royce Motor Cars; 325 Popperfoto; 326 o. Vauxhall Motors, Luton, u. General Motors Corporation; 327 TRH Pictures; 330 o. MEPL, u. Reg Wilson; 331 MEPL; 332 l. The Kobal Collection, r. MEPL; 333 International Shakespeare Globe Centre; 334 o. George Obremski/The Image Bank, u. Japan Information Centre, London; 335 Sir Peter Saunders; 336–340 The Kobal Collection; 342 MEPL; 343 o. Tony Duffy/All-Sport, u. Popperfoto; 344 o. National Baseball Hall of Fame and Museum, u. Bildarchiv Preußischer Kulturbesitz; 345 Gamma/FSP; 346 o. ZEFA, u. MEPL; 347 MEPL; 348 Bettmann Archive/Hulton-Deutsch; 349 o. Simon Fraser University, u. All-Sport; 350 Photri; 351 The Mansell Collection; 353 MEPL; 354 Peter Newark's Pictures; 355 Bridgeman Art Library; 356 The Bowes Museum; 357 o. Pack Memorial Library, u. National Portrait Gallery, London; 358 Camera Press; 359 The Mansell Collection; 360 o. Bridgeman Art Library, u. MEPL; 361 Irish Tourist Board, Dublin; 364 o. Photoresources, u. Ancient Art and Architecture Collection; 365 l. Photographie Giraudon, r. MEPL; 366 l. mit frdl. Genehmigung Ihrer Majestät der Königin, Royal Library, Windsor, r. Scala; 367 o. Scala, u. Service Photographique de la Reunion des Musées Nationaux; 368 o. Gamma/FSP, u. Roger Whitaker/Camera Press; 369 o. MEPL, u. Laguna Beach Festival of Arts; 370 o. Bridgeman Art Library, u. Dr. Nigel Smith/The Hutchison Library; 371 American Museum in Britain, Bath; 372 Bridgeman Art Library; 373 Gamma/FSP

BC = Bruce Coleman Ltd., FSP = Frank Spooner Pictures, MEPL = Mary Evans Picture Library, NHPA = Natural History Photographic Agency, SPL = Science Photo Library

Illustrationen von: Andrew Aloof, Stephen Conlin, Luciano Corbella, Andy Farmer, Giuliano Fornari, Will Giles, Nicholas Hall, Mark Iley, Janos Marfy, Richard Orr, Sandra Pond, Steve Spinks, Mark Thomas, Stephen Thomas.